国家出版基金项目
NATIONAL PUBLICATION FOUNDATION
"十四五"国家重点图书
出版规划项目

中国语言资源保护工程

中国濒危语言志　编委会

总主编

曹志耘

主　编

王莉宁

委　员（音序）

沈　明　邢向东　赵日新　庄初升

◆━━◆━━◆

本书执行编委　王莉宁

中国濒危语言志

汉语方言系列

总主编 曹志耘

主编 王莉宁

雷艳萍 著

浙江景宁畲话

创于1897

The Commercial Press

商务印书馆

图书在版编目（CIP）数据

浙江景宁畲话/雷艳萍著. —北京：商务印书馆，2024
（中国濒危语言志）
ISBN 978-7-100-24040-6

Ⅰ.①浙…　Ⅱ.①雷…　Ⅲ.①方言研究—浙江　Ⅳ.①H173

中国国家版本馆CIP数据核字（2024）第106327号

浙江景宁畲话

雷艳萍　著

出版发行：商务印书馆
地　　址：北京王府井大街36号
邮政编码：100710

印　　刷：北京雅昌艺术印刷有限公司

开　　本：787×1092　1/16　　　印　　张：23¼
版　　次：2024年12月第1版　　　印　　次：2024年12月北京第1次印刷
书　　号：ISBN 978-7-100-24040-6

定　　价：228.00元

景宁畲族自治县郑坑乡畲族居住地地形地貌　景宁畲族自治县郑坑乡 /2016.6.15/ 雷艳萍　摄

景宁畲族自治县郑坑乡吴布村全景　景宁畲族自治县郑坑乡吴布村 /2019.4.16/ 雷李江　摄

调查工作现场　景宁畲族自治县民族团结进步促进会 /2018.2.9/ 吴永年 摄

作者（前排左一）与部分发音人合影　景宁畲族自治县郑坑乡 /2016.8.21/ 吴永年 摄

2022年2月16日，智利火地岛上最后一位会说Yagán语的老人，93岁的Cristina Calderón去世了。她的女儿Lidia González Calderón说："随着她的离去，我们民族文化记忆的重要组成部分也消失了。"近几十年来，在全球范围内，语言濒危现象正日趋普遍和严重，语言保护也已成为世界性的课题。

中国是一个语言资源大国，在现代化的进程中，也同样面临少数民族语言和汉语方言逐渐衰亡、传统语言文化快速流失的问题。根据我们对《中国的语言》（孙宏开、胡增益、黄行主编，商务印书馆，2007年）一书的统计，在该书收录的129种语言当中，有64种使用人口在10000人以下，有24种使用人口在1000人以下，有11种使用人口不足百人。而根据"语保工程"的调查，近几年中至少又有3种语言降入使用人口不足百人语言之列。汉语方言尽管使用人数众多，但许多小方言、方言岛也在迅速衰亡。即使是那些还在使用的大方言，其语言结构和表达功能也已大大萎缩，或多或少都变成"残缺"的语言了。

冥冥之中，我们成了见证历史的人。

然而，作为语言学工作者，绝不应该坐观潮起潮落。事实上，联合国教科文组织早在1993年就确定当年为"抢救濒危语言年"，同时启动"世界濒危语言计划"，连续发布"全球濒危语言地图"。联合国则把2019年定为"国际土著语言年"，接着又把2022—2032年确定为"国际土著语言十年"，持续倡导开展语言保护全球行动。三十多年来，国际上先后成立了上百个抢救濒危语言的机构和基金会，各种规模和形式的濒危语言抢救保护项目在世界各地以及网络上展开。我国学者在20世纪90年代已开始关注濒危语言问题，自21世纪初以来，开展了多项濒危语言方言调查研究课题，出版了一系列重要成果，例如孙宏开先生主持的"中国新发现语言研究丛书"、张振兴先生等主持的"汉语濒危方言调查研究丛书"、鲍厚星先生主持的"濒危汉语方言研究丛书（湖南卷）"等。

自2011年以来，党和政府在多个重要文件中先后做出了"科学保护各民族语言文字"、

"保护传承方言文化"、"加强少数民族语言文字和经典文献的保护和传播"、"科学保护方言和少数民族语言文字"等指示。为了全面、及时抢救保存中国语言方言资源，教育部、国家语委于2015年启动了规模宏大的"中国语言资源保护工程"，专门设立了濒危语言方言调查项目，迄今已调查106个濒危语言点和138个濒危汉语方言点。对于濒危语言方言点，除了一般调查点的基本调查内容以外，还要求对该语言或方言进行全面系统的调查，并编写濒危语言志书稿。随着工程的实施，语保工作者奔赴全国各地，帕米尔高原、喜马拉雅山区、藏彝走廊、滇缅边境、黑龙江畔、海南丛林等地都留下了他们的足迹和身影。一批批鲜活的田野调查语料、音视频数据和口头文化资源汇聚到中国语言资源库，一些从未被记录过的语言、方言在即将消亡前留下了它们的声音。

为了更好地利用这些珍贵的语言文化遗产，在教育部语言文字信息管理司的领导下，商务印书馆和中国语言资源保护研究中心组织申报了国家出版基金项目"中国濒危语言志"，并有幸获得批准。该项目计划按统一规格、以EP同步的方式编写出版50卷志书，其中少数民族语言30卷，汉语方言20卷（第一批30卷已于2019年出版，并荣获第五届中国出版政府奖图书奖提名奖）。自项目启动以来，教育部语言文字信息管理司领导高度重视，亲自指导志书的编写出版工作，各位主编、执行编委以及北京语言大学、中国传媒大学的工作人员认真负责，严格把关，付出了大量心血，商务印书馆则配备了精兵强将以确保出版水准。这套丛书可以说是政府、学术界和出版社三方紧密合作的结果。在投入这么多资源、付出这么大努力之后，我们有理由期待一套传世精品的出现。

当然，艰辛和困难一言难尽，不足和遗憾也在所难免。让我们感到欣慰的是，在这些语言方言即将隐入历史深处的时候，我们赶到了它们身边，倾听它们的声音，记录它们的风采。我们已经尽了最大的努力，让时间去检验吧。

曹志耘

2024年3月11日

第一节

调查点概况 ①

一　地理概况

（一）景宁畲族自治县

景宁畲族自治县位于浙江省西南部，地理坐标位于东经119°11′～119°58′、北纬27°39′～28°11′之间，县域面积1950平方公里。东邻青田、文成县，南衔泰顺、寿宁县（福建省），西枕庆元县、龙泉市，北连云和县、莲都区，距省会杭州约259公里，距地级市丽水80公里。

景宁畲族自治县地处洞宫山脉，地势由西南向东北渐倾，地貌以深切割山地为主，其西北部和东南部分别属于瓯江、飞云江两水系支流之源，构成"九山半水半分田"和"两山夹一水，众壑闹飞流"的地形特征。

（二）郑坑乡

本书主要调查点是景宁畲族自治县郑坑乡。

郑坑乡位于景宁畲族自治县县城东部。东北、西北靠渤海镇，紧临滩坑库区，南临梅岐乡，东南与温州市的文成县交界。面积为33.5平方公里，地势自东南向西北倾斜。乡政府所在地为郑坑村，海拔660米，距县城42公里。

---

① 本节部分内容引自景宁畲族自治县人民政府网——和美景宁（http://www.jingning.gov.cn/col/col1376092/index.html），以及浙江政务服务网——郑坑乡（https://www.zjzwfw.gov.cn/zjservice/street/list/streetinfo.do?adcode＝331127205000&webid＝282&name＝&type＝0）。

二　历史沿革、行政区划及人口

（一）景宁畲族自治县

景宁于明景泰三年（1452年）设县，析青田县鸣鹤乡（也作"沐鹤乡"）和柔远乡之仙上里、仙下里等地置县，取"景泰缉宁"之义，故名景宁。属处州府，清沿其制。后几经撤并，1984年6月30日，经国务院批准以原景宁县地域建立景宁畲族自治县。如今，景宁是全国唯一的畲族自治县，也是华东地区唯一的少数民族自治县。

截至2022年，全县辖红星街道（县政府所在地）、鹤溪街道、东坑镇、渤海镇、沙湾镇、英川镇、大均乡、澄照乡、梅岐乡、大漈乡、景南乡、雁溪乡、郑坑乡、九龙乡、梧桐乡、标溪乡、家地乡、大地乡、毛垟乡、秋炉乡、鸬鹚乡，共2个街道、4个镇、15个乡、8个社区、136个行政村。全县户籍人口为168349人，其中畲族人口18539人。

（二）郑坑乡

截至2022年，郑坑乡辖郑坑、吴布、柳山、张坑下4个行政村，42个自然村，1209户，3368人，其中畲族1448人，占总人口的43%，是全县畲族人口比例最高的乡镇。

郑坑乡畲族人口比重大，较完整地保留了原生态的畲族生活风貌，祭祖、传师学师、编织彩带等畲族习俗保存良好，有"生活着的畲族博物馆"的美誉。

据族谱等资料记载，郑坑乡的部分蓝姓畲族，系蓝敬泉支族后裔。该支族于明正德年间（1506—1521年）由福建福安县入迁云和县岩下村，其后裔继续分迁，部分居住在了郑坑乡。

三　当地汉语方言

景宁话是景宁畲族自治县境内的主要方言，全县绝大多数人（包括畲族、移民）都会讲景宁话。景宁话属于吴语上丽片丽水小片。

畲话是景宁畲族自治县境内的第二大方言，各畲族村落有近1万畲族说畲话。

除此之外，另有部分新安江移民说淳安话（属徽语严州片），浙闽交界处有部分村民说上标话（属泰顺蛮讲）。

第二节

畲族与畲话概况

一 畲族

畲族主要分布在福建、浙江、广东、江西、安徽、贵州、湖南等省。其他省市的畲族，基本是新中国成立后，由于工作调动、婚嫁、经商等原因，从上述省份迁入的。

（一）族称

福建、浙江、江西、安徽等省的大部分畲民自称"山客"[san⁴⁴xaʔ⁴][1]。目前，媒体和地方旅游宣传多采用近音字，写作"山哈"。

1953—1955年，国家民委先后两次派出调查组，深入福建、浙江、广东等省的畲族聚居地，进行民族识别调查。根据这两次的调查研究，在征得广大干群的意愿后，1956年12月8日，国务院正式确认畲族是一个单一的少数民族，并确定畲族（"畲"音shē）为法定族称。（《浙江省少数民族志》1999：56）

（二）族源

关于畲族的族源问题至今仍众说纷纭，尚未形成统一的认识。有"外来说""土著说""多元论"等观点。

"外来说"主要有如下不同观点：畲、瑶同源于汉晋时代的"武陵蛮"；畲族源于古代河南夷人一支，属于高辛氏近亲的一支部落；畲族由古代"东夷蛮"里靠西南的一支"徐夷"南迁发展演变而来。

"土著说"主张畲族是由古代闽粤赣边界土著发展形成的，主要有如下不同观点：畲族

---

[1] 此处所记为景宁郑坑的畲话音。

是古代越人的后裔；畲族渊源于"古闽人"；畲族是"南蛮族"的一支古老民族；畲族是越地匿居或居留在越之山林中的夏裔人；畲族源于广东凤凰山文化区。

各家所提的多元来源里，有相同的部分，也有不同之处。其中，谢重光的论述较为详尽。谢重光（2002：7，18）认为："在畲族起源问题上的'外来说'和'土著说'并不是绝对对立、不可调和的。……中华民族的大格局和各个民族的小格局都是多元一体的。畲族也不例外，其组成至少应包括闽越土著、南迁入闽粤的武陵蛮和汉人畲化三个部分。……武陵蛮、长沙蛮、百越民族、南迁的汉族，还有湘赣闽粤交界区域其他土著种族，共同缔造了畲族，他们都是畲族构成的要素。当然这些要素不是简单的叠加，而是有主有次、有先有后地接触、交流、融汇、同化，经过一个漫长的有机的辩证互动过程，才发展、演化为畲族。这就是所谓'多元中的统一，统一中的多元'，最后形成畲族这一层次的多元一体格局。"

（三）姓氏和人口分布

1. 姓氏

据盘瓠传说和族谱记载，畲族有盘、蓝、雷、钟四大姓。四姓的由来如下：畲族祖先因帮皇帝击败外族入侵有功，娶三公主为妻。后迁居山区，生三男一女。帝赐长子姓盘，名自能；次子姓蓝，名光辉；三字姓雷，名巨佑；一女淑玉，从夫姓钟。浙江畲族多见蓝、雷、钟三姓，目前浙江景宁的盘姓畲族仅有一人，系2016年因工作从广东调入。

2. 人口分布

据《中国统计年鉴2021》，畲族人口为746385人[①]。主要分布在福建、浙江、江西、广东、贵州、安徽、湖南等7省80多个县（市）内的部分山区[②]。其居住具有"大分散，小聚居"的特点。

（四）迁徙

尽管畲族的来源问题莫衷一是，但是关于畲族的迁徙历史，学界的观点是统一的：畲族迁徙基本上是从南到东北的路线——隋唐之前在闽、粤、赣三省交界地区，宋元扩至福建中部、北部一带，明清时已大量遍布于闽东、浙南等地。（施联朱1983）斗争失败、政府移民和生活所迫是畲族辗转迁徙的主要原因。

据《浙江省少数民族志》（1999：87）记载："入迁浙江的90支畲族，除6支是由江西迁入，其余都是从福建迁入，其中罗源县33支，连江县7支，古田县6支，福鼎县8支，福安县8支，宁德、候官、福州、上杭、龙溪、武平、福清、汀州、漳州、泉州等地22支。

---

① 参看国家统计局网站（http://www.stats.gov.cn/sj/ndsj/2021/indexch.htm）。

② 参看中国政府网（http://www.gov.cn/guoqing/2015-07/24/content_2902186.htm）。

迁入浙江后，首先在闽浙边境的浙南各县山区安家，其中在云和县19支，景宁县14支，龙泉县5支，青田县3支，遂昌县2支；平阳县20支，泰顺县9支，文成县1支。浙西南的衢县4支，开化县2支，江山县2支，常山县1支，龙游县1支，武义县1支，金华县3支，有3支分别迁往钱塘县（现萧山县）、黄岩县、淳安县。"

从各地畲族家谱记载看，迁徙路线错综复杂，各支族的迁徙路线不一，有的支族辗转多地之后才迁入浙江。有合家迁徙、一个家庭中的部分成员迁徙、各姓家族联合迁徙等方式。

畲族入迁浙江后，因政治经济等原因，明代开始分迁活动。"先是分迁丽水、松阳、宣平（今部分属丽水市莲都区，部分属金华市武义县）、青田等县，并逐步向浙西南的龙游、兰溪、武义、临安、桐庐、建德、淳安等县迁移，以后发展为居住县之间相互交错迁居"。"清代是大量分迁时期"，"民国之后，迁徙活动大为减少"。（《浙江省少数民族志》1999：92）新中国成立以后至今，畲族频繁的迁徙活动基本告一段落，只发生过两次较大规模的迁徙，是因为新安江水电站和滩坑水电站的建设。

（五）畲族内部通行语言分类

畲族内部使用本族通行的语言。目前畲族内部的通行语言主要有以下三种：

1.畲语

居住在广东惠阳、海丰、增城、博罗等县（区）不足千个畲族人的内部通行语言，毛宗武、蒙朝吉、陈其光等称之为"畲语"。据毛宗武、蒙朝吉（1982）对博罗畲语的调查，通过与苗瑶语族、壮侗语族诸语言的共时比较，认为畲语属于苗瑶语族苗语支，与同属苗语支的瑶族布努语的炯奈话比较接近。

2.东家话

居住在黔东南自治州的麻江县、凯里市，黔南自治州的都匀市、福泉市的4万多畲族人使用的语言，学界称之为"东家话"，《中国语言地图集·少数民族语言卷》（第2版）（2012）将之归入苗语川黔滇方言惠水次方言东部土语。

3.畲话

除上面两部分畲族人之外，广东（潮州、丰顺等地）、福建、浙江、江西、安徽5省占全国畲族人口94%[①]的畲族人使用的本族通行语言，畲族人自称"山客话"[san⁴⁴xaʔ⁵uɔ²¹][②]。我们根据大部分学者的研究，将之称为"畲话"。畲话以散点状分布于粤闽浙赣皖5省，虽空间上出现分离，但却有较强的一致性。畲话与畲语属于不同的语族，本研究不涉及畲语。

---

① 1996年以前的文献大多用"99%"的占比数据，是因为当时国家尚未将贵州的东家人定为畲族。

② 此处所记为景宁郑坑的畲话音。

二 畲话

（一）系属和名称

目前学界对畲话性质的认识和畲话的命名还存有分歧，尚未达成共识。

1.系属

（1）观点之一：畲话是一种汉语方言

这是大部分学者较为一致的认识，但也有分歧。

属于客家话。例如，毛宗武、蒙朝吉（1986：4）写道："居住在福建、浙江、江西等省的畲族相传是明、清两代陆续从广东潮州府凤凰山一带迁去的，他们的语言和广东潮安一带的语言都属于汉语客家方言。但是语音上与现代客家话又稍有差别，有少数词语跟客家话完全不同，却跟惠东、博罗一带的畲语和苗瑶语族某些语言相近或相同。"

未定系属的汉语方言。例如，赵则玲（2004a：52）认为"畲话是一种年代比较古老、超地域分布、与客家方言关系密切、历史层次复杂、具有汉语特性的畲族人所说的话"。

（2）观点之二：畲话是一种民族语言

例如，有学者认为广东惠东、博罗一带畲族所说的语言是畲族的民族语言，而闽浙赣等地畲族所说的语言则属于汉语方言。但蓝周根（1987）、雷先根（1995）、游文良（1995）等学者对该观点持反对意见，他们认为闽浙赣等地的畲话也是畲族的民族语言。

2.名称

畲话命名的分歧基本上是伴随着畲话性质和系属的争议而产生的。因为对畲话的性质和系属有不同的认识，主要有"畲语""客家话""畲话"3种不同命名。

（1）畲语

采用"畲语"名称的主要有三部分学者：一是在畲话初步研究阶段拉开畲话研究序幕的学者；二是以雷先根、蓝周根、雷阵鸣等为代表的畲族学者；三是林伦伦、洪英[①]、雷楠、游文良等学者。此外，目前有畲族聚居的省、市、县（市、区）、乡（镇）志书都采用"畲语"的命名，地方媒体也是如此。

（2）客家话

采用"客家话"名称的有罗美珍、毛宗武、蒙朝吉等学者。罗美珍继《畲族所说的客家话》（1980）之后，在《关于畲族所说语言的定性和命名问题的思考》（2013）中肯定了

[①] 林伦伦、洪英在《广东潮安县李工坑村畲民语言生活调查》（2005）中采用"畲话"的命名，其余研究著述，例如《潮安畲语词汇比较研究》（洪英2007）、《潮安畲语中的潮汕方言借词》（林伦伦、洪英2007），多采用"畲语"的命名。

林清书（2012）使用的"畲族山客话"的命名。

（3）畲话

"畲话"是目前学界大部分研究者采用的名称。首次提出"畲话"的是黄家教、李新魁（1963），之后傅国通、郑张尚芳、曹志耘、中西裕树、张光宇、刘纶鑫、胡松柏、傅根清、赵则玲、吴中杰等都在研究著述中采用"畲话"的命名[①]。例如，《中国语言地图集·少数民族语言卷》（第2版）（2012：121）这样区分畲语和畲话："只有分布于广东博罗、增城、惠东、海丰等市自称 $ho^{22}ne^{53}$ 的畲族说畲语。……大概只有不到1000人的畲族使用畲语，其余的几十万人使用与汉语客家方言比较接近的汉语方言，通常称为'畲话'。"

本研究将广东惠阳、海丰、增城、博罗等县（区）畲族的内部通行语言称为"畲语"，将广东（潮州、丰顺等地）、福建、浙江、江西、安徽等省畲族的主要通用语言称为"畲话"。为了避免前人研究的命名分歧、"畲语""畲话"的混用给阅读造成不便，本节除原论著的题目和直引的研究内容外，在转述以及论述过程中，根据研究所涉及的对象，一律采用"畲话"的名称。

（二）形成

游文良《畲族语言》（2002）对福建、浙江、江西、广东4省13个代表点的畲话声韵调、单字音、基本词汇、语法进行描写，将之与现代壮侗、苗瑶、客家话及现居点汉语方言进行比较，提出畲话有"古代畲语的底层成分、汉语客家方言的中层成分和现代畲族居住地汉语方言或普通话的表层成分"三个组成部分。并把畲话的演变过程划分为三个阶段：隋唐时期的"古代畲语"，宋元时期的"近代畲语"，明清至今的"现代畲语"。[②]

《浙江省语言志》（2015：612—613）将浙江畲话的形成分为四个阶段：一是隋唐以前，畲族尚未从"五溪蛮"分化出来的"瑶语阶段"；二是隋唐之后，畲族从湖南迁徙到广东潮州所形成的"古畲话阶段"；三是唐宋年间，客家先民与畲民同住闽粤赣交界地的"客家话阶段"；四是从明初（14世纪下半叶）开始，畲民入迁浙江后的"吸收浙江方言阶段（今畲语）"。[③]但是，此说漏了重要的福建闽东阶段（宋朝至元末明初），畲话很多闽语特征是这个时候形成的。

---

① 傅国通、郑张尚芳总编，赵则玲执笔的《浙江省语言志·浙江畲语》（2015）采用"畲语"的命名，除此之外，傅国通、郑张尚芳、赵则玲的其余研究著述都采用"畲话"的命名。

② 游文良《畲族语言》（2002）中的"畲语"即"畲话"。

③《浙江省语言志》（2015）中的"畲语"即"畲话"。

第三节

畲话使用现状

　　畲话是广东（潮州、丰顺等地）、福建、浙江、江西、安徽5省畲族使用的内部通行语言，以村落为单位，呈散点状分布在粤语、闽语、吴语、赣语、客家话、江淮官话等强势方言之中。畲族跟汉族交融的历史比较悠久，曾与客家人在粤闽赣交界地区长期杂居，自唐宋开始迁出这一带，分居于粤闽浙赣皖各省山区，至今已经几百年。因为畲族对畲话具有深厚的感情、极高的忠诚度，所以，虽辗转迁徙后，各畲话岛与周围方言密切接触，但依旧有较强的一致性，各省畲话基本能通话。然而，随着社会的快速发展，如今畲话的使用域逐渐萎缩，在有畲话分布的畲村，畲话的传承状况比较严峻。总之，散状分布在各强势方言中的畲话正处于快速衰亡中。

一　使用地域

　　粤闽浙赣皖5省畲族村落分布并不等于畲话分布，粤闽浙赣皖5省"畲族所说的话"也不一定就是"畲话"。以广东、浙江为例。

　　广东省潮州市、丰顺等县（区）畲族说畲话。广东省惠阳、海丰、增城、博罗等县（区）畲族说畲语或当地通行的汉语方言，不说畲话。

　　雷艳萍（2021b）曾对浙江畲话的分布进行梳理。截至2020年12月，浙江375个畲族行政村分布在31个县（市、区），有畲民会说畲话的畲村分布在以下22个县（市、区）：杭州市富阳区、临安区、建德市、桐庐县、淳安县，温州市瑞安市、平阳县、苍南县、文成县、泰顺县，湖州市安吉县，金华市婺城区、兰溪市、武义县，衢州市龙游县，丽水市景宁畲族自治县、莲都区、龙泉市、青田县、云和县、遂昌县、松阳县。有9个县（市、区）共41个畲族行政村的畲民全部不会说畲话。具体情况如下：

1.衢州市49个畲族行政村仅龙游县有23个畲村有畲话分布。

2.丽水市庆元县的所有畲村以及紧挨着的龙泉市小梅镇骆庄村不说畲话。

3.浙江中部偏西的金华市婺城区、兰溪市和衢州市龙游县交界处的5个畲村——婺城区琅琊镇水竹蓬村、塔石乡高塘村、汤溪镇鸽坞塔村,兰溪市上华街道下吴村,龙游县龙洲街道岑山村不说畲话。

4.丽水市莲都区北部的2个畲村——雅溪镇上金竹村、太平乡富山头村,以及与莲都区相邻的缙云县七里乡型坑村不说畲话。

5.温州市乐清市城南街道百岱村、永嘉县岩坦镇小长坑村不说畲话。

浙江上述畲村或只说当地吴语,或说客家话以及当地吴语。

二 使用人口

胡松柏、胡德荣(2013:4)根据江西畲族的语言使用现状对全国畲话的使用人口重新进行了梳理,胡文指出,目前在"江西省绝大多数畲民聚居地,畲民在语言运用方面都已经为本地汉语方言所同化,没有了可以区别本地汉语方言的本民族的畲族语言"。"根据本书作者所作调查,目前江西省仅有少数畲民聚居地的畲族居民在使用江西畲话,其人口数远低于全省畲族人口的10%。在江西省,畲族人口数与使用畲族语言的人口数两个数字极为悬殊。因此,有必要对学术界关于畲族语言使用人口数的一般说法作必要的修正"。

据林伦伦、洪英(2005)调查,广东潮州归湖镇碗窑和山犁两村仅有一半人能讲畲话,在石鼓坪村和溪美岭脚村仅有几个老人会讲,而雷厝山已经没有人讲畲话了。

赵峰(2009b)将闽东畲话的使用现状分为"保留型"(畲-汉双语型、汉-畲双语型)、"残存型"、"转用汉语型"。其中"畲-汉双语型"畲村中约70%的人能讲畲话,"汉-畲双语型"畲村中约40%的人能讲畲话,"残存型"畲村中约15%的人能讲畲话。综合统计,会说畲话的畲族约占闽东畲族人口的30%。

三 代际传承

随着社会的发展,特别是改革开放之后,畲族人的思想观念发生变化,畲汉通婚已呈普遍性。族际通婚使家庭交际用语发生变化,不再仅限于单一的方言,而是选择双方没有交流障碍的通用语——普通话,或当地汉语方言。当强势语开始渗入家庭,畲话的习得就缺少了良好的语言环境。语言习得本身就是为了交际,当畲话在家庭使用域中失去"必要的用途",使用范围出现萎缩,畲汉通婚中会畲话的一方自然也就放弃了向下一代传承畲话的愿望。

据赵峰(2009b)调查,闽东畲话的使用范围大概分两种情况:一种是在畲族人口占

80%以上的畲村，会说畲话的人相遇时会用畲话交流，但也常用汉语方言，即使在畲话中也夹杂着大量的汉语方言词汇和汉语句子；另一种是在畲族人口不占完全优势的村落，畲话的使用仅限于家庭内部。畲话已不具有在社会、政治、经济、文化、教育等现代社会交际领域中的使用功能，在村落、家庭内的原有使用功能虽然还部分留存，但显然已经大大受到限制。

据孙妙凝（2014）调查，景宁畲族自治县民族小学的畲话课上，当老师提问时，只有少数的畲族学生能流利地使用畲话表达。浙江丽水有的家庭尽管夫妻双方都是畲族，但小孩并不愿说畲话；如果夫妻一方是汉族、一方是畲族，小孩更倾向于说普通话。

据我们调查，景宁畲族自治县郑坑乡95%以上的成年畲民能说地道的畲话，这是因为他们在初中之前基本在郑坑乡生活学习。随着社会发展，一批畲民走出大山，在外工作，在外就读，畲话使用范围缩减，使用频率下降，其活力也就衰退了。特别是从小学阶段就离开郑坑乡的孩子，他们不再具备畲话的习得和语用环境，只能偶尔从父母与祖辈的交谈中获取或感知畲话的信息。当进城的人员逐渐增多，当孩子都不在郑坑乡就读，当畲族聚居村人口越来越少，显而易见，畲话的传承就愈加地岌岌可危。

不管是问卷调查还是访谈，作为民族自治县的一员，无论是大人还是小孩，100%的景宁畲民都对自己的畲族身份表示自豪，100%的畲民都对畲话的传承充满美好的愿景，100%的畲民都认为畲话的传承和保护很有必要。但是语言作为一种交流交际工具，在文化教育、普通话普及的大趋势下，当其语言优势不复存在、使用范围正在缩减的情况下，传承的现实就不再是100%的完美数据了。

我们曾对10个发音人家庭的畲话代际传承情况进行较为详细的调查。10个家庭的主要调查对象，因为在景宁郑坑乡土生土长，即使离开郑坑乡也是在成年后，所以能和他们的兄弟姐妹一起说地道的畲话，毫无断裂地传承着畲话。然而，他们的下一代、下下一代的畲话传承已经出现萎缩。在城市里出生长大的畲族青少年大部分不会说，甚至听不懂畲话。可见，有着"生活着的畲族博物馆"美誉的郑坑乡，畲话传承的下滑趋势已明显呈现。

第四节

畲话研究现状

就目前所见文献统计，关于畲话的调查研究，研究专著有6部，论文有60余篇。下面，我们拟按三个时段做简要综述。

一 初始阶段

20世纪初，畲族特殊的生产生活方式、风俗习惯引起了一些学者的研究兴趣，民族学的调查拉开了畲话调查的序幕，就此畲话研究进入了初始阶段。

1924年，沈作乾在对当时处州（现浙江丽水）的畲族进行调查后，于《畲民调查记》"言语"部分，以"读如"的方式记录了当时处州畲话14个词的读音。之后，董作宾《说畲》（1926）一文指出："畲民的语言，有人说似官话，有人说似广东话，但据沈作乾先生所举括苍畲语的例子，又极像福州话，但无论如何，畲语和汉语是一个语根，这是可以断言的。"

1932年，哈·史图博（德国）和李化民合著《浙江景宁县敕木山畲民调查记》①，用德文字母标音，记录了景宁县敕木山畲话的124个词语，7个单句，64句畲歌。并说这种语言同客家话有些相像，有几个语音好像与广州话同源。② 这是畲话研究初始阶段最翔实的一份语料。

1934年，许蟠云、范翰芬、王虞辅在《平阳畲民调查》中这样描述当年所调查的浙江温州平阳畲话："其语言，十分之二三，颇似广东之土音。""畲民有其特殊之语言，外人称之为'畲客话'。此项畲客话，颇类闽粤音。"③

---

① 也有相关文献记作"《浙江景宁敕木山畲民调查记》"。

② 参看《浙江省少数民族志》（1999：617—654）。

③ 参看《浙江省少数民族志》（1999：677—680）。

在这之前，一些地方志对畲话也有一些零星的记载。例如，《处州府志》（清光绪三年刊本）所载的［清］屠本仁《畲客三十韵》曰："吾试与之言，蛮音变格磔。"又如，《景宁县志》（清同治十一年刊本）卷十二《风土·附畲民》载："语音侏僻而不可闻，与邑之操其土音者又迥殊焉。"[①]

二　发展阶段

20世纪60年代至90年代末是畲话研究的发展阶段，此阶段有2篇论文颇有影响力。

一是黄家教、李新魁《潮安畲话概述》（1963）开启了畲话系统研究的大门。该文是第一篇运用现代语言学方法对畲话进行研究的论文，记录了当时广东省潮安县凤南公社山犁大队碗窑村畲话的语音、词汇、语法特点，并第一次把畲族人自称的"山客话"称为"畲话"，具有开创意义。从此，"畲话"这一名称被大部分研究者使用。

二是罗美珍《畲族所说的客家话》（1980）引发了畲话系属、名称大讨论的热潮。该文在将福建省福安县甘棠乡的畲话，同广东省梅县客家话、当地的福安话（属闽语闽东片福宁小片）以及中古汉语进行比较后，认为"这种客家方言同现在汉族使用的客家方言不完全相同，同汉语客家方言的分布也不一致，因此可以说畲族所说的这种话是一种超地域而又具有一定特点的客家话"。

以下几篇论文也是该阶段重要的研究成果：Jerry Norman 的 *She Dialect of Luoyuan County*（《罗源畲话》）（1988），矢放昭文（日本）《浙南畲族所说的客家方言的几个特点》（1993），骆锤炼《温州畲语》（1995），游文良《论畲语》（1995）等。

此阶段还有部分志书对当地畲话进行了概貌性的记录。例如，《广东畲族研究》（1991）、《苍南方言志》（1991）、《丽水地区畲族志》（1992）、《福安畲族志》（1995）、《景宁畲族自治县志》（1995）、《宁德地区志》（1998）、《温州市志》（1998）、《浙江省少数民族志》（1999）等。

三　深入阶段

进入21世纪之后，畲话研究进入深入阶段。

（一）研究队伍壮大，成果质量提高

不仅研究畲话的专家学者增多，一些高校研究生也进入研究行列，硕博学位论文和专著在此阶段实现了零的突破，从相对零散的单篇论文、单个命题的研究进入综合性的研究。这些成果将畲话研究提升到一个新的学术水平。博士学位论文尤以傅根清（2001）和吴中

[①] 参看《畲族社会历史调查》（2009：345—346）。

杰（2004b）影响最大。大岛广美（日本）2016年的博士学位论文《畲话音韵研究》，未见公开发表，具体研究不详。

6部专著如下：游文良《畲族语言》（2002），赵则玲《浙江畲话研究》（2004），游文良、雷楠、蓝瑞汤《凤凰山畲语》（2005），刘纶鑫《贵溪樟坪畲话研究》（2008），游文良《福安畲族方言熟语歌谣》（2008），胡松柏、胡德荣《铅山太源畲话研究》（2013）。既有对福建、浙江、江西、广东4省13个代表点畲话的比较研究，又有对某一畲话单点的深入研究。

（二）研究范围和视角不断拓宽

1.深化畲话的本体研究

语音、词汇、语法三方面都有一些描写细致的单篇论文，语料越来越丰富。

语音研究方面，有徐瑞蓉、伍巍《长泰县硫头畲话的语音特点》（2000），赵则玲、郑张尚芳《浙江景宁畲话的语音特点》（2002），傅根清《景宁畲话声母的超中古现象》（2002）、《景宁畲话尖团音分混现象研究》（2002），吴中杰《畲话的介音问题初探》（2004），刘泽民《浙江泰顺司前畲话音系》（2007），余颂辉《樟坪畲话"第七调"的性质》（2016）等。

词汇研究方面，有赵则玲《浙江景宁畲话特色词选录》（2002）、雷楠《凤凰山畲语词汇析》（2003）等。

语法研究方面，有胡德荣《铅山太源畲话的体貌系统》（2008），雷艳萍的系列论文《丽水畲话形容词AA式的变调》（2008）、《浙江畲话的变调式方位短语》（2011）、《浙江畲话的名量词》（2015）、《浙江武义畲话的更远指代词"尔"》（2021a），胡方《浙江景宁畲话的语序及其表达功能》（2012），黄涛、陈泽平《罗源畲话的"喊"字问句及其形成机制》（2016）等。

2.以翔实的语料为基础，继续畲话性质与名称的讨论

傅根清的系列论文《从景宁畲话古全浊声母的今读看畲话的性质》（2001）、《从景宁畲话的语音特点论其与客家话的关系》（2003），以及赵则玲《试论畲话的归属》（2004）都以详细调查为基础，对翔实的语料进行深入分析探讨。袁碧霞《语言接触视域下畲语归属问题思考》（2017）则从语言接触角度进行研究。

3.重视畲话与畲族文化的关系，关注畲族的语言生活变迁以及畲话的传承保护

将畲话研究与畲族文化研究相结合。例如，陈丽冰《从福安畲族熟语看畲族传统文化》（2010）。

关注语言生活变迁，进行畲话传承保护的理论研究。例如，林伦伦等《广东潮安县李工坑村畲民语言生活调查》（2005），林清书《山羊隔畲族村的语言传承和语言使用现状》（2008），赵峰《闽东畲语濒危现状考察》（2009a）、《畲族母语使用现状探析》（2009b），杨姝《广东潮州凤凰山畲族语言现状与保护对策》（2010），雷艳萍《畲族学生的语言生活状况研究——基于景宁小学生与高中生语言使用情况的同期调查》（2013），王闰吉《浙西南畲话传承的探索实践与思考》（2014），张诗凝《景宁畲语的语言生态研究》（2015）等。

（三）研究方法多样

不拘泥于传统单一的描写方法，较多地进行比较研究，并且从畲话的实际情况出发，非常注重与接触语的比较研究。例如，傅根清《景宁畲话语音系统中的粤语成分》（2002）、吴中杰《闽东畲话的客家化与当地化》（2004）、林伦伦等《潮安畲话中的潮汕方言借词》（2007）、林清书《山羊隔畲族"山客话"与客家话的历史关系》（2013）、钱虹《语言接触下的畲话语音变迁——以安徽宁国云梯畲话为例》（2015）、陈礼梅《景宁畲话与其迁徙地词汇的比较研究》（2015）等。

有2篇论文运用实验语音学的研究方法：大岛广美（日本）《丰顺县凤坪村畲话的上声调嘎裂声》（2011）、王丽丽等《浙江畲话的声调实验研究》（2015）。

畲话研究起步于浙江畲话研究。浙江是畲族人口大省，畲族人口位居全国第二。1984年，经国务院批准，浙江景宁建立畲族自治县，现为全国唯一的畲族自治县。浙江畲话研究在前辈学者的关注和努力下，已取得一些重要的成果，特别是景宁畲话的研究。从现有资料看，超过半数的浙江畲话研究以景宁畲话为调查对象。这些成果或直接将景宁畲话作为唯一的调查点对某一语言现象进行描写、分析，或在多点分析比较中将其列为之一。前人对浙江畲话的研究将畲话研究推向了一个新的阶段，有很强的指导性和较高的参考价值。

尽管如此，目前浙江畲话研究还有很大的研究空间，主要表现在以下两个方面：一是缺乏广泛深入的田野调查，一些问题尚未关注，一些薄弱环节尚待我们继续深究；二是研究成果比较零散，尚无学者以浙江畲话某个单点为研究对象，进行语音、词汇、语法的系统研究。

第五节

调查说明

一 调查过程

2016年5月，课题组在时任郑坑乡副乡长蓝海宽的带领下，赴郑坑乡对当地畲话进行摸底调查，确定以景宁畲族人口比例最高的郑坑乡为调查点。6月，在乡政府的大力支持下，经畲民热情推荐，确定了所有的发音人。

2016年7月至10月，课题组在郑坑乡完成了《中国语言资源调查手册·汉语方言》的全部调查、记录工作，并在景宁县城完成摄录工作。调查期间，浙江师范大学王文胜教授到郑坑乡初步核对了老男、青男音系。

2016年12月，课题组完成纸笔记录、电子文本以及所有音视频的整理校对工作，提交国家语保中心验收。

2017年2月，根据国家语保中心的反馈意见，课题组在丽水完成了补摄录工作。

2017年12月至2018年1月，根据濒危语言课题的调查要求，依据《方言调查字表》（修订本）对单字进行全面调查，依据《汉语方言词语调查条目表》（《方言》2003年第1期）对词汇进行全面调查，并补充调查语法，完成同音字汇的整理工作。

2018年2月，北京语言大学赵日新教授到景宁对之前所记的老男、青男音系进行了核查，并对词汇进行了补充调查。

2018年3月至5月，通过问卷和访谈的形式，完成畲话使用现状调查工作，并请发音人对所有的语料进行核对。

2019年7月，完成书稿初稿。12月，课题通过验收，顺利结项。

二　发音人简况

本书的发音人都是郑坑乡的畲族。

钟益长，男，1957年4月生，郑坑乡柳山村半岭自然村人。小学文化，农民。母语是畲话，此外，还会说景宁话和不标准的普通话。1965年9月至1972年6月在郑坑乡读小学；1972年7月至今在家务农，未到外地常住。父母是郑坑乡畲族，配偶是渤海镇上寮村（与郑坑乡柳山村接壤）畲族，父母和配偶的母语均为畲话。担任"方言老男""口头文化"的调查和摄录任务，同时担任语音、词汇、语法的纸笔调查发音人。

钟建明，男，1988年6月生，郑坑乡吴布村犁壁漈自然村人。现为景宁畲族自治县广播电视台畲语新闻①主播，大专文化。母语是畲话，此外，还会说景宁话和普通话。除2007年9月至2008年6月在丽水读高中、2008年9月至2011年6月在金华职业技术学院②读大学外，一直在本地生活。父母是郑坑乡畲族，且一直在家务农，母语均为畲话。配偶是汉族。担任"方言青男""口头文化"的调查和摄录任务。

雷严花，女，1952年6月生，出生在郑坑乡吴布村，1970年嫁到郑坑乡郑坑村塘丘自然村。小学文化，农民。母语是畲话，此外，还会说景宁话和不标准的普通话。一直在家务农，未到外地常住。父母和配偶都是郑坑乡畲族，且母语均为畲话。担任"方言老女"的调查和摄录任务。

蓝娟芬，女，1987年3月生，郑坑乡郑坑村桃山自然村人。初中文化，农民。母语是畲话，此外，还会说景宁话和普通话。一直在家务农或在景宁县城务工，未到外地常住。父母是郑坑乡畲族，配偶是渤海镇上寮村（与郑坑乡柳山村接壤）畲族，且为入赘婚姻，父母和配偶的母语均为畲话。担任"方言青女""地普1"的调查和摄录任务。

钟献梅，女，1974年2月生，郑坑乡柳山村半岭自然村人。初中文化，农民。母语是畲话，此外，还会说景宁话和普通话。一直在家务农或在景宁县城务工，未到外地常住。父母是郑坑乡畲族，且母语均为畲话。配偶是汉族。担任"口头文化"的调查和摄录任务。

钟宗梅，女，1969年1月生，郑坑乡柳山村半岭自然村人。初中文化，农民。母语是畲话，此外，还会说景宁话和普通话。一直在家务农或在景宁县城务工，未到外地常住。父母和配偶都是郑坑乡畲族，且母语均为畲话。担任"口头文化"的调查和摄录任务。

雷盛足，男，1975年7月生，郑坑乡吴布村人。初中文化，农民。母语是畲话，此外，

---

① 当地政府将"畲话"称为"畲语"，电视台的"畲语新闻"栏目其实是"畲话新闻"。

② 2024年5月31日，教育部发函同意以金华职业技术学院为基础整合资源设立金华职业技术大学，学校性质为公办本科层次职业学校；同时撤销金华职业技术学院的建制。

还会说景宁话和普通话。一直在家务农或在景宁县城务工，未到外地常住。父母是郑坑乡畲族，且母语均为畲话。配偶是汉族。担任"口头文化"的调查和摄录任务。

钟林富，男，1944年12月生，郑坑乡柳山村半岭自然村人。初中文化，教师。母语是畲话，此外，还会说景宁话和普通话。一直在郑坑乡教书，最近几年居住在景宁畲族自治县澄照乡，未到外地常住。父母和配偶都是郑坑乡畲族，且母语均为畲话。担任"口头文化"的调查和摄录任务，同时担任语音、词汇、语法、民俗文化的纸笔调查发音人。

雷学宝，男，1969年1月生，郑坑乡吴布村人。高中文化，农民。母语是畲话，此外，还会说景宁话和普通话。一直在家务农，未到外地常住。父母和配偶都是郑坑乡畲族，且母语均为畲话。担任"地普2"的调查和摄录任务。

蓝庆贤，男，1969年12月生，郑坑乡郑坑村塘丘自然村人。初中文化，农民。母语是畲话，此外，还会说景宁话和普通话。一直在家务农，未到外地常住。父母和配偶都是郑坑乡畲族，且母语均为畲话。担任"地普3"的调查和摄录任务，同时担任民俗文化的纸笔调查发音人。

第二章 语音

第一节

声韵调

景宁畲族对内使用畲话，对外使用景宁话（属吴语上丽片丽水小片）。在与景宁话的接触交融过程中，当涉及畲族生活中少见少有的事物时，畲民一般将其读音折合成畲话音系里已有的音值，但也有少数直接采用吴语音。因这些直接借音成分仅在个别字词中零星出现，尚未形成体系，所以，本书对这些借音做如下处理：

1.因本方言固有的音与这些吴语借音，实际分别为白读与文读，故将吴语借音认作文读音。

2.不将这些借音混入景宁畲话固有体系，而是在音系说明部分予以单列，并穷尽列举例字。

3.单字音表以及同音字汇不再收录这部分字音。

4.词汇、例句、长篇语料按实际读音标注。

一 声母

共有声母20个，包括零声母在内。[1]

p 八兵飞风	pʰ 派爬蜂肥	m 麦明味问	f 风副肥灰	
t 多东动张量词	tʰ 听天甜	n 闹南年泥		l 老蓝连路
ts 资酒争装	tsʰ 草字抽茶		s 丝祠愁山	
tɕ 竹装纸权	tɕʰ 谢春丈	ɲ 热软月鱼	ɕ 想船十谢	
k 高九共砖	kʰ 轻舅气裙	ŋ 熬牛	x 好客鞋汉	
∅ 活温云药				

---

① 例字下单划线表白读音，双划线表文读音。韵母、声调同此。

说明：

1.零声母齐齿呼、合口呼、撮口呼音节开头带有唇舌同部位的摩擦。

2.[tɕ]组声母发音部位略偏后。

3.声母[n]与[ȵ]没完全构成互补，声母[n]也拼细音。例如：浓 niuŋ²²。

4.从景宁话借入浊声母[z]。例如：席文。主~ zʮʔ² │ 柿文。西红~ zʮ²² │ 食文。面~（馄饨）zʮʔ²。

二　韵母

共有韵母88个，包括自成音节的[ŋ]在内。

ʮ 资饲	i 四二移西	u 过苦狮	y 猪余树鱼
a 拉哈	ia 夜写蛇爹		
ɔ 茶牙瓦马	iɔ 榨唰拟声词	uɔ 话桠	
e 稗递祭契	ie 戏移		
o 歌坐饿过	io 靴梳茄疏	uo 禾	
ai 排鞋米西	iai 鸡斜街艾		
ɒi 带大与"小"相对我		uɒi 拐怪	
ei 飞尾垒醉			
oi 开赔对雷			yoi 吹炊嘴髓
au 饱笑鸟教	iau 刁猫抓绕		
ɑu 宝走草高			
eu 桥豆表凑	ieu 摇招烧妖		
	iu 油求手酒	ui 鬼贵亏围	
	im 心深林琴		
am 甜衫减添	iam 尖店念		
ɑm 南敢三淡			
em 垫镰捡钳	iem 盐严染檐		
	in 亲民鳞认		yn 根春银匀
an 山年田肯	ian 仙千眼		
ɔn 半短饭肝		uɔn 弯湾惯	
ən 寸坟吞顺		un 滚云裙魂	
en 骗连棉奶	ien 厌县		
on 官乱恨贪		uon 碗换裱	yon 穿软远根
	iŋ 升绳清星		

aŋ硬争星打　　iaŋ声病兄

ɔŋ糖床讲　　　iɔŋ羊凉香掌　　　uɔŋ王黄皇旺

əŋ东捧公风

eŋ灯层甥　　　ieŋ肯

　　　　　　　iuŋ风浓虫肿

　　　　　　　ip粒湿十

ap接贴掐　　　iap晗眨

ɑp盒鸭踏

　　　　　　　iep摺业页

　　　　　　　it急七一实湿　　　　　　yt出习

at八节篾铁　　iat刮滑

ɔt法辣脱雪　　　　　　uɔt活袜划计~滑

ət佛物窟　　　　　　　uət骨掘

et跌捏虱灭　　iet热血舌

ot国掇雹阔　　　　　　　　　　　　yot月说越决

　　　　　　　i？直力历益　　u？谷缚福捉　　y？六竹熟叔

a？白锡麦额　　ia？尺石壁赤

ɔ？毛捺擦榨　　　　　　uɔ？划划分

e？北色黑贼　　ie？浙黑

o？托郭壳学　　io？药绿局脚　　uo？镬

　　　　　　　iu？育督

ŋ五午

说明：

1.元音[a]舌位偏后，实际音值为[ʌ]。

2.元音[ɑ]唇形略圆，接近[ɒ]。

3.[em en]组韵母中的元音[e]舌位偏低，实际音值为[ɛ]。

4.[ei]韵动程不大，实际音值为[eɪ]。

5.[u]韵尾以及韵母[iuʔ]中的[u]实际舌位偏低，唇形较展。

6.韵母[ɔi uɔi ɔn uɔn]的主元音和韵尾之间有过渡音[ə]，实际音值为[ɔˀi uɔˀi ɔˀn uɔˀn]。

7.韵母[əŋ]与[p]组声母相拼时主元音略带圆唇，接近[ɵŋ]。

8.韵母[ɔŋ iɔŋ uɔŋ]中的[ŋ]尾鼻音色彩较弱，口型有变小的动程，实际音值接近[ɔ̃ iɔ̃ uɔ̃]。

9.韵母[at ət et ot]的主元音与韵尾[t]之间有过渡音[ɪ]。

10.[t]尾成阻不明显，当主元音为圆唇音时，实际音值接近[l]。

11.从景宁话借入韵母[ɿʔ][øʔ][m]。例如：席_文。主~ zɿʔ² │ 鲫~鱼tsɿʔ⁵ │ 剧_越~ tsʰɿʔ² │ 鸽 køʔ⁵ │ 哕 øʔ² │ 舞_文。跳~ m⁴⁴ │ 务任~ m²¹。

三　声调

共有单字调6个。

阴平	[44]	东该灯风通开天春，有，近，冻怪半四痛快寸
阳平	[22]	门龙牛油铜皮糖
上声	[35]	懂古鬼九统苦草，老五有
去声	[21]	懂，老，路硬乱洞地饭树，动罪后近，毒_{动词}
阴入	[4]	谷百搭节急塔刻切，六
阳入	[2]	麦叶月毒_{名词，形容词}白盒罚，切

说明：

1.少部分阴平字收尾时略降，实际调值是[443]。

2.去声[21]起音略高于[2]，但不到[3]。

3.少数上声字只有连读调。例如：晚_{~禾（晚稻）} mɔn⁻⁵⁵ │ 板_{白。~壁（房间木隔板的统称）} pɔn⁻⁵⁵。没有读"晚 mɔn³⁵ │ 板 pɔn³⁵"的单字音。

4.小称调有[35 445 55]，其中[445 55]与单字调的调值有异。少数字的单字调只读小称调[445 55]。例如：豹 pau⁻⁴⁴⁵ │ 猫 n̠iau⁻⁴⁴⁵ │ 燕 an⁻⁴⁴⁵ │ 痣 ki⁻⁴⁴⁵ │ 柿_{白。柿子} kʰi⁻⁴⁴⁵ │ □_{油茶籽} sen⁻⁴⁴⁵ │ 鸟 tɑu⁻⁵⁵ │ 兔 tʰu⁻⁵⁵。

5.从景宁话借入[5]调，个别古清入字或本字不明的字读该调值。例如：鸽 køʔ⁵ │ 鲫_{~鱼} tsɿʔ⁵ │ 伯_{文。阿~（爸爸）} paʔ⁵ │ 托_{文。摩~车} tʰoʔ⁵ │ 察_{文。警~} tsʰɔʔ⁵ │ □_{菜头~（腌制的萝卜条）} lɔʔ⁵。

6.部分古舒声字读[55]调。该[55]调不是小称调，也不是上声的连读调，而是景宁话的借音。这些[55]调字大部分是普通话的去声字，少数是普通话的阴平字。该读音仅在词语中出现，不能单念。例如：

[tsɿ⁵⁵]：志_{文。同~} │ 纪_{文。~律} │ 之_{文。~前} │　　　　治_{文。~虫}

[i⁵⁵]：意_{文。~思}

[tɕy⁵⁵]：注_{~意} │ 桂_{文1。~香皮（桂皮）}

[tsʰɿ⁵⁵]：次_{文。一~性} │ 汽_{文。~油}

[tɕʰy⁵⁵]：去_{文。过~（从前）}

[pʰi⁵⁵]：批_{文。~评}

[y⁵⁵]：裕_{人名用字}

[li⁵⁵]：荔_{~枝}

[ma⁵⁵]：妈_{呼称}

[tsi⁵⁵]：至_{四~}

[ka⁵⁵]：介_{~绍}

[tɕi⁵⁵]：际_{实~} │ 计_{文。会~}

[kɔ⁵⁵]：瓜_{文。~子}

[mie⁵⁵]：面文。~食（馄饨）

[ɕie⁵⁵]：线文。毛~

[lie⁵⁵]：莲文。~子

[mo⁵⁵]：摩~托车

[xo⁵⁵]：火~锅

[tʰai⁵⁵]：太文。~阳｜泰文。~山

[kui⁵⁵]：桂文2。~花

[pau⁵⁵]：包文。~子

[tɕiau⁵⁵]：饺~子

[tɑu⁵⁵]：到~底

[peu⁵⁵]：标文。~准

[meu⁵⁵]：茂人名用字

[keu⁵⁵]：告文。广~

[ui⁵⁵]：惠~明寺（当地寺庙）

[kim⁵⁵]：金文。~瓜（南瓜）

[tsʰən⁵⁵]：衬~衫

[ian⁵⁵]：现文2。~在

[pen⁵⁵]：殡~殓（入殓）

[tɕiŋ⁵⁵]：正文。反~（副词）

[iŋ⁵⁵]：应文2。~该

[ɕian⁵⁵]：相文。照~

[pɔŋ⁵⁵]：磅~秤

[mɔŋ⁵⁵]：盲文。~肠炎｜芒文。~果

[ɕiɔŋ⁵⁵]：向文。~阳

[pʰəŋ⁵⁵]：椪~柑

[ŋ⁵⁵]：红文。西~柿

第二节

单字音表

　　表中同一横行的字声母相同，同一竖列的字韵母和声调相同。有音无字的用数字序号表示，并在表下加注。例字单下划线表白读音，双下划线表文读音。生僻字、方言字、多音异义字，以及其他需做特别说明的字加粗显示，并在表下加注。字体加粗的字先注释，有音无字的按数字序号后注释。同音字用右上标的等号"＝"表示。我们尽量以无文白异读的常用字为例字，但因有些音辖字少，只能举有文白异读的例字，所以，本表中有文白标记的例字，其另一白读或文读音不一定作为例字出现。

表2-1　景宁畲话单字音表之一

	ɿ				i				u				y				a			
	阴平44	阳平22	上声35	去声21	阴平44	阳平22	上声35	去声21	阴平44	阳平22	上声35	去声21	阴平44	阳平22	上声35	去声21	阴平44	阳平22	上声35	去声21
p					闭	枇	比	备	布	蒲	补	部								
pʰ					屁	皮	髀	鼻			普	步					派			
m					眯	迷	美	味												
f					费	肥			裤	壶	火	户								
t					低		抵	自	都	图	赌	挂					哆			
tʰ					替		体	地			土	度								
n																		喏		
l					劳	璃	李	泪	露	炉	鲁	路		吕	旅					拉
ts	资	子	子		至			子	租		组									
tsʰ		持								粗	楚						差			
s	施	饲	市		四	荠	死	寺	苏	祠	数	似								
tɕ					济		纸	痔					猪	渠	煮	驻				
tɕʰ							齿	匙					区	除	取	箸				
ȵ					你	尼	蚁	二							女					
ɕ					是	时	起						书	薯	水	树				
k					寄	旗	几	纪	句	库	古	姑	锯		矩	箕				
kʰ					气	骑					苦					柜	铅	楷		
ŋ																		①		
x																	哈			②
ø					医	以	椅	姨	乌	吴				余	雨	誉				

子 tsɿ22 包～

子 tsɿ35 面～

持 tsʰɿ22 保～

髀 pʰi35 大～大腿

美 mi35 人名

费 fi44 浪～

肥 fi22 减～

低 ti44 ～估

自 ti21 ～家自己

体 tʰi35 ～面

劳 li44 浅浅地割，划开

至 tsi44 夏～

子 tsi21 日～

荠 si22 米～荸荠

匙 tɕʰi21 饭～饭勺

尼 ȵi22 ～龙

几 ki35 ～个

纪 ki21 年～

姨 i21 阿～妻子的姐妹

部 pu21 一～车

火 fu35 烧～

挂 tu21 动词，支撑：～门

露 lu44 ～水

数 su35 动词，点数：～钱

姑 ku21 阿～姑姑

苦 kʰu35 辛～

吴 u22 姓～

旅 ly35 一～兵

渠 tɕy22 ～道

水 ɕy35 冷～

箕 ky21 畚～挑东西用的簸箕

派 pʰa44 老古～

哆 ta44 ～公岳父。外公

喏 na22 叹词，含有指示意思的语气：～，那个分你

差 tsʰa44 出～

铅 kʰa44 ～角崽硬币

①ŋa22 拟声词，形容说话声

②xa35 故＝ ～婴儿

表2-2　景宁畲话单字音表之二

	ia 阴平44	ia 阳平22	ia 上声35	ia 去声21	ɔ 阴平44	ɔ 阳平22	ɔ 上声35	ɔ 去声21	iɔ 阴平44	iɔ 阳平22	iɔ 上声35	iɔ 去声21	uɔ 阴平44	uɔ 阳平22	uɔ 上声35	uɔ 去声21	e 阴平44	e 阳平22	e 上声35	e 去声21
p					疤	杷	把	②									背	便		
pʰ						爬		③									稗			
m					骂	麻	麻	麻												
f					花		华													
t	爹			①													知	递		第
tʰ						毯														
n							呐	姆												
l						喇												厘		礼
ts					渣	查		渣									祭			⑤
tsʰ					叉	茶		④									妻			
s					纱		锁	沙												
tɕ	遮		姐						榨											
tɕʰ	车		筥	谢																
ɲ			娘																	
ɕ	泻	蛇	写	射						邪										
k					加	枷	假	家									季			髻
kʰ		擎			敲												契			
ŋ						牙	瓦	芽												
x						霞	虾	下												
ø		爷	野	夜		鸦	哑	鸦							桠	话				

姐 tɕia³⁵ 镬灶～灶神

车 tɕʰia⁴⁴ 坐～

筥 tɕʰia³⁵ 斜

谢 tɕʰia²¹ 感～

娘 ɲia³⁵ 爷～父母

擎 kʰia²² 举

麻 mɔ²² 胡里胡～杂乱

麻 mɔ³⁵ 麻疹

麻 mɔ²¹ 油～芝麻

呐 nɔ²² 唢～

姆 nɔ²¹ 对汉族已育女性的称呼

渣 tsɔ⁴⁴ 豆腐～

渣 tsɔ²¹ 油～

沙 sɔ²¹ 沙子

假 kɔ³⁵ 真～

家 kɔ²¹ 自～自己

鸦 ɔ²² 老～乌鸦

鸦 ɔ²¹ ～鹊喜鹊

榨 tɕiɔ⁴⁴ ～油

桠 uɔ³⁵ 柴～树枝

背 pe⁴⁴ 动词：～人

便 pe²² ～宜

稗 pʰe⁴⁴ 稗子

知 te⁴⁴ 提头～尾说个开头就知道结尾

礼 le²¹ ～数

髻 ke²¹ 鸡～鸡冠

①tia²¹ 腰～落去腰弯下去

②pɔ²¹ 趴

③pʰɔ²¹ 屎～旧式的厕所

④tsʰɔ²¹ 遮挡

⑤tse²¹ ～色＝怎样

表2-3　景宁畲话单字音表之三

	ie 阴平44	ie 阳平22	ie 上声35	ie 去声21	o 阴平44	o 阳平22	o 上声35	o 去声21	io 阴平44	io 阳平22	io 上声35	io 去声21	uo 阴平44	uo 阳平22	uo 上声35	uo 去声21	ai 阴平44	ai 阳平22	ai 上声35	ai 去声21
p					波	**薄**		簿									拜		摆	败
pʰ					破	**婆**		**婆**									**剃**	牌		
m					魔	母		墓									**舲**	埋	米	**梅**
f																				
t					多	**驼**		**朵**									帝		**底**	待
tʰ					拖	**驼**	**桃**	**毒**									剃		睇	弟
n						**挼**		糯									④	泥	**那**	**乃**
l					**攞**	锣		箸				①					⑤	犁		⑥
ts					做			**造**									再	**财**	最	**罪**
tsʰ					坐	槽		座										柴		
s					嗦		所	助									晒			洗
tɕ																				
tɕʰ																				
ȵ		**宜**		**艺**																
ɕ	戏										梳									
k					**过**	**歌**	**锅**	**歌**	②	瘸	茄	③					界	⑦	改	**坏**
kʰ					科		**可**										揩			
ŋ						**吴**		饿									⑧			
x					货	何		号									**解**	鞋	海	害
∅		**移**					**窝**	**窝**						禾	**唉**		阿		矮	挨

宜 ȵie^{22} 便～　　　　挼 no^{22} 搓揉：～绳　　　　唉 uo^{35} 叫；喊

艺 ȵie^{21} 手～　　　　攞 lo^{44} 娶　　　　剃 pʰai^{44} 削：～茄削茄子

移 ie^{22} ～过来　　　　造 tso^{21} ～水洗坛学师仪式之一　　　　舲 mai^{44} 不会

薄 po^{22} ～荷　　　　过 ko^{44} ～去　　　　梅 mai^{21} 人名用字

婆 pʰo^{22} 公～　　　　歌 ko^{22} 汉族歌　　　　底 tai^{35} 鞋～

婆 pʰo^{21} 妗～岳母　　　　锅 ko^{35} 火～　　　　睇 tʰai^{35} 看

驼 to^{22} ～背　　　　歌 ko^{21} 畲歌　　　　弟 tʰai^{21} 表～

朵 to^{21} 耳～　　　　可 kʰo^{35} ～以　　　　那 nai^{35} 那儿，那里

驼 tʰo^{22} 垂：～落来垂下来　　　　吴 ŋo^{22} ～布地名　　　　乃 nai^{21} 只：我～有一日空

桃 tʰo^{35} 桃子　　　　窝 o^{35} 酒～　　　　财 tsai^{22} 发～

毒 tʰo^{21} 动词，用毒物害死　　　　窝 o^{21} 心头～心窝　　　　罪 tsai^{21} ～过霉可怜

坏 kai²¹ 与"好"相对

解 xai⁴⁴ 会：我～去

阿 ai⁴⁴ ～哥

挨 ai²¹ 打：～两下 打两下

① lio³⁵ 锉

② kʰio⁴⁴ 蜈蚣

③ kʰio²¹ 寮～蜘蛛

④ nai⁴⁴ 些：一～ 一些

⑤ lai⁴⁴ 柴～ 柴爿

⑥ lai³⁵ 自主的吐：药～出来

⑦ kai²² 鸡～ 鸡嗉子

⑧ ŋai⁴⁴ 啃

表2-4　景宁畲话单字音表之四

声母	iai 阴平44	iai 阳平22	iai 上声35	iai 去声21	ɔi 阴平44	ɔi 阳平22	ɔi 上声35	ɔi 去声21	uɔi 阴平44	uɔi 阳平22	uɔi 上声35	uɔi 去声21	ei 阴平44	ei 阳平22	ei 上声35	ei 去声21	oi 阴平44	oi 阳平22	oi 上声35	oi 去声21
p					簸								飞			屄	杯	陪		倍
pʰ													配				配	赔		吠
m													尾	糜	梅			媒	每	妹
f													悔				灰	回	毁	会
t					带			逮									对	台		堆
tʰ					筛		大						③				胎	苔	腿	
n																黏		尼		内
l								赖					④		垒	类		雷		袋
ts							在						醉				载		崽	罪
tsʰ																	菜	材	彩	
s							寨						碎			随		随		使 岁
tɕ																				
tɕʰ																				
ȵ	艾																			
ɕ	快	斜																		
k	鸡		蜗		个		个	个	怪		拐						盖		⑤	⑥
kʰ	荷																开			
ŋ					我													呆		
x						②		怀												亥
ø				①								坏	歪				爱			

快ɕiai^{44} 与"慢"相对

蜗kiai^{35} 蛙：青~青蛙

荷kʰiai^{44} 动词，只有一头挂有物品的挑担动作

簸pɔi^{44} 用簸箕颠动米粮，扬去糠秕和灰尘：~谷

逮tɔi^{21} 赶~来得及

个kɔi^{44} 量词：一~人

个kɔi^{35} 这儿，这里：坐~

个kɔi^{21} 这：坐~里

怀xɔi^{21} ~崽怀孕

坏uɔi^{21} 破~

屄pei^{21} 腟~女阴

配pʰei^{44} ~药

糜mei^{22} 稀烂：煮~啊

梅mei^{35} ~花

随sei^{21} ~便

配pʰoi^{44} 许~

会foi^{21} 开~

台toi^{22} 戏~

堆toi^{21} 一~柴

苔tʰoi^{22} 青~

腿tʰoi^{35} 牛~

尼noi^{22} ~姑

内noi^{21} 三日~

载tsoi^{44} ~货

崽tsoi^{35} ~女子女

罪tsoi^{21} 犯~

材tsʰoi^{22} 棺~

随soi^{22} 量词，相当于排，行，列

开kʰoi^{44} ~心

①iai^{21} 撒颗粒或粉末状物品：~谷种撒谷种

②xɔi^{22} 痒：~人令人觉得痒

③tʰei^{44} 流淌：水~出来

④lei^{44} 猪头~腮腺炎

⑤koi^{35} 动词，架：~上去

⑥koi^{21} 柴~树根

表2-5　景宁畲话单字音表之五

声母	yoi 阴平44	yoi 阳平22	yoi 上声35	yoi 去声21	au 阴平44	au 阳平22	au 上声35	au 去声21	iau 阴平44	iau 阳平22	iau 上声35	iau 去声21	ɑu 阴平44	ɑu 阳平22	ɑu 上声35	ɑu 去声21	eu 阴平44	eu 阳平22	eu 上声35	eu 去声21
p					包		饱						报		宝	爆	彪		表	
pʰ					泡			刨						袍		蔍	票		藻	
m						茅	卯	某					毛	毛		帽	苗		牡	庙
f																				
t					钓		调		刁	条		调	刀	桃	倒	盗	斗	头	斗	桃
tʰ					掉	条			挑						讨	套			鼓	透
n							脑	尿											纽	
l						寮	了	嫽		寮	了	疗	捞	牢	老	痨	燎	楼	篓	漏
ts					焦								罩		左				奏	
tsʰ					抄		炒	嗺					糙		草			凑		础
s					笑	①	小	皂							瘦		硝	愁	搜	黍
tɕ	嘴								椒		爪	抓								
tɕʰ	吹									超										
ɲ											绕									
ɕ	税		髓								晓									
k					教		绞	搞					高		狗	钩	叫		缴	幪
kʰ					较		巧								可		铐	桥	考	轿
ŋ						熬		傲						牛					藕	
x					孝			皓					薅		好					
ø					坳		拗		跃			绍	燆		呕	效				

包pau44 红~

调tau21 调换

掉tʰau44 改~

条tʰau22 量词：一~路

寮lau22 房子

了lau35 完结

嫽lau21 ~歌对歌会

焦tsau44 干燥：晒~

嗺tsʰau21 嚼

小sau35 ~门

较kʰau44 更加：~多

皓xau21 形容词，亮：天~

拗au35 弯曲使断：~柴

条tiau22 ~件

调tiau21 音~

挑tʰiau44 ~拨

寮liau22 上~地名

了liau35 ~解

晓ɕiau35 人名用字

袍pau22 龙~

蔍pʰau21 莓：蛇~

毛mau44 头~头发

毛mau22 ~竹

刀tau44 剪~

桃tau22 黑~扑克牌的花色

捞lau44 拌合：~米粉

牢lau22 牢房

老lau35 与"嫩"相对

可kʰau35 ~恶

薅xau44 ~草用农具除掉田草

燆au44 煮：~猪潲煮猪食

呕au35 呕吐

斗teu44 动词：~牛

斗 teu³⁵ 量词：一～米

桃 teu²¹ ～山_{地名}

头 tʰeu²² 山～

敨 tʰeu³⁵ 把包着或卷着的东西
　　打开

头 tʰeu²¹ 屎～_{后面}

纽 neu³⁵ 禾～_{稻穗}

燎 leu⁴⁴ ～火头_{引火}

叫 keu⁴⁴ 哭

憔 keu²¹ 擦拭：～桌

①sau²² 半～猪_{百来斤的猪}

②pʰɑu⁴⁴ □ sen⁴⁴⁵ ～油茶苞

③mɑu³⁵ 不好，"唔好"合音

表2-6　景宁畲话单字音表之六

	ieu				iu				ui				im				am			
	阴平44	阳平22	上声35	去声21	阴平44	阳平22	上声35	去声21	阴平44	阳平22	上声35	去声21	阴平44	阳平22	上声35	去声21	阴平44	阳平22	上声35	去声21
p																				
pʰ					妇			匏												
m												梅								
f																				
t					苑	绸	①				劢			炖		砧				典
tʰ							丑							沉			添	甜		
n																				
l					流	留	柳							林			③			
ts					皱		酒						浸							
tsʰ					秋	囚							深	寻						
s					修	泅	守						心	寻	审	沈	衫			衫
tɕ	照				州		灸	就					针							
tɕʰ		潮		兆		臭														
ȵ							扭	纽												
ɕ	消	韶	少	后	休	仇	手	寿												
k					救	球	九	臼	规	会	鬼	跪	金	②			监	衔	减	
kʰ					靠	求		旧	块	魁				琴						
ŋ																				
x																		咸		
ø	妖	摇	舀	鹞	优	油	西	又	危	违	微	位	阴		饮					

兆 tɕʰieu21 人名用字

韶 ɕieu22 ~山

少 ɕieu35 与"多"相对

妇 pʰiu44 新~儿媳妇

匏 pʰiu21 瓟瓜

苑 tiu44 尾~尾巴

丑 tʰiu35 子~寅卯

流 liu44 水~出来

泅 siu22 ~水潜在水里

纽 ȵiu21 动词，扣纽扣的动作

臼 kiu21 脱~骨的关节因外力推撞而脱离

靠 kʰiu44 挨近

梅 mui21 杨~

劢 tui35 使劲拉

会 kui22 ~计

微 ui35 稍~

炖 tim22 ~卵煮蛋羹

砧 tim21 铁~砧子

寻 tsʰim22 一~一庹

寻 sim22 找

沈 sim21 姓~

金 kim44 ~银

饮 im35 名词，米汤

衫 sam44 衣服

衫 sam21 赤~一种红色长衫，是尚无弟子的畲族法师的服饰

①tiu35 针~顶针儿

②kim22 菜~菜罩

③lam44 舔

表2-7　景宁畲话单字音表之七

	iam				am				em				iem				in			
	阴平44	阳平22	上声35	去声21	阴平44	阳平22	上声35	去声21	阴平44	阳平22	上声35	去声21	阴平44	阳平22	上声35	去声21	阴平44	阳平22	上声35	去声21
p pʰ m f																	宾拼	贫民	辫品	⑨
t tʰ n l	店		点	奠	担 淡 缅	南 蓝	胆	痰 ③ 篮	垫 敛	帘								阵 鳞	屪	
ts tsʰ s					簪 三	蚕	糁	鉴									进 亲 信	陈	诊	尽
tɕ tɕʰ ȵ ɕ	尖			念					占					前 严	险	染	真 身	陈 人 辰		⑩ 阵 认
k kʰ ŋ x		①			甘 岸	岩 含	敢 ⑤ ⑦	④ ⑥ ⑧	兼	钳	捡						肩		紧	⑪
∅			②	敫	揞								掩	檐	盐		印		瘾	

点 tiam³⁵ 在田间畦面上刨坑播种：～洋芋种马铃薯

敫 iam²¹ 扔

缅 nam⁴⁴ ～机织布机

蓝 lam²² 姓～

糁 sam³⁵ 饭～饭粒

岸 ŋam⁴⁴ 田～田埂地势较高一侧

岩 ŋam²² 方～地名

揞 am⁴⁴（用手）捂

敛 lem⁴⁴ 手～来两只手交互插在袖筒里

前 tɕʰiem²² ～晡前天

掩 iem⁴⁴ 躲藏

阵 tin²² 有～有伴

屪 lin³⁵ 成人的阴茎

陈 tsin²² 姓～

诊 tsin³⁵ 门～

陈 tɕʰin²² ～谷

阵 tɕʰin²¹ 一～水一阵雨

①kiam²² 动词，笼罩

②iam³⁵ 白～蝴蝶

③nam³⁵ 一～一虎口

④kam²¹ 笨屎～蜣螂

⑤kʰam³⁵ 动词，盖：菜～兴ᵈ来把菜盖起来

⑥kʰam²¹ 桶～锅盖

⑦xam³⁵ ～盆石臼

⑧xam²¹ ～年后年

⑨pin²¹ ～头毛编辫子

⑩tɕin²¹ 茅～鸟麻雀

⑪kʰin²¹ 鸡～鸡肫

表2-8　景宁畲话单字音表之八

	yn 阴平44	yn 阳平22	yn 上声35	yn 去声21	an 阴平44	an 阳平22	an 上声35	an 去声21	ian 阴平44	ian 阳平22	ian 上声35	ian 去声21	ɔn 阴平44	ɔn 阳平22	ɔn 上声35	ɔn 去声21	uɔn 阴平44	uɔn 阳平22	uɔn 上声35	uɔn 去声21
p					边		扁	丬					半	搬	粄	拌				
pʰ							片						判	盘		饭				
m														馒	挽	慢				
f													宽	烦	反	犯				
t					癫	谈		蛋					单		短	但				
tʰ					天	田		①					炭	团						
n					年		捻						暖	难		难				
l					②	兰							懒	拦	卵	烂				
ts					箭		剪	站					钻							
tsʰ						钱	浅	钱						残						
s					山								伞		癣					
tɕ	俊		准						溅											
tɕʰ		春							千											
ɲ		银							⑤		眼	⑥								
ɕ	训	唇							仙			前								
k	斤			近	奸		茧		见			⑦	肝		赶		惯			
kʰ		勤					肯							环		摱			宽	款
ŋ					③		④							元		愿				
x						闲							汉	痕	罕	汗				
∅		匀	允	运	烟				烟	还		现	恩			陷	弯			玩

俊tɕyn44 人名用字

近kyn21 ～姐亡魂 表礼上法师对刚去世女性的称谓

运yn21 ～输

边pan44 东～

丬pan21 光头～ 秃子

片pʰan35 小块的布：面～毛巾

捻nan35 用手指搓：～线

兰lan22 ～花

钱tsʰan22 量词

钱tsʰan21 钞票

肯kʰan35 ～定

烟an44 动词,熏,弥漫：火云～过来烟熏过来

眼ɲian35 眼睛

前ɕian21 十年～

烟ian44 名词

还ian22 动词,与"借"相对：～账

现ian21 表～

粄pɔn35 各类自制糕点的总称

盘pʰɔn22 名词。量词

挽mɔn35 拔（草）

宽fɔn44 与"紧"相对

反fɔn35 与"正"相对

单tɔn44 简～

团tʰɔn22 把东西揉弄成圆球形

难nɔn22 与"易"相对

难nɔn21 灾祸

癣sɔn35 狗～一种白色癣症,发痒,手抓后呈红色

环kʰɔn22 门～

摱kʰɔn21 动词,拎

元 ŋɔn²² 寿～ _{寿命}

愿 ŋɔn²¹ 还～

痕 xɔn²² 牙～ _{牙印}

宽 kʰuɔn⁴⁴ ～大处理

玩 uɔn²² ～具

①tʰan³⁵ ～头 _{明天}

②lan⁴⁴ □kan⁴⁴ ～侧 _{侧身}

③ŋan²² "我们" 合音

④ŋan²¹ 仓～ _{存放粮食的器具}

⑤n̩ian²² "你们" 合音

⑥n̩ian²¹ 耳～ _{耳环}

⑦kian²² "他们" 合音

表2-9　景宁畲话单字音表之九

	ən				un				en				ien				on			
	阴平44	阳平22	上声35	去声21	阴平44	阳平22	上声35	去声21	阴平44	阳平22	上声35	去声21	阴平44	阳平22	上声35	去声21	阴平44	阳平22	上声35	去声21
p	分		粉	笨					变		摈	便								本
pʰ	喷	坟		份					骗											
m	问	文	蚊	蚊					面	棉	免	面								
f	分		粉	份																
t	顿	沌	墩	墩						填		电						团		段
tʰ		吞		钝													贪			
n				嫩							奶	练								
l		轮		闰					怜		②	练								乱
ts			①									③					尊	存		
tsʰ	村	旬															参	忖		
s	孙	循	笋	顺																损
tɕ													检		展					
tɕʰ													谦	缠						
ɳ													研							
ç													扇	禅	显	癣				
k					棍		滚			乾	卷	件					官	④	管	罐
kʰ					昆	拳	捆	菌	欠			缠								
ŋ																				
x			狠																憨	恨
∅					温	云	稳	运				晕	厌	延	演	县				

分 $pən^{44}$ 动词，分开

粉 $pən^{35}$ 米～

份 $pʰən^{21}$ 有～

蚊 $mən^{35}$ 白～苍蝇

蚊 $mən^{21}$ 长脚～蚊子

分 $fən^{44}$ ～数

粉 $fən^{35}$ ～笔

份 $fən^{21}$ 月～

墩 $tən^{35}$ 竖～柱子

墩 $tən^{21}$ 量词，段，截：一～绳

菌 $kʰun^{21}$ 高等菌类植物：香～香菇

运 un^{21} ～气

摈 pen^{35} ～屎窟擦屁股

便 pen^{21} 方～

面 men^{44} 脸

面 men^{21} 麦～

卷 ken^{35} ～手帕卷袖子

缠 $kʰen^{21}$ 手～手链

晕 en^{21} 热头擎～日晕

缠 $tɕʰien^{22}$ 盘～

癣 $çien^{21}$ 生～

团 ton^{22} ～结

参 $tsʰon^{44}$ ～加

罐 kon^{21} 竹～用竹子加工而成用来装物品的器皿

① $tsən^{35}$ 砍

② len^{35} 躺：～落来躺下来

③ $tsen^{21}$ 游戏，玩耍：～水玩水

④ kon^{22} ～肶宴席上的大块肉

表2-10　景宁畲话单字音表之十

	uon 阴平44	uon 阳平22	uon 上声35	uon 去声21	yon 阴平44	yon 阳平22	yon 上声35	yon 去声21	iŋ 阴平44	iŋ 阳平22	iŋ 上声35	iŋ 去声21	aŋ 阴平44	aŋ 阳平22	aŋ 上声35	aŋ 去声21	iaŋ 阴平44	iaŋ 阳平22	iaŋ 上声35	iaŋ 去声21
p									冰	凭	并		绷	彭		③	柄		饼	病
pʰ									②	聘			④				平		片	
m										明		命		盲	蛑	虻		名		命
f																				
t									澄	停	鼎	锭	丁		打	顶	涨			
tʰ									厅		挺	定	听							
n											能		拿							
l										零		令	冷			定		岭	领	领
ts									增			静	争		井	姓				
tsʰ									清	程			撑	晴	请					
s									星			净			醒	星				
tɕ					专	权	转	赚	政	警	景						正		奖	净
tɕʰ					穿	传		旋	秤			澄					瞑			
ȵ					软	原		愿												仰
ɕ					宣	船	选		胜	承		绳					兄	成	响	匠
k					砖						敬		羹			哽	镜		颈	
kʰ						近							坑					轻		⑤
ŋ																硬				健
x												惩		行						
∅	安	园	碗	换	冤	员	远	①	英	寅	影						领	赢		影

安uon⁴⁴ ～全

园uon²² 竹～

换uon²¹ 买。卖

传tɕʰyon²² ～落来 传下来

旋tɕʰyon²¹ 转动

愿ȵyon²¹ ～意

近kʰyon⁴⁴ 与"远"相对

凭piŋ²² ～据

并piŋ³⁵ 合～

命miŋ²¹ ～令

澄tiŋ⁴⁴ 水～一～

厅tʰiŋ⁴⁴ ～长

令liŋ²¹ 命～

星siŋ⁴⁴ ～期

净siŋ²¹ ～重

警tɕiŋ²² 报～

景tɕiŋ³⁵ 风～

澄tɕʰiŋ²¹ ～照 地名

影iŋ³⁵ ～响

绷paŋ⁴⁴ 棕～ 以木框为架，串编棕绳 为面的卧具

盲maŋ²² ～眼 瞎子

蛑maŋ³⁵ 狗～ 蚂蚱

虻maŋ²¹ 牛～ 吸食牛、马血液的一 种虫

丁taŋ⁴⁴ 楔子

顶taŋ²¹ 抵住：～大门

星saŋ²¹ 星星

行xaŋ²² 动词，走

片pʰiaŋ³⁵ 一～心

名miaŋ²² ～字

命miaŋ²¹ 算～

领liaŋ³⁵ 领取

领 liaŋ²¹ 衣领

正 tɕiaŋ⁴⁴ 与"反"相对

净 tɕiaŋ²¹ 洗～一种驱除邪气的宗教
　　仪式

睰 n̠iaŋ⁴⁴ ～牛放牛

做 kʰiaŋ²¹ 避忌：～嘴忌口

领 iaŋ⁴⁴ 量词，件（衣物）

影 iaŋ³⁵ 人～

① yoŋ²¹ 抽～（树木）发芽

② miŋ⁴⁴ 甩：～来～去

③ paŋ²¹ 脚～绑腿

④ maŋ⁴⁴ 勤快

⑤ kʰiaŋ³⁵ 细～个头小

表2-11　景宁畲话单字音表之十一

	ɔŋ 阴平44	ɔŋ 阳平22	ɔŋ 上声35	ɔŋ 去声21	iɔŋ 阴平44	iɔŋ 阳平22	iɔŋ 上声35	iɔŋ 去声21	uɔŋ 阴平44	uɔŋ 阳平22	uɔŋ 上声35	uɔŋ 去声21	əŋ 阴平44	əŋ 阳平22	əŋ 上声35	əŋ 去声21	eŋ 阴平44	eŋ 阳平22	eŋ 上声35	eŋ 去声21
p	帮	旁	榜	傍	放									棚			崩			
pʰ	胖		膀			房	纺						碰	蓬	捧			瓶		凭
m		忙	网	望										蒙	懵	梦				冥
f	方	防	仿										封	红	讽	奉				
t	当	塘	党	荡	账								东		董	动	灯	亭	等	
tʰ	汤	糖	躺										痛	铜	桶	筒		藤		腾
n		瓤												农						
l	朗	狼	眼	浪	两	凉		量					聋	龙	笼	笼				
ts	壮												宗		总		甑			
tsʰ	仓	床		状									聪			葱		层		
s	霜		爽	脏									送	绒	松			甥		
tɕ					酱		掌	撞												
tɕʰ					唱	墙	厂	杖												
ȵ					忘	娘		娘												
ɕ					香	尝	赏	橡												
k	光		讲	缸	姜	强		共					工	①	拱	共				
kʰ	康		园		腔								空		孔					
ŋ																				
x	糠	杭											烘							
∅	翁				养	阳	两	样	汪	皇		旺								应

塘 tɔŋ²² ～丘 地名

朗 lɔŋ⁴⁴ 皓～～亮堂堂

眼 lɔŋ³⁵ 时间不长或阳光不猛烈的照晒

状 tsʰɔŋ²¹ 告～

霜 sɔŋ⁴⁴ 冰～

脏 sɔŋ²¹ 心～

园 kʰɔŋ³⁵ 放。藏

翁 ɔŋ⁴⁴ 爷爷

放 piɔŋ⁴⁴ ～手

房 pʰiɔŋ²² 共～同一个家族

纺 pʰiɔŋ³⁵ ～线

两 liɔŋ⁴⁴ 量词：斤～

量 liɔŋ²¹ 数～

娘 ȵiɔŋ²² 新～

娘 ȵiɔŋ²¹ 鸡～母鸡

姜 kiɔŋ⁴⁴ 生姜

共 kiɔŋ²¹ 相同：～姓同一个姓

两 iɔŋ³⁵ 数词，二

蓬 pəŋ²¹ 量词：一～气

蓬 pʰəŋ²² ～松松

蒙 məŋ²² 内～古

懵 məŋ³⁵ ～懂

红 fəŋ²² ～包

筒 tʰəŋ²¹ 烟～

龙 ləŋ²² 尼～

笼 ləŋ³⁵ 火～

笼 ləŋ²¹ 鸡～

松 səŋ³⁵ 弄～戏弄

共 kəŋ²¹ ～产党

凭 pʰeŋ²¹ 倚靠

冥 meŋ²² ～斋粄一种米粉制作的祭祀食品

亭 teŋ²² 龙～凉亭

腾 tʰeŋ²¹ 相配，相称

应 eŋ⁴⁴ 答～

①kəŋ²² 狗＝～鸟布谷鸟

表2-12　景宁畲话单字音表之十二

	ieŋ 阴平44	ieŋ 阳平22	ieŋ 上声35	ieŋ 去声21	iuŋ 阴平44	iuŋ 阳平22	iuŋ 上声35	iuŋ 去声21	ip 阴入4	ip 阳入2	ap 阴入4	ap 阳入2	iap 阴入4	iap 阳入2	ɑp 阴入4	ɑp 阳入2	iep 阴入4	iep 阳入2	it 阴入4	it 阳入2
p					<u>风</u>														笔	
pʰ							蜂	蜂												
m																			④	
f																				
t									滴						搭					
tʰ											贴	叠	帖			踏				
n						浓										纳				
l						笼				粒					蜡	蜡			笠	立
ts											接					闸			汁	秩
tsʰ											插	煤							七	
s											塞								<u>湿</u>	实
tɕ					忠		肿						嚼					摺		
tɕʰ					充	重		虫					②							
ɲ													嗄					业	<u>日</u>	<u>日</u>
ɕ			<u>肯</u>		凶			凶	<u>湿</u>	十							翁			
k					弓				①	及	夹	狭	晗		<u>甲</u>				急	
kʰ							穷													术
ŋ																				
x											掐					盒				
ø					壅	荣	永				入	狭		③	鸭			叶	一	

肯 ɕieŋ35 唔~不肯

风 piuŋ44 吹~

蜂 pʰiuŋ35 蜜蜂

蜂 pʰiuŋ21 ~鹞马蜂

笼 liuŋ22 灯~

重 tɕʰiuŋ22 一~一层

凶 ɕiuŋ44 ~多吉少

凶 ɕiuŋ21 ~邦邦很凶

壅 iuŋ44 埋

湿 ɕip4 打~淋湿

煤 tsʰap2 将食物置于水中煮：

~卵

塞 sap4 衫~裤内肚衣服的下摆塞进裤腰里

狭 kap2 拥挤

狭 ap2 窄

帖 tʰiap4 一~药

嗄 ɲiap4 口动

晗 kiap4 眨动

蜡 lɑp4 黄~

蜡 lɑp2 ~烛

甲 kɑp4 ~乙丙丁

摺 tɕiep4 ~衫折衣服

翁 ɕiep4 闭（眼）

湿 sit4 风~

日 ɲit4 一~一天

日 ɲit2 ~本

术 kʰit2 白~

① kip4 忍（小便）

②tɕʰiap4 谷~无把的畚斗，多用来撮粮食

③ iap2（光）闪烁

④mit4 抿：嘴巴~来嘴巴抿着

表2-13　景宁畲话单字音表之十三

声母	yt 阴入4	yt 阳入2	at 阴入4	at 阳入2	iat 阴入4	iat 阳入2	ɔt 阴入4	ɔt 阳入2	uɔt 阴入4	uɔt 阳入2	ət 阴入4	ət 阳入2	uət 阴入4	uət 阳入2	et 阴入4	et 阳入2	iet 阴入4	iet 阳入2	ot 阴入4	ot 阳入2
p pʰ m f			八	篾		①	钵 泼 法	拔 钹 末 罚			不 窟	物 佛			鳖	别 别 灭			拨	⑧ 雹 阔
t tʰ n l			铁 裂	达			脱	夺 戮 辣				挌	⑦		跌 捏	列			掇	突
ts tsʰ s			节 煞	切			扎 雪	⑤	撮		戌	杂			虱				刷	
tɕ tɕʰ ɲ ɕ	出	习			撤 ③	② 啮											折 血	热		
k kʰ ŋ x			刮		缺	④	割 喝	⑥	括				骨	掘	结				国	⑨
∅						滑			挖	活			颎							

达 tat^2 发～

裂 lat^4 动词：碗～啊

切 tsʰat^2 动词：～菜

煞 sat^4 ～气 邪气

啮 ɲiat^2 咬：～人

缺 kʰiat^4 缺口：一个～

滑 iat^2 ～溜溜

拨 pɔt^2 ～火罐

戮 lɔt^2 杀：～猪

扎 tsɔt^4 动词，缠束

喝 xɔt^4 大声喊叫

窟 fət^4 屎～屁股

挌 lət^2 手握着东西，向一端顺着抹取：～柴叶

掘 kuət^2 动词，挖

颎 uət^4 淹

别 pet^2 差～

别 pʰet^2 ～人

捏 net^4 用指甲掐：～葱

结 ket^4 打死～

折 tɕiet^4 折扣：打四～

拨 pot^4 ～款

掇 tot^4 端：～菜

① pʰiat^2 拟声词，相当于普通话"啪"

② tɕiat^2 盦

③ ɲiat^4 皱皮皱～皱皱巴巴

④ kʰiat^2 用细尖物将东西从缝隙、孔洞里用力往外挑拨剔除，或往里填塞东西

⑤ tsʰɔt^2 姑$^=$ ～蟑螂

⑥ kʰɔt^2 踏步～台阶

⑦ luət^4（眼珠子）转动

⑧ pot^2 量词，坨：一～泥

⑨ kot^2 有长柄的勺子

表2-14　景宁畲话单字音表之十四

	yoʔ 阴入4	yoʔ 阳入2	iʔ 阴入4	iʔ 阳入2	uʔ 阴入4	uʔ 阳入2	yʔ 阴入4	yʔ 阳入2	aʔ 阴入4	aʔ 阳入2	iaʔ 阴入4	iaʔ 阳入2	ɔʔ 阴入4	ɔʔ 阳入2	uɔʔ 阴入4	uɔʔ 阳入2	eʔ 阴入4	eʔ 阳入2	ieʔ 阴入4	ieʔ 阳入2
p			逼			膼			百		壁						北			
pʰ			匹		扑				魄		撇							劈		
m						缚				白	搣	麦						墨		
f					福															
t			的	敌		毒			硳				塌				德	特		
tʰ			剔						④	籴				⑥				踢		
n													毛	捺						
l				力		爁		六		裂		篱						肋		
ts			织		捉				借	择			扎				则	贼		
tsʰ			戚			戳			拆	席				擦			测			
s			息		粟				锡								色			
tɕ	决		积				竹				炙	⑤							浙	
tɕʰ			拭	直							尺									
ɲ		月						肉				弱								
ɕ	说	绝	②	食			叔	熟			削	石							黑	
k	蕨		籍		谷				格								羯	⑦		
kʰ		①		③	哭		曲				屐						刻			
ŋ									额	额										
x									客								黑			
∅	越		益		握		疫		轭		约	亦				划				

越 yoʔ² ～来～好

的 tiʔ⁴ 目～

积 tɕiʔ⁴ ～极

拭 tɕʰiʔ⁴ 擦拭

食 ɕiʔ² 吃

籍 kiʔ⁴ 祖～

膼 puʔ² 过敏或被蚊虫叮咬后皮肤上出现的小疙瘩

毒 tuʔ² 名词

爁 luʔ² 形容词，烫

曲 kʰyʔ⁴ 酿酒或制酱时引起发酵的东西：红～

硳 taʔ⁴ 覆压

籴 tʰaʔ² 买进粮食：～米

裂 laʔ⁴ 名词，裂缝：碗有～

择 tsaʔ² 选～

席 tsʰaʔ² 席子：簟～

额 ŋaʔ⁴ 额头

额 ŋaʔ² 名～

搣 miaʔ⁴ 用手指搓转

篱 liaʔ² 竹制长方形器具，多用于晒红薯干等

炙 tɕiaʔ⁴ 烤火

屐 kʰiaʔ⁴ 木头鞋

毛 nɔʔ⁴ 东西，物品

扎 tsɔʔ⁴ 动词，刺

划 uɔʔ² ～出去

羯 keʔ⁴ ～猪 阉猪

黑 xeʔ⁴ ～板

黑 ɕieʔ⁴ ～冻冻 黑黢黢

①kʰyot² 形容词，稠：糜～稀饭浓稠

②çiʔ⁴ 丢弃：～掉

③kʰiʔ² 眼～眼睛

④tʰaʔ⁴ 绊，行走或跑步时脚被别的东西挡住或缠住

⑤tçiaʔ² 需要，得：～三日

⑥tɔʔ² 捏，攥

⑦□keʔ² ～□tçi⁴⁴□la⁴⁴⁵ 咨啬鬼

表2-15 景宁畲话单字音表之十五

	oʔ 阴入4	oʔ 阳入2	uoʔ 阴入4	uoʔ 阳入2	ioʔ 阴入4	ioʔ 阳入2	iuʔ 阴入4	iuʔ 阳入2	ŋ 阴平44	ŋ 阳平22	ŋ 上声35	ŋ 去声21
p	剥											
pʰ		**薄**										
m	摸	木										
f												
t	啄	桌				**碡**	督					
tʰ	**托**	读										
n												
l	**络**	鹿				绿						
ts	烛											
tsʰ	错	凿										
s	索	族										
tɕ					**着**							
tɕʰ					**曲**	着						
nʑ						玉						
ɕ					肃	勺	缩					
k	各	①			脚	局						
kʰ	确											
ŋ		**鹤**										
x	壳	学										
∅	恶			镬	药		育			唔	五	误

薄 pʰoʔ² 与"厚"相对

托 tʰoʔ⁴ ～人寄信

络 loʔ⁴ 用网状物兜住、罩住

鹤 ŋoʔ² ～溪 地名

恶 oʔ⁴ ～人

镬 uoʔ² 锅

碡 tioʔ² 犁～滚式农具，可以碎土平田，以便插秧

着 tɕioʔ⁴ 穿：～衫穿衣服

曲 tɕʰioʔ⁴ ～调

着 tɕʰioʔ² ～火

唔 ŋ² 不：～做

① koʔ² 赖～鸡 抱窝鸡

第三节

连读变调及轻声

一 连读变调

景宁畲话连读变调很简单，6个单字调中仅上声[35]作前字时会有连读变调。见表2-16。

（一）上声连读调的一般规律

1.只有前字上声变读为[55]调，后字上声不变。

2.不受后字调影响，前字上声连读调都读[55]。

表2-16　景宁畲话两字组连读语音变调

前 ＼ 后			阴平 44	阳平 22	上声 35	去声 21	阴入 4	阳入 2
阴平	44	连读调	44　44	44　22	44　35	44　21	44　4	44　2
		例词	菜　干 tsʰoi⁴⁴kɔn⁴⁴	清　明 tsʰiŋ⁴⁴miŋ²²	鸡　卵 kiai⁴⁴lɔn³⁵	车　站 tɕʰia⁴⁴tsan²¹	钢　铁 kɔŋ⁴⁴tʰat⁴	正　月 tɕiaŋ⁴⁴n̠yot²
阳平	22	连读调	22　44	22　22	22　35	22　21	22　4	22　2
		例词	黄　瓜 uɔŋ²²kɔ⁴⁴	牛　娘 ŋɑu²²n̠iaŋ²²	茶　米 tsʰɔ²²mai³⁵	名　字 miaŋ²²tsʰi²¹	洋　烛 iɔŋ²²tsoʔ⁴	粮　食 liɔŋ²²ɕiʔ²
上声	35	连读调	55　44	55　22	55　35	55　21	55　4	55　2
		例词	剪　刀 tsan⁵⁵tɑu⁴⁴	早　禾 tsau⁵⁵uo²²	水　井 ɕy⁵⁵tsaŋ³⁵	写　字 ɕia⁵⁵tsʰi²¹	打　铁 taŋ⁵⁵tʰat⁴	草　席 tsʰɑu⁵⁵tsʰaʔ²

前＼后			阴平 44	阳平 22	上声 35	去声 21	阴入 4	阳入 2
去声 21	连读调		21 44	21 22	21 35	21 21	21 4	21 2
	例词		运气 un^{21}k^{h}i^{44}	大门 t^{h}oi^{21}mən^{22}	糯米 no^{21}mai^{35}	饭箸 p^{h}ɔn^{21}tɕy^{21}	办法 pɔn^{21}fɔt^{4}	大麦 t^{h}ɔi^{21}maʔ^{22}
阴入 4	连读调		4 44	4 22	4 35	4 21	4 4	4 2
	例词		客气 xaʔ^{4}k^{h}i^{44}	赤霞 tɕ^{h}ia^{4}xɔ^{22}	说古 ɕyot^{4}ku^{35}	铁路 t^{h}at^{4}lu^{21}	脚迹 kioʔ^{4}tsaʔ^{4}	六十 lyʔ^{4}ɕip^{2}
阳入 2	连读调		2 44	2 22	2 35	2 21	2 4	2 2
	例词		镬灶 uoʔ^{2}tsau^{44}	石榴 ɕiaʔ^{2}liu^{22}	麦秆 maʔ^{2}kɔn^{35}	石磨 ɕiaʔ^{2}mo^{21}	蜡烛 lap^{2}tsoʔ^{4}	着力 tɕ^{h}ioʔ^{2}li^{2}

（二）复合数词和数量短语中上声连读调的例外

复合数词和数量短语中的上声数词、量词受语法结构影响，连读变调会出现不同于一般规律的例外。具体情况如下：

1.前字上声不变调

主要涉及单字调为上声的"两、五、九"。

（1）当"两、五、九"作为前字与位数词构成复合数词时，有以下几种情况：

①当该位数词后不再有系数词时，"两、五、九"不变调。例如：

五十 ŋ^{35}ɕip^{2}｜九百 kiu^{35}paʔ^{4}｜两千实数，非概数 iɔŋ^{35}tɕ^{h}ian^{44}｜五万 ŋ^{35}mən^{21}｜两百万实数，非概数 iɔŋ^{35}paʔ^{4}mən^{21}

②当该位数词后还有系数词时，情况比较复杂。

当位数词是"亿"时，前面的"两、五、九"一般不变调。例如：

九亿五千万 kiu^{35}i^{44}ŋ^{35}tɕ^{h}ian^{44}mən^{21}｜五亿九千万 ŋ^{35}i^{44}kiu^{35}tɕ^{h}ian^{44}mən^{21}

当"十五、十九、五十、九十"作为前字与位数词构成复合数词时，其中的"五、九"可变调也可不变调，但读原调[35]比读变调[55]更常见。例如：

十五万六 ɕip^{2}ŋ^{35}mən^{21}lyʔ^{4}　　　　　　　十五万六 ɕip^{2}ŋ$^{35-55}$mən^{21}lyʔ^{4}

十九万三 ɕip^{2}kiu^{35}mən^{21}sam^{44}　　　　　　十九万三 ɕip^{2}kiu$^{35-55}$mən^{21}sam^{44}

五十万六 ŋ^{35}ɕip^{2}mən^{21}lyʔ^{4}　　　　　　　五十万六 ŋ$^{35-55}$ɕip^{2}mən^{21}lyʔ^{4}

九十万三 kiu^{35}ɕip^{2}mən^{21}sam^{44}　　　　　　九十万三 kiu$^{35-55}$ɕip^{2}mən^{21}sam^{44}

以下情况虽然不变调读[35]也可以说，但读变调[55]比读原调[35]更常见。例如：

五十二 ŋ³⁵ɕip²n̩i²¹　　　　　　五十二 ŋ³⁵⁻⁵⁵ɕip²n̩i²¹

九百三 kiu³⁵paʔ⁴sɑm⁴⁴　　　　　九百三 kiu³⁵⁻⁵⁵paʔ⁴sɑm⁴⁴

两千零五 ioŋ³⁵tɕʰian⁴⁴liŋ²²ŋ³⁵　　两千零五 ioŋ³⁵⁻⁵⁵tɕʰian⁴⁴liŋ²²ŋ³⁵

五万八 ŋ³⁵mɔn²¹pat⁴　　　　　　五万八 ŋ³⁵⁻⁵⁵mɔn²¹pat⁴

五十四万 ŋ³⁵ɕip²si⁴⁴mɔn²¹　　　五十四万 ŋ³⁵⁻⁵⁵ɕip²si⁴⁴mɔn²¹

（2）当数词"两、五、九"与量词构成数量短语时，有以下两种情况：

①表示实数时，"两、五、九"不变调。例如：

两个实数，非概数 ioŋ³⁵kɔi⁴⁴｜五层 ŋ³⁵tsʰeŋ²²｜九个 kiu³⁵kɔi⁴⁴

②当相邻的两个数词连用表示概数，以及数词"两"单独表示概数，与量词构成数量短语时，数词"两、五、九"变读为[55]调。例如：

两三斤 ioŋ³⁵⁻⁵⁵sɑm⁴⁴kyn⁴⁴｜四五斤 si⁴⁴ŋ³⁵⁻⁵⁵kyn⁴⁴｜五六斤 ŋ³⁵⁻⁵⁵lyʔ⁴kyn⁴⁴｜八九条 pat⁴kiu³⁵⁻⁵⁵tʰau²²｜两个虚指，表示概数，指个数少 ioŋ³⁵⁻⁵⁵kɔi⁴⁴｜两日虚指，表示概数，指天数少 ioŋ³⁵⁻⁵⁵n̩it⁴

2.后字上声变读为[55]调

（1）当数词不是"一"时，数量短语中的后字上声量词变读为[55]调。例如：

两眼 ioŋ³⁵n̩ian³⁵⁻⁵⁵｜三水 sɑm⁴⁴ɕy³⁵⁻⁵⁵｜四盏 si⁴⁴tsan³⁵⁻⁵⁵｜五组 ŋ³⁵tsu³⁵⁻⁵⁵｜六桶 lyʔ⁴tʰəŋ³⁵⁻⁵⁵｜七点 tsʰit⁴tam³⁵⁻⁵⁵｜八本 pat⁴pon³⁵⁻⁵⁵｜九把 kiu³⁵pɔ³⁵⁻⁵⁵｜十口 ɕip²xau³⁵⁻⁵⁵｜十一碗 ɕip²it⁴uon³⁵⁻⁵⁵

（2）数词是"一"的数量短语，其后字上声量词变调或不变调都可以。例如：

一点 it⁴tam³⁵⁻⁵⁵｜一点 it⁴tam³⁵

一把 it⁴pɔ³⁵⁻⁵⁵｜一把 it⁴pɔ³⁵

二　轻声

景宁畲话助词"个的、地"[ke⁰ ～ ki⁰]、"得"[ti⁰]、"啊了"[a⁰]，以及句末语气词"啊"[a⁰]、"哇"[ua⁰]、"呀"[ia⁰]、"啦"[la⁰]、"哪"[na⁰]、"呢"[ne⁰]、"哦"[o⁰]、"嘎"[ka⁰]、"嘞"[le⁰]、"哩"[li⁰]等在语流中读轻声。除此之外，没有其他轻声词。

第四节

其他音变

一 变声

(一)声母增生

体貌标记和语气词"啊"[a⁰]在语流中,受前字辅音尾音的影响增加声母,读作[la⁰ na⁰ ŋa⁰ ka⁰]等。例如:

关门啊关门了。un⁴⁴mən²²na⁰.("啊"字受"门"字韵尾[n]的影响,增加了声母[n])

莫省啊不要节省啊。moʔ²saŋ²¹ŋa⁰.("啊"字受"省"字韵尾[ŋ]的影响,增加了声母[ŋ])

(二)声母脱落

1."番"或读[pʰɔn⁴⁴](量词:一番席—张席子),或读[fɔn⁴⁴](番皂肥皂)。但是与"番薯"有关的所有词中,"番"声母[f]脱落,读作零声母的[uɔn⁴⁴]。这或许与"番薯"极高的使用频率有关,因为它是畲民主要的粮食作物之一。例如:

番薯 uɔn⁴⁴ɕy²² │番薯(粉)面以红薯粉制成的粉丝 uɔn⁴⁴ɕy²²(pən³⁵)men²¹ │番薯粄 uɔn⁴⁴ɕy²² pɔn³⁵以红薯粉制成的糕点

2.疑问代词"哪"声母[n]脱落,读作零声母的[a⁻⁵⁵]。主要是年轻人发音有此特征。例如:

哪个哪个。谁 na⁵⁵kɔi⁴⁴→a⁵⁵kɔi⁴⁴

哪□哪里 na⁵⁵tsau⁵⁵→a⁵⁵tsau⁵⁵

哪边 na⁵⁵pan⁴⁴→a⁵⁵pan⁴⁴

二　变韵

1.增音

体貌标记和语气词"啊 a^0"受前字元音尾音的影响增加韵头，读作 $[ia^0\ ua^0]$ 等。例如：

落水啊_{下雨了}。$lo\Omega^2\varphi y^{35}ia^0$.（"啊"受"水"字尾音 $[y]$ 的影响，增加韵头 $[i]$）

病好啊_{病好了}。$p^hia\eta^{21}x\alpha u^{35}ua^0$.（"啊"受"好"字尾音 $[u]$ 的影响，增加韵头 $[u]$）

2.韵尾脱落

（1）"今年"$[ki^{44}nan^{22}]$ 中"今"$[kim^{44}]$ 受后字"年"声母 $[n]$ 的影响，鼻韵尾 $[m]$ 脱落。

（2）"个"的本字音是 $[k\mathfrak{o}i^{44}]$，在作结构助词，作为定语标记、状语标记时，韵尾 $[i]$ 脱落，由复韵母变为前高单元音，多读作 $[ke^0\ ki^0]$。

3.促化

（1）"夫"单字音白读为 $[pu^{44}]$，"夫娘_{妻子}"中"夫"的韵母读促化音 $[p\mathfrak{a}t^4]$。

（2）"细"单字音 $[sai^{44}]$，"细崽_{小孩}"中"细"的韵母有时读促化音，其中的"细"既脱落韵尾又发生促化：细崽 $sai^{44}tsoi^{55}\rightarrow sa\Omega^4tsoi^{55}$。新派基本促化，老派中有部分人促化。

（3）疑问代词"哪"$[na^{55}]$，部分年轻人的发音不仅脱落声母，而且韵母促化，读作 $[a\Omega^5]$。

4.逆同化

前晡_{前天} $t\varphi^hien^{22}pu^{44}\rightarrow t\varphi^hiem^{22}pu^{44}$（"前"字鼻韵尾 $[n]$ 受"晡"字声母 $[p]$ 的影响，读与 $[p]$ 同部位的双唇鼻尾音 $[m]$）

三　合音

以下合音现象在景宁畲话中比较常见：

（1）唔解_{不会} $\eta^{22}xai^{44}\rightarrow mai^{44}$

（2）唔好_{不好} $\eta^{22}x\alpha u^{35}\rightarrow m\alpha u^{35}$

（3）[唔好]得_{不知} $m\alpha u^{55}ta\Omega^4\rightarrow ma^{55}$

（4）我年=_{我们} $\eta oi^{44}nan^{22}\rightarrow \eta an^{22}$

（5）你年=_{你们} $\eta i^{44}nan^{22}\rightarrow \eta ian^{22}$

（6）渠年=_{他们} $ki^{44}nan^{22}\rightarrow kian^{22}$

（7）我寮_{我家} $\eta oi^{44}lau^{445}\rightarrow \eta a^{445}$

（8）你寮_{你家} $\eta i^{44}lau^{445}\rightarrow \eta ia^{445}$

（9）渠寮_{他家} $ki^{44}lau^{445}\rightarrow kia^{445}$

（10）个啊_{的啊} $ke^0a^0\rightarrow ka^0$

这些合音的基本规律是：将前一个音节的声母（包括介音）和后一音节的韵母、声调，组成新的读音。其中，例（4）（5）（6）（10）的合音非常有代表性。下面进行补充分析。

第一，畲话的否定副词"唔不"单字音[ŋ²²]，例（1）"[唔解]不会"[mai⁴⁴]（本书写"獈"）、（2）"[唔好]不好"[mɑu³⁵]合音后的声母是[m]，[ŋ]与[m]两者有异。其实，今天的这个合音形式，未必是在今读音的基础上合成的，也可能早期的否定副词"唔"读[m]。如今，"唔"的实际音值也不是单纯的舌根鼻音[ŋ]，而是同时伴随有闭唇动作的[m]，发音时，双唇和舌根同时起到阻碍气流的作用。

第二，例（3）合音比较特殊。首先，第一个音节[mɑu⁵⁵]本身是合音的结果，是（2）"[唔好]"的合音；其次，声调比较特殊，合音后读同第一个音节[55]调。

第三，例（7）（8）（9）的合音"[我寮]我家"[ŋa⁴⁴⁵]、"[你寮]你家"[n̩ia⁴⁴⁵]、"[渠寮]他家"[kia⁴⁴⁵]多作定语，但有时也作主语。例如：

[我寮]酒好食尽我家的酒很好喝。ŋa⁴⁴⁵tsiu⁵⁵xɑu⁵⁵ɕiʔ²tsin²¹.（作定语）

[你寮]叔转来啊你家叔叔回来了。n̩ia⁴⁴⁵ɕyʔ²tɕyon³⁵loi²²a⁰.（作定语）

[渠寮]有猪他家有猪。kia⁴⁴⁵xo⁴⁴tɕy⁴⁴.（作主语）

[我寮]无钱我家没钱。ŋa⁴⁴⁵mɑu²²tsʰan²¹.（作主语）

"寮"单字音[lau²²]，无读单韵母[a]的情况。指住的地方，也用作量词。例如："起寮盖房子"，"一寮人一家人"。"寮"指代"家里"时变调，读[lau⁴⁴⁵]（具体变调规则见下文"五 省略式变调"）。人称代词与"寮家里"合音后，"寮"的韵尾[u]脱落。即：

我寮我家ŋɔi⁴⁴lau⁴⁴⁵→ŋau⁴⁴⁵→ŋa⁴⁴⁵

你寮你家n̩i⁴⁴lau⁴⁴⁵→n̩iau⁴⁴⁵→n̩ia⁴⁴⁵

渠寮他家ki⁴⁴lau⁴⁴⁵→kiau⁴⁴⁵→kia⁴⁴⁵

第四，例（1）（10）仅存合音形式；例（2）至（9），合音与不合音两种形式并存，语流中自由选择。例如：

□mɑu⁵⁵得有几多人不知有多少人。mɑu⁵⁵taʔ²⁴xo⁴⁴ki⁵⁵to⁴⁴n̩in²².

[□mɑu⁵⁵得]有几多人不知有多少人。ma⁵⁵xo⁴⁴ki⁵⁵to⁴⁴n̩in²².

我年⁼唔去我们不去。ŋɔi⁴⁴nan²²ŋ²²ɕy⁴⁴.

[我年⁼]唔去我们不去。ŋan²²ŋ²²ɕy⁴⁴.

渠寮无田他家没田。ki⁴⁴lau⁴⁴⁵mɑu²²tʰan²².

[渠寮]无田他家没田。kia⁴⁴⁵mɑu²²tʰan²².

四 小称音

景宁畲话的小称音变主要体现在声调的变化上，声母不发生变化，韵母的变化仅限于入声韵，因为小称调与塞音韵尾的发音有矛盾，故需对韵尾进行调整。

（一）声调的变化

小称变调的一般规律如下：

1.阴平 [44]、阳平 [22] 和阴入 [4] 变成高升调 [445]。

2.上声 [35] 变成高平调 [55]。

3.去声 [21]、阳入 [2] 变成高升调 [35]。

小称调 [35 445 55] 都属于高调，我们称之为高调型小称。其中高升变调 [445]、高平变调 [55] 与单字调值有异，高升变调 [35] 和单字调上声调值一致。

（二）入声韵尾的变化

1.变化原则

阴声韵和阳声韵小称音的韵母不发生变化，只有入声韵小称音的韵母发生变化。赵元任（1979：32）在论述汉语儿化音时，曾提出"可共存发音的同时性"原则。虽然赵元任先生是从发音部位、发音动作角度讨论发音机制所应遵循的原则，但是，畲话入声韵小称音韵尾的变化同样体现了"可共存发音的同时性"原则。因为小称读舒声调，时长较长，而 [p t ʔ] 塞音韵尾发音短促急骤，两者不容易兼容。根据"可共存发音的同时性"原则，原单字韵尾发生变化。变化的规则是：或者直接脱落，或者变为同部位以及相关部位的非塞尾。这样，既易于发舒缓的小称调，又大致保留了原韵母的语音面貌。音变后的小称韵大部分都在单字音的韵母系统内，少数变为特殊音。

2.变化规律

根据韵尾 [p t ʔ] 的不同，入声韵小称音的韵母主要有以下几种变化：

（1）[ʔ] 尾

[ʔ] 尾直接脱落，例如：

麦 maʔ²：大麦 tʰɔi²¹maʔ²（非小称）

　　　　小麦 sau⁵⁵ma³⁵（麦 maʔ²→ma³⁵，小称）

勺 ɕioʔ²：水勺 ɕy⁵⁵ɕioʔ²（非小称）

　　　　经布勺梭 kaŋ⁴⁴pu⁴⁴ɕio³⁵（勺 ɕioʔ²→ɕio³⁵，小称）

（2）[p] 尾

①变读为 [u] 尾韵，这是 [p] 尾入声字小称音韵尾的主要音变形式。例如：鸭 ɑp⁴→ɑu⁴⁴⁵ ｜盒 xɑp²→xɑu³⁵ ｜粒 lip⁴→liu⁴⁴⁵。

②变读为相应的 [m] 尾韵。例如：

叶 iep²：柴叶 tsʰai²²iep²（非小称）

　　　　枫树叶小鲻鱼 piuŋ⁴⁴ɕy²¹iem³⁵（叶 iep²→iem³⁵，小称）

花叶花瓣 fɔ^{44}iem^{35}（叶 iep^{2}→iem^{35}，小称）

（3）[t]尾

[t]尾韵的字主要变读为[n]尾。[t]变读为[n]，发音部位不变，但发音方法有异。当舌尖抵住上腭，[n]音的气流从鼻腔通过，发音可以延长，与小称调的状态吻合。不过该[n]尾的发音与来自阳声韵的[n]尾相比，要轻弱一些。例如：

刷 sot^{4}：刷一下 sot^{4}it^{4}xɔ^{21}（“刷”动词，不变音）

鸡毛刷鸡毛掸子 kiai^{44}mɑu^{44}son^{445}（“刷”名词，小称音，[t]尾变为[n]尾）

橘 kit^{4}：橘饼 kit^{4}piaŋ^{35}（非小称）

一个橘 it^{4}kɔi^{44}kin^{445}（表少，“橘”小称音，[t]尾变为[n]尾）

五 省略式变调

景宁畲话的省略式变调有三种情况：一是方位结构省略方位语素“上”“里”，中心语（代词、名词）变调；二是趋向结构省略趋向补语成分“兴$^{=}$起”[ɕiŋ$^{-55}$]，中心语（动词）变调；三是“指量名”结构省略量词，以指示代词变调的形式构成“指名”结构。本书将这三种情况叫作“省略式变调”，变调规则同小称。

（一）方位结构省略方位语素“上”“里”

（1）方位词“这里”“那里”省略方位语素“里”

可通过指示代词的变调来指代省略的方位语素“里”。省略“里”和不省略“里”两种语音形式共存，但省略“里”的语音形式更常见。例如：

a. 坐个里坐这里。ts^{h}o^{44}kɔi^{21}ti^{55}.

b. 坐个坐这里。ts^{h}o^{44}kɔi$^{21\text{-}35}$.（省略“里”[ti^{55}]）

a. 坐那里坐那里。ts^{h}o^{44}nai^{21}ti^{55}.

b. 坐那坐那里。ts^{h}o^{44}nai$^{21\text{-}35}$.（省略“里”[ti^{55}]）

（2）方位短语省略方位语素“上”“里”

表“上”“里”的方位短语常通过名词的变调而获得“方位”地位，此时的名词后面无需附上表“上”“里”的方位词，我们将这种通过名词变调而构成的方位短语称作“变调式方位短语”。例如：

问：个园奚乇这里放什么？ kɔi^{35}k^{h}ɔŋ^{55}ɕi^{44}nɔʔ^{4}?

答：园面盆放脸盆。k^{h}ɔŋ^{55}men^{44}p^{h}ən^{22}.（“面盆”中的“盆”[22]调，非方位结构）

问：个乇园哪□这东西放哪里？ kɔi^{35}nɔʔ^{4}k^{h}ɔŋ^{55}na^{55}tsau^{55}?

答：园尔面盆放脸盆里。k^{h}ɔŋ^{55}ȵi^{21}men^{44}p^{h}ən^{445}.（“面盆”中的“盆”[22]→[445]变调，表方位结构）

注意两点：

第一，景宁畲话中隐去方位词但通过名词变调来指代方位义的只有"上"和"里"，即其他方位词无法通过名词变调表示方位意义。例如，"园尔桌"[kʰɔŋ⁵⁵n̩i²¹toʔ²-to³⁵]，绝对不会是指"放在桌子前面""放在桌子后面""放在桌子下面""放在桌子中间""放在桌子左边""放在桌子右边"等等，肯定指代"放在桌子上"或"放在桌子里"（带抽屉的桌子）。具体是指代"里"还是"上"，可根据语境来确定。当然这仅仅是个别容易引起歧义的例子。

第二，并非所有的名词都能构成"变调式方位短语"。普通话表处所的专有名词不加方所标记，例如，普通话不会说"在中国里""在浙江里""在景宁里"。景宁畲话表处所的专有名词在承载方位短语功能时不变调。例如，"牢⁼中国在中国"[lau²¹tɕiuŋ⁴⁴kot⁴]、"牢⁼浙江在浙江"[lau²¹tɕieʔ⁴kɔŋ⁴⁴]、"牢⁼景宁在景宁"[lau²¹kiŋ⁵⁵liŋ²²]，不会出现"变调式方位短语"。

普通话里，那些表地方机构、部门的名词，一部分一定要加方所标记，如不能说"在县""在省"；一部分可加可不加，如"在医院""在银行""在医院里""在银行里"都可以。但在景宁畲话里，这些词语在承载方位短语功能时是一定要变调的。例如：

县ien²¹：牢⁼县在县里lau²¹ien³⁵

省saŋ³⁵：牢⁼省在省里lau²¹saŋ⁵⁵

学堂xoʔ²tɔŋ²²：牢⁼学堂在学校里lau²¹xoʔ²tɔŋ⁴⁴⁵

银行n̩yn²²xɔŋ²²：牢⁼银行在银行里lau²¹n̩yn²²xɔŋ⁴⁴⁵

（二）省略趋向补语"兴⁼起"[ɕiŋ⁻⁵⁵]

当趋向动词"兴⁼来起来"[ɕiŋ⁵⁵loi²²]作趋向补语时，"兴⁼起"[ɕiŋ⁻⁵⁵]可省略，此时，充当谓语的单音节动词要变调。省略和不省略"兴⁼起"[ɕiŋ⁻⁵⁵]两种语音形式共存。

1. 阴平[44]→[445]

坐兴⁼来食坐起来吃。tsʰo⁴⁴ɕiŋ⁵⁵loi²²ɕiʔ²．

坐来食坐起来吃。tsʰo⁴⁴⁻⁴⁴⁵loi²²ɕiʔ²．（"坐"[44]→[445]变调同小称）

2. 阳平[22]→[445]

路拦兴⁼来唔分人行路拦起来不给人走。lu²¹lɔn²²ɕiŋ⁵⁵loi²²ŋ²²pən⁴⁴n̩in²²xaŋ²²．

路拦来唔分人行路拦起来不给人走。lu²¹lɔn²²⁻⁴⁴⁵loi²²ŋ²²pən⁴⁴n̩in²²xaŋ²²．（"拦"[22]→[445]变调同小称）

3. 上声[35]→[55]

个菜炒兴⁼来食这菜炒起来吃。kɔi³⁵tsʰoi⁴⁴tsʰau³⁵ɕiŋ⁵⁵loi²²ɕiʔ²．

个菜炒来食这菜炒起来吃。kɔi³⁵tsʰoi⁴⁴tsʰau³⁵⁻⁵⁵loi²²ɕiʔ²．（"炒"[35]→[55]变调同小称）

4. 去声[21]→[35]

两辆车调兴⁼来开两辆车换着开。iɔŋ³⁵liɔŋ²²tɕʰia⁴⁴tau²¹ɕiŋ⁵⁵loi²²foi⁴⁴．

两辆车调来开两辆车换着开。ioŋ³⁵lioŋ²²tɕʰia⁴⁴tau²¹⁻³⁵loi²²foi⁴⁴.（"调"[21]→[35]变调同小称）

5. 阴入[4]→[445]

架搭兴˭来囥乇架子搭起来放东西。kɔ⁴⁴tap⁴ɕiŋ⁵⁵loi²²kʰɔŋ⁵⁵nɔʔ⁴.

架搭来囥乇架子搭起来放东西。kɔ⁴⁴tap⁴⁻tau⁴⁴⁵loi²²kʰɔŋ⁵⁵nɔʔ⁴.（"搭"[4]→[445]以及入声韵尾的调整同小称）

6. 阳入[2]→[35]

头毛缚兴˭来再去头发扎起来再去。tʰeu²²mɑu⁴⁴pʰuʔ²ɕiŋ⁵⁵loi²²tsai⁴⁴ɕy⁴⁴.

头毛缚来再去头发扎起来再去。tʰeu²²mɑu⁴⁴pʰuʔ²⁻pʰu³⁵loi²²tsai⁴⁴ɕy⁴⁴.（"缚"[2]→[35]以及入声韵尾的调整同小称）

（三）"指量名"结构省略量词

"指名"结构是"指量名"结构的省略。语音在省略过程中发生了强制性的改变，音变的对象不是原结构中脱落成分（量词）后面的名词，而是留下来的指示代词，让其以音变的形式显示量词的省略。省略量词和不省略量词两种语音形式共存。例如：

个行绳忒短这根绳子太短。kɔi²¹xaŋ²²ɕiŋ²¹tʰat⁴tɔn³⁵.

个绳忒短这绳子太短。kɔi²¹⁻³⁵ɕiŋ²¹tʰat⁴tɔn³⁵.（省略量词"行"，"个"[21]→[35]变调同小称）

那条路唥好行那条路不好走。nai²¹tʰau²²lu²¹mai⁴⁴xɑu⁵⁵xaŋ²².

那路唥好行那路不好走。nai²¹⁻³⁵lu²¹mai⁴⁴xɑu⁵⁵xaŋ²².（省略量词"条"，"那"[21]→[35]变调同小称）

下面集中列举"指量结构""指名结构""方位结构"的读音差异。

1. 指量结构：指示代词[21] + 量词

个袋_{这袋}kɔi²¹tʰoi²¹：个袋谷重尽_{这袋稻谷很沉}。kɔi²¹tʰoi²¹kuʔ⁴tɕʰiuŋ⁴⁴tsin²¹.

那篮_{那篮}nai²¹lam²¹：那篮菜分你_{那篮菜给你}。nai²¹lam²¹tsʰoi⁴⁴pən⁴⁴n̠i⁴⁴.（远指）

尔车_{那车}n̠i²¹tɕʰia⁴⁴：尔车柴换分你_{那车柴卖给你}。n̠i²¹tɕʰia⁴⁴tsʰai²²uon²¹pən⁴⁴n̠i⁴⁴.（更远指）

2. 指名结构：指示代词[35]（变调） + 名词

个袋_{这袋子}kɔi²¹⁻³⁵tʰoi²¹：个袋贵尽_{这袋子很贵}。kɔi³⁵tʰoi³⁵kui⁴⁴tsin²¹.

那篮_{那篮子}nai²¹⁻³⁵lam²¹：那篮分你_{那篮子给你}。nai³⁵lam²¹pən⁴⁴n̠i⁴⁴.（远指）

尔车_{那车子}n̠i²¹⁻³⁵tɕʰia⁴⁴：尔车换分你_{那车子卖给你}。n̠i³⁵tɕʰia⁴⁴uon²¹pən⁴⁴n̠i⁴⁴.（更远指）

3. 方位结构：指示代词[21] + 名词（变调）

个袋_{这袋子里}kɔi²¹tʰoi²¹⁻³⁵：囥个袋_{放在这袋子里}。kʰɔŋ⁵⁵kɔi²¹tʰoi³⁵.

那篮_{那篮子里}nai²¹lam²¹⁻³⁵：装那篮_{装在那篮子里}。tɕiɔŋ⁴⁴nai³⁵lam³⁵.（远指）

尔车_{那车子里}n̠i²¹tɕʰia⁴⁴⁻⁴⁴⁵：坐尔车_{坐在那车子里}。tsʰo⁴⁴n̠i²¹tɕʰia⁴⁴⁵.（更远指）

第五节

异读

一 文白异读

李荣（1957）提出文白异读的不同是"专指同一个字文言音和白话音不同"。张盛裕（1979）指出："文（文言音）白（白话音）只是一个概括的说法。文言音不等于读书音，有的字文言音在口语里也常用，白话音不等于说话音，有的字白话音也用在比较文的词语里……单就个别字的使用范围、词语色彩来区分文白读是不够的。"学界关于文白异读的认识经历了一个逐渐深化的过程，张玉来（2017）对近百年来关于文白异读的相关问题进行梳理，对学界的一些基本共识进行概括，认为"文白异读是因语词的借用而产生的，是语言接触的结果，文读音一般是外来的，白读是本地的"，并指出方言（或方言与共同语）间的接触是产生文白异读的主要动因。

景宁畲话是多重接触的方言，文白异读现象比较丰富，也比较复杂。本章第一节已明确，本书将一些伴随着新词语产生的"新折合音""借音"纳入畲话的文读系统。在具体分析景宁畲话的文白异读规律前，先就有关情况进行说明。

第一，大部分文读音是畲话固有音位系统的读音，只有少数借入的文读音超出本土的语音系统产生新音位。例如：声母[z]，韵母[ɿʔ][m]，声调[55][5]只见于文读音形式（有些[55]调是上声连读调或小称固化，不是文读）。具体见本章第一节。

第二，文读音是模仿异源（景宁话或普通话）的读音而成的，大部分文白异读没有语体的区别，甚至有些文读音只在口语中出现。例如：条tʰau²²—～路/tiau²²～件｜装tɕiɔŋ⁴⁴～毛（装东西）/tsɔŋ⁴⁴西～。不管任何语体，"条件""西装"中的"条""装"都是文读音。再如：伯paʔ⁴阿～（伯父）/paʔ⁵阿～（爸爸）。畲话对父亲的背称是"爷"，面称是"爹"，"伯"[paʔ⁵]是20

世纪80年代左右受景宁话影响才出现的对父亲的称呼，仅见于口语。

第三，大部分文读音有词语限制，单说一般用白读音。同张振兴（1989）所指一致，"文白异读是词汇层次不同在语音上的表现。在具体的词语里，某个字是文读还是白读是固定的，不能任意更换，就词汇分类说，异读的使用范围受到一定的限制"。例如：妇 pʰiu⁴⁴ 新~（儿媳妇）/fu²¹ ~女主任。"妇女主任"是新词，"妇"[fu²¹]是文读音，这两个词"妇"的读音不能互换。再如：夏 xɔ²¹ 立~/ɔ²¹ ~至。虽同为二十四节气，"立夏""夏至"中"夏"的读音有别，两个读音不能互换。因"立夏"是畲族比较重视的一个节气，有过"立夏"的习俗，其中的"夏"[xɔ²¹]是白读音。但畲族没有过"夏至"的习俗，一般民众很少说"夏至"一词，只有有文化的人才会说，受当地景宁话"夏"[o¹¹³]影响，"夏至"中的"夏"读零声母[ɔ²¹]。

第四，一般认为地名常保留白读音，畲话的地名音有点复杂。因为畲族是迁徙民族，现分散在汉族聚居区，一些当地地名音受当地方言影响，容易出现文读音。例如：桃 tʰo³⁵ ~花/桃 teu²¹ ~山（郑坑乡一自然村村名）｜ 塘 tʰɔŋ²² 鱼~/tɔŋ²² ~丘（郑坑乡一自然村村名）｜ 亭 teŋ²² 亭子/tiŋ²² 安~（渤海镇一行政村村名）。"桃""塘""亭"在当地三个畲族村村名中的读音与白读有异，更接近当地景宁话，是受景宁话影响而产生的文读音。但是，对于一些远距离的与畲族有关联的地名，却保留了白读音。例如：建 kyon⁴⁴ 福~（省名）/tɕien⁴⁴ ~设｜ 溪 kʰe⁴⁴ 兰~（浙江金华一县级市名）/tɕʰi³⁵ 鹤~（景宁畲族自治县下辖街道之一）。浙江大部分畲族从福建迁入，兰溪市现有水亭畲族乡，据《金华畲族》（2009：20—22）介绍，兰溪的畲族基本是清同治、道光年间从丽水、景宁、云和等地迁入。"福建""兰溪"是景宁畲族非常熟悉的地名，所以"建""溪"保留了白读音。

第五，在对新词、书面语词的读音进行折合时，部分词的折合音在畲话系统内部还不稳定。同一个词，有些人的读音是白读，有些人的读音是文读。即使都是文读，不同人的折合音可能也会有差异；甚至同一个词，同一人在不同时段都会有不同的折合音。例如："近视眼"，不同发音人有[kʰyon⁴⁴su²¹ȵian³⁵][tɕin²¹sʅ²¹ȵian³⁵]的读音差异。其中[kʰyon⁴⁴su²¹ȵian³⁵]3个读音都是白读，[tɕin²¹sʅ²¹ȵian³⁵]中的[tɕin²¹sʅ²¹]是文读。再如："过去从前"，不同发音人有[ko⁴⁴tɕʰy⁵⁵][ko⁵⁵tɕʰy⁵⁵]的读音差异；"知识"，不同发音人有[tɕi⁴⁴siʔ⁴][tsʅ⁴⁴siʔ⁴]的读音差异。本书所记为老男钟益长的发音，对其不稳定的折合音，参照口头文化发音人钟林富的发音择一进行记录。

第六，畲族在迁徙过程中密切接触了多种方言，加之现阶段新事物新词层出不穷，有些字的文白读不是单一的一文一白对应，可能有一文二白或一白二文等情况。我们根据该字音的词汇条件、语音的层次等因素来判断"文1"还是"文2"、"白1"还是"白2"。例如："机止开三平微见"，有[ky⁴⁴][ki⁴⁴][tsʅ⁴⁴][tsʅ³⁵]4个读音，每个读音都有词汇限制："缪机织布机"[nɑm⁴⁴ky⁴⁴]、"机会"[ki⁴⁴foi²¹]、"电视机"[ten²¹sʅ²¹tsʅ⁴⁴]、"手机"[ɕiu⁵⁵tsʅ³⁵]。我们将见母今读声母[k]的[ky⁴⁴][ki⁴⁴]两个读音分别标为"白1""白2",因为"缅机织布机"是畲族早年常用的器具,目前止摄仅少数常用字读韵母[y],属于底层白读音,故[ky⁴⁴]为"白1"。我们将见母今读声母[ts]的[tsๅ⁴⁴][tsๅ³⁵]2个读音分别标为"文1""文2"。"手机"比"电视机"更晚进入畲族生活,其折合音[tsๅ³⁵]与景宁话很接近,故"文2"。

第七,方言借词虽以词为单位,但是借入词的读音差异是表现在一个一个音节上的。该词的每个音节不一定都是文读音,而且文读音节中声韵调也不一定都是文读层,可能是"文白杂配"的音节。这也导致了景宁畲话有部分文白异读比较零散,并不是系统性的。

下面按声、韵、调梳理文白异读的主要规律。"/"前为白读,后为文读。

(一)声母

1.部分古全浊声母字白读送气音[pʰ tʰ tsʰ kʰ],文读不送气音[p t ts k]。例如:

(1)pʰ/p:凭pʰeŋ²¹斜靠/piŋ²²~据

(2)tʰ/t:代tʰoi²¹一~人/tai²¹~表 | 弟tʰai⁴⁴兄~/ti²¹~新妇(弟媳妇) | 桃tʰo³⁵~花/tɑu²²红~黑~(扑克牌的花色) | 条tʰau²²一~路/tiau²²~件 | 达tʰap²透(达到)/tat²发~ | 堂tʰɔŋ²²孝~/tɔŋ²²佛~ | 唐tʰɔŋ²²~朝/tɔŋ²²大~

(3)tsʰ/ts:材tsʰoi²²棺~/tsai²²~料 | 财tsʰai²²~主/tsai²²发~

(4)kʰ/k:近kʰyon⁴⁴~远/kyn²¹~姐亡魂(丧礼上法师对刚去世女性的称谓)

2.部分非敷奉母字白读重唇音[p pʰ],文读轻唇音[f]。例如:

(1)p/f:夫pu⁴⁴丈~/fu⁴⁴~人 | 反pon³⁵~过来/fɔn³⁵与"正"相对 | 粉pɔn³⁵米~/fɔn³⁵~墙 | 放piɔŋ⁴⁴~学/fɔŋ⁴⁴~解~ | 风piuŋ⁴⁴吹~/fɔŋ⁴⁴~中~

(2)pʰ/f:房pʰiɔŋ²²共~(同一个家族)/fɔŋ²²~地产 | 废pʰi⁴⁴作~/fei⁴⁴残~ | 肺pʰi⁴⁴猪~/fei⁴⁴~炎 | 费pʰi⁴⁴路~/fi⁴⁴浪~ | 肥pʰi²²~皂/fi²²减~ | 浮pʰeu²²~上来/fu²²浮肿 | 妇pʰiu⁴⁴新~(儿媳妇)/fu²¹~女主任 | 份pʰən²¹有~/fən²¹月~ | 纺pʰiɔŋ³⁵~车/fɔŋ³⁵棉~厂

3.个别泥母字白读声母[l],文读声母[n]。例如:

l/n:内loi⁻⁵⁵~肚(里面)/noi²¹~科 | 宁liŋ²²景~/niŋ²²~可

4.个别精组知组字白读声母[t tʰ],文读[ts tɕ]组声母。例如:

(1)t/ts:棕təŋ⁴⁴~蓑(蓑衣)/tsəŋ⁴⁴~线 | 知te⁴⁴提头~尾(说个开头就知道结尾)/tsๅ⁴⁴~识 | 置ti⁴⁴~于/tsๅ³⁵位~ | 值tiʔ²~钱人(疼爱人)/tsiʔ²毛~钱(东西值钱)

(2)t/tɕʰ:阵tin²²有~(有伴)/tɕʰin²¹一~水(一阵雨)

(3)t/s:自ti²¹~家(自己)/sๅ²¹~由

5.个别章母字白读声母[k],文读声母[ts tɕ]。例如:

k/ts、tɕ:枝ki²¹竹~/tsei⁴⁴树大分~/tɕi³⁵荔~

6.部分见母群母字和个别疑母字白读[k]组声母，文读[tɕ ts]组声母。例如：

（1）k/tɕ：计 ke⁴⁴三十六~ /tɕi⁵⁵会~｜建 kyon⁴⁴福~ /tɕien⁴⁴~设

（2）kʰ/tɕ：具 kʰy²¹家~ /tɕy²¹~体

（3）kʰ/tɕʰ：溪 kʰe⁴⁴兰~（地名）/tɕʰi³⁵鹤~（地名）

（4）k/ts：基 ki⁴⁴地~ /tsɿ⁴⁴~础

7.部分溪母字白读擦音声母[f ɕ x]，文读塞音声母[kʰ]。例如：

（1）f/kʰ：苦 fu³⁵嘴巴~ /kʰu³⁵生活~｜开 foi⁴⁴~门/kʰoi⁴⁴~心｜宽 fɔn⁴⁴与"紧"相对/kʰuɔn⁴⁴~大

处理

（2）ɕ/kʰ：快 ɕiai⁴⁴~慢/kʰɑu⁴⁴~活｜劝 ɕyon⁴⁴~酒/kʰyon⁴⁴~人｜肯 ɕieŋ³⁵唔~（不肯）/kʰan³⁵~定

（3）x/kʰ：口 xɑu³⁵一~水/kʰeu³⁵人~

8.个别晓匣母字白读声母[k kʰ]，文读声母[f]或零声母。例如：

（1）k/∅：坏 kai²¹与"好"相对/uɔi²¹破~

（2）kʰ/f：环 kʰɔn²²门~/fɔn²²~节

（3）x/∅：现 xɔn²¹~成饭/ian²¹表~/ian⁵⁵~在｜夏 xɔ²¹立~/ɔ²¹~至

（二）韵母

虽然各摄的今读韵母都有文白异读分布，但却比较零星，下面仅讨论一些辖字略多的规律。

1.蟹开一个别字白读[oi]韵母，文读[ai]韵母；蟹开三四部分字白读[ai ie e]韵母，文读[i]韵母。例如：

（1）oi/ai：代 tʰoi²¹一~人/tai²¹~表｜材 tsʰoi²²棺~/tsai²²~料

（2）ai/i：低 tai⁴⁴高高~~ /ti⁴⁴~血压｜底 tai³⁵年~ /ti³⁵到~

（3）ie/i：世 ɕie⁴⁴一生~（一辈子）/ɕi⁴⁴~界｜艺 ȵie²¹手~ /ȵi²¹~术

（4）e/i：礼 le²¹~数/li²¹~貌｜计 ke⁴⁴三十六~ /tɕi⁵⁵会~｜继 tse⁴⁴过~ /tɕi⁴⁴~续｜批 pʰe⁴⁴~准/pʰi⁵⁵~评

2.止摄部分字白读[i u]韵母，文读[ɿ]韵母；部分字白读[ie ei]韵母，文读[i]韵母。例如：

（1）i/ɿ：基 ki⁴⁴地~ /tsɿ⁴⁴~础｜自 ti²¹家（自己）/sɿ²¹~由

（2）u/ɿ：子 tsu³⁵~时/tsɿ²¹栗~

（3）ie/i：移 ie²²~来~去/i²²~动公司

（4）ei/i：梨 lei³⁵果~（梨子）/li²²雪~

3.效摄个别四等字白读[au]韵母，文读[iau]韵母。例如：

（1）au/iau：条 tʰau²²一~路/tiau²²~件｜挑 tʰau⁴⁴~劈（挑刺）/tʰiau⁴⁴~选

4.流摄个别字白读[ɑu]韵母，文读[eu]韵母；个别字白读[eu iu]韵母，文读[u]韵母。例如：

（1）ɑu/eu：口 xɑu³⁵一~水/kʰeu³⁵人~

（2）eu/u：浮 pʰeu²²~上来/fu²²浮肿

（3）iu/u：妇 pʰiu⁴⁴新~（儿媳妇）/fu²¹~女主任

5.山摄舒声个别字白读[ɔn]韵母，文读[an ian on yon]韵母；个别山开三舒声白读[yon]韵母，文读[en ien]韵母。例如：

（1）ɔn/an：板 pɔn⁻⁵⁵~壁/pan³⁵黑~

（2）ɔn/ian：现 xɔn²¹~成饭（上一餐或更早做的饭，或他人吃剩的饭）/ian²¹表~

（3）ɔn/on：断 tʰɔn⁴⁴绳~掉/ton²¹~路

（4）ɔn/yon：愿 ŋɔn²¹许~/ȵyon²¹~意

（5）yon/en：联 yon²²动词、缝/len²²~系

（6）yon/ien：建 kyon⁴⁴福~/tɕien⁴⁴~设

6.个别宕开三舒声字白读[ɔŋ]韵母，文读[iɔŋ]韵母；个别宕合三舒声字白读[iɔŋ]韵母，文读[ɔŋ]韵母。例如：

（1）ɔŋ/iɔŋ：央 ɔŋ⁴⁴中~（中间）/iɔŋ⁴⁴党中~│状 tsʰɔŋ²¹告~/ɕiɔŋ²¹形~

（2）iɔŋ/ɔŋ：放 piɔŋ⁴⁴~手/fɔŋ⁴⁴解~│房 pʰiɔŋ²²共~（同一个家族）/fɔŋ²²~地产

7.曾摄白读韵母主元音是[e]，文读韵母主元音非[e]。例如：

（1）ieŋ/an：肯 ɕieŋ³⁵唔~（不肯）/kʰan³⁵~定

（2）eŋ/iŋ：应 eŋ⁴⁴答~/iŋ⁴⁴~承

（3）eʔ/aʔ：侧 tseʔ⁴~过来/tsʰaʔ⁴~面

8.梗摄舒声字文白异读辖字较多。部分字白读韵母主元音是[a e]，文读韵母主元音是[i]；个别字白读韵母主元音是[a]，文读韵母主元音是[e]。例如：

（1）aŋ/iŋ：厅 tʰaŋ⁴⁴大~/tʰiŋ⁴⁴~长│精 tsaŋ⁴⁴与"壮"相对/tsiŋ⁴⁴鬼~│青 tsʰaŋ⁴⁴~豆/tsʰiŋ⁴⁴颜色│星 saŋ²¹星星/siŋ⁴⁴~期

（2）iaŋ/iŋ：命 miaŋ²¹算~/miŋ²¹~令│圣 ɕiaŋ⁴⁴~旨/siŋ⁴⁴~珓（占卜时，两只杯珓呈一正一反，寓意吉兆）│领 liaŋ²¹颈~（衣领）/liŋ²¹~导

（3）eŋ/iŋ：亭 teŋ²²亭子/tiŋ²²安~（地名）

（4）aŋ/eŋ：生 saŋ⁴⁴与"熟"相对/seŋ⁴⁴学~

9.通摄个别字白读[iuŋ]韵母，文读[əŋ]韵母。例如：

iuŋ/əŋ：风 piuŋ⁴⁴吹~/fəŋ⁴⁴中~│共 kiuŋ²¹~姓（同一个姓）/kəŋ²¹~产党

（三）声调

1.部分古清平字白读[44]调，前字文读[55]调，后字文读[35]调。例如：

44/55、35：批 pʰe⁴⁴ ~准/pʰi⁵⁵ ~评｜金 kim⁴⁴黄金/kim⁵⁵ ~瓜（南瓜）｜瓜 kɔ⁴⁴黄~ /kɔ⁵⁵ ~子｜包 pau⁴⁴红~ /pau⁵⁵ ~子｜枝 tsei⁴⁴树大分~ /tɕi³⁵荔~｜溪 kʰe⁴⁴兰~（地名）/tɕʰi³⁵鹤~（地名）

2.个别古清平字白读[44]调，个别古清上字白读[35]调，文读均为[22]调。例如：

（1）44/22：丝 si⁴⁴箴~ /si²²螺~刀

（2）35/22：子 tsu³⁵ ~时/tsŋ²²包~｜水 ɕy³⁵冷~ /ɕy²²果

3.部分古浊平字白读[22]调，部分古清去字白读[44]调，部分古浊去字白读[21]调，文读均为[55]调。例如：

（1）22/55：莲 len²² ~花/lie⁵⁵ ~子｜芒 mɔŋ²²麦~ /mɔŋ⁵⁵ ~果｜红 fəŋ²² ~包/ŋ⁵⁵西~柿

（2）44/55：计 ke⁴⁴三十六~ /tɕi⁵⁵会~｜至 tsi⁴⁴夏~ /tsi⁵⁵四~（某块土地的界限）｜去 ɕy⁴⁴ ~过/tɕʰy⁵⁵过~（从前）｜汽 kʰi⁴⁴水~ /tsʰŋ⁵⁵ ~油

（3）21/55：面 men²¹ ~粉/mie⁵⁵ ~食（馄饨）｜现 xɔn²¹ ~成饭（上一餐或更早做的饭，或他人吃剩的饭）/ian⁵⁵ ~在

4.个别古清入字白读[4]调，文读[5]调。例如：

4/5：伯 paʔ⁴阿~（伯父）/paʔ⁵阿~（爸爸）｜托 tʰoʔ⁴ ~人寄信/tʰoʔ⁵摩~车

5.个别古浊入字白读[4]调，文读[2]调。例如：

4/2：日 ɲit⁴一~（一天）/ɲit²~本｜额 ŋaʔ⁴额头/ŋaʔ²名~

二 新老异读

除第八章口头文化外，本书所记均为老男钟益长的发音。

1.老男和青男音系的差异

20世纪80年代以后出生的畲族人与父辈祖辈相比，文化程度有了明显的提高，再加上经济浪潮的冲击，生活圈子不再囿于畲村、畲乡，使用的交际语不再限于畲话，且普通话和景宁话的使用频率已经超过了畲话。对比老男（钟益长，1957年生）和青男（钟建明，1988年生）的音系，新老差异主要表现在以下几个方面：

（1）老男效摄分一二等。青男效摄一二等合流，今读韵母无[au][ɑu]之分，合流为[ɑu]。

（2）老男咸摄分一二等。青男咸开一二等合流，舒声今读韵母无[am][ɑm]之分，合流为[ɑm]，入声今读韵母无[ap][ɑp]之分，合流为[ɑp]，其主元音[ɑ]实际音值为[ʌ]。

（3）老男臻摄今读韵母[in]未与曾梗摄今读韵母[iŋ]合流，例如：亲 tsʰin⁴⁴ ≠ 清秤 tsʰiŋ⁴⁴。青男臻曾梗摄今读韵母合流[in]，"亲清秤"都读[tsʰin⁴⁴]。

（4）老男山摄今读韵母[en ien]未与曾摄今读韵母[eŋ ieŋ]合流，例如：棉 men²²｜扇

ɕieŋ⁴⁴｜等 teŋ³⁵｜肯_{愿意}ɕieŋ³⁵。青男山曾摄今读韵母合流读[en ien]，例如：棉 men²²｜扇 ɕien⁴⁴｜等 ten³⁵｜肯_{愿意}ɕien³⁵。

（5）疑问代词"哪"，老男读[na⁵⁵]（连读调）。青男读[aʔ⁵]，声母[n]脱落，且韵母促化。

（6）此外，还有个别字的读音青男比老男发展更快。例如：

	老男	青男
第_{蟹开四}	te²¹	ti²¹
似_{止开三}	su²¹	si⁴⁴
簪_{咸开一}	tsɑm⁴⁴	tsɔn⁴⁴
不_{臻合一}	pət⁴	pəʔ⁴

总之，青男音系呈现出简化的发展趋势。详见第八章钟建明的口头文化语料。

2. 口头文化发音人与老男的语音差异

口头文化发音人钟林富（1944年生，比老男年长13岁）及女儿钟宗梅（1969年生，比老男小12岁）有两组韵母不同于老男。

（1）通合一舒声韵：老男钟益长读[əŋ]，只有与[p]组声母相拼时略带圆唇，接近[ɷŋ]；青男钟建明是典型的[əŋ]；钟林富、钟宗梅基本读[uŋ]。

（2）帮端系臻合一、臻合三舒声韵：老男、青男今读都是韵母[ən]，例如：分 pən⁴⁴｜孙 sən⁴⁴｜门 mən²²｜轮 lən²²；钟林富、钟宗梅部分字今读韵母[un]，部分字今读韵母[ən]，例如：分 pun⁴⁴｜孙 sun⁴⁴｜门 mən²²｜轮 lən²²。

（3）此外，还有部分字的读音钟益长比钟林富更新，发展更快。例如：

	钟林富	钟益长
厨_{澄。~头（厨师）}	kʰy²¹	tɕʰy²¹
勤_群	kʰyn²²	kyn²²
示_{止开三}	su²¹	sɿ²¹
知_{止开三。~识}	tɕi⁴⁴	tsɿ⁴⁴

口头文化发音人钟宗梅虽然比老男年轻，但她的畲话却比老男更保守，受景宁话影响更小。可见，年龄仅是影响新老派语音差异的因素之一。详见第八章钟林富、钟宗梅的口头文化语料。

第六节

古今语音比较

古音是指以《切韵》系统为代表的中古音系。古音声母系组的分类以及韵摄、声调的排列，均依中国社会科学院语言研究所编《方言调查字表》（修订本）。今音是指景宁畲话的今读音。例字单下划线表白读音，双下划线表文读音。

一　声母的古今比较

声母的古今比较见表2-17。表左和表右把声母分为帮组、非组、端泥组、精组、知组、庄组、章组、日母、见晓组、影组等10组，表端按发音方法把古声母分为清、全浊、次浊三类，表心是古声母的今读音和例字。

表2-17　古今声母比较表

组	洪细	清		全浊 平	全浊 仄
帮组		帮 波po⁴⁴	滂 破pʰo⁴⁴	并 陪poi²² / 赔pʰoi²²	簿po²¹ / 薄pʰoʔ²
非组		非 飞pei⁴⁴ 匪pʰi⁴⁴ 富fu⁴⁴	敷 蜂蜜蜂pʰiuŋ³⁵ 副fu⁴⁴	奉 坟pʰən²² 符fu²²	饭pʰən²¹ 服fuʔ²
端泥组		端 多to⁴⁴	透 拖tʰo⁴⁴	定 提te²² 啼tʰai²²	洞təŋ²¹ 定tʰaŋ²¹
精组	今洪	做tso⁴⁴	菜tsʰoi⁴⁴	财tsai²² 齐tsʰai²²	罪tsoi²¹ 坐tsʰo⁴⁴ 皂sau²¹
精组	今细	酒tsiu³⁵ 尖tɕiam⁴⁴	七tsʰit⁴ 千tɕʰian⁴⁴	情tsiŋ²² 脐tsʰi²¹ 墙tɕʰiɔŋ²² 泉ɕyon²²	尽tsin²¹ 字tsʰi²¹ 集sit² 就tɕiu²¹ 绝ɕyot²
知组		知 桌toʔ² 摘tsaʔ⁴ 猪tɕy⁴⁴	彻 丑~时tʰiu³⁵ 抽tsʰiu⁴⁴ 超tɕʰiau⁴⁴	澄 绸tiu²² 沉tʰim²² 茶tsʰɔ²² 肠tɕʰiɔŋ²²	值tiʔ² 郑tsiŋ²¹ 浊tsʰuʔ² 撞tɕiɔŋ²¹ 杖tɕʰiɔŋ²¹
庄组		庄 壮tsɔŋ⁴⁴ 爪tɕiau³⁵	初 抄tsʰau⁴⁴ 窗tɕʰiɔŋ⁴⁴	崇 查tso²² 床tsʰɔŋ²² 愁seu²² 锄tɕʰy²²	闸tsap² 煤tsʰap² 事喜~su²¹ 事做~ɕie²¹
章组		章 斟tsim⁴⁴ 针tɕim⁴⁴ 砖kyon⁴⁴	昌 唱tɕʰiɔŋ⁴⁴	船 蛇ɕia²²	实sit² 食ɕiʔ²
日母					
见晓组	今洪	高kau⁴⁴	裤fu⁴⁴ 窠kʰo⁴⁴ 壳xoʔ⁴	桥kʰeu²²	跪kui²¹ 轿kʰeu²¹
见晓组	今细	见 鸡kiai⁴⁴ 决tɕyot⁴	溪 区tɕʰy⁴⁴ 起ɕi³⁵ 气kʰi⁴⁴	群 权tɕyon²² 棋ki²² 骑kʰi²²	共kiɔŋ²¹ 旧kʰiu²¹
影组		影 鸭ap⁴ 医i⁴⁴ 乌u⁴⁴ 怨yon⁴⁴			

	次浊		清		全浊			
					平	仄		
明	名 miaŋ²²							帮组
微	万 mɔn²¹ 袜 uɔt²							非组
泥	浓 niuŋ²² 女 ny³⁵	来　利 li²¹						端泥组
			心	细 sai⁴⁴	邪	松树 tsʰɔŋ²² 祠 su²²	席 tsʰaʔ² 似 su²¹	今洪	精组
				四 si⁴⁴ 写 ɕia³⁵		囚 tsʰiu²² 寻 sim²² 旋 tɕʰyon²¹ 斜 ɕiai²²	寺 si²¹ 谢 tɕʰia²¹ 习 ɕyt²	今细	
									知组
			生	渗 sim⁴⁴ 梳 ɕio⁴⁴					庄组
			书	深 tsʰim⁴⁴ 守 siu³⁵ 屎 ɕi³⁵	禅	匙 si²² 匙 tɕʰi²¹ 辰 ɕin²²	视 su²¹ 是 ɕi⁴⁴		章组
日	耳 n̠i³⁵								日母
疑	牙 ŋɔ²² 五 ŋ³⁵		晓	火 fu³⁵ 孝 xau⁴⁴	匣	壶 fu²² 衔 kam²² 环 kʰɔn²² 霞 xɔ²² 禾 uo²²	会 foi²¹ 厚 kɑu²¹ 下 xɔ²¹ 话 uɔ²¹	今洪	见晓组
	蚁 n̠i³⁵ 迎 ian²²			挥 fei⁴⁴ 戏 ɕie⁴⁴		奚 ɕi⁴⁴ 还~书 ian²²	系 ɕi⁴⁴ 县 ien²¹	今细	
云	又 iu²¹ 王 uɔŋ²² 远 yon³⁵		以	油 iu²² 维 ui²² 匀 yn²²					影组

部分字与上述古今声母对应规律不符。其中有些例外字同普通话读音，例如："谱帮pʰu³⁵"，帮母读送气[pʰ]；"玻滂po⁴⁴"，滂母读不送气[p]；"枢昌ɕy⁴⁴"，昌母读擦音[ɕ]，这类例外字不再一一罗列。另有部分常用字读音例外，按声母顺序排列如下：

明　猫 ȵiau⁻⁴⁴⁵

非　痱 mei⁻⁴⁴⁵

泥　宁白。景~ liŋ²² ｜ 内白。~肚（里面） loi⁻⁵⁵

来　两~个 ioŋ³⁵ ｜ 联白。动词,缝 yon²² ｜ 领白。量词：一~衫（一件衣服） iaŋ⁴⁴

精　棕白。~襄（襄衣） təŋ⁴⁴　津天~ kyn⁴⁴

清　鹊鸦~（喜鹊） ɕiaʔ⁴

从　自白。~家（自己） ti²¹

心　栖鸡~（鸡窝） tsi⁴⁴

邪　绪光~皇帝 tɕy²¹

彻　畜~牲 kʰyʔ⁴

澄　惩 kiŋ²²　驰 kʰi²² ｜ 术白。~ kʰit²

崇　柿白。柿子 kʰi⁻⁴⁴⁵

生　筛筛子 tʰɔi⁴⁴

禅　绍介~ iau²¹

日　瓢金瓜~（南瓜瓢） nɔŋ²²　汝 y³⁵ ｜ 入 ip²

见　箍~桶 fu⁴⁴　继白。过~ tse⁴⁴　桂白。~圆 kʰui⁴⁴ ｜ 较白。~大（更大） kʰau⁴⁴　关~门 un⁴⁴

溪　傀~儡戏 ku⁻⁵⁵

群　极 tɕʰiʔ²

晓　歪 uɔi³⁵

匣　鹤文。~溪（地名） ŋoʔ² ｜ 或 ŋuət²

云　芋 fu²¹　有白。~人 xo⁴⁴

以　铅~角崽（硬币） kʰa⁴⁴

二 韵母的古今比较

韵母的古今比较见表2-18至表2-20。表左和表右是古音十六摄，各摄先开口后合口，有舒入相对的摄，舒声在前，入声在后。表头是一二三四等和古声母的系组。表心是例字和今读音。

表2-18　古今韵母比较表之一

| | 一等 | | | 二等 | | | | |
	帮系	端系	见系	帮系	泥组	知庄组	见系	
果开		多 to^{44} 那~个 nai^{21} 大 tʰɔi^{21} 左 tsɑu^{35}	哥 ko^{-445} 阿~哥 ai^{44} 我 ŋɔi^{44} 鹅 ŋɑu^{22}					
果合	破 pʰo^{44} 跛 pai^{35} 簸 pɔi^{44}	坐 tsʰo^{44} 脶 loi^{-445} 蓑 sei^{44}	火 fu^{35} 稞 kʰo^{44} 禾 uo^{22}					
假开				爬 pʰɔ^{22}	拿 naŋ^{44}	茶 tsʰɔ^{22} 榨 tɕiɔ^{44}	加 kɔ^{44} 桠 uɔ^{35}	
假合							瓜 kɔ^{44}	
遇合	补 pu^{35} 簿 po^{21}	租 tsu^{44} 做 tso^{44}	古 ku^{35} 吴地名 ŋo^{22} 五 ŋ^{35}					
蟹开	贝 poi^{44}	再 tsai^{44} 带 tɔi^{44} 袋 tʰoi^{21}	该 kai^{44} 艾 ɲiai^{44} 爱 oi^{44}	稗 pʰe^{44} 拜 pai^{44}	奶 nen^{21}	柴 tsʰai^{22} 筛 tʰɔi^{44}	界 kai^{44} 街 kiai^{44}	
蟹合	背动词,驮 pe^{44} 杯 poi^{44} 梅杨~ mui^{21}	最 tsai^{35} 对 toi^{44} 碎 sei^{44}	外~甥 ŋo^{21} 外~国 uɔi^{21} 悔 fei^{44} 灰 foi^{44} 茴 ui^{22}				挂 kɔ^{44} 话 uɔ^{21} 画名词 xo^{21} 坏 kai^{21} 快 ɕiai^{44} 怀 xɔi^{21} 歪 uɔi^{35}	
止开								
止合								
效开	宝 pau^{35}	桃 tʰo^{35} 早 tsau^{35}	号 xo^{21} 高 kau^{44}	饱 pau^{35}	闹 nau^{21} 猫 ɲiau^{-445}	抄 tsʰau^{44} 爪 tɕiau^{35}	教 kau^{44}	
流开	苗 meu^{21}	走 tsau^{35} 偷 tʰeu^{44}	候 xo^{21} 狗 kau^{35} 后 ɕieu^{21} 扣 kʰiu^{44}					

帮系	端组	泥组	精组	庄组	知章组	日母	见系	三 四 等
							茄 kʰio^{35}	果开
							瘸 kʰio^{22}	果合
			写 ɕia^{35} 斜 ɕiai^{22}		遮 tɕia^{44}		爷 ia^{22}	假开
								假合
符 fu^{22} 舞 mo^{21}		女 ȵy^{35}	须嘴~ su^{44} 需 ɕy^{44}	数动词 su^{35} 锄 tɕʰy^{22} 初 tso^{44} 梳 ɕio^{44}	拄动词 tu^{21} 猪 tɕy^{44}	汝 y^{35}	渠他 ki^{44} 句 ku^{44} 锯 ky^{44}	遇合
闭 pi^{44} 批 pʰe^{44} 米 mai^{35}	抵 ti^{35} 递 te^{22} 帝 tai^{44} 梯 tʰoi^{44}	厉 li^{21} 礼 le^{21} 泥 nai^{22}	济 tɕi^{44} 祭 tse^{44} 洗 sai^{35}		势 ɕi^{44} 制 tse^{44} 世 ɕie^{44}		系 ɕi^{44} 契 kʰe^{44} 艺 nie^{21} 鸡 kiai^{44}	蟹开
肺 pʰi^{44} 吠 pʰoi^{21}			岁 soi^{44}		税 ɕyoi^{44}		卫 ui^{22}	蟹合
比 pi^{35} 碑 poi^{44}	地 tʰi^{21}	利 li^{21} 厘 le^{22} 梨 lei^{35}	资 tsɿ^{44} 四 si^{44} 祠 su^{22}	柿 kʰi^{-445} 事喜~ su^{21} 事做~ ɕie^{21} 使 soi^{35}	止 tsɿ^{35} 是 ɕi^{44} 示 su^{21} 舐 ɕiai^{44}	二 ȵi^{21}	寄 ki^{44} 饥 ky^{44} 戏 ɕie^{44}	止开
肥 pʰi^{22} 飞 pei^{44}		泪 li^{21} 类 lei^{21}	遂 ɕy^{21} 醉 tsei^{44} 随 soi^{22} 嘴 tɕyoi^{44}	帅 sai^{44}	水 ɕy^{35} 吹 tɕʰyoi^{44}		柜 kʰy^{21} 徽 fei^{44} 规 kui^{44}	止合
票 pʰeu^{44}	吊 tau^{44} 刁 tiau^{44}	尿 nau^{21} 料 leu^{21}	笑 sau^{44} 椒 tɕiau^{44} 箫 seu^{445} 消 ɕieu^{44}		烧 ɕieu^{44}	绕 ȵiau^{21}	桥 kʰeu^{22} 摇 ieu^{22}	效开
富 fu^{44} 浮 pʰeu^{22} 妇 pʰiu^{44}		留 liu^{22} 组 neu^{35}	酒 tsiu^{35}	愁 seu^{22} 皱 tsiu^{44} 瘦 sau^{44}	手 ɕiu^{35}		有 xo^{44} 油 iu^{22} 牛 ŋau^{22}	流开

表 2-19　古今韵母比较表之二

	一等			二等				
	帮系	端系	见系	帮系	泥组	知庄组	见系	
咸舒开		南nam²², 贪tʰon⁴⁴	感kam³⁵, 暗am⁴⁴, 憨xon⁴⁴			衫sam⁴⁴, 杉sam⁴⁴, 站tsan²¹	咸xam²², 岩ŋam²², 陷ɔn²¹	
咸舒合								
深舒开								
山舒开		坛tan²², 伞sɔn⁴⁴	肝kɔn⁴⁴	瓣pan⁴⁴, 扮pɔn⁴⁴		山san⁴⁴, 删sɔn⁴⁴	奸kan⁴⁴, 眼nian³⁵, 苋xɔn²¹	
山舒合	半pɔn⁴⁴	短tɔn³⁵, 乱lon²¹	宽fon⁴⁴, 腕uon⁻⁴⁴⁵, 官kon⁴⁴, 碗uon³⁵				还~书ian²², 环kʰɔn²², 弯uon⁴⁴, 关un⁴⁴	
臻舒开		吞tʰən⁴⁴	根kyn⁴⁴, 痕污迹kʰɔn²², 狠xən³⁵, 恨xon²¹					
臻舒合	本pon³⁵, 门mən²²	孙sən⁴⁴, 损son³⁵	滚kun³⁵, 婚xon⁴⁴					
宕舒开	帮pɔŋ⁴⁴	汤tʰəŋ⁴⁴	糠xoŋ⁴⁴					
宕舒合			光kɔŋ⁴⁴, 黄uɔŋ²²					
江舒开				邦pɔŋ⁴⁴		撞tɕiɔŋ²¹, 双səŋ⁴⁴	江kɔŋ⁴⁴, 腔kʰiɔŋ⁴⁴	

| 三　四　等 | | | | | | | | |
帮系	端组	泥组	精组	庄组	知章组	日母	见系	
	甜 tʰam²² 店 tiam⁴⁴ 簟 ten²¹	念 ȵiam²¹ 帘 lem²² 殓 len²¹	尖 tɕiam⁴⁴ 签 tɕʰian⁴⁴		占 tɕiem⁴⁴	染 ȵiem²¹	钳 kʰem²² 盐 iem²¹ 厌 ien⁴⁴	咸舒开
犯 fɔn²¹								咸舒合
品 pʰin³⁵		林 lim²²	心 sim⁴⁴	渗 sim⁴⁴ 森 sin⁴⁴	针 tɕim⁴⁴ 枕 kin⁻⁵⁵	壬 ȵiem²² 任 ȵin²¹	金 kim⁴⁴	深舒开
边 pan⁴⁴ 变 pen⁴⁴	典 tam³⁵ 奠 tiam²¹ 垫 tem²¹ 天 tʰan⁴⁴ 电 ten²¹	碾 ȵiem²¹ 年 nan²² 连~夜 len²² 联 yon²²	剪 tsan³⁵ 仙 ɕian⁴⁴ 贱 ɕien²¹		扇 ɕien⁴⁴		茧 kan³⁵ 见 kian⁴⁴ 健 ken²¹ 演 ien³⁵	山舒开
饭 pʰɔn²¹ 反 pon³⁵		恋 len²¹	宣 ɕyon⁴⁴		串 tɕʰyn⁴⁴ 船 ɕyon²²	软 nyon⁴⁴	县 ien²¹ 远 yon³⁵	山舒合
民 min²²		鳞 lin²²	新 sin⁴⁴		真 tɕin⁴⁴	人 ȵin²²	紧 kin³⁵ 斤 kyn⁴⁴ 近 kʰyon⁴⁴	臻舒开
炆 un²² 问 mən⁴⁴		轮 lən²²	巡 ɕyn²² 笋 sən³⁵		唇 ɕyn²² 顺 sən²¹	闰 lən²¹	裙 kʰun²² 均 kyn⁴⁴	臻舒合
		凉 liɔŋ²²	像 tɕiaŋ²¹ 墙 tɕʰiɔŋ²²	壮 tsɔŋ⁴⁴ 装 tɕiɔŋ⁴⁴	涨 tiaŋ⁴⁴ 章 tɕiɔŋ⁴⁴	瓤 nɔŋ²² 让 ȵiɔŋ²¹	仰 ȵiaŋ²¹ 央 ɔŋ⁴⁴ 秧 iɔŋ⁴⁴	宕舒开
方 fɔŋ⁴⁴ 放 piɔŋ⁴⁴							枉 iɔŋ²² 旺 uɔŋ²¹	宕舒合
								江舒开

	一等			二等			
	帮系	端系	见系	帮系	泥组	知庄组	见系
曾舒开	朋 pəŋ²² 崩 peŋ⁴⁴	僧 siŋ⁴⁴ 灯 teŋ⁴⁴	肯 ɕieŋ³⁵				
曾舒合							
梗舒开				盲 maŋ²² 棚 pəŋ²²	打端母 taŋ³⁵ 冷 laŋ⁴⁴	撑 tsʰaŋ⁴⁴ 甥 seŋ⁴⁴	硬 ŋaŋ²¹ 梗 kiaŋ³⁵ 莺 eŋ⁴⁴
梗舒合							矿 kʰɔŋ⁴⁴ 横 iaŋ²²
通舒合	懵昏 məŋ²¹	东 təŋ⁴⁴	工 kəŋ⁴⁴				

三 四 等								
帮系	端组	泥组	精组	庄组	知章组	日母	见系	
凭 pʰeŋ²¹ 冰 piŋ⁴⁴		菱 liŋ²²			绳 ɕiŋ²¹		应 iŋ⁴⁴ 应 eŋ⁴⁴	曾舒开
								曾舒合
明 miŋ²² 名 miaŋ²²	停 tiŋ²² 听 tʰaŋ⁴⁴ 钉 teŋ⁴⁴	零 liŋ²² 岭 liaŋ⁴⁴	井 tsaŋ³⁵ 净 tɕiaŋ²¹ 清 tsʰiŋ⁴⁴		郑 tsiŋ²¹ 正 tɕiaŋ⁴⁴		刑 iŋ²² 经 kaŋ⁴⁴ 赢 iaŋ²²	梗舒开
							兄 ɕiaŋ⁴⁴ 萤 ioŋ²² 荣 iuŋ²²	梗舒合
风 foŋ⁴⁴ 风 pʰiuŋ⁴⁴		梦 məŋ²¹ 龙 liuŋ²²	松树 tɕʰoŋ²² 踪 tsoŋ⁴⁴	崇 tsʰən²²	中 toŋ⁴⁴ 虫 tɕʰiuŋ²¹	茸 sən²²	共 kioŋ²¹ 恭 kɐŋ⁴⁴ 弓 kiuŋ⁴⁴	通舒合

表2-20　古今韵母比较表之三

	一等			二等				
	帮系	端系	见系	帮系	泥组	知庄组	见系	
咸入开		搭 tɑp⁴	盒 xɑp²			插 tshɑp⁴ 闸 tsɑp²	掐 xɑp⁴ 鸭 ɑp⁴	
咸入合								
深入开								
山入开		达 thɑp² 辣 lɒt²	割 kɔt⁴	八 pat⁴ 拔千斤~ pɒt²		扎 tsɒt⁴ 察 tshɔʔ⁴		
山入合	钵 pɒt⁴ 拨 pɒt⁴ 拨 pot⁴	脱 thɒt⁴ 捋 lɒt² 掇 tot⁴	活 uɒt² 阔 fot⁴			刷 sot⁴	刮 kiat⁴ 挖 uɒt⁴	
臻入开	没 mɒt² 不 pɒt⁴	卒 tsit⁴	窟 fɒt⁴ 骨 kuɒt⁴					
臻入合								
宕入开	莫 moʔ²	落 loʔ²	各 koʔ⁴					
宕入合			郭 koʔ⁴ 镬 uoʔ²					
江入开				雹 phot² 剥 poʔ⁴		戳 tshuʔ² 桌 toʔ²	握 uʔ⁴ 角 koʔ⁴	
曾入开	北 peʔ⁴	忒 that⁴ 德 teʔ⁴ 黑 ɕieʔ⁴	刻 kheʔ⁴					

		三　　四　　等						
帮系	端组	泥组	精组	庄组	知章组	日母	见系	
	贴 tʰap⁴ 帖 tʰiap⁴ 跕 tet⁴	猎 let²	接 tsap⁴		摺 tɕiep⁴		叶 iep²	咸入开
法 fɔt⁴								咸入合
		粒 lip⁴ 笠 lit⁴	集 sit² 习 ɕyt²		十 ɕip² 汁 tsit⁴	入 ip²	吸 ɕiep⁴ 急 kit⁴	深入开
篾 mat² 鳖 pet⁴	铁 tʰat⁴	裂动词 lat⁴ 捏 net⁴	节 tsat⁴		舌 ɕiet²	热 ȵiet²	歇～力 set⁴ 结 ket⁴	山入开
罚 fɔt² 袜 uɔt² 发 pɔt⁴			雪 sɔt⁴ 绝 ɕyɔt²		说 ɕyɔt⁴		缺 kʰiat⁴ 血 ɕiet⁴ 月 ȵyot²	山入合
笔 pit⁴ 密 met²		栗 lit²	七 tsʰit⁴	虱 set⁴	实 sit²	日 ȵit⁴	一 it⁴	臻入开
佛 fɔt²		律 lit²	戌 sɔt⁴		出 tɕʰyt⁴		橘 kit⁴ 掘 kuɔt²	臻入合
		嚼 tɕiap² 削 ɕiaʔ⁴			勺 ɕioʔ²	弱 ȵiaʔ²	约 iaʔ⁴ 药 ioʔ²	宕入开
缚 pʰuʔ²								宕入合
								江入开
逼 piʔ⁴		力 liʔ²	息 siʔ⁴	色 seʔ⁴	直 tɕʰiʔ²		极 tɕʰiʔ²	曾入开

	一等			二等				
	帮系	端系	见系	帮系	泥组	知庄组	见系	
曾入合			国 kot⁴ 或 ŋuət²					
梗入开				百 paʔ⁴		拆 tsʰaʔ⁴	客 xaʔ⁴	
梗入合							划计~ uət² 划划分 uɔʔ²	
通入合	扑 pʰuʔ⁴ 木 moʔ²	毒有~ tuʔ² 读 tʰoʔ²	谷 kuʔ⁴					

三四等								
帮系	端组	泥组	精组	庄组	知章组	日母	见系	
								曾入合
壁 pia?⁴ 劈 pʰe?⁴ 僻 pʰi?⁴	滴 tip⁴ 的 ti?⁴ 籴 tʰa?² 踢 tʰe?⁴	历 li?²	席 tsʰa?² 惜 si?⁴		适 si?⁴ 石 ɕia?²		亦 ia?² 益 i?⁴	梗入开
							疫 y?²	梗入合
福 fu?⁴ 目 mo?²		六 ly?⁴ 绿 lio?²	粟 su?⁴ 俗 ɕio?²	缩 ɕiu?⁴	熟 ɕy?² 烛 tso?⁴ 束 ɕio?⁴	肉 ȵy?⁴	菊 tɕy?⁴ 浴 io?² 育 iu?⁴	通入合

部分字与上述古今韵母对应规律不符，其中较常用的例外字按古韵摄顺序排列如下：

果开一　　哪 na⁻⁵⁵

　　　　　搓~麻将 tsʰau⁴⁴

遇合一　　奴~才 nəŋ²²

遇合三　　无白。~人 mɑu²²

　　　　　雾落~（起雾）mɔ²² │ 雾~露（雾）mɔ²¹

　　　　　斧~头 pi⁻⁵⁵

蟹合一　　梅人名用字 mai²¹

蟹合二　　快文。~活 kʰɑu⁴⁴

止合三　　痹 mei⁻⁴⁴⁵

　　　　　季 ke⁴⁴

效开一　　袍裙~ pau²¹ │ 脑恼 nau³⁵ │ 操 tsʰau⁴⁴ │ 膏药~ kau⁴⁴ │ 熬 ŋau²²

　　　　　靠凭靠 kʰiu⁴⁴

效开二　　罩 tsɑu⁴⁴ │ 校~长 ɑu²¹

　　　　　敲 kʰɔ⁴⁴

效开三　　超 tɕʰiau⁴⁴

效开四　　晓~得 ɕiu³⁵

咸舒开一　谈 tan²²

　　　　　毯 tʰɔ²²

　　　　　滥 lɔn²¹

咸舒开二　赚 tɕyon²¹

咸舒开三　黏 nei²¹

　　　　　欠 kʰen⁴⁴

咸舒开四　嫌 xam²²

山舒开一　兰姓 lam²² │ 岸 ŋam⁴⁴

山舒开三　便~宜 pe²²

　　　　　建福~ kyon⁴⁴

　　　　　言 ȵiem²²

山舒开四　辫 pin³⁵ │ 肩 kin⁴⁴

　　　　　现~成 xɔn²¹

山舒合一　丸 yon²²

山舒合三　卷~手椀（卷袖子）ken³⁵

拳 kʰun^{22}

愿许~ ŋɔn^{21}

园毛竹~ uon^{22}

臻舒开三　津 kyn^{44}

臻舒合一　困睡觉 fən^{44}

瘟鸡~ uon^{44}

臻舒合三　荤熏 xon^{44}

宕舒开三　娘母亲 n̠ia^{35}

三　声调的古今比较

畲话与古音声调的比较见表2-21，表端是今畲话阴平、阳平、上声、去声、阴入、阳入6个声调，表左是古调类和古声母的清浊条件。

表中例字分两种字体，宋体表示基本归调的例字，楷体表示特殊归调的例字。所谓"特殊归调"，是指今读阴平[44]、去声[21]，但来源不同于一般规律，辖字较多，且大部分是常用字或是白读的归调。

表2-21　古今声调比较表

		阴平[44]	阳平[22]	上声[35]	去声[21]	阴入[4]	阳入[2]
古平声	清	多鸡高风			歌沙钩葱		
	次浊	拿毛流聋	牙泥蓝凉		笋芽鱼篮		
	全浊	寒渠他	爬柴甜皇		蝉绳猴虫		
古上声	清	匪悔		补洗赶井	朵纪哽项		
	次浊	我马懒痒		五米卵网	奶礼染		
	全浊	坐弟兄~妇淡			苧罪犯动		
古去声	清	裤菜算痛			鬓		
	次浊	骂妹露艾			二又嫩浪		
	全浊	稗掉辫			箸袋汗病		
古入声	清					鸭七八百	
	次浊						月袜力麦
	全浊						盒十直石

80

部分字与上述古今声调对应规律不符，且辖字较少。其中有部分例外字为非常用字，读音是受普通话或当地吴语影响的结果，这类例外字不再一一罗列。另有部分例外字是常用字，按古调类顺序排列如下：

古清平　　阳平[22]　鸦老~（乌鸦）ɔ²² ｜ 枝一~花 ki²² ｜ 搬 pɔn²²

　　　　　上声[35]　桠柴~（树枝）uɔ³⁵ ｜ 墩竖~（柱子）tən³⁵ ｜ 蜂蜜蜂 pʰiuŋ³⁵

古次浊平　上声[35]　麻麻疹 mɔ³⁵ ｜ 梨果~（梨）lei³⁵ ｜ 娘母亲 n.ia³⁵ ｜ 蚊蚊子 mən³⁵ ｜ 笼火~ lən³⁵

古全浊平　上声[35]　茄 kʰio³⁵ ｜ 蚕 tsʰɑm³⁵ ｜ 桃桃子 tʰo³⁵

古清上　　阳平[22]　忖 tsʰon²² ｜ 毯 tʰɔ²² ｜ 抖~筋 tiu²²

古全浊上　阳平[22]　腐豆~ fu²² ｜ 荠米~（荸荠）si²² ｜ 棒~冰 pɔŋ²²

　　　　　上声[35]　蟹 xai³⁵ ｜ 辫 pin³⁵

古次浊去　阳平[22]　楝苦~树 len²² ｜ 辆 liɔŋ²² ｜ 另 liŋ²² ｜ 齈鼻~~（鼻涕多）nəŋ²² ｜ 雾落~（起雾）mɔ²²

古全浊去　阳平[22]　薄~荷 po²² ｜ 耙动词：~田 pʰɔ²² ｜ 薯 ɕy²² ｜ 递 te²² ｜ 饲 sɿ²² ｜ 叛 pʰɔn²² ｜ 阵作~（一起）tin²²

　　　　　上声[35]　毙 pi³⁵ ｜ 豆豆子 tʰeu³⁵

古清入　　阳入[2]　桌 toʔ² ｜ 戳 tsʰuʔ² ｜ 屐木头鞋 kʰiaʔ²

古次浊入　阴平[44]　拉 la⁴⁴

　　　　　阴入[4]　笠 lit⁴ ｜ 粒 lip⁴ ｜ 裂 lat⁴动词/laʔ⁴名词，裂缝 ｜ 捏 net⁴ ｜ 膜摸 moʔ⁴ ｜ 日白。一~ n.it⁴ ｜ 络白。用网状物兜住、罩住 loʔ⁴ ｜ 蜡黄~ lap⁴ ｜ 额额头 ŋaʔ⁴ ｜ 六陆 lyʔ⁴ ｜ 肉 n.yʔ⁴ ｜ 育 iuʔ⁴

以上部分读[35]调的例外字或是小称调固化的结果。

第七节

音韵特点

一　声母特点

（一）古全浊声母

古全浊声母今读全部清化。奉禅母今读清塞音、塞擦音只有送气音，船母今读无清塞音、塞擦音，其余古全浊声母今读清塞音、塞擦音有送气和不送气两类读音。比较所有古全浊声母今读塞音、塞擦音的字，读送气音的多为口语常用字，读不送气音的口语常用字略少；同一单字的白读和文读有相应的送气和不送气的对立，送气音属于较早的读音。例如：

	送气	不送气	送气白/不送气文
並母	赔 pʰoi²² ｜ 薄 pʰoʔ²	陪 poi²² ｜ 簿 po²¹	婆 pʰo²²两~（夫妻）/po²²癫~（疯婆）
定母	田 tʰan²² ｜ 袋 tʰoi²¹	图 tu²² ｜ 递 te²²	代 tʰoi²¹一~两~/tai²¹~表
从母	坐 tsʰo⁴⁴ ｜ 蚕 tsʰam³⁵	就 tɕiu²¹ ｜ 罪白。有~ tsoi²¹	材 tsʰoi²²棺~/tsai²²~料
邪母	席白。席子 tsʰaʔ²	绪光~皇帝 tɕy²¹	（无）
澄母	直 tɕiʔ² ｜ 沉 tʰim²²	撞 tɕioŋ²¹ ｜ 阵作~（一起） tin²²	陈 tɕʰin²²~谷/tsin²²姓
崇母	柴 tsʰai²² ｜ 床 tsʰoŋ²²	查 tsɔ²² ｜ 闸 tsap²	（无）
群母	骑 kʰi²² ｜ 旧 kʰiu²¹	棋 ki²² ｜ 跪 kui²¹	具 kʰy²¹家~/tɕy²¹~体
匣母	环白。门~ kʰon²²	衔 kam²² ｜ 厚 kau²¹	（无）

（二）非组

大部分古非组字今读重唇音声母[p pʰ m]，其中微母读[m]的字尤其多。较多今读重唇音声母的字有一字多音的情况，其另一读音一般是轻唇音，且同一单字的白读和文读有相应的重唇和非重唇的对立。例如：

分非pən⁴⁴动词/fən⁴⁴一~两~

费敷pʰi⁴⁴路~/fi⁴⁴浪~

妇奉pʰiu⁴⁴新~（儿媳妇）/fu²¹~女主任

（三）尖团音

景宁畲话精见晓组字都有不同程度的腭化表现，所以尖团音呈现出有分有混的特点。例如：

酒精tsiu³⁵ ≠ 九见kiu³⁵ ≠ 灸见tɕiu³⁵

死心si³⁵ ≠ 喜晓ɕi³⁵

浆精＝疆见tɕiɔŋ⁴⁴

箱心＝香晓ɕiɔŋ⁴⁴

其中，效摄、宕摄字，以及非口语常用字今读基本不分尖团。

（四）精知庄章组

1.精组主要读[ts][tɕ]组声母，知组二等与庄组主要读[ts]组声母，知组三等与章组主要读[tɕ]组声母。例如：

知二庄：摘知二责庄tsaʔ⁴｜拆彻二策初tsʰaʔ⁴｜茶澄二tsʰɔ²²｜晒生sai⁴⁴

知三章：昼知三州章tɕiu⁴⁴｜超彻三tɕʰiau⁴⁴｜臭昌tɕʰiu⁴⁴｜丈澄三。~夫唱昌tɕʰiɔŋ⁴⁴｜伤书上禅。~山ɕiɔŋ⁴⁴｜食船。~饭ɕiʔ²

2.例外情况

（1）少数精母从母字读声母[k t]。例如：

津精kyn⁴⁴｜棕精。~蓑（蓑衣）təŋ⁴⁴｜自从。~家（自己）ti²¹

（2）较多知组字读声母[t tʰ]。例如：

张知。姓账知桩tiaŋ⁴⁴｜胀知tiaŋ⁴⁴｜桌知toʔ²｜啄知toʔ⁴｜丑彻。子~寅卯tʰiu³⁵｜敕彻。~封tʰiʔ⁴｜沉澄tʰim²²｜阵澄。有~（有伴）tin²²

（3）少数知庄章组字读舌根音[k kʰ]。例如：

畜彻。~牲kʰyʔ⁴｜驰澄kʰi²²｜柿崇。柿子kʰi⁻⁴⁴⁵｜铸章ky⁴⁴｜枝章。竹~ki²¹｜枕章。~头kin⁻⁵⁵｜砖章kyon⁴⁴｜痣章ki⁻⁴⁴⁵

（4）少数知组二等与庄组字读[tɕ]组声母。例如：

撞澄tɕiɔŋ²¹｜赚澄tɕyon²¹｜爪庄tɕiau³⁵｜闯初tɕʰiɔŋ³⁵｜事崇。做~ɕie²¹｜梳生ɕio⁴⁴

（5）知组三等绝大部分止臻摄字（基本是非常用字）、个别流梗摄字，以及部分章组止深臻摄字读[ts]组声母。例如：

珍镇震tsin⁴⁴｜侦蒸tsiŋ⁴⁴｜郑tsiŋ²¹｜抽tsʰiu⁴⁴｜肢tsei⁴⁴｜示su²¹｜升siŋ⁴⁴｜顺sən²¹

（6）部分心邪书禅母字读塞擦音声母。例如：

栖心。鸡～tsi⁴⁴｜塞心。瓶～tsʰət⁴｜谢邪。感～tɕʰia²¹｜席邪。簾～tsʰaʔ²｜松邪。～柏树tsʰɔŋ²²｜旋邪tɕʰyon²¹｜深书tɕʰim⁴⁴｜拭书。擦tɕʰiʔ⁴｜匙禅。羹～（汤勺）tɕʰi³⁵

（五）溪晓匣母

1.较多溪母字读擦音[f x ɕ]，同大部分晓匣母的读音。例如：

箍裤fu⁴⁴｜苦用于味道fu³⁵｜开～门恢foi⁴⁴｜宽溪。白。与"紧"相对fɔn⁴⁴｜阔fot⁴｜困fən⁴⁴｜窟fət⁴｜口一～xɑu³⁵｜掐xap⁴｜糠xɔŋ⁴⁴｜壳xoʔ²⁴｜坑xaŋ⁴⁴｜客xaʔ²⁴｜去白。与"来"相对ɕy⁴⁴｜快白。与"慢"相对ɕiai⁴⁴｜起ɕi³⁵｜丘ɕiu⁴⁴｜牵白。～手ɕien⁴⁴｜肯白。唔～（不肯）ɕien³⁵

2.溪晓匣母字今读合口呼韵母能与声母[f]相拼，不与声母[x]拼合。今读开口呼韵母的字，与声母[f]相拼的，基本是古合口字；与声母[x]相拼的，既有古开口字，也有古合口字。例如：

[f]：阔溪fot⁴｜灰晓foi⁴⁴｜回匣foi²²｜宽溪。白。与"紧"相对fɔn⁴⁴｜花晓fɔ⁴⁴

[x]：壳溪xoʔ²⁴｜喉匣xo²²｜糠溪xɔŋ⁴⁴｜汗匣xɔn²¹｜婚晓xon⁴⁴

3.少数匣母字读声母[k kʰ]。例如：

坏白。与"好"相对kai²¹｜厚kɑu²¹｜狭拥挤kap²｜峡山～（狭窄的山谷）kap²｜衔kam²²｜环门～kʰɔn²²｜痕污迹kʰɔn²²

（六）其他零星例外读音

1.个别明母字逢细音读[ȵ]。例如：猫ȵiau⁻⁴⁴⁵。

2.个别泥来母字相混。例如：宁泥。景～（县名）liŋ²²｜内泥。～肚（里面）loi⁻⁵⁵｜颟来。头～nɔ²²。

3.声母[n]与[ȵ]没完全构成互补，个别字声母[n]也拼细音。例如：浓niuŋ²²。

4.个别来母字今读零声母。例如：两～个ioŋ³⁵｜联动词，缝yon²²｜领白。量词：一～衫（一件衣服）iaŋ⁴⁴。

二 韵母特点

（一）韵母数量多

韵母有88个（不包括仅见于文读的借音）。

（二）古阴声韵、古阳声韵、古入声韵特点

古阴声韵的字今读基本是开尾韵或元音尾韵；古阳声韵今读均保留鼻音尾，且[m][n][ŋ]尾俱全；古入声韵今读均保留塞音尾，且[p][t][ʔ]三分，仅个别字例外。

1.古阴声韵今读例外

（1）仅个别字读同古阳声韵：拿naŋ⁴⁴｜奴nəŋ²²｜奶nen²¹。基本是常用字，或是鼻音声母同化韵尾的结果。

（2）仅个别字读同古入声韵：榨～菜tsɔʔ⁴｜夫～娘（妻子）pətʔ⁴。"榨""夫"还有不促化的

读音：榨~油 tɕiɔ⁴⁴｜夫丈~ pu⁴⁴。"榨""夫"促化音有词汇条件限制，并不单说。

2.古阳声韵今读例外（读同古阴声韵）：毯 tʰɔ²²｜铅~角崽（硬币）kʰa⁴⁴｜便~宜 pe²²｜黏 nei²¹｜雁。~溪（地名）ŋɔ²²｜衫文.衬~ sɔ³⁵｜线文.毛~ ɕie⁵⁵｜莲文.~子 lie⁵⁵｜娘爷~（爹娘）n̠ia³⁵｜擎举 kʰia²²。

除"娘 n̠ia³⁵｜擎 kʰia²²"外，其余字是对景宁话的折合或借音。

3.古入声韵今读例外

（1）读同古阴声韵：拉 la⁴⁴｜饺 tɕiau⁵⁵｜忆亿 i⁴⁴。

（2）咸摄深摄山摄个别古入声字不读[p][t]尾：塔咸入.文.宝~ tʰɔʔ⁴｜蛰深入 tɕʰiʔ²｜捺山入 nɔʔ²｜擦山入 tsʰɔʔ⁴。主要是受景宁话影响的结果。

（三）韵类分合

1.果假摄

果摄开合口一等合流，多读韵母[o]；假摄开合口二等合流，以读韵母[ɔ]为主。例如：

哥果开一 ko⁻⁴⁴⁵ ≠ 加假开二瓜假合二.白.黄~ kɔ⁴⁴

饿果开一 ŋo²¹ ≠ 砑假开二 ŋɔ²¹ 瓦假合二 ŋɔ³⁵

波果合一 po⁴⁴ ≠ 疤假开二 pɔ⁴⁴

婆果合一。两~（夫妻）pʰo²² ≠ 爬假开二 pʰɔ²²

和果合一。~气 xo²² ≠ 霞假开二 xɔ²²

2.遇摄

除虞韵的非组字多读[u]外，鱼虞韵基本合流，以读韵母[y]为主。例如：

[y]：猪鱼珠虞 tɕy⁴⁴｜箸鱼 tɕʰy²¹｜区虞 tɕʰy⁴⁴｜书鱼输虞 ɕy⁴⁴｜余鱼 y²²

[u]：夫虞.丈~ pu⁴⁴｜麸虞付虞 fu⁴⁴｜腐虞.豆~ fu²²｜府虞 fu³⁵｜父虞.师~ fu²¹

3.蟹摄

（1）有"咍泰有别"的残留

咍韵端系字多读韵母[oi]，见系字多读韵母[ai]，例如：胎 tʰoi⁴⁴｜来 loi²²｜该 kai⁴⁴｜海 xai³⁵。但是泰韵端系有个别字读韵母[ɔi]，与咍韵今读有异，例如：带 tɔi⁴⁴｜赖 lɔi²¹。

（2）蟹开一二等未完全合流，蟹开一部分字读韵母[oi]，蟹开二无此读。例如：

蟹开一：袋 tʰoi²¹｜菜猜 tsʰoi⁴⁴｜开白.~门 foi⁴⁴

蟹开二：排 pʰai²²｜柴 tsʰai²²｜鞋 xai²²

（3）蟹开三四等未完全合流，蟹开四较多字读韵母[ai]，蟹开三无此读。例如：

蟹开三：例励 li²¹｜世 ɕie⁴⁴一生~（一辈子）/ɕi⁴⁴~界

蟹开四：米 mai³⁵｜泥 nai²²｜帝 tai⁴⁴｜细 sai⁴⁴｜齐 tsʰai²²

（4）蟹合一与蟹开一合流，读韵母[oi]。例如：

开_{蟹开一}。白。～门＝灰_{蟹合一}foi⁴⁴

来_{蟹开一}＝雷_{蟹合一}loi²²

猜_{蟹开一}＝催_{蟹合一}tsʰoi⁴⁴

4.效流摄

（1）效开一二等未合流，一等读[ɑu]韵，二等读[au]韵。例如：宝 pɑu³⁵≠饱 pau³⁵｜告 kɑu⁴⁴≠教 kau⁴⁴。

（2）流开一精母见晓组部分字读[ɑu]韵，与效开一合流。例如：高＝沟 kɑu⁴⁴｜扫＝瘦 sɑu⁴⁴。

5.咸山摄有别

以咸开一、咸开二、山开一、山开二为例。咸开一舒声字多读[ɑm]韵，入声字多读[ɑp]韵；一部分咸开二舒声字读[am]韵，入声字读[ap]韵；山开一舒声字多读[ɔn]韵，入声字多读[ɔt]韵；一部分山开二舒声字读[an]韵，入声字读[at]韵。例如：

三_{咸开一}sɑm⁴⁴≠衫_{咸开二}。白。洗～ sam⁴⁴≠伞_{山开一}sɔn⁴⁴≠山_{山开二}san⁴⁴

蜡_{咸开一}。～烛 lɑp²≠狭_{咸开二}。窄 ap²≠辣_{山开一}lɔt²≠八_{山开二}pat⁴

6.深臻摄未合流

（1）深摄舒声字基本读[im]韵，臻开三舒声字基本读[in]韵。例如：今 kim⁴⁴≠斤 kyn⁴⁴｜心 sim⁴⁴≠新_白。～车 sin⁴⁴。

（2）臻摄入声字大部分读[it]韵；深摄入声字除了读[ip]韵外，有部分与臻摄入声字合流，读[it]韵。例如：十 ɕip²≠实 sit²｜立＝律 lit²。

7.宕江摄合流

（1）宕摄开口一等舒声字全都读[ɔŋ]韵；开口三等舒声字基本读[ɡɔŋ]韵，部分庄组日母影母字读[ɔŋ]韵；合口一三等零声母音节读[uɔŋ]韵，非零声母音节多读[iɔŋ ɡɔŋ]韵，其中[iɔŋ]韵基本是白读。江摄帮组见母晓组舒声字读[ɡɔŋ]韵，知系溪母舒声字读[iɔŋ]韵。例如：

纲_{宕开一}＝江_{江开二}kɔŋ⁴⁴

唱_{宕开三}＝窗_{江开二}tɕʰiɔŋ⁴⁴｜霜_{宕开三}。白。冰～ sɔŋ⁴⁴｜瓤_{宕开三}nɔŋ²²

皇_{宕合一}＝王_{宕合三}uɔŋ²²｜旺_{宕合三}uɔŋ²¹｜房_{宕合三}pʰiɔŋ²²/fɔŋ²²｜放_{宕合三}pʰiɔŋ⁴⁴/fɔŋ⁴⁴｜方_{宕合三}fɔŋ⁴⁴｜忙_{宕合三}mɔŋ²²

（2）宕摄开合口一等入声字多读[oʔ]韵，江摄见晓组、部分帮知组入声字今读与之同；宕摄合口三等入声字多读[uʔ]韵，江摄庄组、部分帮知组入声字今读与之同。宕摄开口三等入声读[iaʔ ioʔ]韵，江摄无此读音。例如：

[oʔ]：薄_{宕开一}pʰoʔ²｜剥_{江开二}poʔ⁴｜各_{宕开一}＝郭_{宕合一}＝角_{江开二}koʔ⁴｜桌_{江开二}toʔ²

[ia↑ io↑]：削鹊宕开三ɕia↑²⁴｜勺宕开三ɕio↑²²｜脚宕开三kio↑²⁴

[u↑]：缚宕合三pʰu↑²²｜戳江开二tsʰu↑²²｜捉江开二tsu↑²⁴｜握江开二u↑²⁴

8.曾梗摄有别

（1）曾摄开口一等字基本读[eŋ e↑]韵，三等字基本读[iŋ i↑]韵。梗摄开口二等字基本读[aŋ a↑]韵。例如：蒸tsiŋ⁴⁴≠争tsaŋ⁴⁴｜北pe↑⁴≠擘pa↑⁴。

（2）曾摄合口入声读[ot]韵，梗摄合口入声读[uɔt uɔ↑ y↑]韵。例如：国曾合一kot⁴｜划梗合二uɔt²计~/uɔ↑²²划分｜疫梗合三y↑²²。

（四）同一韵摄的字读音较复杂

1.同一韵摄今读韵母比较丰富

（1）以果摄为例

①果摄开合口一等合流，多读[o]韵，例如：锣果开一=螺果合一lo²²｜河果开一=和果合一。~气xo²²。

②部分见晓匣母的果摄合口一等字读[u uo]韵，例如：火白。烧~fu³⁵｜过白。去~ku⁴⁴｜禾稻子uo²²。

③另有个别字读[a ai ɔi ei oi au ɑu]韵，例如：

[ai]：那果开一。~个nai²¹｜阿果开一。~哥ai⁴⁴｜跛果合一pai³⁵

[ɔi]：大果开一tʰɔi²¹｜个果开一。量词kɔi⁴⁴｜我果开一ŋɔi⁴⁴｜簸果合一。~米pɔi⁴⁴

[oi]：脘果合一loi⁻⁴⁴⁵

[ei]：蓑果合一。棕~（蓑衣）sei⁴⁴

[au]：搓果开一tsʰau⁴⁴

[ɑu]：左果开一tsɑu³⁵｜鹅果开一ŋɑu²²

（2）以蟹摄合口二等今读韵母为例

[ɔ]：挂卦kɔ⁴⁴

[uɔ]：话uɔ²¹

[o]：画名词xo²¹

[ai]：坏白。与"好"相对kai²¹

[iai]：快白。与"慢"相对ɕiai⁴⁴

[ɔi]：怀白。~崽（怀孕）xɔi²¹

[uɔi]：怪kuɔi⁴⁴｜拐kuɔi³⁵｜歪uɔi³⁵｜坏文。破~uɔi²¹

2.基本演变规律之外有较多的例外

（1）一部分例外字的读音是存古残留

例如：双江开二suŋ⁴⁴=送通合一suŋ⁴⁴≠霜宕开三。白。冰~sɔŋ⁴⁴。"双江开二"读同"送通合一"，是早期江东不分的残留。

又如，果开一的主要读音是[o]，但是，鹅果开一ŋɑu²² ≠ 我果开一ŋɔi⁴⁴ ≠ 饿果开一ŋo²¹。其中，"鹅果开一"读[ɑu]同效开一，是歌豪通押的表现；"我果开一"读[ɔi]是上古汉语歌部有[i]尾的表现。

（2）一部分例外字的读音是借用或创新

例如韵母[ɿʔ][øʔ][m]：席文。主~ zɿʔ² ┃ 舞文。跳~ m⁴⁴ ┃ 鸽køʔ⁵。这些基本是畲族生活中少见少有事物的读音，声母或声调也不合基本演变规律，是景宁话借音。

（五）相当一部分开口三四等常用字今读开口呼韵母

蟹开四：米mai³⁵ ┃ 低白。高~帝tai⁴⁴ ┃ 底白。无~ tai³⁵ ┃ 剃tʰai⁴⁴ ┃ 啼tʰai²² ┃ 弟白。兄~ tʰai⁴⁴ ┃ 齐tsʰai²² ┃ 西白。~边细婿sai⁴⁴ ┃ 洗sai³⁵ ┃ 泥nai²² ┃ 犁lai²² ┃ 齐tsʰai²² ┃ 梯白tʰoi⁴⁴ ┃ 题提蹄te²² ┃ 妻tsʰe⁴⁴ ┃ 计白。三十六~ ke⁴⁴ ┃ 继白。过~ tse⁴⁴ ┃ 溪白。兰~（地名）契kʰe⁴⁴ ┃ 髻ke²¹

效开三：标目~peu⁴⁴ ┃ 表peu³⁵ ┃ 飘票漂~动漂~亮pʰeu⁴⁴ ┃ 嫖藻pʰeu²² ┃ 苗描渺meu²² ┃ 秒meu²² ┃ 庙meu²¹ ┃ 桥kʰeu²² ┃ 轿kʰeu²¹

效开四：钓吊tau⁴⁴ ┃ 调~动tau²¹ ┃ 鸟tau⁵⁵ ┃ 挑白。~劈（挑刺）掉tʰau⁴⁴ ┃ 跳白。~来~去tʰau²² ┃ 尿nau²¹ ┃ 撩逗leu²¹ ┃ 叫哭keu⁴⁴ ┃ 缴keu²²

流开三：廖leu²¹ ┃ 彪peu⁴⁴

咸开三：廉帘lem²² ┃ 殓len²¹

咸开四：点~火tam³⁵ ┃ 添tʰam⁴⁴ ┃ 甜tʰam²² ┃ 簟ten²¹ ┃ 贴tʰap⁴ ┃ 叠tʰap² ┃ 跌tet⁴

山开三：鞭编变pen⁴⁴ ┃ 偏骗pʰen⁴⁴ ┃ 辨辩便方~pen²¹ ┃ 面脸men⁴⁴ ┃ 绵棉men²² ┃ 免勉men³⁵ ┃ 连~夜联~系len²² ┃ 连甚至于：~我都去len²¹ ┃ 灭met² ┃ 列烈let²

山开四：边东~pan⁴⁴ ┃ 扁pan³⁵ ┃ 眠men²² ┃ 面麦~men²¹ ┃ 典tam³⁵ ┃ 天tʰan⁴⁴ ┃ 田tʰan²² ┃ 填ten²² ┃ 电殿垫ten²¹ ┃ 年nan²² ┃ 捻nan³⁵ ┃ 怜莲楝苦~树len²² ┃ 练炼len²¹ ┃ 篾mat² ┃ 铁tʰat⁴ ┃ 节tsat⁴ ┃ 捏net⁴

（六）元音

1. 少部分字读舌尖元音[ɿ]

止摄一部分精组知系的字读舌尖元音[ɿ]，这些大都是日常口语不常用字或文读音。例如：基文。~础tsɿ⁴⁴ ┃ 止文。停~ tsɿ³⁵ ┃ 持文。保~ tsʰɿ²² ┃ 司文。公~ sɿ⁴⁴ ┃ 视文。重~ sɿ²¹。

2. 有元音[y]，今读撮口呼韵母辖字很多

大批遇合三、止开合三、山合三、臻开合三、通合三字读撮口呼韵母。各韵母辖字太多，略举例如下：

[y]：猪遇合三tɕy⁴⁴ ┃ 箸遇合三tɕʰy²¹ ┃ 书遇合三ɕy⁴⁴ ┃ 鼠遇合三水止合三ɕy³⁵ ┃ 树遇合三ɕy²¹ ┃ 锯遇合三饥止开三ky⁴⁴ ┃ 余遇合三y²²

[ʮoi]：税蟹合三 ɕʮoi⁴⁴｜嘴止合三 tɕʮoi⁴⁴｜吹炊止合三 tɕʰʮoi⁴⁴

[ʮn]：串山合三 春臻合三 tɕʰʮn⁴⁴｜斤臻开三 kʮn⁴⁴｜银臻开三 ȵʮn²²｜匀臻合三 ʮn²²

[ʮon]：专山合三 tɕʮon⁴⁴｜川穿山合三 tɕʰʮon⁴⁴｜砖山合三 kʮon⁴⁴｜船山合三 ɕʮon²²｜软山合三 ȵʮon⁴⁴｜远山合三 ʮon³⁵

[ʮt]：出臻合三 tɕʰʮt⁴｜术臻合三。文。算~ ɕʮt²

[ʮot]：说山合三 ɕʮot⁴｜月山合三 ȵʮot²｜决山合四 tɕʮot⁴

[ʮʔ]：六通合三 lʮʔ⁴｜竹通合三 tɕʮʔ⁴｜叔通合三 ɕʮʔ⁴｜熟通合三 ɕʮʔ²

三　声调特点

（一）调类

今读6个调类。分阴阳的调类，阴调的调值都比阳调的调值高。

古舒声字基本读舒声调，仅个别字例外，例如：榨~菜 tsɔʔ⁴｜夫~娘（妻子）pət⁴。

古入声字基本读入声调，仅个别字例外，且没有很固定的调类归向。例如：拉 la⁴⁴｜饺 tɕiau⁵⁵｜忆亿 i⁴⁴。

（二）归派

1. 主要归派

（1）古清平字、古清去字，读阴平[44]。

（2）古浊平字，读阳平[22]。

（3）古清上声字、古次浊上字，读上声[35]。

（4）古全浊上字、古浊去字，读去声[21]。

（5）古清入字，读阴入[4]。

（6）古浊入字，读阳入[2]。

2. 特殊归派

（1）基本是口语常用字的白读音。

①少数古次浊平、古全浊平、古次浊上、古全浊上、古次浊去字今读阴平[44]。例如：

古次浊平：拿 naŋ⁴⁴｜毛白。头~（头发）mɑu⁴⁴｜流白。~水 liu⁴⁴｜聋 ləŋ⁴⁴｜燎~火头（引火）leu⁴⁴

古全浊平：渠他 ki⁴⁴

古次浊上：我 ŋɔi⁴⁴｜马白。骑~ mɔ⁴⁴｜卤名词：盐~ lu⁴⁴｜你 ȵi⁴⁴｜尾 mei⁴⁴｜有白。~人 xɔ⁴⁴｜懒 lɔn⁴⁴｜暖 nɔn⁴⁴｜软 ȵʮon⁴⁴｜两斤~ liɔŋ⁴⁴｜养痒 iɔŋ⁴⁴｜冷 laŋ⁴⁴｜岭 liaŋ⁴⁴｜领白。量词：一~衫（一件衣服）iaŋ⁴⁴

古全浊上：坐 tsʰo⁴⁴｜弟兄~ tʰai⁴⁴｜被被子 pʰi⁴⁴｜舐 ɕiai⁴⁴｜是 ɕi⁴⁴｜徛站 kʰi⁴⁴｜妇白。新~（儿媳妇）pʰiu⁴⁴｜淡 tʰɑm⁴⁴｜旱 xɔn⁴⁴｜近白。~远 kʰʮon⁴⁴｜丈~夫 tɕʰiŋ⁴⁴｜上~山 ɕiɔŋ⁴⁴｜重轻~ tɕʰiuŋ⁴⁴

古次浊去：骂mɔ⁴⁴｜露~水lu⁴⁴｜艾植物ȵiai⁴⁴｜妹moi⁴⁴｜溜liu⁴⁴｜面脸men⁴⁴｜问mən⁴⁴

②少数古平声、古清上、古次浊上、古清去字今读去声[21]。例如：

古清平：歌畲歌ko²¹｜沙沙子sɔ²¹｜堆toi²¹｜箕畚~ky²¹｜钩kɑu²¹｜先~去ɕian²¹｜桑~叶sɔŋ²¹｜缸kɔŋ²¹｜星星星saŋ²¹｜葱tsʰən²¹

古浊平：箩lo²¹｜麻油~（芝麻）mɔ²¹｜芽ŋɔ²¹｜鱼草~ny²¹｜姨阿~（妻子的姐妹）i²¹｜篮lam²¹｜盐名词iem²¹｜蚊长脚~（蚊子）mən²¹｜猴xau²¹｜牢牢固lau²¹｜痰tam²¹｜弹~琴tan²¹｜钱钞票tsʰan²¹｜蝉ɕien²¹｜连甚至于：~我都去len²¹｜缠手~（手链）kʰen²¹｜盆脚~pʰən²¹｜绳ɕiŋ²¹｜虫tɕʰiuŋ²¹

古清上：拄动词tu²¹｜纪白。年~ki²¹｜哽kaŋ²¹｜顶白。~门taŋ²¹｜子白。日~tsi²¹

古次浊上：奶nen²¹｜礼~数le²¹｜染ȵiem²¹｜领白。颈（衣领）liaŋ²¹｜懵~过去（昏过去）məŋ²¹

古清去：髻ke²¹｜个这kɔi²¹

③少数古次浊入字今读阴入[4]。例如：

粒lip⁴｜裂动词：碗~啊lat⁴｜捏net⁴｜摸moʔ⁴｜目白。一~ȵit⁴｜络白。用网状物兜住、罩住loʔ⁴｜蜡黄~lap⁴｜勒leʔ⁴｜额额头ŋaʔ⁴｜六陆lyʔ⁴｜肉ȵyʔ⁴

（2）以下这些字归派比较特殊，但基本不是口语常用字，且有词汇条件限制，一般不能单说。这些读音是景宁话借音或折合音。

①少数古清平、古清上字今读阳平[22]。例如：

古清平：丝文。螺~刀si²²｜歌汉族歌ko²²

古清上：子文。包~tsɿ²²｜暑文。~假水文。~果ɕy²²｜果文。水~ko²²｜楷小~kʰa²²｜挺笔~tʰiŋ²²

②个别古清平字今读阴上[35]。例如：枝文。荔~tɕi³⁵｜机文。手~tsʔ³⁵｜溪文。鹤~（地名）tɕʰi³⁵

③读[55][5]的特殊归派，见第二章第一节音系部分。此不再赘述。

第三章 同音字汇

1.本字汇收字依据《方言调查字表》（修订本）以及口语词汇、语法例句整理而得。

2.按韵母次序排列，同一韵母内的字又按声母次序排列，声韵相同的字按声调次序排列。

3.写不出本字的音节用方框"□"表示，后面加小字注释或举例，举例时用"～"代替原字。轻读音节用"0"表示声调。

4.少部分常用字没有单字音，只读连读调和小称调。例如：晚～禾（晚稻）mɔn⁻⁵⁵｜猫 n̢iau⁴⁴⁵。连读调、小称调、[0]调这些字放在相应的单字音节所有调类后面，且在前面加双竖线"‖"表示。

5.文白异读在字的右下角标注小字"文""白"。若有一文二白或一白二文的情况，则注明"白₁、白₂""文₁、文₂"。一个字有多读但又不属于文白异读的，在字的右下角用数字表示，用"1"表示最常用或最口语化的读音，"2"次之，依此类推。

6.景宁话借入字音前文音系部分已穷尽列举，本字汇不再收录。但本方言固有的音与从景宁话借入的音，实际分别为白读与文读。所以，有来自景宁话借音文读的字，本字汇标注"白"。

ɿ

ts [44]资支文。~持置文。位~基文。~础知文。~识□~乇(为什么)机文。电视~ [22]子文2。包~ [35]指文。~导员子文1。面~机文2。手~止文。停~

tsʰ [22]持文。保~

s [44]施~工司文。公~师文。~长驶 [22]饲鹚鸬~ [21]视文。电~市自文。~由示

i

p [44]闭秘~书庇包~ [22]枇~杷 [35]毙比胇肉 [21]币鐾在布、皮、石头等物上把刀反复摩擦几下，使锋利避备 ‖[55]斧~头

pʰ [44]废白。作~肺白。猪~披被1，棉~屁匪费白。路~批白3。灰~(抹刀) [22]皮疲脾被2，~告肥白。~皂批白2。上一~(上一辈) [35]髀大~(大腿)柿削下来的木片(柴~) [21]鼻~洞(鼻子)篦齿很密的梳子‖[55]□石~(小石片)

m [44]眯楣□动词，喂：~饭 [22]迷弥微白。紫~星 [35]美文。人名 [21]未~时味

f [44]费文。浪~ [22]肥文。减~

t [44]置白。~身痴~心低文。~估 [35]抵□□taŋ22(地方) [21]隶逮文。~捕自白1。~家(自己)弟文。~新妇(弟媳)□满，盈溢：水~出来□嘴~(下巴)‖[55]底文。到~里1，个~(这里)□连词，和。介词，把，给点4，量词，点儿：一~钱，又读

tʰ [44]替屉 [35]体1，~面 [21]地体2，身~‖[445]屉菜~□鸡毛~(毽子)

l [44]剺浅浅地割，划开娌妯~ [22]离文。大~别(做功德环节之一)篱璃梨文。雪~痢痢~头狸榈棕~□□man22(知了)□撇~□kʰim22(打车轮子) [35]李里2，公~理鲤 [21]例厉励丽利泪礼文1。送月~庚(亲戚朋友给坐月子的产妇送贺礼)□大~(大家)

ts [44]至白。夏~之白。走~底(汉字偏旁之一) [21]子白1。日~‖[55]姊姐

tsʰ [21]脐字柠雌性牲畜‖[445]□毛管~来(起鸡皮疙瘩)

s [44]撕赐豉四肆尸死~丝白。番薯~师白3。传度学~(畲族男性获得法名，成为法师的宗教仪式)司白2。打官~ [22]荠米~(荸荠)词匙文。锁~丝文。螺~刀 [35]死 [21]氏自白2。独~人寺

tɕ [44]制~度制文。~造济剂智技妓脂儿茶~膣~屎(女阴)继文。~续□□keʔ2□~la445(舍嵩鬼) [35]纸旨指文。手~崽(手指)止白。~血枝文。荔~ [21]痔

tɕʰ [35]齿溪文。鹤~(地名) [21]匙白。饭~(饭勺)哧打□xa55~(打喷嚏)

ȵ [44]你 [22]尼文。~龙 [35]蚁耳尔2，那里，那儿，更远指：坐~ [21]儿幼~园尔1，那，更远指：~个义议二贰艺文。文~‖[55]妮夫~崽(女孩)

ɕ [44]势系联~是西文。~红柿牺嬉熙希稀世文。~界分奚~乇(什么)□□tau44(翅膀) [22]时 [35]屎始起喜‖[445]鳍鱼~ [55]□~年(去年)

k [44]渠他寄基白。地~记机白2。~会麒文，龙~(传说中的畲族始祖)知白2。通~ [22]奇其棋期旗枝白2。一~花岐梅~(地名)池持白。主~ [35]己天干的第六位几~个 [21]纪白。年~枝白1。竹~‖[445]痣

kʰ [44]倚站器弃欺气汽白。~灯 [22]驰骑蜞水~(蚂蟥)麒白。~麟祺衫~崽(衣服的前襟)‖

[445]柿白。柿子

Ø [44]易容~医意白。愿~衣依忆亿 [22]夷已以移文。~动公司 [35]椅易交~ [21]姨阿~（妻子的姐妹）‖[445]□萤火~（萤火虫）

u

p [44]布夫白1。丈~晡1，今~（今天） [22]蒲部文。~队 [35]补□~田（插秧） [21]部白。一~车晡2，暗~（晚上）

pʰ [44]铺动词 [35]谱普浦 [21]步埠

f [44]箍~桶裤呼呼叫：~狗戽~水（用手或勺子等工具扬水）夫文。工~肤付敷麸富副咐傅姓 [22]胡湖糊白。~泥（湿的泥）狐壶葫抚符扶父文。~母腐豆~浮浮肿 [35]火白。烧~伙苦白。用于味道虎浒府辅苪~苴笋 [21]户互护父白。师~附芋妇文。~女土任负和1，~尚□~□lu^{21}管（喉管）

t [44]都 [22]徒屠途涂图杜嘟拟声词□~露（水汽形成的云雾） [35]堵赌肚猪~ [21]拄动词，支撑‖[55]拄~杖（挑担时用来支撑的杖子）

tʰ [35]土 [21]度渡镀□~亲（娶亲）‖[55]兔

l [44]卤1，名词：盐~露白。~水 [22]卢炉芦庐鹭白~ [35]鲁卤2，动词，用盐或浓汤汁腌制食物的方法 [21]路露文。白~旅白。~馆虑滤□□fu^{21}~管（喉管）

ts [44]租 [35]紫祖组阻子白1。~时仔~细

tsʰ [44]粗醋雌 [35]厝归坟安~（安葬）楚

s [44]苏酥素诉塑蔬须嘴~（胡子）数名词斯私~人师白2。老~狮司白1。~法思白。~量试白。一~荽芫~（香菜）嗣 [22]祠辞慈□眼~下（打盹儿） [35]数动词 [21]似祀巳士仕事2，喜~侍服~视白。近~眼

k [44]过白。~年姑1，~丈（姑父）孤估固锢雇顾句 [35]裸古牯股鼓蛄蟆蛤~（蝌蚪） [21]姑2，阿~（姑姑）□~□$ts^{h}ɔt^{2}$（蟑螂）‖[55]果白。~梨（梨子）故~意傀~戏□副词，还□~□xa^{35}（婴儿）

kʰ [44]枯库 [35]苦文。辛~‖[55]□~□un^{445}（猫头鹰）

Ø [44]乌污坞恶可~诬糊文2。~涂 [22]糊文1。糯~吴文。姓无文。~千~万（成千上万）

y

l [22]吕闾~山（传说畲族祖先学法的地方） [35]旅文。一~兵‖[445]驴

tɕ [44]猪褚绫罗~衣诸车~马炮诛注~册朱珠蛀拘追居 [22]渠~道 [35]煮举文。选~主 [21]绪光~皇帝聚驻柱住巨距具文。~体苣莴~笋储~蓄所

tɕʰ [44]区 [22]除锄厨2，~师槌鼓橱~（棒槌）锤捶 [35]处取趣兴~ [21]苎箸厨1，~头（厨师）薯文1。处~

ȵ [35]女 [21]鱼渔语□豆腐~（豆腐脑）

ɕ [44]书舒去白。上~虚嘘叹词须必~需输殊 [22]如徐序薯谁暑文2。假~水文。~果 [35]鼠暑白。大~许水白。冷~ [21]署竖树瑞人名遂

k [44]据锯铸饥肚屎~（肚子饿）机白1。绵~（织布机绵）箕1，簸~（簸米用的竹制器具） [35]矩举白。保~师（学师仪式上的十二个祭师之一） [21]箕2，畚~（挑东西用的有梁簸箕）

kʰ [21]具白。家~忌禁忌，忌讳柜

Ø [22]于余盂遗愚~公移山威~风御 [35]汝~南郡（蓝姓人的郡）雨谷~宇 [21]誉预

a

pʰ [44]派_文。老古~‖[445]帕

m ‖[55]□不知道：我~有几多人（我不知道多少人）

t [44]妼~公（岳父。外公）‖[55]□~落（遗失）□介词，来：你~问，我~写

n [22]喏叹词，含有指示意思的语气：~，那个分你‖[55]哪~个 [0]哪语气词

l [44]拉‖[445]□□keʔ^2□tɕi^{44} ~（吝啬鬼）[0]啦语气词

tsʰ [44]差出~

k ‖[0]嘎语气词，"个啊"的合音

kʰ [44]铅~角崽（硬币）[22]楷正~

ŋ [22]□拟声词，说话声‖[445]□"我寮"合音：~鸡（我家的鸡）

x [44]哈 [35]□□ku^{55}（婴儿）‖[55]□打~哧（打喷嚏）

ø ‖[0]啊语气词

ia

t [44]爹 [21]□腰~落去（腰弯下去）

tɕ [44]遮蔗 [35]姐镬灶~（灶神）‖[445]□染卵~（茜草）[55]者或~□愿~（愿意）

tɕʰ [44]车坐~ [35]笡 [21]谢_白。感~‖[55]□~鹅（鹅）

n̠ [35]娘1，爷~‖[445]□"你寮"合音：~鸡（你家的鸡）

ɕ [44]泻卸赊赦舍邻~畲_白。旱地，与"田"相对□鸡爪扒食的动作 [22]蛇畲_文。~族（1956年确定的法定族称），又读 [35]写舍外~（地名）[21]射麝谢_文。~~你社

k ‖[445]□"渠寮"合音：~鸡（他家的鸡）

kʰ [22]擎举

ø [22]爷 [35]野□量词：一~（一把）

[21]亚~洲夜‖[0]呀

ɔ

p [44]巴_白。嘴~疤霸坝叭喇~播广~ [22]杷枇~巴_文。~不着（巴不得）[35]把~握 [21]□趴

pʰ [22]爬钯耙动词：~田 [21]□屎（旧式的厕所）□大声~（大嗓门）

m [44]马_白。骑~码_白。~头骂 [22]麻_白2。胡里胡~（胡乱）雾2，落~（起雾）蟆蛤~蛄（蝌蚪）[35]麻麻疹 [21]麻_白1。油~（芝麻）码_文。号~雾1，~露（雾）□纺织~（蟋蟀）‖[55]马_文。~佛（马氏天仙娘娘）~年（往年）~前（面前）

f [44]花化 [22]华_白。中~哗拟声词：水~~流

tʰ [22]毯

n [22]颅头~呐唢~ [21]姆对汉族已育女性的称呼

l [22]喇~叭

ts [44]渣1，豆腐~诈炸~弹 [22]查调~ [21]渣2，油~‖[445]楂山~

tsʰ [44]叉权差~别岔钗 [22]茶搽 [21]□遮挡□芒萁

s [44]沙_文。~湾（地名）纱砂~糖□渗：~水□~面（挂面）[35]锁衫_文。衬~□水~啊（雨小了）[21]沙_白。沙子‖[55]唢~呐

k [44]家1，~具加嘉架驾嫁价瓜_白。黄~寡佳挂卦交_文。~椅（椅子）[22]枷□təŋ^{55}~（衣服袋子）[35]假真~贾姓剐千刀万~ [21]家2，自~（自己）‖[55]□领~（背心）

kʰ [44]敧□1，~下（下面）‖[55]□2，~底（下面）

ŋ [22]牙衙雁_文。~溪（地名）[35]瓦 [21]

芽研

x [22]呵霞蛤~蟆蛄（蝌蚪） [35]虾~皮 [21]下夏白。立~厦~门口~佬（畲族对汉族的背称）

Ø [22]鸦1，老~（乌鸦） [35]哑 [21]夏文。~至丫手指~（手指缝儿）鸦2，~鹊（喜鹊）

iɔ

tɕ [44]榨白。~油

ɕ [22]畲文。~族（1956年确定的法定族称），又读邪~气唰拟声词：水~~流

uɔ

Ø [35]桠柴~（树枝） [21]话

e

p [44]背2，动词，用背驮 [22]便~宜

pʰ [44]稗稗子批白1。~准

t [44]知白1。提头~尾蒂 [22]题提蹄猪脚~递 [21]第弟白4。徒~

n ‖[0]呢语气词

l [22]离白。~婚厘一分一~ [21]礼白。~数‖[0]嘞

ts [44]祭继白。过~制白。~煞除凶（抑制邪气，驱除灾祸） [21]口~口se⒨（怎样）

tsʰ [44]妻夫~

k [44]计白。~划季四~ [21]髻鸡~（鸡冠）‖[0]个4，助词，的

kʰ [44]溪白。兰~（地名）契

ie

n̠ [22]宜便~疑 [21]艺白。手~

ɕ [44]世白。一生~（一辈子）戏 [21]誓事1，做~（干活儿）

Ø [22]移白。~过来

o

p [44]玻波菠~薐菜（菠菜） [22]薄~荷 [21]

簿笘番薯~（较宽篾片编制的笋笪，多用于装红薯）

pʰ [44]坡破 [22]婆1，公~（夫妻）菩~萨 [21]婆2，姆~（岳母）

m [22]魔磨1，动词。~刀模~范麻文1。~烦 [35]母父~ [21]磨2，动词。~豆腐 名词：石~墓戊武~器舞白。~刀麻文2。~将嬷阿~（叔母）

t [44]多惰懒~ [22]驼文。~背 [21]朵耳~舵刀2，剃

tʰ [44]拖 [22]驼白。垂沱由上往下淋：~汤（浇汤）佗华~桃白2。仙~ [35]桃白1。~树 [21]道3，东~主人（学师仪式上的十二个祭师之一）毒动词，用毒物害死

n [22]捼搓揉：~绳 [21]糯

l [44]攞婆：~夫娘（娶老婆） [22]罗锣螺啰~嗦鸪~鹨萝包~（玉米）口焯水口霜~屑（冰锥） [21]箩

ts [44]做 [21]造文。~水洗坛（学师仪式之一）口~做（怎么样）

tsʰ [44]坐措初 [22]曹十二六~（学师仪式上的十二个祭师）槽石~ [21]座

s [44]嗦啰~ [35]所 [21]助

k [44]过文。~去（从前） [22]果文。水~歌文。汉族歌假放~ [35]锅火~ [21]歌白。畲族歌‖[445]哥餜裹（粽子） [0]口语气词，多用于陈述句，相当于"呢"：你脍去~（你不会去的呢）

kʰ [44]科寋课 [35]可1，~以

ŋ [22]吴白。~村（地名） [21]饿外2，~甥

x [44]货有白。~人 [22]河何和2，~气喉华文。姓 [21]贺祸闽~画名词号儿~候火~‖[55]荷薄~火文。~锅

Ø [21]窝1，心头~（心窝） [35]窝1，酒~‖[0]哦

io

l [35]□锉

ç [44]靴梳疏

kʰ [44]□蜈蚣 [22]瘸 [35]茄 [21]□寮~（蜘蛛）

uo

∅ [22]禾 [35]唉喊

ai

p [44]拜□刀~（菜刀）□屎头~□lai⁵⁵（后面）[35]跛摆 [21]败

pʰ [44]派白。~人剐削：~茄牌‖[55]□~□lai⁵⁵水（口水）

m [44]唥不会，"唔解"合音：~做 [22]埋 [35]米美白。~国 [21]梅₃，人名‖[55]□灶~前（厨房）

t [44]低白。高高~~帝 [35]底白。鞋~坻上面：~楼（楼上）[21]贷待大~黄（中药材）代文。~表埭一~字（一行字）汰涮洗□晡（昨天）

tʰ [44]太白。~子剃弟白1。兄~泰白。~顺县□肚屎~（肚腩）[22]啼 [35]睇看 [21]弟白2。表~

n [44]□些：一~（一些）[22]泥 [35]那₂，那儿，那里，远指：坐~ [21]那₁，远指：~个乃

l [44]□柴~（柴爿），又读 [22]犁 [35]□自主的吐□屎头□pai⁴⁴~（后面）

ts [44]载年~灾天~再斋□~特（故意）[22]才人~材文。~料财文。发~裁~缝机（缝纫机）[35]最 [21]罪文。~过霉（可怜）

tsʰ [22]豺柴齐财白。~主

s [44]晒西白。~边细与"大"相对婿师白1。本~（学师仪式上带领弟子获得法名的法师）[35]洗

k [44]该阶界届解押~ [22]□鸡~（鸡嗉子）[35]改戒~烟解₂，了~ [21]坏白。与"好"相对隑~人旁（立人儿，汉字偏旁之一）

kʰ [44]揩

ŋ [44]□啃：~骨头

x [44]解₁，会：~做 [22]鞋 [35]海蟹老~（螃蟹）[21]害

∅ [44]阿~叔挨拖延：做事莫~ [35]矮 [21]挨~两下（打两下）

iai

ȵ [44]艾

ç [44]快白。与"慢"相对舐以舌舔物 [22]斜

k [44]芥~菜街鸡 [35]蛙蛙：青~（青蛙）

kʰ [44]荷动词，只有一头挂有物品的挑担动作

∅ [21]□撒颗粒或粉末状物品：~谷种（撒谷种）

ɔi

p [44]簸~米

t [44]戴₂，~孝带 [21]逮白。赶~（来得及）□拴：~牛

tʰ [44]筛 [21]大与"小"相对

l [21]赖

ts [21]在~乎

tsʰ [21]寨

k [44]个₁，量词：一~人 [35]个₃，这儿，这里：坐~ [21]个₂，这：~个（这个）

ŋ [44]我

x [22]□痒 [21]怀白。~崽（怀孕）

uɔi

k [44]怪 [35]拐

∅ [35]歪 [21]外₁，~国坏文。破~怀文。~疑

ei

p [44]飞沸~水（开水）[21]屄膣~（女阴）

pʰ [44]配文。~药

m [44]尾 [22]糜₂,稀烂 [35]梅₁,~花‖[445]痱月~（痱子）

f [44]挥辉徽废文。~品肺文。~炎悔晦妃贿

tʰ [44]□流淌：水~出来

n [21]黏□□man²² ~（蜻蜓）

l [44]□柴~（柴爿），又读□猪头~（腮腺炎）[35]梨白。果~（梨）全晶饭箸~（筷子笼）蕾花~ [21]儡傀~戏类擂~钻：锥子

ts [44]支白。地~枝₃,树大分~肢醉

s [44]碎蓑棕~（蓑衣）赛比~ [21]随₂,~便

oi

p [44]贝杯辈背₁,名词：驼~碑陂水~（水渠）[22]培陪 [21]倍背₃,动词：书焙烘烤

pʰ [44]胚~子坯砖~配白。许~佩~服 [22]赔 [21]吠□干~（臭虫）

m [44]妹姊~（姐妹）[22]梅₄,~岐（地名）枚媒煤糜₁,粥霉 [35]每

f [44]开白。~门灰恢 [22]回 [35]毁 [21]汇~款会开~

t [44]对碓戴₁,~髻（戴头冠）[22]台文。戏~ [21]堆

tʰ [44]胎台~州苔白。舌~态梯楼~推退 [22]台白。灵~苔文。青~ [35]腿₁,狗~ [21]代白。一~袋队腿₂,鸡肫~（鸡腿）

n [22]尼白。~姑 [21]内₂,三日以~

l [22]来雷‖[445]膈 [55]内₁,~肚（里面）

ts [44]载~货 [35]崽~女（子女）[21]罪白。有~

tsʰ [44]猜菜催翠人名 [22]材白。棺~□闹~~（热闹非凡）[35]采彩睬

s [44]岁帅 [22]量词随₁,一~字（一行字）[35]使

k [44]盖 [35]□动词,架：~上去 [21]□柴~（树根）

kʰ [44]开文。~心□整理：寮~下（家整理一下）

x [21]亥

ŋ [22]呆~头（呆子）

∅ [44]哀爱需要,得：你~去嗳笑~~（笑呵呵）

yoi

tɕ [44]嘴

tɕʰ [44]吹炊

ɕ [44]税 [35]髓脑~

au

p [44]包白₁。红~胞 [35]饱 [21]袍₂,裙~（旗袍）刨暴白。脾气~□~篓（抽屉）‖[445]豹

pʰ [44]泡炮脬孱~（睾丸）

m [22]茅□~□tɕin²¹鸟（麻雀）[35]卯 [21]某~人□不好,与"好"相对

t [44]钓吊 [21]调白。调换‖[55]鸟

tʰ [44]挑₁,~劈（挑刺）掉用在动词后表示动作完成。改~掏 [22]条白。一~路跳白。~来~去

n [35]脑恼 [21]闹尿

l [22]寮₁,房子□~公（雷）[35]了完结：做~ [21]嫽游玩‖[445]寮₂,家里

ts [44]焦白。形容词,干：晒~‖[55]□哪~（哪里）

tsʰ [44]搓~麻将操~场抄□推：~车 [35]炒吵 [21]噍嚼

s [44]潲猪~（猪食）笑肖□~皮（爽）[22]□半~猪（百来斤的猪）[35]小白。~麦 [21]皂嫂乖造白。~桥‖[55]少文。~年嫂

k [44]膏药~交白。~钱郊胶狡~杯铰₂,~链教较文。比~□~龙（彩虹）□牙~骨（镫骨）茭~笋（茭白）[35]绞铰₁,~断 [21]搞~清

楚‖[445]□□pa^{24} ~（蝼蛄）

kʰ [44]较白，更加：今年~好 [35]巧

ŋ [22]熬□（物体）变形 [21]傲骄~

x [44]孝哮 [21]皓形容词，亮

Ø [44]坳山~凹 [35]拗弯曲使断：~柴

iau

t [44]刁貂雕 [22]条文。~件 调风~雨顺 [21]调文。音~

tʰ [44]跳文。~绳 挑₂，~拨

l [22]辽寮₃，上~（地名） [35]了~解 [21]疗医~

tɕ [44]焦文。~黄椒 胡~粉 娇浇~水泥 [35]爪骄~傲 [21]抓‖[445]蕉香~

tɕʰ [44]锹超

n̠ [21]绕尧人名‖[445]猫

ç [35]小文。~学 晓文。人名

Ø [35]跃人名耀人名 [21]绍介~

au

p [44]报 [22]袍₁，龙~ [35]保堡宝 [21]包白₂，物体或身体上鼓起来的疙瘩 暴文。~水（暴雨）爆

pʰ [44]□□sen^{445} ~（油茶苞）跑~步 [21]藨蛇~（蛇莓）

m [44]毛白₁。头~（头发） [22]无白。钱矛毛白₂。~竹 [35]□不好，"唔好"合音：~听 [21]冒帽毛文。姓~貌

t [44]刀₁，剪~倒~转头（掉头）□□ɕi^{44}（翅膀） [22]桃文₁。红~黑~（扑克牌的花色）[35]岛倒打~。~水 [21]萄道₁，~理盗导桃文₂。核~‖[55]道₂，动量词，次：说一~

tʰ [44]套涛人名 [35]讨□量词，顿、次

l [44]捞混合，搅拌 [22]劳白。~碌命牢₁，牢

房 [35]老₁，与"嫩"相对 [21]劳文。~改 牢₂，牢固 老₂，~师 痨~病□在：~寮（在家）

ts [44]糟酒~躁~心灶罩 [35]佐左早枣找退回：~钱走跑

tsʰ [44]糙粗~ [35]草‖[55]钞~票

s [44]骚搔臊扫~寮（扫地）瘦稍~微

k [44]高篙糕告白。~状沟 [35]稿狗 [21]钩厚‖[55]□~柏杉（红豆杉）□~kən^{22} 鸟（布谷鸟）

kʰ [44]快文。~活 [35]可₂，~恶烤

ŋ [22]鹅白。□tɕʰia^{55} ~（鹅）牛

x [44]薅~草（用农具除掉田草）[22]□动词，缠束：~秆（扎稻草束）[35]好形容词□白。量词：一~饭 [21]浩人名猴‖[55]好要：~讲

Ø [44]熇把蔬菜等加水并用文火煮食 欧棉~ [35]呕呕吐 [21]效校~长毫

eu

p [44]标白。目~彪 [35]表裱

pʰ [44]飘漂~白票鼬生~牙 [22]嫖薸浮白。~上来

m [22]苗描秒 [35]渺水~~（水无边无际）牡 [21]妙庙亩贸

t [44]斗₁，~牛兜₁，量词，相当于"丛""棵" 窦踏~（鸡要生蛋前的动作）[35]斗₂，量词 [21]陶~州（地名）桃文₃，~山（地名）斗₃，狗~（狗的食具）

tʰ [44]偷透 [22]头₁，~毛（头发）投 [35]敨豆₁，豆子痘种（将牛痘苗接种人体）[21]豆₂，~腐头₂，屎~（后面）

n [35]纽₁，禾~（稻穗）‖[55]□~茫茫（茫若无涯）

l [44]燎~火头（引火）撩₁，用手舀水浇洒：~水 □嘴巴□lam^{44} ~（嘴馋）[22]撩₂，捞：~鱼楼

聊 [35]篓□有~（足够）[21]撩₃，~人（逗人）料漏

ts [44]奏

tsʰ [44]凑 [35]磋基~

s [44]硝销白。~门（闩门）□老鸦~（狐臭）[22]愁 [35]搜 [21]黍高粱 ‖[445]箫

k [44]叫哭够 [22]缴 [21]樵擦拭：~桌

kʰ [44]铐靠₂，~背 [22]桥 [35]考口文。人~ [21]轿撬赵

ŋ [35]藕

ieu

tɕ [44]醮朝三~（三日）召招照

tɕʰ [22]朝~代潮侨 [21]兆

ɕ [44]消宵销文。推~烧萧翘 [22]韶~山 [35]少多~ [21]后

ø [44]妖邀腰要~求；主~ [22]摇遥窑 [35]舀 [21]鹞

iu

pʰ [44]妇白。新~（儿媳妇）[21]伏孵䲉瓠瓜

t [44]莸₂，尾~（尾巴）[22]绸抖~筋（发抖）[35]□针（顶针儿）

tʰ [35]丑子。寅卯

l [44]流白。~水溜 [22]流文。风~刘留榴硫琉馏 [35]柳抑掏，挖：~耳朵

ts [44]皱绉~纱 [35]酒

tsʰ [44]秋抽 [22]囚 ‖[55]丑小~

s [44]兽修宿星~ [22]泅~水（潜在水里）[35]守

tɕ [44]昼周舟州洲咒纠 [35]灸□烟~（烟草制品的统称。旱烟）[21]就

tɕʰ [44]臭

ȵ [35]扭纽₂，名词：衫~（衣服扣子）[21]纽₃，

动词，扣，用纽扣固定

ɕ [44]秀绣收休丘一~田 [22]仇冤~ [35]手首晓白。~得（知道）[21]受寿授

k [44]鸠救究阄拣~（抓阄）[22]球□蹲：~落去（蹲下去）[35]韭九久 [21]臼脱~

kʰ [44]靠₁，凭靠叩扣~钱 [22]筹求售零~酬同工同~ [21]葵热头~（向日葵）舅阿~（老婆舅）旧

ø [44]忧优悠幽幼~儿园 釉碗~ □结~（结痂）[22]邮由油游犹 [35]酉文。~名声（宗教仪式念白用词）[21]友又右佑诱蚰蜒~ ‖[445]柚

ui

m [21]梅₂，杨~

t [35]劽使劲拉

k [44]规癸龟乌~归贵 [22]会~计 [35]诡轨鬼 [21]跪

kʰ [44]盔块桂白。~圆亏 [22]魁

ø [44]危畏 [22]茴卫~生为~难维唯违围魏姓伟 [35]伪微文。稍~谓无所~ [21]位胃 ‖[55]委村~

im

t [22]炖~卵（煮蛋羹）[21]砧铁~（砧子）

tʰ [22]沉

l [22]林淋临邻₂，~□ken³⁵（附近）菝菠~菜（菠菜）

ts [44]浸斟

tsʰ [44]深 [22]寻一~（一庹）

s [44]心芯参人~渗~水 [22]寻寻找 [35]审 [21]沈姓

tɕ [44]针

k [44]今金白。黄金禁襟 [22]□菜~（菜罩子）

kʰ [22]琴□～丝（苍耳）□撇□li²² ～（打车轮子）

ø [44]音阴荫因姻洇 [35]饮米汤

am

t [35]点1，～火典

tʰ [44]添 [22]甜

l [44]□舔□量词，瓣□嘴巴～□leu⁴⁴（嘴馋）

s [44]衫白1。衣服 [21]衫白2。赤～（一种红色长衫，是尚无弟子的畲族法师的服饰）

k [44]监鉴 [22]衔 [35]感减

x [22]咸与"淡"相对嫌

iam

t [44]店 [35]点2，～钞票 [21]奠

tɕ [44]尖

n̠ [21]念

k [22]□笼罩：雾露～来（雾笼罩着）

ø [35]□白～（蝴蝶） [21]㲚扔□晃，抖

ɑm

t [44]耽～误担旦□用勺子舀汤：～汤□～□iem²¹□kun⁴⁴（蜥蜴） [35]胆疸 [21]痰

tʰ [44]淡

n [44]绑～机（织布机） [22]南男□软：糖～ [35]□一～（一虎口）

l [22]蓝1，姓兰1，姓 [21]篮

ts [44]簪 [21]錾

tsʰ [35]蚕□抱：～人

s [44]三杉 [35]糁饭～（饭粒）

k [44]甘泔 [35]敢 [21]□笨屎～（蜣螂）‖[445]柑椪~

kʰ [35]□动词，盖：菜～好（把菜盖好）[21]□桶～（锅盖）

ŋ [44]岸田～（田埂地势较高一侧）[22]岩方～

（地名）

x [22]含～一口水 [35]□～盆（石臼）[21]□～年（后年）

ø [44]庵揞捂暗

em

t [21]垫

n ‖[445]□□nem⁵⁵ ～（慢慢）[55]□～□nem⁴⁴⁵（慢慢）

l [44]敛手～来（两只手臂交叉于胸前）[22]廉帘‖[35]镰禾～（镰刀）

k [44]兼剑碱 [35]捡

kʰ [22]钳

iem

tɕ [44]占

tɕʰ [22]前2，～晡（前天）

n̠ [22]阎严壬言 [21]碾染验

ɕ [35]闪险□软～（软肋）

ø [44]掩躲 [22]檐 [21]盐焰□□tɑm⁴⁴ ～□kun⁴⁴（蜥蜴）

in

p [44]彬宾槟 [22]频～道贫 [35]辫头毛～（辫子）[21]□～头毛（编辫子）

pʰ [44]拼～命 [35]品

m [22]民敏过～

t [22]阵白。有～（有伴）

l [22]鳞磷麟麒～ [35]孱成人的阴茎‖[55]□细崽～（三四岁小孩的统称）

ts [44]进晋珍镇振震诊1，～所□楼～（可移动的梯子）[22]秦陈文。姓～ [35]诊2，门～ [21]尽～力□门～（门槛儿）

tsʰ [44]亲～姊妹（亲姐妹）

s [44]森辛新白。～娘薪信讯□天～（天气）

tɕ [44]真 [21]□□mau²² ~鸟（麻雀）锦人名

tɕʰ [22]尘陈白。~谷 [21]阵文。一~水（一阵雨）

ȵ [22]人仁 [21]忍任姓。责~认韧□发直~（打寒噤）

ɕ [44]身申 [22]神白。~仙辰臣

k [44]肩 [35]紧□老鼠~（松鼠） ‖[55]枕~头

kʰ [21]□鸡~（鸡肫）

Ø [44]印 [35]引白。药~瘾

yn

tɕ [44]俊人名 [35]准

tɕʰ [44]串春

ȵ [22]银

ɕ [44]欣人名迅舜勋训 [22]巡唇纯醇

k [44]根白。柴~（树根须）津天~巾斤筋均钧君文。~子军劲有~ [22]勤芹群 [21]近文。~姐亡魂（丧礼上法师对刚去世女性的称谓）郡

kʰ ‖[445]□~树（乌桕树）

Ø [22]匀 [35]允 [21]运文。~输引文。~产

an

p [44]瓣斑~鸠颁边白。东~ [35]板文。黑~扁鳊~鱼 [21]爿光头~（光头）

pʰ [35]片白。面~（洗脸的毛巾）

t [44]癫 [22]谈檀坛□风：瘫痪 [21]掸弹蛋皮~

tʰ [44]天 [22]田 [35]□~头（明天）

n [22]年□~子（无棱的丝瓜）□我（我们） [35]捻用手指搓：~线□寮崚~（屋脊）

l [44]□□kan⁴⁴~侧（侧身） [22]览兰₂，~花

ts [44]蘸煎箭 [35]斩盏剪 [21]站车~暂

tsʰ [22]钱₂，量词，一两的十分之一前₁，~年 [35]铲产浅 [21]钱₁，钞票前₃，灶□mai⁵⁵~（厨房）

s [44]山线白。棉~

k [44]艰襇₁，凡~间间隔奸□~□lan⁴⁴侧（侧身） [35]简裥拣茧笕

kʰ [35]肯文。~定

ŋ [22]□"我们"合音 [21]□仓~（存放粮食的器具）眼文。一~店（一小间店）

x [22]闲

Ø [44]烟₁，动词，熏、弥漫 ‖[445]燕

ian

t ‖[55]点₃，量词，点儿：一~钱，又读

tɕ [44]溅

tɕʰ [44]签求~迁千

ȵ [22]□"你们"合音 [35]眼白。~泪 [21]□耳~（耳环） ‖[55]□~头（上午）

ɕ [44]仙鲜稀薄：糜~（粥稀薄） [21]前₃，十年~先₁，~去

k [44]间₂，名词，指房间见 [22]□"他们"合音

Ø [44]烟₂，名词：香~ [22]还动词，与"借"相对□~亲（抱养的孩子与自己的亲生孩子成亲） [21]现文₂。表~

ɔn

p [44]扮班般半绊扳□打~懒（打哈欠） [22]搬盘文。动词：交~（交代） [35]枋各类自制糕点的总称 [21]办拌 ‖[55]板白。~壁

pʰ [44]攀潘判番白。量词：一~席（一领席子）伴相~（学师仪式上的十二个祭师之一） [22]盘白。名词瓶 [21]饭

m [22]蛮馒瞒 [35]满白。圆~挽拔：~草 [21]慢漫万鳗皮肤的污垢满文。~分 ‖[55]晚~禾（晚稻）

f [44]鼾宽白。与"紧"相对欢₁，~喜（高兴）藩贩翻番文。~皂（肥皂）反文。~正（副词） [22]凡帆烦矾繁 [35]欢₂，喜~（喜爱）反白₂，

与"正"相对 [21]范模~犯

t [44]丹单筒~ [35]短 [21]但

tʰ [44]滩摊炭叹断白。线~掉 [22]团白。把东西揉弄成圆球形 [35]坦

n [44]暖 [22]难与"易"相对 [21]难灾祸□粉刺、小痘等皮肤上的疙瘩

l [44]懒 [22]拦栏蓝2，乌~（一种黑色长衫，是有弟子的畲族法师的服饰）[35]卵健鸡~（没生过蛋的母鸡）[21]滥烂□~横（打横）

ts [44]钻 [22]残

s [44]散分~伞删酸算蒜 [35]癣白。狗~（一种癣症）

k [44]干1，菜~杆肝竿疳~积（小孩慢性营养不良及消化不良呈现的病症）[35]秆赶

kʰ [22]环白。门~痕1，污迹 [21]□动词，拎。量词，提

ŋ [22]颜~色癌元白。寿~ [21]愿白。许~

x [44]寒白。大~汉旱 [22]痕2，牙~ [35]罕 [21]汗焊苋~现白。~成饭

ø [44]安白。平~氨鞍案白。~桌（条案）恩晏迟 [21]陷馅焊限

uɔn

k [44]惯

kʰ [44]宽文。~大处理 [35]款

ø [44]弯湾 [22]玩~具还重回原先的状态环文。~境 ‖ [445]腕

ən

p [44]分白1。动词 [35]粉白。名词 [21]笨

pʰ [44]喷~香□坑~（薜荔）[22]盆1，面~（脸盆）坟溢水等向上涌，漫溢 [21]份白。有~盆2，脚~分白2。生~（生疏）□脚~头（膝盖）

m [44]问□~头（上面）[22]门1，大~文纹

闻 [35]蚊2，白~（苍蝇）[21]闷蚊1，长脚~（蚊子）门2，卵~（囟门）

f [44]分文。一~钱困睡芬纷昐 [35]粉文1。~笔粪 [21]份文。月~

t [44]顿量词：一~饭。动词，摆放蹲~点□咳嗽 [22]沌 [35]墩2，竖~（柱子）[21]墩1，量词，截，段：一~绳臀邓

tʰ [44]吞褪手表~落来（把手表摘下来）[21]钝

n [21]嫩

l [22]仑轮 [21]润闰 ‖ [55]□眼~来~去（眼珠子转来转去）

ts [35]□砍：~柴

tsʰ [44]村寸 [22]旬

s [44]孙狲新文。弟~妇（弟媳）[22]神文。~经循~字簿（红模子）[35]笋榫 [21]顺

x [35]狠

un

k [44]棍□□tɑm44□iem21~（蜥蜴）[35]滚

kʰ [44]昆~仑坤 [22]拳裙□投掷：~出去 [35]捆 [21]菌香~（香菇）‖ [55]困~难

ø [44]关白。~门温瘟文。~病 [22]魂浑云炆火势低微地烧 [35]稳□届，折：头~起来 [21]混~日子运白。~气 ‖ [445]□□kʰu55~（猫头鹰）

en

p [44]鞭编变边文。花~ [35]摈~屎窟（擦屁股）[21]辨辩便方~

pʰ [44]篇偏骗~人片文。名~

m [44]面脸 [22]绵棉眠 [35]免勉 [21]面白。~粉□未：~去

t [22]填 [21]簟用篾片编的晒粮食器具电殿绽（果壳类果实）颗粒饱满

n [21]奶

l [22]连₁，~夜联文。~系怜莲白。~花链₂，铰~鲢花~楝苦~树邻₁，~舍 [35]□躺 [21]恋~家殓练炼链₁，铁~连₂，甚至于：~我都去

ts [21]□玩耍：~火

k [22]乾埻边儿 [35]卷动词，把东西弯转裹成圆筒形□邻~（附近） [21]件健悬秤戥~（称尾高）

kʰ [44]欠牵文。~连嵌刀~ [21]缠₁，手~（手链）□颈~（喉结）

ø [21]晕热头擎~（日晕）

ien

tɕ [44]检战建文。~设荐坚□剥皮 [35]展

tɕʰ [44]谦歉 [22]缠₂，盘~

n̠ [22]研

ɕ [44]扇鲜新~先₂，~生牵白。手~手献掀轩横~ [22]禅~宗贤 [35]显 [21]贱蝉善癣文。生~

ø [44]厌炎腌~卵（腌蛋） [22]延筵酒~沿 [35]演 [21]院县‖[445]雁白。动物

on

p [35]反白₁。翻动：~书本

t [22]团文。~结 [21]断文。~种（绝种）锻段阶~缎盾

tʰ [44]贪探

l [21]乱论讨~

ts [44]尊遵 [22]存全₂，爷娘~（父母双全）

tsʰ [44]参~加 [22]忖

s [35]损

k [44]官棺观冠灌罐₁，药~君老~佛 [22]□~肚（宴席上的大块肉） [35]管馆 [21]罐₂，竹~（装物品用的竹制器皿）干₂，啄树~鸟（啄木鸟）

x [44]憨昏婚荤熏蒸：~鱼 [21]恨

uon

ø [44]安文。~全按案文。~件瘟白。鸡~桉~树 [22]寒文。~露完白。~全园白。毛竹~ [35]碗 [21]换买。卖梡手~（袖子）

yon

tɕ [44]专 [22]权 [35]转~寮（回家） [21]赚传白蛇~‖[55]卷~尺

tɕʰ [44]川穿□摘：~花 [22]传~落来（传下来） [21]旋转

n̠ [44]软 [22]元文。~旦原源 [21]愿文。~意

ɕ [44]劝白。~酒宣喧楦 [22]全₁，完~船泉 [35]选

k [44]建白。福··砖眷根文。~据捐奉牛鼻~（牛鼻圈）卷名词‖[445]□水~（经过浸泡的米和水一起磨成的米粉浆）

kʰ [44]圈花~劝文。~人近白。与"远"相对

ø [44]冤怨鸳 [22]完文。~成丸圆员缘袁辕园文。公~援玄联白。动词，缝芜~菱蜓~蚰 [35]远 [21]□抽~（树木发芽）

iŋ

p [44]冰兵₁，当~ [22]凭文。~据 [35]并合~

pʰ [44]姘聘

m [44]□甩：~来~去 [22]鸣明名文。~堂铭 [21]命文。~令

t [44]澄水~一~疗手~（手茧子） [22]停亭文。安~（地名）廷庭 [35]顶文。最：~大鼎 [21]锭银~

tʰ [44]厅文。~长 [22]挺笔~

n [22]能宁文。~可

l [22]陵菱灵零铃另~外宁白。景~（地名）

[21]令文。命~领文。~导

ts [44]曾姓增蒸证症睁精白2。鬼~贞侦憎得人~（被人嫌弃）[22]情呈写~程工~ [21]静靖人名郑

tsʰ [44]清青文。~田（地名）

s [44]僧升圣2，~玟（占卜时，两只杯玟呈一正一反，寓意吉兆）星文。~期 [21]剩净文。~重

tɕ [44]征~收晶政竞精文。~神经文。~过 [22]警2，报~ [35]景文。风~京文。~剧‖[55]警1，~察

tɕʰ [44]庆称~呼秤卿□lau22公~（螳螂）[21]橙澄~照（地名）□个~（现在）

ɕ [44]胜兴高~行唔~（不行）[22]乘承丞盛~水 [21]绳‖[55]□天冷~来啊（天冷起来了）

k [44]荆敬经白2。念~境惊文。~蛰 [22]惩‖[55]景白。~宁（地名）

ø [44]应文1。~付英映反~缨菜头~（萝卜缨子）[22]寅蝇迎文。欢~盈型刑形地~营 [35]影文。~响颖人名□静（偏僻安静）

aŋ

p [44]□迈绷棕~ [22]彭 [21]□脚~（绑腿）

m [44]□勤快 [22]盲白。~眼盟□草~~（草茂盛状）□~□li22（知了）□~□nei21（蜻蜓）□龙~（传说中的畲族始祖）[35]蟒狗~（蚂蚁）[21]孟~姜女虻牛~猛火~（火旺）

t [44]丁白。楔子 [35]打顶白2。放~（幼儿能独自站立）[21]顶白1。~大门（抵住大门）

tʰ [44]听厅白。大~ [21]定

n [44]拿

l [44]冷

ts [44]精白1。~肚（瘦肉）争静脚~（脚后跟）[35]井

tsʰ [44]撑青白。~豆 [22]晴 [35]请

s [44]生白。与"熟"相对牲性姓鉎铁~（铁锈）腥臭~ [35]省~长醒 [21]星白。星星省节约生白2。□fuʔ2~崽（小伙子）

k [44]更三~半夜庚羹耕经白1。~布（织布）[21]哽鲠 [35]更更加

ŋ [21]硬

x [44]坑 [22]行动词，走衡~量

iaŋ

p [44]柄兵2，收魂~（法师的丧事仪式）[35]丙饼匾

pʰ [22]凭白1。文~平坪评屏萍 [35]片白2。一~心 [21]病

m [22]名白。~字 [21]命白。算~

t [44]涨胀

l [44]岭 [35]领白3。受~ [21]令白。猜~（猜谜语）领白2。颈~（衣领）晾2，竹~杈（用来撑晒衣杆的竹杈）

tɕ [44]正白。~面 [35]奖 [21]净白。洗~（一种驱除邪气的宗教仪式）像白。好~

n̩ [44]暎看：~牛（放牛）[21]仰~天

ɕ [44]声圣1，~旨兄 [22]成城诚 [35]响影~ [21]匠象像文。画~相白。丞~

k [44]京白。北~惊白。收~（民间传统疗法之一，用于治疗受惊吓的儿童）镜 [35]梗番薯~颈

kʰ [44]轻 [35]□细~（个头小）[21]傲避忌

ø [44]领白1。件：一~衫（一件衣服）[22]横1，□lon21~（打横）赢迎白。~神 [35]影白。人~

ɔŋ

p [44]帮邦迸 [22]旁庞棒~冰 [35]榜 [21]傍

pʰ [44]放白2。~屁胖□~谷（秕谷）[35]膀

m [22]忙芒白。麦~茫亡莽氓 [35]网 [21]望

f [44]荒方放文。解~芳坊 [22]妨防纺文。棉~厂房文。~地产横2。~直桁~条(檩) [35]仿相~访

t [44]当~时当抵押中白。~央(中间)档自动~裆裤~ [22]堂文。佛~唐文。大~塘文。~丘(地名)□~□ti35(地方) [35]党挡 [21]荡□掷

tʰ [44]汤烫□酒~(装酒的器皿)□□lɔŋ22(拐杖) [22]堂白。孝~唐白。~朝糖塘白。鱼~ [35]躺

n [22]瓢金瓜~(南瓜瓢)

l [44]朗皓~~(很亮) [22]郎1,新~廊狼棚鼓~槌(棒槌)晾1,~衫(晒衣服)垄山~田(梯田)□~□tʰɔŋ44(拐杖) [35]眼时间不长或阳光不猛烈的照晒 [21]浪郎2,赤~(男方前往女方家迎亲的主厨兼歌手)阆阔~~(很宽)

ts [44]赃葬庄装文。西~壮

tsʰ [44]仓苍创 [22]藏~入去(储放进去)床松~柏树(松树) [21]疮状白。告~

s [44]丧办~霜白。冰~相白2。~帮 [35]爽 [21]脏心~桑~叶

k [44]岗站~纲钢~铁杠轿~(轿身两旁的粗木棍,用于抬轿子)光江扛~轿(抬轿)豇降下~罡 [35]广~东讲港 [21]缸吭拟声词,撞击声□耽搁□田~(河蚌)

kʰ [44]康抗矿 [35]园放。藏

x [44]慌糠 [22]行银~航杭降投~项宏

Ø [44]央白。中~(中间)翁爷爷

iɔŋ

p [44]放白1。~手

pʰ [22]房白。共~(同一家族) [35]纺白。~线

t [44]张白。姓账桩

l [44]两斤~ [22]良凉量~长短粮梁粱辆 [21]亮谅量数~

tɕ [44]将~军浆酱张文。量词帐仗装白。动词章樟障瘴疆僵姜姓糨~糊□~蜎(癞蛤蟆) [35]蒋桨掌长厂~ [21]撞‖[55]种文。量词:一~药

tɕʰ [44]畅丈1,~夫昌菖唱倡窗 [22]墙长与"短"相对肠场~面重~。~阳□牙(白齿) [35]抢闯厂 [21]杖□剩:~两个人丈2,姨~(妻子姐妹的丈夫)

ȵ [44]忘□tʰap4~(忘记) [22]娘2,新~ [21]让娘3,鸡~(母鸡)

ɕ [44]相文。~信箱厢镶商伤上1,~山香乡况胸□量词,畦:一~菜霜文。~降向白。朝~ [22]祥常尝偿从 [35]想2,思~鲞赏饷享 [21]想1,动词橡尚上2,~海状文。奖~

k [44]姜生姜 [22]强~盗 [21]共白。相同

kʰ [44]腔

Ø [44]央文。中~委员秧养痒拥~护鸯漾液体积聚或漫溢 [22]羊洋烊杨阳扬疡柱容垟地名用字氧溶勇萤~火□i445(萤火虫) [35]两~个 [21]样用作~

uɔŋ

Ø [44]汪 [22]黄1,~瓜簧皇蝗隍湟桶~(打稻、杀猪时常用的大木桶)凰王 [21]旺黄2,卵~(蛋黄)

əŋ

p [22]朋棚篷车~蓬2,一~花(一丛花) [21]蓬3,一~气味(一股气味)

pʰ [44]碰 [22]蓬1,~松松 [35]捧

m [22]蒙内~古 [35]懵2,~懂 [21]懵1,~过

去（昏过去）梦

f [44]丰风文。中～封峰锋 [22]红白。～包洪人名鸿人名冯逢缝裁～机（缝纫机） [21]凤奉～命缝一条～灯火很旺粉文2。～干

t [44]东冻栋崬寮～（屋顶）冬棕白。～蓑（蓑衣）□～竿（扁担） [35]董懂1，唔～（不懂） [21]动洞懂2，槽～菜～（菜薹） ‖ [55]□无～做（没能做）□～ko²²（衣服袋子）

tʰ [44]通痛 [22]同铜桐童筒2，脚骨～（胫骨） [35]桶统 [21]筒1，烟～

n [22]奴髅鼻～～（鼻涕多）农脓 ‖ [55]□连词，和

l [44]聋 [22]弄2，东～（地名）隆龙文。尼～ [35]拢1，合～笼3，火～（暖手的火炉） [21]弄1，墙～拢2，～总（总共）笼2，鸡～

ts [44]棕文。～桐鬃宗综踪 [35]总

tsʰ [44]聪匆□白～～（洁白） [21]葱

s [44]相白1。～打（打架）双送松1，宽～宋嵩诵～经 [22]茸鹿～绒 [35]松2，弄～（戏弄） ‖ [55]磉～盘（柱下石下面的方石板）

k [44]公1，～章工功攻贡恭供～销社巩 [22]□□kau⁵⁵～鸟（布谷鸟） [35]拱 [21]公2，姟～（岳父）共文。～产党

kʰ [44]空控 [35]孔

x [44]烘

eŋ

p [44]崩

pʰ [22]瓶 [21]凭白1。倚靠

m [22]冥～斋板（一种米粉制作的祭祀食品）

t [44]登灯凳镫丁文。人～钉靪订～计划叮 [22]亭白。亭子 [35]等戥称重量

tʰ [22]藤□跟随：～你去 [21]腾相配，相称

ts [44]甑饭～（形似木桶的蒸具）

tsʰ [22]层

s [44]生文。学～甥 ‖ [445]□油茶籽

Ø [44]应白。答～莺黄～鸟（黄鹂）

ieŋ

ç [35]恒肯白。唔～（不肯）

iuŋ

p [44]风白。吹～枫

pʰ [35]蜂1，蜜蜂 [21]蜂2，～鹋（马蜂）

n [22]浓

l [22]龙白。～风笼1，灯～

tç [44]中文。～国中～毒忠终众钟～表钟姓～盅种～菜 [35]肿种菜～

tçʰ [44]囱充铳重与"轻"相对冲 [22]重白。一～（一层） [21]虫

ç [44]凶1，～多吉少 [21]凶2，～邦邦（很凶）

k [44]弓宫供赡养父母

kʰ [22]穷

Ø [44]雍壅埋庸 [22]荣熊雄融 [35]涌永

ip

t [4]滴

l [4]粒

ç [4]湿白。与"干"相对 [2]十什～锦拾妯～娌

k [4]□～尿（忍尿） [2]及

Ø [2]入～党

ap

tʰ [4]贴帖2，字～塔白。～崽（小塔） [2]碟叠牒

ts [4]接结文1。～婚

tsʰ [4]插 [2]煠将食物置于水中煮

s [4]塞1，衫～裤内肚（衣服的下摆塞进裤腰里）

k [4]夹~衫（夹衣）荚豆~甲白。手~（指甲）
[2]狭1,拥挤峡1,山~（狭窄的山谷）□~闹热（赶热闹）

x [4]掐

Ø [2]狭2,窄峡2,炉西~（地名）

iap

tʰ [4]帖1,一~药

tɕ [2]嚼

tɕʰ [4]□谷~（无把的畚斗，多用来撮粮食）

n̩ [4]嗫双唇合拢状态下的口动

k [4]睑眨□涩的滋味□~~劈（金刚藤）

Ø [2]□光闪烁

ɑp

t [4]答白。~应搭□钩子

tʰ [2]踏沓达白。~透（达到）

n [2]纳

l [4]蜡1,黄~稍微炙烤一下 [2]蜡2,~烛烙
炙烤：~豆荚

ts [2]闸

k [4]甲文。~乙丙丁合白。~唔来（合不来）

x [2]合文。~格盒

Ø [4]鸭押压

iep

tɕ [4]摺~衫（折衣服）

n̩ [2]业□合~（关系亲密的两人产生了龃龉）

ç [4]吸翕闭眼

Ø [2]叶树~页箬白~（箬竹）

it

p [4]笔毕必滗挡住渣滓或泡着的东西，将液体轻轻倒出

m [4]□抿：嘴巴~来（嘴巴抿着）

l [4]笠~头（斗笠） [2]立栗律率效~

ts [4]汁质卒 [2]侄秩

tsʰ [4]七漆

s [4]失湿文。风~ [2]集实疾~病

n̩ [4]日白。一~ [2]日文。~本

k [4]急级吉橘~饼

kʰ [2]术白~

Ø [4]揖乙一

yt

tɕʰ [4]缺文。~少出

ç [2]习术文。算~

at

p [4]八

m [2]篦

t [2]达文。发~□跺.~脚

tʰ [4]铁忒

l [4]裂白。动词□赤~~（很红）

ts [4]节

tsʰ [2]切白。动词~菜

s [4]煞~气（邪气）萨歇1,~夜（住宿）杀厉害

iat

pʰ [2]□拟声词，相当于"啪"

tɕ [2]□夤

tɕʰ [4]撤

n̩ [4]□皱皮皱~（皱皱巴巴） [2]喏

k [4]刮~嘴须（刮胡子）

kʰ [4]缺白。名词，缺口 [2]□用细尖物将东西从缝隙、孔洞里用力往外挑拨剔除，或往里填塞东西

Ø [2]滑白。~溜溜

ɔt

p [4]钵 [2]拔2,~火罐

pʰ [4]泼 [2]钹□披，盖

m [2]末没

f [4]法发文。~现 　[2]乏罚

tʰ [4]脱蜕 [2]夺

l [4]戮杀爛饭~（锅巴） [2]辣捋1，~桌（除去桌上的脏物）瘌~痢头

ts [4]扎白。缠束歃吸唼

tsʰ [2]□□ku²¹ ~（蟑螂）

s [4]撒雪

k [4]割葛

kʰ [4]□踏步~（台阶）

x [4]喝大声喊叫

tɕu

k [4]括

Ø [4]挖□（身体）移动 [2]活滑文。~头袜获划2，计~

ət

p [4]不夫白2。~娘（妻子）发白。~冷拨白。推拨进入：~谷（用手把稻谷扒拉到畚斗里）

m [2]物

f [4]窟屎~（屁股） [2]核桃~佛拜~

l [2]捋2，~手椀（捋袖子）

tsʰ [4]撮塞2，瓶~

s [4]戍室 [2]杂

uət

l [4]□眼~啊~（眼珠子转啊转）

k [4]骨 [2]掘挖□~花（芙蓉花）

ŋ [2]或

Ø [4]頵淹

et

p [4]鳖瘪 [2]别2，级~拔1，~鞋

pʰ [2]别1，~人

m [2]灭密蜜

t [4]跌

n [4]捏劈刺儿

l [2]猎列烈躐跑

s [4]虱歇2，~落来（歇下来）

k [4]诀白。罡~结白。打死~洁

iet

tɕ [4]折折扣：打九~

n̻ [2]热

ç [4]设血 [2]舌协

ot

p [4]拨文。挑~ 　[2]□量词，坨：一~泥（一坨泥）

pʰ [2]雹□豆腐浆或稀饭等液体表面的沫儿

f [4]阔

t [4]答文。回~掇~碗（端碗） [2]凸突

s [4]刷

k [4]国 [2]□有长柄的勺子

yot

tɕ [4]倔脾气决诀文。口~□拧：~螺丝

n̻ [2]月

ç [4]说 [2]绝术白。手~

k [4]蕨

kʰ [2]□（液体）浓稠：糜~（稀饭稠）□半~砖（半截砖）

Ø [2]越白。~来~好

iʔ

p [4]逼碧

pʰ [4]匹僻

t [4]的目~ 　[2]敌得3，要：我~一个（我要一个）值白。~钱（宠爱）‖[0]得4，助词：食~（可以吃）

tʰ [4]剔敕~封

l [2]力历经~历农~

ts [4]织执职掷绩击激积白。疳~（小孩慢性营养不良及消化不良呈现的病症）值文。个毛~钱（这个

东西值钱）

tsʰ [4]戚

s [4]识息式惜适释析速试文。考~

tɕ [4]积文。~极迹文。笔~

tɕʰ [4]拭擦　[2]蛰直植极积~紧~~（时间紧迫）

ɕ [4]□丢弃：~掉　[2]食白。~饭（吃饭）

k [4]籍祖~

kʰ [2]□眼~（眼睛）

Ø [4]益

uʔ

p [2]朦过敏或被蚊虫叮咬后皮肤上出现的小疙瘩

pʰ [4]扑覆　[2]缚

f [4]福幅复答~腹　[2]服伏三~天枕□~生崽（小伙子）

t [2]独毒$_1$,名词

l [4]碌劳~　[2]熑烫禄篓□pau^{21}~（抽屉）

ts [4]捉

tsʰ [2]戳浊

s [4]粟

k [4]谷

kʰ [4]哭~丧

Ø [4]握屋醒~醍

yʔ

t [4]筑~墙

l [4]六

tɕ [4]竹菊祝

ɲ [4]肉

ɕ [4]叔蓄　[2]熟

kʰ [4]畜~牲曲酒~

Ø [2]疫役

aʔ

p [4]百柏伯白。阿~（伯父）迫擘分开拍~照

□~□kau^{445}（蝲蛄）

pʰ [4]魄　[2]白□公~（曾祖父）

m [2]麦脉

t [4]砥压：石牯~上去（把石头压上去）得$_2$,记~

tʰ [4]□走路绊住　[2]籴

l [4]裂文。瘤~（开坼）□分□lau^{22}公~（被雷劈）

ts [4]借摘责栅迹白。脚~　[2]泽择文。选~宅

tsʰ [4]拆策册侧文。~面□~鞋底（纳鞋底）

　　[2]席白。草~

s [4]锡

k [4]格革隔

ŋ [4]额$_1$,额头　[2]额$_2$,金~逆

x [4]吓~一下客　[2]核屪~（睾丸）

Ø [4]轭

iaʔ

p [4]壁别$_3$,~针

pʰ [4]撇

m [4]搣用手指搓转

l [2]籚番薯~（竹制器具，多用于晒红薯干等）

tɕ [4]炙~火（烤火）　[2]着$_3$,需要，得：~三日做□茫茫~~（茫茫然）

tɕʰ [4]雀赤尺切文。一~

ɲ [2]弱若

ɕ [4]削鹊鸦~（喜鹊）　[2]石

kʰ [2]屐木头鞋

Ø [4]约　[2]亦译越文。~剧□手~~（摆摆手）

ɔʔ

t [2]□捏，搎

tʰ [4]塔文。宝~塌

n [4]毛东西　[2]捺

ts [4]扎文。动词，刺作$_2$,~下（一起）榨文。~菜

tsʰ [4]擦察白。监~

uɔʔ

Ø [2]划₁，～出去画动词

eʔ

p [4]北

pʰ [4]劈

m [2]墨默

t [4]得₁，～着宝（得到宝）德 [2]特

tʰ [4]踢

l [2]勒肋

ts [4]则侧白。～过来

tsʰ [4]测 [2]贼

s [4]色□那～（那样）

k [4]羯劫 [2]□～□tɕi⁴⁴□la⁴⁴⁵（各嵩鬼）

kʰ [4]刻克□老姐～（对年老女子的贬称）□量词，提：一～裹馃（一提粽子，有10个）

x [4]黑文。～板

ieʔ

tɕ [4]浙结文2。～束

ɕ [4]黑白。～冻冻（黑黢黢）

oʔ

p [4]剥驳

pʰ [2]薄与"厚"相对

m [4]摸膜□疹子 [2]抹莫木目穆

t [4]啄□剁：～草药 [2]桌

tʰ [4]托～盘托～付秃 [2]读择白。扯：～树叶

l [4]络白。用网状物兜住、罩住□～草（用锄头等农具除草）[2]落骆洛乐音～鹿络文。网～

ts [4]作₁，工～烛□量词：一～豆腐（一板豆腐）

tsʰ [4]错 [2]凿

s [4]索 [2]族

k [4]各阁搁郭觉感～角□～药（膏药）[2]□赖～鸡（抱窝鸡）

kʰ [4]廓扩确

ŋ [2]鹤2，～溪（地名）岳姓

x [4]霍藿壳熇煎：～卵（煎蛋）[2]鹤₁，白～学

Ø [4]恶～人屙～屎（拉屎）

uoʔ

Ø [2]镬锅

ioʔ

t [2]碡犁～（滚式农具，可以碎土平田，以便插秧）

l [2]绿录

tɕ [4]着₁，～衫（穿衣服）足斫砍伐：～柴（砍柴）

tɕʰ [4]触曲～调龊醒～ [2]着2，～火

ȵ [2]玉拗揉搓：～面

ɕ [4]肃宿住～束结～ [2]勺俗续赎属

k [4]脚 [2]局

Ø [2]药浴

iuʔ

t [4]督

ɕ [4]缩

Ø [4]育

ŋ

Ø [22]唔不：～做梧～桐 [35]五伍午

[21]误耽～悟觉～

第四章 词汇特点

第一节

方言特别词

一 区别于周边吴方言的词语特点

下面将景宁畲话与吴方言上丽片丽水小片中的景宁话、丽水话进行比较①。

（一）结构方式的不同

1. 时间名词的词根

景宁畲话多采用"晡"为词根表时间，景宁话、丽水话多采用"日"为词根表时间。

例如：

普通话	景宁畲话	景宁话	丽水话
今天	今晡 kim⁴⁴pu⁴⁴	今日 kɛ⁵⁵nɛʔ²³	今日 kɛ²¹nɛʔ²³
	今晡日 kim⁴⁴pu⁴⁴n̠in⁴⁴⁵		
后天	后晡 xɑm²¹pu⁴⁴	后日 u³³nɛʔ²³	后日 əɯ⁵²nɛʔ²³
	后晡日 xɑm²¹pu⁴⁴n̠in⁴⁴⁵		
大后天	大后晡 tʰɔi²¹xɑm²¹pu⁴⁴	大后日 do³³u³³nɛʔ²³	大后日 du²²əɯ⁵²nɛʔ²³
	大后晡日 tʰɔi²¹xɑm²¹pu⁴⁴n̠in⁴⁴⁵		
前天	前晡 tɕʰiem²²pu⁴⁴	前日 ʑiɛ⁵⁵nɛʔ²³	前日 ʑiɛ²¹nɛʔ²³
	前晡日 tɕʰiem²²pu⁴⁴n̠in⁴⁴⁵		
大前天	大前晡 tʰɔi²¹tɕʰiem²²pu⁴⁴	大前日 do³³ʑiɛ⁵⁵nɛʔ²³	大前日 du²¹ʑiɛ²¹nɛʔ²³
	大前晡日 tʰɔi²¹tɕʰiem²²pu⁴⁴n̠in⁴⁴⁵		

---

① 丽水话、景宁话语料分别来自雷艳萍主持或参与的2016年、2018年中国语言资源保护工程调查项目。

每天	晡晡 pu⁴⁴pu²¹	日日 nɛʔ²³nɛʔ²³	日日 nɛʔ²¹nɛʔ²³
	日日[1] n̠it⁴n̠it⁴	每日 mai³³nɛʔ²³	每日 mei⁵²nɛʔ²³
	每日 moi³⁵n̠it⁴		

2. 表"上""里"的方位词

景宁畲话多采用名词变调的形式来指代承载着"上""里"方位义的方位短语，景宁话、丽水话无此构词式。下面以丽水话为例进行对比：

普通话	景宁畲话	丽水话
桌上	桌 to³⁵（桌名词to?²）	桌□ tioʔ⁵lə⁰
床上	床 tsʰɔŋ⁴⁴⁵（床名词tsʰɔŋ²²）	床□ ʑiɔŋ²²lə⁰
路上	路 lu³⁵（路名词lu²¹）	路□ lu¹³¹lə⁰
墙上	墙 tɕʰiɔŋ⁴⁴⁵（墙名词tɕʰiɔŋ²²）	墙□ ʑiã²²lə⁰
笋筐里	箩 lo³⁵（箩名词，笋筐lo²¹）	箩□ lu²²lə⁰
手里	手 ɕiu⁵⁵（手名词ɕiu³⁵）	手□ ɕiəɯ⁵⁴⁴lə⁰
田里	田 tʰan⁴⁴⁵（田名词tʰan²²）	田□ diɛ²²lə⁰
锅里	镬 uo³⁵（镬名词，锅uoʔ²）	镬□ ɔʔ²³lə⁰

3. 称谓词

（1）亲属称谓词

景宁畲话亲属称谓词多采用前缀"阿ai⁴⁴"与单音节语素结合的方式，无重叠形式。景宁话、丽水话无前缀"阿"，个别词会采用重叠的形式。例如：

普通话	景宁畲话	景宁话	丽水话
奶奶呼称	阿姐 ai⁴⁴tɕia⁵⁵	婆 po³²⁴	奶 nuɔ²²⁴
爸爸呼称	阿爹 ai⁴⁴tia⁴⁴⁵	伯 paʔ⁵	伯 paʔ⁵
	阿伯 ai⁴⁴paʔ⁵		
妈妈呼称	阿娘 ai⁴⁴n̠ia⁵⁵	奶 na³²⁴	婆 mei²²⁴
	阿妈 ai⁴⁴ma⁵⁵		
伯伯呼称	阿伯 ai⁴⁴paʔ⁴	大伯 do¹¹³paʔ⁵	伯爷儿paʔ⁵iɔŋ⁵²
叔叔呼称	阿叔 ai⁴⁴ɕyʔ⁴	叔 ɕiuʔ⁵	叔 ɕiuʔ⁵
婶婶呼称	阿嬷 ai⁴⁴mo²¹	婶奶 saŋ⁵⁵na³²⁴	婶 sen⁵²
姑姑呼称	阿姑 ai⁴⁴ku²¹	娘 n̠iɛ³⁵	娘 n̠iã⁵²
哥哥呼称	阿哥 ai⁴⁴ko⁴⁴⁵	哥 kəu³²⁴	大哥 duɔ²²ku²²⁴

---

[1] 景宁畲话"日日""每日""阿伯""阿妈"主要是新派的说法。

| 嫂嫂呼称 | 阿嫂 ai⁴⁴sɑu⁵⁵ | 嫂 sɑu⁴⁵ | 嫂嫂 sə⁴⁴sə⁵² |
| 姐姐呼称 | 阿姊 ai⁴⁴tsi⁵⁵ | 姊 tsŋ³³ | □□ də?²¹də?²³ |

（2）姓名的昵称

景宁畲话亲属称谓词会采用前缀"阿"[ai⁴⁴]与名字中的某个音节（一般是最后一个字，该字为小称调）结合的方式。例如："阿英"[ai⁴⁴iŋ⁴⁴⁵]、"阿花"[ai⁴⁴fɔ⁴⁴⁵]、"阿生"[ai⁴⁴saŋ⁴⁴⁵]。景宁话、丽水话无此昵称方式。

4. "崽"尾词

景宁畲话中的"崽"[tsoi³⁵]是"儿子"的意思。常用小称调"崽"[tsoi⁵⁵]附在名词后面，用作指代该事物小的标志。景宁话、丽水话一般采用"儿"的小称调形式附在名词后面，用作指代该事物小的标志。例如：

普通话	景宁畲话	景宁话	丽水话
小猪	猪崽 tɕy⁴⁴tsoi⁵⁵	猪儿 ti³³n̩i⁴⁵	猪儿 ti²²⁴ŋ⁵²
小鸡	鸡崽 kiai⁴⁴tsoi⁵⁵	鸡儿 tɕi³³n̩i⁴⁵	鸡儿 tsŋ²²⁴ŋ⁵²
小鸟	鸟崽 tau⁵⁵tsoi⁵⁵	鸟儿 tiɑu³³n̩i⁴⁵	鸟儿 tiə⁴⁴ŋ⁵²

5. "头"尾词

景宁畲话"头"[tʰeu²²]尾词可分为以下几种情况。

（1）接在某一词根（大多是名词性词根）之后，指代事物名称，"头"不变调，与景宁话大致相同，丽水话"头"有读小称调[52]的情况。例如：

普通话	景宁畲话	景宁话	丽水话
太阳	热头 n̩iet²tʰeu²²	日头 nɛʔ²³dəɯ⁴¹	热头 n̩iɛʔ²dəɯ²²
萝卜	菜头 tsʰoi⁴⁴tʰeu²²	菜头 tsʰai³⁵dəɯ⁴¹	菜头 tsʰɛ²²⁴təɯ⁵²
拳头	拳头牯 kʰun²²tʰeu²²ku³⁵	拳头 tɕyœ³³dəɯ⁴¹	拳头 dʑyɛ²¹təɯ⁵²
膝盖	脚盆＝头 kioʔ²pʰən²¹tʰeu²²	脚髁头 tɕiaʔ³kʰu⁵⁵dəɯ⁴¹	脚髁头 tɕiɔʔ²kʰu²²⁴təɯ⁵²
肩膀	肩头 kin⁴⁴tʰeu²²	肩头 tɕiɛ³³dəɯ⁴¹	肩胛头 tɕiɛ⁴⁴kɔʔ⁵dəɯ⁰
砖头	砖头 kyon⁴⁴tʰeu²²	砖头 tɕyɛ³³dəɯ⁴¹	砖头 tɕyɛ²²⁴təɯ⁵²
锄头	锄头 tɕʰy²²tʰeu²²	锄头 zo³³dəɯ⁴¹	锄头 zuo²¹təɯ⁵²

（2）接在某一词根（大多是名词性词根）之后，指代事物名称，"头"[tʰeu²²]读小称调[tʰeu⁴⁴⁵]，用作指代该事物小的标志。丽水话有个别词的"头"读低调小称[131]。例如：

普通话	景宁畲话	景宁话	丽水话
短裤内穿	裤头 fu⁴⁴tʰeu⁴⁴⁵	短裤 tœ³³kʰu³⁵	短裤 tuɛ⁴⁴kʰu⁵²
		布裤头 pu³³kʰu³³dəɯ⁴¹	布裤头 pu⁴⁴kʰu⁴⁴dəɯ¹³¹
小凳子	凳头 teŋ⁴⁴tʰeu⁴⁴⁵	凳儿 təŋ³³n̩i⁴⁵	板凳儿 pã⁴⁴ten⁴⁴ŋ⁵²

小公牛　　牛牯头 ŋɑu²²ku⁵⁵tʰeu⁴⁴⁵　　牛儿 n̠iɵɯ³³n̠i⁴⁵　　　　牛儿 n̠iɵɯ²¹ŋ⁵²

（3）作时间名词的后缀，"头"一般不变调。这一类词与周边吴方言大致相同，不过丽水话的"头"有读小称调[52]的情况。例如：

普通话	景宁畲话	丽水话
正月	正月头 tɕiaŋ⁴⁴n̠yot²tʰeu²²	正月头 tɕin⁴⁴n̠yɛʔ²dəɯ²²
中午	日昼头 n̠iʔ²⁴tɕiu⁴⁴tʰeu²²	日午头 nɛʔ²ŋ²²təɯ⁵²
晚上	暗晡头 ɑm⁴⁴pu²¹tʰeu²²	乌日头 u⁴⁴n̠i²²təɯ⁵²

（二）语素顺序的不同

1.指称动物的词

景宁畲话中指称动物的词，表动物性别的修饰限定词根多位于中心词根之后，即构成"中定"式结构。景宁话与之类似，丽水话与之有异，雄性动物的修饰限定词根多位于中心词根之前。例如：

普通话	景宁畲话	景宁话	丽水话
公狗	狗牯 kɑu⁵⁵ku³⁵	街狗牯 ka³³kəɯ⁵⁵ku³³	雄街狗 iɔŋ²²kuɔ⁴⁴kɯ⁵⁴⁴
母狗已生过小狗	狗娘 kɑu⁵⁵n̠iɔŋ²¹	街牯嫲 ka³³kəɯ⁵⁵mo⁴¹	街狗嫲 kuɔ⁴⁴kɯ⁴⁴muo²²
公猪配种的	猪牯 tɕy⁴⁴ku³⁵	猪头 ti³³dəɯ⁴¹	雄猪 iɔŋ²²ti²²⁴
母猪已生过小猪	猪娘 tɕy⁴⁴n̠iɔŋ²²	猪嫲 ti³³mo⁴¹	猪嫲 ti²²⁴muo⁵²
公鸡	鸡公 kiai⁴⁴kəŋ²¹	鸡荒 ⁼tɕi³³xɔŋ³²⁴	雄鸡 iɔŋ²²tsɿ²²⁴
母鸡已生蛋	鸡娘 kiai⁴⁴n̠iɔŋ²¹	鸡嫲 tɕi³³mo⁴¹	鸡嫲 tsɿ²²⁴muo⁵²

2.表示"上""里"的方位词

景宁畲话表"上""里"的方位词，有方位语素前置于中心语（变调）的构词方式。丽水话无此构词方式。

普通话	景宁畲话	丽水话
楼上	坻楼 tai⁵⁵leu⁴⁴⁵	楼上 ləɯ²¹dʑiã¹³¹
山上	坻山 tai⁵⁵san⁴⁴⁵	山上 sã²²⁴dʑiã¹³¹
天上	坻天 tai⁵⁵tʰan⁴⁴⁵	天上 tʰiɛ²²⁴dʑiã¹³¹
房子里	内寮 noi⁵⁵lau⁴⁴⁵ ～ loi⁵⁵lau⁴⁴⁵	屋底 uʔ⁵ti⁵⁴⁴
洞里	内洞 noi⁵⁵təŋ³⁵ ～ loi⁵⁵təŋ³⁵	洞底 dɔŋ²²ti⁵⁴⁴

二　区别于客家方言[①]的词语特点

（一）"娘""狞"尾词

景宁畲话多以"娘""狞"表雌性动物（无"嫲"字），客家方言多以"嫲""婆"表雌性动物。客家方言有些词的后加成分"嫲""婆"是没有附加意义的词缀。例如：

普通话	景宁畲话	福建长汀话	广东梅县话	江西赣县话	福建连城话
母牛	牛狞 ŋau²²tsʰi²¹ 未生 过小牛 牛娘 ŋau²²n̠iəŋ²² 已 生过小牛	牛嫲 ŋə²⁴ma²⁴	牛嫲 n̠iu¹¹ma¹¹	牛婆 niu²¹¹pʰo²¹¹	牛嫲 ŋɯ²²mo²²
母鸡	鸡健 kiai⁴⁴lɔn³⁵ 未 生蛋 鸡娘 kiai⁴⁴n̠iəŋ²¹ 已 生蛋	鸡嫲 tʃe³³ʲ²¹ma²⁴	鸡嫲 kiɛ²²ma¹¹	鸡婆 tɕi³³pʰo²¹¹	鸡嫲 ki⁴⁴mo²²
虱子	虱 set⁴	虱嫲 sɛ²⁴ma²⁴	虱嫲 sɛt³ma¹¹	虱婆 seʔ⁵pʰo²¹¹	虱嫲 sɯɛ³⁵mo²²
老鹰	鹞 ieu²¹	崖婆 ŋə²⁴pʰo²⁴	鹞婆 iau⁵¹pʰo¹¹	嫲鹞 ma²¹¹iɔ⁵³	崖婆 æŋ⁴⁴pʰɯ²²

（二）亲属称谓词

对晚辈亲属以及平辈中比自己年纪小的亲属称谓词，景宁畲话没有前缀，客家方言则有前缀"老"。例如：

普通话	景宁畲话	福建长汀话	广东梅县话	江西赣县话	福建连城话
弟弟	弟 tʰai³⁵	老弟 lɔ⁴³/³⁴tʰe³³	老弟 lau³¹tʰai⁵⁵	老弟 lɔ³¹tʰi³³	老弟 lɔ²¹³tʰe⁴²
妹妹	妹 moi⁴⁴⁵	老妹 lɔ⁴³mue⁵⁵	老妹 lau³¹mɔi⁵¹	老妹 lɔ³¹mei⁵³	老妹 lɔ²¹³mɔi⁵³

（三）"公"尾词

1. "公"修饰限定表雄性动物，景宁畲话与客家方言相同。例如：

普通话	景宁畲话	福建长汀话	广东梅县话	江西赣县话	福建连城话
公鸡	鸡公 kiai⁴⁴kəŋ²¹	鸡公 tʃe³³kəŋ³³	鸡公 kiɛ⁵⁵kuŋ⁵⁵	鸡公头 tɕi³¹kəŋ³³tʰio²¹¹	鸡公 ki⁴⁴kəŋ⁴²

2. "公"表"大"，景宁畲话与客家方言相同。例如：

普通话	景宁畲话	福建长汀话	广东梅县话	福建连城话
大拇指	手指公 ɕiu⁵⁵tɕi⁵⁵kəŋ²¹	手指公 ʃɔ⁴³tʃ̩⁵⁵/⁵¹kəŋ³³	手指公 su³⁵tsʃ³¹kuŋ⁵⁵	手指公 ʃɯɛ²¹³tʃ̩²¹³kəŋ⁴²
海碗	大碗公 tʰɔi²¹uon⁵⁵kəŋ²¹		碗公 vɔn³¹kuŋ⁵⁵	

[①] 例词来自罗美珍、邓晓华《客家方言》（1995），李如龙、周日健主编《第二届客家方言研讨会论文集》（1998），温昌衍《客家方言》（2006）。

3. "公"在客家方言中是没有附加意义的词缀，景宁畲话中无此构词方式。例如：

普通话	景宁畲话	福建长汀话	广东梅县话	江西赣县话
鼻子	鼻洞 pʰi²¹təŋ²¹	鼻公 pʰi²¹/³¹kəŋ³³	鼻公 pʰi⁵¹kuŋ⁵⁵	鼻公 pʰi⁵³kəŋ³³

（四）重叠式形容词

1. 景宁畲话AXX式、AXiX式状态形容词很丰富，这一构词方式与广东连平客家话完全一致①。例如：

形容词	景宁畲话AXX式	景宁畲话AXiX式	广东连平话AXX式	广东连平话AXiX式
瘦	瘦刮刮 kiat⁴kiat⁴	瘦□刮 tɕit⁴kiat⁴	瘦□□tɕiap⁴tɕiap⁴	瘦□□tɕit⁴tɕiap⁴
矮	矮□□tut⁴tut⁴	矮□□tit⁴tut⁴	矮□□tut⁴tut⁴	矮□□tit⁴tut⁴

2. 福建连城客家话BBA式形容词很丰富，有的能转换成BA式，景宁畲话此类形容词不丰富，只有少数几个词例。例如：

景宁畲话：闭闭服｜笔笔直｜喷喷香

福建连城话：鲁鲁圆｜菲菲红｜恩恩仆｜蹦蹦跳｜那那长｜丁丁倚｜拍拍跌｜悄悄静

（五）以"番""洋"为词头的词

景宁畲话以"番"为词头表示外来事物的词比以"洋"为词头表示外来事物的词少，也比客家方言中以"番"为词头表示外来事物的词少。例如：

普通话	景宁畲话	福建长汀话	广东梅县话	江西赣县话	福建连城话
花生	泥豆 nai²²tʰeu²¹ 花生 fɔ⁴⁴saŋ⁴⁴⁵	番豆 faŋ³³/²¹tʰə²¹	番豆 fan⁵⁵tʰɛu⁵¹		
南瓜	金瓜 kim⁵⁵kɔ⁴⁴	番匏 faŋ³³/²¹pʰu²⁴			
西红柿	西红柿 ɕi⁴⁴ŋ⁵⁵sʅ²¹	番柿 faŋ³³/²¹sʅ²¹	番茄 fan⁵⁵kʰio³⁵		番茄 fa⁴⁴kʰio²²
番薯	番薯 uɔn⁴⁴ɕy²²	番薯 faŋ³³/²¹ʃu²⁴	番薯 fan⁵⁵su³⁵	番薯 fa⁴⁴su²¹¹	番薯 fa⁴⁴ʃyɛ²²
晚稻	晚禾 mɔn⁵⁵uo²²		番秎（禾）fan⁴⁴·ne （vo¹¹）②		
肥皂	洋皂 iɔŋ²²sɑu²¹ 肥皂 pʰi²²sɑu²¹		番碱 fan⁵⁵kian⁵¹		
蜡烛	洋烛 iɔŋ²²tsoʔ⁴ 蜡烛 lɑp²tsoʔ⁴		洋蜡烛 iɔŋ¹¹lap⁵tsuk¹		
火柴	火药 fu⁵⁵io³⁵				洋火 iɔŋ²²fu²¹³

---

① 原文连平话形容词未标音标，与之对应，畲话的形容词也不标音标。

② 按原文音标标注。

三 方言特别词列举

星过宫 saŋ²¹ku⁴⁴kiuŋ⁴⁴ 流星。

热头擎枷 n̠iet²tʰeu²²kʰia²²kɔ²² 日晕。日光通过云层中的冰晶，经折射形成的光围着太阳成环形。

月擎枷 n̠yot²kʰia²²kɔ²² 月晕。月光被云层折射，在月亮周围形成光圈。

寮⁼公闪眼 lau²²kəŋ⁴⁴ɕiem⁵⁵n̠ian³⁵ 闪电。"寮⁼"[lau²²]本字不明。

青天落白水 tsʰiŋ⁴⁴tʰan⁴⁴loʔ²pʰaʔ²ɕy³⁵ 下太阳雨。

水毛粉 ɕy⁵⁵mɑu⁴⁴pən⁵⁵ 毛毛雨。"粉"小称。

　水毛 ɕy⁵⁵mɑu⁴⁴⁵ "毛"小称。

雾露 mɔ²¹lu⁴⁴ 雾。

火云 fu⁵⁵un²² 燃烧所形成的烟。

火灰粉 fu⁵⁵foi⁴⁴pən³⁵ 灰尘。"火灰"是物体燃烧后的余烬，厨房的"火灰"是家中灰尘的主要来源，故名。

屎头 ɕi⁵⁵tʰeu²¹ ①后面，指方位：我坐～。②后来，指时间：你～来。

屎头拜⁼□ ɕi⁵⁵tʰeu²¹pai⁴⁴lai⁵⁵ 后面：坐～。"拜⁼□"[pai⁴⁴lai⁵⁵]本字不明，"□"[lai⁵⁵]变调。

眼⁼头 n̠ian⁵⁵tʰeu²² ①上午。②早饭：食～吃早饭。"眼⁼"[n̠ian⁵⁵]本字不明。

米荠 mai⁵⁵si²² 荸荠。

茶米 tsʰɔ²²mai³⁵ 茶叶。既指新摘的茶叶青，也指已经翻炒加工过的茶叶。

纽 neu³⁵ ①果实：禾～稻穗。②花朵：花～。③量词，朵，株：一～花。

狗耳 kɑu⁵⁵n̠i³⁵ 鼠曲草。因叶片形似狗耳朵而得名。

狗⁼□ kɑu⁵⁵kəŋ²² 覆盆子。春末夏初成熟，与布谷鸟鸣叫同季节。本字不明。

狗⁼□鸟 kɑu⁵⁵kəŋ²²tau⁵⁵ 布谷鸟。小满到芒种之时鸣叫，与覆盆子成熟同季节，夏至不再鸣叫。因与春耕种植同季节，所以又叫"赶工鸟"[kɔn⁵⁵kəŋ⁴⁴tau⁵⁵]。"鸟"小称。"狗⁼□"[kɑu⁵⁵kəŋ²²]本字不明。

寮□ lau²²kʰio²¹ 蜘蛛。"□"[kʰio²¹]本字不明。

嘻⁼刀⁼ ɕi⁴⁴tau⁴⁴ 翅膀。本字不明。

□鹅 tɕʰia⁵⁵ŋɑu²² 家养的鹅。"□"[tɕʰia⁵⁵]本字不明。

白蚊 pʰaʔ²mən³⁵ 苍蝇，通常指家蝇。

屎蚊 ɕi⁵⁵mən²¹ 红头苍蝇。头为红色，背为亮绿色。因为这类苍蝇常现身于夏天农村的厕所周围，其幼虫的食物以人畜粪便为主，故名。

长脚蚊 tɕʰiɔŋ²²kioʔ⁴mən²¹ 腿较长，会叮咬人或牲畜的蚊子。

手缠 ɕiu⁵⁵kʰen²¹ 手链。

烟灸 =ian⁴⁴tɕiu³⁵ ①烟草制品的统称。②旱烟。"灸 ="[tɕiu³⁵]本字不明。

屎□ ɕi⁵⁵pʰɔ²¹ 旧式的厕所。"□"[pʰɔ²¹]本字不明。

乇 nɔʔ⁴ 泛指各种物品、事物。本字不明。本书根据郑张尚芳、赵则玲等学者的研究，写作"乇"。

刀拜 =tɑu⁴⁴pai⁴⁴ 菜刀。"拜 ="[pai⁴⁴]本字不明。

桶楻 tʰəŋ⁵⁵uɔŋ²² 打稻、杀猪时常用的大木桶。

懂㭘 =təŋ⁵⁵kɔ²² 口袋。本字不明。

屌 lin³⁵ 本义"阴茎"，引申为细长的物品：茶壶屌 tsʰɔ²²fu²²lin³⁵ 茶壶嘴｜柴栋=竿屌 tsʰai²²təŋ⁴⁴kɔn⁴⁴lin³⁵ 柴担的尖端｜踏米碓屌 tʰɑp²mai⁵⁵toi⁴⁴lin³⁵ 杵子｜锁匙屌 sɔ⁵⁵si²²lin³⁵ 钥匙。

眼泪毛 ȵian⁵⁵li²¹mɑu⁴⁴ ①眼睫毛。②眉毛。

白灰 pʰaʔ²foi³⁵ 头皮屑。"灰"变调。

头毛崽 tʰeu²²mɑu⁴⁴tsoi⁵⁵ 刘海。"小头发"的意思，因这部分头发短，故名。

鼻洞 pʰi²¹təŋ²¹ ①鼻子。②鼻孔。

□□水 pʰai⁵⁵lai⁵⁵ɕy³⁵ 口水。"□□"[pʰai⁵⁵lai⁵⁵]本字不明。"□"[lai³⁵⁻⁵⁵]是指自主的吐。

手梗敲=下 ɕiu⁵⁵kiaŋ⁵⁵kʰɔ⁴⁴xɔ²¹ 胳肢窝。

脚手崽 kioʔ⁴ɕiu⁵⁵tsoi³⁵ 脚趾头。"手崽"[ɕiu⁵⁵tsoi³⁵]是"手指头"。

脚手公 kioʔ⁴ɕiu⁵⁵kəŋ²¹ 脚拇指。"手公"[ɕiu⁵⁵kəŋ²¹]是"手拇指"。

脚手甲 kioʔ⁴ɕiu⁵⁵kap⁴ 脚趾甲。"手甲"[ɕiu⁵⁵kap⁴]是"手指甲"。

山客 san⁴⁴xaʔ⁴ 畲族自称。

下=佬 xɔ²¹lɑu³⁵ 对汉族叙称。"下 ="[xɔ²¹]本字不明。

下=佬公 xɔ²¹lɑu⁵⁵kəŋ²¹ 对汉族已婚男子的叙称。

下=佬嫲 xɔ²¹lɑu³⁵nɔ²¹ 对汉族已婚女子的叙称。

下=佬崽 xɔ²¹lɑu⁵⁵tsoi⁵⁵ 对汉族未婚男子的叙称。"崽"小称。

下=佬女 xɔ²¹lɑu⁵⁵ȵy⁵⁵ 对汉族未婚女子的叙称。"女"小称。

公白=kəŋ⁴⁴pʰaʔ² 曾祖父，叙称，呼称。"白 ="[pʰaʔ²]本字不明。

阿白=ai⁴⁴pʰaʔ² 曾祖母，叙称，呼称。"白 ="[pʰaʔ²]本字不明。

夫娘 pət⁴ȵiɔŋ²² 妻子。[元]陶宗仪《南村辍耕录·卷一四》："苗人谓妻曰夫娘，南方谓夫人之无行者亦曰夫娘。""夫"[pu⁴⁴]促化读[pət⁴]。

夫妮崽 pət⁴ȵi⁵⁵tsoi⁵⁵ 女孩子。"夫"[pu⁴⁴]促化读[pət⁴]，"妮"为俗写，本字或为"女"，"崽"小称。

服=生崽 fuʔ²saŋ²¹tsoi⁵⁵ 小伙子。"服 ="或为"后"的促化，"生"声调特殊，"崽"小称。

故 =□ku⁵⁵xa³⁵ 婴儿。本字不明。

鼾鼻 fɔn⁴⁴pʰi²¹ 打呼噜。

托梦见 tʰoʔ⁴mən²¹kian⁴⁴ 做梦。

打扮 =懒 tan⁵⁵pɔn⁴⁴lən⁴⁴ 打哈欠。"扮 ="[pɔn⁴⁴]本字不明。

困啄去 fən⁴⁴toʔ⁴ɕy⁴⁴ 打瞌睡。因打瞌睡时头不住地往下坠，不可自控地出现频繁的点头状，犹如鸡啄米。

发直韧 =pət⁴tɕʰiʔ²n̩in²¹ 打寒噤。"韧 ="[n̩in²¹]本字不明。

颈焦 kian⁵⁵tsau⁴⁴ 口渴。

臭酸 tɕʰiu⁴⁴sɔn⁴⁴ 馊：菜~啊菜馊了。因食物变质后会发出酸臭味，故名。

臭腥 tɕʰiu⁴⁴san⁴⁴ 腥：我唔食~个乇我不吃有腥味的东西。虽然只指"腥气""腥味"，而非蛋白质腐烂所发出的恶臭，但也附上"臭"的语素。

吓畏 xaʔ⁴ui⁴⁴ 害怕，有恐惧感：个里~尽这里很可怕｜我唔~我不害怕。

皓 xau²¹ 亮：天~啊天亮了。

换 uon²¹ ①买。②卖。③嫁：你女~啊面=你女儿嫁了吗?

掌 tɕiɔn³⁵ ①住，宿：无寮~ˇ 没房子住。②游玩：落我寮~下到我家玩一下。

过寮 ku⁴⁴lau²² 串门：落渠寮~去他家串门。

是 ɕi⁴⁴ ①动词，表示解释或分类：我~老师。②动词，对，合理，与"非"相对。③动词，在：我~寮我在家。④介词，引介出时间、处所等：我~寮食我在家吃。

刎 mai⁴⁴ 不会，不能，不善于：~落雨不会下雨。

分 pən⁴⁴ ①区划开，辨别：~出来。②给：递~你递给你。③被：~狗啮啊被狗咬了。

□nən⁵⁵ ①连词，跟，同：我~渠是同学我和他是同学。②介词，给：我~老师开车。本字不明。

抵 =ti⁵⁵ 本字不明。

第二节

方言古语词

　　景宁畲话中保留有大量的古语词。本节列举一些较常用的古语词，按普通话音序排列。列举时，先列出畲话的读音、释义、用例，并对特殊读音略做解释，再举韵书中的反切、释义以及文献书证。

　　燠au⁴⁴ 把蔬菜等加水并用文火煮食：～猪潲煮猪食。《集韵》豪韵於刀切："煨也。"《玉篇》："温也。"

　　揞am⁴⁴ 按；捂：懂～～肚兜｜使手～来用手捂住。《广韵》感韵乌感切："手覆也。"《集韵》勘韵乌绀切："掩也。"〔清〕张南庄《何典》："连忙揞住屁股。"

　　粄pɔn³⁵ 以米粉、面粉、红薯粉、玉米粉等为主要原料制作的各类馃儿的总称。根据所加食材的不同、形状的差异，可分为不同的细类。例如：糯米～麻糍｜清明～清明时节用鼠曲草或艾蒿嫩叶和米粉制作的馃儿｜苎叶～用苎麻叶和米粉制作的馃儿。粄，《广韵》缓韵博管切。《集韵》缓韵补满切："屑米饼。"〔唐〕释玄应《一切经音义》卷十八引〔晋〕葛洪《要用字苑》："布满反，糍类也。"

　　膔puʔ² 过敏或被蚊虫叮咬后皮肤上出现的小疙瘩：一个～。《广韵》觉韵蒲角切："肉肤起也。"

　　滗pit⁴ 挡住渣滓或泡着的东西，将液体轻轻倒出：～药｜～汤｜～焦干。《集韵》质韵逼密切。《博雅》："盝也。一曰去汁也。"

　　髀pʰi³⁵ 大腿。《广韵》纸韵并弭切。《说文》："股也。"

　　藨pʰau²¹ 莓：蛇～。《广韵》豪韵普袍切。《说文》："草名，鹿藿也。"《尔雅·释草》："藨，麃。"《郭璞注》："即莓也。江东人呼为藨莓。"《尔雅·释木》："葥，山莓。"《郭璞注》："今之木莓也，实似藨莓而大，亦可食。"

擘 paʔ^{4} 把东西分开：～纸撕纸｜～嘴张嘴｜～包萝掰玉米。《广韵》麦韵博厄切："分擘也。"［唐］白居易《长恨歌》："钗留一股合一扇，钗擘黄金合分钿。"

嫱 sau^{21} 贤惠，乖巧，懂事。《集韵》豪韵财牢切。《广雅》："好也。"

坻 tai^{35} 上面：那～《广韵》荠韵都礼切："秦人谓坂曰坻。""坂"指"山坡""斜坡"。

崠 təŋ^{44} 脊：寮～屋顶。《集韵》送韵多贡切："山脊也。"

蔸 teu^{44} ①稻麦等植物的根和靠近根的茎：禾～大得快。②量词，相当于"丛"或"棵"：一～禾｜两～菜。《中州音韵》多娄切。

㪍 tui^{35} 用力拉：～上来。《篇海》都罪切："著力牵也。"

柿 p^{h}i^{35} 削下来的木片：柴～。《广韵》废韵芳废切："斫木札也。"《玉篇》："削朴也，枝附也。"

薅 xɑu^{44} ～草用农具除掉田草。《广韵》豪韵呼毛切："除田草也。"

荷 k^{h}iai^{44} ①只有一头挂有物品的挑担动作：～尔肩头挑在肩头｜～唔动挑不动。②用条状物拨拉：～出来。《广韵》歌韵胡歌切。《列子·汤问》："荷担者三夫。"

烘 fəŋ^{21} 火很旺。《集韵》东韵胡公切："燎也。"《玉篇》："火盛也。"

垓 kai^{44} 山冈：～顶｜～尾｜～包山包。《广韵》咍韵古哀切。《史记·项羽纪》："汉王围项羽于垓下。"《史记·注》："垓，堤名，在沛县。一曰聚邑名。正义，垓是高冈，其聚邑及堤在垓之侧，故曰垓。"

噍 ts^{h}au^{21} 嚼：～唔动嚼不动。《广韵》笑韵才笑切："嚼也。"

儆 k^{h}iaŋ^{21} 避忌，禁忌：～嘴忌口。《广韵》映韵渠敬切："儆慎。"《说文》："戒也。"

爉 lɔt^{4} 饭～锅巴。《集韵》曷韵郎达切："火之炎毒曰爉。"

剺 li^{44} 浅浅地割，划开：～点皮。《广韵》之韵里之切："剥也。"《说文》："划也。"［唐］杜甫《哀王孙》："花门剺面请雪耻，慎勿出口他人狙。"

撩① leu^{44} 用手取水：～水｜水～上来。次浊平读[44]。② leu^{22} 捞：～鱼。③ leu^{21} 挑弄，逗引：～人｜你莫～我。次浊平读[21]。《广韵》萧韵落萧切："取物。"［宋］陆游《二月三日春色粲然步至湖上》："梅花隔水香撩客，野鸟穿林语唤人。"《水浒传·第二六回》："何九叔见他不做声，倒捏两把汗，却把些话来撩他。"

嫽 lau^{21} ～歌对歌会。《广韵》萧韵落萧切："相嫽戏也。"

熝 luʔ^{2} 烫：～人｜分火～去被火烫了。《集韵》屋韵卢谷切："炼也。"

頞 uət^{4} 淹，溺，多指人、动物被淹沉：分水～死啊被水淹死了。《广韵》没韵乌没切："内头水中也。"

嗫 ȵiap^{4} 双唇合拢状态下的口动：嘴巴～啊～嘴不停地动。《广韵》叶韵而涉切："口动。"《玉篇》："口无节也。"

拗 au³⁵ 折断：～柴。《广韵》巧韵於绞切。《说文》："手拉也。"《增韵》："折也。"《尉缭子》："拗矢折矛。"［唐］温庭筠《达摩支曲》："捣麝成尘香不灭，拗莲作寸丝难绝。"

齈 nəŋ²² 鼻～～鼻涕多。《广韵》送韵奴冻切："多涕鼻疾。"

溢 pʰən²² 水等向上涌，漫溢：沸水～出来。《广韵》魂韵蒲奔切。《汉书·沟洫志》："河水溢溢。"《通雅》："溢溢，满起也。"

𠝫 pʰai⁴⁴ 侧刀削：～掉｜～茄。《广韵》齐韵匹迷切。《玉篇》："削也。"《方言据》卷下："侧刀削物令薄曰𠝫。"

薸 pʰeu²² 浮萍。《广韵》宵韵符消切。扬雄《方言》："江东谓浮萍为薸。"

擎 kʰia²² ①举：～旗｜～伞。②执持：～碗。③扛，用肩膀承担：～锄头。今读韵母特殊，同"娘 ɳia³⁵ 母亲"，丢失鼻韵尾。《唐韵》庚韵渠京切："举也。"［唐］李贺《送秦光禄北征诗》："今朝擎剑去，何日刺蛟回。"

糁 sɑm³⁵ 散粒：饭～饭粒。《广韵》感韵桑感切。《说文》："古文糁作糂，以米和羹也。一曰粒也。"

畲 ①çia⁴⁴ 山地，即农用旱地，与"田"相对：菜～｜番薯～｜黄泥～｜沙～｜掘～挖地。②çia²² ～çiɔ²² 族名：～族。《广韵》麻韵式车切："烧榛种田。"［唐］刘禹锡《竹枝词九首·其九》："银钏金钗来负水，长刀短笠去烧畲。"浙江畲族自称"山客"，"畲族"是1956年确定的法定族称。以"余"作声符、以"田"为形符的"畲"是后起字，在浙江吴方言里基本不读阴平调，景宁畲话"畲族名"的读音与当地方言的读音有关。

鉎 saŋ⁴⁴ 铁锈：上铁～长铁锈。《广韵》庚韵所庚切："铁鉎。"《集韵》："铁衣也。"

舓 çiai⁴⁴ 以舌舔物：～清气舔干净｜～碗。《玉篇》："𧮾，《说文》云：'以舌取物也。'舓，同𧮾。"《庄子·列御寇》："秦王有病召医，破痈溃痤者得车一乘，舓痔者得车五乘。"

媵 tʰeŋ²¹ 相配，相称：个两样毛媵～担这两样东西重量有异，不能凑成一副担子｜两个人～头做两个人互相帮衬做事。《广韵》嶝韵徒亘切。《玉篇》："两头有物谓之媵担。"

沱 tʰo²² 浇：饭～汤｜～酱油。《广韵》歌韵徒河切。《易经·离卦》："出涕沱若，戚嗟若。"［唐］韩愈《读东方朔杂事》："噫欠为飘风，濯手大雨沱。"

敨 tʰeu³⁵ 把包着或卷着的东西打开：～出来。《集韵》厚韵他口切："展也。"

挽 mɔn³⁵ 连根拽出地拔：～草｜～菜头拔萝卜。《集韵》阮韵武远切："引也。"

䄅 uon²¹ 袖子：手～袖子。《集韵》阮韵委远切。《方言·郭璞注》："江东呼衣袂曰䄅。"

矃 mɔn²¹ 皮肤的污垢。《广韵》愿韵无贩切。《玉篇》："皮脱也。"

挼 no²² 搓揉：～绳。《广韵》歌韵奴禾切："挼挲。"《说文》卷十二手部："摧也。一曰两手相切摩也。"

奚 çi⁴⁴ 什么：～毛什么东西。《广韵》齐韵胡鸡切："何也"。

翕 ɕiep⁴ 闭（眼）。《广韵》缉韵许及切。《尔雅・释诂》："合也。"

晏 ɔn⁴⁴ 晚，迟：去忒~啊去太迟了。《广韵》翰韵乌旰切："晚也。"《论语・子路》："冉子退潮。子曰：'何晏也？'"《楚辞・离骚》："及年岁之未晏兮。"

㩻 iam²¹ ①丢弃：~掉。②投掷：~出去。《集韵》艳韵以赡切："以手散物。"

瞑 nian⁴⁴ ①看：莫~不要看。②看守：~牛放牛。《集韵》映韵於庆切："视也。"

壅 iuŋ⁴⁴ 埋：~泥底。《广韵》容韵於用切："塞也。"

胫 tsaŋ⁴⁴ 脚后跟：脚~脚后跟｜鞋~鞋后跟。《集韵》耕韵甾茎切："足跟筋也。"

炙 tɕiaʔ²⁴ 烤，晒：~火｜~热头晒太阳｜烧火~烧篝火｜~番薯。《广韵》昔韵之石切。《说文》："炮肉也。从肉，在火上。"《诗・小雅・瓠叶传》："炕火曰炙。"《乐府诗集・西门行》："饮醇酒，炙肥牛。"

牸 tsʰi²¹ 尚未生育的雌性牲畜：猪~｜牛~。《广韵》志韵疾置切："牝牛。"《玉篇》："母牛也。"

欶 tsɔt⁴ 吮吸：~唔出来吸不出来。《广韵》术韵子聿切："饮也。"《玉篇》："吮也。"

晬 toi⁴⁴ 小孩出生后满一周岁。《集韵》队韵祖对切。《说文》："周年也。"《类篇》："子生一岁也。"《辽史・卷一・本纪第一・太祖上》："三月能行；晬而能言，知未然事。"

第三节

民俗文化词

一 岁时

畲族和当地汉族一样，春节是最重大、最热闹的节日。三月三是畲族标志性的盛大节日，已被列入国家级非物质文化遗产名录。清明、立夏、端午也是畲族非常重视的节日。不同的节日，都有相应的特色食品。

过大年 ku⁴⁴tʰɔi²¹nan²² 正月初一至初五。这几天不能哭闹、骂人、扫地。若非扫不可，须从房子的外头往里边扫。

清明粄 tsʰiŋ⁴⁴miŋ²²pɔn³⁵ 清明时节制作的粿儿。将鼠曲草或艾蒿的嫩叶煮烂捣细，拌入米粉，在石臼中反复捶打捣和，使两者完全融合成一个大团。接着以咸菜、笋丝等为咸馅，或以赤豆、红糖芝麻粉等为甜馅，捏成一个个橘子大小的扁圆团状，放置蒸笼里蒸熟即可。这个过程叫作"做清明粄"[tso⁴⁴tsʰiŋ⁴⁴miŋ²²pɔn³⁵]。因鼠曲草形似"狗耳朵"，畲族称之为"狗耳"[kɑu⁵⁵n̩i³⁵]，所以，"清明粄"又叫"狗耳粄"[kɑu⁵⁵n̩i⁵⁵pɔn³⁵]。

做清明粄　景宁畲族自治县郑坑乡桃山自然村 /2018.4.5/ 雷李江　摄

三月三 sam⁴⁴n̠yot²sam⁴⁴ 农历三月初三，是畲族标志性的盛大节日。这一天大部分畲乡畲村都要举办盛大的活动。又因家家户户都要煮乌米饭、吃乌米饭，所以也叫"乌饭节"[u⁴⁴pʰɔn²¹tsat⁴]。

乌米饭 u⁴⁴mai⁵⁵pʰɔn²¹ 简称"乌饭"[u⁴⁴pʰɔn³⁵]。将"乌饭柴乌稔树"[u⁴⁴pʰɔn²¹tsʰai⁴⁴⁵]（又叫"乌头子"[u⁴⁴tʰeu²²tsi³⁵]）的叶子捣碎后，用其汁水浸泡糯米，直至糯米充分吸收汁水变成黑色，然后倒入饭甑蒸熟即可食。"饭""柴""子"小称。

乌米饭　　景宁畲族自治县郑坑乡桃山自然村 /2020.5.4/ 雷李江 摄

四月八 si⁴⁴n̠yot²pat⁴ 农历四月初八。畲族谚语"牛歇四月八，人歇五月节"。传说这天牛休息，不能干活，并且要早早牵出牛栏去外面吃草，使其有机会抢到天神丢下的三个半馒头。

五月节 ŋ⁵⁵n̠yot²tsat⁴ 端午节。畲族谚语"牛歇四月八，人歇五月节"，端午节是畲族难得一个不用祭谢神灵祖宗的节日。这一天家家户户挂菖蒲和艾叶，包粽子，染红鸡蛋。

染卵□ n̠iem²¹lɔn⁵⁵tɕia⁴⁴⁵ 茜草。多年生草质攀缘藤木，根状茎和其节上的须根均为红色，茎多条，细长，方柱形，是一种历史悠久的植物染料。端午时常用于煮鸡蛋，煮后蛋壳呈红色。"□"[tɕia⁴⁴⁵]是小称，本字不明 。

染赤卵 n̠iem²¹tɕʰia²⁴lɔn⁵⁵ 染红鸡蛋。用"染卵□"[n̠iem²¹lɔn⁵⁵tɕia⁴⁴⁵]的根和鸡蛋一起放在水里煮，煮熟后的蛋壳呈红色。当地认为小孩子吃"赤卵红鸡蛋"有避邪驱毒之意。"卵"小称。

裹裹餜 ku⁵⁵ku⁵⁵ko⁴⁴⁵ 包粽子。将经过浸泡的米用"白箬箬叶"[pʰaʔ²iep²]包裹，用"席草"[tsʰaʔ²tsʰɑu³⁵]（又叫"龙须草"[liuŋ²²su⁴⁴tsʰɑu³⁵]）捆扎。五个系在一起，叫作"一头"；两个"一头"系一起，共十个，叫作"一挈一提"[it⁴kʰeʔ⁴]或"一摞一提"[it⁴kʰɔn²¹]。放入冷水里煮沸后，改用中小火续煮4小时，熄火焖1小时，这个过程叫作"煠裹裸"[tsʰap²ku⁵⁵ko⁴⁴⁵]。

立夏羹 lit²xɔ²¹kaŋ⁴⁴ 立夏日，用米粉加小笋丁、小肉丁、乌贼丝等作料煮成的糊状食物。

尝新米 ɕiɔŋ²²sin⁴⁴mai³⁵ 又叫"食尝新"[ɕi?²ɕiɔŋ²²sin⁴⁴]。稻谷收割后，选个吉日煮新米，在露天下祭拜天地灵神，感谢一年的风调雨顺，希望来年继续有好收成。祭拜完毕才能吃"新米饭"[sin⁴⁴mai⁵⁵pʰɔn³⁵]，且必须让家里的长者先尝。"饭"小称。

黄老爷生日 uɔŋ²²lɑu⁵⁵ia²²saŋ⁴⁴nit⁴ 黄老爷是田一、田二、田三三兄弟的统称，被民间视为管田地、保平安的神。传说农历七月初三是黄老爷的生日，每年的这一天景宁郑坑畲民都会去黄老爷庙（位于景宁畲族自治县渤海镇安亭村）祭拜，求保平安。

马佛生日 mɔ⁵⁵fət²saŋ⁴⁴nit⁴ 农历七月初七，传说这一天是马氏天仙娘娘的下凡日。

二 婚嫁

畲族的婚恋比较自由。男女青年既可先遵从父母之命媒妁之言，在经过相互了解后，方决定是否成亲；也可先在日常劳作、节日活动中互相认识，发展感情后再告知父母，再托媒说亲。虽为汉族婚嫁习俗有所同化，但也保留着自己的特色。

喽崽 uo⁵⁵tsoi³⁵ 女方招女婿。只有女儿的家庭，或有儿有女，但女儿为大、儿子年幼的家庭，需要男子入赘到女方家。结婚后男子属于女方的家庭成员，一般要改为女方家族的姓氏，并且称女方父母为爹娘，对亲生父母则无赡养义务，也不继承亲生父母的财产。

当崽 tɔŋ⁴⁴tsoi³⁵ 男子到女方家成亲入户。该女子之前没有婚史。

上门 ɕiɔŋ²¹mən²² 男子到女方家成亲入户。该女子之前有过婚史，但离婚或丈夫去世了。该男子为"上门郎"[ɕiɔŋ²¹mən²²lɔŋ²²]。

两头管 iɔŋ⁵⁵tʰeu²²kon³⁵ 男子女子婚后，既要赡养双方父母，又可以继承双方家庭的财产。住在谁家不受限制。

还˭亲 ian²²tsʰin⁴⁴ 抱养的孩子与自己的亲生孩子成亲。

亲家 tsʰin⁴⁴kɔ⁴⁴ ①又叫"亲家头"[tsʰin⁴⁴kɔ⁴⁴tʰeu²²]。婚嫁时男方父母的代理人、总管。②两家儿女相婚配的亲戚关系。

赤郎 tɕʰia?⁴lɔŋ²¹ 男方前往女方家迎亲的主厨兼歌手。包括"大赤郎"和"赤郎崽"。

大赤郎 tʰɔi²¹tɕʰia?⁴lɔŋ²¹ 男方前往女方家迎亲的主厨。早年，女方婚宴上所有的菜肴酒水均由男方置办，厨师也由男方选派。

赤郎崽 tɕʰia?⁴lɔŋ²¹tsoi³⁵ "大赤郎"的帮手，是唱畲歌的高手，要以歌代言向女方借厨房用具。

赤娘 tɕʰia?⁴niɔŋ³⁵ 男方前往女方家迎亲的畲族女歌手，要和女方对歌。"娘"小称。

行路人 xaŋ²²lu²¹nin²² 媒人、亲家、大赤郎、赤郎崽、扛轿人、赤娘等迎亲人的统称。

睇夫妮崽 tʰai⁵⁵pət⁴n̩i⁵⁵tsoi⁵⁵ 又叫"睇夫娘"[tʰai⁵⁵pət⁴n̩ioŋ²²]或"睇女人"[tʰai⁵⁵n̩y⁵⁵n̩in²²]。男子跟随媒人去女方家相亲。一般要带上冰糖、砂糖、白糖或橘饼等礼包。

睇人家 tʰai⁵⁵n̩in²²kɔ⁴⁴女子跟随母亲或姑嫂去男方家,了解男方的家庭、经济情况。

定亲 tʰaŋ²¹tsʰin⁴⁴男女双方同意婚配,就要行定亲礼,摆定亲酒宴,请亲戚、朋友或邻舍来"食定亲酒"[ɕiʔ²tʰaŋ²¹tsʰin⁴⁴tsiu³⁵]。定亲的日子需要根据男女双方的生辰挑个吉日。

礼单 le²¹tɔn⁴⁴女方在定亲日开出的单子,列出结婚时男方应给女方的礼金以及烟、酒、肉、菜、糯米、衣料、饰品、糖果等礼品的数量。是结婚的条件以及婚礼时交收礼品的依据。

送财礼 səŋ⁴⁴tsai²²le²¹ 又叫"送礼"[səŋ⁴⁴le²¹],现在又叫"送礼金"[səŋ⁴⁴li⁵⁵kim⁴⁴]。送彩礼。男方备好礼单上的礼金,挑一个吉日,由媒人将礼金带到女方家。

攞年庚 lo⁴⁴nan²²kaŋ⁴⁴男方"送财礼"时向女方要女子的生辰八字。若男方送给女方的礼金达到礼单上的要求,女方会将女子的生辰八字写在一张红纸上,由媒人带回转交给男方。

送糯米 səŋ⁴⁴no²¹mai³⁵ 又叫"送米炊酒"[səŋ⁴⁴mai³⁵tɕʰyoi⁴⁴tsiu³⁵]。男方选择吉日给女方送去酿酒所需的糯米和红曲。

拦亲家 lɔn²²tsʰin⁴⁴kɔ⁴⁴迎亲队伍到女方村口时鸣放鞭炮通报,女方村民、亲戚在路口设置障碍,如将松树枝横在路中间等,双方进行对歌。只有当男方分发足够的小红包、鸣放足够的鞭炮后才可通行。

捡田螺 kem⁵⁵tʰan²²lo²²迎亲队伍刚进女方家中堂时,男女方各安排四位男子一起向祖宗香炉行礼作揖,以及相互行礼作揖。因行礼作揖时双手抱拳、身子磬折,所以称为"捡田螺"。

脱鞋礼 tʰɔt⁴xai²²le²¹ 又叫"调鞋"[tau²¹xai²²]。迎亲人员到女方家后,洗脚并换上女方备好的新鞋,再出席酒宴。因以前畬民常穿草鞋,所以又叫"脱草鞋礼"[tʰɔt⁴tsʰɑu⁵⁵xai²²le²¹]。

食大茶 ɕiʔ²tʰoi²¹tsʰɔ²²女方招待迎亲人员,每人一杯糖茶,两个白煮蛋。

□亲家 tsen²¹tsʰin⁴⁴kɔ⁴⁴为了活跃婚礼气氛,故意为难、戏弄亲家。如告知鞭炮鸣放太少、有亲戚没分到香烟,要求男方继续鸣放鞭炮、分发香烟等。

食大茶 　景宁畬族自治县郑坑乡桃山自然村/2017.12.11/雷李江 摄

□赤郎 tsen²¹tɕʰiaʔ⁴loŋ²¹ 为了活跃婚礼气氛，女方故意刁难、戏耍赤郎。经典的环节是，女方藏好厨具，要赤郎唱《借家伙歌》[tsaʔ⁴ko⁴⁴fu⁵⁵ko²¹]（也叫《借镬歌》[tsaʔ⁴uoʔ²ko²¹]）。所有厨具都有相应的谜语畲歌，唱一首歌，借一样厨具。赤郎或独唱，或与女方女子对唱。

请大酒 tsʰaŋ⁵⁵tʰɔi²¹tsiu³⁵ 婚嫁双方各自安排的、最隆重的一餐宴席，一般为午宴。主人角度是"请大酒"，客人角度是"食正顿酒"[ɕiʔ²tɕiaŋ⁴⁴tən⁴⁴tsiu³⁵]。

睇水 tʰai⁵⁵ɕy³⁵ 关注酒宴酒水。女方"请大酒"时，亲家拎着酒瓶，不停地来回巡视，时刻关注每一桌酒席的酒水情况，及时添酒。

举盘劝酒 tɕy⁵⁵pʰon²²ɕyon⁴⁴tsiu³⁵ 又叫"劝酒"[ɕyon⁴⁴tsiu³⁵]。女方酒宴酒过三巡后，女方请来的女歌手端"桶盘用于置放酒水菜肴的桶形盘子"[tʰəŋ⁵⁵pʰon²²]和拎着酒壶的新娘家女眷一起从主位桌开始向客人敬酒。女歌手一边唱畲歌，一边向客人敬酒，客人将一个小红包（多为硬币）放置盘内。因客人要给红包，故此环节又叫"撬蚓"[kʰeu²¹kiai³⁵]，也叫"捉蚓"[tsuʔ⁴kiai³⁵]。

嫽歌 lau²¹ko²¹ 长夜对歌。这是晚宴后继续对歌的热闹场面。女歌手先起头唱《寻赤郎》，结束时，歌手们唱《十二生肖歌》。上半夜多唱嫁女主题的歌，如《度亲歌》《嫁女歌》《姻缘歌》等；半夜吃点心时唱《点心歌》；后半夜多唱杂歌《盘问歌》《猜谜歌》和各类故事歌；新娘动身及出门时唱《催亲歌》《对盏歌》等。

扮新娘 pon⁴⁴sin⁴⁴n̠ioŋ²² 根据时辰，新娘梳妆打扮。旧时要请人（父母双全的两位女子）帮新娘梳发髻、戴凤冠，所以此环节又叫"梳头"[ɕio⁴⁴tʰeu²²]。

行嫁 xaŋ²²kɔ⁴⁴ 旧时新娘大多穿草鞋随迎亲队伍步行到夫家，路上比较费时。虽后来是坐轿，现在是以鲜花装饰的小车接送，但畲话还是会以"行嫁"来形容人走路走得很慢。

亲家舅帽 tsʰin⁴⁴kɔ⁴⁴kʰiu³⁵mɑu²¹ 陪同到男方的新娘兄弟戴的标志性帽子。一般是灯芯绒料子制作、前有帽檐的帽子。

老鼠尾 lɑu⁵⁵ɕy³⁵mei⁴⁴ 一种礼节习俗。为感谢对新娘的养育之恩，旧时在娶亲当天，新郎给丈人丈母娘各送一块衣服布料，现在是各送一套衣服。

踏路牛 tʰap²lu²¹ŋɑu²² 新娘出发时，家人牵一头扎着大红花的牛在前面带一段路，意为开新路，寓意从此新娘走的是平安路。

□新客 tsen²¹sin⁴⁴xaʔ⁴ 闹洞房。旧时为了活跃婚礼气氛，故意对新娘恶作剧。如将煮沸的辣椒水装在茶壶里放置于新房门口或窗口，使辣气散发进新房。

崽孙钱 tsoi⁵⁵sən⁴⁴tsʰan²¹ 外甥结婚时，除一般的礼金外，舅舅得再备一个红包直接给外甥。早年一般是由一元、五角、两角、一角、五分、二分、一分等零钱组成的1.88元红包。

回份数 foi²²pʰon²¹su⁴⁴ 又叫"回礼"[foi²²le²¹]。婚宴结束时男女方回礼给各自亲戚。如回送给舅舅等至亲猪脚，回送给一般的亲戚猪肉等。

回门 foi²²mən²² 出嫁第三天，新婚夫妇带双份面条、烟、酒等礼品回娘家。

夫妮崽饭 pət⁴ni⁵⁵tsoi⁵⁵pʰɔn²¹ 出嫁前，亲戚朋友们设宴招待准新娘和她母亲。

食姊妹饭 çi²²tsi⁵⁵moi⁴⁴pʰɔn²¹ 女方婚宴当天，新娘动身前和女伴们一起吃离别饭。

新客饭 sin⁴⁴xaʔ⁴pʰɔn²¹ 亲戚宴请第一次前来拜年的新婚夫妇。

回箸饭 foi²²tɕʰy²¹pʰɔn²¹ 新婚夫妇拜完年回家之前，娘家宴请新婚夫妇以及亲戚。

三 丧葬

丧葬习俗是畲族传统文化的重要组成部分，各地畲民都非常重视丧葬。女子过世入棺的寿衣必是出嫁时的嫁衣，穿"凤凰衣"、戴"凤冠"入葬；葬礼上祭出祖图；布置隆重的道场做功德；丧葬过程中，畲民要以歌代言、以歌代哭。本部分为畲族历史丧葬习俗的回顾。如今移风易俗，有些丧葬仪式已经从简，原有仪式逐渐消失，比如火葬之后，不再有棺材。列举这部分词语的目的，不是为了宣传封建迷信，而是希望能为行将消失的畲族丧葬习俗留下完整的印迹。

（一）普通的丧葬仪式

报命家 pɑu⁴⁴miaŋ²¹kɔ⁴⁴ 孝子身穿麻布孝服，腰间扎稻草绳，戴白帽，再戴一个斗笠，去逝者娘家报丧。

换水洗浴 uon²¹çy⁵⁵sai⁵⁵ioʔ² 给逝者更衣前的仪式。孝子孝女身穿孝服，手持香，手提一个水桶，撑半开的雨伞，也可锣鼓伴随，由法师领着到水井或溪流处向水母神买水。

收魂兵 çiu⁴⁴un²²piaŋ⁴⁴ 法师的丧事仪式。畲族认为法师去世是骑马带兵去上朝，会有很多阴兵跟随周围。但只有经过收魂兵仪式，阴兵才能听从逝者亡灵的指挥。

大位名 tʰɔi²¹ui²¹miaŋ²² "大位名"是根据本姓本支祖系中的辈分及同辈人年龄排列的。畲族人一生下来，就会有自己的"大位名"。蓝姓有"大、小、百、千、万、念"六项；雷姓比蓝姓少"念"项，钟姓比蓝姓少"小"项，都只有五项，即"雷无念，钟无小"。每个字代表一代，每六项（五项）为一个轮次。男性逝者称"郎"，女性逝者称"娘"。若一蓝姓男性逝者这一辈人的项位是"小"字，在本族同辈人中按年龄从大到小排至第六，其"大位名"就是"蓝小六郎"；若一雷姓女性逝者这一辈人的项位是"千"字，在同辈人中按年龄从大到小排至第三，其"大位名"就是"雷千三娘"。

位牌 ui²¹pʰai²² 灵牌。中间写逝者的大位名，左边写逝者的出生年月时辰，右边写逝者的去世年月时辰。

棺材 kon⁴⁴tsʰoi²² 又叫"寮崽"[lau²²tsoi⁵⁵]。为在世之人备好的棺材，也被婉称为"老寿"[lɑu⁵⁵çiu²¹]、"长生"[tɕʰiɔŋ²²saŋ⁴⁴]。多用杉木，由十或十二块木板制成。板与板之间均用雌雄缝（相当于卯榫）对接。所有木板的树头树尾必须与人头人脚同向。

落材 lo²²tsʰoi²² 给逝者更衣后的仪式，即"入棺""入殓"。按阴阳先生所择时辰，将棺木从楼上抬下来，摆在中堂。先在棺木里铺上木炭、草席，再将逝者放入棺木。在逝者右手边放一根桃树枝，用于驱赶阴间魔鬼；左手边放两只炉火粽，以防拦路狗。然后盖上绸缎被面，并且半盖棺盖。

接命家 tsap⁴miaŋ²¹kɔ⁴⁴ 接逝者的娘家人。逝者娘家人来奔丧，临近村口时鸣鞭炮报信，孝子们也鸣鞭炮回应，穿孝服手持三支香跪在村口唱哀歌。走在前头的娘家人收下孝子手中的香，走在后头的娘家人双手将孝子扶起，并说"孝男进起"，双方互相作揖，一起往家走。

睇面皮 tʰai⁵⁵men⁴⁴pʰi²² 娘家人瞻仰逝者仪容。手持香围棺木走三圈，在棺材头作揖。

留风水 liu²²fəŋ⁴⁴ɕy³⁵ 出殡前的一个小细节。当抬棺者抬起棺木刚出发时，孝子抓住棺木，往后拉一下，抬棺者也顺势后退一下，连着三次。意为留住风水。

出山 tɕʰyt⁴san⁴⁴ 出殡。孝子们手持香，在前面引路，一路分纸钱。棺木和乐队随后，众亲友在队伍的最后唱哀歌送行。途中棺木不能落地。

阴亭 im⁴⁴tiŋ²² 如遇年月不吉利，出殡之后棺木不马上入葬，而是在山上选一吉利的方位搭建一个亭子，用以停放棺木。为防白蚁等虫害，棺木不能落地停放，而是头尾置于两块高20厘米以上的方正大石头上，中间悬空摆放。过几个月或几年，等年月吉利了再入葬。

入坟 ip²¹pʰən²² 安葬。又叫"归坟安厝"[kui⁴⁴pʰən²²ɔn⁴⁴tsʰu³⁵]。主要包括：制煞除凶、读山契、接风水灯、封龙口、喝坟等环节。

寿客酒 ɕieu²¹xaʔ⁴tsiu³⁵ 丧葬礼中最隆重的宴席，一般安排在出殡当天的中午。

叫歌 keu⁴⁴ko²¹ 哭歌。丧葬过程中的以歌代言，都称作"叫歌"，而不是"唱歌"。

（二）做功德的相关仪式

做阴事 tso⁴⁴im⁴⁴su²¹ 祭奠亡人的宗教仪式。

拔伤 petʔɕiɔŋ⁴⁴ 做功德之前的仪式。先进行过三十六道伤门的仪式（用竹篾搭建象征三十六道伤门的竹圈），然后到三界龙楼谢罪，先生读奏状、诉状、文牒、赦书等，请上中下三界圣贤赦罪，让逝者安康，保后代子孙平安。

做功德 tso⁴⁴kəŋ⁴⁴teʔ⁴ 畲族丧

拔伤 景宁畲族自治县郑坑乡塘丘自然村 /2017.12.23/ 雷艳萍 摄

礼的重要环节。法师唱舞并举,祭奠者哀歌不断,以示对祖先的崇敬,对父母养育之恩的报答。有"大功德"与"白身功德"的区别:"大功德"[tʰɔi²¹kəŋ⁴⁴teʔ⁴]是为有法名亡人做的功德,仪式要进行三天三夜;"白身功德"[pʰaʔ²ɕin⁴⁴kəŋ⁴⁴teʔ⁴]又叫"小功德"[ɕiau⁵⁵kəŋ⁴⁴teʔ⁴],是为无法名亡人做的功德,一天一夜即可。也有"热功德"与"冷功德"的区别:"热功德"[ȵiet²kəŋ⁴⁴teʔ⁴]是人去世后就安排的功德仪式;"冷功德"[laŋ⁴⁴kəŋ⁴⁴teʔ⁴]是葬礼之后甚至是多年之后再安排的功德仪式。

炊长命饭 tɕʰyoi⁴⁴tɕʰioŋ²²miaŋ²¹pʰɔn²¹ 做功德仪式之一。每位孝子蒸一饭甑的饭,蒸好后抬到灵堂,乐队相随,围着棺木转三圈,再抬回去重新蒸。如此反复三次。

做功德崽 tso⁴⁴kəŋ⁴⁴teʔ⁴tsoi³⁵ 做功德仪式之一。"担当"[tɑm⁴⁴tɔŋ⁴⁴](手持大刀,必须是先生)、"鼓手"[ku⁵⁵ɕiu³⁵](负责打鼓)、"少年"[sau⁵⁵nan⁴⁴⁵](手持两块木块合着节拍相互敲击)、"夜郎"[ia²¹lɔŋ⁴⁴⁵](手持两块木块合着节拍相互敲击)四个人边舞边唱《做功德崽歌》。"年""郎"小称。

做功德的道场　景宁畲族自治县郑坑乡塘丘自然村 /2017.12.23/ 雷艳萍 摄

撩鹤 leu²²xoʔ² 做功德仪式之一。一人背竹篓,手拎酒壶,后两人抬一布袋。三人围着棺木边歌边舞,舞姿多像抓白鹤的样子。意为亡灵驾鹤归去,上天堂成仙,保佑子孙兴旺。

纸寮 tɕi⁵⁵lau²² 又叫"座"[tsʰo²¹]。纸房子。摆放在葬礼之后安排的功德仪式上,以代棺木。

四　宗教

畲族是一个多神崇拜的民族,其宗教信仰具有包容性。以信仰道教为主,也有畲民信仰佛教和其他世俗神灵。主要表现为祖先崇拜、图腾崇拜,以及各类神灵崇拜。畲族的祭祀仪式以祭祖活动最为隆重。盘瓠是畲族的图腾，同时也是畲族最早的祖先神。

做阳事 tso⁴⁴iɔŋ²²su²¹祈福消灾的宗教仪式。

阴阳先生 im⁴⁴iɔ̃²²ɕien⁴⁴saŋ⁴⁴又叫"地理师"[tʰi²¹li²¹su⁴⁴]、"风水先生"[fəŋ⁴⁴ɕy³⁵ɕien⁴⁴saŋ⁴⁴]。专为人看住宅基地、坟地等地理形势，以及帮忙挑选吉日的人。简称"先生"[ɕien⁴⁴saŋ⁴⁴]。

法师 fɔt⁴su⁴⁴有法名会做道场的先生。也叫"道士先生"[tɑu²¹su²¹ɕien⁴⁴saŋ⁴⁴]、"法师先生"[fɔt⁴su⁴⁴ɕien⁴⁴saŋ⁴⁴]。简称"先生"。

师爷 si⁴⁴ia²²畲族尊道教上清、玉清、太清三清胜境里的三位至高神为师爷。

闾山学法 ly²²san⁴⁴xoʔ²fɔt⁴畲族认为自己的祖先跨越九重山来到闾山学法，习得法术后返回住地，斩妖除魔，保护良民。

传度学法 tɕʰyon²²tʰu²¹xoʔ²fɔt⁴又叫"传度学师"[tɕʰyon²²tʰu²¹xoʔ²si⁴⁴]、"传师学师"[tɕʰyon²²si⁴⁴xoʔ²si⁴⁴]，常简称为"学师"[xoʔ²si⁴⁴]，是畲族男性获得法名的宗教仪式。法师带领弟子以边歌边舞的形式学法，演绎上闾山学法的过程。由造寨、造水洗坛、传度、过九重山、度水等六十个环节组成，得三天三夜才能完成，多数以舞蹈形式进行。

十二六曹 ɕip²ni²¹ly²tsʰo²²学师仪式上的十二个祭师。分别是："东道主人"[təŋ⁴⁴tʰo²¹tɕy⁵⁵n̠in²²]、"证坛师"[tsiŋ⁵⁵tan²²si⁴⁴]、"度法师"[tʰu²¹fɔt⁴si⁴⁴]、"保举师"[pau⁵⁵ky⁵⁵si⁴⁴]、"引坛师"[in⁵⁵tan²²si⁴⁴]、"净坛师"[tɕiaŋ²¹tan²²si⁴⁴]、"监坛师"[kan⁴⁴tan²²si⁴⁴]、"传职师"[tɕʰyon²²tsiʔ²si⁴⁴]、"西王母"[sai⁴⁴uɔŋ²²mu³⁵]、"相伴"[ɕiɔŋ⁴⁴pʰɔn⁴⁴]、"下⸗老师"[xɔ²¹lɑu⁵⁵si⁴⁴]、"东王公"[təŋ⁴⁴uɔŋ²²kəŋ⁴⁴]。

西王母 sai⁴⁴uɔŋ²²mu³⁵又叫"西王母娘"[sai⁴⁴uɔŋ²²mu⁵⁵n̠iɔŋ²²]。学师仪式上的十二个祭师之一。一般是保举师的妻子，也可以是保举师的姐妹。

下⸗老师 xɔ²¹lɑu⁵⁵si⁴⁴又叫"篾老师"[mat²lɑu⁵⁵si⁴⁴]。学师仪式上的十二个祭师之一。畲族背称汉族"下⸗佬"[xɔ²¹lɑu³⁵]。相传，畲族在迁徙中曾得到一位汉族篾匠的帮助。后来篾匠失明了，畲族人就赡养他，学师仪式也请他参加。他过世后，学师仪式仍给他留位置，以示敬仰。

本师 pon⁵⁵sai⁴⁴学师仪式上带领弟子获得法名的法师。

祖担 tsu⁵⁵tam⁴⁴又叫"师爷担"[si⁴⁴ia²²tam⁴⁴]、"师担"[si⁴⁴tam⁴⁴]。装有"祖杖"[tsu⁵⁵tɕʰiɔŋ²¹]、"香炉"[ɕiɔŋ⁴⁴lu²²]等物的箱子或木桶。

攞法名 lo⁴⁴fɔt⁴miaŋ²²又叫"取法名"[tɕʰy³⁵fɔt⁴miaŋ²²]。学师的仪式之一。每个法师都有法名，法名第一个字都是"法"。如本课题口头文化发音人钟林富是法师，法名叫法主。

过九重山 ku⁴⁴kiu⁵⁵tɕʰiuŋ²²san⁴⁴学师的仪式之一。在中堂或屋外插九枝枝叶繁茂的竹枝，法师带着弟子，肩背包袱，脚穿草鞋，在竹枝间边舞边唱边穿行，以示攀登九重山。

泼花 pʰɔt⁴fɔ⁴⁴⁵学师的仪式之一。法师们一起用袖子扇香炉里的烟，使烟雾朝弟子方向漫去。"花"小称。

冥斋粄 meŋ²²tsai⁴⁴pɔn³⁵ 常用的祭祀食品。米粉制作，锥形，白色。祭祀时尖头朝上摆放。

冥斋粄　景宁畲族自治县郑坑乡塘丘自然村 /2018.5.18/ 雷艳萍　摄

问凳 mən⁴⁴teŋ⁴⁴ 旧时驱邪的一种仪式。取一根类似长木凳的大型长木杠，将其中点置于一个铁三脚架的支柱上，木杠可转动也可上下起落，类似于跷跷板。巫师、病人家属各坐在长木杠的一头。长木杠边转动边翘起，巫师眯缝双眼念咒语，找出鬼神所在的方位。病人家属据此烧香摆供，驱除鬼邪。

问花 mən⁴⁴fɔ⁴⁴⁵ 又叫"讲花"[kɔŋ⁵⁵fɔ⁴⁴⁵]。旧时驱邪的一种仪式。巫师坐在凳子上，头趴在桌子上念咒语，找出鬼神所在的方位。病人家属据此烧香摆供，驱除鬼邪。"花"小称。

五　生育寿辰

畲族具有良好的男女平等、生男生女都一样的生育观。生育上较少有性别偏好和数量上的追求，遗弃女婴等情况极少出现。畲族重视过生日，景宁畲族六十、八十、九十、一百岁时一般要举办寿宴。

送生养 səŋ⁴⁴saŋ⁴⁴iɔŋ⁴⁴ 临近生产前，娘家至亲长辈给孕妇送鸡、鸡蛋等。

送月礼庚 səŋ⁴⁴n̠yot²li²¹kaŋ⁴⁴ 婴儿出生后，亲戚朋友们送礼。

排三朝 pʰai²²sam⁴⁴tɕieu⁴⁴ 婴儿出生后第三天，在香炉前烧香摆供。

做三朝 tso⁴⁴sam⁴⁴tɕieu⁴⁴ 又叫"请三朝酒"[tsʰaŋ⁵⁵sam⁴⁴tɕieu⁴⁴tsiu³⁵]。婴儿出生后第三天，宴请亲戚朋友。

做晬 tso⁴⁴toi⁴⁴ 又叫"请做晬酒"[tsʰaŋ⁵⁵tso⁴⁴toi⁴⁴tsiu³⁵]。幼儿一周岁，宴请亲戚朋友。

放顶 piɔŋ⁴⁴taŋ³⁵ 幼儿无需借助外力，便能独自站立。是会走路的前奏。

徛桶 kʰi⁴⁴tʰəŋ³⁵ 小孩的站桶。一种较高的木桶，上窄下宽，桶内中下部有隔板。一至两岁的小孩站在桶内，非常安全。冬天可在隔板下放置火盒，小孩在桶里很暖和。

上十酒 ɕioŋ⁴⁴ɕip²tsiu³⁵ 岁数逢十时过生日。六十、八十、九十、一百岁办寿宴，五十、七十岁不操办。

认亲爷 ȵin²¹tsʰin⁴⁴ia²² 小孩体弱，于是拜认生肖相合、无血缘关系的人为父亲，或拜认当地人认为有神灵的大樟树或大石头、岩壁为父亲。

认亲娘 ȵin²¹tsʰin⁴⁴ȵia⁵⁵ 小孩体弱，于是拜认生肖相合、无血缘关系的人为母亲，或拜认当地人认为有神灵的大樟树或大石头、岩壁为母亲。"娘"小称。

六 服饰

畲族的服饰穿戴富有自己的民族特色。传统服饰多以青、蓝为主，喜在衣领、衣襟、袖口、裙摆、裤脚等处以或宽或窄的花边为装饰。女性传统服饰最富民族特色，其服饰整体造型精美。畲族礼仪表演服饰丰富多彩、色彩斑斓。截至2022年，浙江省已组织举办5届畲族服饰设计展演，展示畲族服饰的魅力。

山客衫 san⁴⁴xaʔ⁴sam⁴⁴ 既指畲族服装，也单指畲族上衣。畲族的传统服装多以青、蓝为主，衣料多为自织的麻布。衣领、右衣和袖口多镶花边，女性的腰间都系有自编的彩带。

身穿传统畲服的畲族女子　景宁畲族自治县郑坑乡塘丘自然村 /2016.8.21/ 雷艳萍 摄

边崽衫 pen⁴⁴tsoi⁵⁵sam⁴⁴⁵ 畲族女性穿的上衣。交领右衽，襟边有盘扣，盘纽扣的地方镶嵌着三条彩色的"花边"[fɔ⁴⁴pen⁴⁴]。女子在结婚以及"学师"仪式当"西王母"时也穿这款衣服，所以又叫"新娘衫"[sin⁴⁴ȵioŋ²²sam⁴⁴]、"新客衫"[sin⁴⁴xaʔ⁴sam⁴⁴]。

髻 ke²¹ 又叫"凤冠"[fəŋ²¹kon⁴⁴]。畲族女性头饰。各地髻的样式有差异，景宁为"雄冠式"。整体造型呈三角形，用银、木、布、线等装饰材料制作。

髻　景宁畲族自治县郑坑乡桃山自然村 /2020.9.7/ 雷李江　摄

带 tɔi⁴⁴ 畲族彩带，是畲族妇女的传统手工艺品。

经带 kaŋ⁴⁴tɔi⁴⁴织彩带。先用"经带竹"[kaŋ⁴⁴tɔi⁴⁴tɕyʔ⁴]牵经线，提综，然后一头挂在门环、窗棂或柱子上，一头拴在腰身，坐着织。可随时卷起收好，得空时再继续织。

织彩带　景宁畲族自治县鹤溪街道东弄村 /2016.7.26/ 雷艳萍　摄

十三行 ɕip²sam⁴⁴xaŋ⁴⁴⁵彩带的经线有多种颜色，纬线为白色。利用经线的颜色差异，挑织出各种花纹图案。彩带的宽窄取决于经线的根数，所以，彩带多以中间黑经线的根数来命名，如三双、五双、十三行、十五行等。经线根数太多会给编织带来难度，经线根数太少则彩带的花纹不丰富，因此，"十三行"是最常见的畲族彩带。"行"小称。

缯机 nɑm⁴⁴ky⁴⁴织布机。以前，居住在大山深处的畲民们过着男耕女织、自给自足的生活。家家都有织布机，纺纱、"经布织布"[kaŋ⁴⁴pu⁴⁴]是畲族女子必备的生活技能。

织布 景宁畲族自治县鹤溪街道东弄村 /2016.7.26/ 雷艳萍 摄

拦腰 lɔn²²ieu⁴⁴半身的短围裙。做家务时围在身上，或用来装包物品。

脚□ kioʔ²⁴paŋ²¹绑腿。缠在小腿部位裤子外边的布条，既方便在山林行走，又可防护腿部。

花鞋 fɔ⁴⁴xai⁴⁴⁵绣花的布鞋。蓝布里，青布面，两边绣有花纹。"鞋"小称。

七 住房饮食

畲族传统民居的位置、造型、坐向，以及厨房、餐厅、柴房、畜圈等用房的布局，均以使用方便、坚固实用为出发点。普通民居所用的木制构件，除大门、厅堂之外，一般不做细致加工，具有简约朴实之风。

寮 lau²²房子。以木结构为主。最常见的是"一字寮"[it⁴tsʰi²¹lau²²]：结构呈一字形，中间是厅堂；楼上一般用于仓储，也可当卧室；第一层屋檐上可摆晒物品。

寮 景宁畲族自治县郑坑乡桃山自然村 /2016.5.15/ 雷艳萍 摄

三间 sam⁴⁴kian⁴⁴⁵ 又叫"三间崽"[sam⁴⁴kian⁴⁴tsoi⁵⁵]。一进有三间的房子。"间""崽"小称。

四面寮 si⁴⁴men⁴⁴lau²² 有"正寮_{正房}"[tɕiaŋ⁴⁴lau²²]、"横轩_{厢房}"[fɔŋ²²ɕien⁴⁴]的房子。

寮场 lau²²tɕʰiɔŋ²² 房子周边的地理环境、自然形势，如地脉、山水的方向等体系。

柴寮 tsʰai²²lau²² ①木头房。②摆放柴火的房子。

火寮 fu⁵⁵lau²² 用来烧草木灰的简易房子。四面泥墙，门开一面，墙上部与房顶之间留空隙。烧灰前将干燥草木密填房子底部，以牛粪、山灰、草皮封盖，高及空隙处。

开基寮 kʰoi²¹ki⁴⁴lau²² 开基祖先在当地建造的第一幢房子。

墙板 tɕʰiɔŋ²²pan³⁵ 夯筑泥墙用的木板槽子。长方体，左右两侧和一头为木板，上下和另一头为空。

筑墙 tyʔ⁴tɕʰiɔŋ²² 夯筑泥墙。把木板槽子架在地基或已夯成的墙体上，把泥土填入槽内，用槌子夯实，如此一段一段、一层一层地连续夯筑，螺旋上升，直至完工。

竖柱 ɕy²¹tɕy²¹ 建泥木结构房子时，把房子的木结构整体竖起来。是建房的主要一环，要请风水先生择良辰吉日。

上栋梁 ɕiɔŋ⁴⁴təŋ⁴⁴liɔŋ²² 又叫"上梁"[ɕiɔŋ⁴⁴liɔŋ²²]。安装建筑物屋顶最高处的房梁。是建房的主要一环，要请风水先生择良辰吉日。

入寮 ipʔlau²² 乔迁新居。是入住新房的主要一环，要请风水先生择良辰吉日。

龙骨 liuŋ²²kuət⁴ 屋脊处固定椽子的骨架。

竹牯钉 tɕyʔ⁴ku⁵⁵teŋ⁴⁴ 钉椽子的竹钉，是旧时土木结构建筑的固定件。将竹瓣削成上大下小的圆杆形，放进锅里炒至泛黄，即可用来钉椽子，非常坚固。

礤盘 səŋ⁵⁵pʰɔn²² 柱下石下面的方石板。

厅头壁 tʰaŋ⁴⁴tʰeu²²piaʔ⁴ 又叫"照壁"[tɕieu⁴⁴piaʔ⁴]。厅堂最深处的木隔板，把堂屋隔成前后两部分。

照墙 tɕieu⁴⁴tɕʰiɔŋ²² 大门外的屏蔽物，与厅堂正中的木隔板正对。

楼坪 leu²²pʰiaŋ²² 楼房两层之间用木板铺成的隔层。

板壁 pɔn⁵⁵piaʔ⁴ 房间木隔板的统称。

滚板壁 kun⁵⁵pɔn⁵⁵piaʔ⁴ 木匠钉制板壁。

栅 tsaʔ⁴ 用来架楼板的栅栏式的木头。

厅栅 tʰaŋ⁴⁴tsaʔ⁴ 厅堂上方用来架楼板的栅栏式木头，较长。

间栅 kian⁴⁴tsaʔ⁴ 房间上方用来架楼板的栅栏式木头，比"厅栅"短。

狗脶 kɑu⁵⁵loi⁴⁴⁵ 门旁墙上挖的狗洞，位于门的右侧（从里往外的视角）。"脶"小称。

灶米⁼前 tsɑu⁴⁴mai⁵⁵tsʰan²¹ 厨房。畲族厨房一般设置在房子靠山的那一面，即厅堂的后面。较通透，只有一层，较宽敞，可堆置柴火。

厨房　景宁畲族自治县郑坑乡桃山自然村 /2019.4.22/ 雷李江 摄

畲族以种植水稻为主，传统的庄稼和蔬菜有红薯、马铃薯、玉米、萝卜、油冬菜、豌豆、丝瓜、黄瓜、南瓜、冬瓜等。传统主食是米饭；旧时，红薯食用范围广，也是畲族的主食之一。面食是副食，主要是面条。另外，各式各样、品类丰富的"粄"是畲族最具特色的传统副食或风味小吃，根据食材的不同，形状的差异，可分为不同的细类。

番薯面 uɔn⁴⁴ɕy²²men²¹ 又叫"番薯粉面"[uɔn⁴⁴ɕy²²pən⁵⁵men²¹]。用红薯粉制成的粉丝。以鲜红薯为原料，先加工成淀粉，再加工成粉丝。具有久煮不烂、清香可口、食法多样的特点。

红曲酒 fən²²kʰyʔ⁴tsiu³⁵ 又叫"红酒"[fən²²tsiu³⁵]。用糯米和红曲酿造的酒。呈红色。

苎叶粄 tɕʰyʔ²¹iepʔ²pɔn³⁵ 用苎麻的嫩叶和米粉制作而成的馃儿。将苎麻的嫩叶煮烂捣细，拌入米粉，放在石臼中反复捶打捣和至一个大团状，然后用手揉搓压成长条扁状，用线分切成若干小段后，再用模具压成带有花纹的扁圆状，最后放置蒸笼里蒸熟即可。呈绿色。

灰碱粄 foi⁴⁴kem⁴⁴pɔn³⁵ 用灰碱和米制作而成的馃儿。将几种特殊的灌木烧成灰，将经过浸泡的米和灰碱水一起炒，继而用饭甑蒸透，再在石臼中反复捶打至一个大团状，接着用手揉搓压成长条扁状，用线分切成若干小段后，再用模具压成带有花纹的扁圆状。呈黄色。

番薯粄 uɔn⁴⁴ɕy²²pɔn³⁵ 用晒干的红薯丝磨成粉制作而成的馃儿。

糯米粄 no²¹mai⁵⁵pɔn³⁵ 麻糍。用饭甑将经过浸泡的糯米蒸熟，倒入石臼反复击打成很有韧性的团状，接着用手揉搓成橘子大小的扁圆状，再在上面撒上红糖芝麻粉。尝起来香甜细糯，非常可口。

白米粄 pʰaʔ²mai⁵⁵pɔn³⁵ 不掺入其他东西、单纯用米粉制作而成的馃儿。因呈白色，故名。

粄窝 pɔn³⁵o³⁵ 酒盅倒立状造型的馃儿的统称。将面粉、米粉等用水调和揉成面团状；然后用手捏压成一个个倒立的酒盅状，空心无馅，大头一侧开口；最后大头朝下，摆放在蒸笼或饭甑里，蒸熟即可食。红薯丝磨成粉制作而成的是"番薯粄窝"[uɔn⁴⁴ɕy²²pɔn⁵⁵o³⁵]，面粉制作的是"麦粄窝"[maʔ²pɔn⁵⁵o³⁵]，米粉制作的是"米粄窝"[mai⁵⁵pɔn⁵⁵o³⁵]。"窝"小称。

粄钱 pɔn⁵⁵tsʰan³⁵ 圆形无馅无花纹的小馃儿的统称。"钱"小称。

粄条 pɔn⁵⁵tʰau²² 扁长条大馃儿的统称。手工揉搓而成，两端为圆弧状，中间略下凹。

粄条　景宁畲族自治县郑坑乡桃山自然村 /2018.5.18/ 雷李江　摄

炊糕 tɕʰyoi⁴⁴kɑu⁴⁴ 蒸糕。将"水砖⁼浆状米粉"[ɕy⁵⁵kyon⁴⁴⁵]分多次倒入锅内，蒸熟一层再倒入一部分继续蒸，如此工序多次反复，直至全部蒸完。蒸出的糕可以分层，一层一层撕开呈片状。

豆腐崽 tʰeu²¹fu²²tsoi³⁵ 豆腐娘。将经过浸泡的豆磨成糊状，煮熟即可食，也可加葱、芫荽、辣椒、油渣等作料。是畲族非常喜欢的待客佳肴。"磨豆腐崽"[mo²¹tʰeu²¹fu²²tsoi³⁵]见下图。

磨豆腐崽　景宁畲族自治县郑坑乡桃山自然村 /2018.4.5/ 雷李江　摄

泡笋 pʰau⁴⁴sən³⁵ 将新鲜的竹笋切成小块，经沸油炸透，再加酱油、料酒略微翻炒，即可食用。是一道经典的山珍美味。

泡笋　景宁畲族自治县郑坑乡桃山自然村 /2018.4.5/ 雷李江 摄

八 文体

畲族娱乐活动较为丰富。畲民喜爱唱歌，无论是婚丧节庆，还是待客会友，甚至田间地头劳作，都要唱歌、对歌。政府或民间，也经常组织各类畲歌会。畲族重视体育活动，项目很多，有武术、"摇镬"［ieu²²uoʔ²］等。畲族武术以畲拳最为著名，棍术次之，重在强身健体，防身护身。

祖图 tsu⁵⁵tu²² 包括"长联"、三清佛图像、十王图像、太乙救苦天尊图像等。

长联 tɕʰiɔŋ²²len²² 畲族信仰的主要标志之一。横幅，以连环画的形式叙述畲族的起源和来历，世代珍藏。祭祀祖先和做功德的时候，挂在厅堂两边，并摆上供品进行供奉。

山客歌 san⁴⁴xaʔ⁴ko²¹ 畲族民歌，是畲族鲜明的民族特色之一。无论婚丧嫁娶、生产劳动，畲民们都会以歌代言，以歌抒情，以歌为乐。

高皇歌 kau⁴⁴uɔŋ²²ko²¹ 又叫《盘古歌》[pʰɔn²²ku⁵⁵ko²¹]、《古王歌》[ku⁵⁵uɔŋ²²ko²¹]。是一首长达三四百句的七言史诗。以神话的形式，叙述畲族始祖盘瓠立下奇功，盘、蓝、雷、钟四姓子孙来源的传说以及迁徙的经过，反映畲族的原始宗教信仰和图腾崇拜。

条 tʰau²² 量词，首：一～歌。畲族民歌一般以七言为一句，四句为一首。

联 len²² 量词：一～歌。用于四十句以上的畲族民歌，歌词内容完整。

长联歌 tɕʰiɔŋ²²len²²ko²¹ 四十句以上的畲族长歌，如《高皇歌》《封金山》等。

三条变 sam⁴⁴tʰau²²pen⁴⁴⁵ 三首连着一起唱的畲族民歌。每首歌的结构形式很整齐，仅仅改变个别字词，押不同的韵。"变"小称。

歌头 ko²¹tʰeu²² 又叫"歌娘"[ko²¹ȵia³⁵]。"三条变"里的第一首歌。

盘歌 p^hɔn²²ko²¹ 赛歌形式的对歌。内容、形式因场合不同而有别,歌手即兴编唱。

龙麒 liuŋ²²ki²² 又叫"龙□"[liuŋ²²maŋ²²]。畲族族谱记载以及神话传说中的畲族始祖,带领畲族人聚居广东凤凰山。

山客书 san⁴⁴xaʔ⁴ɕy⁴⁴ 畲族的识字书籍。以前畲族求学条件差,甚少有机会、有能力和汉族人一起在私塾就读。于是,多数畲村以民俗传教的形式学习文化。一般采用能者为师,上辈传教下辈的方法,用世代相传的手抄民歌本、昔时贤文等,在冬闲夜晚或雨雪天,集体传授,使畲族青少年知书学礼。

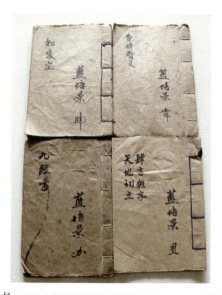

山客书　景宁畲族自治县郑坑乡塘丘自然村 /2018.5.18/ 雷艳萍 摄

山客拳 san⁴⁴xaʔ⁴k^hun²² 畲族拳术。主要沿袭南少林的风格,具有"一力、二硬、三快"的特点,是较古朴实用的传统拳术。

山客拳　景宁畲族自治县郑坑乡桃山自然村 /2018.2.15/ 雷李江 摄

摇镬ieu²²uoʔ²畲族传统体育项目。双脚撑开立于一口大锅内，踩在锅沿处，双脚相互配合用力，身体顺势协调摇摆，使锅前进，比谁更快到达终点。

摇镬　景宁畲族自治县郑坑乡吴布村 /2018.5.18/ 雷艳萍　摄

板鞋pan⁵⁵xai²²畲族传统体育项目。选一块平地，多人一起按前后排列将脚套在同一双板鞋上前行，然后以在同等距离内所用的时间多少来决定名次。

第五章 分类词表

说明：

1.本章收录景宁畲话的词汇，共计5000余条。

2.第一节收录《中国语言资源调查手册·汉语方言》中的词汇条目，根据景宁畲话的实际情况有所删减。共14类，均附视频。（本方言不说的除外；同义词共用一个音频条目）

3.第二节收词以《汉语方言词语调查条目表》（《方言》2003年第1期）为基础，根据景宁畲话的实际情况有所增删。增补的词条如与词表中某些词条意义有紧密联系，则插在该词条之后，否则按意义附在各大类或各次类之后。共29类，均不附视频。

4.每个词条先写汉字，后标读音，最后释义。有歧义的词条，即同一语音形式和文字形式的词条，分别列为不同的条目并注释；不同义项加"①②"等表示，并用"。"隔开。

5.一般实物性的名词只记录字形、字音，抽象名词、形容词、动词以及一些语法性的词语，不仅给出注释，必要时加上例句。在例句中，该词条用"～"号代替。字的右上角加"＝"号的表示写的是同音字。方框"□"表示有音无字的音节。

6.同义词或近义词排在一起，按使用频率呈降序排列，第一条顶格排列，其他各条缩一格另行排列。

7.一个词条的内容超过一行时，回行缩二格排列。

8.所收词语一律注景宁畲话老派读音，并根据实际读音记录。部分词发音人习惯读小称或仅有小称读音。音变规律见本书语音章。

9.有些词语有不同读法时，用"～"号隔开，并按使用频率降序排列。

10.凡第四章已收的词语，前加"*"，只写词条和音标，不做说明或解释。

11.合音字用"［ ］"表示，所合音的字括于中括号内。

第一节

《中国语言资源调查手册·汉语方言》

一 天文地理

热头 ȵiet²tʰeu²² ①太阳：～落山。②阳光

　　太阳 tʰai⁵⁵iɔŋ²²

月 ŋyot² ①月亮：～落山。②月光：～皓

星 saŋ²¹ 星星

云 un²²

风 piuŋ⁴⁴

台风 toi²²piuŋ⁴⁴

*寮＝公闪眼 lau²²kəŋ⁴⁴ɕiem⁵⁵ȵian³⁵

寮＝公 lau²²kəŋ⁴⁴ 雷

水 ɕy³⁵ ①雨：落～。②水：热～

落水 loʔ²ɕy³⁵ 下雨

打 taŋ³⁵ ①淋：衫分水～湿啊。②擤：～面。

　　③摔：碗～烂啊。④打：～人。⑤介词，

　　从：～个边过

晒 sai⁴⁴ ～谷

雪 sɔt⁴

冰 piŋ⁴⁴

龙雹 liuŋ²²pʰot² 冰雹

霜 sɔŋ⁴⁴

*雾露 mɔ²¹lu⁴⁴

露水 lu⁴⁴ɕy³⁵ 露

蛟＝龙 kau⁴⁴liuŋ²² 虹的统称

天狗食热头 tʰan⁴⁴kɑu³⁵ɕiʔ²ȵiet²tʰeu²² 日食

天狗食月 tʰan⁴⁴kɑu³⁵ɕiʔ²ŋyot² 月食

天新＝tʰan⁴⁴sin⁴⁴ 天气

　　天气 tʰan⁴⁴kʰi⁴⁴

晴 tsʰaŋ²² 天～

阴 im⁴⁴ ～天

大晒 tʰɔi²¹sai⁴⁴ 天～_{天旱}天旱

雨水多 y⁵⁵ɕy³⁵to⁴⁴ 涝

天皓 tʰan⁴⁴xau²¹ 天亮

水田 ɕy⁵⁵tʰan²²

焦地 tsau⁴⁴tʰi²¹ 旱地

　　旱地 xɔn⁴⁴tʰi²¹

田唇 tʰan²²ɕyn²² 田埂

路 lu²¹

山 san⁴⁴

山弯 san⁴⁴uɔn⁴⁴ 山谷

大坑 tʰɔi²¹xaŋ⁴⁴ 江

坑 xaŋ⁴⁴ 溪

水沟崽 ɕy⁵⁵kɑu⁴⁴tsoi⁵⁵ 水沟儿。"崽"小称

湖 fu²²

水塘 ɕy⁵⁵tʰɔŋ²² 人工挖的池塘

水塘崽 ɕy⁵⁵tʰɔŋ²²tsoi⁵⁵ ①人工挖的小池塘。

　　②水坑儿，地面上有积水的小洼儿。

　　"崽"小称

大水王 tʰɔi²¹ɕy⁵⁵uɔŋ²² 洪水

浸 tsim⁴⁴ 淹，多指植物、建筑等被水浸没：

　　禾分水～啊

*頧 uət⁴

坑沟塽 xaŋ⁴⁴kɑu⁴⁴ken²² 河岸

坝 pɔ⁴⁴

地震 tʰi²¹tsin⁴⁴

洞崽 təŋ²¹tsoi⁵⁵ 小窟窿。"崽"小称

缝 fəŋ²¹

石牯 ɕiaʔ²ku³⁵ 石头，统称

泥 nai²² 土的统称

糊泥 fu²²nai²² 湿的泥

水泥 ɕy⁵⁵nai²²

沙 sɔ²¹ 沙子

砖 kyon⁴⁴ 整块的砖

瓦 ŋ³⁵ 整块的瓦

煤 moi²²

洋油 ioŋ²²iu²² 煤油

炭 tʰɔn⁴⁴ 木炭

灰 foi⁴⁴ ①烧成的灰。②灰色

* 火灰粉 fu⁵⁵foi⁴⁴pən³⁵

火 fu³⁵

* 火云 fu⁵⁵un²²

着火 tɕʰioʔ²fu³⁵ 失火

冷水 laŋ⁴⁴ɕy³⁵ 凉水

热水 n̠ietʔ²ɕy³⁵ 温度高，但未达到沸点，是不可喝的水

沸水 pei⁴⁴ɕy³⁵ 达到沸点，且可喝的水

吸石 ɕiepʔ⁴ɕiaʔ² 磁铁

二　时间方位

时间 ɕi²²kan⁴⁴ 时候：食饭个～吃饭的时候

哪下 na⁵⁵xɔ³⁵ 什么时候

　哪个时间 na⁵⁵kɔi⁴⁴ɕi²²kan⁴⁴

个下 kɔi²¹xɔ³⁵ 现在

以前 i²²ɕian²¹ ①之前：十年～。②已往，过去：～生活苦

以后 i²²ɕieu²¹ ①之后：十年～。②后来

一生世 itʔ⁴saŋ⁴⁴ɕie⁴⁴ 一辈子

今年 ki⁴⁴nan²²

明年 miŋ²²nan²²

□年 xɑm²¹nan²² 后年

起⁼年 ɕi⁵⁵nan²² 去年

前年 tsʰan²²nan²²

尔两年 n̠i²¹ioŋ⁵⁵nan²² 往年

　马⁼年 mɔ⁵⁵nan²²

年初 nan²²tsʰo⁴⁴

年冬 nan²²təŋ⁴⁴⁵ 年底。"冬"小称

今晡 kim⁴⁴pu⁴⁴

　今晡日 kim⁴⁴pu⁴⁴n̠in⁴⁴⁵ 今天。"日"变韵变调

□头 tʰan³⁵tʰeu²²

　□头日 tʰan³⁵tʰeu²²n̠in⁴⁴⁵ 明天。"日"变韵变调

□晡 xɑm²¹pu⁴⁴

　□晡日 xɑm²¹pu⁴⁴n̠in⁴⁴⁵ 后天。"日"变韵变调

大□晡 tʰɔi²¹xɑm²¹pu⁴⁴

　大□晡日 tʰɔi²¹xɑm²¹pu⁴⁴n̠in⁴⁴⁵ 大后天。"日"变韵变调

待⁼晡 tai²¹pu²¹

　待⁼晡日 tai²¹pu²¹n̠in⁴⁴⁵ 昨天。"日"变韵变调

　待⁼日 tai²¹n̠in⁴⁴⁵ "日"变韵变调

前晡 tɕʰiem²²pu⁴⁴

　前晡日 tɕʰiem²²pu⁴⁴n̠in⁴⁴⁵ 前天。"日"变韵变调

大前晡 tʰɔi²¹tɕʰiem²²pu⁴⁴

　大前晡日 tʰɔi²¹tɕʰiem²²pu⁴⁴n̠in⁴⁴⁵ 大前天。"日"变韵变调

成日 ɕiaŋ²²n̠itʔ⁴ 整天

晡晡 pu⁴⁴pu²¹ 每天。第二个"晡"变调

　日日 n̠itʔ⁴n̠itʔ⁴

　每日 moi³⁵n̠itʔ⁴

眼⁼头时 n̠ian⁵⁵tʰeu²²ɕi²² 早晨

*眼⁼头 n̠ian⁵⁵tʰeu²²

日昼 n̠itʔ⁴tɕiu⁴⁴ ①中午。②中饭：食～

食了昼 ɕiʔ²lau⁵⁵tɕiu⁴⁴ 下午

好暗墟 xau⁵⁵ɑm⁴⁴ken²² 傍晚

日间 n̠itʔ⁴kan⁴⁴ 白天

暗晡夜 ɑm⁴⁴pu²¹ia³⁵ 夜晚的统称。"夜"变调

半夜 pɔn⁴⁴ia²¹

正月 tɕiaŋ⁴⁴n̠yotʔ²

年初一 nan²²tsʰo⁴⁴it⁴

正月十五 tɕian⁴⁴n̩yot²ɕipʔ²ŋ³⁵ 元宵节

清明 tsʰiŋ⁴⁴miŋ²²

*五月节 ŋ⁵⁵n̩yot²tsat⁴

七月半 tsʰit⁴n̩yot²pɔn⁴⁴ 七月十五

八月半 pat⁴n̩yot²pɔn⁴⁴ 中秋

冬节 təŋ⁴⁴tsat⁴ 冬至

十二月 ɕipʔ²n̩i²¹n̩yot² 腊月

三十日 sam⁴⁴ɕipʔ²n̩it⁴ 除夕

通书 tʰəŋ⁴⁴ɕy⁴⁴ 历书

　历书 liʔ²ɕy⁴⁴

古历 ku³⁵liʔ² 阴历

　农历 nəŋ²²liʔ²

阳历 iɔŋ²²liʔ²

　公历 kəŋ⁴⁴liʔ²

星期日 siŋ⁴⁴ki²²n̩it⁴ 星期天

堂=抵 tɔŋ²²ti³⁵

　地方 tʰi²¹fɔŋ⁴⁴

哪个堂=抵 na⁵⁵kɔi⁴⁴tɔŋ²²ti³⁵ 什么地方

　哪个地方 na⁵⁵kɔi⁴⁴tʰi²¹fɔŋ⁴⁴

寮 lau⁴⁴⁵ 家里。"寮"变调

城内 ɕiaŋ²²noi²¹ 城里

乡下 ɕiɔŋ⁴⁴xɔ²¹

问=头 mən⁴⁴tʰeu²¹ 上面：我坐～。"头"变调

　*尔坻 n̩i²¹tai³⁵

敲=下 kʰɔ⁴⁴xɔ²¹ ①下面：～爬上去。②下：凳

　园桌～

大边 tʰɔi²¹pan⁴⁴

　左边 tsau³⁵pan⁴⁴

顺边 sən²¹pan⁴⁴

　右边 iu²¹pan⁴⁴

中央 tɔŋ⁴⁴ɔŋ⁴⁴⁵ 中间：排队排～。"央"变调

前头 ɕian²¹tʰeu²² 前面：排队排～

*屎头 ɕi⁵⁵tʰeu²¹

*屎头拜 □ɕi⁵⁵tʰeu²¹pai⁴⁴lai⁵⁵

对面 toi⁴⁴men⁴⁴

面前 men⁴⁴tsʰan²²

背后 poi⁴⁴ɕieu²¹

内肚 loi⁵⁵tu⁵⁵ 里面：我坐～。"肚"变调

□边 kʰɔ⁵⁵pan⁴⁴ 外面：衫晒～

边头 pan⁴⁴tʰeu²² 旁边

墘 ken²² 边儿：桌～

角 koʔ⁴ 角儿：桌～

上去 ɕiɔŋ⁴⁴ɕy⁴⁴

落来 lɔʔ²loi²² 下来

挖=入去 uɔt⁴ipʔ²ɕy⁴⁴ 进去：我～啊

挖=出来 uɔt⁴tɕʰyt⁴loi²² 出来：我～啊

挖=出去 uɔt⁴tɕʰyt⁴ɕy⁴⁴ 出去：我～啊

转头来 tɕyon⁵⁵tʰeu²²loi²² 回来：我～啊

　转来 tɕyon³⁵loi²²

兴=来 ɕiŋ⁵⁵loi²² 起来：天冷～啊

　来 loi²²

三　植物

树 ɕy²¹ 树木

木头 moʔ²tʰeu²²

松柏树 tsʰɔŋ²²paʔ⁴ɕy²¹ 松树

柏树 paʔ⁴ɕy²¹

杉树 sam⁴⁴ɕy²¹

杨柳树 iɔŋ²²liu⁵⁵ɕy²¹ 柳树

竹 tɕyʔ⁴ 竹子的统称

　毛竹 mau²²tɕyʔ⁴

笋 sən³⁵

叶 iep² 叶子

花 fɔ⁴⁴

花卵 fɔ⁴⁴lɔn⁵⁵ 花骨朵。"卵"小称

　花蕾 fɔ⁴⁴lei³⁵

梅花 mei³⁵fɔ⁴⁴⁵ "花"小称

牡丹 meu⁵⁵tɔn⁴⁴

莲花 len²²fɔ⁴⁴ 荷花

草 tsʰɑu³⁵

藤 tʰeŋ²²

劈 net⁴ 刺儿

水果 ɕy²²ko²² "水果"声调特殊

苹果 piŋ⁵⁵ko²² "苹果"声调特殊

桃 tʰo³⁵ 桃子

果梨 ku⁵⁵lei³⁵ 梨子

李 li⁵⁵ 李子。"李"小称

橘 kin⁴⁴⁵ 橘子。"橘"小称

柚 iu⁴⁴⁵ 柚子。"柚"小称

柿 kʰi⁴⁴⁵ 柿子。"柿"小称

石榴 ɕiaʔ²liu²²

红枣 fəŋ²²tsɑu³⁵ 枣的统称

栗子 litʔ²tsi²¹

核桃 ŋəʔ²tɑu²¹

白果 pʰaʔ²ko²² "果"声调特殊

糖蔗 tʰɔŋ²²tɕia⁴⁴ 甘蔗

木耳 moʔ²n̪i³⁵

菌 kʰun²¹ 野生的蘑菇

香菌 ɕiɔŋ⁴⁴kʰun²¹ 香菇

禾 uo²² 稻子

谷 kuʔ⁴ 稻谷

秆 kɔn³⁵ 稻草

大麦 tʰɔi²¹maʔ²

小麦 sau⁵⁵ma³⁵ "麦"小称

麦秆 maʔ²kɔn³⁵ 麦秸

黄粟 uɔŋ²²su⁴⁴⁵ 谷子。"粟"小称

黍 seu²¹ 高粱

包萝 pau⁴⁴lo²² 玉米

棉花 men²²fɔ⁴⁴

油菜 iu²²tsʰoi⁴⁴ 油料作物

油麻 iu²²mɔ²¹ 芝麻

热头葵 n̪ietʔ²tʰeu²²kʰiu²¹ 向日葵

饭豆 pʰɔn²¹tʰeu²¹

麦豆 maʔ²tʰeu³⁵ 豌豆

泥豆 nai²²tʰeu²¹

　花生 fɔ⁴⁴saŋ⁴⁴⁵ "生"小称

黄豆 uɔŋ²²tʰeu³⁵

绿豆 lioʔ²tʰeu³⁵

菜豆 tsʰoi⁴⁴tʰeu²¹ 豇豆

大白菜 tʰɔi²¹pʰaʔ²tsʰoi⁴⁴⁵ "菜"小称

包心菜 pau⁴⁴sim⁴⁴tsʰoi⁴⁴⁵ "菜"小称

菠薐菜 po⁴⁴lim²²tsʰoi⁴⁴⁵ 菠菜。"薐"韵母特殊，
　　"菜"小称

芹菜 kyn²²tsʰoi⁴⁴⁵ "菜"小称

莴苣笋 fu⁵⁵tɕy²¹sən³⁵ 莴笋。"莴苣"读音特殊

韭菜 kiu⁵⁵tsʰoi⁴⁴⁵ "菜"小称

芫荽 yon²²su⁴⁴⁵ "荽"小称

葱 tsʰən²¹

大蒜 tai²¹sɔn⁴⁴⁵ "蒜"小称

姜 kiɔŋ⁴⁴

洋葱 iɔi²²tsʰən²¹

辣椒 lɔtʔ²tɕiau⁴⁴⁵ "椒"小称

茄 kʰio³⁵

西红柿 ɕi⁴⁴ŋ⁵⁵z̩²² 景宁话借音

菜头 tsʰoi⁴⁴tʰeu²² 萝卜

赤菜头 tɕʰiaʔ²tsʰoi⁴⁴tʰeu⁴⁴⁵ 胡萝卜。"头"小称

黄瓜 uɔŋ²²kɔ⁴⁴

年=子 nan²²tsi²¹ 无棱的丝瓜

金瓜 kim⁵⁵kɔ⁴⁴ 南瓜。"金"声调特殊

*米茅 mai⁵⁵si²²

番薯 uɔn⁴⁴ɕy²² 红薯。"番"声母脱落

洋芋 iɔŋ²²fu²¹ 马铃薯，统称

芋 fu²¹ 毛芋，统称

山药 san⁴⁴ioʔ²

藕 ŋeu²²

四　动物

老虎 lau⁵⁵fu³⁵

猴狲 xau²¹sən⁴⁴ 猴子

蛇 ɕia²²

老鼠 lau⁵⁵ɕy³⁵

老鼠鹠 lau⁵⁵ɕy⁵⁵ieu³⁵ 蝙蝠。"鹠"小称

鸟 tau⁵⁵ "鸟"小称

茅=□鸟 mau²²tɕin²¹tau⁵⁵ 麻雀。"鸟"小称

鸦鹊 ɔ²¹ɕiaʔ⁴ 喜鹊

老鸦 lau⁵⁵ɔ²² 乌鸦

鸽 køʔ⁵ 鸽子。景宁话借音

*嘻=刀= ɕi⁴⁴tau⁴⁴

爪 tɕiau³⁵

尾荵 mei⁴⁴tiu⁴⁴ 尾巴

窠 kʰo⁴⁴ 窝

虫 tɕʰiuŋ²¹

白□ pʰaʔ²iam³⁵ 蝴蝶

盲=黏= maŋ²²nei²¹ 蜻蜓

蜂 pʰiuŋ³⁵ 蜜蜂

蜂蜜 pʰiuŋ²¹met²

盲=狸= maŋ²²li²² 知了

蚁 ɲi³⁵ 蚂蚁

蛇蠮 ɕia²²yon³⁵ 蚯蚓

蚕 tsʰɑm³⁵

*寮□ lau²²kʰio²¹

*长脚蚊 tɕʰiɔŋ²²kioʔ⁴mən²¹

*白蚊 pʰaʔ²²mən³⁵

狗虱 kau⁵⁵set⁴ 跳蚤

虱 set⁴ 虱子

鱼 ɲy²¹

鲤鱼 li⁵⁵ɲy²¹

大头鱼 tʰɔi²¹tʰeu²²ɲy²¹ 鳙鱼

鲫鱼 tsɿʔ⁵ɲy²¹ "鲫"景宁话借音

鳖 pet⁴ 甲鱼

鳞 lin²²

虾 xɔ³⁵

老蟹 lau⁵⁵xai³⁵ 螃蟹

蛞 kiai³⁵ 青蛙，统称

装=蛞 tɕiɔŋ⁴⁴kiai³⁵ 癞蛤蟆

马 mɔ⁴⁴

驴 ly⁴⁴⁵ "驴"小称

牛 ŋau²²

牛牯 ŋau²²ku³⁵ 公牛

牛娘 ŋau²²ɲiɔŋ²² 母牛

瞑牛 ɲiaŋ⁴⁴ŋau²² 放牛

羊 iɔŋ⁴⁴⁵ "羊"小称

猪 tɕy⁴⁴

猪牯 tɕy⁴⁴ku³⁵ 种猪，配种的公猪

菜猪 tsʰoi⁴⁴tɕy⁴⁴ 已阉的成年猪

猪娘 tɕy⁴⁴ɲiɔŋ²² 母猪，已生育

猪崽 tɕy⁴⁴tsoi⁵⁵ 小猪。"崽"小称

猪栏 tɕy⁴⁴lɔn²² 猪圈

养猪 iɔŋ⁴⁴tɕy⁴⁴

猫 ɲiau⁴⁴⁵ "猫"小称

猫牯 ɲiau⁴⁴⁵ku³⁵ 公猫。"猫"小称

猫娘 n̠iau⁴⁴⁵n̠iɔŋ²² 母猫，已生育。"猫"小称

狗 kɑu³⁵

狗牯 kɑu⁵⁵ku³⁵ 公狗

狗娘 kɑu⁵⁵n̠iɔŋ²¹ 母狗，已生育

吠 pʰoi²¹（狗）叫

兔 tʰu⁵⁵ 兔子。"兔"小称

鸡 kiai⁴⁴

鸡公 kiai⁴⁴kəŋ²¹ 公鸡

鸡娘 kiai⁴⁴n̠iɔŋ²¹ 母鸡，已下过蛋

啼 tʰai²² 打鸣儿

生 saŋ⁴⁴ 下（蛋）：鸡～卵

伏 pʰiu²¹ 孵：～鸡崽

鸭 ɑp⁴

*□鹅 tɕʰia⁵⁵ŋɑu²²

羯 keʔ⁴ 阉：～猪牯｜～猪娘｜～鸡

养 iɔŋ⁴⁴ ①饲养：～猪。②分娩：～崽。③调
　　养：体格～好

戮猪 lɔt⁴tɕy⁴⁴ 杀猪

戮 lɔt⁴ 杀：～鱼

五　房舍器具

村 tsʰən⁴⁴ 村庄

弄 ləŋ²¹ 胡同

街路 kiai⁴⁴lu²¹ 街道

起寮 ɕi⁵⁵lau²² 盖房子

*寮 lau²²

间 kian⁴⁴ ①房间。②卧室。③量词：一～寮
　　一间屋子

茅草寮 mau²²tsʰɑu⁵⁵lau²² 茅屋

*灶米⁼前 tsɑu⁴⁴mai⁵⁵tsʰan²¹

镬灶 uoʔ²tsɑu⁴⁴ 灶的统称

镬 uoʔ² 锅的统称

大镬 tʰɔi²¹ɣou²² 煮饭的锅

镬崽 uoʔ²tsoi⁵⁵ 炒菜的锅。"崽"小称

*屎□ ɕi⁵⁵pʰɔ²¹

桁条 fɔŋ²²tiau²² 檩

竖墩 ɕy²¹tən³⁵ 柱子

大门 tʰɔi²¹mən²²

门尽 ⁼mən²²tsin²¹ 门槛儿

窗门 tɕʰiɔŋ⁴⁴mən²² 旧式的窗

楼进 ⁼leu²²tsin⁴⁴ 可移动的梯子

秆扫 kən⁵⁵sau⁴⁴ 扫帚

扫寮 sau⁴⁴lau²² 扫地

垃圾 lɔt²sɑp⁴

家具 kɔ⁴⁴kʰy²¹

*乇 nɔʔ⁴

床 tsʰɔŋ²²

枕头 kin⁵⁵tʰeu²²

被 pʰi⁴⁴ 被子

棉被 men²²pʰi⁴⁴ 棉絮

毯 tʰɔ²² 床单

垫棉 tem²¹men²² 褥子

席 tsʰaʔ² 席子

蚊帐 mən²¹tɕiɔŋ⁴⁴

桌 toʔ² 桌子的统称

柜 kʰy²¹ 柜子的统称

刨 ⁼簏 pau²¹luʔ² 抽屉

案桌 ɔn⁴⁴toʔ² 条案

交椅 kɔ⁴⁴i³⁵ 椅子的统称

凳 teŋ⁴⁴ 凳子的统称

马桶 mɔ⁴⁴tʰəŋ³⁵ 有盖的马桶

*刀拜 ⁼tɑu⁴⁴pai⁴⁴

勺 ɕioʔ² 瓢

缸 kɔŋ²¹ ①圆筒状、底小口大的缸：水～。

②口小肚大的坛子：酒～

瓶 pʰeŋ²² 瓶子

盖 koi⁴⁴ 盖子

碗 uon³⁵

饭箸 pʰɔn²¹tɕʰy²¹ 筷子

羹匙 kaŋ⁴⁴tɕi³⁵ 汤匙。"匙"小称

柴 tsʰai²² 柴火

火药 fu⁵⁵io³⁵ 火柴。"药"小称

锁匙 sɔ⁵⁵si²² 锁

锁匙屦 sɔ⁵⁵si²²lin³⁵ 钥匙

暖筒 nɔn⁴⁴tʰəŋ²¹ 暖水瓶

　热水瓶 niet²ɕy⁵⁵pʰeŋ²²

面盆 men⁴⁴pʰɔn²² 脸盆

洗面水 sai⁵⁵men⁴⁴ɕy³⁵ 洗脸水

面片 men⁴⁴pʰan³⁵ 洗脸用的毛巾

汗水布崽 xɔn²¹ɕy⁵⁵pu⁴⁴tsoi⁵⁵ 手绢。"崽"小称

　四方巾 si⁴⁴fɔŋ⁴⁴kyn⁴⁴⁵ "巾"小称

　手帕 ɕiu⁵⁵pʰa⁴⁴⁵ "帕"小称

肥皂 pʰi²²sau²¹

梳 ɕio⁴⁴ 梳子

针 tɕim⁴⁴ 缝衣针

剪刀 tsan⁵⁵tɑu⁴⁴ 剪子

洋烛 ioŋ²²tsoʔ⁴ 蜡烛

　蜡烛 lap²tsoʔ⁴

电灯 ten²¹teŋ⁴⁴ 手电筒

　电筒 ten²¹tʰəŋ²¹

伞 sɔn⁴⁴ 雨伞

踏脚车 tʰɑp²kioʔ⁴tɕʰia⁴⁴⁵ 自行车。"车"小称

六　服饰饮食

衫 sam⁴⁴ ①衣服的统称。②上衣

着 tɕioʔ⁴ 穿：～衫

脱 tʰɔt⁴ ～衫

缚 pʰuʔ² ①系：～鞋带。②捆：～柴

衬衫 tɕʰən⁵⁵sɔ³⁵ 景宁话借音

领□ liŋ²¹kɔ⁵⁵ 背心，带两条杠的内衣

毛线 mɑu²¹ɕie⁵⁵ 毛衣。"线"景宁话借音

棉衫 men²²sam⁴⁴ 棉衣

手椀 ɕiu⁵⁵uon²¹ 袖子

*懂˭枷˭təŋ⁵⁵kɔ²²

裤 fu⁴⁴ 裤子

半□裤 pɔn⁴⁴kʰyotʔ²fu⁴⁴⁵ 外穿的短裤。"裤"小称

裤脚 fu⁴⁴kioʔ⁴ 裤腿

帽 mɑu²¹ 帽子的统称

鞋 xai²² 鞋子

袜 uɔtʔ² 袜了

围巾 ui²²kyn⁴⁴

*拦腰 lɔn²²ieu⁴⁴

屎垫 ɕi⁵⁵tem²¹ 尿布

衫纽 sam⁴⁴n̠iu³⁵ 扣子

纽 n̠iu²¹ 扣：～衫纽

手节 ɕiu⁵⁵tsat⁴ 戒指

*手缠 ɕiu⁵⁵kʰen²¹

剃头 tʰai⁴⁴tʰeu²² 理发

　剃头毛 tʰai⁴⁴tʰeu²²mɑu⁴⁴

梳头 ɕio⁴⁴tʰeu²²

　梳头毛 ɕio⁴⁴tʰeu²²mɑu⁴⁴

饭 pʰɔn²¹ 米饭

糜 moi²² 稀饭的统称

面粉 men²¹pən³⁵

　麦粉 maʔ²pən³⁵

面 men²¹ 面条的统称

粉 pən³⁵

馒头 mɔn²²tʰeu²¹ "头"变调

包子 pau⁵⁵tsʅ²² "包子"声调特殊

饺子 tɕiau⁵⁵tsʅ²² "饺子"声调特殊

面食 mie⁵⁵zʅʔ² 馄饨。景宁话借音

馅 ɔn²¹

油条 iu²²tiau²²

豆浆 tʰeu³⁵tɕiɔŋ⁴⁴

豆腐鱼 ⁼tʰeu²¹fu²²n̠y²¹ 豆腐脑

糯米丸 no²¹mai⁵⁵yon⁴⁴⁵ "丸"小称

　　汤圆 tʰɔŋ⁴⁴yon⁴⁴⁵ "圆"小称

裹餜 ku⁵⁵ko⁴⁴⁵ 粽子。"餜"小称

*粄 pɔn³⁵

点心 tam⁵⁵sim⁴⁴

菜 tsʰoi⁴⁴

菜干 tsʰoi⁴⁴kɔn⁴⁴ 干菜的统称

豆腐 tʰeu²¹fu²²

猪血 tɕy⁴⁴ɕiet⁴ 当菜的猪血

猪脚 tɕy⁴⁴kioʔ⁴ 当菜的猪蹄儿

猪舌 tɕy⁴⁴ɕiet² 当菜的猪舌头

猪肝 tɕy⁴⁴kɔn⁴⁴ 当菜的猪肝

肚杂 tu⁵⁵sət² 下水，猪牛羊的内脏

鸡卵 kiai⁴⁴lɔn³⁵ 鸡蛋

皮蛋 pʰi²²tan²¹ 松花蛋

猪油 tɕy⁴⁴iu²²

香油 ɕiɔŋ⁴⁴iu²²

酱油 tɕiɔŋ⁴⁴iu²²

盐 iem²¹

醋 tsʰu⁴⁴

香烟 ɕiɔŋ⁴⁴ian⁴⁴

干烟 kɔn⁴⁴ian⁴⁴ 旱烟

　　土烟 tʰu⁵⁵ian⁴⁴

烧酒 ɕieu⁴⁴tsiu³⁵ 白酒

*红酒 fəŋ²²tsiu³⁵

　*红曲酒 fəŋ²²kʰyʔ⁴tsiu³⁵

　　老酒 lɑu⁵⁵tsiu³⁵

甜酒 tʰam²²tsiu⁵⁵ 江米酒。"酒"小称

*茶米 tsʰɔ²²mai³⁵

泡 pʰau⁴⁴①沏：～茶。②油炸：～油条

棒冰 pɔŋ²²piŋ⁴⁴ 冰棍儿

煮饭 tɕy⁵⁵pʰɔn²¹ 做饭的统称

煮菜 tɕy⁵⁵tsʰoi⁴⁴ 炒菜的统称，和"做饭"相对

煠 tsʰap² 水煮：～卵

熻 xoʔ⁴ 煎：～卵

熏 xon⁴⁴ 蒸：～鱼

　　蒸 tsiŋ⁴⁴

㧡 n̠ioʔ² 揉：～面做馒头

食眼 ⁼头 ɕiʔ²n̠ian⁵⁵tʰeu²² 吃早饭

食日昼 ɕiʔ²n̠it⁴tɕiu⁴⁴ 吃午饭

食暗晡 ɕiʔ²am⁴⁴pu²¹ 吃晚饭

食 ɕiʔ² 吃：～饭｜～酒｜～茶｜～烟

舀 ieu³⁵ 盛：～饭

钳 kʰem²² 夹：使箸～菜 用筷子夹菜

斟 tsim⁴⁴ ～酒

*颈焦 kiaŋ⁵⁵tsau⁴⁴

肚屎饥 tu⁵⁵ɕi⁵⁵ky⁴⁴ 肚子饿

　　肚饥 tu³⁵ky⁴⁴

哽 kaŋ²¹ 噎

七　身体医疗

头 tʰeu²²①头颅。②物体的上端：山～。③物体的残余部分：布～｜线～。④首领：当～

头毛 tʰeu²²mɑu⁴⁴ 头发

头毛辫 tʰeu²²mɑu⁴⁴pin³⁵ 辫子

腘 loi⁴⁴⁵①头发旋儿。②手指上圆形的斗纹。"腘"小称

额 ŋaʔ⁴ 额头

样子 ioŋ²¹tsu³⁵ 相貌

面 men⁴⁴ 脸

眼 n̠ian³⁵ 眼睛

　眼□ n̠ian⁵⁵kʰiʔ²

眼□崽 n̠ian⁵⁵kʰiʔ²tsoi³⁵ 眼珠

眼泪 n̠ian⁵⁵li²¹

*眼泪毛 n̠ian⁵⁵li²¹mɑu⁴⁴

耳朵 n̠i⁵⁵to²¹

*鼻洞 pʰi²¹təŋ²¹

鼻 pʰi²¹①鼻涕。②闻，嗅：使鼻洞～用鼻子闻

擤 seŋ⁴⁴ ～鼻擤鼻涕

嘴巴 tɕyoi⁴⁴pɔ⁴⁴

嘴皮 tɕyoi⁴⁴pʰi²² 嘴唇

*□□水 pʰai⁵⁵lai⁵⁵ɕy³⁵

舌 ɕiet² 舌头

牙 ŋ²² 牙齿

嘴自⁼ tɕyoi⁴⁴ti²¹ 下巴

嘴须 tɕyoi⁴⁴su⁴⁴①胡子，统称。②嘴周围的胡子

颈 kiaŋ³⁵ 脖子

颈喉 kiaŋ⁵⁵xo²² 喉咙

肩头 kin⁴⁴tʰeu²² 肩膀

手梗 ɕiu⁵⁵kiaŋ³⁵ 胳膊

手 ɕiu³⁵ 包括臂

左手⁼ tsɑu⁵⁵ɕiu³⁵

顺手 sən²¹ɕiu³⁵ 右手

拳头牯 kʰun²²tʰeu²²ku³⁵ 拳头

手崽 ɕiu⁵⁵tsoi³⁵ 手指

手指公 ɕiu⁵⁵tɕi⁵⁵kəŋ²¹ 大拇指

中指 tɕiuŋ⁴⁴tɕi⁵⁵ "指"小称

手指崽 ɕiu⁵⁵tɕi⁵⁵tsoi⁵⁵ 小拇指。"崽"小称

手甲 ɕiu⁵⁵kap⁴ 指甲

*大髀 tʰiɔi²¹pʰi³⁵

脚 kioʔ⁴ 包括小腿和大腿

脚盆⁼头 kioʔ⁴pʰən²¹tʰeu²² 膝盖

背龙公 poi⁴⁴liuŋ²²kəŋ²¹ 脊背

肚屎 tu⁵⁵ɕi³⁵ 肚子

肚屎脐 tu⁵⁵ɕi⁵⁵tsʰi²¹ 肚脐

奶 nen²¹①乳房。②奶汁

屎窟 ɕi⁵⁵fət⁴ 屁股

屎窟门 ɕi⁵⁵fət⁴mən²² 肛门

羼鸟 lin⁵⁵tau⁵⁵ 成人的阴茎。"鸟"小称

　*羼 lin³⁵

膣屄 tɕi⁴⁴pei²¹ 女阴

□ tɕiat² 屄

羼油 lin⁵⁵iu²² 精液

洗水 sai⁵⁵ɕy³⁵ 来月经，婉称

屙屎 oʔ⁴ɕi³⁵ 拉屎

屙尿 oʔ⁴nau²¹ 撒尿

放屁 pʰɔŋ⁴⁴pʰi⁴⁴

你娘个膣屄 n̠i⁴⁴n̠ia⁵⁵ke⁰tɕi⁴⁴pei²¹ 他妈的

生病啊 saŋ⁴⁴pʰiaŋ²¹a⁰ 病了

冻 təŋ⁴⁴ 着凉

顿⁼ tən⁴⁴ 咳嗽

　哮 xau⁴⁴

身热 ɕin⁴⁴n̠iet² 发烧

抖筋 tiu²²kyn⁴⁴ 发抖

肚屎痛 tu⁵⁵ɕi⁵⁵tʰəŋ⁴⁴ 肚子疼

肚屎泻 tu⁵⁵ɕi⁵⁵ɕia⁴⁴ 拉肚子

作痧 tsoʔ⁴sɔ⁴⁴ 中暑

肿 tɕiuŋ³⁵

化脓 xoꜜ⁴⁴nəŋ²²

疤 pɔ⁴⁴

癣 ɕien²¹

痣 ki⁴⁴⁵ "痣" 小称

*瞨 puʔ²

老鸦硝 ˉlɑu⁵⁵ɔ²²seu⁴⁴ 狐臭

睇病 tʰai⁵⁵pʰiaŋ²¹ ①看病。②治病

睇脉 tʰai⁵⁵maʔ² 诊脉

打银针 taŋ⁵⁵n̠yn²²tɕim⁴⁴ 针灸

打针 taŋ⁵⁵tɕim⁴⁴

挂盐水 kɔ⁴⁴iem²¹ɕy³⁵ 打吊针

食药 ɕiʔ²ioʔ² 吃药的统称

中药 tɕiuŋ⁴⁴ioʔ² 汤药

病好来 pʰiaŋ²¹xɑu³⁵loi²² 病轻了

八　婚丧信仰

做媒 tso⁴⁴moi²² 说媒

媒人 moi²²n̠in²²

*睇人家 tʰai⁵⁵n̠in²²kɔ⁴⁴

*定亲 tʰaŋ²¹tsʰin⁴⁴

　定婚 tʰaŋ²¹xon⁴⁴

嫁妆 kɔ⁴⁴tsɔŋ⁴⁴

结婚 tsap⁴xon⁴⁴ "结"读音特殊。或因景宁话
　　"结""接"同音，而误折合成同"接"
　　的音

擢夫娘 lo⁴⁴pət⁴n̠iɔŋ²² 娶妻子

　擢女人 lo⁴⁴n̠y⁵⁵n̠in²²

*换 uon²¹

　出嫁 tɕʰyt⁴kɔ⁴⁴

拜香火 pai⁴⁴ɕiɔŋ⁴⁴fu³⁵ 拜堂

新郎 sin⁴⁴lɔŋ²²

新娘 sin⁴⁴n̠iɔŋ²²

新客 sin⁴⁴xaʔ⁴

带身人 tɔi⁴⁴ɕin⁴⁴n̠in²² 孕妇

带身 tɔi⁴⁴ɕin⁴⁴ 怀孕

　怀崽 xɔi²¹tsoi³⁵

病崽 pʰiaŋ²¹tsoi³⁵ 害喜，妊娠反应

养崽 iɔŋ⁴⁴tsoi³⁵ 分娩

落身 loʔ²ɕin⁴⁴ 自发性小产

流产 liu⁴⁴tsʰan³⁵ 人工流产

双胞胎 sɔŋ⁴⁴pau⁴⁴tʰoi⁴⁴

坐月 tsʰo⁴⁴n̠yot² 坐月子

　掌月 tɕiɔŋ⁵⁵n̠yot²

食奶 ɕiʔ²nen²¹ 吃奶

隔奶 kaʔ⁴nen²¹ 断奶

满月 mɔn⁵⁵n̠yot²

　出月 tɕʰyt⁴n̠yot²

生日 saŋ⁴⁴n̠it⁴

做寿 tso⁴⁴ɕiu²¹

死 si³⁵ 死的统称

过山 ku⁴⁴san⁴⁴ 老人去世的婉称

　过辈 ku⁴⁴poi⁴⁴

　做佛 tso⁴⁴fət²

自戮 su²¹lɔt⁴ 自杀

无气 mɑu²²kʰi⁴⁴ 咽气

　断气 tʰon⁴⁴kʰi⁴⁴

*落材 loʔ²tsʰoi²²

*棺材 kon⁴⁴tsʰoi²²

*出山 tɕʰyt⁴san⁴⁴

*位牌 ui²¹pʰai²²

坟 pʰən²² 坟墓，统称

祭坟 tse⁴⁴pʰən²² 上坟

烧纸 ɕieu⁴⁴tɕi³⁵ 纸钱

天尊 tʰan⁴⁴tson⁴⁴ 老天爷

菩萨 pʰo²²sat⁴

观音 kon⁴⁴im⁴⁴

镬灶姐 uoʔ²tsɑu⁴⁴tɕia³⁵ 灶神

佛殿 fət²ten²¹ 寺庙

祠堂 su²²toŋ²²

和尚 fu²¹ɕioŋ²¹

尼姑 noi²²ku⁴⁴

道士 tau²¹su²¹

算命 sɔn⁴⁴miaŋ²¹

运气 un²¹kʰi⁴⁴

保佑 pau⁵⁵iu²¹

九　人品称谓

人 n̠in²²

男人 nam²²n̠in²² ①男人。②丈夫

女人 n̠y⁵⁵n̠in²² ①女人。②妻子

单身人 tɔn⁴⁴ɕin⁴⁴n̠in⁴⁴⁵ 单身汉。"人"小称

独自人 tuʔ²si²¹n̠in⁴⁴⁵ "人"小称

大夫妮崽 tʰɔi²¹pət⁴n̠i⁵⁵tsoi³⁵ 老姑娘

*故 ⁼□ ku⁵⁵xa³⁵

细崽㞧 ⁼sai⁴⁴tsoi⁵⁵lin⁵⁵ 三四岁小孩的统称。"㞧⁼"小称

崽 tsoi⁵⁵ 男孩的统称。"崽"小称

女崽 n̠y⁵⁵tsoi⁵⁵ ①女孩的统称。②小女儿。"崽"小称

老人 lau⁵⁵n̠in²² 七八十岁老人的统称

亲人 tsʰin⁴⁴n̠in²² 亲戚

亲戚 tsʰin⁴⁴tsʰiʔ⁴

朋友 pəŋ²²iu²¹

隔壁寮 kaʔ⁴piaʔ⁴lau⁴⁴⁵ 邻居。"寮"变调

人客 n̠in²²xaʔ⁴ 客人

做田人 tso⁴⁴tʰan²²n̠in²²

做事人 tso⁴⁴ɕie²¹n̠in²²

农民 nəŋ²²min²²

做生意人 tso⁴⁴saŋ⁴⁴i⁴⁴n̠in²² 商人

做手艺老师 tso⁴⁴ɕiu⁵⁵n̠ie²¹lau²¹su⁴⁴ ∼ tso⁴⁴ɕiu⁵⁵n̠ie²¹lau⁵⁵su⁴⁴ 手艺人，敬称，多用于呼称

做手艺人 tso⁴⁴ɕiu⁵⁵n̠ie²¹n̠in²² 手艺人，多用于叙称

做泥水老师 tso⁴⁴nai²²ɕy³⁵lau²¹su⁴⁴ ∼ tso⁴⁴nai²²ɕy³⁵lau⁵⁵su⁴⁴ 泥水匠，敬称，多用于呼称

做泥水人 tso⁴⁴nai²²ɕy³⁵n̠in²² 泥水匠，多用于叙称

做木老师 tso⁴⁴moʔ²lau²¹su⁴⁴ ∼ tso⁴⁴moʔ²lau⁵⁵su⁴⁴ 木匠，敬称，多用于呼称

做木人 tso⁴⁴moʔ²n̠in²² 木匠，多用于叙称

做衫老师 tso⁴⁴sam⁴⁴lau²¹su⁴⁴ ∼ tso⁴⁴sam⁴⁴lau⁵⁵su⁴⁴ 裁缝，敬称，多用于呼称

做衫人 tso⁴⁴sam⁴⁴n̠in²² 裁缝，多用于叙称

剃头老师 tʰai⁴⁴tʰeu²²lau²¹su⁴⁴ ∼ tʰai⁴⁴tʰeu²²lau⁵⁵su⁴⁴ 理发师，敬称，多用于呼称

剃头人 tʰai⁴⁴tʰeu²²n̠in²² 理发师，多用于叙称

厨头 tɕʰy²¹tʰeu²²

厨师 tɕʰy²²su⁴⁴

师父 su⁴⁴fu²¹ 师傅

徒弟 tu²²te²¹

擂饭人 lo⁴⁴pʰɔn²¹n̠in²² 乞丐

嫖子女 pʰeu²²tsɿ⁵⁵n̠y³⁵ 妓女

流氓 liu²²moŋ²²

贼 tsʰeʔ²

盲眼人 maŋ²²n̠ian⁵⁵n̠in²² 瞎子

耳朵聋人 n̠i⁵⁵to²¹ləŋ⁴⁴n̠in²² 聋子

哑嘴 ɔ⁵⁵tɕyoi⁴⁴⁵ 哑巴。"嘴"小称

驼背 to²²poi⁴⁴⁵ 驼子。"背"小称

跛脚 pai⁵⁵kioʔ²⁴ 瘸子

癫人 tan⁴⁴n̪in²² 疯子

憨人 xon⁴⁴n̪in²² 傻子

笨蛋 pən²¹tan²¹

翁 oŋ⁴⁴ ①爷爷，呼称。②公公，叙称

阿姐 ai⁴⁴tɕia⁵⁵ 奶奶，呼称。"姐"小称

娭公 ta⁴⁴kən³⁵ 外祖父，叙称。"公"小称

娭婆 ta⁴⁴pʰo³⁵ 外祖母，叙称。"婆"小称

爷娘 ia²²n̪ia³⁵ 父母的合称，叙称

爷 ia²² 父亲，叙称

　爹 tia⁴⁴⁵ "爹"小称

　伯 paʔ⁵ "伯"景宁话借音

娘 n̪ia⁵⁵ 母亲，叙称。"娘"小称

　妈 ma⁵⁵ "妈"景宁话借音

阿爹 ai⁴⁴tia⁴⁴⁵ ①父亲，呼称。②岳父，呼称。
　③公公，呼称。"爹"小称

　阿伯 ai⁴⁴paʔ⁵ "伯"景宁话借音

阿娘 ai⁴⁴n̪ia⁵⁵ ①母亲，呼称。②岳母，呼称。
　③婆婆，呼称。"娘"小称

　阿妈 ai⁴⁴ma⁵⁵ "妈"景宁话借音

后爷 ɕieu²¹ia²² 继父，叙称

后娘 ɕieu²¹n̪ia³⁵ 继母，叙称

娭公 ta⁴⁴kən²¹ 岳父，叙称

娭婆 ta⁴⁴pʰo²¹ 岳母，叙称

姐 tɕia⁵⁵ 婆婆，叙称。"姐"小称

阿伯 ai⁴⁴paʔ²⁴ ①伯父，呼称，统称。②丈夫
　的哥哥，呼称，统称

大娘 tʰɔi²¹n̪ia³⁵ ①伯母，呼称。②丈夫
　的嫂嫂，呼称，统称

阿叔 ai⁴⁴ɕyʔ²⁴ ①叔父，呼称，统称。②继父，
　呼称。③丈夫的弟弟，呼称，统称

叔崽 ɕyʔ²tsoi⁵⁵ ①排行最小的叔父，呼称。

②丈夫最小的弟弟，呼称。"崽"小称

阿嬷 ai⁴⁴mo²¹ ①叔母，呼称，统称。②继母，
　呼称

阿姑 ai⁴⁴ku²¹ ①姑妈，呼称，统称。②丈夫
　的姐妹，呼称，统称

姑丈 ku⁴⁴tɕʰioŋ³⁵ ①姑父，呼称，统称。②
　丈夫姐妹的丈夫，呼称，统称。"丈"
　小称

娘舅 n̪ia⁵⁵kʰiu³⁵ 舅舅，呼称，统称。"舅"小称

舅嬷 kʰiu⁴⁴mo³⁵ 舅妈，呼称，统称。"舅"声
　调特殊。"嬷"小称

娘姨 n̪ia⁵⁵i³⁵ 姨妈，呼称，统称。"姨"小称

娘姨丈 n̪ia⁵⁵i²¹tɕʰioŋ³⁵ 姨父，呼称，统称。
　"丈"小称

兄弟 ɕiaŋ⁴⁴tʰai⁴⁴ 弟兄，合称

姊妹 tsi⁵⁵moi⁴⁴ 姊妹，合称，可包括兄弟

阿哥 ai⁴⁴ko⁴⁴⁵ 哥哥，呼称，统称。"哥"小称

阿嫂 ai⁴⁴sɑu⁵⁵ 嫂子，呼称，统称。"嫂"小称

弟 tʰai³⁵ 弟弟，叙称。"弟"小称

弟新妇 ti²¹sən⁴⁴fu²¹ 弟媳，叙称

阿姊 ai⁴⁴tsi⁵⁵ 姐姐，呼称，统称。"姊"小称

姊丈 tsi⁵⁵tɕʰioŋ³⁵ 姐夫，呼称。"丈"小称

妹 moi⁴⁴⁵ 妹妹，叙称。"妹"小称

妹婿 moi⁴⁴sai⁴⁴⁵ 妹夫，叙称。"婿"小称

叔伯兄弟 ɕyʔ²paʔ²⁴ɕiaŋ⁴⁴tʰai⁴⁴ 堂兄弟，叙称，
　统称

表兄弟 peu⁵⁵ɕiaŋ⁴⁴tʰai⁴⁴ 叙称，统称

两妯娌 ioŋ⁵⁵ɕip²li⁴⁴ 妯娌，弟兄妻子的合称

两姨丈 ioŋ⁵⁵i²¹tɕʰioŋ²¹ 连襟，叙称

崽 tsoi³⁵ 儿子，叙称

新妇 sin⁴⁴pʰiu⁴⁴ 儿媳妇，叙称

女 n̪y³⁵ 女儿，叙称

女婿 n̥y⁵⁵sai⁴⁴ 叙称

孙 sən⁴⁴⁵ ①孙子。②侄子。③内侄。"孙"小称

玄孙 yoŋ²²sən⁴⁴⁵ 重孙。"孙"小称

外甥 ŋo²¹seŋ⁴⁴⁵ ①外甥，姐妹之子。②外孙，女儿之子。"甥"小称

两婆 ioŋ⁵⁵pʰo²² 夫妻，合称

162

丈夫 tɕʰioŋ⁴⁴pu⁴⁴

*夫娘 pət⁴n̥ioŋ²²

名字 miaŋ²²tsʰi²¹

野名 ia⁵⁵miaŋ²² 绰号

十　农工商文

做事 tso⁴⁴ɕie²¹ 干活儿的统称

事干 su²¹kən⁴⁴ ①事情。②活儿

补⁼田 pu⁵⁵tʰan²² 插秧

割禾 kɔt⁴uo²² 割稻

种菜 tɕiuŋ⁴⁴tsʰoi⁴⁴

犁 lai²² 名词

锄头 tɕʰy²²tʰeu²²

禾镰 uo²²lem³⁵ 镰刀。"镰"小称

柄 piaŋ⁴⁴ 把儿：刀～

栋⁼竿 təŋ⁴⁴kɔn⁴⁴ 扁担

箩 lo²¹ 箩筐

米筛 mai⁵⁵tʰɔi⁴⁴ 孔眼较小的筛子，主要用于筛大米等

谷筛 kuʔ⁴tʰɔi⁴⁴ 孔眼较大的筛子，主要用于筛稻谷等

畚箕 pən⁴⁴ky²¹ ①挑东西用的有梁簸箕。②手指簸箕形的斗纹

簸箕 pɔi⁴⁴ky⁴⁴ 簸米用的竹制器具

单轮车 tɔn⁴⁴ləŋ²²tɕʰia⁴⁴⁵ 独轮车。"车"小称

车轮 tɕʰia⁴⁴ləŋ²² 轮子

水碓 ɕy⁵⁵toi⁴⁴ 碓，整体的

□盆 xɑm⁵⁵pʰən²¹ 臼

石磨 ɕiaʔ²²mo²¹ 磨具，下扇磨盘没有磨座

圆磨 yon²²mo²¹ 磨具，下扇磨盘有磨座，可收拢碾碎后流落到沟槽里的粮食

年时 nan²²ɕi²² 年成

行江湖 xaŋ²²kɔŋ⁴⁴fu²² 走江湖

做工 tso⁴⁴kəŋ⁴⁴

　　打工 taŋ⁵⁵kəŋ⁴⁴

斧头 pi⁵⁵tʰeu²² 斧子

钳 kʰem²² 钳子

螺丝刀 lo²²si²²tɑu⁴⁴ "丝"声调特殊

铁锤 tʰat⁴tɕʰy²²

洋钉 ioŋ²²teŋ⁴⁴⁵ 钉子。"钉"小称

　　铁钉 tʰat⁴teŋ⁴⁴⁵ "钉"小称

绳 ɕiŋ²¹ 绳子

棍 kun⁴⁴ 棍子

做生意 tso⁴⁴saŋ⁴⁴i⁴⁴ 做买卖

店 tiam⁴⁴ 商店

饭店 pʰɔn²¹tiam⁴⁴ 饭馆

旅馆 lu²¹kon³⁵

贵 kui⁴⁴

便宜 pe²²n̥ie²²

合算 kɑp⁴sɔn⁴⁴

折 tɕiet⁴ 折扣

亏本 kʰui⁴⁴pon³⁵

钱 tsʰan²¹

　　钞票 tsʰɑu⁵⁵pʰeu⁴⁴

零钱 liŋ²²tsʰan²¹

铅角崽 kʰa⁴⁴koʔ²tsoi³⁵ 硬币。"铅"音特殊

本钱 pon⁵⁵tsʰan²¹

工钱 kəŋ⁴⁴tsʰan²¹

路费 lu²¹pʰi⁴⁴

使 soi³⁵ 用：～钱

　　花 fɔ⁴⁴

赚 tɕyon²¹ ①赚：换一斤～一角钱卖一斤赚一角
　　钱。②挣：打工～钱

欠 kʰen⁴⁴ ～一千块钱

算盘 sɔn⁴⁴pʰɔn²²

秤 tɕʰiŋ⁴⁴

戥 teŋ³⁵ 称：使秤～用秤称

落行去 loʔ²xɔŋ⁴⁴⁵ɕy⁴⁴ 赶集。“行”变调

行日 xɔŋ⁴⁴n̠it⁴ 集日

学堂 xoʔ²tɔŋ²² 学校

教室 kau⁴⁴sət⁴

读书 tʰoʔ²ɕy⁴⁴ ①上学：我7岁去～。②学习
　　功课：渠～用劲尽。③读课文：渠～真
　　大声

放学 piɔŋ⁴⁴xoʔ²

考试 kʰeu⁵⁵siʔ⁴

书包 ɕy⁴⁴pau⁴⁴

字簿 tsʰi²¹po²¹ 本子

洋笔 iɔŋ²²pit⁴ 铅笔

钢笔 kɔŋ⁴⁴pit⁴

圆珠笔 yon²²tɕy⁴⁴pit⁴

毛笔 mɑu⁴⁴pit⁴

墨 meʔ²

墨盘 meʔ²pʰɔn²² 砚台

信 sin⁴⁴

图书 tu²²ɕy⁴⁴ 连环画

掩搜 iem⁴⁴seu⁵⁵ 捉迷藏。“搜”小称

跳绳 tʰiau⁴⁴ɕiŋ²¹

鸡毛□ kiai⁴⁴mɑu⁴⁴tʰi⁴⁴⁵ 毽子。“□”[tʰi⁴⁴⁵]小称

纸鹞 tɕi⁵⁵ieu³⁵ 风筝。“鹞”小称

舞狮子 mo²¹su⁴⁴tsu³⁵

火炮 fu⁵⁵pʰau⁴⁴⁵ 鞭炮的统称。“炮”小称

唱歌 tɕʰiɔŋ⁴⁴ko²¹ 唱畲族民歌

唱歌 tɕʰiɔŋ⁴⁴ko²² 唱畲族民歌之外的歌。“歌”
　　声调特殊

做戏 tso⁴⁴ɕie⁴⁴ 演戏

锣鼓 lo²²ku³⁵ 锣鼓的统称

琴 kʰim²² 二胡

箫 seu⁴⁴⁵ ①箫。②笛子。“箫”小称

发拳 fɔt⁴kʰun²² 划拳

行棋 xaŋ²²ki²² 下棋

打老克 ⁼taŋ⁵⁵lɑu⁵⁵kʰeʔ⁵ 打扑克。“克⁼”景宁
　　话借音

搓麻将 tsʰau⁴⁴mo²¹tɕiɔŋ⁴⁴ 打麻将

变术法 pen⁴⁴ɕyt²fɔt⁴ 变魔术

讲古老 kɔŋ⁵⁵ku⁵⁵lɑu³⁵

　说古 ɕyot⁴ku³⁵ 讲故事

猜令 tsʰoi⁴⁴liaŋ²¹ 猜谜语

*掌 tɕiɔŋ³⁵

*过寮 ku⁴⁴lau²²

落亲人寮去 loʔ²tsʰin⁴⁴n̠in²²lau⁴⁴⁵ɕy⁴⁴ 走亲戚。
　　“寮”变调

十一　动作行为

睇 tʰai³⁵ 看：～戏

听 tʰaŋ⁴⁴ ～话

收 ɕiu⁴⁴ ①吸：气～入去。②接到，接受：
　　～信。③收回：～账

睁 tsiŋ⁴⁴ ～眼

*翕 ɕiep⁴

睑 kiap⁴ 眨：眼～一下

*擘 paʔ⁴

闭 pi⁴⁴ 嘴～起来

啮 n̠iat² ①咬：狗～人。②蜇：分蜂～去被蜂蜇了

*噍 tsʰau²¹

吞 tʰən⁴⁴ 咽：～落去

*舐 ɕiai⁴⁴

□ lam⁴⁴

含 xam²² 嘴巴～水

亲嘴 tsʰin⁴⁴tɕyoi⁴⁴

*软 tsɔt⁴

□ lai³⁵ 自主的吐：药～出来

呕 ɑu³⁵ 呕吐：～血

打哈⁻咻 taŋ⁵⁵xa⁵⁵tɕʰi²¹ 打喷嚏。"哈⁻咻" 拟声词

拿 naŋ⁴⁴ 使手～

*分 pən⁴⁴

摸 moʔ⁴ ～头

递 te²² 伸：手～过来

抓 tɕiau²¹ ①抓挠：～痒。②人用指甲或带齿的东西或动物用爪在物体上抓划：手分猫～啊。③手指聚拢，使物体固定在手中：～倒，唔肯放抓住，不肯放

捏 net⁴ 掐：使手甲～用指甲掐

决⁻tɕyot⁴ 拧：～螺丝

扭 n̠iu³⁵ 拧：～毛巾

捻 nan³⁵ 用手指搓转：～线

搣 miaʔ⁴

剥 poʔ⁴ ～皮

*拗 au³⁵

*挽 mɔn³⁵

穿⁻tɕʰyon⁴⁴ 摘：～花

徛 kʰi⁴⁴ 站立：你～我前头

凭 pʰeŋ²¹ 斜靠，倚：～尔墙斜靠在墙上

靠 kʰiu⁴⁴

球⁻kiu²² 蹲：～落来蹲下去

坐 tsʰo⁴⁴ ～车

跳 tʰau²² ～高

□ paŋ⁴⁴ 迈：脚～过去

踏 tʰɑp² 踩：脚～车

翘 ɕieu⁴⁴ ～上去

弯 uɔn⁴⁴ ①折，使弯曲：腰～落来弯下腰来。②屈曲不直：～路

覆 pʰuʔ⁴ 趴：～那困趴在那里睡觉

爬 pʰɔ²² ～来～去

行 xaŋ²² 走：～路

走 tsɑu³⁵ ①跑：你慢慢行，莫～你慢慢走，不要跑。②逃：贼～啊贼逃了

追 tɕy⁴⁴ ～唔着追不上

捉 tsuʔ⁴ 抓：～贼

蚕⁻tsʰam³⁵ 抱：～人

背 pe⁴⁴ 用脊背驮物：～人

牵 ɕien⁴⁴ ①搀扶：～人。②牵拉：～牛

抄⁻tsʰau⁴⁴ 推：～车

跌 tet⁴ 摔：一个老人～倒啊

撞 tɕiɔŋ²¹ ～墙

□ tsʰɔ²¹ 遮挡：分你～倒啊，我睇唔着被你挡住了，我看不到

掩 iem⁴⁴ 躲：渠～那间他躲在那房间里

园 kʰɔŋ³⁵ ①藏放，收藏：钱～来，唔分我钱藏起来，不给我。②放：书～尔桌书放桌子上

叠 tʰap² ①摞，动词：～砖。②量词：一～纸

*瓮 iuŋ⁴⁴

□ kʰam³⁵ 动词，盖：～盖盖盖子

砑 taʔ⁴ 覆压：使石牯～倒，莫分风吹去用石头

压住，不要被风吹走了

捺 noʔ²①摁，用手指按：～手印。②汉字笔
画之一：一撇一～

戳 tsʰuʔ²①捅：～鸟窠捅鸟窝。②刺：～一
个洞

插 tsʰap⁴ ～蜡烛

□ tsən³⁵ 砍：～柴

啄 ˉtoʔ⁴ 剁：～猪肶剁猪肉

削 ɕiaʔ⁴ ～苹果

瘪裂 petˀ⁴laʔ⁴ 裂：田晒～啊田晒裂了

皴 tsiu⁴⁴ 皮～来

烂 lɔn²¹①腐烂：死鱼～啊。②破烂：衫
着～啊衣服穿破了

拭 tɕʰiʔ⁴擦拭湿的东西，使其干：～焦啊擦
干了

　　樵 keu²¹

倒 tau³⁵ ～水

□ ɕiʔ⁴①丢弃：～掉。②投掷：～出去
　　*㪱 iam²¹

荡 tɔŋ²¹ 投掷：～出去
　　拳 ˉkʰun²²

□落 ta⁵⁵loʔ²①掉落，坠落：柴叶～你那头
顶。②丢失：～掉十块钱丢了十元钱

滴 tip⁴ 水～落来水滴下来

寻 sim²² 找：～人

捡 kem³⁵ ～着十块钱捡到十元钱

摙 kʰɔn²¹ 提，拎：～菜篮

担 tam⁴⁴ 挑：～柴

扛 kɔŋ⁴⁴ 抬：～轿

举 tɕy³⁵ ～手

撑 tsʰaŋ⁴⁴ ～伞｜～船

撬 kʰeu²¹ ～门

拣 kan³⁵挑选，选择：你自家～一个你自己挑
一个

着拾 tɕioʔ⁴ɕip² 收拾

卷 ken³⁵ 挽：～手袂挽袖子

汰 tai²¹①涮洗，摇动着冲刷，略微洗洗：酒
瓶～一下。②荡洗，放在水里摆动漂
洗：衫～一下衣服漂洗一下

洗 sai³⁵ ～衫洗衣服

*撩 leu²²

逮 ˉtɔi²¹拴：牛～起来
　　吊 tau⁴⁴

鼓 tʰeu³⁵①解：绳～出来绳子解开来。②喘（气）：
气～唔上来气喘不上来

移 ie²² 挪：桌～过来桌子移过来

掇 tot⁴ 端：～菜

掺 tsʰam⁴⁴ 酒～水

烧 ɕieu⁴⁴①使东西着火：～柴。②用火或发
热的东西使物品受热起变化：～水

拆 tsʰaʔ⁴ ～寮拆房子

旋 tɕʰyon²¹①转：～一圈。②转悠，溜达：
落街路～一下到街上转悠

捶 tɕʰy²² 使拳头牴～两下用拳头捶几下

相打 səŋ⁴⁴taŋ³⁵ 打架：两个人～

歇力 setˀ⁴liʔ² 休息：今晡～今天休息
　　休息 ɕiu⁴⁴siʔ⁴

*打扮 ˉ懒 taŋ⁵⁵pɔn⁴⁴lɔn⁴⁴

*困啄去 fən⁴⁴toʔ⁴ɕy⁴⁴

困 fən⁴⁴ 睡：我去～啊我去睡了

*鼾鼻 fən⁴⁴pʰi²¹

*托梦见 tʰoʔ⁴məŋ²¹kian⁴⁴

□来 uɔn⁴⁴⁵loi²²①起床。②爬起来。"□"
[uɔn⁴⁴⁵]是[uɔt⁴]的变韵变调

洗牙 sai^{55}ŋɔ^{22} 刷牙

洗浴 sai^{55}ioʔ^{2} ①洗澡。②游泳

想 ɕiɔŋ^{21} ①思索：让我～一下。②想念：我～你啊。③盼望，希望：我～你帮我一下

忖 ts^{h}on^{22}

打算 taŋ^{55}sɔn^{44} 我～开个店

记得 ki^{44}taʔ^{4}

记着 ki^{44}tɕ^{h}ioʔ^{2}

贴⁼忘 t^{h}ap^{4}ȵiɔŋ^{44} 忘记

吓 xaʔ^{4} 害怕：你莫～

相信 ɕiɔŋ^{44}sin^{44} 我～你

愁心 seu^{22}sim^{44} 发愁：你莫～你不要愁

作好 tsoʔ^{4}xau^{55} 小心：～行，莫跌去小心走，不要摔倒。“好”小称

小心 sau^{55}sim^{44}

喜欢 ɕi^{55}fɔn^{35} 我～你

讨厌 t^{h}ɑu^{55}ien^{44} 我～你

好过 xɑu^{55}ku^{44} 风吹来真～

舒服 ɕy^{44}fuʔ^{2}

[唔好]过 mɑu^{55}ku^{44} 生理上的难受

难过 nɔn^{22}ku^{44} ①心理难过。②生活难过

高兴 kɑu^{44}ɕiŋ^{44}

生气 saŋ^{44}k^{h}i^{44}

怪 kuɔi^{44} 责怪：你莫～我你不要责怪我

悔 fei^{44} 后悔：你莫～你不要后悔

心火热 sim^{44}fu^{55}ȵiet^{2} 忌妒

吓面皮 xaʔ^{4}men^{44}p^{h}i^{22} 害羞

无面子 mɑu^{22}men^{44}tsɿ^{35} 丢脸

欺负 k^{h}i^{44}fu^{21} 莫～人

装 tsɔŋ^{44} ～病

值钱 tiʔ^{2}ts^{h}an^{21} 疼爱，爱惜：无人～

好得 xɑu^{55}tiʔ^{2} 要：我～那本书

有 xo^{44} 我～车

无 mɑu^{22} 没有：我～车

*是 ɕi^{44}

唔是 ŋ^{22}ɕi^{44} ①不是：我～老师。②不在：我～寮我不在家

牢⁼ lɑu^{21} 在：我～寮我在家

唔牢⁼ ŋ^{22}lɑu^{21} 不在：～寮不在家

晓得 ɕiu^{35}taʔ^{4} 知道：我～有几多人

[无好]得 mɑu^{35}taʔ^{4} 不知道：我～有几多人

□ma^{55} [无好]与“得”的合音

懂 təŋ^{35} 听得～

唔懂 ŋ^{22}təŋ^{35} 不懂：听～

解 xai^{44} 会：我～做

𫄸 mai^{44} 不会：我～做

认着 ȵin^{21}tɕ^{h}ioʔ^{2} 认识：我～你

认唔着 ȵin^{21}ŋ^{22}tɕ^{h}ioʔ^{2} 不认识：我～你

𫄸认着 mai^{44}ȵin^{21}tɕ^{h}ioʔ^{2}

好 xɑu^{35} 行，应答语：～，我去

唔行 ŋ^{22}ɕiŋ^{44} 不行，应答语：～，我唔同意。“行”声调特殊

肯 ɕieŋ^{35} 渠～来他肯来

应该 iŋ^{55}kai^{44} 你～去。“应”声调特殊

可以 k^{h}o^{55}i^{22} 你～去

说 ɕyot^{4} 我～你听

讲 kɔŋ^{35}

话 uɔ^{21} 讲～

说闲谈 ɕyot^{4}xan^{22}tan^{22}

聊天 leu^{22}t^{h}an^{44}

喽 uo^{35} ①叫，喊：你～渠一下你叫他一下。②称呼：我～你做姑丈

叫 keu^{44} 哭：你莫～你不要哭

骂 mɔ^{44} 你莫～人你不要骂人

相骂 səŋ⁴⁴mɔ⁴⁴ 吵架：两个人～啊

　相争 səŋ⁴⁴tsaŋ⁴⁴

骗 pʰen⁴⁴ ①骗：你莫～人。②哄：～细崽困哄小孩子睡觉

大说 tʰɔi²¹ɕyot⁴ 撒谎

吹牛 tɕʰyoi⁴⁴ŋɑu²²

捧屄脬 pʰəŋ⁵⁵lin⁵⁵pʰau⁴⁴ 拍马屁，巴结

讲搞笑 kɔŋ⁵⁵kau²¹sau⁴⁴⁵ 开玩笑。"笑"小称

报 pɑu⁴⁴ 告诉：我～你

感谢 kam⁵⁵tɕʰia²¹ ～你

　谢谢 ɕia²¹ɕia²¹

对唔赢 toi⁴⁴ŋ²²iaŋ²² 对不起

　对唔兴 ᵗoi⁴⁴ŋ²²ɕiŋ⁴⁴

再会 tsai⁴⁴foi²¹ 再见

十二　性质状态

大 tʰɔi²¹ 我比你较～_{我比你更大}

细 sai⁴⁴ ①小：我比你较～_{我比你更小}。②细：

　　绳～

大行 tʰɔi²¹xaŋ²² 粗：绳～

细行 sai⁴⁴xaŋ²² 细：绳～

长 tɕʰiɔŋ²² 线～｜时间～

短 tɔn³⁵ 线～｜时间～

阔 fot⁴ 宽：路～｜寮～_{房子宽敞}

狭 ap² 窄：路～｜寮～_{房子窄小}

高 kɑu⁴⁴ 鸟飞得～｜你女真～

矮 ai³⁵ ①高度低：鸟飞得～。②身材矮。

　　③等级地位低：～一级

远 yon³⁵ 路～

近 kʰyon⁴⁴ 路～

深 tsʰim⁴⁴ 水～

浅 tsʰan³⁵ 水～

清 tsʰiŋ⁴⁴ 水～

浊 tsʰuʔ²² 浑：水～

轮 lən²² 圆：面～_{脸圆}

扁 pan³⁵ 面～_{脸扁}

四方 si⁴⁴fɔŋ⁴⁴ 方：～个板_{方形板}

尖 tɕiam⁴⁴ 物体末端细削而锐利：笔削得真～

平 pʰiaŋ²² 路～

壮 tsɔŋ⁴⁴ ①肉含脂肪多：～肌_{肥肉}。②人胖。

　　③猪等动物肥：个个猪真～

精 tsaŋ⁴⁴ 肉含脂肪少：～肌_{瘦肉}

瘦 sau⁴⁴ ①人瘦：你真～。②猪等动物瘦：

　　个个猪真～。③土地瘠薄

乌 u⁴⁴ 黑

白 pʰaʔ² 雪是～个

赤 tɕʰiaʔ⁴ 红：红旗是～个

　　红 fəŋ²²

黄 uɔŋ²² 谷是～个

蓝 lam²² 天是～个

绿 liɔʔ² 柴叶是～个

紫 tsu³⁵ 药水是～个

多 to⁴⁴ 我比你较～

少 ɕieu³⁵ 我比你较～

重 tɕʰiuŋ⁴⁴ 我比你较～

　　生重 saŋ⁴⁴tɕʰiuŋ⁴⁴

轻 kʰiaŋ⁴⁴ 我比你较～

直 tɕʰiʔ² ①不弯曲：路～。②直爽：心～。③量

　　词，趟：去一～北京。④量词，房院

　　层次

崎 kʰi⁴⁴ 陡：岭～

歪 uɔi³⁵ 不正，偏斜

　　撇 pʰiaʔ⁴

厚 kɑu²¹

薄 pʰoʔ²

□ kʰyoʔ² 稠：糜煮得忒～粥煮得太稠

鲜 ɕian⁴⁴ 稀：糜煮得忒～粥煮得太稀

密 meʔ² 菜种得忒～

疏 ɕio⁴⁴ 菜种得忒～

* 皓 xau²¹

黑 ɕieʔ⁴ 指光线：天～啊

热 ȵieʔ² 天气～｜～水

暖 non⁴⁴ 天气～｜～水温水

凉 lioŋ²² 天气～｜等水～啊，再食等水凉了，

　　再喝

冷 laŋ⁴⁴ 天气～｜～水

焦 tsau⁴⁴ 干燥：晒～

湿 ɕip⁴ 潮湿：衫分水打～啊衣服被雨打湿了

清气 tsʰiŋ⁴⁴kʰi⁴⁴ 干净：洗～

龌龊 uʔ⁴tɕʰioʔ⁴ 肮脏：衫～衣服脏

利 li²¹ 锋利

钝 tʰən²¹ 刀～

快 ɕiai⁴⁴ 坐车比行路较～坐车比走路更快

慢 mən²¹ 行路比坐车较～走路比坐车更慢

早 tsau³⁵ 来忒早来得太早

* 晏 ɔn⁴⁴

暗 am⁴⁴ 晚：天～啊

宽 fən⁴⁴ 松：缚忒～捆太松

紧 kin³⁵ ①与"松"相对：缚忒～。②时间急
　　促：时间忒～。③快，与"慢"相对：
　　坐车比行路较～坐车比走路更快

容易 ioŋ²²i⁴⁴

难 nɔn²² 题目～

新 sin⁴⁴

旧 kʰiu²¹

老 lau³⁵ 年纪大

年轻 nan²²kʰiaŋ⁴⁴

南 ⁼nɑm²² 软：糖～

　软 ȵyon⁴⁴

硬 ŋaŋ²¹ 糖～

糜 mei²² 稀烂：肚未煮～肉没煮烂

发火爛 pət⁴fu⁵⁵lət⁴ 饭煮～啊饭烧煳了

牢 lau²¹ 结实，牢固：个凳～尽这凳子很结实

富 fu⁴⁴

穷 kʰiuŋ²²

忙 mɔŋ²²

空 kʰəŋ⁴⁴

着力 tɕʰioʔ²li ʔ² 累：做得真～

痛 tʰən⁴⁴ 疼：跌～啊摔疼了

痒 ioŋ⁴⁴ 手～

闹热 nau²¹ȵieʔ² 热闹：街路真～

熟 ɕyʔ² ①食物煮到可吃的程度：饭～啊。
　　②熟悉：碰着～人

生分 saŋ⁴⁴pʰən²¹ ①不熟悉。②感情疏远

味道 mi²¹tau²¹ 滋味

气味 kʰi⁴⁴mi²¹

咸 xam²²

淡 tʰam⁴⁴

酸 sɔn⁴⁴

甜 tʰam²²

苦 fu³⁵

辣 lɔt²

甜心 tʰam²²sim⁴⁴ 鲜：鱼汤真～

香 ɕioŋ⁴⁴ 煮得真～

臭 tɕʰiu⁴⁴ 水真～

* 臭酸 tɕʰiu⁴⁴sɔn⁴⁴

* 臭腥 tɕʰiu⁴⁴saŋ⁴⁴

好 xau³⁵ ①与"坏"相对。②美好，优良：体

格～。③交好，友好：两个人关系～。

　　④完成，完毕：做～啊

坏kai²¹那人真～

□mau²¹①（人品）差：那人真～。②（物品）

　　差：质量～

　　差tsʰɔ⁴⁴

对toi⁴⁴算～

错tsʰoʔ⁴算～

生好saŋ⁴⁴xɑu³⁵漂亮

　　好睇xɑu⁵⁵tʰai³⁵

　　漂亮pʰeu⁴⁴liɔŋ²¹

[唔好]睇mɑu³⁵tʰai⁵⁵丑，相貌难看。"睇"变调

□maŋ⁴⁴勤快

　　勤力kyn²²liʔ²

懒lɔn⁴⁴那人真～

*嫐sau²¹

刁皮tiau⁴⁴pʰi²²顽皮：那崽真～

老实lau⁵⁵sit²①忠厚诚实：～人。②实话：

　　你爱讲～你得讲实话

憨xon⁴⁴傻，痴呆

笨pən²¹～人

量码大liɔŋ²¹mɔ²¹tʰɔi²¹大方：那个人～

　　大方tʰɔi²¹fɔŋ⁴⁴

量码细liɔŋ²¹mɔ²¹sai⁴⁴小气：那个人～

　　小气ɕiau⁵⁵kʰi⁴⁴

直爽tɕʰiʔ²sɔŋ³⁵性格～

倔tɕyot⁴犟：那个人脾气～

十三　数量

一it⁴

二ȵi²¹

三sɑm⁴⁴

四si⁴⁴

五ŋ³⁵

六lyʔ⁴

七tsʰit⁴

八pat⁴

九kiu³⁵

十ɕip²

二十ȵi²¹ɕip²

三十sɑm⁴⁴ɕip²

一百it⁴paʔ⁴

一千it⁴tɕʰian⁴⁴

一万it⁴mɔn²¹

一百零五it⁴paʔ⁴liŋ²²ŋ³⁵

一百五十it⁴paʔ⁴ŋ³⁵ɕip²

第一te²¹it⁴

两两iɔŋ³⁵liɔŋ⁴⁴二两

几个ki⁵⁵kɔi⁴⁴你寮有～人

两个iɔŋ³⁵kɔi⁴⁴俩：你年=～你们俩

三个sɑm⁴⁴kɔi⁴⁴仨：你年=～你们仨

个把kɔi⁴⁴pɔ⁵⁵～人

个kɔi⁴⁴①个：一～人。②头：一～猪。

　　③只：一～狗|一～鸡|一～蚊。④

　　枚：一～章。⑤顶：一～帽。⑥颗：

　　一～牙。⑦部：一～手机

匹pʰiʔ⁴一～马

头tʰeu²²一～牛|一～马

行xaŋ²²①条：一～鱼。②根：一～蛇|

　　一～绳|一～头毛一根头发|一～棍|

　　一～骨头|一～带一条带子|一～线|

　　一～筋|一～箸一根筷子。③棵：一～柴

　　一棵树

边pan⁴⁴①只：一～手|一～脚|一～眼|

一～耳朵｜一～鞋｜一～手袵—只袖子｜
一～手套｜一～袜　②张：一～嘴

番 p^hon^{44}①张：一～桌。②领：一～席—一领
　　席子

床 ts^{h}on^{22}一～被

双 son^{44}一～手｜一～脚｜一～眼｜一～耳
朵｜一～鞋｜一～手袵—一双袖子｜一～手
套｜一～袜｜一～箸—一双筷子

把 po^{35}①把：一～交椅—一把椅子｜一～刀｜
一～铳—一把枪。②捆：一～柴

管 kon^{35}①把：一～锁｜一～铳—一把枪。②支：
一～笔

副 fu^{44}一～眼镜

面 men^{44}一～镜子｜一～旗

粒 lip^{4}①块：一～香皂｜一～砖｜一～
板｜一～肔—一块肉。②颗，粒：一～珠｜
一～米

部 pu^{21}辆：一～车
　辆 lion^{22}

幢 ton^{22}座：一～寮

渡 t^{h}u^{21}座：一～桥

条 t^{h}au^{22}条：一～沟｜一～路｜一～墨—一锭墨｜
一～汗水布崀—一条手巾

纽 neu^{35}朵：一～花

顿 tən^{44}一～饭

帖 t^{h}iap^{4}剂：一～中药

蓬 pən^{21}股：一～气味

埭 tai^{21}①行列：一～字。②趟：北京我去过
　一～

块 k^{h}ui^{44}元：一～钱

角 koʔ^{4}毛：一～钱

样 ion^{21}种：一～药—一味药｜一～事—一档子事

一～事干—一桩事情｜一～虫｜一～毛—一种
东西

点 tian^{55}～ti^{55}点儿：一～钱

□nai^{44}①些：一～米。②系列：一～问题

下 xɔ^{21}①动量：打一～。②时量，会儿：坐
　一～

讨$^=$t^{h}au^{55}顿，次：打一～。"讨$^=$"变调

阵 tɕ^{h}in^{21}落一～水—下了一阵雨

回 foi^{22}趟：去过一～

十四　代副介连词

我 ŋɔi^{44}

你 ni^{44}

渠 ki^{44}他

我年$^=$ŋɔi^{44}nan^{22}我们，不包括听话人
　[我年$^=$]ŋan^{22}

我你年$^=$ŋɔi^{44}ni^{55}nan^{22}咱们，包括听话人
　我你 ŋɔi^{44}ni^{55}

你年$^=$ni^{44}nan^{22}你们
　[你年$^=$]nian^{22}

渠年$^=$ki^{44}nan^{22}①他们。②人家
　[渠年$^=$]kian^{22}

大利$^=$t^{h}ɔi^{21}li^{21}大家

自家 ti^{21}kɔ^{21}自己

别人 p^{h}et^{2}nin^{22}

我爹 ŋɔi^{44}tia^{445}我爸。"爹"小称
　我伯 ŋɔi^{44}paʔ^5"伯"景宁语借音

你爹 ni^{44}tia^{445}你爸。"爹"小称
　你伯 ni^{44}paʔ^5"伯"景宁语借音

渠爹 ki^{44}tia^{445}他爸。"爹"小称
　渠伯 ki^{44}paʔ^5"伯"景宁语借音

个个 kɔi^{21}kɔi^{44}这个

那个 nai²¹kɔi⁴⁴ 远指

尔个 n̠i²¹kɔi⁴⁴ 那个，更远指

哪个 na⁵⁵kɔi⁴⁴ ①哪个：你拣～？②谁：你寻～？

个 kɔi³⁵ 这里

　个里 kɔi²¹ti⁵⁵ "里"变调

那 nai³⁵ 那里，远指

　那里 nai²¹ti⁵⁵ "里"变调

尔 n̠i³⁵ ①那里，更远指。②然则，表示顺着上文的意思，引出应有的结果：你都唔去，～我亦就唔去啊你都不去，那我也就不去了

尔里 n̠i²¹ti⁵⁵ 那里，更远指。"里"变调

哪□ na⁵⁵tsau⁵⁵ 哪里。"□" [tsau⁵⁵]变调

个色 ⁼kɔi²¹se̠ʔ⁴ ①这样：事干是～个，唔是那色⁼个。②这么：渠有～高

那色 ⁼nai²¹se̠ʔ⁴ ①那样：事干是个色⁼个，唔是～个。②那么，远指：渠有～高。③然则，表示顺着上文的意思，引出应有的结果：连你都唔去，～我亦就唔去啊你都不去，那我也不去了

尔色 ⁼n̠i²¹se̠ʔ⁴ ①那样：事干是个色⁼个，唔是～个。②那么，更远指：渠有～高。③然则，表示顺着上文的意思，引出应有的结果：你都唔去，～我亦就唔去啊你都不去，那我也不去了

□色 ⁼tse²¹se̠ʔ⁴ ①怎样：你换～个车你买怎样的车？②怎么：～做？

个 kɔi²¹ ①这：～个。②这么，形容事物性质、程度：～高啊

奚个 ɕi⁴⁴kɔi⁴⁴ 什么：个个是～字这是什么字？

奚乇 ɕi⁴⁴nɔʔ⁴ 什么：你寻～？

资乇 tsɿ⁴⁴nɔʔ⁴ 为什么：你～唔去你为什么不去？

做奚乇 tso⁴⁴ɕi⁴⁴nɔʔ⁴ 干什么：你今晡是寮～你今天在家干什么？

几多 ki⁵⁵to⁴⁴ ①多少：你村有～人？②多：你有～高？

真 tɕin⁴⁴ 很：今晡～热今天真热

尽 tsin²¹ 非常，比"真"程度深，后置于形容词：今晡热～天非常热

较 kʰau⁴⁴ 今晡～热今天更热

　更 kaŋ³⁵

忒 tʰat⁴ 太：～贵

最 tsai³⁵ 三兄弟，你～高

　顶 tiŋ³⁵

都 tu⁴⁴ 大利⁼～去大家都去

拢总 ləŋ²¹tsəŋ³⁵ 一共：～一百万

作阵 tsoʔ⁴tin²² 一起：大利⁼～去

乃 nai²¹ 只：我～去过一回

正 tɕiaŋ⁴⁴ ①刚：个双鞋我着～好这双鞋我穿刚好｜我～来。②才：十点啊，渠～来十点钟了，他才来

就 tɕiu²¹ ①就：饭食啊，～去吃了饭，就去。②偏：唔分我去，我～好去不让我去，我偏要去

常时 tɕʰiəŋ²²ɕi²² 经常：我～去

又 iu²¹

古 ⁼ku⁵⁵ 还，仍然：渠～面⁼去他还没走

再 tsai⁴⁴ 明年我～去

亦 ia²² 也：我～是老师

反正 fən⁴⁴tɕiŋ⁵⁵ 莫急，～赶逮别急，反正来得及

面 ⁼men²¹ 没有，未：前年我～去做

唔 ŋ²² 不：今晡我～去做我今天不去做

莫 moʔ² ①别：你～去。②不用，不必：你～

客气

唔使 ŋ²²soi⁵⁵

好 xɑu⁵⁵ ①快要：天～皓啊 天快亮了。②要：
我～讲出来

差点 tsʰɔ⁴⁴tian⁵⁵ ～tsʰɔ⁴⁴ti⁵⁵ 差点儿：我～跌去
我差点儿摔倒

心愿 sim⁴⁴n̩yon²¹ 宁可：～换贵个 宁可买贵的

再⁼特 tsai⁴⁴teʔ² 故意：～唔去 故意不去

随便 sei²¹pen²¹ ～做一下

白 pʰaʔ² ①没有成就的，没有效果的：我～做
啊。②无代价的：送你～食 送你白吃

肯定 kʰan⁵⁵tʰaŋ²¹ ～是渠个 肯定是他的

可能 kʰo⁵⁵niŋ²² ～是渠个 可能是他的

一头 it⁴tʰeu²² 一边：～做，～说

*□ nəŋ⁵⁵

*抵⁼ti⁵⁵

对 toi⁴⁴ 渠～我好尽 他对我非常好

望 mɔŋ²¹ 往：～东行 往东走

问 mən⁴⁴ 向：～你借本书

照 tɕieu⁴⁴ 按照：～我个要求做 按照我的要求做

抵⁼ti⁵⁵ 替：～你做

帮 pɔŋ⁴⁴

乃是 nai²¹ɕi⁴⁴ 如果：～忙，你就莫来 如果忙，你
就不要来

唔管 ŋ²²kon³⁵ 不管：～忙唔忙，我都去 不管忙
不忙，我都去

第二节

《汉语方言词语调查条目表》

一 天文	十一 身体	二十一 文体活动
二 地理	十二 疾病医疗	二十二 动作
三 时令时间	十三 衣服穿戴	二十三 位置
四 农业	十四 饮食	二十四 代词等
五 植物	十五 红白大事	二十五 形容词
六 动物	十六 日常生活	二十六 副词介词等
七 房舍	十七 讼事	二十七 量词
八 器具用品	十八 交际	二十八 附加成分等
九 称谓	十九 商业交通	二十九 数字等
十 亲属	二十 文化教育	

一 天文

大热头 tʰɔi²¹n̠iet²tʰeu²² 大太阳

热头敲⁼下 n̠iet²tʰeu²²kʰɔ⁴⁴xɔ²¹ 太阳底下

　热头下 n̠iet²tʰeu²²xɔ²¹

阴山下 im⁴⁴san⁴⁴xɔ²¹ 背阴处

*热头擎枷 n̠iet²tʰeu²²kʰia²²kɔ²²

　热头擎晕 n̠iet²tʰeu²²kʰia²²en²¹

热头上山啊 n̠iet²tʰeu²²ɕiɔŋ⁴⁴san⁴⁴a⁰ 出太阳了

天日下 tʰan⁴⁴n̠it⁴xɔ²¹ 露天

月敲⁼下 n̠yot²kʰɔ⁴⁴xɔ²¹ 月亮底下

*月擎枷 n̠yot²kʰia²²kɔ²²

　月擎晕 n̠yot²kʰia²²en²¹

月上山啊 n̠yot²ɕiɔŋ⁴⁴san⁴⁴a⁰ 出月亮了

　月皓啊 n̠yot²xau²¹a⁰

七姊妹 tsʰit⁴tsi⁵⁵moi⁴⁴ 北斗星

热头星 n̠iet²tʰeu²²saŋ²¹ 启明星

　皇帝星 uɔŋ²²tai⁴⁴saŋ²¹

*星过宫 saŋ²¹ku⁴⁴kiuŋ⁴⁴

秆扫星 kɔn⁵⁵sau⁴⁴saŋ²¹ 彗星

南风 nam²²piuŋ⁴⁴

北风 peʔ⁴piuŋ⁴⁴

大风 tʰɔi²¹piuŋ⁴⁴

风崽 piuŋ⁴⁴tsoi⁵⁵ 小风。"崽"小称

旋旋风 tɕʰyon²¹tɕʰyon²¹piuŋ⁴⁴⁵ 旋风。"风"小称

　恶风 oʔ⁴piuŋ⁴⁴

顺风 sən²¹piuŋ⁴⁴

发风 fɔt⁴piuŋ⁴⁴ 刮风

风停啊 piuŋ⁴⁴tiŋ²²a⁰ 风停了

东云 təŋ⁴⁴un²²

南云 nam²²un²²

西云 sai⁴⁴un²²

北云 peʔ⁴un²²

水云 ɕy⁵⁵un²² 乌云

上云 ɕiɔŋ⁴⁴un²² 云升起

赤霞 tɕʰiaʔ⁴xɔ²² ①朝霞。②晚霞

上赤霞 ɕiɔŋ⁴⁴tɕʰiaʔ⁴xɔ²² 云霞升起

声寮⁼公 ɕiaŋ⁴⁴lau²²kəŋ⁴⁴ 打雷

分寮公裂⁼啊 pən⁴⁴lau²²kəŋ⁴⁴laʔ²a⁰ 被雷打了

落水啊 loʔ²ɕy³⁵a⁰ 下雨了

小水 sau⁵⁵ɕy³⁵ 小雨

*水毛粉 ɕy⁵⁵mau⁴⁴pən⁵⁵

　*水毛 ɕy⁵⁵mau⁴⁴⁵

暴水 pau²¹ɕy³⁵ 暴雨

*青天落白水 tsʰiŋ⁴⁴tʰan⁴⁴loʔ²pʰaʔ²ɕy³⁵

寮⁼公水 lau²²kəŋ⁴⁴ɕy³⁵ 雷阵雨

水停啊 ɕy³⁵tiŋ²²ŋa⁰ 雨停了

水□啊 ɕy³⁵sɔ³⁵a⁰ 雨小了

水细□啊 ɕy³⁵sai⁴⁴nai⁴⁴a⁰ 雨小些了

落大水 loʔ²tʰɔi²¹ɕy³⁵ 下大雨

落大水王 loʔ²tʰɔi²¹ɕy³⁵uɔŋ²² 发洪水

打水 taŋ⁵⁵ɕy³⁵ 动词，淋雨

落雪 loʔ²sɔt⁴ 下雪

大雪 tʰɔi²¹sɔt⁴

雪粉 sɔt⁴pən⁵⁵ 小雪花。"粉"小称

米漏雪 mai⁵⁵leu²¹sɔn⁴⁴⁵ 雪珠子。"雪"小称

水合雪 ɕy⁵⁵kap⁴sɔt⁴ 雨夹雪

雪烊啊 sɔt⁴iɔŋ²²ŋa⁰ 化雪了

涂⁼露 tu²²lu⁴⁴ 水汽形成的云雾

上涂⁼露 ɕiɔŋ⁴⁴tu²²lu⁴⁴ 水雾升起

上露水 ɕiɔŋ⁴⁴lu⁴⁴ɕy³⁵ 下露

　落露水 loʔ²lu⁴⁴ɕy³⁵

　露水上来 lu⁴⁴ɕy³⁵ɕiɔŋ⁴⁴loi²²

起霜 ɕi⁵⁵sɔŋ⁴⁴ 下霜

冰霜 piŋ^{44}soŋ^{44}

菜头霜 tsʰoi^{44}tʰeu^{22}soŋ^{445} 像雪一样的霜。"霜"小称

　绵霜 men^{44}soŋ^{445} "霜"小称

霜罗⁼ soŋ^{44}lo^{445} 冰锥。"罗⁼"小称

　霜罗⁼屑 soŋ^{44}lo^{22}lin^{55} "屑"小称

霜芽 soŋ^{44}ŋo^{21} 霜芽子。泥地里的霜，像植物种子发出的芽一样根根直立

落雾 lo^{22}mo^{22} 下雾

雾露□来 mo^{21}lu^{44}kiam^{445}loi^{22} 雾笼罩着。"□"[kiam^{445}]变调

　雾露涂⁼来 mo^{21}lu^{44}tu^{445}loi^{22} "涂⁼"变调

　雾露冻来 mo^{21}lu^{44}təŋ^{445}loi^{22} "冻"变调

有热头 xo^{44}ɲiet^{2}tʰeu^{22} 晴天

　天晴 tʰan^{44}tsʰaŋ^{22}

无热头 mɑu^{22}ɲiet^{2}tʰeu^{22} 阴天

　乌暗天 u^{44}ɑm^{44}tʰan^{44}

　阴天 im^{44}tʰan^{44}

伏内 fuʔ^{2}noi^{35} 伏天。"内"变调

　入伏 ip^{2}fuʔ^{2}

　初伏 tsʰo^{44}fuʔ^{2}

　中伏 tɕiuŋ^{44}fuʔ^{2}

　出伏 tɕʰyt^{4}fuʔ^{2}

大天晴 tʰɔi^{21}tʰan^{44}tsʰaŋ^{22} 大晴天

　大晴 tʰɔi^{21}tsʰaŋ^{22}

二　地理

烂田 lɔn^{21}tʰan^{22} 烂泥田。常年有水，土壤质地黏重，排水条件不好，耕性也不好的田

瘦田 sɑu^{44}tʰan^{22} 瘠薄、不肥沃的田

大田 tʰɔi^{21}tʰan^{22} 一整丘面积比较大的田

　大丘田 tʰɔi^{21}ɕiu^{44}tʰan^{22}

田崽 tʰan^{22}tsoi^{55} 一整丘面积比较小的田。"崽"小称

　丘崽 ɕiu^{44}tsoi^{55} "崽"小称

田岸 tʰan^{22}ŋam^{44} 田埂地势较高的一侧

田岸□ tʰan^{22}ŋam^{44}lai^{55} 田埂高侧的下方区域

秧地田 ioŋ^{44}tʰi^{21}tʰan^{22} 秧田

荒田 foŋ^{44}tʰan^{22}

沙田 so^{21}tʰan^{22}

黄泥田 uoŋ^{22}nai^{22}tʰan^{22}

垓包田 kai^{44}pɑu^{21}tʰan^{22} 山包上的田

　垓包丘 kai^{44}pɑu^{21}ɕiu^{44}

山垄田 san^{44}loŋ^{22}tʰan^{22} 梯田。"垄"韵母特殊

水缺 ɕy^{55}kʰiat^{4} 田埂上用来排灌水的缺口

* 畲 ɕia^{44}

菜畲 tsʰoi^{44}ɕia^{44} 菜地

荒畲 foŋ^{44}ɕia^{44} 荒地

沙畲 so^{21}ɕia^{44} 沙土地

黄泥畲 uoŋ^{22}nai^{22}ɕia^{44} 黄泥地

毛竹园 mɑu^{22}tɕyʔ^{4}uon^{22}

　竹园 tɕyʔ^{4}uon^{22}

山头 san^{44}tʰeu^{22} ①山。②山上

半山腰 pon^{44}san^{44}ieu^{44}

山脚 san^{44}kioʔ^{4}

山塄 san^{44}ken^{22} 山边

山坳 san^{44}au^{44} 山间平地

山峡 san^{44}kap^{2} 狭长的山谷

山龙 san^{44}liuŋ^{22} 山脊

山背 san^{44}poi^{44} 山坡

山顶 san^{44}tiŋ^{35}

荒山 foŋ^{44}san^{44}

黄泥山 uoŋ^{22}nai^{22}san^{44}

沙崽山 so^{21}tsoi^{55}san^{44} 沙丘

*垓 kai⁴⁴

　山垓 san⁴⁴kai⁴⁴

垓龙 kai⁴⁴liuŋ²² 小山脊

垓顶 kai⁴⁴tiŋ³⁵ 小山岗的顶部

垓包 kai⁴⁴pɑu²¹ 山包

垓卵 kai⁴⁴lɔn⁵⁵ 圆形山包。"卵"小称

石岩 ɕiaʔ²ŋam²² 山崖

石壁 ɕiaʔ²piaʔ⁴ 陡峭直立的岩石

水陂 ɕy⁵⁵poi⁴⁴ 水渠

坑塘 xaŋ⁴⁴tʰɔŋ²² 潭

　坑沟塘 xaŋ⁴⁴kɑu⁴⁴tʰɔŋ²²

海 xai³⁵

清水 tsʰiŋ⁴⁴ɕy³⁵

浊水 tsʰuʔ²ɕy³⁵ 浑水

山水 san⁴⁴ɕy³⁵ 山上流下来的水

冷水头 laŋ⁴⁴ɕy⁵⁵tʰeu²² 泉水

冷水洞 laŋ⁴⁴ɕy⁵⁵tən²¹ 泉眼

暖暖水 nɔn⁵⁵nɔn⁴⁴⁵ɕy⁵⁵ 温水。"水"小称

寮檐水 lau²²iem²²ɕy³⁵ 从房檐上淌下来的水

渗 sim⁴⁴

流 liu⁴⁴ 流淌：水～出来

□tʰei⁴⁴ ①流淌：水～出来。②漂走，冲走，
　冲掉：衫分水～走去衣服被水冲走

*滥 pʰən²²

大石牯 tʰɔi²¹ɕiaʔ²ku³⁵ 大石块

石牯崽 ɕiaʔ²ku⁵⁵tsoi⁵⁵ 小石块。"崽"小称

石□ ɕiaʔ²pʰi⁵⁵ 小石片。"□"[pʰi⁵⁵]小称

石笋 ɕiaʔ²sən³⁵ 溶洞里像竹笋的地表形态

石片 ɕiaʔ²pʰan³⁵ 石板

　石板 ɕiaʔ²pan³⁵

石崽 ɕiaʔ²tsoi⁵⁵ 石砾。"崽"小称

石牯卵 ɕiaʔ²ku⁵⁵lɔn⁵⁵ 鹅卵石的统称。"卵"

　　小称

大石卵 tʰɔi²¹ɕiaʔ²lɔn³⁵ 大鹅卵石

涂泥沙 tu²²nai²²sɔ²¹ 有泥的沙子

清水沙 tsʰiŋ⁴⁴ɕy⁵⁵sɔ²¹ 没泥的沙子

绵沙 men²²sɔ²¹ 细沙

粗沙 tsʰu⁴⁴sɔ²¹

砖坯 kyon⁴⁴pʰoi⁴⁴

泥砖 nai²²kyon⁴⁴

水泥砖 ɕy⁵⁵nai²²kyon⁴⁴

瓦窑砖 ŋɔ⁵⁵ieu²²kyon⁴⁴

红砖 fən²²kyon⁴⁴

砖□ kyon⁴⁴kʰyot² 半截砖

　半□砖 pɔn⁴⁴kʰyot²kyon⁴⁴⁵ "砖"小称

　半墩砖 pɔn⁴⁴tən²¹kyon⁴⁴⁵ "砖"小称

砖碎 kyon⁴⁴sei⁴⁴⁵ 碎砖。"碎"小称

瓦坯 ŋɔ⁵⁵pʰoi⁴⁴

琉璃瓦 liu²²li²²ŋɔ³⁵

玻璃瓦 po⁴⁴li²²ŋɔ³⁵

接檐瓦 tsap⁴iem²²ŋɔ³⁵ 盖在屋檐最下端的瓦，
　　比其他瓦更长

焦泥 tsau⁴⁴nai²² 干的泥土

泥粉 nai²²pən³⁵

泥粄 nai²²pɔn⁵⁵ 泥巴。"粄"小称

泥肉 nai²²ȵyʔ⁴ 土壤

金 kim⁴⁴

银 ȵyn²²

铜 tʰən²²

铁 tʰat⁴

锡 saʔ⁴

铁鏉 tʰat⁴saŋ⁴⁴ 铁锈

汽油 tsʰɿ⁵⁵iu²² "汽"景宁话借音

石灰 ɕiaʔ²foi⁴⁴

玉 ȵio$ʔ^2$

城市 ɕiaŋ^{22}sɿ^{21}

城墙 ɕiaŋ^{22}tɕʰiɔŋ^{22}

城外 ɕiaŋ^{22}uɔi^{21}

农村 nəŋ^{22}tsʰən^{445}"村"变调

山角落 san^{44}kɔʔ^{2}lo^{445}偏僻的山村。"落"变韵
　　变调

　　山寮下 san^{44}lau^{22}xɔ^{35}"下"变调

老家 lɑu^{55}kɔ^{44}家乡

大路 tʰɔi^{21}lu^{21}

路崽 lu^{21}tsoi^{55}小路。"崽"小称

崩大崩 peŋ^{44}tʰɔi^{21}peŋ^{44}山体滑坡

三　时令时间

春天 tɕʰyn^{44}tʰan^{44}

夏天 xɔ^{21}tʰan^{44}

秋天 tsʰiu^{44}tʰan^{44}

冬天 təŋ^{44}tʰan^{44}

交春 kau^{44}tɕʰyn^{44}

　立春 lit^{2}tɕʰyn^{44}

雨水 y^{55}ɕy^{35}

惊蛰 kiŋ^{44}tɕʰiʔ^2

春分 tɕʰyn^{44}fən^{44}

谷雨 kuʔ^{4}y^{35}

立夏 lit^{2}xɔ^{21}

小满 sau^{55}mɔn^{35}

芒种 mɔŋ^{22}tɕiuŋ^{44}

夏至 ɔ^{21}tsi^{44}

小暑 sau^{55}ɕy^{35}

大暑 tʰɔi^{21}ɕy^{35}

立秋 lit^{2}tsʰiu^{44}

处暑 tɕʰy^{55}tɕʰy^{21}

白露 pʰaʔ^{2}lu^{21}

秋分 tsʰiu^{44}fən^{44}

寒露 uon^{22}lu^{21}

霜降 ɕiɔŋ^{44}kɔŋ^{44}

立冬 lit^{2}təŋ^{44}

小雪 sau^{55}sɔt^4

大雪 tʰɔi^{21}sɔt^4

冬节 təŋ^{44}tsat^{4}冬至

小寒 sau^{55}xɔn^{44}

大寒 tʰɔi^{21}xɔn^{44}

时辰 ɕi^{22}ɕin^{22}

时节 ɕi^{22}tsat^4

风俗 fəŋ^{44}ɕioʔ^2

砑岁钱 taʔ^{2}soi^{44}tsʰan^{21}压岁钱

*过大年 ku^{44}tʰɔi^{21}nan^{22}

新年 sin^{44}nan^{22}

　新春 sin^{44}tɕʰyn^{44}

拜年 pai^{44}nan^{22}

*三月三 sam^{44}ȵyot^{2}sam^{44}

　*乌饭节 u^{44}pʰɔn^{21}tsat^4

*乌米饭 u^{44}mai^{55}pʰɔn^{21}

　*乌饭 u^{44}pʰɔn^{35}

*乌头子 u^{44}tʰeu^{22}tsi^{35}

　*乌饭柴 u^{44}pʰɔn^{21}tsʰai^{445}

*清明粄 tsʰiŋ^{44}miŋ^{22}pɔn^{35}

　*狗耳粄 kɑu^{55}ȵi^{55}pɔn^{35}

*做清明粄 tso^{44}tsʰiŋ^{44}miŋ^{22}pɔn^{35}

*四月八 si^{44}ȵyot^{2}pat^4

*染赤卵 ȵiem^{21}tɕʰiaʔ^{4}lɔn^{55}

*染卵□ ȵiem^{21}lɔn^{55}tɕia^{445}

*裹裹馃 ku^{55}ku^{55}ko^{445}

*煠裹馃 tsʰap^{2}ku^{55}ko^{445}

*白箬 pʰaʔ²iep²

*席草 tsʰaʔ²tsʰɑu³⁵

　*龙须草 liuŋ²²su⁴⁴tsʰɑu³⁵

*一挈 it⁴kʰeʔ⁴

　*一摌 it⁴kʰɔn²¹

*立夏羹 lit²xɔ²¹kaŋ⁴⁴

*尝新米 ɕioŋ²²sin⁴⁴mai³⁵

　*食尝新 ɕiʔ²ɕioŋ²²sin⁴⁴

*新米饭 sin⁴⁴mai⁵⁵pʰɔn³⁵

*黄老爷生日 uɔŋ²²lɑu⁵⁵ia²²saŋ⁴⁴n̠it⁴

七月七 tsʰit⁴n̠yot²tsʰit⁴ 七夕

　*马佛生日 mɔ⁵⁵fət²saŋ⁴⁴n̠it⁴

九月重阳 kiu³⁵n̠yot²tɕʰioŋ²²ioŋ²² 农历九月初九

　重阳 tɕʰioŋ²²ioŋ²²

重阳崽 tɕʰioŋ²²ioŋ²²tsoi³⁵ 农历九月十九

重阳孙 tɕʰioŋ²²ioŋ²²sən⁴⁴⁵ 农历九月二十九。

　"孙"小称

火候 fu⁵⁵xo²¹ 时候

个澄⁼kɔi²¹tɕʰiŋ²¹ 现在

尔两回 n̠i²¹ioŋ⁵⁵foi²² 已往，过去

　马⁼回 mɔ⁵⁵foi²²

　前早 ɕian²¹tsɑu⁵⁵ "早"变调

　过去 ko⁴⁴tɕʰy⁵⁵

下二回 xɔ²¹n̠i⁴⁴foi²² 下次，以后

年年 nan²²nan²²

　每年 moi³⁵nan²²

年中 nan²²tɕiuŋ⁴⁴⁵ "中"变调

上半年 ɕioŋ²¹pɔn⁴⁴nan²²

下半年 xɔ²¹pɔn⁴⁴nan²²

大年 tʰɔi²¹nan²² 丰收的年份

小年 sɑu⁵⁵nan²² 歉收的年份

正月正头 tɕiaŋ⁴⁴n̠yot²tɕiaŋ⁴⁴tʰeu²² 正月当头

正月头 tɕiaŋ⁴⁴n̠yot²tʰeu²² 正月

二三月 n̠i²¹sam⁴⁴n̠yot²

三四月 sam⁴⁴si⁴⁴n̠yot²

五六月 ŋ⁵⁵lyʔ⁴n̠yot²

七八月 tsʰit⁴pat⁴n̠yot²

九冬十月 kiu⁵⁵təŋ⁴⁴ɕip²n̠yot² 九月十月

十头月 ɕip²tʰeu²²n̠yot² 十月

十一二月 ɕip²it⁴n̠i²¹n̠yot² 十一月十二月

上春 ɕioŋ⁴⁴tɕʰyn⁴⁴ 春天开始

闰月 lən²¹n̠yot²

月初 n̠yot²tsʰo⁴⁴

月半 n̠yot²pɔn⁴⁴

月尾 n̠yot²mei⁴⁴

一个月 it⁴kɔi⁴⁴n̠yot²

头个月 tʰeu²²kɔi⁴n̠yot²

　前个月 ɕian²¹kɔi⁴⁴n̠yot²

　上个月 ɕioŋ²¹kɔi⁴⁴n̠yot²

个个月 kɔi²¹kɔi⁴⁴n̠yot² 这个月

下个月 xɔ²¹kɔi⁴⁴n̠yot²

个个月 kɔi⁴⁴kɔi⁴⁴n̠yon³⁵ 每个月。"月"变韵
　　变调

　每个月 moi³⁵kɔi⁴⁴n̠yot²

上旬 ɕioŋ²¹tsʰən²²

中旬 tɕiuŋ⁴⁴tsʰən²²

下旬 xɔ²¹tsʰən²²

大月 tʰɔi²¹n̠yot² 大建（农历有30天的月份）

小月 sɑu⁵⁵n̠yot² 小建（农历只有29天的月份）

第二日 te²¹n̠i²n̠in⁴⁴⁵ 次日。"日"变韵变调

　第二晡日 te²¹n̠i²¹pu⁴⁴n̠in⁴⁴⁵ "日"变韵变调

前两日 ɕian²¹ioŋ⁵⁵n̠it⁴ 前几天

　前两晡 ɕian²¹ioŋ⁵⁵pu⁴⁴

　前两晡日 ɕian²¹ioŋ⁵⁵pu⁴⁴n̠in⁴⁴⁵ "日"变韵变调

星期 siŋ⁴⁴ki²²

一个星期 it⁴kɔi⁴⁴siŋ⁴⁴ki²²

十多日 ɕip²to⁴⁴n̩it⁴ 十多天

　十几日 ɕip²ki⁵⁵n̩it⁴

唔透十日 ŋ²²tʰeu⁴⁴ɕip²n̩it⁴ 不到十天、八九天
　的光景

半日 pɔn⁴⁴n̩it⁴ 半天

　一昼 it⁴tɕiu⁴⁴

半昼 pɔn⁴⁴tɕiu⁴⁴⁵ 小半天。"昼" 小称

天好皓个时间 tʰan⁴⁴xɑu⁵⁵xau²¹kɔi⁰ɕi²²kan⁴⁴ 凌晨

好日昼 xɑu⁵⁵n̩it⁴tɕiu⁴⁴ 近中午

日昼食饭前 n̩it⁴tɕiu⁴⁴ɕi²²pʰɔn²¹ɕian²¹ 午前

日昼食饭后 n̩it⁴tɕiu⁴⁴ɕi²²pʰɔn²¹ɕieu²¹ 午后

暗晡 am⁴⁴pu²¹ ①晚上。②晚饭

暗晡头 am⁴⁴pu²¹tʰeu²² 晚上

每一晡暗 moi³⁵it⁴pu⁴⁴am⁴⁴ 每天晚上

　晡晡暗 pu⁴⁴pu²¹am⁴⁴

　每一个晡暗 moi³⁵it⁴kɔi⁴⁴am⁴⁴pu²¹

上半夜 ɕiɔŋ²¹pɔn⁴⁴ia²¹

下半夜 xɔ²¹pɔn⁴⁴ia²¹

成夜 ɕiaŋ²²ia²¹ 整夜

年份 nan²²fɔn²¹

月份 n̩yot²fɔn²¹

日 n̩it⁴ ①量词，天：一～。②日子，特定的
　某天：拣～

日子 n̩it⁴tsi²¹ ①特定的某天：拣～挑日子。②生
　活，生计：过～

那下 nai²¹xɔ³⁵ 那时候，远指。"下"变调

尔下 n̩i²¹xɔ³⁵ 那时候，更远指。"下"变调

闲下 xan²²xɔ²¹ 平时

　闲常时 xan²²tɕʰiɔŋ²²ɕi²²

　闲常时下 xan²²tɕʰiɔŋ²²ɕi²²xɔ²¹

平时 pʰiaŋ²²ɕi²²

四　农业

春耕 tɕʰyn⁴⁴kaŋ⁴⁴

犁田 lai²²tʰan²²

翻犁 fɔn⁴⁴lai²² 犁第二道田

耙田 pʰɔ²²tʰan²²

收冬 ɕiu⁴⁴tɐŋ⁴⁴

掘畲 kuɔt²ɕia⁴⁴ 挖地

做田唇 tso⁴⁴tʰan²²ɕyn²² 在田埂内侧培上一层
　新土

割田岸 kɔt⁴tʰan²²ŋam⁴⁴ 割田埂高侧边上的
　杂草

浸谷种 tsim⁴⁴kuʔ⁴tɕiuŋ³⁵ 浸稻种

补⁼ pu³⁵ ①插（秧）：～田插秧。②种植（稻
　子）：～禾

补⁼禾 pu⁵⁵uo²² 种稻，统称

开窟 foi⁴⁴fɐt⁴ 挖播种的坑儿

点 tiam³⁵ ①穴播农作物的种子，即在田间畦
　面上刨坑播种：～豆。②查对：～人数

点菜崽 tiam⁵⁵tsʰoi⁴⁴tsoi³⁵ 穴播菜籽

点洋芋 tiam⁵⁵iɔŋ²²fu²¹ 穴播马铃薯种子

点棉 tiam⁵⁵men⁴⁴⁵ 穴播棉花籽。"棉" 小称

种 tɕiuŋ⁴⁴ 把种子或幼苗等埋在泥土里，使其
　生长，统称：～粮食｜～番薯｜～豆

种柴 tɕiuŋ⁴⁴tsʰai²² 种树

　种树 tɕiuŋ⁴⁴ɕy²¹

斫柴 tɕioʔ⁴tsʰai²² 砍柴薪，以供燃烧

□柴 tsən⁵⁵tsʰai²² 砍树木，使其断

　□树 tsən⁵⁵ɕy²¹

□秧 iai²¹iɔŋ⁴⁴ 撒稻种

挽秧 mən⁵⁵iɔŋ⁴⁴ 拔秧苗

治虫 tsʅ⁵⁵tɕʰiuŋ²¹ "治"景宁话借音

挽稗 mɔn⁵⁵pʰe⁴⁴ 拔稗草

*薅草 xɑu⁴⁴tsʰɑu³⁵

*禾纽 uo²²neu³⁵

打禾 taŋ⁵⁵uo²² 打稻子

□秆 xɑu²²kɔn³⁵ 将稻草捆扎成束

　缚秆 pʰuʔ²²kɔn³⁵

　扎秆 tsɔʔ²⁴kɔn³⁵

捡谷纽 kem⁵⁵kuʔ²⁴neu³⁵ 捡稻穗

晒谷 sai⁴⁴kuʔ²⁴

碌谷 luʔ²⁴kuʔ²⁴ 晒稻谷时用木耙反复推拉翻动
　稻谷

　耙谷 pʰɔ²²kuʔ²⁴

筛谷 tʰɔi⁴⁴kuʔ²⁴ 用筛子筛稻谷，筛除稻叶等

扇谷 ɕien⁴⁴kuʔ²⁴ 用风车扇稻谷，除去秕谷等

陈谷 tɕʰin²²kuʔ²⁴ 陈稻谷

割麦 kɔt⁴maʔ²

打麦 taŋ⁵⁵maʔ²

簟坪 ten²¹pʰiaŋ²² 场院

络⁼草 loʔ²⁴tsʰɑu³⁵ 用锄头等除草

挽草 mɔn⁵⁵tsʰɑu³⁵ 拔草

作肥料 tsoʔ²⁴pʰi²²leu²¹ 施肥

淋尿桶 lim²²nau²¹tʰəŋ³⁵ 浇尿粪肥

摊猪屎 tʰɔn⁴⁴tɕy⁴⁴ɕi³⁵ 摊猪粪

牛屎 ŋau²²ɕi³⁵ 牛粪

鸡屎 kiai⁴⁴ɕi³⁵ 鸡粪

肥料 pʰi²²leu²¹

田粉 tʰan²²pən³⁵ 尿素

磷肥 lin²²pʰi²²

淋水 lim²²ɕy³⁵ 浇水

戽水 fu⁴⁴ɕy³⁵

排水 pʰai²²ɕy³⁵

抽水 tsʰiu⁴⁴ɕy³⁵

打水 taŋ⁵⁵ɕy³⁵ 汲水

水桶 ɕy⁵⁵tʰəŋ³⁵

水碓轮 ɕy⁵⁵toi⁴⁴lən²² 水车

烧灰 ɕieu⁴⁴foi⁴⁴ 烧草木灰

踏田草 tʰɑp²tʰan²²tsʰɑu³⁵ 把草绿肥踩到田里

牛轭 ŋau²²aʔ²⁴

嘴自⁼络 tɕyoi⁴⁴ti²¹lo⁴⁴⁵ 牛笼嘴。"络"小称

牛牵 ŋau²²ɕien⁴⁴ 牛绳

牛耕藤 ŋau²²kaŋ⁴⁴tʰeŋ²² 牛轭链

牛鼻拳 ŋau²²pʰi²¹kyon⁴⁴⁵ 穿在牛鼻上用来系牛
　绳的竹片或木棍。"拳"小称

犁头 lai²²tʰeu²² 犁刀

犁壁 lai²²piaʔ²⁴ 犁铧

犁拖 lai²²tʰo⁴⁴ 犁梢

犁手 lai²²ɕiu³⁵ 犁把手

犁铳 lai²²tɕʰiuŋ⁴⁴ 犁辕，即犁上方的主梁

犁正 lai²²tɕiaŋ⁴⁴ 犁箭

犁鸟⁼lai²²tau⁵⁵ 犁提手。"鸟⁼"小称

犁扳 lai²²pɔn²² 犁舵

犁底 lai²²tai³⁵

犁礌 lai²²tioʔ² 滚式农具，可以碎土平田，以
　便插秧

耙 pʰɔ²² 把土块弄碎的农具

谷耙 kuʔ²⁴pʰɔ⁴⁴⁵ 晒稻谷时反复推拉翻动稻谷
　的木耙。"耙"小称

簟 ten²¹ 大竹席。由篾片编成，用于晒粮食

仓□ tsʰɔŋ⁴⁴ŋan²¹ 存放粮食的器具

风扇 fəŋ⁴⁴ɕien⁴⁴ 扇车，去秕谷、糠的农具

踏米碓 tʰɑp²mai⁵⁵toi⁴⁴ 脱去稻谷外皮的农具，
　用脚踩踏杵杆一端使杵头起落舂米

磨盘 mo²¹pʰɔn²²

石磨槽 ɕiaʔ²moʔ²¹tsʰo²² 磨盘下方接收磨碎物料的槽子

石磨洞 ɕiaʔ²moʔ²¹təŋ²¹ 磨盘上的孔，粮食从该孔进入两块磨盘中间

石磨手 ɕiaʔ²moʔ²¹ɕiu³⁵ 磨把儿

石磨心 ɕiaʔ²moʔ²¹sim⁴⁴ 磨脐子，磨扇中心的铁轴

石磨架 ɕiaʔ²moʔ²¹kɔ⁴⁴ 摆放石磨的架子

*桶楻 tʰəŋ⁵⁵uɔŋ²²

谷梯 kuʔ²tʰoi⁴⁴ 打稻桶内放置的专用小木梯，用以承接击打的稻束

罗糠 lo²²xɔŋ⁴⁴ 筛粉末状细物的器具

鼓棚槌 ku⁵⁵lɔŋ²²tɕʰy²² 棒槌

水碓屏 ɕy⁵⁵toi⁴⁴lin³⁵ 碓杵

水碓秤 ɕy⁵⁵toi⁴⁴tɕʰiŋ⁴⁴ 水碓杆

水碓□ ɕy⁵⁵toi⁴⁴xam³⁵ 水碓臼

□盆屏 xam⁵⁵pʰən²¹lin³⁵ 臼杵

耙刀 pʰɔ²²tau⁴⁴ 钉耙

柴刀 tsʰai²²tau⁴⁴ 砍粗大柴棍的刀

草刀 tsʰau⁵⁵tau⁴⁴ 割草的刀

半路刀 pɔn⁴⁴lu²¹tau⁴⁴⁵ 砍一般柴的刀，刀叶的长度处于草刀和柴刀之间。"刀"小称

铡刀 tsʰat²tau⁴⁴

刀嵌 tau⁴⁴kʰen⁴⁴ 装柴刀、草刀等刀的木盒子，上下相通，外出干活时系在腰间

刀架 tau⁴⁴kɔ⁴⁴ 插柴刀、草刀等刀的架子，一般钉在墙上

山锄 san⁴⁴tɕʰy²² 镐，用于刨硬地，一头尖一头扁小

锄头爿 tɕʰy²²tʰeu²²pan²¹ 薅锄

洋锹 iɔŋ²²tɕʰiau⁴⁴ 铁锹

铁锹 tʰat⁴tɕʰiau⁴⁴

地拨 tʰi²¹pət⁴ 撮箕

谷□ kuʔ²tɕʰiap⁴ 畚斗

箩崽 lo²¹tsoi⁵⁵ 小箩。"崽"小称

纱箩 sɔ⁴⁴lo²¹ 篾丝密实编织的箩

篾箩 mat²lo²¹ 篾片密实编织的箩，多用于装稻谷

番薯筐 uɔn⁴⁴ɕy²²po²¹ 篾片编织的箩筐，孔眼较大，多用于装红薯

　　番薯篮 uɔn⁴⁴ɕy²²lam²¹

柴栋=竿 tsʰai²²təŋ⁴⁴kɔn⁴⁴ 两头尖的扁担，挑柴用

担钩 tam⁴⁴kau²¹ 有钩的扁担

担担 tam⁴⁴tam⁴⁴ 挑担子

拄杖 tu⁵⁵tɕʰiɔŋ²¹ 挑担时用来支撑的杖子

芒扫 mɔŋ²²sau⁴⁴ 笤帚

番薯籣 uɔn⁴⁴ɕy²²liaʔ² 竹制器具，多用于晒红薯丝等

五　植物

鬼麦 kui⁵⁵maʔ² 野燕麦

苦麦 fu⁵⁵maʔ² 荞麦

麦□ maʔ²koi²¹ 麦茬儿

禾秆头 uo²²kɔn⁵⁵tʰeu²² 稻茬儿

　　禾□ uo²²koi²¹

早禾 tsau⁵⁵uo²² 早稻

晚禾 mɔn⁵⁵uo²² 晚稻

糯谷 no²¹kuʔ⁴ 糯米稻

稗 pʰe⁴⁴ 稗子。长在稻田里或低湿地方的一年生草本植物，形状像稻，是稻田的害草

棉花卵 men²²fɔ⁴⁴lɔn⁵⁵ 棉花桃儿。"卵"小称

苎 tɕʰy²¹ 苎麻

瓜子 kɔ^{55}tsi^{21} "瓜"声调特殊

白番薯 pʰaʔ^{2}uɔn^{44}ɕy^{445} 白薯。"薯"小称

赤番薯 tɕʰiaʔ^{4}uɔn^{44}ɕy^{445} 红薯。"薯"小称

田芋 tʰan^{22}fu^{21} 慈姑

水芋 ɕy^{55}fu^{21} 种在田里的毛芋

焦芋 tsau^{44}fu^{21} 种在地里的毛芋

莲子 lie^{55}tsɿ^{22} "莲"景宁话借音

豆 tʰeu^{35} ①豆，统称。②黄豆

青豆 tsʰaŋ^{44}tʰeu^{35}

乌豆 u^{44}tʰeu^{35} 黑豆

赤豆 tɕʰiaʔ^{2}tʰeu^{35} 红豆

八月豇 pat^{4}ȵyot^{2}kɔŋ^{445} 农历八月成熟的豇豆。"豇"小称

九月豇 kiu^{35}ȵyot^{2}kɔŋ^{445} 农历九月成熟的豇豆。"豇"小称

扁豆 pan^{55}tʰeu^{35}

打板豆 taŋ^{55}pan^{55}tʰeu^{35} 刀豆

田唇豆 tʰan^{22}ɕyn^{22}tʰeu^{35} 种在田埂上的豆子

豆瓣 tʰeu^{35}pan^{44}

烂豆瓣 lɔn^{21}tʰeu^{35}pan^{44} 有残缺的豆瓣

豆□ tʰeu^{35}pʰi^{55} 不饱满的豆粒。"□" [pʰi^{55}] 小称

豆梗 tʰeu^{35}kiaŋ^{35} 豆茎秆，长在地里的

豆稿 tʰeu^{35}kɑu^{35} 豆秸秆，脱粒后的豆茎秆

菜豆溜 tsʰoi^{44}tʰeu^{21}liu^{44} 插地里让豇豆藤缠绕的杆子

黍梗 seu^{21}kiaŋ^{35} 高粱秆

苦瓜 fu^{55}kɔ^{445} "瓜"小称

金瓜核 kim^{55}kɔ^{44}fɔt^{2} 南瓜子。"金"声调特殊

冬瓜 tɘŋ^{44}kɔ^{44}

匏 pʰiu^{21} 瓠瓜

手肚匏 ɕiu^{55}tu^{55}pʰiu^{21} 长条形的瓠瓜

扁葱 pan^{55}tsʰəŋ^{35} "葱"小称

鬼葱 kui^{55}tsʰəŋ^{21} 野葱

葱叶 tsʰəŋ^{21}iep^{2}

葱□ tsʰəŋ^{21}koi^{21} 葱白

大蒜苗 tai^{21}sɔn^{445}meu^{22} 蒜苗。"蒜"小称

苋菜 xɔn^{21}tsʰoi^{44}

姜头 kiɔŋ^{44}tʰeu^{22} 姜的根茎

姜娘 kiɔŋ^{44}ȵiɔŋ^{22} 姜种

山姜 san^{44}kiɔŋ^{44}

黄姜 uɔŋ^{22}kiɔŋ^{44} 洋姜

轮辣椒 lən^{22}lɔt^{2}tɕiau^{445} "椒"小称

灯笼椒 teŋ^{44}liuŋ^{22}tɕiau^{445} "椒"小称

番椒 fɔn^{44}tɕiau^{445} 长条形的辣椒。"椒"小称

甜椒 tʰan^{22}tɕiau^{445} "椒"小称

指天椒 tɕi^{55}tʰan^{44}tɕiau^{445} 朝天椒。"椒"小称

羊角椒 iɔŋ^{22}koʔ^{4}tɕiau^{445} 细长，尖上带钩，形若羊角的辣椒。"椒"小称

胡椒 fu^{22}tɕiau^{44}

芥菜 kiai^{44}tsʰoi^{44}

白菜 pʰaʔ^{2}tsʰoi^{445} "菜"小称

白菜崽 pʰaʔ^{2}tsʰoi^{44}tsʰoi^{55} 小白菜。"崽"小称

小白菜 sau^{55}pʰaʔ^{2}tsʰoi^{445} "菜"小称

苦麦菜 fu^{55}maʔ^{2}tsʰoi^{44}

苦苣菜 fu^{55}tɕy^{21}tsʰoi^{44}

花菜 fɔ^{44}tsʰoi^{44}

空心菜 kʰəŋ^{44}sim^{44}tsʰoi^{445} 蕹菜。"菜"小称

田苦菜 tʰan^{22}fu^{55}tsʰoi^{445} 荠菜。"菜"小称

油冬菜 iu^{22}tɘŋ^{44}tsʰoi^{44}

菜头油 ˉtsʰoi^{44}tʰeu^{22}iu^{22} 圆萝卜

春不老 tɕʰyn^{44}pət^{4}lɑu^{35}

菜头空心啊 tsʰoi^{44}tʰeu^{22}kʰəŋ^{44}sim^{44}a^{0} 萝卜糠儿了

菜头缨 tsʰoi⁴⁴tʰeu²²iŋ⁴⁴⁵ 萝卜缨儿。"缨"小称

　菜缨 tsʰoi⁴⁴iŋ⁴⁴⁵ "缨"小称

茭笋 kau⁴⁴sən³⁵ 茭白

油菜 iu²²tsʰoi⁴⁴ 籽实用来榨油的油菜

油菜崽 iu²²tsʰoi⁴⁴tsoi³⁵ 油菜的籽实

菜蔸 tsʰoi⁴⁴teu⁴⁴ 蔬菜的植株

菜根 tsʰoi⁴⁴kyn⁴⁴ 蔬菜的根部

菜梗 tsʰoi⁴⁴kiaŋ³⁵ 蔬菜的茎秆

菜洞 ˉtsʰoi⁴⁴təŋ²¹ 菜薹，蔬菜的嫩茎叶

上洞 ˉɕioŋ⁴⁴təŋ²¹ 长菜薹

菜心 tsʰoi⁴⁴sim⁴⁴ 去掉外层硬皮后的蔬菜茎秆

菜叶 tsʰoi⁴⁴iep²

菜脚 tsʰoi⁴⁴kioʔ⁴ 采摘或烹调蔬菜时丢弃的菜

　帮子、菜叶子等

青菜 tsʰiŋ⁴⁴tsʰoi⁴⁴

抽□ tsʰiu⁴⁴yon²¹（树木）发芽

抽眼 tsʰiu⁴⁴nian³⁵（树木、草）发芽

柴林 tsʰai²²lim²² 树林

　山林 san⁴⁴lim²²

　树林 ɕy²¹lim²²

柴苗 tsʰai²²meu²² 树苗

　树苗 ɕy²¹meu²²

柴梗 tsʰai²²kiaŋ³⁵ 树干

　树梗 ɕy²¹kiaŋ³⁵

柴顶 tsʰai²²tiŋ³⁵ 树梢

　树顶 ɕy²¹tiŋ³⁵

柴尾蔸 tsʰai²²mei⁴⁴tiu⁴⁴ 树梢尾

　树尾蔸 ɕy²¹mei⁴⁴tiu⁴⁴

柴头□ tsʰai²²tʰeu²²koi²¹ 树根，统称，指整个

　根部

　柴□ tsʰai²²koi²¹

　柴头 tsʰai²²tʰeu²²

树头□ ɕy²¹tʰeu²²koi²¹

　树□ ɕy²¹koi²¹

　树头 ɕy²¹tʰeu²²

柴根 tsʰai²²kyn⁴⁴ 树根，指根须部分

　树根 ɕy²¹kyn⁴⁴

柴叶 tsʰai²²iep² 树叶

　树叶 ɕy²¹iep²

柴桠 tsʰai²²uɔ³⁵ 树枝

　树桠 ɕy²¹uɔ³⁵

柴丁 tsʰai²²taŋ⁴⁴ 留在树干上的短截树枝，与

　树干一起形成树杈

　树丁 ɕy²¹taŋ⁴⁴

柴丫 tsʰai²²ɔ³⁵ 树杈，指树干与树枝的丫状交

　汇处。"丫"小称

　树丫 ɕy²¹ɔ³⁵ "丫"小称

松柏树毛 tsʰoŋ²²paʔ⁴ɕy²¹mɑu⁴⁴ 松针

　树毛 ɕy²¹mɑu⁴⁴

松柏树卵 tsʰoŋ²²paʔ⁴ɕy²¹lɔn³⁵ 松球

　松柏卵 tsʰoŋ²²paʔ⁴lɔn³⁵

松柏树崽 tsʰoŋ²²paʔ⁴ɕy²¹tsoi⁵⁵ 小松树。"崽"

　小称

　松柏崽 tsʰoŋ²²paʔ⁴tsoi⁵⁵ "崽"小称

松香 sən⁴⁴ɕioŋ⁴⁴

杉树崽 sam⁴⁴ɕy²¹tsoi⁵⁵ 小杉树。"崽"小称

杉树卵 sam⁴⁴ɕy²¹lɔn³⁵ 杉树子

杉树劈 sam⁴⁴ɕy²¹net⁴ 杉针

桑树 sɔŋ²¹ɕy²¹

桑树崽 sɔŋ²¹ɕy²¹tsoi³⁵ 桑葚儿

桑叶 sɔŋ²¹iep²

□树 kʰyn⁴⁴⁵ɕy²¹ 乌柏树。"□"[kʰyn⁴⁴⁵]小称

苦槠树 kʰu⁵⁵tɕy²¹ɕy²¹

桐油树 tʰən²²iu³⁵ɕy²¹ 油桐树。"油"小称

桐油崽 tʰəŋ²²iu³⁵tsoi³⁵ 油桐籽。"油" 小称

桐油 tʰəŋ²²iu²² 油桐籽榨出来的油

苦楝树 kʰu⁵⁵len²²ɕy²¹

狗⁼柏杉 kau⁵⁵paʔ⁴sam⁴⁴ 红豆杉

古樟树 ku⁵⁵tɕioŋ⁴⁴ɕy²¹ 樟树

棕榈树 tsəŋ⁴⁴li²²ɕy²¹

桉树 uon⁴⁴ɕy²¹

冬笋 təŋ⁴⁴sən³⁵

春笋 tɕʰyn⁴⁴sən³⁵

竹鞭笋 tɕyʔ⁴pen⁴⁴sən³⁵

笋壳 sən⁵⁵xoʔ⁴

竹桠 tɕyʔ⁴uɔ³⁵ 竹干上的竹枝，有竹叶

竹枝 tɕyʔ⁴ki²¹ 已脱离竹干，且无竹叶子的竹
    条子，常用于赶牛或教育小孩

竹丁 tɕyʔ⁴taŋ⁴⁴ 留在竹干上的短截竹枝，与竹
    干一起形成竹杈

竹叶 tɕyʔ⁴iep²

竹衣 tɕyʔ⁴i⁴⁴⁵ 竹膜。"衣" 小称

竹鞭 tɕyʔ⁴pen⁴⁴

竹蔸 tɕyʔ⁴teu⁴⁴ 竹子的植株

篾□ mat²lai⁴⁴ ～ mat²lei⁴⁴ 竹片

篾瓤 mat²nɔŋ²² 篾黄

篾皮 mat²pʰi²² 篾青

    篾青 mat²tsʰaŋ⁴⁴

红心李 fəŋ²²sim⁴⁴li⁵⁵ "李" 小称

蜜枣 met²tsau³⁵

乌枣 u⁴⁴tsau³⁵

雪梨 sɔt⁴li²²

桃花 tʰo³⁵fɔ⁴⁴

桃核 tʰo³⁵fət²

桃汁 tʰo³⁵tsit⁴ 桃胶

杨梅 iɔŋ²²mui²¹

枇杷 pi²²pɔ²²

柿干 kʰi⁴⁴⁵kɔn⁴⁴ 柿饼。"柿" 小称

橘膜 kin⁴⁴⁵moʔ⁴ 橘络。"橘" 小称

橘崽 kin⁴⁴⁵tsoi⁵⁵ 金橘。"橘崽" 小称

橘饼 kit⁴piaŋ³⁵

椪柑 pʰəŋ⁵⁵kɑm⁴⁴⁵ "柑" 小称

桂圆 kʰui⁴⁴yon²²

    龙眼 liuŋ²²n̠ian³⁵

桂圆肉 kʰui⁴⁴yon²²n̠yʔ⁴

    龙眼肉 liuŋ²²n̠ian³⁵n̠yʔ⁴

荔枝 li⁵⁵tɕi³⁵ 声调特殊

芒果 mɔŋ⁵⁵ko²² 声调特殊

香蕉 ɕiɔŋ⁴⁴tɕiau⁴⁴⁵ "蕉" 小称

西瓜 sai⁴⁴kɔ⁴⁴

甜瓜 tʰam²²kɔ⁴⁴⁵ "瓜" 小称

泥豆肉 nai²²tʰeu²¹n̠yʔ⁴ 花生米

泥豆衣 nai²²tʰeu²¹i⁴⁴⁵ 花生皮。"衣" 小称

泥豆壳 nai²²tʰeu²¹xoʔ⁴ 花生壳

桂花 kui⁵⁵fɔ⁴⁴⁵ "花" 小称

菊花 tɕyʔ⁴fɔ⁴⁴⁵ "花" 小称

手甲花 ɕiu⁵⁵kap⁴fɔ⁴⁴⁵ 凤仙花。"花" 小称

鸡髻花 kiai⁴⁴ke²¹fɔ⁴⁴⁵ 鸡冠花。"花" 小称

水仙花 ɕy⁵⁵ɕian⁴⁴fɔ⁴⁴⁵ "花" 小称

喇叭花 lɔ²²pɔ⁴⁴fɔ⁴⁴⁵ 牵牛花。"花" 小称

石榴花 ɕiaʔ⁴liu²²fɔ⁴⁴⁵ 杜鹃花。"花" 小称

掘⁼花 kuət²fɔ⁴⁴⁵ 芙蓉花。"花" 小称

黄山李花 uɔŋ²²san⁴⁴li⁵⁵fɔ⁴⁴⁵ 栀子花。"花" 小称

犁礤花 lai²²tioʔ²fɔ⁴⁴⁵ 夏枯草。因花形似农具
    犁礤，呈放射齿状，且在春耕季盛开，
    故名

花叶 fɔ⁴⁴iem³⁵ 花瓣。"叶" 小称

花心 fɔ⁴⁴sim⁴⁴⁵ 花蕊。"心" 小称

□□劈 kiap⁴kiam⁴⁴⁵net⁴ 金刚藤。第二个"□"
　　[kiam⁴⁴⁵]是第一个"□"[kiap⁴]的小称音

琴⁼丝 kʰim²²si⁴⁴ 苍耳

莲子叶 lie⁵⁵tsʅ²²iep² 荷叶。"莲"景宁话借音

万年青 mɔn²¹nan²²tsʰaŋ⁴⁴

仙人掌 ɕian⁴⁴n̩in²²tɕiɔŋ³⁵
　　观音掌 kon⁴⁴im⁴⁴tɕiɔŋ³⁵

仙人球 ɕian⁴⁴n̩in²²kiu²²

茅 mau²²

丝茅 si⁴⁴mau²² 旱地芦苇

冬菌 təŋ⁴⁴kʰun²¹ 冬菇

春菌 tɕʰyn⁴⁴kʰun²¹ 春菇

鸡肶菌 kiai⁴⁴pi⁵⁵kʰun²¹ 鸡腿菇

鸡卵菌 kiai⁴⁴lɔn⁵⁵kʰun²¹ 圆形菇

牛屎菌 ŋau²²ɕi⁵⁵kʰun²¹ 长在牛粪上及其周围的
　　蘑菇，不能食用

石菌 ɕiaʔ²kʰun²¹ 地衣

老鼠爪 lau⁵⁵ɕy⁵⁵tɕiau⁵⁵ 龙爪菇。"爪"小称

菌崽 kʰun²¹tsoi⁵⁵ 金针菇。"崽"小称

花菌 fɔ⁴⁴kʰun²¹ 花菇

青□ tsʰaŋ⁴⁴tʰi²² 青苔

上青□ ɕiɔŋ⁴⁴tsʰaŋ⁴⁴tʰi²² 长青苔
　　上青苔 ɕiɔŋ⁴⁴tsʰaŋ⁴⁴tʰoi²²

*狗耳 kɑu⁵⁵n̩i³⁵

艾 n̩iai⁴⁴ 艾草

□ tsʰɔ²¹ 芒萁

蕨 kyot⁴

鸡公品 kiai⁴⁴kəŋ²¹pʰin³⁵ 红色的蕨

石墙蕨 ɕiaʔ²tɕʰiɔŋ²²kyon⁴⁴⁵ 长在石隙间的凤尾
　　蕨。"蕨"小称

油麻草 iu²²mɔ²¹tsʰau³⁵ 一年蓬

□ sen⁴⁴⁵ 油茶籽。小称

□花 sen⁴⁴⁵fɔ⁴⁴ 油茶花。"□"[sen⁴⁴⁵]小称

□□ sen⁴⁴⁵pʰau⁴⁴ 油茶苞，可吃。"□"[sen⁴⁴⁵]
　　小称

*蔍 pʰau²¹

补⁼田蔍 pu⁵⁵tʰan²²pʰau³⁵ 蓬蘽。"蔍"小称

蛇蔍 ɕia²²pʰau²¹ 蛇莓

*狗⁼□ kau⁵⁵kəŋ²²

大本狗⁼□ tʰɔi²¹pon³⁵kau⁵⁵kəŋ²² 一种较大的覆
　　盆子

坑喷⁼xaŋ⁴⁴pʰən⁴⁴⁵ 薜荔，果实用来制作凉粉。
　　"喷⁼"小称

*藻 pʰeu²²

六 动物

头牲 tʰeu²²saŋ⁴⁴ 牲口

牲徒 saŋ⁴⁴tu²² 畜牲

马牯 mɔ⁴⁴ku³⁵ 公马

马牸 mɔ⁴⁴tsʰi²¹ 母马，未生育

马娘 mɔ⁴⁴n̩iɔŋ²² 母马，已生育

马崽 mɔ⁴⁴tsoi⁵⁵ 小马。"崽"小称

羯牯 keʔ⁴ku³⁵ 犍牛，阉过的公牛

牛牸 ŋau²²tsʰi²¹ 母牛，未生育

牛牯头 ŋau²²ku⁵⁵tʰeu⁴⁴⁵ 未成年的小公牛。"头"
　　小称

牛崽 ŋau²²tsoi⁵⁵ 牛犊，统称。"崽"小称

黄牛 uɔŋ²²ŋau²²

水牛 ɕy⁵⁵ŋau²²

骆驼 loʔ²to²²

绵羊 men²²iɔŋ²²

山羊 san⁴⁴iɔŋ²²

羊牯 iɔŋ²²ku³⁵ 公羊

羊牸 iɔŋ²²tsʰi²¹ 母羊，未生育

羊崽 ioŋ²²tsoi⁵⁵ 羊羔。"崽"小称

狗拧 kɑu⁵⁵tsʰi³⁵ 母狗，未生育。"拧"小称

狗头 kɑu⁵⁵tʰeu⁴⁴⁵ 小公狗。"头"小称

狗崽 kɑu⁵⁵tsoi⁵⁵ 小狗，10斤以下。"崽"小称

狗□ kɑu⁵⁵sau⁴⁴⁵ 小狗，10斤以上。"□"[sau⁴⁴⁵]
　　小称

狼狗 lɔŋ²²kɑu³⁵

豺狗 tsʰai²²kɑu³⁵

猫拧 ȵiau⁴⁴⁵tsʰi³⁵ 母猫，未生育。"猫拧"小称

猫崽 ȵiau⁴⁴⁵tsoi⁵⁵ 小猫。"猫崽"小称

猪拧 tɕy⁴⁴tsʰi²¹ 母猪，未生育

半□猪 pɔn⁴⁴sau²²tɕy⁴⁴⁵ 百来斤的猪。"猪"小称

吵栏 tsʰau⁵⁵lɔn²² （牛、猪）发情

鸡公头 kiai⁴⁴kəŋ²¹tʰeu²² 成年的打鸣公鸡

鸡公崽 kiai⁴⁴kəŋ²¹tsoi⁵⁵ 未成年的小公鸡。"崽"
　　小称

鸡健 kiai⁴⁴lɔn³⁵ 母鸡，没生过蛋

半□鸡 pɔn⁴⁴sau²²kiai⁴⁴⁵ 半大不小的鸡。"鸡"
　　小称

赖伏鸡 lɔi²¹pʰiu²¹kiai⁴⁴ 抱窝鸡

　　赖□鸡 lɔi²¹koʔ²kiai⁴⁴

赖伏 lɔi²¹pʰiu²¹ （鸡）抱窝

　　赖□ lɔi²¹koʔ²

鸡崽 kiai⁴⁴tsoi⁵⁵ 小鸡。"鸡"小称

鸡髻 kiai⁴⁴ke²¹ 鸡冠

鸡脚爪 kiai⁴⁴kioʔ²tɕiau³⁵ 鸡爪子

鸡嘻⁼刀⁼ kiai⁴⁴ɕi⁴⁴tɑu⁴⁴ 鸡翅膀

鸡□ kiai⁴⁴kai²² 鸡嗉子

卵 lɔn³⁵ ①蛋，统称。②鸡蛋

鸭公 ap⁴kəŋ²¹ 公鸭

鸭拧 ap⁴tsʰi²¹ 母鸭，未生过蛋

鸭娘 ap⁴ȵiɔŋ²¹ 母鸭，已生过蛋

鸭崽 ap⁴tsoi⁵⁵ 小鸭子。"崽"小称

鸭卵 ap⁴lɔn³⁵ 鸭蛋

鸭掌 ap⁴tɕiɔŋ³⁵

□鹅公 tɕʰia⁵⁵ŋau²²kəŋ²¹ 公鹅

□鹅娘 tɕʰia⁵⁵ŋau²²ȵiɔŋ²¹ 母鹅，生过蛋

□鹅崽 tɕʰia⁵⁵ŋau²²tsoi⁵⁵ 小鹅。"崽"小称

山兽 san⁴⁴siu⁴⁴ 野兽

麒麟 kʰi²²lin²²

*龙麒 liuŋ²²ki²²

　　龙□ liuŋ²²maŋ²²

狮子 su⁴⁴tsu³⁵

老虎娘 lau⁵⁵fu⁵⁵ȵiɔŋ²² 雌性老虎

老虎牯 lau⁵⁵fu⁵⁵ku³⁵ 雄性老虎

老虎□ lau⁵⁵fu⁵⁵sau⁴⁴⁵ 半大不小的老虎。"□"
　　[sau⁴⁴⁵]小称

老虎崽 lau⁵⁵fu⁵⁵tsoi⁵⁵ 小老虎。"崽"小称

熊 iuŋ²²

豹 pau⁴⁴⁵ "豹"小称

狐狸 fu²²li²²

狐狸崽 fu²²li²²tsoi³⁵ 豹猫

　　偷鸡猫 tʰeu⁴⁴kiai⁴⁴ȵiau⁴⁴⁵ "猫"小称

大臊黄 tʰɔi²¹sau⁴⁴uɔŋ⁴⁴⁵ 黄鼠狼。"黄"小称

老鼠紧⁼ lau⁵⁵ɕy³⁵kin³⁵ 松鼠

四脚蛇 si⁴⁴kioʔ⁴ɕia³⁵ "蛇"小称

担⁼盐⁼棍⁼ tam⁴⁴iem²¹kun⁴⁴ 蜥蜴

凤凰 fəŋ²¹uɔŋ²²

燕 an⁴⁴⁵ "燕"小称

大雁 tʰɔi²¹ien⁴⁴⁵ "雁"小称

斑鸠 pan⁴⁴kiu⁴⁴⁵ "鸠"小称

*狗⁼□鸟 kɑu⁵⁵kəŋ²²tau⁵⁵

　　*赶工鸟 kɔn⁵⁵kəŋ⁴⁴tau⁵⁵

啄树干鸟 toʔ⁴ɕy²¹kon²¹tau⁵⁵ 啄木鸟。"干"韵

母特殊。"鸟"小称

苦⁼云⁼kʰu⁵⁵un⁴⁴⁵ 猫头鹰。"云"小称

白鹤 pʰaʔ²xoʔ²

鹞 ieu²¹ 老鹰

长鸡 tɕʰiɔŋ²²kiai⁴⁴ 野鸡

　山鸡 san⁴⁴kiai⁴⁴⁵ "鸡"小称

竹鸡 tɕy⁴⁴kiai⁴⁴⁵ "鸡"小称

水鸭 ɕy⁵⁵ɑm⁴⁴⁵ 野鸭。"鸭"小称

鸬鹚 lo²²sʅ²²

白鹭 pʰaʔ²lu²²

绵毛 men²²mɑu⁴⁴⁵ 动物初生的柔软细毛。"毛"

　小称

嘴甲 tɕyoi⁴⁴kap⁴ 鸟类的嘴

蚕芽 tsʰɑm³⁵ŋɔ²¹ 蚕蛹

蚕屎 tsʰɑm³⁵ɕi³⁵ 蚕沙

蚕茧 tsʰɑm³⁵kan³⁵

蚁公 ȵi⁵⁵kəŋ⁴⁴ 大蚂蚁

擘⁼交⁼paʔ⁴kau⁴⁴⁵ 蝼蛄。"交⁼"小称

蜒蚰 yon²²iu²¹

□kʰio⁴⁴ 蜈蚣

白蚁虎 pʰaʔ²ȵi⁵⁵fu³⁵ 壁虎

生毛虫 saŋ⁴⁴mɑu⁴⁴tɕʰiuŋ²¹ 毛毛虫

番薯虎 uɔn⁴⁴ɕy²²fu³⁵ 菜虫

青虫 tsʰaŋ⁴⁴tɕʰiuŋ³⁵ 蚜虫。"虫"小称

干吠⁼kon⁴⁴pʰoi²¹ 臭虫

牛虻 ŋɑu⁴⁴maŋ²¹

纺织麻⁼pʰiɔŋ⁵⁵tsi⁴⁴mɔ²¹ 蟋蟀

镬灶鸡 uoʔ²tsau⁴⁴kiai⁴⁴⁵ 灶蟋蟀。"鸡"小称

车屎卵 tɕʰia⁴⁴ɕi⁵⁵lɔn⁵⁵ 蜣螂。"卵"小称

　笨屎□pən²¹ɕi⁵⁵kɑm²¹

姑⁼□ku²¹tsʰɔt² 蟑螂

狗蜢 kau⁵⁵maŋ⁵⁵ 蚂蚱。"蜢"小称

寮⁼公秤⁼lau²²kəŋ⁴⁴tɕʰiŋ⁴⁴ 螳螂

蜂鹞 pʰiuŋ²¹ieu²¹ 马蜂

　九里达 kiu⁵⁵li⁵⁵tat²

叮人 teŋ⁴⁴ȵin²² 蜇人

蜂窠 pʰiuŋ³⁵kʰo⁴⁴ 蜂窝

萤火衣⁼iɔŋ²²fu⁵⁵i⁴⁴⁵ 萤火虫。"衣⁼"小称

花虫 fɔ⁴⁴tɕʰiuŋ²¹ 花大姐，七星瓢虫

白蚁蚊 pʰaʔ²ȵi⁵⁵mən³⁵ 灯蛾

*屎蚊 ɕi⁵⁵mən²¹

鳊鱼 pan⁵⁵ȵy²¹

草鱼 tsʰau⁵⁵ȵy²¹

黄鱼 uɔŋ²²ȵy²¹

枫树叶 piuŋ⁴⁴ɕy²¹iem³⁵ 小鲳鱼。"叶"小称

田鳝 tʰan²²ɕien⁴⁴ 黄鳝

白鲢 pʰaʔ²len²² 白鲢鱼

乌鱼 u⁴⁴ȵy²¹ 黑鱼

金鱼 kim⁴⁴ȵy²¹

壶⁼溜 fu²²liu⁴⁴ 泥鳅

鱼骨头 ȵy²¹kuət⁴tʰeu²² 鱼刺

鱼泡 ȵy²¹pʰau⁴⁴⁵ 鱼鳔。"泡"小称

鱼鳍 ȵy²¹ɕi⁴⁴⁵ "鳍"小称

鱼荤⁼ȵy²¹xon⁴⁴ 鱼鳃

鱼崽 ȵy²¹tsoi⁵⁵ 小鱼。"崽"小称

鱼卵 ȵy²¹lɔn³⁵ 鱼子

鱼苗 ȵy²¹meu²²

钓鱼 tau⁴⁴ȵy²¹

钓鱼棍 tau⁴⁴ȵy²¹kun⁴⁴ 钓鱼竿

钓鱼钩 tau⁴⁴ȵy²¹kau³⁵ 钓鱼钩。"钩"小称

鱼篓 ȵy²¹leu³⁵

渔网 ȵy²¹mɔŋ³⁵

虾公 xɔ³⁵kəŋ⁴⁴ 虾，大的

虾卵 xɔ³⁵lɔn³⁵ 虾子

乌龟 u⁴⁴kui⁴⁴

蛤蟆蛄 xɔ²²mɔ²²ku³⁵ 蝌蚪

水蜞 ɕy⁵⁵kʰi²² 蚂蟥

田螺 tʰan²²lo²²

田缸 ⁼tʰan²²kɔŋ²¹ 河蚌

七 房舍

*一字寮 it⁴tsʰi²¹lau²²

*三间 sam⁴⁴kian⁴⁴⁵

  *三间崽 sam⁴⁴kian⁴⁴tsoi⁵⁵

五间 ŋ⁵⁵kian⁴⁴⁵ 一进有五间的房子。"间"小称

*四面寮 si⁴⁴men⁴⁴lau²²

*寮场 lau²²tɕʰiɔŋ²²

瓦寮 ŋɔ⁵⁵lau²² 瓦房

树皮寮 ɕy²¹pʰi²²lau²² 盖树皮的房子

*柴寮 tsʰai²²lau²²

泥墙寮 nai²²tɕʰiɔŋ²²lau²² 泥墙房

砖寮 kyon⁴⁴lau²² 砖墙房

洋房 iɔŋ²²fɔŋ²²

*火寮 fu⁵⁵lau²²

*开基寮 kʰoi²¹ki⁴⁴lau²²

老寮 lɑu⁵⁵lau²² 老房子

新寮 sin⁴⁴lau²² 新房子

墙脚 tɕʰiɔŋ²²kioʔ⁴

垒墙脚 lei⁵⁵tɕʰiɔŋ²²kioʔ⁴ 砌墙脚

*筑墙 tyʔ⁴tɕʰiɔŋ²²

*墙板 tɕʰiɔŋ²²pan³⁵

*竖柱 ɕy²¹tɕy²¹

*上栋梁 ɕiɔŋ⁴⁴təŋ⁴⁴liɔŋ²²

  *上梁 ɕiɔŋ⁴⁴liɔŋ²²

*入寮 ip²lau²²

地基 tʰi²¹ki⁴⁴

寮基 lau²²ki⁴⁴ 房屋的地基

围墙 ui²²tɕʰiɔŋ²²

*照墙 tɕieu⁴⁴tɕʰiɔŋ²²

*正寮 tɕian⁴⁴lau²²

*横轩 fɔŋ²²ɕien⁴⁴

*楼坪 leu²²pʰiaŋ²²

楼坪板 leu²²pʰiaŋ²²pan³⁵ 铺楼坪的板

踏楼坪 tʰɑp²leu²²pʰiaŋ²² 木匠铺楼板

*坻楼 tai⁵⁵leu⁴⁴⁵

  楼上 leu²²ɕiɔŋ²¹

楼梯 leu²²tʰoi⁴⁴ 不可移动的梯子

楼梯夹 leu²²tʰoi⁴⁴kap⁴ 梯子侧边的栏板

楼梯踏 leu²²tʰoi⁴⁴tʰɑp² 梯子的踏板

楼梯□ leu²²tʰoi⁴⁴kʰɔt⁴ 楼梯阶

楼进榜 leu²²tsin⁴⁴pʰɔŋ³⁵ 可移动的扶梯两边的扶手

楼进经 leu²²tsin⁴⁴kaŋ⁴⁴ 可移动的扶梯的踏板

寮崠 lau²²təŋ⁴⁴ 房顶

寮崠捻 ⁼lau²²təŋ⁴⁴nan³⁵ 屋脊

  崠捻 ⁼təŋ⁴⁴nan³⁵

寮檐 lau²²iem²² 房檐

栋梁 təŋ⁴⁴liɔŋ²²

坤梁 kʰun⁴⁴liɔŋ²² 栋梁下方的梁

八步梁 pat⁴pʰu²¹liɔŋ²² 廊梁

寮角崽 lau²²koʔ⁴tsoi³⁵ 椽子

*龙骨 liuŋ²²kuət⁴

面链 men⁴⁴len²¹ 屋檐最下端连接椽子的木条

*竹牯钉 tɕy⁴⁴ku⁵⁵teŋ⁴⁴

替水板 tʰi⁴⁴ɕy⁵⁵pan³⁵ 屋檐最下端的挡水板

垫子 tem²¹tsi²¹ 柱下石

*磉盘 səŋ⁵⁵pʰɔn²²

踏步□ tʰɑp²pʰu²¹kʰɔt⁴ 台阶

路□ $lu^{21}k^hɔt^4$

坪 $p^hiaŋ^{22}$ ①院子。②平坦的场地

天井 $t^han^{44}tsaŋ^{35}$

* 板壁 $pɔn^{55}piaʔ^4$

* 滚板壁 $kun^{55}pɔn^{55}piaʔ^4$

大厅 $t^hɔi^{21}t^haŋ^{44}$ 中堂

　厅 $t^haŋ^{44}$

　中堂 $tɕiuŋ^{44}tɔŋ^{22}$

厅头 $t^haŋ^{44}t^heu^{22}$ 中堂最深处

* 厅头壁 $t^haŋ^{44}t^heu^{22}piaʔ^4$

　* 照壁 $tɕieu^{44}piaʔ^4$

滚厅头壁 $kun^{55}t^haŋ^{44}t^heu^{22}piaʔ^4$ 木匠钉制厅堂的

　木隔板

* 栅 $tsaʔ^4$

* 厅栅 $t^haŋ^{44}tsaʔ^4$

* 间栅 $kian^{44}tsaʔ^4$

榫头 $sɔn^{55}t^heu^{22}$

正门 $tɕiaŋ^{44}mɔn^{22}$

小门 $sɑu^{55}mɔn^{22}$ ①后门。②边门

后门 $ɕieu^{21}mɔn^{22}$

门板 $mɔn^{22}pan^{35}$ 门扇

门夹 $mɔn^{22}kap^4$ 门框

门销 $mɔn^{22}seu^{445}$ 门闩。"销"小称

销门 $seu^{44}mɔn^{22}$ 闩门

门楼杠 $mɔn^{22}leu^{22}kɔŋ^{44}$ 大门的门闩

顶门棍 $taŋ^{21}mɔn^{22}kun^{44}$ 用来抵住门的棍子

走廊 $tsɑu^{55}lɔŋ^{22}$

前廊 $ɕian^{21}lɔŋ^{22}$

后廊 $ɕieu^{21}lɔŋ^{22}$

楼廊 $leu^{22}lɔŋ^{22}$ 楼上的过道

挑廊 $t^hiau^{44}lɔŋ^{22}$ 二层以上挑出房屋外墙体，

　悬挑型的楼上过道

* 狗朘 $kau^{55}loi^{445}$

牛栏 $ŋau^{22}lɔn^{22}$ 牛圈

羊栏 $iɔŋ^{22}lɔn^{22}$ 羊圈

狗窠 $kau^{55}k^ho^{44}$ 狗窝

　狗栏 $kau^{55}lɔn^{22}$

狗斗 $kau^{55}teu^{21}$ 狗的食具

兔栏 $t^hu^{55}lɔn^{22}$

鸡栖 $kiai^{44}tsi^{44}$ 鸡窝

　鸡栏 $kiai^{44}lɔn^{22}$

鸡笼 $kiai^{44}lɘŋ^{21}$

鸡□ $kiai^{44}kim^{22}$ 鸡罩笼

猪潲斗 $tɕy^{44}sau^{44}teu^{21}$ 猪食槽

　潲斗 $sau^{44}teu^{21}$

柴隆 $^-ts^hai^{22}lɘŋ^{22}$ 柴垛

秆堆 $kɔn^{55}toi^{21}$ 稻草垛

水井 $ɕy^{55}tsaŋ^{35}$

壁篱 $piaʔ^4li^{22}$ 篱笆

八　器具用品

家伙 $kɔ^{44}fu^{35}$ 器具、用具的统称

月桌 $ŋyot^2toʔ^2$ 圆桌

　轮桌 $lɘn^{22}toʔ^2$

四方桌 $si^{44}fɔŋ^{44}toʔ^2$ 方桌

　方桌 $fɔŋ^{44}toʔ^2$

办公桌 $pɔn^{21}kɘŋ^{44}toʔ^2$

食饭桌 $ɕiʔ^2p^hɔn^{21}toʔ^2$ 饭桌

合桌 $xɑp^2toʔ^2$ 腿交叉斜撑，可折叠收起的桌子

厅头桌 $t^haŋ^{44}t^heu^{22}toʔ^2$ 正位的桌子

桌布 $toʔ^2pu^{44}$ 铺盖在桌面上，可保护及装饰

　桌子的片状物

桌围 $toʔ^2ui^{22}$ 围在桌子四周的布或缎子

交椅梁 $kɔ^{44}i^{55}liɔŋ^{22}$ 椅子樘儿

交椅脚 kɔ⁴⁴i⁵⁵kioʔ⁴ 椅子脚

折椅 tɕiep⁴i³⁵

眠椅 men²²i³⁵ 躺椅

交椅靠 kɔ⁴⁴i⁵⁵kʰeu⁴⁴⁵ 椅子背儿。"靠"小称

靠垫 kʰeu⁴⁴tem²¹

骨牌凳 kuət⁴pʰai²²teŋ⁴⁴⁵ 方凳。"凳"小称

四尺凳 si⁴⁴tɕʰiaʔ⁴teŋ⁴⁴ 可坐两个人的长凳

食饭凳 ɕiʔ²pʰɔn²¹teŋ⁴⁴

高凳 kau⁴⁴teŋ⁴⁴

矮凳 ai⁵⁵teŋ⁴⁴⁵ "凳"小称

长凳 tɕʰiɔŋ²²teŋ⁴⁴

短凳 tɔn⁵⁵teŋ⁴⁴⁵ "凳"小称

凳头 teŋ⁴⁴tʰeu⁴⁴⁵ 长条的小凳子。"头"小称

交椅头 kɔ⁴⁴i⁵⁵tʰeu⁴⁴⁵ 一种造型类似太师椅，但
　　没有靠背的坐具。"头"小称

凳崽 teŋ¹⁴tsoi⁵⁵ 小方凳儿。"崽"小称

交椅崽 kɔ⁴⁴i⁵⁵tsoi⁵⁵ 小椅子。"崽"小称

交椅轿 kɔ⁴⁴i⁵⁵kʰeu³⁵ 宝宝椅。"轿"小称

拜垫 pai⁴⁴tem²¹ 蒲团

床板 tsʰɔŋ²²pan³⁵

棕绷 tsəŋ⁴⁴paŋ⁴⁴

棕绷床 tsəŋ⁴⁴paŋ⁴⁴tsʰɔŋ²²

竹床 tɕyʔ⁴tsʰɔŋ²²

床秆 tsʰɔŋ²²kɔn³⁵ 当床垫的稻草

蚊帐钩 mən²¹tɕiɔŋ⁴⁴kau²¹

蚊帐额 mən²¹tɕiɔŋ⁴⁴ŋaʔ² 帐檐儿

被滚 pʰi⁴⁴kun³⁵ 被里

被面 pʰi⁴⁴men⁴⁴

草席 tsʰau⁵⁵tsʰaʔ²

篾席 mat²tsʰaʔ² 竹席

枕头套 kin⁵⁵tʰeu²²tʰau⁴⁴⁵ "套"小称

枕头芯 kin⁵⁵tʰeu²²sim⁴⁴

梳头桌 ɕio⁴⁴tʰeu²²toʔ² 梳妆台

梳头盒 ɕio⁴⁴tʰeu²²xɑp² 梳妆盒

镜台 kiaŋ⁴⁴toi²²

镜 kiaŋ⁴⁴

箱 ɕiɔŋ⁴⁴

皮箱 pʰi²²ɕiɔŋ⁴⁴

柴箱 tsʰai²²ɕiɔŋ⁴⁴ 木头箱

衫架 sam⁴⁴kɔ⁴⁴ 衣架

衫夹 sam⁴⁴kam⁴⁴⁵ 衣服夹子。"夹"小称

竹篙 tɕyʔ⁴kau⁴⁴ 晾衣服的竹竿儿

竹晾权 tɕyʔ⁴liaŋ²¹tsʰɔ⁴⁴ 竹权，用来支撑晒衣杆

尿桶 nau²¹tʰəŋ³⁵ 高的，无盖的

屎桶 ɕi⁵⁵tʰəŋ³⁵ 粪桶

屎桶崽 ɕi⁵⁵tʰəŋ⁵⁵tsoi⁵⁵ 小粪桶。"崽"小称

屎石□ ɕi⁵⁵ɕiaʔ²koi²¹ 粪勺

尿鳖 nau²¹pet⁴ 夜壶

火笼 fu⁵⁵ləŋ³⁵

热水袋 ȵiet²ɕy⁵⁵tʰoi²¹

生风炉 saŋ⁴⁴fəŋ⁴⁴lu⁴⁴⁵ 热菜的火炉。"炉"小称

火篾 fu⁵⁵mat² 用于照明、点火的篾片

风箱 fəŋ⁴⁴ɕiɔŋ⁴⁴

火炉管 fu⁵⁵lu²²kon³⁵ 吹火筒

火钳 fu⁵⁵kʰem²²

火掏 fu⁵⁵tʰau⁴⁴ 掏炭火、炉灰用的火铲

火叉 fu⁵⁵tsʰɔ⁴⁴⁵ 拨火或添炭用的铁叉。"叉"
　　小称

炭篓 tʰɔn⁴⁴leu³⁵ 装木炭用的篓

烧火柴 ɕieu⁴⁴fu⁵⁵tsʰai²² 当燃料的柴薪

柴□ tsʰai²²lai⁴⁴ ～ tsʰai²²lei⁴⁴ 柴爿

木糠 moʔ²xəŋ⁴⁴ 锯末

柴柿 tsʰai²²pʰi³⁵ 木片，削出来的

柴柿花 tsʰai²²pʰi⁵⁵fɔ⁴⁴⁵ 刨花。"花"小称

煤球 moi²²kiu²² 蜂窝煤

火搽糜 fu⁵⁵tsʰɔ²²moi²² 锅烟子

烟囱 ian⁴⁴tɕʰiuŋ⁴⁴

火锅 fu⁵⁵ko³⁵ ～ xo⁵⁵ko³⁵

桶□ tʰəŋ⁵⁵kʰɑm²¹ 锅盖

茶鳖 tsʰɔ²²pet⁴ 水壶

大碗公 tʰɔi²¹uon⁵⁵kəŋ²¹ 海碗

　　大碗头 tʰɔi²¹uon⁵⁵tʰeu²²

碗崽 uon⁵⁵tsoi⁵⁵ 小碗。"崽"小称

碗柜 uon⁵⁵kʰy²¹

茶碗 tsʰɔ²²uon³⁵

茶杯 tsʰɔ²²poi⁴⁴

茶壶 tsʰɔ²²fu²²

茶罐 tsʰɔ²²kon⁴⁴

茶缸 tsʰɔ²²kɔŋ²¹

盘崽 pʰɔn²²tsoi⁵⁵ 碟子。"崽"小称

饭匙 pʰɔn²¹tɕʰi²¹ 饭勺

　　饭挑 pʰɔn²¹tʰiau⁴⁴⁵ "挑"小称

饭箸晶 pʰɔn²¹tɕʰy²¹lei³⁵ 筷子笼

镬省 ⁼uoʔ²saŋ³⁵ 锅刷

酒盏 tsiu⁵⁵tsan³⁵ 酒杯

　　酒杯 tsiu⁵⁵poi⁴⁴

盘 pʰɔn²²

酒缸 tsiu⁵⁵kɔŋ²¹ 酒坛子

酒煠 tsiu⁵⁵tsʰap² 锡制的酒容器，很大，用于放置锅里热酒

酒烫 ⁼tsiu⁵⁵tʰɔŋ⁴⁴ 锡制的酒容器，比酒煠小，可装5至6斤酒

酒瓶 tsiu⁵⁵pʰeŋ²² ①旧时锡制的酒容器，有把儿，比"酒烫⁼"小，酒席上一桌摆一只。②现在无把儿的酒容器，玻璃材质的居多

酒壶 tsiu⁵⁵fu²² "酒瓶①"的新称

酒壶晶 tsiu⁵⁵fu²²lei³⁵ 酒篓，沥酒的器具

酒流 tsiu⁵⁵liu⁴⁴⁵ 酒漏。"流"小称

罐崽 kon⁴⁴tsoi⁵⁵ 小罐子。"崽"小称

盐罐 iem²¹kon⁴⁴

钵 pɔt⁴

□ kot² 有长柄的勺子

糜□ moi²²koi³⁵ 舀稀饭的长柄勺子。"□"[koi³⁵]小称

水□ ɕy⁵⁵koi³⁵ 舀水的长柄勺子。"□"[koi³⁵]小称

撩篦 leu²²pʰi²¹ 笊篱

刨 pau²¹ 刨子

绕刨 ȵiau²¹pau³⁵ 一字刨。"刨"小称

切菜板 tsʰat²tsʰoi⁴⁴pan³⁵ 砧板

米斗 mai⁵⁵teu³⁵ 量米的器具

米缸 mai⁵⁵kɔŋ²¹

水桶 ɕy⁵⁵tʰəŋ³⁵

磨药盘 mo²²ioʔ²pʰɔn²² 研船

饭瓶 pʰɔn²¹tseŋ⁴⁴

蒸笼 tsiŋ⁴⁴ləŋ²²

菜屉 tsʰoi⁴⁴tʰi⁴⁴⁵ 算子。"屉"小称

　　熏屉 xon⁴⁴tʰi⁴⁴⁵ "屉"小称

水缸 ɕy⁵⁵kɔŋ²¹

猪潲桶 tɕy⁴⁴sau⁴⁴tʰəŋ³⁵ 泔水桶

洗碗水 sai⁵⁵uon⁵⁵ɕy³⁵ 泔水

挦桌渣 lɔt²toʔ²tsɔ⁴⁴ 抹布

　　幨桌布 keu²¹toʔ²pu⁴⁴

地拖 tʰi²¹tʰo⁴⁴⁵ 拖把。"拖"小称

锯 ky⁴⁴

手锯 ɕiu⁵⁵ky⁴⁴

凿 tsʰoʔ²

尺 tɕʰiaʔ⁴

卷尺 tɕyon⁵⁵tɕʰiaʔ²⁴ 曲尺

角尺 koʔ²⁴tɕʰiaʔ²⁴ 折尺

墨斗 meʔ²teu³⁵

墨斗线 meʔ²teu⁵⁵san⁴⁴

老虎钳 lau⁵⁵fu⁵⁵kʰem²²

钳崽 kʰem²²tsoi⁵⁵ 镊子。"崽"小称

车钻 tɕʰia⁴⁴tsɔn⁴⁴ 一种手拉钻，通过来回拉动主轴，使钻头慢慢深入，木匠、篾匠常使用

□ lio³⁵ 锉

索 soʔ²⁴ 粗的绳子

錾 tsam²¹ 凿子

石錾 ɕiaʔ²²tsam²¹ 石凿子

碗錾 uon⁵⁵tsam²¹ 在碗底凿字的凿子

铰链 kau⁴⁴len²² 合叶

箱铰 ɕiɔŋ⁴⁴kau⁴⁴ 锁扣

砖刀 kyon⁴⁴tau⁴⁴ 瓦刀

灰批 foi⁴⁴pʰi⁴⁴ 抹刀

木托 moʔ²tʰoʔ²⁴ 抹泥板

水泥桶 ɕy⁵⁵nai²²tʰəŋ³⁵ 灰斗子

铁砧 tʰat⁴tim²¹ 砧子

剃刀 tʰai⁴⁴to²¹

剃刀鐾 tʰai⁴⁴to²¹pi²¹ 鐾刀布

洋剪 iɔŋ²²tsan³⁵ 推子

散剪 sam⁴⁴tsan³⁵ 理发剪

篦 pʰi²¹ 齿很密的梳子

剃头凳 tʰai⁴⁴tʰeu²²teŋ⁴⁴ 理发椅

电烫 ten²¹tʰɔŋ⁴⁴ 熨斗

烫铁 tʰɔŋ⁴⁴tʰan⁴⁴⁵ 烙铁。"铁"小称

棉弓 men²²kiuŋ⁴⁴ 弹棉花的弓子

棉锤 men²²tɕʰy²² 弹棉花的锤子

棉被磨 men²²pʰi⁴⁴mo²² 弹棉花的木磨子

纺车 pʰiɔŋ⁵⁵tɕʰia⁴⁴

*缅机 nɑm⁴⁴ky⁴⁴

经布勹 kaŋ⁴⁴pu⁴⁴ɕio³⁵ 梭。"勹"小称

面盆架 men⁴⁴pʰən²²kɔ⁴⁴ 脸盆架

脚盆 kioʔ²⁴pʰən²¹ 洗脚盆

香皂 ɕiɔŋ⁴⁴sau²¹

洗衫粉 sai⁵⁵sam⁴⁴pən³⁵ 洗衣粉

幨脚布 keu²¹kioʔ²⁴pu⁴⁴ 擦脚布

拭脚布 tɕʰiʔ²⁴kioʔ²⁴pu⁴⁴

汽灯 kʰi⁴⁴teŋ⁴⁴ 一种以煤油为燃料，有灯罩的照明器具

洋油盏 iɔŋ²²iu²²tsan³⁵ 煤油灯盏

煤油盏 moi²²iu²²tsan³⁵

油盏叠 iu²²tsan³⁵tʰap² 双层灯盏，下层灯盏略大于上层

灯芯 teŋ⁴⁴sim⁴⁴

灯笼 teŋ⁴⁴liuŋ²²

水电 ɕy⁵⁵ten²¹ 电灯

灯泡 teŋ⁴⁴pʰau⁴⁴⁵ "泡"小称

皮袋 pʰi²²tʰoi²¹

皮包 pʰi²²pau⁴⁴

皮夹 pʰi²²kap⁴

图章 tu²²tɕiɔŋ⁴⁴

私章 su⁴⁴tɕiɔŋ⁴⁴

公章 kəŋ⁴⁴tɕiɔŋ⁴⁴

睇远镜 tʰai⁵⁵yon⁵⁵kiaŋ⁴⁴ 望远镜

糨糊 tɕiɔŋ⁴⁴u²²

针□ tɕim⁴⁴tiu³⁵ 顶针儿

卷线管 ken⁵⁵san⁴⁴kon³⁵ 小线轴儿

卷织管 ken⁵⁵tsiʔ²⁴kon³⁵ 大线轴儿

针眼 tɕim⁴⁴n̪ian³⁵ 针鼻儿

针嘴 tɕim⁴⁴tɕyoi⁴⁴ 针尖

针步 tɕim⁴⁴pʰu²¹ 针脚

穿针 tɕʰyon⁴⁴tɕim⁴⁴

摇钻 lei²¹tsɔn⁴⁴⁵ 锥子。"钻"小称

耳朵耙 n̠i⁵⁵to²¹pʰɔ⁴⁴⁵ 耳挖子。"耙"小称

洗衫板 sai⁵⁵sam⁴⁴pan³⁵ 洗衣板儿

鸡毛刷 kiai⁴⁴mɑu⁴⁴son⁴⁴⁵ 鸡毛掸子。"刷"小称

扇 ɕien⁴⁴ ①扇子。②摇扇：～凉。③用风车
　　扇（粮食）：～谷。④以掌批面：～巴
　　掌。⑤量词，用于门窗等：一～门

麦秆扇 maʔ²kɔn⁵⁵ɕien⁴⁴ 蒲扇

纸扇 tɕi⁵⁵ɕien⁴⁴⁵ "扇"小称

鸡毛扇 kiai⁴⁴mɑu⁴⁴ɕien⁴⁴⁵ 笋壳、鸡毛制作的扇
　　子，多用于扇火。"扇"小称

郎=烫 lɔŋ²²tʰɔŋ⁴⁴ 拐杖

老人杖 lɑu⁵⁵n̠in²²tɕʰiɔŋ²¹ 手杖

草纸 tsɑu⁵⁵tɕi³⁵ 手纸

水衣袋 ɕy⁵⁵i⁴⁴tʰoi²¹ 塑料袋
　　塑料袋 su⁴⁴leu²¹tʰoi²¹

古董 ku⁵⁵tɔŋ³⁵

*徛桶 kʰi⁴⁴tʰɔŋ³⁵

九　称谓

老公 lɑu⁵⁵kəŋ⁴⁴⁵ 年老的男子。"公"小称

老公头 lɑu⁵⁵kəŋ⁴⁴tʰeu²² 对老年男子的贬称

老姐 lɑu⁵⁵tɕia⁵⁵ 年老的女子。"姐"小称

老姐刻 =lɑu⁵⁵tɕia⁵⁵kʰeʔ⁴ 对老年女子的贬称

*服=生崽 fuʔ²saŋ²¹tsoi⁵⁵

郎崽 lɔŋ²²tsoi⁵⁵ 小伙子。多用于畲歌和宗教仪
　　式中。"崽"小称

*夫妮崽 pət⁴n̠i⁵⁵tsoi⁵⁵

娘 n̠iɔŋ⁴⁴⁵ 对女孩子的昵称。"娘"小称

细崽 saʔ⁴tsoi⁵⁵ 小孩。"细"韵母促化，"崽"
　　小称

城内人 ɕiaŋ²²noi³⁵n̠in²² 城里人。"内"变调

山头人 san⁴⁴tʰeu²²n̠in²² 山里人

　　山寮下人 san⁴⁴lɑu⁴⁴xɔ³⁵n̠in²² "下"变调

　　山角落人 san⁴⁴koʔ⁴loʔ⁴⁴⁵n̠in²² "落"变韵变调

农村人 nəŋ²²tsʰən⁴⁴⁵n̠in²² "村"变调

乡下人 ɕiɔŋ⁴⁴xɔ²¹n̠in²²

一寮人 it⁴lɑu²²n̠in²² 一家子

村坊人 tsʰən⁴⁴fɔŋ⁴⁴⁵n̠in²² 村里的人。"坊"变调

本村人 pon⁵⁵tsʰən⁴⁴n̠in²²

外地人 uɔi²¹tʰi²¹n̠in²²

本地人 pon⁵⁵tʰi²¹n̠in²²

外国人 uɔi²¹kot⁴n̠in²²

自家人 ti²¹kɔ²¹n̠in²² ①自己人。②畲族互称

外头人 uɔi²¹tʰeu²²n̠in²² 外人

同年 tʰəŋ²²nan²² 同庚

内行 noi²¹xɔŋ²²

外行 uɔi²¹xɔŋ²²

半桶屎 pon⁴⁴tɔŋ⁵⁵ɕi⁵⁵ 比喻对某种知识或某种
　　技术只略知一二的人。"屎"小称

介绍人 ka⁵⁵iau²¹n̠in²² "介绍"景宁话借音

童养媳 tʰəŋ²²iɔŋ⁴⁴siʔ⁴

寡妇嬷 kɔ⁵⁵fu²¹nɔ²¹ 寡妇

姘头 pʰiŋ⁴⁴tʰeu²²

无爷崽 mɑu²²ia²²tsoi³⁵ ①私生子。②遗腹子

坐板房人 tsʰo⁴⁴pan⁵⁵fɔŋ²²n̠in²² 囚犯

　　坐牢人 tsʰo⁴⁴lɑu²²n̠in²²

　　劳改人 lɑu²²kai³⁵n̠in²²

发财人 fɔt⁴tsai²²n̠in²² 暴发户

败家崽 pai²¹kɔ⁴⁴tsoi³⁵ 败家子

行江湖个人 xaŋ²²kɔŋ⁴⁴fu²²kɔi⁰n̠in²² 走江湖的

拐子 kuɔi⁵⁵tsɿ³⁵ 骗子

大货 tʰɔi²¹xo⁴⁴ 女流氓

　　骗人货 pʰen⁴⁴n̠in²²xo⁴⁴

土匪 tʰu⁵⁵pʰi⁴⁴

　　土匪头 tʰu⁵⁵pʰi⁴⁴tʰeu²²

强盗 kioŋ²²tau²¹

劫贼 keʔ⁴tsʰeʔ² 扒手

妖婆 ieu⁴⁴po²² 作风不正经的女人

癫婆 tan⁴⁴po²² 精神不正常的女人

崽阵 tsoi⁵⁵tin²² 男伴

夫妮崽阵 pət⁴n̩i⁵⁵tsoi⁵⁵tin²² 女伴

老古派 lau⁵⁵ku⁵⁵pʰa⁴⁴ 传统守旧的人

*下꞊佬 xɔ²¹lau³⁵

　　渠边人 ki⁴⁴pan⁴⁴n̩in²²

　　大姓人 tʰɔi²¹saŋ⁴⁴n̩in²²

*山客 san⁴⁴xaʔ⁴

　　我边人 ŋoi⁴⁴pan⁴⁴n̩in²²

　　少姓人 ɕieu⁵⁵saŋ⁴⁴n̩in²²

畲族 ɕia²²soʔ² ~ ɕiɔ²²soʔ² 畲族法定族称

*下꞊佬公 xɔ²¹lau⁵⁵kəŋ²¹

*下꞊佬㜴 xɔ²¹lau³⁵nɔ²¹

*下꞊佬崽 xɔ²¹lau⁵⁵tsoi⁵⁵

*下꞊佬女 xɔ²¹lau⁵⁵n̩y⁵⁵

快活仙 kʰau⁴⁴uɔt²ɕian⁴⁴⁵ 快活的人。"仙"小称

工人 kəŋ⁴⁴n̩in²²

帮工人 poŋ⁴⁴kəŋ⁴⁴n̩in²² 雇工

长年 tɕʰiɔŋ²²nan²² 长工

短工 tɔn⁵⁵kəŋ⁴⁴⁵ "工"小称

临时工 lim²²ɕi²²kəŋ⁴⁴

财主 tsʰai²²tɕy³⁵

老板 lau⁵⁵pan³⁵

老板娘 lau⁵⁵pan⁵⁵n̩iɔŋ²²

老板崽 lau⁵⁵pan⁵⁵tsoi⁵⁵ 小贩。"崽"小称

摆摊人 pai⁵⁵tʰɔn⁴⁴n̩in²² 摊贩

先生 ɕien⁴⁴saŋ⁴⁴ ①私塾老师。②道士。③以

相面算卦、择日看风水等为职业的人

教书先生 kau⁴⁴ɕy⁴⁴ɕien⁴⁴saŋ⁴⁴ 私塾先生

教书老师 kau⁴⁴ɕy⁴⁴lau²¹su⁴⁴ ~ kau⁴⁴ɕy⁴⁴lau⁵⁵su⁴⁴

　　教师

老师 lau²¹su⁴⁴ ~ lau⁵⁵su⁴⁴ ①教师。②师傅

学生 xoʔ²seŋ⁴⁴

同学 tʰəŋ²²xoʔ²

官 kon⁴⁴

兵 piŋ⁴⁴

警察 tɕiŋ⁵⁵tsʰɔʔ² "察"景宁话借音

医师 i⁴⁴su⁴⁴ ~ i⁴⁴sɿ⁴⁴

开车师父 foi⁴⁴tɕʰia⁴⁴su⁴⁴fu²¹ 司机，敬称

　　驾驶员 kɔ²²sɿ⁴⁴yon²²

开车人 foi⁴⁴tɕʰia⁴⁴n̩in²² 司机，多用于叙称

打锡老师 taŋ⁵⁵saʔ⁴lau²¹su⁴⁴ ~ taŋ⁵⁵saʔ⁴lau⁵⁵su⁴⁴

　　锡匠，敬称，多用于呼称

打锡人 taŋ⁵⁵saʔ⁴n̩in²² 锡匠，多用于叙称

打铜老师 taŋ⁵⁵tʰəŋ²²lau²¹su⁴⁴ ~ taŋ⁵⁵tʰəŋ²²lau⁵⁵

　　su⁴⁴ 铜匠，敬称，多用于呼称

打铜人 taŋ⁵⁵tʰəŋ²²n̩in²² 铜匠，多用于叙称

打铁老师 taŋ⁵⁵tʰat⁴lau²¹su⁴⁴ ~ taŋ⁵⁵tʰat⁴lau⁵⁵su⁴⁴

　　铁匠，敬称，多用于呼称

打铁人 taŋ⁵⁵tʰat⁴n̩in²² 铁匠，多用于叙称

打石老师 taŋ⁵⁵ɕiaʔ²lau²¹su⁴⁴ ~ taŋ⁵⁵ɕiaʔ²lau⁵⁵

　　su⁴⁴ 石匠，敬称，多用于呼称

打石人 taŋ⁵⁵ɕiaʔ²n̩in²² 石匠，多用于叙称

补镬人 pu⁵⁵uoʔ²n̩in²² 补锅的

补洋铁壶人 pu⁵⁵iɔŋ²²tʰat⁴fu²²n̩in²² 焊洋铁壶的

戮猪老师 lɔt⁴tɕy⁴⁴lau²¹su⁴⁴ ~ lɔt⁴tɕy⁴⁴lau⁵⁵su⁴⁴

　　屠户，敬称，多用于呼称

戮猪人 lɔt⁴tɕy⁴⁴n̩in²² 屠夫，多用于叙称

担担人 tam⁴⁴tam⁴⁴n̩in²² 挑夫

撑船人 tsʰaŋ⁴⁴ɕyon²²n̠in²² 艄公

当家 toŋ⁴⁴kɔ⁴⁴ ①主持家政。②主持事务

    管家 kon⁵⁵kɔ⁴⁴

当家人 toŋ⁴⁴kɔ⁴⁴n̠in²²

拼伙人 pʰin⁴⁴fu³⁵n̠in²² 伙计，合作的人

    共伙人 kioŋ²¹fu³⁵n̠in²²

    伙计 fu⁵⁵ki⁴⁴⁵ "计" 小称

奶娘 nen²¹n̠ia³⁵ 奶妈

奶爷 nen²¹ia²² 奶妈的丈夫

奴才 nəŋ²²tsai²² 仆人

女奴才 n̠y⁵⁵nəŋ²²tsai²² 女仆

媒相 moi²²ɕioŋ⁴⁴ 丫鬟

洗崽人 sai⁵⁵tsoi³⁵n̠in²² 接生婆

接生员 tsap⁴saŋ⁴⁴yon²²

司令 sʅ⁴⁴liŋ²¹

打工人 taŋ⁵⁵kəŋ⁴⁴n̠in²²

十　亲属

上辈 ɕioŋ²¹poi⁴⁴ 长辈

    老辈 lɑu³⁵poi⁴⁴

    上批 ɕioŋ²¹pʰi²²

    上代 ɕioŋ²¹tʰoi²¹

大人 tʰɔi²¹n̠in²² ①长辈。②成年人

*公白 ˉkəŋ⁴⁴pʰaʔ²

*阿白 ˉai⁴⁴pʰaʔ²

父母 fu²²mo³⁵ 多见于歌谣、经书等书面语

亲爷 tsʰin⁴⁴ia²² ①岳父，叙称。②拜认的没有
    血缘关系的父亲，可以是大樟树或大石
    头、岩壁等

亲娘 tsʰin⁴⁴n̠ia⁵⁵ ①岳母，叙称。②拜认的没
    有血缘关系的母亲，可以是大樟树或大
    石头、岩壁等。"娘" 小称

阿公 ai⁴⁴kəŋ⁵⁵ 对老年男性的尊称，叙称，呼
    称。"公" 小称

阿婆 ai⁴⁴pʰo⁵⁵ 对老年女性的尊称，叙称，呼
    称。"婆" 小称

伯公 paʔ²⁴kəŋ³⁵ ①丈夫的伯父。②父亲的伯
    伯。"公" 小称

伯婆 paʔ²⁴pʰo³⁵ ①丈夫的伯母。②父亲的伯
    母。"婆" 小称

叔公 ɕyʔ²⁴kəŋ³⁵ ①丈夫的叔叔。②父亲的叔
    叔。"公" 小称

叔婆 ɕyʔ²⁴pʰo³⁵ ①丈夫的婶婶。②父亲的婶
    婶。"婆" 小称

姑公 ku⁴⁴kəŋ³⁵ ①丈夫的姑父。②父亲的姑
    父。"公" 小称

姑婆 ku⁴⁴pʰo³⁵ ①丈夫的姑妈。②父亲的姑
    妈。"婆" 小称

舅公 kʰiu²¹kəŋ⁴⁴⁵ ①丈夫的舅舅。②父亲的舅
    舅。"公" 小称

舅婆 kʰiu²¹pʰo³⁵ ①丈夫的舅妈。②父亲的舅
    妈。"婆" 小称

姨公 i²¹kəŋ³⁵ ①丈夫的姨父。②父亲的姨父。
    "公" 小称

姨婆 i²¹pʰo³⁵ ①丈夫的姨妈。②父亲的姨妈。
    "婆" 小称

大嬷 tʰɔi²¹mo²¹ 大叔母

细嬷 sai⁴⁴mo²¹ 小叔母

大娘舅 tʰɔi²¹n̠ia⁵⁵kʰiu³⁵ 大舅舅。"舅" 小称

细娘舅 sai⁴⁴n̠ia⁵⁵kʰiu³⁵ 小舅舅。"舅" 小称
    娘舅崽 n̠ia⁵⁵kʰiu²¹tsoi⁵⁵ "崽" 小称

大姑 tʰɔi²¹ku²¹ ①大姑姐。②大姑妈

细姑 sai⁴⁴ku²¹ ①小姑子。②小姑妈
    姑崽 ku²¹tsoi⁵⁵ "崽" 小称

平辈 pʰiaŋ²²poi⁴⁴

同辈 tʰəŋ²²poi⁴⁴

共批 kiɔŋ²¹pʰi²²

共辈 kiɔŋ²¹poi⁴⁴

夫娘崽 pət⁴n̠iɔŋ²²tsoi⁵⁵ 小老婆

女人崽 n̠y⁵⁵n̠in²²tsoi⁵⁵ "崽" 小称

大伯 tʰɔi²¹paʔ⁴ ①大伯子。②大伯父

细伯 sai⁴⁴paʔ⁴ ①排行小的大伯子。②排行小的大伯父

伯崽 paʔ⁴tsoi⁵⁵ ①排行最小的大伯子。②排行最小的大伯父。"崽" 小称

我寮渠伯 ŋɔi⁴⁴lau⁴⁴⁵ki⁴⁴paʔ⁴ 丈夫的哥哥，叙称，呼称。"寮" 变调

[我寮]渠伯 ŋa⁴⁴⁵ki⁴⁴paʔ⁴

我寮渠大娘 ŋɔi⁴⁴lau⁴⁴⁵ki⁴⁴tʰɔi²¹n̠ia³⁵ 丈夫的嫂嫂，叙称，呼称。"寮" 变调

[我寮]渠大娘 ŋa⁴⁴⁵ki⁴⁴tʰɔi²¹n̠ia³⁵

我寮渠叔 ŋɔi⁴⁴lau⁴⁴⁵ki⁴⁴ɕyʔ⁴ 丈夫的弟弟，叙称，呼称。"寮" 变调

[我寮]渠叔 ŋa⁴⁴⁵ki⁴⁴ɕyʔ⁴

我寮渠嬷 ŋɔi⁴⁴lau⁴⁴⁵ki⁴⁴mo²¹ 丈夫的弟媳，叙称，呼称。"寮" 变调

[我寮]渠嬷 ŋa⁴⁴⁵ki⁴⁴mo²¹

阿舅 ai⁴⁴kʰiu²¹ 妻子的兄弟，统称

舅嬷 kʰiu⁴⁴mo²¹ 妻子兄弟的妻子，统称。"舅"声调特殊

阿姨 ai⁴⁴i²¹ 妻子的姐妹，统称

姨丈 i²¹tɕʰiɔŋ²¹ 妻子姐妹的丈夫，统称

大哥 tʰɔi²¹ko⁴⁴⁵ 叙称，呼称。"哥" 小称

细哥 sai⁴⁴ko⁴⁴⁵ 小哥哥，叙称，呼称。"哥"小称

大嫂 tʰɔi²¹sɑu⁵⁵ 叙称，呼称。"嫂" 小称

细嫂 sai⁴⁴sɑu⁵⁵ 小嫂嫂，叙称，呼称。"嫂"小称

大姊 tʰɔi²¹tsi⁵⁵ 大姐，叙称，呼称。"姊"小称

细姊 sai⁴⁴tsi⁵⁵ 小姐姐，叙称，呼称。"姊"小称

弟崽 tʰai³⁵tsoi⁵⁵ 小弟，呼称。"弟崽"小称

妹崽 moi⁴⁴tsoi⁵⁵ 小妹，呼称。"崽"小称

叔伯哥 ɕyʔ⁴paʔ⁴ko⁴⁴⁵ 堂兄，叙称。"哥"小称

叔伯弟 ɕyʔ⁴paʔ⁴tʰai³⁵ 堂弟，叙称。"弟"小称

叔伯姊妹 ɕyʔ⁴paʔ⁴tsi⁵⁵moi⁴⁴ 堂姐妹，叙称，可包括堂兄弟

叔伯姊 ɕyʔ⁴paʔ⁴tsi⁵⁵ 堂姐，叙称。"姊"小称

叔伯妹 ɕyʔ⁴paʔ⁴moi⁴⁴⁵ 堂妹，叙称。"妹"小称

表兄 peu⁵⁵ɕiaŋ⁴⁴⁵ 表哥。"兄"小称

大表兄 tʰɔi²¹peu⁵⁵ɕiaŋ⁴⁴⁵ 大表哥。"兄"小称

表哥 peu⁵⁵ko⁴⁴⁵ "哥"小称

表弟 peu⁵⁵tʰai³⁵ "弟"小称

表嫂 peu⁵⁵sau⁵⁵ "嫂"小称

表姊妹 peu⁵⁵tsi⁵⁵moi⁴⁴ 表姐妹，可包括表兄弟

表姊 peu⁵⁵tsi⁵⁵ 表姐。"姊"小称

表妹 peu⁵⁵moi⁴⁴⁵ "妹"小称

细人 sai⁴⁴n̠in²² 晚辈

下辈 xɔ²¹poi⁴⁴

细批 sai⁴⁴pʰi²²

下代 xɔ²¹tʰoi²¹

崽女 tsoi⁵⁵n̠y³⁵ 儿女

大崽 tʰɔi²¹tsoi³⁵ 大儿子

细崽 sai⁴⁴tsoi⁵⁵ 小儿子。"崽"小称

蚕⁼来个崽 tsʰam³⁵loi²²keᵒtsoi⁵⁵ 养子。"崽"小称

孙嫂 sən⁴⁴sɑu⁵⁵ 孙媳妇，叙称。"嫂"小称

女孙 n̠y⁵⁵sən⁴⁴⁵ ①孙女。②侄女。③内侄女。"孙"小称

孙郎 sən⁴⁴loŋ³⁵孙女婿，叙称。"郎"小称

外甥女 ŋo²¹seŋ⁴⁴n̠y⁵⁵①外甥女，姐妹之女。②外孙女，女儿之女。"女"小称

*亲家 tsʰin⁴⁴kɔ⁴⁴

亲家公 tsʰin⁴⁴kɔ⁴⁴kəŋ⁴⁴亲家翁

亲家姐 tsʰin⁴⁴kɔ⁴⁴tɕia⁵⁵亲家母。"姐"小称

叔伯寮 ɕyʔ⁴paʔ⁴lau⁴⁴⁵叔伯家。"寮"变调

近房 kʰyon⁴⁴pʰioŋ²²本家

前人崽 ɕian²¹n̠in²²tsoi⁵⁵前夫、前妻的儿子。"崽"小称

前人女 ɕian²¹n̠in²²n̠y⁵⁵前夫、前妻的女儿。"女"小称

娘寮 n̠ia³⁵lau⁴⁴⁵娘家。"寮"变调

姐寮 tɕia⁵⁵lau⁴⁴⁵婆家。"寮"变调

姥公寮 ta⁴⁴kəŋ³⁵lau⁴⁴⁵外公家。"公"小称，"寮"变调

姥婆寮 ta⁴⁴pʰo³⁵lau⁴⁴⁵外婆家。"婆"小称，"寮"变调

姥公寮 ta⁴⁴kəŋ²¹lau⁴⁴⁵岳父家。"寮"变调

姥婆寮 ta⁴⁴pʰo²¹lau⁴⁴⁵岳母家。"寮"变调

正亲 tɕiaŋ⁴⁴tsʰin⁴⁴关系最亲近的戚属

大寮人 tʰɔi²¹lau²²n̠in²²大户人家

十一 身体

身体 ɕin⁴⁴tʰi²¹ "体"声调特殊

胚子 pʰoi⁴⁴tsŋ³⁵身材

□额 kʰam⁵⁵ŋaʔ⁴奔儿头，即突出的前额

光头 koŋ⁴⁴tʰeu²²①剃光的头。②秃子，指人

光头爿 koŋ⁴⁴tʰeu²²pan²¹光头的人

癞痢头 lɔt²li²²tʰeu²²

头顶 tʰeu²²tiŋ³⁵

头托 tʰeu²²tʰoʔ⁴后脑勺子

头毛脚 tʰeu²²mɑu⁴⁴kioʔ⁴发际线

脱头毛 tʰɔt⁴tʰeu²²mɑu⁴⁴掉头发

*白灰 pʰaʔ²foi³⁵

*头毛崽 tʰeu²²mɑu⁴⁴tsoi⁵⁵

卵门 lɔn⁵⁵mən²¹囟门。"门"声调特殊

天门 tʰan⁴⁴mən²²天庭

颈墩 kiaŋ⁵⁵tən³⁵脖颈

颈背柱 kiaŋ⁵⁵poi⁴⁴tɕy²¹脊柱

面卵 men⁴⁴lɔn³⁵脸蛋儿

面卵骨 men⁴⁴lɔn⁵⁵kuət⁴颧骨

面皮 men⁴⁴pʰi²²脸皮

酒窝 tsiu⁵⁵o³⁵ "窝"小称

人中 n̠in²²tɕiuŋ⁴⁴

食饭嗖 ɕiʔ²pʰɔn²¹n̠iam⁴⁴⁵腮帮子。"嗖"小称

嘴角 tɕyoi⁴⁴koʔ⁴

眼墩 n̠ian⁵⁵ken²²眼眶

眼黄 n̠ian⁵⁵uɔŋ²¹黑眼珠儿。"黄"声调特殊

眼白 n̠ian⁵⁵pʰaʔ²白眼珠儿

眼仁 n̠ian⁵⁵n̠in⁴⁴⁵瞳仁儿。"仁"小称

眼角 n̠ian⁵⁵koʔ⁴

眼屎 n̠ian⁵⁵ɕi³⁵眼眵

眼皮 n̠ian⁵⁵pʰi²²

单重眼 tɔn⁴⁴tɕʰiuŋ²²n̠ian⁵⁵单眼皮儿。"眼"小称

双重眼 sɔŋ⁴⁴tɕʰiuŋ²²n̠ian³⁵双眼皮儿

额皱来 ŋaʔ⁴tsiu⁴⁴⁵loi²²皱眉头。"皱"变调

鼻洞屎 pʰi²¹təŋ²¹ɕi³⁵干鼻涕，鼻垢

鼻洞尖 pʰi²¹təŋ²¹tɕiam⁴⁴鼻子尖儿

鼻洞梁 pʰi²¹təŋ²¹lioŋ²²鼻梁儿

鼻洞墩 pʰi²¹təŋ²¹ken²²鼻翅儿

鼻洞毛 pʰi²¹təŋ²¹mɑu⁴⁴鼻毛

鼻洞门 pʰi²¹təŋ²¹mən²²鼻子的外开口

赤鼻洞 tɕʰiaʔ⁴pʰi²¹təŋ²¹酒糟鼻

□□水粉 pʰai⁵⁵lai⁵⁵ɕy⁵⁵pən³⁵ 唾沫星儿

舌苔 ɕiet²tʰoi⁴⁴

大舌 tʰɔi²¹ɕiet² 大舌头

对门牙 toi⁴⁴mən²²ŋɔ²² 门牙

牙长 ⁼ŋɔ²²tɕʰiɔŋ²² 臼齿

尖牙 tɕiam⁴⁴ŋɔ⁴⁴⁵ 虎牙。"牙"小称

牙屎 ŋɔ²²ɕi³⁵ 牙垢

牙肉 ŋɔ²²n̠yʔ⁴ 牙床

蛀虫牙 tɕy⁴⁴tɕʰiuŋ²¹ŋɔ²² 虫牙

耳朵洞 n̠i⁵⁵to²¹təŋ²¹ 耳朵眼儿

耳朵钱 n̠i⁵⁵to²¹tsʰan²¹ 耳垂

耳朵屎 n̠i⁵⁵to²¹ɕi³⁵

耳朵聋 n̠i⁵⁵to²¹ləŋ⁴⁴ 耳背

芋 ⁼路 ⁼管 fu²¹lu²¹kon³⁵ 喉管

颈缠 kiaŋ⁵⁵kʰen²¹ 喉结

嘴自 ⁼须 tɕyoi⁴⁴ti²¹su⁴⁴ 下巴上的胡子

满面胡 mɔn⁵⁵men⁴⁴fu²² 络腮胡子

肩头□ kin⁴⁴tʰeu²²koi²¹ 肩肘

肩头膀 kin⁴⁴tʰeu²²pʰɔŋ³⁵ 肩膀

肩头撇来 kin⁴⁴tʰeu²²pʰia⁴⁴⁵loi²² 肩膀向下倾斜。
　　"撇"变韵变调

八字骨 patⁱ⁴tsʰi²¹kuət⁴ 锁骨

手梗骨 ɕiu⁵⁵kiaŋ⁵⁵kuət⁴ 胳膊

手梗□ ɕiu⁵⁵kiaŋ⁵⁵koi²¹ 胳膊肘儿

手梗腕 ɕiu⁵⁵kiaŋ⁵⁵uon⁴⁴⁵ 手腕。"腕"小称

*手梗敲 ⁼下 ɕiu⁵⁵kiaŋ⁵⁵kʰɔ⁴⁴xɔ²¹

　　手梗窝 ɕiu⁵⁵kiaŋ³⁵o³⁵ "窝"小称

手脉窠 ɕiu⁵⁵maʔ²kʰo⁴⁴ 手腕子

手指节 ɕiu⁵⁵tɕi⁵⁵tsat⁴ 指头关节

手指丫 ɕiu⁵⁵tɕi⁵⁵ɔ²¹ 手指缝儿

手疔 ɕiu⁵⁵tiŋ⁴⁴ 手茧子

手掌 ɕiu⁵⁵tɕiɔŋ³⁵

巴掌 pɔ⁴⁴tɕiɔŋ³⁵

手掌心 ɕiu⁵⁵tɕiɔŋ⁵⁵sim⁴⁴ 手心

　　手窝 ɕiu⁵⁵o²¹

手盘背 ɕiu⁵⁵pʰɔn²²poi⁴⁴ 手背

大髀夹 tʰɔi²¹pʰi⁵⁵kap² 大腿根儿

大髀头 tʰɔi²¹pʰi⁵⁵tʰeu²² 大腿最上端

大髀丫 tʰɔi²¹pʰi⁵⁵ɔ³⁵ 腿裆。"丫"小称

脚肚袋 kioʔ⁴tu⁵⁵tʰoi²¹ 腿肚子

脚骨筒 kioʔ⁴kuət⁴tʰəŋ²² 胫骨

屎窟骨 ɕi⁵⁵fət⁴kuət⁴ 胯骨

屎窟臀卵 ɕi⁵⁵fət⁴tən²¹lon³⁵ 屁股蛋儿

屎窟夹 ɕi⁵⁵fət⁴kap² 屁股沟儿

尾蔸骨 mei⁴⁴tiu⁴⁴kuət⁴ 尾骨

羼核 lin⁵⁵xaʔ² 睾丸

脚盘凹 kioʔ⁴pʰɔn²²au⁴⁴ 脚腕子

脚眼□ kioʔ⁴n̠ian⁵⁵kʰiʔ² 踝子骨

赤脚 tɕʰiaʔ⁴kioʔ⁴

脚盘背 kioʔ⁴pʰɔn²²poi⁴⁴ 脚背

脚底 kioʔ⁴tai³⁵ 脚掌

脚底心 kioʔ⁴tai⁵⁵sim⁴⁴ 脚掌心

脚尖 kioʔ⁴tɕiam⁴⁴

*脚手崽 kioʔ⁴ɕiu⁵⁵tsoi³⁵

*脚手公 kioʔ⁴ɕiu⁵⁵kən²¹

*脚手甲 kioʔ⁴ɕiu⁵⁵kap⁴

脚静□ kioʔ⁴tsaŋ⁴⁴koi²¹ 脚跟

脚迹 kioʔ⁴tsaʔ⁴ 脚印

发焦蔗 pət⁴tsau⁴⁴pʰau²¹ 鸡眼

心头窝 sim⁴⁴tʰeu²²o²¹ 心窝

心头 sim⁴⁴tʰeu²² 胸脯

软平骨 n̠yon⁴⁴pʰiaŋ²²kuət⁴ 肋骨

软闪 ⁼n̠yon⁴⁴ɕiem³⁵ 肋软骨

肚屎剃 ⁼tu⁵⁵ɕi⁵⁵tʰai⁴⁴ 肚腩

腰 ieu⁴⁴

两个腘 iɔŋ³⁵koi⁴⁴loi⁴⁴⁵ 双旋儿。"腘"小称
　　双腘 səŋ⁴⁴loi⁴⁴⁵ "腘"小称

手毛 ҫiu⁵⁵mɑu⁴⁴ 手上的寒毛

脚肚毛 kiɔʔ⁴tu⁵⁵mɑu⁴⁴ 腿部的寒毛

毛管 mɑu⁴⁴kon³⁵

皮肤 pʰi²²fu⁴⁴

骨 kuət⁴

筋 kyn⁴⁴

血 ҫiet⁴

血管 ҫiet⁴kon³⁵

脉 maʔ²

肚脏 tu⁵⁵sɔŋ²¹ 五脏

心 sim⁴⁴

肺 pʰi⁴⁴

肝 kɔn⁴⁴

胆 tɑm³⁵

脾 pʰi²²

肚 tu³⁵
　　胃 ui²¹

腰子 ieu⁴⁴tsi²¹ 肾

肚肠 tu⁵⁵tҫʰiɔŋ²² 肠，统称

大肠 tʰɔi²¹tҫʰiɔŋ²²

小肠 sau⁵⁵tҫʰiɔŋ⁴⁴⁵ "肠"小称

*熳 mɔn²¹

十二　疾病医疗

小病 sau⁵⁵pʰiaŋ³⁵ "病"小称

大病 tʰɔi²¹pʰiaŋ²¹

病好哇 pʰiaŋ²¹xau³⁵ua⁰ 病好了

喽医师 uo⁵⁵i⁴⁴su⁴⁴ ～ uo⁵⁵i⁴⁴sʅ⁴⁴ 请医生
　　请医师 tsʰaŋ⁵⁵i⁴⁴su⁴⁴ ～ tsʰaŋ⁵⁵i⁴⁴sʅ⁴⁴

睇手探脉 tʰai⁵⁵ҫiu⁵⁵tʰon⁴⁴maʔ² 号脉看病

开药方 foi⁴⁴ioʔ²fɔŋ⁴⁴

偏方 pʰen⁴⁴fɔŋ⁴⁴

切药 tsʰat²ioʔ² 抓药，中药

换药 uon²¹ioʔ² 买药，西药

配药 pʰei⁴⁴ioʔ²

调药 tau²¹ioʔ² 换药

药店 ioʔ²tiam⁴⁴

药引 ioʔ²in³⁵ 药引子

药罐 ioʔ²kon⁴⁴

煎药 tsan⁴⁴ioʔ²

药膏 ioʔ²kau⁴⁴

角⁼药 koʔ⁴ioʔ² 膏药

贴角⁼药 tʰap⁴koʔ⁴ioʔ²

药粉 ioʔ²pən³⁵ 药面儿

搽药膏 tsʰɔ²²ioʔ²kau⁴⁴

包药 pau⁴⁴ioʔ² 上药

出汗水 tҫʰyt⁴xɔn²¹ҫy³⁵

有风 xo⁴⁴fəŋ⁴⁴ 小孩戏水后出现昏睡、厌食、
　　哭闹等症状

挑风 tʰau⁴⁴fəŋ⁴⁴ 祛风，民间传统疗法之一。
　　用针戳手指的中间节，挤出血水，用熬
　　熟的菜籽油涂抹戳口
　　戳风 tsʰuʔ²fəŋ⁴⁴

热来 nien³⁵loi²² 上火。具体症状如眼睛红肿、
　　口角糜烂、尿黄、牙痛、咽喉痛等。
　　"热"变韵变调

退火 tʰoi⁴⁴fu³⁵ 去火，即清热泻火

疳积 kon⁴⁴tsiʔ⁴ 小孩慢性营养不良及消化不
　　良，出现面黄肌瘦、肚腹膨胀等症状

割疳积 kɔt⁴kon⁴⁴tsiʔ⁴ 民间治疳积病的传统疗
　　法之一。将手指基部的手掌割破，两只

手各割3至4处，挤出血水，用熬熟的
菜籽油涂抹伤口

解毒 kai⁵⁵tuʔ²

消化 ɕieu⁴⁴fɔ⁴⁴

软痧 tsɔt⁴sɔ⁴⁴ 拔火罐儿

畏冷 ui⁴⁴laŋ⁴⁴ 发冷

毛管□来 mɑu⁴⁴kon³⁵tsʰi⁴⁴⁵loi²² 起鸡皮疙瘩。
　　"□" [tsʰi⁴⁴⁵] 变调

*发直韧 ᵇpət⁴tɕiʔ²n̩in²¹

伤寒鬼 ɕiɔŋ⁴⁴xɔn²²kui³⁵ 伤风

气□ kʰi⁴⁴kip⁴ 气喘

气管发炎 kʰi⁴⁴kon³⁵fət⁴ien⁴⁴ 气管炎。"炎"声
　　调特殊

食积掉 ɕiʔ²tsiʔ⁴tʰau⁴⁴ 积滞

肚屎痛 tu⁵⁵ɕi⁵⁵tʰəŋ⁴⁴ 肚子疼

心头痛 sim⁴⁴tʰeu²²tʰəŋ⁴⁴ 胸口疼

头颅痛 tʰeu²²nɔ²²tʰəŋ⁴⁴ 头痛
　　头痛 tʰeu²²tʰəŋ⁴⁴

头懵懂 tʰeu²²məŋ⁵⁵təŋ²¹ 头晕

奀坐车 mai⁴⁴tsʰo⁴⁴tɕʰia⁴⁴ 晕车

奀坐船 mai⁴⁴tsʰo⁴⁴ɕyon²² 晕船

心作来 sim⁴⁴tso⁴⁴⁵loi²² 恶心。"作"变调

呕哇 ɑu³⁵ua⁰ 吐了

哕 øʔ² 干哕。景宁话借音

麻 mɔ³⁵ 麻疹

出麻 tɕʰyt⁴mɔ³⁵ 出麻疹
　　做麻 tso⁴⁴mɔ³⁵

痘 tʰeu³⁵ 水痘

出痘 tɕʰyt⁴tʰeu³⁵ 长水痘

天花 tʰan⁴⁴fɔ⁴⁴

种痘 tɕiuŋ⁴⁴tʰeu³⁵

黄疸 uɔŋ²²tɑm³⁵

肝炎 kon⁴⁴ien⁴⁴ "炎"声调特殊

胃病 ui²¹pʰiaŋ²¹

盲肠炎 mɔŋ⁵⁵tɕʰiɔŋ²²ien⁴⁴ "盲"音特殊，"炎"
　　声调特殊

痨病 lɑu²¹pʰiaŋ²¹

跌伤 tet⁴ɕiɔŋ⁴⁴

撞伤 tɕiɔŋ²¹ɕiɔŋ⁴⁴

皮刮啊 pʰi²²kiat⁴a⁰ 蹭破皮儿了
　　皮擦烂啊 pʰi²²tsʰɔʔ⁴lɔn⁴a⁰

蜕皮 tʰɔt⁴pʰi²²

蜕壳 tʰɔt⁴xoʔ⁴

劆个狭 li⁴⁴kɔi⁴⁴kap² 刺个口子

出血 tɕʰyt⁴ɕiet⁴

作血 tsoʔ⁴ɕiet⁴ 淤血

肿来 tɕiuŋ⁵⁵loi²² 红肿。"肿"变调

结忧 ᵇket⁴iu⁴⁴ 结痂

猪头□ tɕy⁴⁴tʰeu²²lei⁴⁴ 腮腺炎

发疮 pət⁴tsʰɔŋ²¹ 长疮

痔 tɕi²¹ 痔疮

生痔 saŋ⁴⁴tɕi²¹ 长痔疮

难 ᵇnɔn²¹ 粉刺、小痘等皮肤上的疙瘩

发难 ᵇpət⁴nɔn²¹ 长粉刺、小痘等疙瘩

包 pau²¹ 物体或身上鼓起的疙瘩

摸 ᵇmoʔ⁴ 疹子

月痱 ŋyot²mei⁴⁴⁵ 痱子。"痱"小称

汗水盐 xɔn²¹ɕy⁵⁵iem²¹ 汗斑

蚴难 ᵇkiai⁵⁵nɔn³⁵ 瘊子。"难"小称

斑面 pan⁴⁴men⁴⁴⁵ 雀斑脸。"面"小称

大颈墩 tʰɔi²¹kiaŋ⁵⁵tən³⁵ 大脖子

鼻洞闭来 pʰi²¹təŋ²¹pi⁴⁴⁵loi²² 鼻塞。"闭"变调

喝腔 xɔt⁴kʰiɔŋ⁴⁴ 公鸭嗓儿

单边眼 tɔn⁴⁴pan⁴⁴n̩ian⁵⁵ 独眼龙。"眼"小称

近视眼 kʰyon⁴⁴su²¹n̪ian³⁵

老花眼 lɑu⁵⁵fɔ⁴⁴n̪ian³⁵

大眼□ tʰɔi²¹n̪ian⁵⁵kʰi²² 鼓眼泡儿

白眼鸡 pʰa²⁴n̪ian⁵⁵kiai⁴⁴⁵ 斗鸡眼儿。"鸡"小称

青婚꞊眼 tsʰiŋ⁴⁴xon⁴⁴n̪ian³⁵ 青光眼

赤眼 tɕʰia²⁴n̪ian³⁵ 沙眼

鼻齈齈 pʰi²¹nəŋ²²nəŋ²² 鼻涕多

抽筋 tsʰiu⁴⁴kyn⁴⁴ 肌肉痉挛

风湿 fəŋ⁴⁴sit⁴ 风湿性疾病

中风 tɕiuŋ⁴⁴fəŋ⁴⁴

风坛꞊ fəŋ⁴⁴tan²² 瘫痪

半边风 pɔn⁴⁴pan⁴⁴fəŋ⁴⁴ 半身不遂

重句 tɕʰiuŋ²²ku⁴⁴ 结巴

懵懂人 məŋ⁵⁵təŋ²¹n̪in²² 头脑不清楚、不能明
　　辨事物的人

瘸手 kʰio²²ɕiu³⁵

裂嘴皮 la²⁴tɕyoi⁴⁴pʰi²² 唇裂的人

脱牙耙 tʰɔt⁴ŋɔ²²pʰɔ²² 缺牙的人

生龅牙 saŋ⁴⁴pʰeu⁴⁴ŋɔ²² 龅牙

十二爪 ɕip²n̪i²¹tɕiau³⁵ 六指儿

左手撇 tsɑu⁵⁵ɕiu⁵⁵pʰia²⁴ 左撇子

大声□ tʰɔi²¹ɕiaŋ⁴⁴pʰɔ²¹ 大嗓门

十三　衣服穿戴

*山客衫 san⁴⁴xa²⁴sam⁴⁴

扮 pɔn⁴⁴ 打扮

擘布 pa²⁴pu⁴⁴ 买布，扯布料

衫衣 sam⁴⁴i⁴⁴ 衣服的统称

　衫裤 sam⁴⁴fu⁴⁴

老式衫 lɑu⁵⁵si²⁴sam⁴⁴

西装 sai⁴⁴tsɔŋ⁴⁴

长衫 tɕʰiɔŋ²²sam⁴⁴

裙袍 kʰun²²pau²¹ 旗袍

龙袍 liuŋ²²pau²²

大衣 tʰɔi²¹i⁴⁴

半□衣 pɔn⁴⁴kʰyot²i⁴⁴⁵ 短大衣。"衣"小称

外套 uɔi²¹tʰɑu⁴⁴

*边崽衫 pen⁴⁴tsoi⁵⁵sam⁴⁴

　*新娘衫 sin⁴⁴n̪iɔŋ²²sam⁴⁴

　*新客衫 sin⁴⁴xa²⁴sam⁴⁴

*花边 fɔ⁴⁴pen⁴⁴

大襟衫 tʰɔi²¹kim⁴⁴sam⁴⁴ 纽扣偏在一侧的交领
　　斜襟

　大同꞊衫 tʰɔi²¹tʰəŋ²²sam⁴⁴

直领衫 tɕʰi²²liaŋ²¹sam⁴⁴ 两襟相对，纽扣在胸
　　前正中

　直襟衫 tɕʰi²²kim⁴⁴sam⁴⁴

补片衫 pu⁵⁵pʰan⁵⁵sam⁴⁴ 打补丁的衣服

布纽 pu⁴⁴n̪iu³⁵ 布制纽扣

衫纽环 sam⁴⁴n̪iu³⁵kʰɔn²² 布纽扣的纽绊

衫纽蒂 sam⁴⁴n̪iu³⁵te⁴⁴⁵ 布纽扣的纽结。"蒂"
　　小称

骨纽 kuət⁴n̪iu³⁵ 塑料制、金属制纽扣

衫纽洞 sam⁴⁴n̪iu³⁵təŋ²¹ 扣眼儿

捺纽 nɔ²²n̪iu³⁵ 按扣

便衫 pen²¹sam⁴⁴⁵ 便衣。"衫"小称

衫脚 sam⁴⁴kio²⁴ 衣服的下摆

衫祺崽 sam⁴⁴kʰi²²tsoi³⁵ 衣服的前襟

颈领 kiaŋ⁵⁵liaŋ²¹ 领子

长手挽 tɕʰiɔŋ²²ɕiu⁵⁵uon²¹ 长袖

短手挽 tɔn⁵⁵ɕiu⁵⁵uon³⁵ 短袖。"挽"小称

手挽头 ɕiu⁵⁵uon²¹tʰeu²² 袖口

连身裙 len²²ɕin⁴⁴kʰun⁴⁴

单层裤 tɔn⁴⁴tsʰeŋ²²fu⁴⁴⁵ 单裤。"裤"小称

裤头 fu⁴⁴tʰeu⁴⁴⁵ 内穿的裤衩儿。"头"小称

短裤 tɔn⁵⁵fu⁴⁴⁵ "裤"小称

长裤 tɕʰiɔŋ²²fu⁴⁴

裂屎裤 la²⁴ɕi⁵⁵fu⁴⁴⁵ 开裆裤。"裤"小称

合裆裤 kɑp⁴tɔŋ⁴⁴fu⁴⁴

裤裆 fu⁴⁴tɔŋ⁴⁴

裤头 fu⁴⁴tʰeu²² 裤腰

裤头带 fu⁴⁴tʰeu²²tɔi⁴⁴ 裤腰带

皮带 pʰi²²tɔi⁴⁴

布 pu⁴⁴

布头 pu⁴⁴tʰeu²² 裁剪后剩下的零布块儿

苎布 tɕʰy²¹pu⁴⁴ 麻布

片 pʰan³⁵ 小块布

片碎 pʰan⁵⁵sei⁴⁴⁵ 碎布。"碎"小称

线 san⁴⁴

纱 sɔ⁴⁴

纱卵 sɔ⁴⁴lɔn⁵⁵ 线团。"卵"小称

纱布 sɔ⁴⁴pu⁴⁴

颜色 ŋan²²seʔ⁴

布鞋 pu⁴⁴xai⁴⁴⁵ "鞋"小称

皮鞋 pʰi²²xai²²

草鞋 tsʰau⁵⁵xai²²

拖鞋 tʰo⁴⁴xai²²

棉鞋 men²²xai²²

暖鞋 nɔn⁴⁴xai²²

凉鞋 liɔŋ²²xai²²

水鞋 ɕy⁵⁵xai²² 雨鞋

*花鞋 fɔ⁴⁴xai⁴⁴⁵

高筒鞋 kɑu⁴⁴tɔŋ⁵⁵xai²²

解放鞋 kai⁵⁵fɔŋ⁴⁴xai²²

扎脚鞋 tsɔt⁴kioʔxai²² 弓鞋

靴 ɕio⁴⁴

屐 kʰiaʔ² 木屐

鞋底 xai²²tai³⁵

鞋面 xai²²men⁴⁴ 鞋帮儿

鞋楦 xai²²ɕyon⁴⁴⁵ 把已完工的鞋套在上面用以
整理和整饰鞋帮形状的一种脚型模子。
"楦"小称

鞋带 xai²²tɔi⁴⁴

鞋脿 xai²²tsaŋ⁴⁴ 鞋后跟

棉袜 men²²tɔuʔ²

长袜 tɕʰiɔŋ²²tɔuʔ²

短袜 tɔn⁵⁵tɔuʔ²

袜带 tɔuʔ²tɔi⁴⁴

*脚□ kioʔ²paŋ²¹

皮帽 pʰi²²mɑu²¹

轮帽 lən²²mɑu²¹ 圆帽

军帽 kyn⁴⁴mɑu²¹

草帽 tsʰau⁵⁵mɑu²¹

笠头 lit⁴tʰeu²² 斗笠

帽额 mɑu²¹ŋaʔ² 帽檐儿

古记 ku⁵⁵ki⁴⁴ 首饰

链 len²¹ ①用金属环连套而成的索子，统称：
脚～｜铁～。②项链

颈链 kiaŋ⁵⁵len²¹ 项链

银颈圈 ȵyn²²kiaŋ⁵⁵kʰyon⁴⁴ 银项链

百家牌 paʔ²⁴kɔ⁴⁴pʰai²²

别针 piaʔ²tɕim⁴⁴ "别"音特殊

头簪 tʰeu²²tsam⁴⁴⁵ "簪"小称

头塞 tʰeu²²sam⁴⁴⁵ 发钗，由两股簪子合成。
"塞"小称

耳□ ȵi⁵⁵ȵian²¹ 耳环

裱面个毛 peu⁵⁵men⁴⁴kɔiʔⁿɔʔ⁴ 胭脂

*髻 ke²¹

*凤冠 fəŋ²¹kon⁴⁴

颈丫 kiaŋ⁵⁵ɔ⁴⁴⁵ 围嘴儿。"丫"小称

懂⁼掮 təŋ⁵⁵am⁴⁴⁵ 肚兜。"掮"小称

绉纱 tsiu⁵⁵sɔ⁴⁴⁵ 一种丝织物，质地疏细，有皱纹。"纱"小称

手套 ɕiu⁵⁵tʰau⁴⁴

眼镜 ȵian⁵⁵kiaŋ⁴⁴

棕蓑 təŋ⁴⁴sei⁴⁴ 蓑衣

水衣 ɕy⁵⁵i⁴⁴ 雨衣，无袖子

水衣衫 ɕy⁵⁵i⁴⁴sam⁴⁴ 雨衣，有袖子

手表 ɕiu⁵⁵peu³⁵

*经布 kaŋ⁴⁴pu⁴⁴

*带 tɔi⁴⁴

*经带 kaŋ⁴⁴tɔi⁴⁴

*经带竹 kaŋ⁴⁴tɔi⁴⁴tɕyʔ⁴

*十三行 ɕip²sam⁴⁴xaŋ⁴⁴⁵

大带 tʰɔi⁴⁴tɔi⁴⁴ 畲族用来扎捆嫁妆的长布条

脱缝 tʰɔt⁴fəŋ²¹ 掉线

退缝 tʰoi⁴⁴fəŋ²¹ 接缝不严实

十四　饮食

粮食 liɔŋ²²ɕiʔ²

五谷 ŋ⁵⁵kuʔ⁴

胖⁼谷 pʰɔŋ⁴⁴kuʔ⁴ 秕子

米 mai³⁵

早禾米 tsɑu⁵⁵uo²²mai³⁵ 早稻米

晚禾米 mɔn⁵⁵uo²²mai³⁵ 晚稻米

米碎 mai⁵⁵sei⁴⁴⁵ "碎"小称

糠 xɔŋ⁴⁴

粗米 tsʰɑm⁴⁴mai³⁵ 糙米。受后字影响，"粗"韵母特殊

白米 pʰaʔ²²mai³⁵

食饭 ɕiʔ²pʰɔn²¹ 吃饭

正顿 tɕian⁴⁴tən⁴⁴ 正餐

食个毛 ɕiʔ²kɔiⁿ nɔʔ⁴ 食物

闲食 xan²²ɕiʔ² 零食

饼 piaŋ³⁵ 糕饼之类食品的统称

半夜顿 pɔn⁴⁴ia²¹tən⁴⁴ 夜宵

杖⁼饭 tɕʰiɔŋ²¹pʰɔn²¹ 剩饭

剩饭 siŋ²¹pʰɔn²¹

现成饭 xɔn²¹ɕiaŋ²²pʰɔn²¹ 现饭（不是本餐新做的）

饭爛 pʰɔn²¹lɔt⁴ 锅巴

上狗屎麻 ɕiɔŋ⁴⁴kau⁵⁵ɕi⁵⁵mɔ²¹ 发霉

饮 im³⁵ 米汤

糜饮 moi²²im³⁵

饮汤 im⁵⁵tʰɔŋ⁴⁴

糜饮汤 moi²²im⁵⁵tʰɔŋ⁴⁴

米粉 mai⁵⁵pən³⁵

米糊 mai⁵⁵u⁴⁴⁵ "糊"小称

糕 kau⁴⁴ 用米粉和其他材料蒸制而成的食品，统称

米糕 mai⁵⁵kau⁴⁴⁵ 平时不加糖蒸的白米糕。"糕"小称

饭糁 pʰɔn²¹sam⁵⁵ 饭粒。"糁"小称

纱⁼面 sɔ⁴⁴men²¹ 挂面，咸的

炒面 tsʰau⁵⁵men²¹

炒饭 tsʰau⁵⁵pʰɔn²¹

麦糊 maʔ²u²² 面糊

羹 kaŋ⁴⁴

油绞 iu²²kau⁵⁵ 麻花。"绞"小称

面包 men²¹pau⁴⁴

月饼 ȵyot²piaŋ³⁵

饼干 piaŋ⁵⁵kon⁴⁴

发粉 fɔt⁴pən³⁵ 酵子

肌碎 pi⁵⁵se⁴⁴⁵ ①肉丁。②肉末。"碎"小称

　　肉碎 n̠yʔ⁴se⁴⁴⁵ "碎"小称

肌丝 pi⁵⁵si⁴⁴⁵ 肉丝。"丝"小称

　　肉丝 n̠yʔ⁴si⁴⁴⁵ "丝"小称

肌皮 pi⁵⁵pʰi²² 肉皮

　　肉皮 n̠yʔ⁴pʰi²²

□肌 kon²²pi³⁵ 过去宴席上常有的大块肉，四两左右，每人两份，一般用棕榈叶扎好，客人们常带回家食用

猪脚箍 tɕy⁴⁴kioʔ⁴fu⁴⁴ 猪肘子

软肋肌 n̠yon⁴⁴leʔ²pi³⁵ 里脊

硬肋 ŋaŋ²¹leʔ²

脚筋 kioʔ⁴kyn⁴⁴ 蹄筋

牛舌 ŋau²²ɕiet²

猪肺 tɕy⁴⁴pʰi⁴⁴

猪肚肠 tɕy⁴⁴tu⁵⁵tɕʰioŋ²² 猪肠

猪嫩骨 tɕy⁴⁴nən²¹kuət⁴

排骨 pʰai²²kuət⁴ 排骨

牛百叶肚 ŋau²²paʔ⁴iep²tu³⁵ 牛百叶

牛肚 ŋau²²tu³⁵

猪肝 tɕy⁴⁴kon⁴⁴

猪腰子 tɕy⁴⁴ieu⁴⁴tsi²¹

鸡肚脏 kiai⁴⁴tu⁵⁵soŋ²¹ 鸡杂儿

鸡□ kiai⁴⁴kʰin²¹ 鸡胗

鸡血 kiai⁴⁴ɕiet⁴

炒卵 tsʰau⁵⁵lon³⁵ 炒鸡蛋

熇卵 xoʔ⁴lon³⁵ 煎蛋

炖卵 tim²²lon³⁵ 煮蛋羹

卵包 lon⁵⁵pau⁴⁴⁵ 荷包蛋。"包"小称

　　卵鳖 lon⁵⁵pet⁴

煠卵 tsʰap²lon³⁵ 煮鸡子儿

咸卵 xɑm²²lon³⁵ 咸蛋，统称

腌卵 ien⁴⁴lon³⁵ 腌制鸡蛋

　　浸卵 tsim⁴⁴lon³⁵

卵黄 lon⁵⁵uoŋ²¹ 蛋黄。"黄"声调特殊

卵白 lon⁵⁵pʰaʔ² 蛋白

卵壳 lon⁵⁵xoʔ⁴ 蛋壳

素菜 su⁴⁴tsʰoi⁴⁴

咸菜 xɑm⁴⁴tsʰoi⁴⁴

冷菜 laŋ⁴⁴tsʰoi⁴⁴ ①冷菜肴，常为宴席中的头道菜。②凉却了的菜

冷盘 laŋ⁴⁴pʰon²² 盛盘的冷菜肴

热菜 n̠iet²tsʰoi⁴⁴ ①热的菜。②给菜加热

豆腐皮 tʰeu²¹fu²²pʰi²²

豆腐干 tʰeu²¹fu²²kon⁴⁴

豆腐泡 tʰeu²¹fu²²pʰau⁴⁴⁵ 油豆腐。"泡"小称

豆腐卵 tʰeu²¹fu²²lon³⁵ 豆腐丸

豆腐腌 tʰeu²¹fu²²ien⁴⁴⁵ 豆腐乳。"腌"小称

菜头□ tsʰoi⁴⁴tʰeu²²loʔ⁵ 腌制的萝卜条。"□" [loʔ⁵]声调特殊

榨菜 tsoʔ⁴tsʰoi⁴⁴

粉皮 fən⁵⁵pʰi²²

粉干 fəŋ²¹kon⁴⁴ "粉"音特殊

番薯粉 uon⁴⁴ɕy²²pən³⁵ 以红薯为原料制成的淀粉

白木耳 pʰaʔ²moʔ²n̠i³⁵ 银耳

黑木耳 xeʔ²moʔ²n̠i³⁵

金针 kim⁴⁴tɕim⁴⁴

豆芽 tʰeu³⁵ŋo²¹

海带 xai⁵⁵toi⁴⁴

带鲞 toi⁴⁴ɕioŋ³⁵ 带鱼

鲞 ɕioŋ³⁵

虾皮 xo³⁵pʰi²² 普通的虾米干

虾粉 xo³⁵pən⁵⁵ 细小的虾米干。"粉"小称

老蟹瓢 lɑu⁵⁵xai³⁵nɔŋ²² 蟹黄

油渣 iu²²tsɔ²¹

菜油 tsʰoi⁴⁴iu²² 菜籽油

泥豆油 nai²²tʰeu²¹iu²² 花生油

□油 sen⁴⁴⁵iu²² 茶籽油。"□" [sen⁴⁴⁵] 小称

油麻油 iu²²mɔ²¹iu²² 芝麻油

粗盐 tsʰu⁴⁴iem²¹

嫩盐 nən²¹iem²¹ 精盐

甜酱 tʰam²²tɕiɔŋ⁴⁴

辣酱 lɔt²tɕiɔŋ⁴⁴

香料酒 ɕiɔŋ⁴⁴leu²¹tsiu³⁵ 料酒

味精 mi²¹tɕiŋ⁴⁴

砂糖 sɔ⁴⁴tʰɔŋ²² 红糖

糖霜 tʰɔŋ²²sɔŋ⁴⁴⁵ "霜" 小称

　白糖 pʰaʔ²tʰɔŋ²²

冰糖 piŋ⁴⁴tʰɔŋ²²

糖粒 tʰɔŋ²²lip⁴ 糖块

泥豆糖 nai²²tʰeu²¹tʰɔŋ²² 花生糖

糖条 tʰɔŋ²²tiau²² 麦芽糖块

　糖屧 tʰɔŋ²²lin⁵⁵ "屧" 小称

糯米糖 no²¹mai⁵⁵tʰɔŋ²² 冻米糖

八角 pat⁴koʔ⁴

香料 ɕiɔŋ⁴⁴leu²¹ 作料

茴香 ui²²ɕiɔŋ⁴⁴

桂香皮 tɕy⁵⁵ɕiɔŋ⁴⁴pʰi²² 桂皮。"桂" 景宁话借音

胡椒粉 fu²²tɕiau⁴⁴pən⁵⁵ "粉" 小称

辣椒粉 lɔt²tɕiau⁴⁴⁵pən³⁵ 辣椒面儿。"椒" 小称

*烟灸⁼ ian⁴⁴tɕiu³⁵

烟灸⁼叶 ian⁴⁴tɕiu⁵⁵iep² 烟叶

烟灸⁼丝 ian⁴⁴tɕiu⁵⁵si⁴⁴ 烟丝

烟灸⁼筒 ian⁴⁴tɕiu⁵⁵tʰəŋ²¹ 旱烟筒

烟灸⁼袋 ian⁴⁴tɕiu⁵⁵tʰoi²¹ 旱烟袋

水烟筒 ɕy⁵⁵ian⁴⁴tʰəŋ²¹

香烟盒 ɕiɔŋ⁴⁴ian⁴⁴xɑp²

烟灸⁼油 ian⁴⁴tɕiu⁵⁵iu²² 烟油子

烟灸⁼灰 ian⁴⁴tɕiu⁵⁵foi⁴⁴ 烟灰

烧烟灸⁼ ɕieu⁴⁴ian⁴⁴tɕiu³⁵ 抽旱烟

烧香烟 ɕieu⁴⁴ɕiɔŋ⁴⁴ian⁴⁴ 抽香烟

烧烟 ɕieu⁴⁴ian⁴⁴ 抽烟

　食烟 ɕiʔ²ian⁴⁴

打火刀 tɑŋ⁵⁵fu⁵⁵tɑu⁴⁴ 火镰

火石 fu⁵⁵ɕiaʔ²

纸煤 tɕi⁵⁵moi²² 用易于引火的纸搓成的细纸卷

食茶 ɕiʔ²tsʰɔ²² 喝茶

茶 tsʰɔ²²

泡茶 pʰau⁴⁴tsʰɔ²² 沏茶

冲茶 tɕʰiuŋ⁴⁴tsʰɔ²²

　倒茶 tau⁵⁵tsʰɔ²²

红曲 fəŋ²²kʰyʔ⁴

做酒 tso⁴⁴tsiu³⁵ 酿酒

食酒 ɕiʔ²tsiu³⁵ 喝酒

啤酒 pʰi²²tsiu³⁵

药酒 ioʔ²tsiu³⁵

打东道 tɑŋ⁵⁵təŋ⁴⁴tɑu²¹ 大家一起凑钱吃点心

*番薯粉面 uɔn⁴⁴ɕy²²pən⁵⁵men²¹

　*番薯面 uɔn⁴⁴ɕy²²men²¹

*苎叶粄 tɕʰy²¹iep²pɔn³⁵

*灰碱粄 foi⁴⁴kem⁴⁴pɔn³⁵

*番薯粄 uɔn⁴⁴ɕy²²pɔn³⁵

*糯米粄 no²¹mai⁵⁵pɔn³⁵

*白米粄 pʰaʔ²mai⁵⁵pɔn³⁵

*粄窝 pɔn³⁵o³⁵

*番薯粄窝 uɔn⁴⁴ɕy²²pɔn⁵⁵o³⁵

*麦粄窝 maʔ²pɔn⁵⁵o³⁵

* 米粄窝 mai^{55}pɔn^{55}o^{35}

* 粄钱 pɔn^{55}tsʰan^{35}

* 粄条 pɔn^{55}tʰau^{22}

* 水砖 =ɕy^{55}kyon^{445}

糕盂 kɑu^{44}y^{22} 用篾条编织而成，底座镂空的
　　　浅桶状蒸糖糕工具

* 炊糕 tɕʰyoi^{44}kɑu^{44}

* 豆腐崽 tʰeu^{21}fu^{22}tsoi^{35}

* 磨豆腐崽 mo^{21}tʰeu^{21}fu^{22}tsoi^{35}

* 泡笋 pʰau^{44}sən^{35}

* 燋 ɑu^{44}

十五　红白大事

喜事 ɕi^{55}su^{21}

　　好事 xɑu^{55}su^{21}

年纪 nan^{22}ki^{21}

　　年龄 nan^{22}liŋ^{22}

定金 tʰaŋ^{21}kim^{44} 定礼

喜酒 ɕi^{55}tsiu^{35}

办酒筵 pɔn^{21}tsiu^{55}ien^{22} 办酒席

　　办酒 pɔn^{21}tsiu^{35}

扛嫁妆 kɔŋ^{44}kɔ^{44}tsɔŋ^{44} 抬嫁妆

攞亲 lo^{44}tsʰin^{44} 娶亲

许 ɕy^{35} 许配

新客轿 sin^{44}xaʔ^{4}kʰeu^{21} 花轿

　　新娘轿 sin^{44}ɲiɔŋ^{22}kʰeu^{21}

新客间 sin^{44}xaʔ^{4}kian^{44} 婚房

　　新娘间 sin^{44}ɲiɔŋ^{22}kian^{44}

交杯酒 kau^{44}poi^{44}tsiu^{35}

二婚亲 ɲi^{21}xon^{44}tsʰin^{44} 第二次结婚

攞二婆 lo^{44}ɲi^{21}pʰo^{21} 续弦

二婆 ɲi^{21}pʰo^{21} 填房

当二婆 tɔŋ^{44}ɲi^{21}pʰo^{21} 做填房

洗崽 sai^{55}tsoi^{35} 接生

胞衣 pau^{44}i^{44} 胎盘

头个 tʰeu^{22}kɔi^{44}

　　头胎 tʰeu^{22}tʰoi^{44}

第二个 te^{21}ɲi^{21}kɔi^{44}

　　第二胎 te^{21}ɲi^{21}tʰoi^{44}

奶嘴 nen^{21}tɕyoi^{44} 奶头

屙尿床 oʔ^{4}nau^{21}tsʰɔŋ^{22} 尿床

供 kiuŋ^{44} 侍奉

爷娘双全 ia^{22}ɲia^{35}sən^{44}tson^{22} 父母双全

瓜子包 kɔ^{55}tsi^{21}pau^{44} 回手礼。"瓜"声调特殊

嫁女账簿 kɔ^{44}ɲy^{35}tiɔŋ^{44}po^{21} 嫁女账本

结婚喜簿 tsap^{4}xon^{44}ɕi^{55}po^{21} 结婚账本

* 睇夫妮崽 tʰai^{55}pət^{4}ɲi^{55}tsoi^{55}

　　* 睇夫娘 tʰai^{55}pət^{4}ɲiɔŋ^{22}

　　* 睇女人 tʰai^{55}ɲy^{55}ɲin^{22}

* 唉崽 uo^{55}tsoi^{35}

* 当崽 tɔŋ^{44}tsoi^{35}

* 上门 ɕiɔŋ^{21}mən^{22}

* 上门郎 ɕiɔŋ^{21}mən^{22}lɔŋ^{22}

* 两头管 iɔŋ^{55}tʰeu^{22}kon^{35}

* 还 =亲 ian^{22}tsʰin^{44}

* 亲家头 tsʰin^{44}kɔ^{44}tʰeu^{22}

* 赤郎 tɕʰiaʔ^{4}lɔŋ^{21}

* 大赤郎 tʰoi^{21}tɕʰiaʔ^{4}lɔŋ^{21}

* 赤郎崽 tɕʰiaʔ^{4}lɔŋ^{21}tsʰoi^{35}

行郎 xaŋ^{22}lɔŋ^{22} 抬嫁妆的人

　　扛嫁人 kɔŋ^{44}kɔ^{44}ɲin^{22}

* 赤娘 tɕʰiaʔ^{4}ɲiɔŋ^{35}

接姑 tsap^{4}ku^{21} 男方前往女方家迎亲的女性，
　　　协助新娘梳妆打扮、上轿等

扛轿人 kɔŋ⁴⁴kʰeu²¹n̠in²²

送姑 sɔŋ⁴⁴ku²¹ 陪新娘到男方家的未婚女性，即伴娘

*行路人 xaŋ²²lu²¹n̠in²²

主家 tɕy⁵⁵kɔ⁴⁴ 主人家，红白喜事的家长

相帮人 sɔŋ⁴⁴pɔŋ⁴⁴n̠in²² 红白喜事时村里义务来帮忙的人

*食定亲酒 ɕiʔ²tʰaŋ²¹tsʰin⁴⁴tsiu³⁵

*礼单 le²¹tɔn⁴⁴

财礼 tsai²²le²¹ 彩礼

*送财礼 sɔŋ⁴⁴tsai²²le²¹

　*送礼 sɔŋ⁴⁴le²¹

　*送礼金 sɔŋ⁴⁴li⁵⁵kim⁴⁴

*攞年庚 lo⁴⁴nan²²kaŋ⁴⁴

拣日子 kan⁵⁵n̠it⁴tsi²¹ 阴阳先生根据两人的生辰八字挑选结婚的日子

　拣日 kan⁵⁵n̠it⁴

　睇日子 tʰai⁵⁵n̠it⁴tsi²¹

　睇日 tʰai⁵⁵n̠it⁴

送日子 sɔŋ⁴⁴n̠it⁴tsi²¹ 男方将阴阳先生选定的婚期转交给媒人，由媒人送去女方家

*送糯米 sɔŋ⁴⁴no²¹mai³⁵

　*送米炊酒 sɔŋ⁴⁴mai³⁵tɕʰyoi⁴⁴tsiu³⁵

*拦亲家 lɔn²²tsʰin⁴⁴kɔ⁴⁴

*捡田螺 kem⁵⁵tʰan²²lo²²

*脱鞋礼 tʰɔt⁴xai²²le²¹

　*调鞋 tau²¹xai²²

　*脱草鞋礼 tʰɔt⁴tsʰɑu⁵⁵xai²²le²¹

*食大茶 ɕiʔ²tʰɔi²¹tsʰɔ²²

糖茶 tʰɔŋ²²tsʰɔ²² 用茶叶和白糖（过去多用红糖）一起泡的茶

*□亲家 tsen²¹tsʰin⁴⁴kɔ⁴⁴

*□赤郎 tsen²¹tɕʰiaʔ⁴lɔŋ²¹

*借家伙歌 tsaʔ⁴kɔ⁴⁴fu⁵⁵ko²¹

　*借镬歌 tsaʔ⁴uoʔ²ko²¹

*睇水 tʰai⁵⁵ɕy³⁵

*举盘劝酒 tɕy⁵⁵pʰɔn²²ɕyon⁴⁴tsiu³⁵

　*劝酒 ɕyon⁴⁴tsiu³⁵

　*撬蚜 kʰeu²¹kiai⁴

　*捉蚜 tsuʔ⁴kiai³⁵

*桶盘 tʰəŋ⁵⁵pʰɔn²²

大位桌 tʰɔi²¹ui²¹toʔ² 宴席中的主桌，即首席

大位 tʰɔi²¹ui²¹ 宴席主桌中的主位

*嫽歌 lau²¹ko²¹

*扮新娘 pɔn⁴⁴sin⁴⁴n̠iɔŋ²²

梳头包 ɕio⁴⁴tʰeu²²pau⁴⁴ 给帮新娘梳妆打扮的人的红包

开伞包 foi⁴⁴sɔn⁴⁴pau⁴⁴ 给为新娘进出门时撑伞的人的红包

亲家舅 tsʰin⁴⁴kɔ⁴⁴kʰiu³⁵ 新娘兄弟的背称。"舅"小称

带火种 tɔi⁴⁴fu⁵⁵tɕiuŋ³⁵ 女方准备崭新的火笼，由亲家舅提着去男方

*行嫁 xaŋ²²kɔ⁴⁴

*亲家舅帽 tsʰin⁴⁴kɔ⁴⁴kʰiu³⁵mɑu²¹

*老鼠尾 lɑu⁵⁵ɕy³⁵mei⁴⁴

*踏路牛 tʰɑpʔ²lu²¹ŋɑu²²

拦新客 lɔn²²sin⁴⁴xaʔ⁴ 村民拦住娶亲队伍，要求分发喜烟、喜糖等

新客茶 sin⁴⁴xaʔ⁴tsʰɔ²² 新娘泡的茶

*□新客 tsen²¹sin⁴⁴xaʔ⁴

*请大酒 tsʰaŋ⁵⁵tʰɔi²¹tsiu³⁵

*食正顿酒 ɕiʔ²tɕiaŋ⁴⁴tən⁴⁴tsiu³⁵

定亲酒 tʰaŋ²¹tsʰin⁴⁴tsiu³⁵ 定亲宴席

嫁女酒 kɔ⁴⁴n̠y⁵⁵tsiu³⁵ 嫁方宴席

攞亲酒 lo⁴⁴tsʰin⁴⁴tsiu³⁵ 娶方宴席

回盘酒 foi²²pʰɔn²²tsiu³⁵ 嫁方婚宴当天的晚宴

请相帮人 tsʰaŋ⁵⁵sɔŋ⁴⁴pɔŋ⁴⁴n̠in²² 婚嫁双方在婚宴第二天晚上宴请厨师以及帮忙的人

　请厨头 tsʰaŋ⁵⁵tɕʰy²¹tʰeu²²

* 崽孙钱 tsoi⁵⁵sən⁴⁴tsʰan²¹

送嫁 sən⁴⁴kɔ⁴⁴ 女方亲戚或好姐妹赴婚宴时送礼物

* 回份数 foi²²pʰən²¹su⁴⁴

　* 回礼 foi²²le²¹

* 回门 foi²²mən²²

* 夫妮崽饭 pət⁴n̠i⁵⁵tsoi⁵⁵pʰɔn²¹

* 食姊妹饭 ɕiʔ²tsi⁵⁵moi⁴⁴pʰɔn²¹

* 新客饭 sin⁴⁴xaʔ⁴pʰɔn²¹

* 回箸饭 foi²²tɕʰy²¹pʰɔn²¹

做生日 tso⁴⁴saŋ⁴⁴n̠it⁴ 过生日

　过生日 ku⁴⁴saŋ⁴⁴n̠it⁴

寿元 ɕiu²¹ŋɔn²² 寿命

生庚 saŋ⁴⁴kaŋ⁴⁴ 生辰

圣肖 siŋ⁴⁴sau⁴⁴ 生肖

肖龙 sau⁴⁴liuŋ⁴⁴ 属龙

* 送生养 sən⁴⁴saŋ⁴⁴iɔŋ⁴⁴

* 送月礼庚 sən⁴⁴n̠yot²li²¹kaŋ⁴⁴

* 排三朝 pʰai²²sam⁴⁴tɕieu⁴⁴

* 做三朝 tso⁴⁴sam⁴⁴tɕieu⁴⁴

　* 请三朝酒 tsʰaŋ⁵⁵sam⁴⁴tɕieu⁴⁴tsiu³⁵

请满月酒 tsʰaŋ⁵⁵mɔn⁵⁵n̠yot²tsiu³⁵

剃满月头 tʰai⁴⁴mɔn⁵⁵n̠yot²tʰeu²²

* 做晬 tso⁴⁴toi⁴⁴

　* 请做晬酒 tsʰaŋ⁵⁵tso⁴⁴toi⁴⁴tsiu³⁵

* 放顶 piɔŋ⁴⁴taŋ³⁵

* 上十酒 ɕiɔŋ⁴⁴ɕip²tsiu³⁵

* 认亲爷 n̠in²¹tsʰin⁴⁴ia²²

* 认亲娘 n̠in²¹tsʰin⁴⁴n̠ia⁵⁵

泡泡大 pʰau⁴⁴pʰau⁴⁴tʰoi²¹ 茁壮成长

白事 pʰaʔ²su²¹ 丧事

眠床席 men²²tsʰɔŋ²²tsʰaʔ² 摊在棺材席子上的白麻布，宽20厘米，长1米。布两侧剪开小口子，口子数与卒年龄相等

孝堂 xau⁴⁴tʰɔŋ²² 灵堂

佛堂 fət²tɔŋ²²

守孝 siu⁵⁵xau⁴⁴

戴孝 tɔi⁴⁴xau⁴⁴

孝服圆满 xau⁴⁴fuʔ²yon²²mɔn³⁵ 除孝

送葬 sən⁴⁴tsɔŋ⁴⁴

坟地 pʰən²²tʰi²¹

碑记 poi⁴⁴ki⁴⁴ 墓碑

　坟碑 pʰən²²poi⁴⁴

寻死路 sim²²si⁵⁵lu²¹ 自杀

跳塘 tʰau²²tʰɔŋ²² 投水

上吊 ɕiɔŋ⁴⁴tau⁴⁴

* 老寿 lau⁵⁵ɕiu²¹

　* 长生 tɕʰiɔŋ²²saŋ⁴⁴

　* 寮崽 lau²²tsoi⁵⁵

死人骨 si⁵⁵n̠in²²kuət⁴ 尸骨

骨灰 kuət⁴foi⁴⁴

骨灰盒 kuət⁴foi⁴⁴xɑp² 骨灰坛子

归阴素簿 kui⁴⁴im⁴⁴su⁴⁴po²¹ 办丧事的账本

功德素簿 kəŋ⁴⁴teʔ⁴su⁴⁴po²¹ 做功德的账本

受领 ɕiu²¹liaŋ³⁵ 接受，领取。祭祀活动中请神明领纳微献时的常用词

老佛 lau⁵⁵fət² 佛

　佛 fət²

鬼 kui³⁵

地头宫 tʰi²¹tʰeu²²kiuŋ⁴⁴ 简易的土地庙

地主宫 tʰi²¹tɕy⁵⁵kiuŋ⁴⁴

地头殿 tʰi²¹tʰeu²²ten²¹ 高大华丽的土地庙

地主殿 tʰi²¹tɕy⁵⁵ten²¹

马仙宫 mɔ⁵⁵ɕian⁴⁴kiuŋ⁴⁴ 简易的马氏天仙庙

马仙殿 mɔ⁵⁵ɕian⁴⁴ten²¹ 高大华丽的马氏天仙庙

城隍殿 ɕiaŋ²²uɔŋ²²ten²¹ 城隍庙

阎王 ȵiem²²uɔŋ²²

阎王殿 ȵiem²²uɔŋ²²ten²¹

香火柜 ɕiɔŋ⁴⁴fu⁵⁵kʰy²¹ 佛龛

香火桌 ɕiɔŋ⁴⁴fu⁵⁵toʔ² 香案

太公 tʰai⁴⁴kəŋ⁴⁴ 祖宗，祖先

太公头 tʰai⁴⁴kəŋ⁴⁴tʰeu²²

太公爷 tʰai⁴⁴kəŋ⁴⁴ia²²

蜡烛台 lɑp²tsoʔ⁴toi²²

香 ɕiɔŋ⁴⁴ 线香总称

时香 ɕi²²ɕiɔŋ⁴⁴ 细线香。可以点一个时辰

大香 tʰɔi²¹ɕiɔŋ⁴⁴ 粗线香

香火炉 ɕiɔŋ⁴⁴fu⁵⁵lu²² 家里的烧香器具

点香 tam⁵⁵ɕiɔŋ⁴⁴ 烧香

签词 tɕʰian⁴⁴si²²

求签词 kʰiu²²tɕʰian⁴⁴si²² 求签

打卦 taŋ⁵⁵kɔ⁴⁴

珓杯 kau⁴⁴poi⁴⁴ 珓

阴珓 im⁴⁴kau⁴⁴

阳珓 iɔŋ²²kau⁴⁴

圣珓 siŋ⁴⁴kau⁴⁴ 占卜时，将占卜之具杯珓投掷
于地，如果杯珓出现一阴一阳，即为
"圣珓"，表明是吉兆

念经 ȵiam²¹kiŋ⁴⁴

睇风水 tʰai⁵⁵fəŋ⁴⁴ɕy³⁵ 看风水

算命先生 sɔn⁴⁴miaŋ²¹ɕien⁴⁴saŋ⁴⁴

睇命人 tʰai⁵⁵miaŋ²¹ȵin²² 看相的

收惊 ɕiu⁴⁴kiaŋ⁴⁴ 旧时民间疗法之一，用于治
疗受惊吓的儿童。碗里装米，插三支
香，摆一面镜子，点一根蜡烛，请先生
念咒语

捉吓 tsuʔ⁴xaʔ⁴ 旧时民间疗法之一，用于治疗
受惊吓的儿童。受惊吓的儿童戴着帽
子，先生在其跟前念咒语

许福 ɕy⁵⁵fuʔ⁴ 许愿

许愿 ɕy⁵⁵ȵon²¹

还福 ian²²fuʔ⁴ 还愿

还愿 ian²²ȵon²¹

猪福 tɕy⁴⁴fuʔ⁴ 以供奉全猪的形式实践对神明
的酬谢

冲 tɕʰiuŋ⁴⁴ 相克

阴阳 im⁴⁴iɔŋ²² ①指星相、占卜、相宅、相墓
的方术。②擅长星相、占卜、相宅、相
墓方术的人

八字 pat⁴tsʰi²¹

官煞 kon⁴⁴sat⁴

祭度 tse⁴⁴tʰu²¹ 驱邪

五谷米 ŋ⁵⁵kuʔ⁴mai³⁵ 一般由生的米、赤豆、茶
叶、玉米、谷组成，取"吉祥五谷"之
意。婚嫁时新娘的口袋里要装上，丧葬
中棺木入穴时也用到

送过终 sɔn⁴⁴ku⁴⁴tɕiuŋ⁴⁴ 送终。老人临终前，
众子孙围床而坐

孝崽 xau⁴⁴tsoi³⁵ 逝者的儿子、女婿

孝女 xau⁴⁴ȵy³⁵ 逝者的女儿、媳妇

孝孙 xau⁴⁴sən⁴⁴ 逝者的孙辈

*报命家 pɑu⁴⁴miaŋ²¹kɔ⁴⁴

*换水洗浴 uon²¹ɕy⁵⁵sai⁵⁵ioʔ²

*收魂兵 ɕiu⁴⁴un²²piaŋ⁴⁴

*大位名 tʰɔi²¹ui²¹miaŋ²²

轿夫 kʰeu²¹fu⁴⁴ 四位抬棺人

　　四角天王 si⁴⁴koʔ²tʰan⁴⁴uoŋ²²

　　丧夫 sɔŋ⁴⁴fu⁴⁴

*接命家 tsap⁴miaŋ²¹kɔ⁴⁴

*睇面皮 tʰai⁵⁵men⁴⁴pʰi²²

起丧 ɕi⁵⁵sɔŋ⁴⁴ 四个"轿夫"开始抬棺木，准备出殡

*留风水 liu²²fəŋ⁴⁴ɕy³⁵

*阴亭 im⁴⁴tiŋ²²

棺材缸 kon⁴⁴tsʰoi²²kɔŋ²¹ 专盛尸骨、入葬坟地的陶罐

　　金瓶 kim⁴⁴pʰeŋ²²

捡骨人 kem⁵⁵kuət⁴n̠in²² 负责拾骨的人

　　化官 fɔ⁴⁴kon⁴⁴

*入坟 ip²¹pʰən²²

　*归坟安厝 kui⁴⁴pʰən²²ɔn⁴⁴tsʰu³⁵

*寿客酒 ɕieu²¹xaʔ⁴tsiu³⁵

通经 tʰəŋ⁴⁴kiŋ⁴⁴ 诵经

*叫歌 keu⁴⁴ko²¹

*做阴事 tso⁴⁴im⁴⁴su²¹

*拔伤 petʔ²ɕiɔŋ⁴⁴

*做功德 tso⁴⁴kəŋ⁴⁴teʔ⁴

*大功德 tʰɔi²¹kəŋ⁴⁴teʔ⁴

*白身功德 pʰaʔ²ɕin⁴⁴kəŋ⁴⁴teʔ⁴

　*小功德 ɕiau⁵⁵kəŋ⁴⁴teʔ⁴

*热功德 n̠iet²kəŋ⁴⁴teʔ⁴

*冷功德 laŋ⁴⁴kəŋ⁴⁴teʔ⁴

*炊长命饭 tɕʰyoi⁴⁴tɕʰiɔŋ²²miaŋ²¹pʰən²¹

*做功德崽 tso⁴⁴kəŋ⁴⁴teʔ⁴tsoi³⁵

*担当 tɑm⁴⁴tɔŋ⁴⁴

*鼓手 ku⁵⁵ɕiu³⁵

*少年 sau⁵⁵nan⁴⁴⁵

*夜郎 ia²¹lɔŋ⁴⁴⁵

*撩鹤 leu²²xoʔ²

*纸寮 tɕi⁵⁵lau²²

　*座 tsʰo²¹

*做阳事 tso⁴⁴iɔŋ²²su²¹

*阴阳先生 im⁴⁴iɔŋ²²ɕien⁴⁴saŋ⁴⁴

　*地理师 tʰi²¹li²¹su⁴⁴

　*风水先生 fəŋ⁴⁴ɕy³⁵ɕien⁴⁴saŋ⁴⁴

*法师 fɔt⁴su⁴⁴

　*道士先生 tɑu²¹su²¹ɕien⁴⁴saŋ⁴⁴

　*法师先生 fɔt⁴su⁴⁴ɕien⁴⁴saŋ⁴⁴

*师爷 si⁴⁴ia²²

*闾山学法 ly²²san⁴⁴xoʔ²fɔt⁴

*传度学法 tɕʰyon²²tʰu²¹xoʔ²fɔt⁴

　*传度学师 tɕʰyon²²tʰu²¹xoʔ²si⁴⁴

　*传师学师 tɕʰyon²²si⁴⁴xoʔ²si⁴⁴

　*学师 xoʔ²si⁴⁴

*十二六曹 ɕip²n̠i²¹lyʔ⁴tsʰo²²

*东道主人 təŋ⁴⁴tʰo²¹tɕy⁵⁵n̠in²²

*证坛师 tsiŋ⁵⁵tan²²si⁴⁴

*引坛师 in⁵⁵tan²²si⁴⁴

*监坛师 kan⁴⁴tan²²si⁴⁴

*度法师 tʰu²¹fɔt⁴si⁴⁴

*保举师 pau⁵⁵ky⁵⁵si⁴⁴

*净坛师 tɕian²¹tan²²si⁴⁴

*传职师 tɕʰyon²²tsiʔ⁴si⁴⁴

*西王母 sai⁴⁴uoŋ²²mu³⁵

　*西王母娘 sai⁴⁴uoŋ²²mu⁵⁵n̠iɔŋ²²

*相伴 ɕiɔŋ⁴⁴pʰɔn⁴⁴

*下ᵚ老师 xɔʔ²lɑu⁵⁵si⁴⁴

　*篾老师 mat²lɑu⁵⁵si⁴⁴

*东王公 təŋ⁴⁴uɔŋ²²kəŋ⁴⁴

*本师 pon⁵⁵sai⁴⁴

子弟 tsu⁵⁵tʰai²¹ 学师仪式里的弟子

*祖担 tsu⁵⁵tɑm⁴⁴

　*师爷担 si⁴⁴ia²²tɑm⁴⁴

　*师担 si⁴⁴tɑm⁴⁴

*祖杖 tsu⁵⁵tɕʰiɔŋ²¹

*香炉 ɕiɔŋ⁴⁴lu²²

*攞法名 lo⁴⁴fɔt⁴miaŋ²²

　*取法名 tɕʰy³⁵fɔt⁴miaŋ²²

*过九重山 ku⁴⁴kiu⁵⁵tɕʰiuŋ²²san⁴⁴

*泼花 pʰɔt⁴fɔ⁴⁴⁵

*冥斋粄 meŋ²²tsai⁴⁴pɔn³⁵

*问凳 mən⁴⁴teŋ⁴⁴

*问花 mən⁴⁴fɔ⁴⁴⁵

　*讲花 kɔŋ⁵⁵fɔ⁴⁴⁵

十六　日常生活

棕蓑背兴ᵚ来 təŋ⁴⁴sei⁴⁴pei⁴⁴ɕiŋ⁵⁵loi²² 穿着蓑衣

　棕蓑着来 təŋ⁴⁴sei⁴⁴tɕio⁴⁴⁵loi²² "着"变调

裹帽 ku⁵⁵mɑu²¹ 戴帽子

量衫 liɔŋ²²sam⁴⁴ 量衣服

做衫 tso⁴⁴sam⁴⁴ 做衣服

贴边 tʰap⁴pen⁴⁴

络边 lɔʔ⁴pen⁴⁴ 缲边儿

上鞋面 ɕiɔŋ⁴⁴xai²²men⁴⁴ 鞔鞋帮儿

拆ᵚ鞋底 tsʰaʔ⁴xai²²tai³⁵ 纳鞋底

钉衫纽 teŋ⁴⁴sam⁴⁴n̟iu³⁵ 钉扣

挑花 tʰiau⁴⁴fɔ⁴⁴ 绣花儿

补衫 pu⁵⁵sam⁴⁴ 补衣服

洗衫 sai⁵⁵sam⁴⁴ 洗衣服

洗一道水 sai⁵⁵it⁴tau⁴ɕy⁵⁵ 洗一次。"水"变调

　洗一水 sai⁵⁵it⁴ɕy⁵⁵ "水"变调

晒衫 sai⁴⁴sam⁴⁴ 晾晒衣服

　晾衫 lɔŋ²²sam⁴⁴

烫衫 tʰɔŋ⁴⁴sam⁴⁴ 熨衣服

摺衫 tɕiep⁴sam⁴⁴ 折衣服

行头 xaŋ²²tʰeu²² 演出时用的服装和道具

烧火 ɕieu⁴⁴fu³⁵ 生火

*灯 fəŋ²¹

　猛 maŋ²¹

洗米 sai⁵⁵mai³⁵ 淘米

发面 fot⁴men²¹

捞面 lau⁴⁴men²¹ 和面

㨄面 n̟ioʔ²men²¹ 揉面

拣菜 kan⁵⁵tsʰoi⁴⁴ 择菜

炖汤 tim²²tʰɔŋ⁴⁴

煮汤 tɕy⁵⁵tʰɔŋ⁴⁴

上镬 ɕiɔŋ⁴⁴uoʔ² 刷锅

饭熟啊 pʰɔn²¹ɕyʔ²a⁰ 饭好了

　饭好啊 pʰɔn²¹xɑu³⁵a⁰

生 saŋ⁴⁴

夹生 kap⁴saŋ⁴⁴

半生烂熟 pɔn⁴⁴saŋ⁴⁴lɔn²¹ɕyʔ² 半生不熟

食得啦 ɕiʔ²tiʔ⁴la⁰ 开饭了

舀饭 ieu⁵⁵pʰɔn²¹ 盛饭

食饭 ɕiʔ²pʰɔn²¹ 吃饭

钳菜 kʰem²²tsʰoi⁴⁴ 夹菜

担汤 tɑm⁴⁴tʰɔŋ⁴⁴ 舀汤

沱汤 tʰo²²tʰɔŋ⁴⁴ 浇汤

食闲食 ɕiʔ²xan²²ɕiʔ² 吃零食

使箸食 soi⁵⁵tɕʰy²¹ɕiʔ² 用筷子吃

嫰食倒 mai⁴⁴ɕiʔ²tɑu³⁵ 嚼不动

食哽啊 ɕiʔ²kaŋ²¹a⁰ 噎住了

　　哽倒啊 kaŋ²¹tau⁵⁵a⁰

肚屎涨 tu⁵⁵ɕi⁵⁵tiaŋ⁴⁴ 撑着了

□mi⁴⁴ 喂：～饭

□ŋai⁴⁴ 啃：～骨头

洗手 sai⁵⁵ɕiu³⁵

212

洗面 sai⁵⁵men⁴⁴ 洗脸

汏嘴 tai²¹tɕyoi⁴⁴ 漱口

头毛把 tʰeu²²mɑu⁴⁴pɔ⁵⁵ 盘在头顶或脑后的发

　　髻。"把"小称

绕头毛把 ȵiau²¹tʰeu²²mɑu⁴⁴pɔ⁵⁵ 梳发髻。"把"

　　小称

　　梳头毛把 ɕio⁴⁴tʰeu²²mɑu⁴⁴pɔ⁵⁵ "把"小称

□头毛辫 pin²¹tʰeu²²mɑu⁴⁴pin³⁵ 编辫子

　　打头毛辫 taŋ⁵⁵tʰeu²²mɑu⁴⁴pin³⁵ 梳辫子

剪手甲 tsan⁵⁵ɕiu⁵⁵kap⁴ 剪指甲

抑耳朵 liu⁵⁵ȵi⁵⁵to²¹ 掏耳朵

洗身 sai⁵⁵ɕin⁴⁴ 洗澡

拭身 tɕʰiʔ⁴ɕin⁴⁴ 擦澡

尿 nau²¹ 小便

屎 ɕi³⁵ 大便

揞屎窟 pen⁵⁵ɕi⁵⁵fət⁴ 擦屁股

歇凉 set⁴liɔŋ²² 乘凉

炙热头 tɕiaʔ⁴ȵiet²tʰeu²² 晒太阳

　　晒热头 sai⁴⁴ȵiet²tʰeu²²

炙火 tɕiaʔ⁴fu³⁵ 烤火

烧火炙 ɕieu⁴⁴fu⁵⁵tɕiaʔ⁴ 烧篝火

点火 tam⁵⁵fu³⁵ ①点火。②点灯

火乌啊 fu³⁵u⁴⁴a⁰ ①火灭了。②熄灯了

歇下崽 set⁴xɔ²¹tsoi⁵⁵ 歇一下。"崽"小称

歇下来 set⁴xɔ³⁵loi²² 先歇一下。"下"小称

好困哪 xɑu⁵⁵fən⁴⁴na⁰ 困了

打床 taŋ⁵⁵tsʰɔŋ²² 铺床

　　摊床 tʰɔn⁴⁴tsʰɔŋ²²

摊被 tʰɔn⁴⁴pʰi⁴⁴ 铺被子

包被 pau⁴⁴pʰi⁴⁴ 包被子。将棉絮用被里和被面

　　　　包裹好，再用针线缝制四周

□落去 len³⁵loʔ²ɕy⁴⁴ 躺下

困去啊 fən⁴⁴ɕy⁴⁴a⁰ 睡着了

　　困走啊 fən⁴⁴tsau⁵⁵a⁰

　　困走去啊 fən⁴⁴tsau⁵⁵ɕy⁴⁴a⁰

嫰困去 mai⁴⁴fən⁴⁴ɕy⁴⁴ 睡不着

　　困唔去 fən⁴⁴ŋ²²ɕy⁴⁴

仰天困 ȵiaŋ²¹tʰan⁴⁴fən⁴⁴ 仰面睡

侧尔困 tseʔ⁴ȵi³⁵fən⁴⁴ 侧着睡

　　间﹦□侧困 kan⁴⁴lan⁴⁴tseʔ⁴fən⁴⁴

□尔困 pɔ²¹ȵi³⁵fən⁴⁴ 趴着睡

　　覆尔困 pʰuʔ⁴ȵi³⁵fən⁴⁴

颈筋困熬﹦啊 kiaŋ⁵⁵kyn⁴⁴fən⁴⁴ŋau²²a⁰ 落枕

抽筋哪 tsʰiu⁴⁴kyn⁴⁴na⁰ 抽筋了

癫讲 tan⁴⁴kɔŋ³⁵ 说梦话

分米鬼捺倒啊 pən⁴⁴mai⁵⁵kui³⁵nɔʔ²tɑu⁵⁵a⁰ 魇住了

掌夜 tɕiɔŋ⁵⁵ia²¹ 熬夜

歇夜 sat⁴ia²¹ 住宿

开夜工 kʰoi⁴⁴ia²¹kəŋ⁴⁴

落田 loʔ²tʰan²² 下地（去地里干活）

出工 tɕʰyt⁴kəŋ⁴⁴ 上工

歇工 set⁴kəŋ⁴⁴ 收工

　　收工 ɕiu⁴⁴kəŋ⁴⁴

挖﹦出去啊 uɔt⁴tɕʰyt⁴ɕy⁴⁴a⁰ 出去了

去转啊 ɕy⁴⁴tɕyon³⁵na⁰ 回家了

　　转寮啊 tɕyon⁵⁵lau⁴⁴⁵a⁰ "寮"变调

行路 xaŋ²²lu²¹ 走路

荡街 tɔŋ²¹kiai⁴⁴ 逛街

十七 讼事

打官司 taŋ⁵⁵kon⁴⁴si⁴⁴

告人 kɑu⁴⁴n̠in²²

　告状 kɑu⁴⁴tsʰɔŋ²¹

原告 n̠yon²²kɑu⁴⁴

被告 pʰi²²kɑu⁴⁴

写状 ɕia⁵⁵tsʰɔŋ²¹ 写状子

　写呈 ɕia⁵⁵tsiŋ²²

坐堂 tsʰo⁴⁴tɔŋ²²

开庭 kʰoi⁴⁴tiŋ²² 开堂

退庭 tʰoi⁴⁴tiŋ²² 退堂

审案 sim³⁵uon⁴⁴ 问案

证明人 tsiŋ⁴⁴miŋ²²n̠in²²

人证 n̠in²²tsiŋ⁴⁴

物证 mət²tsiŋ⁴⁴

刑事 iŋ²²su²¹

民事 min²²su²¹

家庭事 kɔ⁴⁴tiŋ²²su²¹ 家务事

律师 lit²su⁴⁴

代写 tai²¹ɕia³⁵ 代书，代人写状子

服 fuʔ²

唔服 ŋ²²fuʔ² 不服

上诉 ɕiŋ²¹su⁴⁴

判 pʰɔn⁴⁴ 宣判

认 n̠in²¹

口供 kʰeu⁵⁵kəŋ⁴⁴

讲出来 kɔŋ³⁵tɕʰytⁿloi²² ①说出来。②供出来

同罪 tʰəŋ²²tsoi²¹

共犯 kiɔŋ²¹fɔn²¹

故意犯罪 ku⁵⁵i⁴⁴fɔn²¹tsoi²¹ 故犯

犯法 fɔn²¹fɔt⁴

犯罪 fɔn²¹tsoi²¹

空告 kʰəŋ⁴⁴kɑu⁴⁴ 诬告

连罪 len²²tsoi²¹

　牵连 kʰen⁴⁴len²²

保 pɑu³⁵ 保释

捉兴ⁿ来 tsuʔ⁴ɕiŋ⁵⁵loi²² 逮捕，捉起来

　逮捕 ti²¹pʰu²¹

解 kai⁴⁴ 押解

罪车 tsoi²¹tɕʰia⁴⁴ 囚车

清官 tsʰiŋ⁴⁴kon⁴⁴

贪官 tʰon⁴⁴kon⁴⁴ 赃官

糊涂官 u⁴⁴tu⁴⁴kon⁴⁴ 昏官

受贿 ɕiu²¹fei⁴⁴

行贿 xaŋ²²fei⁴⁴

罚款 fɔt²kʰuɔn³⁵

斩首 tsan⁵⁵ɕiu³⁵

毙铳 pi⁵⁵tɕʰiuŋ⁴⁴ 枪毙

斩令 tsan⁵⁵liŋ²¹ 斩条，插在死囚背后，用于验
　　　明正身的木条

受刑 ɕiu²¹iŋ²²

擎枷 kʰia²²kɔ²² 上枷

手铐 ɕiu⁵⁵kʰeu⁴⁴⁵ "铐"小称

脚链 kioʔ⁴len²¹ 脚镣

缚兴ⁿ来 pʰuʔ²ɕiŋ⁵⁵loi²² 绑起来

　缚来 pʰu³⁵loi²² "缚"变调

关兴ⁿ来 un⁴⁴ɕiŋ⁵⁵loi²² 囚禁起来

　关来 un⁴⁴⁵loi²² "关"变调

坐板房 tsʰo⁴⁴pan⁵⁵fɔŋ²² 坐牢

　坐牢 tsʰo⁴⁴lɑu²²

写字据 ɕia⁵⁵tsʰi²¹ky⁴⁴ 立字据

签字 tɕʰian⁴⁴tsʰi²¹

捺手指印 nɔʔ²ɕiu⁵⁵tɕi⁵⁵in⁴⁴ 按手印

案件 uon⁴⁴ken²¹

文件 mən²²ken²¹

田租 tʰan²²tsu⁴⁴

地租 tʰi²¹tsu⁴⁴

田契 tʰan²²kʰe⁴⁴

地契 tʰi²¹kʰe⁴⁴

通知 tʰən⁴⁴ki⁴⁴

命令 miŋ²¹liŋ²¹

印 in⁴⁴ 官方图章

交代 kau⁴⁴tai²¹

退职 tʰoi⁴⁴tsiʔ⁴ 卸任

免职 men³⁵tsiʔ⁴

撤职 tɕʰiet⁴tsiʔ⁴

十八　交际

食人情饭 ɕiʔ²n̩in²²tsiŋ²²pʰɔn²¹ 应酬

来去 loi²²ɕy⁴⁴ 来往

睇病人 tʰai⁵⁵pʰiaŋ²¹n̩in²² 看病人

请客 tsʰaŋ⁵⁵xaʔ⁴

招待 tɕieu⁴⁴tai²¹

男人客 nɑm²²n̩in²²xaʔ⁴ 男客

女人客 n̩y⁵⁵n̩in²²xaʔ⁴ 女客

送毛 sən⁴⁴nɔʔ⁴ 送东西

礼数 le²¹su⁴⁴ 礼物

人情 n̩in²²tsiŋ²²

做客 tso⁴⁴xaʔ⁴ 客人谦虚礼让的表现

客气 xaʔ⁴kʰi⁴⁴ 对人谦让，有礼貌

待客 tai²¹xaʔ⁴

陪客 poi²²xaʔ⁴

送客 sən⁴⁴xaʔ⁴

唔送啊 ŋ²²sən⁴⁴a⁰ 不送了

请酒 tsʰaŋ⁵⁵tsiu³⁵ 摆酒席

一桌酒 it⁴toʔ²tsiu³⁵ 一桌酒席

请帖 tsʰaŋ⁵⁵tʰap⁴

坐来食 tsʰo⁴⁴⁵loi²²ɕiʔ² ①坐着吃。②入席。
　　　"坐"变调

开筵 kʰoi⁴⁴ien²² 开席

上菜 ɕiɔŋ⁴⁴tsʰoi⁴⁴

掇菜 tot⁴tsʰoi⁴⁴ ①上菜。②端菜

斟酒 tsim⁴⁴tsiu³⁵

敬酒 kiŋ⁴⁴tsiu³⁵

碰杯 pʰəŋ⁴⁴poi⁴⁴ 干杯

无名帖 mɑu²²miaŋ²²tʰap⁴ 匿名帖子

讲唔来 kɔŋ⁵⁵ŋ²²loi²² ①不会说。②不和：两个
　　　人～

冤家 yon⁴⁴kɔ⁴⁴

𣲷公平 mai⁴⁴kəŋ⁴⁴pʰiaŋ²² 不公平

冤枉 yon⁴⁴iɔŋ²²

挑拨 tʰiau⁴⁴pot⁴

做假 tso⁴⁴kɔ³⁵

大态 tʰɔi²¹tʰoi⁴⁴ 摆架子
　　摆胚 pai⁵⁵pʰoi⁴⁴

装懵懂人 tsɔŋ⁴⁴məŋ⁵⁵təŋ²¹n̩in²² 装傻

倒霉 tɑu⁵⁵moi²² 出洋相，丢人

和气 xo²²kʰi⁴⁴

亲热 tsʰin⁴⁴n̩iet²

睇得起眼 tʰai⁵⁵tiʔ⁴ɕi⁵⁵n̩ian³⁵ 看得起
　　睇得兴 ⁻tʰai³⁵tiʔ⁴ɕiŋ⁴⁴

睇唔起眼 tʰai⁵⁵ŋ²²ɕi⁵⁵n̩ian³⁵ 看不起
　　睇唔兴 ⁻tʰai⁵⁵ŋ²²ɕiŋ⁴⁴

拼伙 pʰin⁴⁴fu³⁵ 合伙儿

同意 tʰəŋ²²i⁴⁴

答应 tɑp⁴eŋ⁴⁴

唔同意 ŋ²²tʰən²²i⁴⁴ 不同意

唔答应 ŋ²²tɑp⁴eŋ⁴⁴ 不答应

愿者 ⁼n̠yon²¹tɕia⁵⁵ 愿意

　　愿意 n̠yon²¹i⁴⁴

赶出去 kən³⁵tɕʰyt⁴ɕy⁴⁴

联系 len²²ɕi⁴⁴

意思 i⁵⁵su⁴⁴ ①想法：我个～。②趣味：无～。

　　　③略表心意：～一下

共桌 kiɔŋ²¹toʔ² 同一张课桌、饭桌

坐作一花 tsʰo⁴⁴tsoʔit⁴fɔ⁴⁴⁵ 同坐一条凳子。"花"

　　小称

道理 tɑu²¹li²¹

坛场 tan²²tɕʰiɔŋ²² 场合

十九　商业交通

字号 tsʰi²¹xo²¹

招牌 tɕieu⁴⁴pʰai²²

广告 kəŋ⁴⁴keu⁵⁵ "告"景宁话借音

开店 foi⁴⁴tiam⁴⁴ 开铺子

店面 tiam⁴⁴men⁴⁴ 铺面

摆摊 pai⁵⁵tʰɔn⁴⁴

酒家 tsiu⁵⁵kɔ⁴⁴

酒店 tsiu⁵⁵tiam⁴⁴

落店去食 loʔ²tiam⁴⁴⁵ɕy⁴⁴ɕiʔ² 下馆子。"店"变调

擘布店 paʔ⁴puʔ⁴tiam⁴⁴ 布店

百货公司 paʔ⁴xo⁴⁴kəŋ⁴⁴sʅ⁴⁴ 百货店

杂货 sət²xo⁴⁴

粮库 liɔŋ²²kʰu⁴⁴

碗店 uon⁵⁵tiam⁴⁴ 瓷器店

字簿店 tsʰi²¹po²¹tiam⁴⁴ 文具店

茶楼 tsʰɔ²²leu²² 茶馆儿

剃头店 tʰai⁴⁴tʰeu²²tiam⁴⁴ 理发店

剃面毛 tʰai⁴⁴men⁴⁴mɑu⁴⁴ 刮脸

剃嘴须 tʰai⁴⁴tɕyoi⁴⁴su⁴⁴ 刮胡子

肌店 pi³⁵tiam⁴⁴ 肉铺

榨油厂 tɕiɔ⁴⁴iu²²tɕʰiɔŋ³⁵ 油坊

当店 tɔŋ⁴⁴tiam⁴⁴ 当铺

租寮 tsu⁴⁴lau²² ①租房子。②典房子

开业 kʰoi⁴⁴n̠iep²

关门 un⁴⁴mən²² ①把门关上。②暂停营业或

　　终止营业

盘货 pɔn²²xo⁴⁴ 盘点

柜台 kʰy²¹toi²²

开价 kʰoi⁴⁴kɔ⁴⁴

还价 ian²²kɔ⁴⁴

减价 kam³⁵kɔ⁴⁴

公当 kəŋ⁴⁴tɔŋ⁴⁴ 公道

　　公道 kəŋ⁴⁴tɑu²¹

生意好 saŋ⁴⁴i⁴⁴xɑu³⁵

无生意 mɑu²²saŋ⁴⁴i⁴⁴

保本 pɑu⁵⁵pon³⁵

赚钱 tɕyon²¹tsʰan²¹

利息 li²¹siʔ⁴

运气好 un²¹kʰi⁴⁴xɑu³⁵

少你钱 ɕieu³⁵n̠i⁴⁴tsʰan²¹ 差你钱

押金 ɑp⁴kim⁴⁴

账簿 tiɔŋ⁴⁴po²¹ 账本

开支 kʰoi⁴⁴tse⁴⁴

　　开使 kʰoi⁴⁴soi³⁵

收账 ɕiu⁴⁴tiɔŋ⁴⁴

欠账 kʰen⁴⁴tiɔŋ⁴⁴

擢账 loʔ⁴⁴tiɔŋ⁴⁴ 要账

烂账 lɔn²¹tiɔŋ⁴⁴ 要不来的账

还账 ian²²tiɔŋ⁴⁴

拆账 tsʰaʔ⁴tioŋ⁴⁴

草账 tsʰɑu⁵⁵tioŋ⁴⁴ 水牌

零碎账 liŋ²²sei⁴⁴⁵tioŋ⁴⁴ "碎" 小称

发票 fɔtʰpʰeu⁴⁴

收据 ɕiu⁴⁴ky⁴⁴

存款 tson²²kʰuon³⁵

税 ɕyoi⁴⁴

交税 kau⁴⁴ɕyoi⁴⁴

登记 teŋ⁴⁴ki⁴⁴

捐款 kyon⁴⁴kʰuon³⁵

成起个钱 ɕiaŋ²²ɕi³⁵kɔi⁰tsʰan²¹ 整钱

零碎 liŋ²²sei⁴⁴⁵ 零钱。"碎" 小称

零钱 liŋ²²tsʰan²¹

呿找倒 mai⁴⁴tsau⁵⁵tau³⁵ 找不出零钱

铜板 tʰəŋ²²pan³⁵

铜钱 tʰəŋ²²tsʰan²¹

银洋钱 ȵyn²²ioŋ²²tsʰan²¹ 银元

一分钱 itʰfən⁴⁴tsʰan²¹

一角钱 itʰkoʔtsʰan²¹

一块钱 itʰkʰui⁴⁴tsʰan²¹

十块钱 ɕipʔkʰui⁴⁴tsʰan²¹

一百块钱 itʰpaʔkʰui⁴⁴tsʰan²¹

一张钞票 itʰtɕioŋ⁴⁴tsʰau⁵⁵pʰeu⁴⁴

一个铜钱 itʰkɔi⁴⁴tʰəŋ²²tsʰan²¹ 一个铜子儿

一个铜板 itʰkɔi⁴⁴tʰəŋ²²pan³⁵

单百块头 ton⁴⁴paʔkʰui⁴⁴tʰeu²² 百元一张的票子

单百块 ton⁴⁴paʔkʰui⁴⁴

一百块头 itʰpaʔkʰui⁴⁴tʰeu²²

十块头 ɕipʔkʰui⁴⁴tʰeu²² 十元一张的票子

五角头 ŋ⁵⁵koʔtʰeu²² 五角一张的票子

秤 tɕʰiŋ⁴⁴

天平秤 tʰan⁴⁴pʰiaŋ²²tɕʰiŋ⁴⁴ 天平

锭秤 tiŋ²¹tɕʰiŋ⁴⁴ 戥子

磅秤 pɔŋ⁵⁵tɕʰiŋ⁴⁴

秤盘 tɕʰiŋ⁴⁴pʰɔn²²

秤花 tɕʰiŋ⁴⁴fɔ⁴⁴ 秤星儿

秤梗 tɕʰiŋ⁴⁴kiaŋ³⁵ 秤杆儿

秤钩 tɕʰiŋ⁴⁴kau²¹

秤锤 tɕʰiŋ⁴⁴tɕʰy²²

秤耳朵 tɕʰiŋ⁴⁴ȵi⁵⁵to²¹ 秤毫

秤戥悬 tɕʰiŋ⁴⁴teŋ⁵⁵ken²¹ 秤尾高

秤戥软 tɕʰiŋ⁴⁴teŋ⁵⁵ȵyon⁴⁴ 秤尾低

有篓 ⁼xo⁴⁴leu³⁵ 够

无篓 ⁼mau²²leu³⁵ 不够

火车路 fu⁵⁵tɕʰia⁴⁴lu²¹ 铁路

火车 fu⁵⁵tɕʰia⁴⁴

火车站 fu⁵⁵tɕʰia⁴⁴tsan²¹

车路 tɕʰia⁴⁴lu²¹ 公路

汽车 tɕʰi⁴⁴tɕʰia⁴⁴

客车 xaʔtɕʰia⁴⁴

料车 leu²¹tɕʰia⁴⁴ 货车

公交车 kəŋ⁴⁴kau⁴⁴tɕʰia⁴⁴

小车 sau⁵⁵tɕʰia⁴⁴⁵ 小轿车。"车" 小称

摩托车 mo⁵⁵tʰoʔtɕʰia⁴⁴ "摩托" 景宁话借音

三轮车 sam⁴⁴lən²²tɕʰia⁴⁴

平板三轮车 pʰiaŋ²²pan⁵⁵sam⁴⁴lən²²tɕʰia⁴⁴

大车 tʰɔi²¹tɕʰia⁴⁴

船 ɕyon²²

船帆 ɕyon²²fɔn²²

船篷 ɕyon²²pəŋ²²

帆柱 fɔn²²tɕy²¹ 桅杆

船桨 ɕyon²²tɕioŋ³⁵

撑篙 tsʰaŋ⁴⁴kau⁴⁴

船崽 ɕyon²²tsoi⁵⁵ ①小船。②帆船

渡船 tʰu²¹ɕyon²²

火龙船 fu⁵⁵liuŋ²²ɕyon²² 轮船

过水 ku⁴⁴ɕy³⁵ 经过水路

过渡 ku⁴⁴tʰu²¹ 过摆渡

  过船 ku⁴⁴ɕyon²²

埠头 pʰu²¹tʰeu²² 渡口

二十　文化教育

走课 tsɑu⁵⁵kʰo⁴⁴ 逃学

幼儿班 iu⁴⁴n̩²¹pɒn⁴⁴⁵ 幼儿园。"班"小称

词书堂 si²²ɕy⁴⁴tʰɔŋ²² 私塾

学费 xoʔ²pʰi⁴⁴

放假 piɒŋ⁴⁴ko²² "假"声调特殊

暑假 ɕy²²ko²² "暑假"声调特殊

寒假 uon²²ko²² "假"声调特殊

请假 tsʰaŋ⁵⁵ko²² "假"声调特殊

上学 ɕiɒŋ⁴⁴xoʔ²

上课 ɕiɒŋ⁴⁴kʰo⁴⁴

落课 loʔ²kʰo⁴⁴ 下课

讲台 kɔŋ⁵⁵toi²²

黑板 xeʔ⁴pan³⁵

粉笔 fən⁵⁵pit⁴

黑板擦 xeʔ⁴pan⁵⁵tsʰɔʔ⁴

点名册 tam⁵⁵miaŋ²²tsʰaʔ⁴

教鞭 kau⁴⁴pen⁴⁴

戒尺 kai⁴⁴tɕʰiaʔ⁴

书 ɕy⁴⁴

皮头 pʰi²²tʰeu²² 橡皮

洋笔刀 iɒŋ²²pit⁴tau⁴⁴ 铅笔刀

三角板 sɑm⁴⁴koʔ⁴pan³⁵

纸砥 tɕi⁵⁵taʔ⁴ 镇纸

作文纸 tsoʔ⁴mən²²tɕi³⁵

大字簿 tʰɔi²¹tsʰi²¹po²¹ 大字本

笔套 pit⁴tʰau⁴⁴⁵ 笔帽。"套"小称

笔筒 pit⁴tʰɔŋ²¹

磨墨 mo²²meʔ² 研墨

墨盘盒 meʔ²pʰɔn²²xɑp² 墨盒儿

墨汁 meʔ²tsit⁴

搛墨 lam⁴⁴meʔ² 搛笔

墨水 meʔ²ɕy³⁵

读书人 tʰoʔ²ɕy⁴⁴n̩in²²

有字人 xo⁴⁴tsʰi²¹n̩in²² 识字的人

  识字人 siʔ⁴tsʰi²¹n̩in²²

无字人 mɑu²²tsʰi²¹n̩in²² 不识字的人

  唔识字人 ŋ²²siʔ⁴tsʰi²¹n̩in²²

书读倒=凑 ɕy⁴⁴tʰoʔ²tɑu⁵⁵tsʰeu⁴⁴ 温书

  温书 un⁴⁴ɕy⁴⁴

背书 poi²¹ɕy⁴⁴

报考 pau⁴⁴kʰeu³⁵

考试个堂=抵=kʰeu⁵⁵siʔ⁴kɔi⁰tɒŋ²²ti³⁵ 考场

  考场 kʰeu⁵⁵tɕʰiɒŋ²²

试卷 siʔ⁴kyon⁴⁴⁵ "卷"小称

满分 mɒn²¹fən⁴⁴

零分 liŋ²²fən⁴⁴

公布 kəŋ⁴⁴pu⁴⁴

头名 tʰeu²²miaŋ²² 第一名

  第一名 te²¹it⁴miaŋ²²

末了名 mɔt²lau⁵⁵miaŋ²² 末名

  最屎头名 tsai³⁵ɕi⁵⁵tʰeu²¹miaŋ²²

毕业 pit⁴n̩iep²

文凭 mən²²pʰiaŋ²²

古人话 ku⁵⁵n̩in²²uɔ²¹ 古训

肚才 tu⁵⁵tsai²² 学问，才华

书娘 ɕy⁴⁴n̩ia³⁵ 古书籍或未重新誊抄之前的

旧书

老书 lau⁵⁵ɕy⁴⁴

老祖底 lau⁵⁵tsu⁵⁵tai³⁵

失祖 sit⁴tsu³⁵ 失传

名称 miaŋ²²tɕʰiŋ⁴⁴

对联 toi⁴⁴len²²

字眼 tsʰi²¹n̠ian³⁵ 文字

文章 mən²²tɕioŋ⁴⁴

大字 tʰɔi²¹tsʰi²¹ 大楷

　大楷 tʰɔi²¹kʰa²²

字崽 tsʰi²¹tsoi⁵⁵ 小楷。"崽"小称

　小楷 sau⁵⁵kʰa²²

字帖 tsʰi²¹tʰap⁴

照样写 tɕieu⁴⁴ioŋ²¹ɕia³⁵ 临帖

涂啊 tu²²ua⁰ 涂了

写白字 ɕia⁵⁵pʰaʔ²tsʰi²¹ 写错别字

乱写 lon²¹ɕia³⁵

□落字 ta⁵⁵loʔ²tsʰi²¹ 掉字

草稿 tsʰau⁵⁵kau³⁵

打草稿 taŋ⁵⁵tsʰau⁵⁵kau³⁵ 起稿子

抄过 tsʰau⁴⁴ku⁴⁴ 誊清

一点 it⁴tam³⁵

一横 it⁴foŋ²²

一直 it⁴tɕʰiʔ² 一竖

一撇 it⁴pʰiaʔ⁴

一捺 it⁴nɔʔ²

一钩 it⁴kɑu²¹

一挑 it⁴tʰiau⁴⁴ 一提

一划 it⁴uɔʔ² 一画

偏旁 pʰen⁴⁴poŋ²²

隑人旁 kai²¹n̠in²²poŋ²² 立人儿

双掇人 səŋ⁴⁴tot⁴n̠in²² 双立人儿

弓长张 kiuŋ⁴⁴tɕʰioŋ²²tioŋ⁴⁴ 弯弓张

立早章 lit²tsau⁵⁵tɕioŋ⁴⁴

禾边程 uo²²pan⁴⁴tsiŋ²² 禾旁程

四围壳 si⁴⁴ui²²xoʔ⁴ 四框栏儿

宝盖头 pau³⁵koi⁴⁴tʰeu²² 宝盖儿

秃宝盖 tʰoʔ²pau⁵⁵koi⁴⁴ 秃宝盖儿

竖心旁 ɕy²¹sim⁴⁴poŋ²²

反狗旁 fon⁵⁵kau³⁵poŋ²² 反犬旁

耳朵边 n̠i⁵⁵to²¹pan⁴⁴ 单耳刀儿

双耳朵 səŋ⁴⁴n̠i⁵⁵to²¹ 双耳刀儿

反文旁 fon⁵⁵mən²²poŋ²²

斜王旁 ɕiai²²uɔŋ²²poŋ²² 王字旁

剔土旁 tʰiʔ²tʰu³⁵poŋ²² 提土旁

竹字头 tɕyʔ⁴tsʰi²¹tʰeu²²

火字旁 fu³⁵tsʰi²¹poŋ²² 火字旁

四点水 si⁴⁴tam⁵⁵ɕy³⁵

三点水 sam⁴⁴tam⁵⁵ɕy³⁵

两点水 ioŋ³⁵tam⁵⁵ɕy³⁵

病字壳 pʰiaŋ²¹tsʰi²¹xoʔ⁴ 病旁儿

走之底 tsau⁵⁵tsi⁴⁴tai³⁵

绞丝旁 kau⁵⁵si⁴⁴poŋ²²

挑才手 tʰiau⁴⁴tsai²²ɕiu³⁵ 提手旁

草字头 tsʰau⁵⁵tsʰi²¹tʰeu²²

一字五音 it⁴tsʰi²¹ŋ³⁵im⁴⁴ 多音字

二十一　文体活动

掩搜 iem⁴⁴seu⁵⁵ 捉迷藏。"搜"小称

摸盲公 moʔ⁴maŋ²²kən⁴⁴⁵ 摸瞎子。"公"小称

捡石崽 kem⁵⁵ɕiaʔ²tsoi³⁵ 抓子儿

打水漂 taŋ⁵⁵ɕy⁵⁵pʰeu⁴⁴⁵ "漂"小称

打水战 taŋ⁵⁵ɕy⁵⁵tɕian⁴⁴⁵ 打水仗。"战"小称

跳方格 tʰau²²foŋ⁴⁴kaʔ⁴ 跳房子

做令猜 tso⁴⁴liaŋ²¹tsʰoi⁴⁴ 出谜语

骨牌 kuət⁴pʰai²² 牌九

麻将 mo²¹tɕioŋ⁴⁴

赌钱 tu⁵⁵tsʰan²¹

捺钱 nɔʔ²tsʰan²¹ 押宝

连纸炮 len²²tɕi⁵⁵pʰau⁴⁴⁵ 连响炮。"炮"小称

打火炮 taŋ⁵⁵fu⁵⁵pʰau⁴⁴⁵ 放鞭炮。"炮"小称

烟花 ian⁴⁴fɔ⁴⁴ 烟火

喇叭 lɔ²²pɔ⁴⁴

　喇叭头 lɔ²²pɔ⁴⁴tʰeu²²

唢呐 sɔ⁵⁵nɔ²²

广播 kɔŋ⁵⁵pɔ⁴⁴

收音机 ɕiu⁴⁴im⁴⁴tɕi⁴⁴

鼓乐 ku⁵⁵loʔ²

牵琴 ɕien⁴⁴kʰim²² 拉琴

吹箫 tɕʰyoi⁴⁴seu⁴⁴⁵ "箫"小称

敲鼓 kʰɔ⁴⁴ku³⁵

象棋 ɕiaŋ²¹ki²²

行棋 xaŋ²²ki²² 下棋

将 tɕioŋ⁴⁴

帅 sai⁴⁴

士 su²¹

象 ɕiaŋ²¹

相 ɕiaŋ²¹

车 tɕy⁴⁴

马 mɔ⁴⁴

炮 pʰau⁴⁴

兵 piŋ⁴⁴

卒 tsit⁴

将军 tɕioŋ⁴⁴kyn⁴⁴

围棋 ui²²ki²²

拔绳 pet²ɕiŋ²¹ 拔河

游水 iu²²ɕy³⁵ 游泳

仰天游 ȵian²¹tʰan⁴⁴iu²² 仰泳

忍水 ȵin²¹ɕy³⁵ 潜水

比赛 pi⁵⁵sei⁴⁴

打球 taŋ⁵⁵kiu²²

篮球 lam²¹kiu²²

排球 pʰai²²kiu²²

脚球 kioʔ⁴kiu²² 足球

跳远 tʰau²²yon³⁵

跳高 tʰau²²kau⁴⁴

翻拳斗 fɔn⁴⁴kʰun²²teu³⁵ 翻跟头

撇离＝琴 pʰiaʔ⁴li²²kʰim²² 打车轮子

竖天柱 ɕy²¹tʰan⁴⁴tɕy²¹ 倒立

对打 toi⁴⁴taŋ³⁵

舞刀 mo²¹tau⁴⁴ 耍刀

对铳 toi⁴⁴tɕʰiuŋ⁴⁴ 对枪

舞铳 mo²¹tɕʰiuŋ⁴⁴ 耍枪

打腰鼓 taŋ⁵⁵ieu⁴⁴ku³⁵

跳舞 tʰiau⁴⁴m³⁵

舞龙 mo²¹liuŋ²² 舞龙灯

迎神 iaŋ²²ɕin²²

傀儡戏 ku⁵⁵lei²¹ɕie⁴⁴ 木偶戏

　木头戏 moʔ²tʰeu²²ɕie⁴⁴

生戏 saŋ⁴⁴ɕie⁴⁴ 人演的戏

京剧 tɕiŋ³⁵tsʰʅʔ² 景宁话借音

越剧 iaʔ²tsʰʅʔ² 景宁话借音

戏院 ɕie⁴⁴ien²¹

戏台 ɕie⁴⁴toi²²

演员 ian⁵⁵yon²²

小丑 sau⁵⁵tsʰiu⁵⁵ "丑"小称

老公 lɑu⁵⁵kəŋ⁴⁴ 老生

小生 sau⁵⁵saŋ⁴⁴

武生 mo²¹saŋ⁴⁴

花面 fɔ⁴⁴men⁴⁴ 花脸

老旦 lau⁵⁵tɑm⁴⁴

青衣 tsʰaŋ⁴⁴i⁴⁴

正旦 tɕiaŋ⁴⁴tɑm⁴⁴ 花旦

小旦 sau⁵⁵tɑm⁴⁴

*祖图 tsu⁵⁵tu²²

*长联 tɕʰiɔŋ²²len²²

歌老师 ko²¹lau²¹su⁴⁴ ～ ko²¹lau⁵⁵su⁴⁴ 唱畲歌的
　　高手

*山客歌 san⁴⁴xaʔ⁴ko²¹

*高皇歌 kau⁴⁴uɔŋ²²ko²¹

　*盘古歌 pʰɔn²²ku⁵⁵ko²¹

　*古王歌 ku⁵⁵uɔŋ²²ko²¹

细崽歌 sai⁴⁴tsoi⁵⁵ko³⁵ 童谣，儿歌。"歌" 小称

*条 tʰau²²

*联 len²²

*长联歌 tɕʰiɔŋ²²len²²ko²¹

*三条变 sam⁴⁴tʰau²²pen⁴⁴⁵

*歌头 ko²¹tʰeu²²

　*歌娘 ko²¹nia³⁵

*盘歌 pʰɔn²²ko²¹

细崽话 sai⁴tsoi⁵⁵uɔ³⁵ ①骗小孩的话语。②谎
　　话。"话" 小称

*山客书 san⁴⁴xaʔ⁴ɕy⁴⁴

*山客拳 san⁴⁴xaʔ⁴kʰun²²

*摇镤 ieu²²uoʔ²

*板鞋 pan⁵⁵xai²²

二十二　动作

跌倒啊 tet⁴tau⁵⁵a⁰ 跌倒了

摇头 ieu²²tʰeu²²

掘头 kuət²tʰeu²² 点头

头擎来 tʰeu²²kʰia⁴⁴⁵loi²² 抬头。"擎" 变调

头低来 tʰeu²²ti⁴⁴⁵loi²² 低头。"低" 变调

　头戳来 tʰeu²²tsʰu³⁵loi²² "戳" 变韵变调

车转头 tɕʰia⁴⁴tɕɣon⁵⁵tʰeu²² 回头

倒转头 tau⁴⁴tɕɣon⁵⁵tʰeu²² 掉头

面车过去 men⁴⁴tɕʰia⁴⁴ku⁴⁴ɕy⁴⁴ 脸转过去

眼睁来 ȵian³⁵tsiŋ⁴⁴⁵loi²² 睁眼。"睁" 变调

眼 □ 崽 进 来 ȵian⁵⁵kʰiʔ²tsoi³⁵pɔŋ⁴⁴⁵loi²² 瞪 眼。
　　"进" 变调

眼翕来 ȵian³⁵ɕiem⁴⁴⁵loi²² 闭眼。"翕" 变韵变调

眼翕翕下 ȵian³⁵ɕiep⁴ɕiep⁴xɔ²¹ 挤眼儿

眼眙眙 ȵian³⁵kiɑp⁴kiɑp⁴ 眨眼

*暝 ȵiaŋ⁴⁴

眼□下 ȵian³⁵su²²xɔ²¹ 打盹儿

眼泪流米 ȵian³⁵li²¹liu⁴⁴⁵loi²² 流着眼泪。"流"
　　变调

嘴擘来 tɕɣoi⁴⁴pa⁴⁴⁵loi²² 张嘴。"擘" 变韵变调

嘴眯⁼来 tɕɣoi⁴⁴mi⁴⁴⁵loi²² 闭嘴。"眯" 变调

嘴比比下 tɕɣoi⁴⁴pi⁵⁵pi⁵⁵xɔ²¹ 努嘴。翘起嘴唇，
　　向人示意

嘴挑来 tɕɣoi⁴⁴tʰiau⁴⁴⁵loi²² 噘嘴。"挑" 变调

举手 tɕy⁵⁵ɕiu³⁵

手□□ ɕiu³⁵iaʔ²iaʔ² 摆摆手

放手 piɔŋ⁴⁴ɕiu³⁵ 撒手

手递过去 ɕiu³⁵te²²ku⁴⁴ɕy⁴⁴ 伸手

动手 tən²¹ɕiu³⁵ ①用手接触。②殴打或争斗。
　　③开始做

出手 tɕʰyt⁴ɕiu³⁵ ①（货物）脱手。②行动。③犹
　　开始

搭巴掌 tɑp⁴pɔ⁴⁴tɕiɔŋ³⁵ 拍手

手绞来 ɕiu³⁵kau⁵⁵loi²² 背着手儿。"绞" 变调

手撑来 ɕiu³⁵tsʰaŋ⁴⁴⁵loi²² 叉着手儿。"撑"变调

手敛来 ɕiu³⁵lem⁴⁴⁵loi²² 笼着手，两只手臂交互在胸前。"敛"变调

＊揞 am⁴⁴

揞兴＝来 am⁴⁴ɕiŋ⁵⁵loi²² 捂住

搔 sau⁴⁴ 摩挲

蚕＝屙屎 tsʰam⁵⁵oʔ⁴ɕi³⁵ 把屎

蚕＝屙屎 tsʰam⁵⁵oʔ⁴nau²¹ 把尿

牵来 ɕien⁴⁴⁵loi²² 牵着。"牵"变调

拳头□来 kʰun²²tʰeu²²tɔ³⁵loi²² 攥起拳头。"□"[tɔ³⁵]变韵变调，单字音[tɔʔ²]

　拳头□兴＝来 kʰun²²tʰeu²²tɔʔ²ɕiŋ⁵⁵loi²²

脚□来 kioʔ⁴tan³⁵loi²² 跺脚。"□"[tan³⁵]变韵变调，单字音[tat²]

　脚□兴＝来 kioʔ⁴tat²ɕiŋ⁵⁵loi²²

脚蹑来 kioʔ⁴ȵiam⁴⁴⁵loi²² 踮脚。"蹑"变韵变调

　脚蹑兴＝来 kioʔ⁴ȵiap⁴ɕiŋ⁵⁵loi²²

脚绞来 kioʔ⁴kau⁵⁵loi²² 跷二郎腿。"绞"变调

脚球＝来 kioʔ⁴kiu⁴⁴⁵loi²² 蜷腿。"球＝"变调

脚抖来 kioʔ⁴tiu⁴⁴⁵loi²² 抖腿。"抖"变调

　脚□来 kioʔ⁴iam³⁵loi²² "□"[iam³⁵]变调，单字音[iam²¹]

　脚□兴＝来 kioʔ⁴iam²¹ɕiŋ⁵⁵loi²²

踢腿 tʰeʔ⁴kioʔ⁴

蹓 let² 跑

卷手挢脚 ken⁵⁵ɕieu⁵⁵lət²kioʔ⁴ 挢起袖子,卷起裤腿

弯腰 uɔn⁴⁴ieu⁴⁴

腰□落去 ieu⁴⁴tia²¹loʔ²ɕy⁴⁴

腰直兴＝来 ieu⁴⁴tɕʰiʔ²ɕiŋ⁵⁵loi²² 伸腰

撑腰 tsʰaŋ⁴⁴ieu⁴⁴

屎窟荷来 ɕi⁵⁵fət⁴kʰiai⁴⁴⁵loi²² 翘起屁股，撅屁股。"荷"变调

捶背龙公 tɕʰy²²poi⁴⁴liuŋ²²kən²¹ 捶背

靠 kʰiu⁴⁴ ①挨近：～过来。②依赖，依靠：～你食饭靠你吃饭

藤＝ tʰeŋ²² 跟随：～倒我

□ miŋ⁴⁴ 甩：～出去

绕 ȵiau²¹

拣 kan³⁵ 选择：～一个

擢兴＝来 kʰɔn²¹ɕiŋ⁵⁵loi²² 提起来，拎起来

捡兴＝来 kem³⁵ɕiŋ⁵⁵loi²² 捡起来

拭掉 tɕʰiʔ²tʰau⁴⁴ 擦掉

　擦掉 tsʰɔʔ⁴tʰau⁴⁴

寻着啊 sim²²tɕʰioʔ²aᵒ 找着了

＊擎 kʰia²²

顿 tən⁴⁴ 摆，放：碗～那桌

　摆 pai³⁵

放 piɔŋ⁴⁴ 解除约束：鸡～出来

野＝ ia³⁵ ①挠：～痒。②用手取物：～谷。③量词，把：一～米

择 tʰoʔ² 摘，扯：～树叶

滚 kun³⁵ ①旋转着移动：球～落来。②搅拌：使箸～两下

捋 lət² 手握着东西，向一端顺着抹取：～柴叶

捋桌 lət²toʔ² 用刷子抹拭桌上的残留物

捋苎 lət²tɕʰy²¹ 用刀具给苎麻去皮

□ xau²² 缠束：～秆缠束稻草｜～豆稿缠束豆秸

战＝ tɕien⁴⁴ 剥：～皮

起头 ɕi⁵⁵tʰeu²² 带头，开始

起身 ɕi⁵⁵ɕin⁴⁴

入门 ip²mən²² 进门

出门 tɕʰyt⁴mən²²

碰着 pʰəŋ⁴⁴tɕʰioʔ²

了 lau³⁵ 结束：做～啊做完了

杖⁼tɕʰioŋ²¹ 剩：～饭

团 tʰɔn²² ①把东西揉弄成圆球形。②散发，
　　熏：辣气～过来

开 kʰoi⁴⁴ 整理

□ koi³⁵ 架：两行柴～上去两根木头架上去

联 yon²² 缝：～衫缝衣服

腾头 tʰeŋ²¹tʰeu²² 作伴，匹配：两个人有～

□ iam²¹ 抖：手～来

　　抖 tiu²²

反 pon³⁵ 掀，揭：袋～出来

铍⁼pʰɔt² 披，盖：衫～尔身衣服披在身上

抽 tsʰiu⁴⁴ ～水

团圈 tʰɔn²²kʰyon⁴⁴ 围成圈

抐 liu³⁵ 掏，挖：～番薯

斫 tɕioʔ²⁴ 砍伐供燃烧用的柴薪：～柴｜～转
　　来烧砍回来烧

□ kʰiat² 用细尖物将东西从缝隙、孔洞里
　　用力往外挑拨剔除，或往里填塞东
　　西：～鸟窠｜虫～出来

* 喯 n̠iap⁴

* 劵 li⁴⁴

* 捼 no²²

* 滗 pit⁴

* 壅 iuŋ⁴⁴

* 劥 tui³⁵

* 刴 pʰai⁴⁴

* 荷 kʰiai⁴⁴

* 儆 kʰiaŋ²¹

相帮 soŋ⁴⁴poŋ⁴⁴ 帮忙：大利⁼都来～大家都来帮忙

轮 lən²² 依次更替，轮流：～着我轮到我

照轮 tɕieu⁴⁴lən²² 按照轮流

笑 sau⁴⁴

笑嗳嗳 sau⁴⁴oi⁴⁴oi⁴⁴ 笑呵呵

叫皇皇 keu⁴⁴uɔŋ²²uɔŋ²² 哭哭啼啼

懂啊 toŋ³⁵aᵒ 懂了

解啊 xai⁴⁴aᵒ 会了

认着字 n̠in²¹tɕʰioʔ²tsʰi²¹ 识字

估估下 kʰu⁴⁴kʰu⁴⁴xɔ²¹ 估量一下

想主意 ɕioŋ²¹tɕy⁵⁵i⁴⁴

猜 tsʰoi⁴⁴ 猜想

确定 kʰoʔ⁴tʰaŋ²¹

主张 tɕy⁵⁵tioŋ⁴⁴

无安无落 mɑu²²ɔn⁴⁴mɑu²²loʔ² 犹疑

帮忙睇下 poŋ⁴⁴moŋ²²tʰai³⁵xɔ²¹ 留神

落心 loʔ²sim⁴⁴ 放心

吓 xaʔ⁴ ①害怕，担心：我～你做唔来。②吓
　　唬：你莫～人

吓着啊 xaʔ⁴tɕʰioʔ²aᵒ 吓着了

吓倒 xaʔ⁴tɑu⁵⁵ ①担心：～你唔来。②吓住，
　　吓着：分你～啊被你吓着了

心慌 sim⁴⁴xɔŋ⁴⁴ 着急

* 吓畏 xaʔ⁴ui⁴⁴

挂念 kɔ⁴⁴n̠iam²¹

念 n̠iam²¹ ①挂念。②诵读：～经。③念叨

巴不着 pɔ²²pət⁴tɕʰioʔ² 巴不得。"巴"声调特殊

想兴⁼啦 ɕioŋ²¹ɕiŋ⁵⁵laᵒ 想起来了

恨 xon²¹

嫌弃 xam²²kʰi⁴⁴ 无人～

佩服 pʰoi⁴⁴fuʔ² 羡慕

偏心 pʰen⁴⁴sim⁴⁴

斗气 teu⁴⁴kʰi⁴⁴ 怄气：莫～

怨 yon⁴⁴ 抱怨

值钱 tsiʔ²tsʰan²¹

顺意 sən²¹i⁴⁴ 迁就

弄松 ləŋ²¹səŋ³⁵ 戏弄，算计。"松"声调特殊

做暗恶 tso⁴⁴am⁴⁴oʔ⁴ 暗算

　　暗算 am⁴⁴sən⁴⁴

见得 kian⁴⁴tiʔ⁴ 觉得

着 tɕiaʔ² 需要，得：～三日做

爱 oi⁴⁴ 得，应该：你～去啊你得走了

无变 mau²²pen⁴⁴ 没办法，没辙

㓟讲着 mai⁴⁴kɔŋ⁵⁵tɕʰioʔ² 没想到，没料到

　　㓟想着 mai⁴⁴ɕiəŋ²¹tɕʰioʔ²

*山客话 san⁴⁴xaʔ⁴uɔ²¹

讲话 kɔŋ⁵⁵uɔ²¹ 说话

搭嘴 tapᐟtɕyoi⁴⁴ 搭茬儿

唔声 ŋ²²ɕiaŋ⁴⁴⁵ 不做声。"声"变调

　　唔做声 ŋ²²tso⁴⁴ɕiaŋ⁴⁴

应嘴 eŋ⁴⁴tɕyoi⁴⁴ 顶嘴

回答 foi²²totᐟ

交代 kau⁴⁴tai²¹ 嘱咐

　　交盘 kau⁴⁴pɔn²²

吩咐 fən⁴⁴fu⁴⁴

称呼 tɕʰiŋ⁴⁴fu⁴⁴

打譬方 taŋ⁵⁵pʰi⁵⁵fɔŋ⁴⁴ 比方

分人骂 pən⁴⁴n̠in²²mɔ⁴⁴ 挨骂

分人说 pən⁴⁴n̠in²²ɕyotᐟ 挨说

啰嗦 lo²²so⁴⁴

　　啰里啰嗦 lo²²li⁵⁵lo²²so⁴⁴

□爬□爬 tʰi²²pʰɔ²²tʰi²²pʰɔ²² 爬来爬去

气˭跷气˭跷 kʰi⁴⁴kʰeu⁴⁴kʰi⁴⁴kʰeu⁴⁴ 一瘸一拐

□跳□跳 tʰi²²tʰau²²tʰi²²tʰau²² 蹦蹦跳跳

　　□□跳跳 tʰi²²tʰi²²tʰau²²tʰau²²

　　□跳跳 tʰi²²tʰau²²tʰau²²

你˭摸你˭摸 n̠i⁴⁴moʔ⁴n̠i⁴⁴moʔ⁴ 摸来摸去

痔˭抓痔˭抓 tɕi²¹tɕiau²¹tɕi²¹tɕiau²¹ 抓来抓去

□藤□˭藤 tʰiŋ²²teŋ²²tʰiŋ²²teŋ²² 跟来跟去

令˭浪令˭浪 liŋ²¹lɔŋ²¹liŋ²¹lɔŋ²¹（液体）晃来晃去

二十三　位置

□泥 kʰɔ⁵⁵nai⁴⁴⁵ ①地下。②地面上。"泥"变调

坻天 tai⁵⁵tʰan⁴⁴⁵ 天上：～有鸟。"天"变调

　　天上 tʰan⁴⁴ɕiəŋ²¹

坻山 tai⁵⁵san⁴⁴⁵ 山上：～有人。"山"变调

路 lu³⁵ 路上：倚尔～站在路上。"路"变调

街路 kiai⁴⁴lu³⁵ 街上：～无人。"路"变调

墙 tɕʰioŋ⁴⁴⁵ 墙上：挂尔～挂在墙上。"墙"变调

　　坻墙 tai⁵⁵tɕʰioŋ⁴⁴⁵ "墙"变调

门 mən⁴⁴⁵ 门上：挂尔～挂在门上。"门"变调

　　坻门 tai⁵⁵mən⁴⁴⁵ "门"变调

桌 to³⁵ 桌上：囥尔～放在桌上。"桌"变韵变调

　　坻桌 tai⁵⁵to³⁵ "桌"变韵变调

　　桌头 toʔ²tʰeu²²

交椅 kɔ⁴⁴i⁵⁵ 椅子上：坐尔～坐在椅子上。"椅"变调

心门前 sim⁴⁴mən²²tsʰan²² 胸前

心内肚 sim⁴⁴loi⁵⁵tu⁵⁵ 心里。"肚"变调

大门□边 tʰɔ²¹mən²²kʰɔ⁵⁵pan⁴⁴ 大门外

　　大门外 tʰɔ²¹mən²²uɔi²¹

□门 kʰɔ⁵⁵mən⁴⁴⁵ 门外：囥尔～放在门外。"门"变调

　　门□边 mən²²kʰɔ⁵⁵pan⁴⁴

　　门外 mən²²uɔi²¹

墙□边 tɕʰioŋ²²kʰɔ⁵⁵pan⁴⁴ 墙外

　　墙外 tɕʰioŋ²²uɔi²¹

窗门□边 tɕʰiɔŋ⁴⁴mən⁴⁴kʰɔ⁵⁵pan⁴⁴ 窗外

　　窗门外 tɕʰiɔŋ⁴⁴mən²²uɔi²¹

车 tɕʰia⁴⁴⁵ 车里：坐尔～睇书坐在车里看书

车□边 tɕʰia⁴⁴kʰɔ⁵⁵pan⁴⁴ 车外

车前头 tɕʰia⁴⁴ɕian²¹tʰeu²² 车前

车屎头 tɕʰia⁴⁴ɕi⁵⁵tʰeu²¹ 车后

山前头 san⁴⁴ɕian²¹tʰeu²² 山前

山拜⁼□ san⁴⁴pai⁴⁴lai⁵⁵ 山后 "□" [lai⁵⁵] 变调

寮拜⁼□ lau⁴⁴pai⁴⁴lai⁵⁵ 房后 "□" [lai⁵⁵] 变调

　　寮屎头 lau²²ɕi⁵⁵tʰeu²¹

两隔壁 iɔŋ⁵⁵kaʔ⁴piaʔ⁴ 房屋互邻

东 təŋ⁴⁴

西 sai⁴⁴

南 nɑm²²

北 peʔ⁴

东南 təŋ⁴⁴nɑm²²

东北 təŋ⁴⁴peʔ⁴

西南 sai⁴⁴nɑm²²

西北 sai⁴⁴peʔ⁴

路墘 lu²¹ken⁴⁴⁵ 路边儿。"墘" 变调

中央心 tɔŋ⁴⁴ɔŋ⁴⁴sim⁴⁴ 正中心

床□下 tsʰɔŋ²²kʰɔ⁴⁴xɔ²¹ 床的下面

床□底 tsʰɔŋ²²kʰɔ⁵⁵tai⁵⁵ ①床底的下面。②床
　　的底部。"底" 变调

床底 tsʰɔŋ²²tai³⁵ 床的底部

楼下 leu²²xɔ²¹ 楼底下

脚□下 kioʔ⁴kʰɔ⁴⁴xɔ²¹ 脚底的下面

脚□底 kioʔ⁴kʰɔ⁵⁵tai⁵⁵ ①脚底的下面。②脚的
　　底部。"底" 变调

脚底 kioʔ⁴tai³⁵ 脚的底部

碗□下 uon³⁵kʰɔ⁴⁴xɔ²¹ 碗底的下面

碗□底 uon³⁵kʰɔ⁵⁵tai⁵⁵ ①碗底的下面。②碗的

底部。"底" 变调

碗底 uon⁵⁵tai³⁵ 碗的底部

镬□下 uoʔ²kʰɔ⁴⁴xɔ²¹ 锅底的下面

镬□底 uoʔ²kʰɔ⁵⁵tai⁵⁵ ①锅底的下面。②锅的
　　底部。"底" 变调

镬底 uoʔ²tai³⁵ 锅的底部

缸□下 kɔŋ²¹kʰɔ⁴⁴xɔ²¹ 缸底的下面

缸□底 kɔŋ²¹kʰɔ⁵⁵tai⁵⁵ ①缸底的下面。②缸的
　　底部。"底" 变调

缸底 kɔŋ²¹tai³⁵ 缸的底部

邻卷⁼ lim²²ken³⁵ 附近。"邻" 韵母特殊。或因
　　景宁话 "邻" "临" 同音，而误折合成
　　同 "临" 的音

望入行 mɔŋ²¹ipʔxaŋ²² 望里走

　　望内肚行 mɔŋ²¹loi⁵⁵tu⁵⁵xaŋ²²

望出行 mɔŋ²¹tɕʰyt⁴xaŋ²² 望外走

　　望□边行 mɔŋ²¹kʰɔ⁵⁵pan⁴⁴xaŋ²²

望东行 mɔŋ²¹təŋ⁴⁴xaŋ²²

望西行 mɔŋ²¹sai⁴⁴xaŋ²²

望转头行 mɔŋ²¹tɕyon⁵⁵tʰeu²²xaŋ²² 望回走

　　倒转头行 tɑu⁴⁴tɕyon⁵⁵tʰeu²²xaŋ²²

望前行 mɔŋ²¹ɕian²¹xaŋ²²

⋯⋯东边⋯təŋ⁴⁴pan⁴⁴⋯⋯以东

⋯⋯西边⋯sai⁴⁴pan⁴⁴⋯⋯以西

⋯⋯南边⋯nɑm²²pan⁴⁴⋯⋯以南

⋯⋯北边⋯peʔ⁴pan⁴⁴⋯⋯以北

⋯⋯以内⋯i²²noi²¹ 三日～做好

　　⋯⋯内⋯noi²¹

除掉⋯⋯以外 tɕʰy²²tʰau⁴⁴⋯i²²uɔi²¹ 除⋯⋯以外

　　除掉⋯⋯之外 tɕʰy²²tʰau⁴⁴⋯tsŋ⁵⁵uɔi²¹

⋯⋯起⋯ɕi³⁵⋯⋯以来：过年～，都是天晴

从今晡起 ɕiɔŋ²²kim⁴⁴pu⁴⁴ɕi³⁵ 从今以后

从尔下起ɕioŋ²²n̠i²¹xɔ³⁵ɕi³⁵ 从此以后

……以上…i²²ɕioŋ²¹ 两日～

……以下…i²²xɔ²¹ 两日～

头tʰeu²² 在前面的：～三日

二十四　代词等

我个ŋɔi⁴⁴kɔi⁰ 我的

大利＝寮tʰɔi²¹li²¹lau⁴⁴⁵ 每户人家。"寮"变调
　　每寮人moi³⁵lau²²n̠in²²

我家ŋɔi⁴⁴kɔ²¹ 我自己

你家n̠i⁴⁴kɔ²¹ 你自己

渠家ki⁴⁴kɔ²¹ 他自己

我年＝家ŋɔi⁴⁴nan²²kɔ²¹ 我们自己
　　[我年＝]家ŋan²²kɔ²¹

你年＝家n̠i⁴⁴nan²²kɔ²¹ 你们自己
　　[你年＝]家n̠ian²²kɔ²¹

渠年＝家ki⁴⁴nan²²kɔ²¹ 他们自己
　　[渠年＝]家kian²²kɔ²¹

[我寮]个ŋa⁴⁴⁵kɔi⁰ 我家的

[你寮]个n̠ia⁴⁴⁵kɔi⁰ 你家的

[渠寮]个kia⁴⁴⁵kɔi⁰ 他家的

那nai²¹ ①那，远指：～个。②那么，形容事
　　物性质、程度，远指：～高啊

尔n̠i²¹ ①那，更远指：～个。②那么，形容
　　事物性质、程度，更远指：～高啊

个多kɔi²¹to⁴⁴ 这些

那多nai²¹to⁴⁴ 那些，远指

尔多n̠i²¹to⁴⁴ 那些，更远指

哪多na⁵⁵to⁴⁴ 哪些

见乇kian⁴⁴nɔʔ⁴ 无论什么东西

见事kian⁴⁴su²¹ 无论什么事情

见人kian⁴⁴n̠in²² 无论什么人

我年＝两个ŋiɛi⁴⁴nan²²ioŋ⁵⁵kɔi⁴⁴ 我们俩
　　[我年＝]两个ŋan²²ioŋ⁵⁵kɔi⁴⁴

我你两个ŋɔi⁴⁴n̠i⁵⁵ioŋ⁵⁵kɔi⁴⁴ 咱们俩

你年＝两个n̠i⁴⁴nan²²ioŋ⁵⁵kɔi⁴⁴ 你们俩
　　[你年＝]两个n̠ian²²ioŋ⁵⁵kɔi⁴⁴

渠年＝两个ki⁴⁴nan²²ioŋ⁵⁵kɔi⁴⁴ 他们俩
　　[渠年＝]两个kian²²ioŋ⁵⁵kɔi⁴⁴

两子娘ioŋ⁵⁵tsi⁵⁵n̠ioŋ²² ①娘儿俩。②婆媳俩

两子爷ioŋ⁵⁵tsi⁵⁵ia²² ①父子俩。②父女俩

两姑嫂ioŋ⁵⁵ku²¹sau⁵⁵ 姑嫂俩

两兄弟ioŋ⁵⁵ɕiaŋ⁴⁴tʰai⁴⁴ 兄弟俩，哥儿俩

两姊妹ioŋ⁵⁵tsi⁵⁵moi⁴⁴ ①姐妹俩。②兄妹俩。
　　③姐弟俩

哪多人na⁵⁵to⁴⁴n̠in²² 哪些人

个多道理kɔi²¹to⁴⁴tɑu²¹li²¹ 这些个理儿

那多事nai²¹to⁴⁴su²¹ 那些个事儿

造＝做tsɔ²¹tso⁴⁴ 怎么：～做

二十五　形容词

唔差ŋ²²tsʰɔ⁴⁴ 不错

差唔多tsʰɔ⁴⁴ŋ²²to⁴⁴ 差不多

唔造＝做ŋ²²tsɔ²¹tso⁴⁴ 不怎么样

无使mɑu²²soi³⁵ ①不顶事。②（人）不行，
　　没本事。③（物）坏了，（物）次

无干mɑu²²kɔn⁴⁴ 不行，没用

一般it⁴pɔn⁴⁴⁵ ①通常。②凑合。"般"小称

爱紧oi⁴⁴kin³⁵ 要紧
　　要紧ieu⁴⁴kin³⁵

闹材＝材＝nau²¹tsʰɔi²²tsʰɔi²² 热闹非凡

排场pʰai²²tɕʰioŋ²²

成功ɕiaŋ²²kɔŋ⁴⁴

失败sit⁴pai²¹

成个 ɕiaŋ²²kɔi⁴⁴ 整个

通身 tʰəŋ⁴⁴ɕin⁴⁴ 浑身：～都是泥

全 ɕyon²² ①完整，不缺少：一套书～个。
　　　②整个，遍：～国有名

大个 tʰɔi²¹kɔi⁴⁴ 个头大

细□ sai²¹kʰiaŋ³⁵ 个头小

大丘 tʰɔi²¹ɕiu⁴⁴（田）面积大

细丘 sai⁴⁴ɕiu⁴⁴（田）面积小

凸 tot² 一个包～出来

瘪 pet⁴ 凹：车轮无气，～啊

驼 tʰo²² 垂：～落来 垂下来

斜 ɕiai²² 不正：热头～啊 太阳斜照了
　　筐 tɕʰia³⁵

熬 ˉŋau²²（物体）变形：树～啊

□□ nem⁵⁵nem⁴⁴⁵ 慢慢：～行，莫急
　　慢慢 mɔn⁵⁵mɔn³⁵

*燩 luʔ²

燩人 luʔ²n̩in²² 烫：水式～ 水太烫

绽 ten²¹（果壳类果实）颗粒饱满

□ kiap⁴ 涩

臭膥 tɕʰiu⁴⁴sau⁴⁴ 膥气

□静 iŋ³⁵tsiŋ²¹ 偏僻安静

滑头 uɔt²tʰeu²² 活络

做人家 tso⁴⁴n̩in²²kɔ⁴⁴ 勤俭持家

正宗 tɕiaŋ⁴⁴tsəŋ⁴⁴ 地道：～个主家鸡 地道的土鸡

笑 ˉ皮 sau⁴⁴pʰi²² 爽

听话 tʰaŋ⁴⁴uɔ²¹ 乖
　　听讲 tʰaŋ⁴⁴kɔŋ³⁵

真本事 tɕin⁴⁴pon⁵⁵su²¹ 真行

心坏 sim⁴⁴kai²¹ 缺德

灵 liŋ²² ①（人）机灵。②（手）灵巧

糊涂 u⁴⁴tu²²

糊里糊涂 u⁴⁴li⁵⁵u⁴⁴tu²²

死板 si⁵⁵pan³⁵ 死心眼儿

有心无意 xo⁴⁴sim⁴⁴mau²²i⁴⁴

屎包 ɕi⁵⁵pau⁴⁴ 脓包，懦弱无能的人

无好种 mau²²xau⁵⁵tɕiuŋ³⁵ 孬种

□几 ˉ□keʔ²tɕi⁴⁴la⁴⁴⁵ 吝啬鬼。"□"[la⁴⁴⁵]
　　小称
　　小气鬼 sau⁵⁵kʰi⁴⁴kui³⁵

罪过霉 tsai²¹kɔ⁴⁴moi²² 可怜。"罪过"读音特殊

软弱 n̩yon⁴⁴n̩iaʔ²

满意 mɔn²¹i⁴⁴ 称心

合适 xɑpʔ²siʔ⁴

困难 kʰun⁵⁵nɔn²² ①生活穷困。②事情复杂

麻烦 mo²²fɔn²²

辛苦 sin⁴⁴kʰu³⁵

杀心 sat⁴sim⁴⁴ ①勇猛：渠做事真～。②猛厉：
　　那人骂人真～
　　杀 sat⁴
　　厉害 li²¹xai²¹

受气 ɕiu²¹kʰi⁴⁴

有闲 xo⁴⁴xan²² 有时间：我～帮你

无闲 mau²²xan²² 没时间：我～帮你
　　无空 mau²²kʰəŋ⁴⁴

过面 ku⁴⁴men⁴⁴ 透，明白

过头 ku⁴⁴tʰeu²² 超过限度：饭煮～啊

过脚 ku⁴⁴kioʔ⁴ 彻底

赤条条 tɕʰiaʔ⁴tʰau²²tʰau²² 光着身体

一样生 it⁴iɔŋ²¹saŋ⁴⁴ 相同

现成 xɔn²¹ɕiaŋ²²

偏角 pʰen⁴⁴koʔ⁴ 偏僻

皱皮皱□ tsiu⁴⁴pʰi²²tsiu⁴⁴n̩iat⁴ 皱皱巴巴

不念三四 pət⁴n̩iam²¹sam⁴⁴si⁴⁴ 不三不四

*腾 tʰeŋ²¹

□xɔi²² 痒：～人

紫红 tsu⁵⁵feŋ²²

大红 tʰɔi²¹feŋ²² 深红

淡红 tʰam⁴⁴feŋ²² 浅红

淡蓝 tʰam⁴⁴lam²² 浅蓝

大蓝 tʰɔi²¹lam²² 深蓝

天蓝 tʰan⁴⁴lam²²

草绿 tsʰau⁵⁵lioʔ²

水绿 ɕy⁵⁵lioʔ²

淡绿 tʰam⁴⁴lioʔ² 浅绿

灰白 foi⁴⁴pʰaʔ²

大黄 tʰɔi²¹uoŋ²² 深黄

青 tsʰiŋ⁴⁴

远遥遥 yon⁵⁵ieu²²ieu²² 遥远

酸嗳嗳 son⁴⁴ȵiap⁴ȵiap⁴ 酸叽叽

白刮刮 pʰaʔ²kiat⁴kiat⁴ 白苍苍

　　白匏匏 pʰaʔ²pʰiu²¹pʰiu²¹

赤霞霞 tɕʰiaʔ²xɔ²²xɔ²² 红艳艳

黑冻冻 ɕieʔ²teŋ⁴⁴teŋ⁴⁴ 黑黢黢

硬铁铁 ŋaŋ²¹tʰat⁴tʰat⁴

　　硬邦邦 ŋaŋ²¹poŋ⁴⁴poŋ⁴⁴

　　硬疔邦 ŋaŋ²¹tiŋ⁴⁴poŋ⁴⁴

吓啄啄 xaʔ²toʔ²toʔ² 战战兢兢

水流流 ɕy⁵⁵liu⁴⁴liu⁴⁴ 水漉漉

气呵呵 kʰi⁴⁴xɔ²²xɔ²² 气喘吁吁

嗳呀呀 uo⁵⁵ia⁴⁴ia⁴⁴ 大声叫嚷的样子

擘□□ paʔ²ȵia²¹ȵia²¹ 敞开着的样子

麻□□ mɔ²²tʰi²¹tʰi²² 朦朦胧胧

皓朗朗 xau²¹loŋ⁴⁴loŋ⁴⁴ 亮堂堂

瘦刮刮 sau⁴⁴kiat⁴kiat⁴ 瘦精精

焦干干 tsau⁴⁴kon⁴⁴kon⁴⁴ 干巴巴

焦懒懒 tsau⁴⁴lɔt⁴lɔt⁴

扁黏黏 pan⁵⁵nei²¹nei²¹ 很扁

阔阆阆 fot⁴lɔŋ²¹lɔŋ²¹ 宽敞

　　阔令⁼阆 fot⁴liŋ²¹lɔŋ²¹

弯啄啄 uɔn⁴⁴toʔ²toʔ² 弯曲曲

　　弯得⁼啄 uɔn⁴⁴tiʔ²toʔ²

尖离⁼离 tɕiam⁴⁴li²²li²² 尖锐

二十六　副词介词等

正好 tɕiaŋ⁴⁴xau⁵⁵ ①刚好：～十块钱。②刚巧：～我是寮刚巧我在家。③才能，才可以：你来帮我，我～做得了你来帮我，我才能做完

正正 tɕiaŋ⁴⁴tɕiaŋ⁵⁵ 刚刚：个双鞋我着～好这双鞋我穿刚刚好

作下 tsɔʔ²xɔ²¹ ①一共：～一百万。②一起：大利⁼～去。受"下"影响，"作"韵母特殊

有点 xo⁴⁴tian⁵⁵ ～ xo⁴⁴ti⁵⁵

算唔着 son⁴⁴ŋ²²tɕʰioʔ² ①也许。②可能讲唔着 kɔŋ⁵⁵ŋ²²tɕʰioʔ²

见有 kian⁴⁴xo⁴⁴ 所有

不如 pət⁴ɕy²²

唔……唔……ŋ²²…ŋ²² 非……不……：～透九点～开会非到九点不开会

傍早 pɔŋ²¹tsau³⁵ 趁早儿

赶紧 kɔn⁵⁵kin³⁵

快点 ɕiai⁴⁴ti⁵⁵

　　紧□ kin³⁵nai⁴⁴

早晏 tsau⁵⁵ɔn⁴⁴ 迟早

随便哪下 sei²¹pen²¹na⁵⁵xɔ³⁵ 随时。"下"变调

赶逮 kɔn³⁵tɔi²¹ 来得及

当面 tɔŋ⁴⁴men⁴⁴

顺便 sən²¹pen²¹

到底 tɑu⁵⁵ti⁵⁵

正经 tɕiaŋ⁴⁴kiŋ⁴⁴ 真的：～是渠真的是他

根本 kyon⁴⁴pon³⁵

确实 kʰɔ⁴⁴sit² 实在

打合 taŋ⁵⁵kɑp⁴ 混合

统一 tʰəŋ⁵⁵it⁴

乱 lon²¹ ①混乱，无秩序。②任意随便：莫～说

乱屄 lon²¹liŋ⁵⁵ 任意随便

先 ɕian²¹ 你～去

　　打先 ta⁵⁵ɕian²¹ "打"韵母特殊

□ ta⁵⁵ 介词，来：你～问，我～写

另外 liŋ²²uɔi²¹

对倒 toi⁴⁴tɑu⁵⁵ 对着：渠～我笑他对着我笑

　　朝倒 tɕʰieu²²tɑu⁵⁵

落 loʔ² 到：～哪早ᵁ去到哪去?

透 tʰeu⁴⁴ 到：～哪日为止到哪天为止?

从 ɕiŋ²² 自从：～渠去啊起自从他去了开始

使 soi³⁵ 用：你～毛笔写

随 sei²¹ ①顺着：～个条路行顺着这条路走。②沿

　　着：～个坑墘行沿着溪边走

朝 tɕʰieu²² ～屎头睇睇朝后面看看

抵ᵁ我 ti⁵⁵ŋoi⁴⁴ 给我，虚用，加重语气：个碗

　　饭你～食掉这碗饭你给我吃掉

　　□我 nəŋ⁵⁵ŋoi⁴⁴

　　帮我 poŋ⁴⁴ŋoi⁴⁴

唛……做…… uo⁵⁵…tso⁴⁴ 管……叫……：

　　～白番薯～山药管白薯叫山药

　　抵ᵁ……唛做……ti⁵⁵…uo⁵⁵tso⁴⁴…

　　□……唛做……nəŋ⁵⁵…uo⁵⁵tso⁴⁴…

抵ᵁ……拿来当……ti⁵⁵…naŋ⁴⁴loi²²tɔŋ⁴⁴…拿……

　　当……：～麦秆～柴烧拿麦秆当柴烧

□……拿来当……nəŋ⁵⁵…naŋ⁴⁴loi²²tɔŋ⁴⁴…

细细 sai⁵⁵sai⁴⁴⁵ 从小：～就解唱啊从小就会唱了

　　从小 ɕiɔŋ²²sau⁵⁵

望出 mɔŋ²¹tɕʰyt⁴ 往外：老王有钱，唔～拿

懵 məŋ³⁵ 一个劲儿：～做去

啊ᵁ 是 a⁵⁵ɕi⁴⁴ 还是：你去，～我去?

二十七　量词

本 pon³⁵ 一～书｜一～簿

笔 pit⁴ 一～钱｜一～账｜写一～

封 fəŋ⁴⁴ 一～信

条 tiau²² 一～香烟｜一～肥皂｜一～汗水布

　　崽一条手巾

枚 moi²² 条：一～鱼

蓬 pəŋ²² 丛：一～花｜一～草

兜 teu⁴⁴ ①块：一～布。②株：一～菜

枝 ki²² 一～花｜一～香

盏 tsan³⁵ ①盏：一～火一盏灯。②盅：一～酒

桌 toʔ² 一～酒一桌酒席｜一～人｜一～碗｜

　　一～箸

汤ᵁ tʰɔŋ⁴⁴ ①场：落一～水下一场雨。②阵：骂

　　一～

场 tɕʰiɔŋ²² ①出：一～戏。②场：闹一～

身 ɕin⁴⁴ 一～棉衫一身棉衣｜一～泥

通 tʰəŋ⁴⁴ 套：一～衫

眼 ŋan²¹ 小间：一～店

门 məŋ²² 一～飞船一架飞机｜一～大炮

架 kɔ⁴⁴ 一～飞船一架飞机

领 ian⁴⁴ 件：一～衫一件衣服｜一～裤一条裤子

箱ᵁ ɕiɔŋ⁴⁴ 畦：一～菜

篇 pʰen⁴⁴ 一～文章

页 iep² 一～书

段 toŋ²¹ 一～文章｜一～时间

片 pʰiaŋ⁵⁵ 一～心｜一～柴叶｜一～肶_{一片肉}

层 tsʰeŋ²² 用于重叠、积累的东西，以及可从物体表面揭开或抹去的东西：一～纸｜一～楼｜一～糕

重 tɕʰiuŋ²² 层，叠：一～楼

盘 pʰɔn²² 一～棋｜一～菜｜一～水果

路 lu²¹ 一～亲_{一门亲}｜一～公交车

刀 tau⁴⁴ 一～纸

缸 kɔŋ²¹ 一～水｜一～鱼｜一～酒

碗 uon³⁵ 一～饭

杯 poi⁴⁴ 一～水｜一～茶

扎 tsɔt⁴ 把：一～菜头_{一把萝卜}｜～头毛_{一把头发}

包 pau⁴⁴ 一～泥豆_{一包花生}

捆 kʰun³⁵ 一～纸_{一卷纸}｜一～毛_{一捆东西}｜一～柴

□ xau²² 束：一～秆_{一束稻草}｜一～豆稿_{一束豆秸}

担 tam⁴⁴ 一～米｜一～水_{一挑水}

排 pʰai²² ①成列的事物：一～桌｜一～人。②军队的编制单位：一～兵

摱 kʰɔn²¹ 挂，串，提：一～火炮_{一挂鞭炮}｜一～肶_{一挂肉}｜一～葡萄_{一串葡萄}

句 ku⁴⁴ 一～话｜一～歌

对 toi⁴⁴ 一～花瓶｜一～人

套 tʰau⁴⁴ 一～书

随 soi²² 行列：一～人_{一群人}

伙 fu³⁵ 一～人

帮 pɔŋ⁴⁴ 一～人

阵 tin²² 一～人_{一拨人}

批 pʰi⁴⁴ 一～货

窠 kʰo⁴⁴ 一～蜂_{一窝蜂}｜一～猪崽_{一窝小猪}

格 kaʔ⁴ 笼：一～糕_{一蒸屉糕}｜一～包子

花 fɔ⁴⁴ 一～豆腐_{一块豆腐}

□ nam³⁵ 一虎口，大拇指与食指张开的长度

寻 tsʰim²² 度，两臂平伸两手伸直的长度

指 tɕi³⁵ 一～长

肚 tu³⁵ 一～气

尊 tson⁴⁴ 一～佛

幅 fuʔ⁴ 一～画

□ lam⁴⁴ 瓣：一～橘

窑 ieu²² 炉：烧一～瓦

团 tʰɔn²² ①结成一团的东西：一～泥。②军队的编制单位：一～兵

堆 toi²¹ 一～雪

嘴 tɕyoi⁴⁴ 槽：一～牙

师 su⁴⁴ 军队的编制单位：一～兵

旅 ly³⁵ 军队的编制单位：一～兵

营 iŋ²² 军队的编制单位：一～兵

连 len²² 军队的编制单位：一～兵

班 pɔn⁴⁴ ①用于人群：一～人。②用于定时开行的交通运输工具：一～车。③军队的编制单位：一～兵

组 tsu³⁵ 一～人

撮 tsʰət⁴ 一～毛｜一～头毛_{一撮头发}

管 kon³⁵ 轴：一～线

手 ɕiu³⁵ 写一～好字

届 kai⁴⁴ 开一～会议

任 ȵin²¹ 做一～官

盘 pʰɔn²² 行一～棋

圈 kʰyon⁴⁴ 打一～麻将

台 toi²² 唱一～戏

点 tam³⁵ 滴：一～水

盒 xap² 一～茶米_{一盒茶叶}

箱 ɕiɔŋ⁴⁴ 一～衫_{一箱衣服}

柜 kʰy²¹ 一～书

刨＝篓 pau²¹luʔ² 抽屉：一～钱

箩 lo²¹ 一～谷

篮 lɑm²¹ 一～菜

篓 leu³⁵ 一～碳

炉 lu²² 一～灰

懂＝柳＝təŋ⁵⁵kɔ²² 口袋：一～糖

塘 tʰɔŋ²² 一～水

瓶 pʰeŋ²² 一～醋

罐 kon⁴⁴ 一～荔枝

桶 tʰəŋ³⁵ 一～汽油

壶 fu²² 一～酒｜一～茶

面盆 men⁴⁴pʰən²² 一～水—脸盆水

馒 uoʔ² 锅：一～饭

盘崽 pʰɔn²²tsoi⁵⁵ 小碟儿：一～菜

勺 ɕioʔ² 一～汤｜一～酱油

眼 ȵian³⁵ 睄一～看一眼

口 xɑu³⁵ 食一～吃一口

面 men⁴⁴ 见一～

水 ɕy³⁵ 洗一～洗一次

票 pʰeu⁴⁴ 投一～

个把两个 kɔi⁴⁴pɔ⁵⁵iɔŋ³⁵kɔi⁴⁴

百把个 paʔ⁴pɔ⁵⁵kɔi⁴⁴ 百把来个

千把人 tɕʰian⁴⁴pɔ⁵⁵ȵin²²

万把块钱 mɔn²¹pɔ⁵⁵kʰui⁴⁴tsʰan²¹

里把路 li³⁵pɔ⁵⁵lu²¹

里把两里路 li³⁵pɔ⁵⁵iɔŋ³⁵li⁵⁵lu²¹ 里把二里路

亩把两亩 meu³⁵pɔ⁵⁵iɔŋ³⁵meu⁵⁵ 亩把二亩

人丁 ȵin²²teŋ⁴⁴ 人口

二十八　附加成分等

尽啊 tsin²¹a⁰ 极了：多～

唔过 ŋ⁴⁴ku⁴⁴ 不过：热～极热

死啊 si³⁵a⁰ 死了：冷～

苦头 kʰu⁵⁵tʰeu²² 有～食

倒 tau³⁵ 助词，相当于"着""住"：睍～你做看着你做｜捉～唔放抓住不放

来 loi²² 用在表示即将施行的动词性词语的后面，表示暂时、暂且先做这个动作，以防备以后可能会发生的动作（该动作常常不说出来）：食啊～先吃｜坐下～先坐一下

先 ɕian²¹ 表示发生在前：你去～，我再追来你先去，我再追来

过 ku⁴⁴ 用在动词或动词短语后，相当于"重新再……"，前面可同时用"再"：我做个～｜你再讲～

凑 tsʰeu⁴⁴ 用在动词或动词短语、形容词或形容词短语后，表示增加前面动作的次数或加深前面形容词的程度，相当于"再"的意思，前面可同时用"再"：困下～再睡会儿｜再坐下～再坐会儿

得 tiʔ⁰ 用在动词或动词短语后，表示可以、许可：食～可以吃｜做～可以做

个 ke⁰ ～ ki⁰ ①助词，的：我～车。②助词，地：轻轻～讲

个 ke⁰ 语气词，的，表示肯定：好～

啊 a⁰ ①相当于普通话"了1"，我做～三日。②相当于普通话"了2"：做好～

嘎 ka⁰ "个啊"的合音，相当于普通话"的啊"：我做好啊～我做好了啊｜听话点～

嘞 le⁰ 相当于普通话"呢"：饭面＝熟～饭没熟呢｜渠唔听话～他不听话呢｜我连北京都去过啊～

二十九　数字等

一号 it⁴xo²¹ 指日期，下同

二号 ȵi²¹xo²¹

三号 sam⁴⁴xo²¹

四号 si⁴⁴xo²¹

五号 ŋ³⁵xo²¹

六号 ly?⁴xo²¹

七号 tsʰit⁴xo²¹

八号 pat⁴xo²¹

九号 kiu³⁵xo²¹

十号 ɕip²xo²¹

初一 tsʰo⁴⁴it⁴

初二 tsʰo⁴⁴ȵi²¹

初三 tsʰo⁴⁴sam⁴⁴

初四 tsʰo⁴⁴si⁴⁴

初五 tsʰo⁴⁴ŋ³⁵

初六 tsʰo⁴⁴ly?⁴

初七 tsʰo⁴⁴tsʰit⁴

初八 tsʰo⁴⁴pat⁴

初九 tsʰo⁴⁴kiu³⁵

初十 tsʰo⁴⁴ɕip²

老大 lau⁵⁵tʰɔi²¹

老二 lau⁵⁵ȵi²¹

老三 lau⁵⁵sam⁴⁴

老四 lau⁵⁵si⁴⁴

老五 lau⁵⁵ŋ³⁵

老六 lau⁵⁵ly?⁴

老七 lau⁵⁵tsʰit⁴

老八 lau⁵⁵pat⁴

老九 lau⁵⁵kiu³⁵

老十 lau⁵⁵ɕip²

二哥 ȵi²¹ko⁴⁴⁵ "哥" 小称

末尾了 mɔt²mei⁴⁴lau³⁵ 老末儿

一个 it⁴kɔi⁴⁴

两个 iɔŋ³⁵kɔi⁴⁴

双个 sɔŋ⁴⁴kɔi⁴⁴

三个 sam⁴⁴kɔi⁴⁴

四个 si⁴⁴kɔi⁴⁴

五个 ŋ³⁵kɔi⁴⁴

六个 ly?⁴kɔi⁴⁴

七个 tsʰit⁴kɔi⁴⁴

八个 pat⁴kɔi⁴⁴

九个 kiu³⁵kɔi⁴⁴

十个 ɕip²kɔi⁴⁴

第二 te²¹ȵi²¹

第三 te²¹sam⁴⁴

第四 te²¹si⁴⁴

第五 te²¹ŋ³⁵

第六 te²¹ly?⁴

第七 te²¹tsʰit⁴

第八 te²¹pat⁴

第九 te²¹kiu³⁵

第十 te²¹ɕip²

第一个 te²¹it⁴kɔi⁴⁴

第二个 te²¹ȵi²¹kɔi⁴⁴

第三个 te²¹sam⁴⁴kɔi⁴⁴

第四个 te²¹si⁴⁴kɔi⁴⁴

第五个 te²¹ŋ³⁵kɔi⁴⁴

第六个 te²¹ly?⁴kɔi⁴⁴

第七个 te²¹tsʰit⁴kɔi⁴⁴

第八个 te²¹pat⁴kɔi⁴⁴

第九个 te²¹kiu³⁵kɔi⁴⁴

第十个 te²¹ɕip²kɔi⁴⁴

十一 ɕip²it⁴

二十 ȵi²¹ɕip²

二十一 ȵi²¹ɕip²it⁴

三十一 sɑm⁴⁴ɕip²it⁴

四十 si⁴⁴ɕip²

四十一 si⁴⁴ɕip²it⁴

五十 ŋ³⁵ɕip²

五十一 ŋ³⁵ɕip²it⁴

六十 lyʔ⁴ɕip²

六十一 lyʔ⁴ɕip²it⁴

七十 tsʰit⁴ɕip²

七十一 tsʰit⁴ɕip²it⁴

八十 pat⁴ɕip²

八十一 pat⁴ɕip²it⁴

九十 kiu³⁵ɕip²

九十一 kiu³⁵ɕip²it⁴

一百一十 it⁴paʔ⁴it⁴ɕip²

一百一十个 it⁴paʔ⁴it⁴ɕip²kɔi⁴⁴

一百一十一 it⁴paʔ⁴it⁴ɕip²it⁴

一百一十二 it⁴paʔ⁴it⁴ɕip²ȵi²¹

一百二十 it⁴paʔ⁴ȵi²¹ɕip²

一百三十 it⁴paʔ⁴sɑm⁴⁴ɕip²

一百五十 it⁴paʔ⁴ŋ³⁵ɕip²

一百五十个 it⁴paʔ⁴ŋ³⁵ɕip²kɔi⁴⁴

两百五十 iɔŋ⁵⁵paʔ⁴ŋ³⁵ɕip²

两百五十个 iɔŋ⁵⁵paʔ⁴ŋ³⁵ɕip²kɔi⁴⁴

三百一十 sɑm⁴⁴paʔ⁴it⁴ɕip²

三百三十 sɑm⁴⁴paʔ⁴sɑm⁴⁴ɕip²

三百六十 sɑm⁴⁴paʔ⁴lyʔ⁴ɕip²

三百八十 sɑm⁴⁴paʔ⁴pat⁴ɕip²

一千一百 it⁴tɕʰian⁴⁴it⁴paʔ⁴

一千一百个 it⁴tɕʰian⁴⁴it⁴paʔ⁴kɔi⁴⁴

一千九百 it⁴tɕʰian⁴⁴kiu³⁵paʔ⁴

一千九百个 it⁴tɕʰian⁴⁴kiu³⁵paʔ⁴kɔi⁴⁴

三千 sɑm⁴⁴tɕʰian⁴⁴

五千 ŋ³⁵tɕʰian⁴⁴

八千 pat⁴tɕʰian⁴⁴

一万两千 it⁴mɔn²¹iɔŋ³⁵tɕʰian⁴⁴

三万五千 sɑm⁴⁴mɔn²¹ŋ³⁵tɕʰian⁴⁴

零 liŋ²²

两斤 iɔŋ³⁵kyn⁴⁴ 二斤

两钱 iɔŋ³⁵tsʰan²² 二钱

两分 iɔŋ³⁵fən⁴⁴ 二分

两厘 iɔŋ³⁵le²² 二厘

两丈 iɔŋ³⁵tɕʰiɔŋ⁴⁴ 二丈

两尺 iɔŋ³⁵tɕʰiaʔ⁴ 二尺

两寸 iɔŋ³⁵tsʰən⁴⁴ 二寸

两分 iɔŋ³⁵fən⁴⁴ 二分

两豪 iɔŋ³⁵ɑu²²

两里 iɔŋ³⁵li⁵⁵ 二里。"里"变调

两担 iɔŋ³⁵tɑm⁴⁴ 二担

两斗 iɔŋ³⁵teu⁵⁵ 二斗。"斗"变调

两升 iɔŋ³⁵siŋ⁴⁴ 二升

两项 iɔŋ³⁵xɔŋ²² 二项

两亩 iɔŋ³⁵meu²¹ 二亩

几个 ki⁵⁵kɔi⁴⁴

好几个 xɑu⁵⁵ki⁵⁵kɔi⁴⁴

好多个 xɑu⁵⁵to⁴⁴kɔi⁴⁴ ①好几个。②好些个

有□ xo⁴⁴nai⁴⁴ 有些

一□ it⁴nai⁴⁴ 一些些

好□ xɑu³⁵nai⁴⁴ 好一些

　　一大□ it⁴tʰɔi²¹nai⁴⁴

一点 it⁴tian⁵⁵ ～ it⁴ti⁵⁵ 一点儿

大点 tʰɔi²¹tian⁵⁵ ～ tʰɔi²¹ti⁵⁵ 大点儿

十多个 ɕip²to⁴⁴kɔi⁴⁴

一百多个 it⁴paʔto⁴⁴kɔi⁴⁴

十把个 ɕip²pɔ⁵⁵kɔi⁴⁴ 十来个

百把个 paʔpɔ⁵⁵kɔi⁴⁴

千把个 tɕʰian⁴⁴pɔ⁵⁵kɔi⁴⁴

半个 pɔn⁴⁴kɔi⁴⁴⁵ "个"小称

一半 it⁴pɔn⁴⁴

两半 iɔŋ³⁵pɔn⁴⁴

一大半 it⁴tʰɔi²¹pɔn⁴⁴

一个半 it⁴kɔi⁴⁴pɔn⁴⁴

……上下…ɕiɔŋ²¹xɔ²¹

……左右…tsɔu⁵⁵ieu²¹

一来二去 it⁴lo²²n̠i²¹ɕy⁴⁴

一清二白 it⁴tsʰiŋ⁴⁴n̠i²¹pʰaʔ²

一清二楚 it⁴tsʰiŋ⁴⁴n̠i²¹tsʰu³⁵

一刀两墩 it⁴tau⁴⁴iɔŋ³⁵tən²¹ 一刀两断

三年两年 sam⁴⁴nan²²iɔŋ³⁵nan²²

三年五载 sam⁴⁴nan²²ŋ³⁵tsai⁴⁴

三日两头 sam⁴⁴n̠it⁴iɔŋ³⁵tʰeu²² 三天两头

三日两夜 sam⁴⁴n̠it⁴iɔŋ³⁵ia²¹ 三天两夜

三心两意 sam⁴⁴sim⁴⁴iɔŋ³⁵i⁴⁴ 三心二意

三三五五 sam⁴⁴sam⁴⁴ŋ⁵⁵ŋ³⁵

四平八稳 si⁴⁴pʰiaŋ²²pat⁴un³⁵

四方八斗 si⁴⁴fɔŋ⁴⁴pat⁴teu³⁵ 四四方方

四通八达 si⁴⁴tʰəŋ⁴⁴pat⁴tʰɑp²

四面八方 si⁴⁴men⁴⁴pat⁴fɔŋ⁴⁴

四季八节 si⁴⁴ke⁴⁴pat⁴tsat⁴ 四时八节

七零八落 tsʰit⁴liŋ²²pat⁴lo²²

七七八八 tsʰit⁴tsʰit⁴pat⁴pat⁴ 形容人啰嗦

五湖四海 ŋ³⁵fu²²si⁴⁴xai³⁵

五花八门 ŋ³⁵fɔ⁴⁴pat⁴mən²²

七上八落 tsʰit⁴ɕiɔŋ⁴⁴pat⁴loʔ² 七上八下

乱七八糟 lon²¹tsʰit⁴pat⁴tsɑu⁴⁴

七长八短 tsʰit⁴tɕʰiɔŋ²²pat⁴tən³⁵

七拼八凑 tsʰit⁴pʰin⁴⁴pat⁴tsʰeu⁴⁴

七手八脚 tsʰit⁴ɕieu⁵⁵pat⁴kioʔ⁴

千辛万苦 tɕʰian⁴⁴sin⁴⁴mɔn²¹kʰu³⁵

千真万确 tɕʰian⁴⁴tsin⁴⁴mɔn²¹kʰoʔ⁴

千变万化 tɕʰian⁴⁴pen⁴⁴mɔn²¹fɔ⁴⁴

千家万户 tɕʰian⁴⁴kɔ⁴⁴mɔn²¹fu²¹

千言万语 tɕʰian⁴⁴n̠iem²²mɔn²¹n̠y³⁵

甲 kɑp⁴

乙 it⁴

丙 piaŋ³⁵

丁 teŋ⁴⁴

戊 mo²¹

己 ki³⁵

庚 kaŋ⁴⁴

辛 sin⁴⁴

壬 n̠iem²²

癸 kui⁴⁴

子 tsu³⁵

丑 tʰiu³⁵

寅 iŋ²²

卯 mau³⁵

辰 ɕin²²

巳 su²¹

午 ŋ³⁵

未 mi²¹

申 ɕin⁴⁴

酉 iu³⁵

戌 sət⁴

亥 xoi²¹

第六章

语 法

第一节

词法

一 构词法

和大部分汉语方言一样，景宁畲话的复合构词有联合式、偏正式、主谓式、述宾式、补充式等5种基本形式。下面重点介绍景宁畲话的"逆序词"。

（一）动物性别词

1.动物＋牯[ku³⁵]，动物＋公[kəŋ²¹]，表雄性动物。

"牯"[ku³⁵]多用于哺乳类。例如：牛牯公牛ŋau²²ku³⁵｜猪牯公猪，配种用tɕy⁴⁴ku³⁵｜狗牯公狗kau⁵⁵ku³⁵｜兔牯公兔tu⁵⁵ku³⁵｜老虎牯公老虎lau⁵⁵fu⁵⁵ku³⁵。

"公"[kəŋ²¹]多用于禽类。例如：鸡公公鸡kiai⁴⁴kəŋ²¹｜鸭公公鸭ap⁴kəŋ²¹｜□鹅公公鹅tɕʰia⁵⁵ŋau²²kəŋ²¹。

2.动物＋娘[n̠ioŋ²²～n̠ioŋ²¹]，动物＋牸[tsʰi²¹]，表雌性动物。

"娘"[n̠ioŋ²²～n̠ioŋ²¹]用于已生育的动物。其中，"娘"[n̠ioŋ²²]多用于哺乳类，"娘"[n̠ioŋ²¹]多用于禽类。例如：猫娘母猫，已生小猫n̠iau⁴⁴⁵n̠ioŋ²²｜牛娘母牛，已生小牛ŋau²²n̠ioŋ²²｜鸡娘母鸡，已生蛋kiai⁴⁴n̠ioŋ²¹｜□鹅娘母鹅，已生蛋tɕʰia⁵⁵ŋau²²n̠ioŋ²¹。

"牸"[tsʰi²¹]用于未生育的雌性动物。例如：猪牸母猪，未生育tɕy⁴⁴tsʰi²¹｜狗牸母狗，未生育kau⁵⁵tsʰi²¹。

（二）由动物性别词引申，表"强""大"物体的词

1.名词＋牯[ku³⁵]，表"强"的物体。例如：石牯石头ɕiaʔ²ku³⁵｜拳头牯拳头kʰun²²tʰeu²²ku³⁵。

2.名词＋公[kəŋ⁴⁴～kəŋ²¹]，表示"大"的物体。例如：手指公手拇指ɕiu⁵⁵tɕi⁵⁵kəŋ²¹｜脚手公脚拇指kioʔ⁴ɕiu⁵⁵kəŋ²¹｜虾公大虾xɔ³⁵kəŋ⁴⁴。

（三）其余零散的逆序词

例如：毙铳枪毙pi⁵⁵tɕʰiuŋ⁴⁴｜闹热热闹nau²¹n̠iet²｜人客客人n̠in²²xaʔ⁴｜刀拜=菜刀tɑu⁴⁴pai⁴⁴

二　词缀

（一）前缀

1.阿 [ai⁴⁴]

（1）用于亲属称谓的前头

长辈亲属、同辈中的年长者称谓多以"阿"[ai⁴⁴]为前缀构词。例如：阿白=曾祖母ai⁴⁴pʰaʔ²｜阿姐婆婆。奶奶ai⁴⁴tɕia³⁵｜阿公对老年男性的尊称、呼称ai⁴⁴kən⁵⁵｜阿婆对老年女性的尊称、呼称ai⁴⁴pʰo⁵⁵｜阿爹爸爸ai⁴⁴tia⁴⁴⁵｜阿伯伯父.丈夫的哥哥ai⁴⁴paʔ⁴｜阿娘伯母ai⁴⁴n̠ia²¹｜阿叔ai⁴⁴ɕyʔ²｜阿姑姑妈.丈夫的姐妹ai⁴⁴ku²¹｜阿舅妻子的兄弟ai⁴⁴kʰiu²¹｜阿姨妻子的姐妹ai⁴⁴i²¹｜阿嬷婶婶ai⁴⁴mo²¹｜阿哥ai⁴⁴ko⁴⁴⁵｜阿姊姐姐ai⁴⁴tsi⁵⁵｜阿嫂ai⁴⁴sɑu⁵⁵。

（2）用于人名的前头

多以"阿"[ai⁴⁴]＋"人名"（名字中的最后一个字）的形式进行称呼，人名一般读小称调。例如：阿宝ai⁴⁴pɑu⁵⁵｜阿水ai⁴⁴ɕy⁵⁵｜阿春ai⁴⁴tɕʰyn⁴⁴⁵。

2.老 [lɑu³⁵]

（1）用于动物名称之前，指称一些动物。"老"意义虚化。例如：老蟹螃蟹lɑu⁵⁵xai³⁵｜老鸦乌鸦lɑu⁵⁵ɔ²²｜老鼠lɑu⁵⁵ɕy³⁵｜老鼠鹢蝙蝠lɑu⁵⁵ɕy⁵⁵ieu²¹｜老虎lɑu⁵⁵fu³⁵。其中"老鼠""老虎"与普通话相同。

（2）用于称谓或姓氏之前，指称年老者。例如：老公对老年男性的称呼，多用于背称lɑu⁵⁵kən⁴⁴⁵｜老姐对老年女性的称呼，多用于背称lɑu⁵⁵tɕia⁵⁵｜老蓝蓝姓老人lɑu⁵⁵lam²²。

（二）后缀

部分后缀没有虚化，有实义。

1.头 [tʰeu²²]

（1）和一名词性词根一起指代事物名称，构成普通名词。例如：心头胸脯sim⁴⁴tʰeu²²｜肩头肩膀kin⁴⁴tʰeu²²｜脚盆=头膝盖kioʔ⁴pʰən²¹tʰeu²²｜砖头kyon⁴⁴tʰeu²²｜锄头tɕʰy²²tʰeu²²｜斧头pi⁵⁵tʰeu²²｜菜头萝卜tsʰoi⁴⁴tʰeu²²。

（2）雄性哺乳动物＋头，"头"读小称调[445]，表示半大不小的雄性哺乳类动物。例如：兔头半大不小的雄兔tʰu⁵⁵tʰeu⁴⁴⁵｜狗头半大不小的雄狗kɑu⁵⁵tʰeu⁴⁴⁵｜猫头半大不小的雄猫n̠iau⁴⁴⁵tʰeu⁴⁴⁵。

（3）"数量＋头"表名词。例如：五角头五角一张的纸币ŋ⁵⁵koʔ⁴tʰeu²²｜十块头十元一张的纸币ɕipʔ²kʰui⁴⁴tʰeu²²｜一百块头百元一张的纸币itʔ⁴paʔ⁴kʰui⁴⁴tʰeu²²。

（4）附在名词性词根之后，多指代方位"上"，少部分指代方位"前""口"。例如：

山头_{山上}san⁴⁴tʰeu²² ｜ 坟头_{坟上。坟前}pʰən²²tʰeu²² ｜ 桌崽头_{小桌子上}toʔ²tsoi⁵⁵tʰeu²² ｜ 寮檐头_{屋檐上}lau²²iem²²tʰeu²² ｜ 大门头_{大门口}tʰoi²¹mən²²tʰeu²² ｜ 镬灶头_{灶台上}uoʔ²tsɑu⁴⁴tʰeu²² ｜ 楼梯头_{楼梯顶端}leu²²tʰoi⁴⁴tʰeu²²。

（5）作时间名词的后缀。例如：正月头_{正月}tɕiaŋ⁴⁴ȵyotʔ²tʰeu²² ｜ 十二月头_{十二月}ɕipʔ²ȵi²¹ȵyotʔ²tʰeu²² ｜ 日昼头_{中午}ȵit⁴tɕiu⁴⁴tʰeu²² ｜ 暗晡头_{晚上}ɑm⁴⁴pu²¹tʰeu²²。

（6）附在形容词、动词词根之后，构成名词。词例较少。例如：苦头kʰu⁵⁵tʰeu²² ｜ 待头_{值得招待之处}tai²¹tʰeu²²。

2.卵 [lɔn³⁵]

名词＋卵，"卵"词义虚化。词例较少。例如：光头卵_{光头}kɔŋ⁴⁴tʰeu²²lɔn⁵⁵。

3.子 [tsu³⁵ ～ tsi²¹]

附在名词性词根之后，词义虚化。[tsu³⁵][tsi²¹]有固定的词语限制，不能互换。词例较少。例如：狮子su⁴⁴tsu³⁵ ｜ 样子iɔŋ²¹tsu³⁵ ｜ 腰子_肾ieu⁴⁴tsi²¹ ｜ 栗子litʔ²tsi²¹ ｜ 日子_{特定的某天：拣～。生活，生计：过～}ȵit⁴tsi²¹。

三 重叠

（一）形容词的重叠式

1.AA式

形容词的AA重叠式与基式相比，前后两个A的声调都发生了变化，规律如下：重叠式中的A1一律读高平调[55]，A2读高平调[55]、高升调[35 445]，A2的变调规律以及入声韵尾的调整规律同于"小称音"（见第二章第四节）。形容词AA式变调规律及词例见表6-1。

表6-1 景宁畲话形容词AA式

调类	基式	重叠式	例词
阴平	A⁴⁴	A⁵⁵A⁴⁴⁵	软 ȵyon⁴⁴——软软 ȵyon⁵⁵ȵyon⁴⁴⁵ 轻 kʰiaŋ⁴⁴——轻轻 kʰiaŋ⁵⁵kʰiaŋ⁴⁴⁵
阳平	A²²	A⁵⁵A⁴⁴⁵	长 tɕʰiɔŋ²²——长长 tɕʰiɔŋ⁵⁵tɕʰiɔŋ⁴⁴⁵ 黄 uɔŋ²²——黄黄 uɔŋ⁵⁵uɔŋ⁴⁴⁵
上声	A³⁵	A⁵⁵A⁵⁵	扁 pan³⁵——扁扁 pan⁵⁵pan⁵⁵ 浅 tsʰan³⁵——浅浅 tsʰan⁵⁵tsʰan⁵⁵
去声	A²¹	A⁵⁵A³⁵	嫩 nən²¹——嫩嫩 nən⁵⁵nən³⁵ 静 tsiŋ²¹——静静 tsiŋ⁵⁵tsiŋ³⁵

调类	基式	重叠式	例词
阴入	A⁵	A⁵⁵A⁴⁴⁵	赤 tɕʰiaʔ⁴——赤赤 tɕʰia⁵⁵tɕʰia⁴⁴⁵ 湿 ɕip⁴——湿湿 ɕiu⁵⁵ɕiu⁴⁴⁵
阳入	A²	A⁵⁵A³⁵	直 tɕʰiʔ²——直直 tɕʰi⁵⁵tɕʰi³⁵ 白 pʰaʔ²——白白 pʰa⁵⁵pʰa³⁵

但"表示分量足、程度高、密度大、可取性强等方面性状"的"强态性形容词"重叠后没有出现变调的情况。例如：沸 pei⁴⁴——沸沸 pei⁴⁴pei⁴⁴——沸沸 *pei⁵⁵pei⁴⁴⁵。这样的例外或许与重叠后的后一音节采用"小称变调"有关。因为"小称"的基本功能或初始化功能是"指小"，在"指小"的过程中，自然衍生出表示喜爱、亲昵、戏谑等功能，虽然有时"指小"功能甚至已经不太明显了，但是总有些"强态性形容词"以其强态的特性与"小称变调"发生矛盾，仍旧不适合"小称变调"。相反，"小称变调"与"弱态性形容词"两者的特性非常吻合，所以不会出现例外。

当 A 是中性时，AA 式由于采用了变调的语音形式，增添了亲切、喜爱的感情色彩，成了褒义词。以"酸"[sɔn⁴⁴]为例：中性词"酸"在褒、贬的语境中都能出现，但"酸酸"[sɔn⁵⁵sɔn⁴⁴⁵]只能出现在褒义的语境之中，成了褒义词；不好吃的酸的东西只能用贬义词"酸嗫嗫"[sɔn⁴⁴n̠iap⁴n̠iap⁴]来形容。

2.AAAA 式

戚晓杰（2004）指出："在现今的某些方言中，也存在单音节形容词 AAAA 重叠式。如在江苏淮阴话、福建长汀客话中，就存有这种重叠方式，表示程度的提高，可谓之'特高级'。"

景宁畲话中的单音节形容词也能构成 AAAA 重叠式，所指程度比 AA 式更深。这种重叠式中间不允许插入其他成分，也没有停顿，是一个黏着的整体。刘丹青（1988）指出："如果新形式包含的重叠关系超过一层，并且几种重叠手段是在多次生成过程中先后运用的，这就属于反复重叠。"景宁畲话中的形容词 AAAA 重叠式是先由 A 重叠成 AA，再由 AA 重叠而成的，属于反复重叠。例如：细 sai⁴⁴——细细 sai⁵⁵sai⁴⁴⁵——细细细细 sai⁵⁵sai⁴⁴⁵sai⁵⁵sai⁴⁴⁵。

AAAA 式的其他方面与 AA 式基本一致，不再赘述。

3.AXX 式

AXX 式是单音节词 A 后加成分 XX 构成的形容词形态，AX 不成词。景宁畲话中的 AXX 式形容词非常丰富。

（1）XX的类别

①一部分AXX式中的XX，无论是XX还是X，我们都是只知其音而不知其义，或许仅仅是一种后缀，表示某种附加的意义，与前面的A一起构成后附式派生词。例如：长赖＝赖＝很长 $t\varphi^h i \jmath \eta^{22} l \jmath i^{55} l \jmath i^{21}$｜大□□很大 $t^h \jmath i^{21} n \vartheta \eta^{55} n \vartheta \eta^{55}$。

②一部分AXX中的XX，由实语素构成。

X是单音节名词。例如：硬铁铁很硬 $\eta a \eta^{21} t^h a t^4 t^h a t^4$。

X是单音节动词。例如：吓啄啄惊恐的颤栗状 $xa \mathfrak{I}^4 t o \mathfrak{I}^4 t o \mathfrak{I}^4$｜水流流形容东西变质 $\varphi y^{55} liu^{44} liu^{44}$｜血流流血淋淋 $\varphi iet^4 liu^{44} liu^{44}$。

X是单音节形容词。例如：生硬硬生硬 $sa \eta^{44} \eta a \eta^{21} \eta a \eta^{21}$｜远遥遥遥远 $y o n^{55} ieu^{22} ieu^{22}$。

（2）A的类别

①A是名词

血流流血淋淋 $\varphi iet^4 liu^{44} liu^{44}$	水流流形容东西变质 $\varphi y^{55} liu^{44} liu^{44}$
牙龅龅龅牙的模样 $\eta \jmath^{22} p^h eu^{55} p^h eu^{445}$	鼻流流流着鼻涕的样子 $p^h i^{21} liu^{44} liu^{44}$
舌□□吐着舌头的样子 $\varphi iet^2 lai^{55} lai^{55}$	眼□□形容不高兴、不喜欢 $\mathfrak{n} ian^{55} ts^h au^{22} ts^h au^{22}$

A原本为名词，与XX结合之后整个AXX转化为形容词。一部分A与XX结合得相当紧密，已经凝结成了一个独立的个体，AXX所包含的并非简单的XX对A陈述的表层含义，而是另有深层的引申意义。例如："水流流" [$\varphi y^{55} liu^{44} liu^{44}$]不是"水流出来"的简单字面含义，而是指食物变质。一部分AXX中的A和XX仅仅是一种陈述的关系，其意义一般能很简单地从表层的陈述关系中析出，非常明了，不再有其他的引申义。例如："鼻流流" [$p^h i^{21} liu^{44} liu^{44}$]就是指"流着鼻涕的样子"。这部分AXX中的A多为人体部位词，词例比有引申义的AXX丰富。

②A是动词

吓啄啄恐惧的样子 $xa \mathfrak{I}^4 t o \mathfrak{I}^4 t o \mathfrak{I}^4$	喽呀呀大声叫嚷的样子 $uo^{55} ia^{44} ia^{44}$
擘□□敞开着的样子 $pa \mathfrak{I}^4 \mathfrak{n} ia^{21} \mathfrak{n} ia^{21}$	

A原是动词，后加重叠式语素XX之后，AXX已转化为形容词，并且成为对人或动物相应的心理或生理状态的形象描写，形容该动词所表示的动作、行为或变化的状态。

③A是形容词

这一类AXX特别丰富。总的来说，与人们生活密切相关的、口头使用频率高的形容词易构成AXX式，而且有的形容词能构成好多个AXX式。

白匏匏白苍苍 $p^h a \mathfrak{I}^2 p^h iu^{21} p^h iu^{21}$	白爛爛淡白 $p^h a \mathfrak{I}^2 l \jmath t^4 l \jmath t^4$
烂喏喏稀烂，很破 $l \jmath n^{21} \mathfrak{n} iat^2 \mathfrak{n} iat^2$	黑冻冻黑黢黢 $\varphi ie \mathfrak{I}^4 t \vartheta \eta^{44} t \vartheta \eta^{44}$
赤裂＝裂＝很红 $t\varphi^h ia \mathfrak{I}^4 lat^4 lat^4$	皓朗朗亮堂堂 $xau^{21} l \jmath \eta^{44} l \jmath \eta^{44}$

乌冻冻_{黑漆漆}u⁴⁴təŋ⁴⁴təŋ⁴⁴　　　　　　高嶝嶝_{很高}kɑu⁴⁴teŋ²²teŋ²²

4.AXᵢX式

AXᵢX式是单音节词A后加成分XᵢX构成的形容词形态，AXᵢ不成词。AXᵢX式形容词的词例较丰富。

从结构形式和语音特点来看，AXᵢX式应该是AXX式的变体。其中，Xᵢ和X的声母或声调相同，但 Xᵢ韵母的主元音都是[i]。Xᵢ是X的变[i]韵重叠，其音变规律同下文的动词、拟声词变[i]韵重叠。

AXᵢX式与AXX式的词例对比如下：

AXᵢX式	AXX式
烂□□_{稀烂}lən²¹tɕiʔ²kuɔʔ²	烂□□_{稀烂}lən²¹kuɔʔ²kuɔʔ²
硬疒邦_{很硬}ŋaŋ²¹tiŋ⁴⁴pɔŋ⁴⁴	硬邦邦_{很硬}ŋaŋ²¹pɔŋ⁴⁴pɔŋ⁴⁴
长里⁼赖_{很长}tɕʰiɔŋ²²li⁵⁵lɔi²¹	长赖⁼赖_{很长}tɕʰiɔŋ²²lɔi⁵⁵lɔi²¹
弯得⁼啄_{很弯}uɔn⁴⁴tiʔ²toʔ⁴	弯啄啄_{很弯}uɔn⁴⁴toʔ⁴toʔ⁴
阔令⁼阆_{很宽，很宽敞}fot⁴liŋ²¹lɔŋ²¹	阔阆阆_{很宽，很宽敞}fot⁴lɔŋ²¹lɔŋ²¹
焦哩⁼爁_{很干}tsau⁴⁴lit⁴lɔt⁴	焦爁爁_{很干}tsau⁴⁴lɔt⁴lɔt⁴
黄呢⁼呐_{淡黄}uɔŋ²²n̩i²²nɔ²²	黄呐⁼呐_{淡黄}uɔŋ²²nɔ²²nɔ²²

每个AXᵢX式都一个相应的AXX式，但不是所有的AXX式都能衍生出AXᵢX式。所以，AXᵢX式的词例不及AXX式丰富。

5.AABB式

AABB式形容词的构成大致有两种情况：

（1）双音节形容词AB的构词重叠

快快活活 kʰau⁴⁴kʰau⁴⁴uɔt²uɔt²　　　　平平安安 pʰiaŋ²²pʰiaŋ²²ɔn⁴⁴ɔn⁴⁴
和和气气 xo²²xo²²kʰi⁴⁴kʰi⁴⁴　　　　　　辛辛苦苦 sin⁴⁴sin⁴⁴kʰu⁵⁵kʰu³⁵
四四方方 si⁴⁴si⁴⁴fɔŋ⁴⁴fɔŋ⁴⁴　　　　　　顺顺利利 sən²¹sən²¹li²¹li²¹

（2）非双音节词A和B的构词重叠

A和B之间的意义有三种情况：相反的、相近的、相关的。且AA、BB也能分开独立使用。例如：

高高低低 kɑu⁴⁴kɑu⁴⁴tai⁴⁴tai⁴⁴　　　　　高高长长 kɑu⁴⁴kɑu⁴⁴tɕʰiɔŋ²²tɕʰiɔŋ²²
轮轮滚滚_{圆滚滚}lən²²lən²²kun⁵⁵kun³⁵　　矮矮壮壮_{矮矮胖胖}ai⁵⁵ai⁵⁵tsɔŋ⁵⁵tsɔŋ⁴⁴⁵

6.ABB式

ABB式形容词基本上是双音节形容词AB的构词重叠。

有一部分有相应的AABB式。例如：

| ABB式 | AABB式 |

ABB式　　　　　　　　　　　　　　　　AABB式

小心心 sau⁵⁵sim⁴⁴sim⁴⁴　　　　　　　　小小心心 sau⁵⁵sau⁵⁵sim⁴⁴sim⁴⁴

冷清清 laŋ⁴⁴tsʰiŋ⁴⁴tsʰiŋ⁴⁴　　　　　　　冷冷清清 laŋ⁴⁴laŋ⁴⁴tsʰiŋ⁴⁴tsʰiŋ⁴⁴

有一部分无相应的AABB式。例如：

好笑笑微笑的样子 xɑu⁵⁵sau⁴⁴sau⁴⁴　　　有音音嗓音甜美 xo⁴⁴im⁴⁴im⁴⁴

燃人人很烫 luʔ²n̪in²²n̪in²²　　　　　　　生好好漂漂亮亮 saŋ⁴⁴xɑu⁵⁵xɑu⁵⁵

7. A里AB式

A里AB式中的AB，一些是成词的，一些是不成词的。例如：

糊里糊涂 u⁴⁴li⁵⁵u⁴⁴tu²²（AB成词）　　　啰里啰嗦 lo²²li⁵⁵lo²²so⁴⁴（AB成词）

慌里慌张 xoŋ⁴⁴li⁵⁵xoŋ⁴⁴tɕioŋ⁴⁴（AB不成词）　胡里胡麻杂乱 fu²²li⁵⁵fu²²mɔ²²（AB不成词）

8. BABA式

BABA式是由双音节状态形容词BA完全重叠构成的。词例不是很丰富。例如：

铁硬铁硬非常硬 tʰat⁴ŋaŋ²¹tʰat⁴ŋaŋ²¹　　　焦黄焦黄非常黄 tɕiau⁴⁴uoŋ²²tɕiau⁴⁴uoŋ²²

9. BBA式

BBA式是由双音节状态形容词BA部分重叠构成的。词例不多。例如：喷喷香喷香 pʰən⁴⁴pʰən⁴⁴ɕioŋ⁴⁴。

10. ABAC式

ABAC式是单音节形容词A的间隔重叠，其中B和C大都是指称人体部位的名词。多用于形容人的状态。词例并不多。例如：

软手软脚懒洋洋 n̪yon⁴⁴ɕiu⁵⁵n̪yon⁴⁴kioʔ⁴　　笨手笨脚笨分分 pən²¹ɕiu⁵⁵pən²¹kioʔ⁴

鬼头鬼脑 kui⁵⁵tʰeu²²kui⁵⁵nau³⁵　　　　　皱皮皱□皱巴巴 tsiu⁴⁴pʰi²²tsiu⁴⁴n̪iat⁴

11. ABXX式

ABXX式形容词的数量极少，我们只收集到2个此种结构的形容词。

由双音节性质形容词AB后加词缀XX构成：神经分分 sən²²tɕiŋ⁴⁴ɕi⁴⁴ɕi⁴⁴。

由非双音节性质形容词AB后加词缀XX构成：赤肌条条赤裸裸 tɕʰiaʔ⁴pi⁵⁵tʰau²²tʰau²²。

（二）动词的重叠式

景宁畲话动词的三种重叠形态：ViViVV式、ViVViV式、ViVV式，是单音节动词V的变[i]韵重叠。ViViVV式、ViVViV式、ViVV式相当于普通话的"V来V去"。主要作谓语、状语、补语和定语。一部分ViViVV式、ViVViV式、ViVV式具有对人或事物的特征、属性予以描写的引申义，有明显的状态形容词特点。结构特点如下：

1. 韵母的主元音是[i]的单音节动词V不能构成ViViVV式、ViVViV式、ViVV式。

2. Vi韵母的主元音是[i]。当V韵母读[p][t]尾时，Vi韵母的[p][t]尾较弱。

3. V_i声母、声调与V基本相同，部分声母因音系制约、腭化或异化等，需要加以调整。例如：当V声母是$[p\ p^h\ m\ f\ ŋ]$时，V_i声母分别读作$[t\ t^h\ n\ ɕ\ n]$。

例词见表6–2[①]。

表6–2　景宁畲话动词V_iV_iVV式、V_iVV_iV式、V_iVV式

V	V_iV_iVV	V_iVV_iV	V_iVV
爬$p^hɔ^{22}$	爬$_i$爬$_i$爬爬$t^hi^{22}t^hi^{22}p^hɔ^{22}p^hɔ^{22}$	爬$_i$爬爬$_i$爬$t^hi^{22}p^hɔ^{22}t^hi^{22}p^hɔ^{22}$	爬$_i$爬爬$t^hi^{22}p^hɔ^{22}p^hɔ^{22}$
摇ieu^{22}	摇$_i$摇$_i$摇摇$i^{22}i^{22}ieu^{22}ieu^{22}$	摇$_i$摇摇$_i$摇$i^{22}ieu^{22}i^{22}ieu^{22}$	摇$_i$摇摇$i^{22}ieu^{22}ieu^{22}$
喋$niap^4$	喋$_i$喋$_i$喋喋$nip^4nip^4niap^4niap^4$	喋$_i$喋喋$_i$喋$nip^4niap^4nip^4niap^4$	喋$_i$喋喋$nip^4niap^4niap^4$
戳$tsʰuʔ^2$	戳$_i$戳$_i$戳戳$tɕʰiʔ^2tɕʰiʔ^2tsʰuʔ^2tsʰuʔ^2$	戳$_i$戳戳$_i$戳$tɕʰiʔ^2tsʰuʔ^2tɕʰiʔ^2tsʰuʔ^2$	戳$_i$戳戳$tɕʰiʔ^2tsʰuʔ^2tsʰuʔ^2$
跷$kʰeu^{44}$	跷$_i$跷$_i$跷跷$kʰi^{44}kʰi^{44}kʰeu^{44}kʰeu^{44}$	跷$_i$跷跷$_i$跷$kʰi^{44}kʰeu^{44}kʰi^{44}kʰeu^{44}$	跷$_i$跷跷$kʰi^{44}kʰeu^{44}kʰeu^{44}$
跳$tʰau^{22}$	跳$_i$跳$_i$跳跳$tʰi^{22}tʰi^{22}tʰau^{22}tʰau^{22}$	跳$_i$跳跳$_i$跳$tʰi^{22}tʰau^{22}tʰi^{22}tʰau^{22}$	跳$_i$跳跳$tʰi^{22}tʰau^{22}tʰau^{22}$
浪（液体）晃动$lɔŋ^{21}$	浪$_i$浪$_i$浪浪$liŋ^{21}liŋ^{21}lɔŋ^{21}lɔŋ^{21}$	浪$_i$浪浪$_i$浪$liŋ^{21}lɔŋ^{21}liŋ^{21}lɔŋ^{21}$	浪$_i$浪浪$liŋ^{21}lɔŋ^{21}lɔŋ^{21}$

（三）拟声词的重叠式

我们用"O"来指代拟声词。景宁畲话拟声词的重叠形态O_iOO_iO式是单音节拟声词O的变[i]韵重叠。O_i韵母的主元音是[i],声母、声调与O基本相同，部分声母因音系制约、腭化或异化等，需要加以调整。韵母的主元音是[i]的单音节拟声词O不能构成O_iOO_iO式。总之，拟声词O_iOO_iO式的重叠形态、重叠条件与单音节动词重叠基本相同。例词见表6–3。

表6–3　景宁畲话拟声词O_iOO_iO重叠式

O	O_iOO_iO式
□啪p^hiat^2	□$_i$□□$_i$□噼啪声$t^hit^2p^hiat^2t^hit^2p^hiat^2$
哗$fɔ^{22}$	哗$_i$哗哗$_i$哗哗哗声$ɕi^{22}fɔ^{22}ɕi^{22}fɔ^{22}$
嘟tu^{22}	嘟$_i$嘟嘟$_i$嘟含糊的说话声$ti^{22}tu^{22}ti^{22}tu^{22}$
唰$ɕiɔ^{22}$	唰$_i$唰唰$_i$唰唰唰唰$ɕiɔ^{22}ɕiɔ^{22}ɕiɔ^{22}ɕiɔ^{22}$
□大声说话声$ŋa^{22}$	□$_i$□□$_i$□咿咿哇哇$ni^{22}ŋa^{22}ni^{22}ŋa^{22}$
□小声说话声ni^{55}	没有O_iOO_iO式
唧老鼠叫声ki^{55}	没有O_iOO_iO式

---

① 为了凸显变[i]韵重叠式的特征，我们暂将表6–2、6–3变[i]韵的动词、拟声词记作V_i、O_i。其余处用同音字或"□"代。

四　数量

（一）数词

1.两个或三个相邻的数字连用，表概数。例如：四五个 si^{44}ŋ^{55}kɔi^{44}｜八九十个 pat^{4}kiu^{55}ɕip^{2}kɔi^{44}。

2.数词"两"表实数时读原调 [iɔŋ^{35}]，表概数时变调读 [iɔŋ^{55}]。例如：两个 iɔŋ^{35}kɔi^{44}实指，两个/iɔŋ^{55}kɔi^{44}虚指，表示概数，指个数少｜两日 iɔŋ^{35}n̩it^{4}实指，两天/iɔŋ^{55}n̩it^{4}虚指，表示概数，指天数少。

3.数词"两"常前置于亲属称谓词，表示亲属关系，或指具有亲属关系的两个人。例如：两婆夫妻 iɔŋ^{55}pʰo^{22}｜两姨丈连襟 iɔŋ^{55}i^{21}tɕʰiɔŋ^{21}｜两子娘娘儿俩。婆媳俩 iɔŋ^{55}tsi^{55}n̩iɔŋ^{22}｜两子爷父子俩。父女俩 iɔŋ^{55}tsi^{55}ia^{22}｜两妯娌妯娌俩 iɔŋ^{55}ɕip^{2}li^{44}｜两姑嫂姑嫂俩 iɔŋ^{55}ku^{21}sɑu^{55}｜两兄弟兄弟俩 iɔŋ^{55}ɕiaŋ^{44}tʰai^{44}｜两姊妹姐妹俩。兄妹俩。姐弟俩 iɔŋ^{55}tsi^{55}moi^{44}。

其余数词也能前置于一部分亲属称谓词，但不表示亲属关系，仅仅指具有亲属关系的一些人。例如：三子娘母子三人。母女三人。婆媳三人 sɑm^{44}tsi^{55}n̩iɔŋ^{22}｜三子爷父子三人。父女三人 sɑm^{44}tsi^{55}ia^{22}｜四兄弟四兄弟 si^{44}ɕiaŋ^{44}tʰai^{44}｜四姊妹四姐妹。四兄妹。四姐弟 si^{44}tsi^{55}moi^{44}。

（二）量词

1.名量词

（1）个 [kɔi^{44}]

普通话中能与量词"个"搭配的名词，在景宁畲话中都能搭配。一些在普通话中不能与量词"个"搭配的名词，在景宁畲话中也能搭配。例如：普通话一般用量词"头""只"来称数个体名词"猪"，但景宁畲话一般以量词"个"来称数"猪"。总之，与普通话相比，景宁畲话量词"个"与名词搭配范围更大。量词"个"的泛化运用，一方面与量词"个"自身强大的包容性有关，另一方面与景宁畲话缺失"只"等量词有关。大部分普通话中用"只"的量词，景宁畲话都用"个"。例如：一个鸡 it^{4}kɔi^{44}kiai^{44}｜一个鸭 it^{4}kɔi^{44}ɑp^4｜一个兔 it^{4}kɔi^{44}tʰu^{55}｜一个鸟 it^{4}kɔi^{44}tau^{55}｜一个狗 it^{4}kɔi^{44}kɑu^{35}｜一个猫 it^{4}kɔi^{44}n̩iau^{445}｜一个蚊 it^{4}kɔi^{44}mən^{35}｜一个白蚁苍蝇 it^{4}kɔi^{44}pʰaʔ^{22}mən^{35}｜一个老鼠 it^{4}kɔi^{44}lɑu^{55}ɕy^{35}。

（2）行 [xaŋ^{22}]

表"条状物"的名词常与量词"行"搭配，"行"相当于普通话的"条""根""株"。严修鸿（1999）考订这个量词的本字是"茎"，本文采用俗字"行"。例如：一行鱼 it^{4}xaŋ^{22}n̩y^{21}｜一行蛇 it^{4}xaŋ^{22}ɕia^{22}｜一行绳 it^{4}xaŋ^{22}ɕiŋ^{21}｜一行头毛头发 it^{4}xaŋ^{22}tʰeu^{22}mɑu^{44}｜一行柴 it^{4}xaŋ^{22}tsʰai^{22}｜一行线 it^{4}xaŋ^{22}san^{44}｜一行棍 it^{4}xaŋ^{22}kun^{44}。

（3）边 [pan^{44}]

成对事物中的单个个体，景宁畲话一般用量词"边"与之搭配，相当于普通话的"只"。

例如：一边鞋 it^{4}pan^{44}xai^{22}｜一边袜 it^{4}pan^{44}uɔt^2｜一边手裷袖子it^{4}pan^{44}ɕiu^{55}uon^{21}｜一边裤脚 it^{4}pan^{44}fu^{44}kio^{24}｜一边手it^{4}pan^{44}ɕiu^{35}｜一边脚 it^{4}pan^{44}kio^{24}｜一边面脸it^{4}pan^{44}men^{44}｜一边耳朵 it^{4}pan^{44}n̩i^{55}to^{21}｜一边眼 it^{4}pan^{44}n̩ian^{35}｜一边鼻洞鼻孔it^{4}pan^{44}pʰi^{21}təŋ^{21}｜一边肩头 it^{4}pan^{44}kin^{44}tʰeu^{22}｜一边大髀大腿it^{4}pan^{44}kʰeu^{22}tʰɔi^{21}pʰi^{35}｜一边奶乳房it^{4}pan^{44}nen^{21}。

（4）粒 [lip^4]

"粒"相当于普通话里的"颗""块"。例如：一粒米 it^{4}lip^{4}mai^{35}｜一粒珠 it^{4}lip^{4}tɕy^{44}｜一粒砖 it^{4}lip^{4}kyon^{44}｜一粒板 it^{4}lip^{4}pan^{35}｜一粒肥皂 it^{4}lip^{4}pʰi^{22}sau^{21}｜一粒胝肉it^{4}lip^{4}pi^{35}。

（5）条 [tʰau^{22}]

①用于长条形的东西。例如：一条带 it^{4}tʰau^{22}tɔi^{44}。

②用于歌，相当于普通话的"首"，畲歌一般七言四句为"一条"。例如：一条歌 it^{4}tʰau^{22}ko^{21}。

（6）渡 [tʰu^{21}]

用于"桥"，相当于普通话的"座"。例如：一渡桥 it^{4}tʰu^{21}kʰeu^{22}。

2.动量词

常用的动量词为"下"[xɔ^{21}]。例如：说一下 ɕyot^{4}it^{4}xɔ^{21}｜睇一下看一会儿tʰai^{35}it^{4}xɔ^{21}｜坐一下坐一会儿tsʰo^{44}it^{4}xɔ^{21}。

五　指代

1.人称代词

（1）单复数形式

景宁畲话的第一、第二、第三人称"我 ŋɔi^{44}｜你 n̩i^{44}｜渠他ki^{44}"都读阴平调[44]，这是声调感染的结果。第一、第二、第三人称的复数都会出现合音的现象，合音与不合音两种形式并存，语流中自由选择，除了强调时多使用不合音的形式，无其他特别之处。例如：

我年⁼我们ŋɔi^{44}nan^{22} —— [我年⁼]我们ŋan^{22}

你年⁼你们n̩i^{44}nan^{22} —— [你年⁼]你们n̩ian^{22}

渠年⁼他们ki^{44}nan^{22} —— [渠年⁼]他们kian^{22}

没有普通话中"您"的敬称形式，但有"我们"和"咱们"的区分形式。例如："我你"[ŋɔi^{44}n̩i^{55}]、"我你年⁼"[ŋɔi^{44}n̩i^{55}nan^{22}]都指"咱们"。

（2）反身代词

"自家自己"[ti^{21}kɔ^{21}]是景宁畲话里一个很常见的基本反身代词。第一、第二、第三人称的单复数形式都能前置"自家自己"[ti^{21}kɔ^{21}]构成复合反身代词，即"人称代词 + 自家"的结构，其中复数的合音形式也能构成反身代词。例如：

我自家_{我自己}ŋɔi⁴⁴ti²¹kɔ²¹　我年⁼自家_{我们自己}ŋɔi⁴⁴nan²²ti²¹kɔ²¹　[我年⁼]自家_{我们自己}ŋan²²ti²¹kɔ²¹

你自家_{你自己}n̠i⁴⁴ti²¹kɔ²¹　你年⁼自家_{你们自己}n̠i⁴⁴nan²²ti²¹kɔ²¹　[你年⁼]自家_{你们自己}n̠ian²²ti²¹kɔ²¹

渠自家_{他自己}ki⁴⁴ti²¹kɔ²¹　渠年⁼自家_{他们自己}ki⁴⁴nan²²ti²¹kɔ²¹　[渠年⁼]自家_{他们自己}kian²²ti²¹kɔ²¹

在复合反身代词结构中，常省略"自"，直接采用"人称代词＋家"的结构。例如：

我家_{我自己}ŋɔi⁴⁴kɔ²¹　我年⁼家_{我们自己}ŋɔi⁴⁴nan²²kɔ²¹　[我年⁼]家_{我们自己}ŋan²²kɔ²¹

你家_{你自己}n̠i⁴⁴kɔ²¹　你年⁼家_{你们自己}n̠i⁴⁴nan²²kɔ²¹　[你年⁼]家_{你们自己}n̠ian²²kɔ²¹

渠家_{他自己}ki⁴⁴kɔ²¹　渠年⁼家_{他们自己}ki⁴⁴nan²²kɔ²¹　[渠年⁼]家_{他们自己}kian²²kɔ²¹

（3）领属形式

所有的人称代词都可后加"个_的"[ke⁰]构成领属。例如：我个_{我的}ŋɔi⁴⁴ke⁰｜我年⁼个_{我们的}ŋɔi⁴⁴nan²²ke⁰｜[我年⁼]个_{我们的}ŋan²²ke⁰｜我自家个_{我自己的}ŋɔi⁴⁴ti²¹kɔ²¹ke⁰｜我家个_{我自己的}ŋɔi⁴⁴kɔ²¹ke⁰。也可以无需加"个"，直接后加名词，作定语表示领属。

其中，第一、第二、第三人称"我寮_{我家}""你寮_{你家}""渠寮_{他家}"作定语表示领属时，常发生音变，读作：[我寮]_{我家}ŋa⁴⁴⁵｜[你寮]_{你家}n̠ia⁴⁴⁵｜[渠寮]_{他家}kia⁴⁴⁵。（见第二章第四节）音变后的"[我寮]_{我家}ŋa⁴⁴⁵｜[你寮]_{你家}n̠ia⁴⁴⁵｜[渠寮]_{他家}kia⁴⁴⁵"可直接后加名词。例如：[我寮]酒_{我家的酒}ŋa¹⁴⁵tsiu³⁵｜[你寮]菜_{你家的菜}n̠ia⁴⁴⁵tsʰɔi⁴⁴｜[渠寮]车_{他家的车}kia⁴⁴⁵tɕʰia⁴⁴。

2.指示代词

（1）指示代词系统

景宁畲话的指示代词系统是三分的。关于三分指示代词的分类，吕叔湘（1990）曾经提到有三种类别的称说："（1）近指，中指，远指；（2）近指，远指，更远指；（3）近指，远指，非近非远指（意即与远近无关）"。我们将景宁畲话的三分指示代词系统按"近指，远指，更远指"进行区分。三个基本指示代词分别为"个"[kɔi²¹]、"那_{远指}"[nai²¹]、"尔_{更远指}"[n̠i²¹]。例如：

个本分我，那本分你，尔本分渠_{这本给我，那本给你，那本给他}。kɔi²¹pon⁵⁵pən⁴⁴ŋɔi⁴⁴, nai²¹pon⁵⁵pən⁴⁴n̠i⁴⁴, n̠i²¹pon⁵⁵pən⁴⁴ki⁴⁴.（"个_这"近指，"那"远指，"尔_那"是更远指。"尔"的空间距离最远，不能和"那"互换）

尔下就讲来，透那下正来，个下你一下做得好_{那时候就说来，到那时才来，现在你一下子能完成}？n̠i²¹xɔ²¹tɕiu²¹kɔŋ⁵⁵lɔi²², tʰeu⁴⁴nai²¹xɔ²¹tɕiaŋ⁴⁴lɔi²², kɔi²¹xɔ²¹n̠i⁴⁴it⁴xɔ²¹tso⁴⁴tiʔ⁰xɑu⁵⁵.（"尔下"所表时间距离最远，不能和"那下"互换）

"尔"不仅在"个""那""尔"三者对举时有更远指的功能，在单说时也可表更远指，指代时间时尤为明显。例如：

尔两年真苦_{那几年真苦}。n̠i²¹iɔŋ⁵⁵nan²²tɕin⁴⁴kʰu⁵⁵.（所指的时间距离现在比较久远）

那两年真苦那几年真苦。nai²¹ioŋ⁵⁵nan²²tɕin⁴⁴kʰu⁵⁵.（所指的时间距离现在并不太久）

景宁畲话指示代词系统见表6-4。

表6-4　景宁畲话指示代词表

	近指	远指	更远指
指代人、物	个这kɔi³⁵ 个个这个kɔi²¹kɔi⁴⁴ 个多这些kɔi²¹to⁴⁴	那nai³⁵ 那个那个nai²¹kɔi⁴⁴ 那多那些nai²¹to⁴⁴	尔那n̠i³⁵ 尔个那个n̠i²¹kɔi⁴⁴ 尔多那些n̠i²¹to⁴⁴
指代处所	个这里kɔi³⁵ 个里这里kɔi²¹ti⁵⁵	那那里nai³⁵ 那里nai²¹ti⁵⁵	尔那里n̠i³⁵ 尔里那里n̠i²¹ti⁵⁵
指代时间	个下这时kɔi²¹xɔ³⁵	那下那时nai²¹xɔ³⁵	尔下那时n̠i²¹xɔ³⁵
指代程度	个这么kɔi²¹ 个色˭这么kɔi²¹seʔ⁴	那那么nai²¹ 那色˭那么nai²¹seʔ⁴	尔那么n̠i²¹ 尔色˭那么n̠i²¹seʔ⁴
指代方式	个色˭这样kɔi²¹seʔ⁴	那色˭那样nai²¹seʔ⁴	尔色˭那样n̠i²¹seʔ⁴

（2）指示代词的变调

"个"[kɔi²¹]、"那远指"[nai²¹]、"尔更远指"[n̠i²¹]可根据句义后加量词（常用的个体量词和无定量词都可以），或后加表处所的"里"[ti⁵⁵]，此时，"个""那远指""尔更远指"都读原调[21]。但也有部分结构中"个""那远指""尔更远指"只读[35]调，不能读[21]调。现将读"个""那远指""尔更远指"的读音梳理如下。

①读[21]调

"个""那远指""尔更远指"读[21]调时，不能直接和名词组合，不能独立作主语、宾语。

读[21]调的"个""那远指""尔更远指"，只有和量词（包括数量结构）、方位结构、性质形容词组合时，才能单用；或作为词根，后附其它语素构成双音节指示代词时，能独立作句子成分。例如：

尔本分你那本给你。n̠i²¹pon⁵⁵pən⁴⁴n̠i⁴⁴.（＋量词）

个两碗菜好食这两碗菜好吃。kɔi²¹ioŋ³⁵uon⁵⁵tsʰoi⁴⁴xɑu⁵⁵ɕiʔ².（＋数量短语）

我坐那里我坐那儿。ŋɕi⁴⁴tsʰo⁴⁴nai²¹ti⁵⁵.（后附方位语素"里"）

你个早就来啊你这么早就来了？n̠i⁴⁴kɔi⁴⁴tsɑu⁵⁵tɕiu²¹loi²²a⁰？（＋性质形容词）

个多菜好食这些菜好吃。kɔi²¹to⁴⁴tsʰoi⁴⁴xɑu⁵⁵ɕiʔ².（后附"多"，构成"个多这些"）

②读[35]调

读[35]调的"个""那远指""尔更远指"，可以加在名词上，直接作主语、宾语。例如：

尔分你那给你。n̠i³⁵pən⁴⁴n̠i⁴⁴.

个菜好食这菜好吃。kɔi³⁵tsʰo⁴⁴xɑu⁵⁵ɕiʔ².

我坐尔我坐那儿。ŋɔi⁴⁴tsʰo⁴⁴n̩i³⁵.

也能以特殊的"光杆"形式充当话题成分。例如：

个，我睇唔准这，我看不准。kɔi³⁵, ŋɔi⁴⁴tʰai⁵⁵ŋ²²tɕyn³⁵.

那，我无敢问那，我没敢问。nai³⁵, ŋɔi⁴⁴mɑu²²kɑm⁵⁵mən⁴⁴.

尔，你就莫去那，你就不要去。n̩i³⁵, n̩i⁴⁴tɕiu²¹moʔ²ɕy⁴⁴.

③变调分析

"个""那远指""尔更远指"读[35]调是成分脱落后发生的强制性语音改变，不是单字音直接发展变化的结果。其中，表处所的后附语素"里"[ti⁵⁵]脱落和名量词（包括表不定数量的"多些"）的脱落是指示代词变调的主要原因。

在汉语很多方言中，尤其南方方言，普遍存在着仅由量词和名词组成有定的"量名结构"。石汝杰、刘丹青（1985），王健、顾劲松（2006）和刘探宙、石定栩（2012）都曾提到，"量名结构"中的"量词在发音上与其在指量、数量短语中或单念时有所不同"，亦即发生了音变。景宁畲话是"指名结构"中的指示代词发生了变调。看来，"指名"结构和"量名"结构在省略构型过程中若出现了强制性的语音改变，音变的对象都不是原结构中脱落成分后面的"名词"，而是让留下来的"指示代词"或"量词"以音变的形式显示某一成分的省略。

指代程度时，单音节的"个"[kɔi²¹]、"那远指"[nai²¹]、"尔那，更远指"[n̩i²¹]和双音节的"个色≈这么，这样"[kɔi²¹seʔ⁴]、"那色≈那么，那样，远指"[nai²¹seʔ⁴]、"尔色≈那么，那样，更远指"[n̩i²¹seʔ⁴]语义完全相同，读音也完全相同，不发生变调。

六　性状与程度

下面我们从程度意义、形象色彩和感情色彩三个方面探讨各种重叠式的语义。

（一）形容词重叠式的程度意义

在景宁畲话中，不同的结构形式和不同的语音形式会造成形容词重叠式程度义的差异，各重叠式之间会构成一些等级序列。

1.重叠的结构形式与程度差异

（1）同一基式、不同重叠形式之间的等级序列

形容词重叠之后虽大多表示对性状程度的强调，但不同重叠式对性状的强调程度又是不均衡的，有的程度很重，有的程度较重，呈现出一定的等级差异。将一些由相同基式构成的重叠形式互相比较，可以较容易地看出它们之间的差异，从而将它们分成一定的等级序列。

①A＜AA＜AAAA

当形容词A构成重叠式AA或AAAA之后，程度义都得到了强化，但两者强化的程度不同，A、AA和AAAA一般会构成A＜AA＜AAAA的等级序列。例如：

赤个苹果红的苹果。tɕʰiaʔ²⁴keᵒpiŋ⁵⁵ko²².

赤赤个苹果较红的苹果。tɕʰia⁵⁵tɕʰia⁴⁴⁵keᵒpiŋ⁵⁵ko²².

赤赤赤赤个苹果非常红的苹果。tɕʰia⁵⁵tɕʰia⁴⁴⁵tɕʰia⁵⁵tɕʰia⁴⁴⁵keᵒpiŋ⁵⁵ko²².

在苹果当中，只要稍微带点红都属于"赤的苹果"，而只有较红的苹果才能称为"赤赤的苹果"，所以，赤＜赤赤。虽然"赤赤"比"赤"程度义更深，但"赤赤"毕竟没达到"很（非常）红"的程度，而且"赤赤"有时还能受"有点"的修饰，所以"赤赤"只能充当"轻微加强态"的角色。而"赤赤赤赤"在语义上表示无以复加的程度，强调某种事物的性状已达到了极致，不能受"有点"的修饰，属于"最强态"。因此以上三个句子，第三句的苹果是最红的。

②AB＜ABB＜AABB

当形容词AB构成重叠式ABB或AABB之后，程度义都得到了强化，但两者强化的程度不同：由于ABB是部分重叠，所以强化的程度较弱，有些ABB能受表示程度不高的程度副词"有点"的修饰，例如"有点冷清清"；而AABB是完全重叠，所以强化的程度较强，不能受"有点"的修饰。例如：

老实人。lau⁵⁵sit²n̩in²².

老实实个人很老实的人。lau⁵⁵sit²si³⁵keᵒn̩in²².

老老实实个人老老实实的人。lau⁵⁵lau⁵⁵sit²si³⁵keᵒn̩in²².

以上三个句子，第三句所描述的人最老实。

③A＜AXX＜A里AB

当基式A构成AXX或A里AB后，程度义也是增强的，但重叠的形式不一样，程度义的强弱也会有差异，AXX＜A里AB。例如：

那领衫花个那件衣服花的。nai²¹iaŋ⁴⁴sam⁴⁴fɔ⁴⁴keᵒ.

那领衫花□□个那件衣服花花的。nai²¹iaŋ⁴⁴sam⁴⁴fɔ⁴⁴tʰət⁴tʰət⁴keᵒ.

那领衫花里花□个那件衣服花里胡哨的。nai²¹iaŋ⁴⁴sam⁴⁴fɔ⁴⁴li⁵⁵fɔ⁴⁴tʰət⁴keᵒ.

同是描述"衣服花"，采用A里AB的重叠形式所描述的衣服给人的感觉是最花的。

④AB＜ABB＜A里AB

接下来要分析的等级序列与③的情况差不多，仅仅是基式不同而已。例如：

个领衫齷齪这件衣服脏。kɔi²¹iaŋ⁴⁴sam⁴⁴uʔ⁴tɕʰioʔ⁴.

个领衫齷齪齪这件衣服脏兮兮。kɔi²¹iaŋ⁴⁴sam⁴⁴uʔ⁴tɕʰioʔ⁴tɕʰioʔ⁴.

个领衫龌里龌龊这件衣服非常脏。kɔi²¹iaŋ⁴⁴sam⁴⁴uʔ⁴liⁿuʔ⁴tɕʰioʔ⁴.

三个同是描述"衣服脏"的句子，其中A里AB重叠式所描述的衣服是最脏的。

（2）不同词缀的AXX式之间的等级序列

相同的A，由于后面附上不同的XX，所体现的程度义有差别。AXX式的程度义主要取决于XX的程度义。可以说XX所带的程度义直接影响整个AXX式。AXX式形容词的程度义是很复杂的，不能单纯地说是强化还是弱化，每个词语要具体分析。

例如：同是形容词"白"构成的AXX式，"白爛爛淡白"[pʰaʔ²lɔt⁴lɔt⁴]所带的程度义要弱于"白匏匏白苍苍"[pʰaʔ²pʰiu²¹pʰiu²¹]和"白刮刮白苍苍"[pʰaʔ²kiat⁴kiat⁴]。"白爛爛淡白"[pʰaʔ²lɔt⁴lɔt⁴]指略白，而"白匏匏白苍苍"[pʰaʔ²pʰiu²¹pʰiu²¹]和"白刮刮白苍苍"[pʰaʔ²kiat⁴kiat⁴]指很白。但是对于"白匏匏白苍苍"[pʰaʔ²pʰiu²¹pʰiu²¹]和"白刮刮白苍苍"[pʰaʔ²kiat⁴kiat⁴]，我们很难找出它们之间的等级差异。

再看AA与AXX，有时是AA < AXX。例如：高高kɑu⁵⁵kɑu⁴⁴⁵ < 高□□很高kɑu⁴⁴n̠ia⁵⁵n̠ia²²。有时是AA > AXX，例如：黄黄uɔŋ⁵⁵uɔŋ⁴⁴⁵ > 黄呐ⁿ呐ⁿ淡黄uɔŋ²²nɔ²²nɔ²²。相比较而言，"AA < AXX"要比"AA > AXX"更为常见。

2.音变与形容词重叠形式的程度差异

由于一些重叠式有音变和不音变两种语音形式，所以同一种重叠形式出现了因语音形式差异而引发的程度义差异。"′"表示音变。

（1）A′A′ < AA

A′A′所表示的程度义是恰到好处、不过分的，AA所表示的程度义则有点过，这或许与A′A′后一音节采用小称调有关。例如：

个水热热个正正好这水热热的正合适。kɔi³⁵ɕy⁵⁵n̠ie⁵⁵n̠ie³⁵ke⁰tɕiaŋ⁴⁴tɕiaŋ⁵⁵xɑu⁵⁵.（变调）

个热热个天新ⁿ莫去做这么炎热的天气不要去干活。kɔi³⁵n̠iet²n̠iet²ke⁰tʰan⁴⁴sin⁴⁴moʔ²ɕy⁴⁴tso⁴⁴.（不变调）

（2）AX′X′ < AXX

有些词语在构成AXX式之后有音变形式存在。一部分AXX仅仅是后一个"X"发生变调；一部分AXX是第一个"X"韵母的主元音变为[i]，即AXᵢX式（见本节三 重叠）；还有一部分AXᵢX式中的后一个"X"会发生变调。变调规则同小称。在分析等级序列时，我们将这三种音变形式统称为"AX′X′"。所构成的等级序列应该是：AX′X′ < AXX。例如：

白爛爛pʰaʔ²lɔt⁴lɔi⁴⁴⁵ < 白爛爛pʰaʔ²lɔt⁴lɔt⁴（虽同指"略白"，但程度义略有差异）

糊□□u²²tit²tat² < 糊□□u²²tat²tat²（虽同指"黏糊糊"，但程度义略有差异）

酸□嗒sɔn⁴⁴n̠ip⁴n̠iap⁴ < 酸嗒嗒sɔn⁴⁴n̠iap⁴n̠iap⁴（虽同指"酸不拉叽"，但程度义略有差异）

（二）形容词重叠式的感情色彩

AABB、ABB、BABA、ABXX、BBA、A里AB、ABAC等重叠式的感情色彩和基式相比不会发生变化。如："生好漂亮"[saŋ⁴⁴xɑu³⁵]是褒义词，构成重叠"生好好漂漂亮亮"[saŋ⁴⁴xɑu⁵⁵xɑu⁵⁵]也是褒义词；"龌龊脏"[u²⁴tɕʰioʔ²⁴]是贬义词，构成重叠"龌龊龊脏兮兮"[u²⁴tɕʰioʔ²⁴tɕʰioʔ²⁴]、"龌里龌龊脏兮兮"[u²⁴li⁵⁵u²⁴tɕʰioʔ²⁴]后仍是贬义词。

但AA式、AAAA式、AXX式、AXᵢX式中一些词语的感情色彩会发生变化，下面具体分析这几种重叠式。

1.AA式、AAAA式

当A是贬义或褒义时，AA式、AAAA式的感情色彩不会变。如："呆呆滞"[ŋoi²²]、"呆呆很呆滞"[ŋoi⁵⁵ŋoi⁴⁴⁵]、"呆呆呆呆非常呆滞"[ŋoi⁵⁵ŋoi⁴⁴⁵ŋoi⁵⁵ŋoi⁴⁴⁵]都是贬义词。"甜"[tʰam²²]、"甜甜很甜"[tʰam⁵⁵tʰam⁴⁴⁵]、"甜甜甜甜非常甜"[tʰam⁵⁵tʰam⁴⁴⁵tʰam⁵⁵tʰam⁴⁴⁵]都是褒义词。

当A是中性时，有些AA式、AAAA式由于采用了变调的语音形式，增添了亲切、喜爱的感情色彩，成了褒义词。以"酸"[sɔn⁴⁴]为例：

个醋再酸□凑就好这醋再酸点儿就好了。kɔi³⁵tsʰu⁴⁴tsai⁴⁴sɔn⁴⁴nai⁴⁴tsʰeu⁴⁴tɕiu²¹xɑu⁵⁵.

个酒忒酸，唔好食这酒太酸，不好吃！ kɔi³⁵tsiu⁵⁵tʰat⁴sɔn⁴⁴, mai⁴⁴xɑu⁵⁵ɕiʔ²!

个醋酸酸个，真好这醋酸酸的，真好！ kɔi³⁵tsʰu⁴⁴sɔn⁵⁵sɔn⁴⁴⁵ke⁰,tɕin⁴⁴xɑu⁵⁵!

个醋酸酸酸酸个，真好这醋酸酸的，真好！ kɔi³⁵tsʰu⁴⁴sɔn⁵⁵sɔn⁴⁴⁵sɔn⁵⁵sɔn⁴⁴⁵ke⁰,tɕin⁴⁴xɑu⁵⁵!

个酒酸嗫嗫，唔好食这酒酸酸的，不好吃！ kɔi³⁵tsiu⁵⁵sɔn⁴⁴ɲiap⁴ɲiap⁴, mai⁴⁴xɑu⁵⁵ɕiʔ²!

中性词"酸"在褒、贬的语境中都能出现，但构成重叠的"酸酸很酸"[sɔn⁵⁵sɔn⁴⁴⁵]、"酸酸酸酸非常酸"[sɔn⁵⁵sɔn⁴⁴⁵sɔn⁵⁵sɔn⁴⁴⁵]后一般出现在褒义的语境之中，成了褒义词。不好吃的酸的东西只能用贬义词"酸嗫嗫酸不拉叽"[sɔn⁴⁴ɲiap⁴ɲiap⁴]来形容。

2.AXX式、AXᵢX式

（1）A和XX、XᵢX的感情色彩共同影响着AXX、AXᵢX的感情色彩

由于同一个A后面可以加上不同的XX、XᵢX，使得词义或词的感情色彩有所不同。但A的感情色彩不一样，变化规律也不一样。

如果A是贬义的词语，加XX、XᵢX后，AXX、AXᵢX也一定是贬义的，感情色彩不会变。例如："笨"[pən²¹]是贬义词，"笨叽叽很笨"[pən²¹tɕi⁴⁴tɕi⁴⁴]也都是贬义词；"臭"是贬义词，"臭□□臭烘烘"[tɕʰiu⁴⁴ɲiat⁴ɲiat⁴]、"臭□□臭烘烘"[tɕʰiu⁴⁴ɲit⁴ɲiat⁴]、"臭冻冻臭烘烘"[tɕʰiu⁴⁴təŋ⁴⁴təŋ⁴⁴]、"臭疗冻臭烘烘"[tɕʰiu⁴⁴tiŋ⁴⁴təŋ⁴⁴]也都是贬义词。

如果A是褒义的词语，加上不同的XX、XᵢX后，AXX、AXᵢX的感情色彩会变，可能是褒义，也可能是贬义。例如："皓亮"[xau²¹]、"饱"[pau³⁵]、"甜"[tʰam²²]是褒义词，构成AXX式后的"皓朗朗亮堂堂"[xau²¹lɔŋ⁴⁴lɔŋ⁴⁴]仍是褒义词；"饱□□饱胀的样子"[pau⁵⁵e⁴⁴e⁴⁴]却是

贬义词，形容肚子胀胀的，没有什么胃口；"甜呢＝呐＝甜腻的样子"[tʰam²²n̠i²²nɔ²²]也都是贬义词，形容甜得发腻。

如果A是中性词，AXX、AXiX不一定是中性，可能是褒义，也可能是贬义。例如："黄"[uɔŋ²²]是中性词，"黄呐＝呐＝淡黄"[uɔŋ²²nɔ²²nɔ²²]、"黄□□很黄"[uɔŋ²²kuɔʔ²kuɔʔ²]也是中性词；"黄呢＝呐＝淡黄"[uɔŋ²²n̠i²²nɔ²²]、"黄□□很黄"[uɔŋ²²tɕiʔ²kuɔʔ²]是贬义词，相当于"黄不拉叽""枯黄"；"黄筒＝筒＝"[uɔŋ²²tʰəŋ²¹tʰəŋ²¹]是褒义词，相当于"黄澄澄"。"赤红"[tɕʰiaʔ⁴]是中性词，"赤裂＝裂＝"[tɕʰiaʔ⁴lat⁴lat⁴]、"赤哩＝裂＝"[tɕʰiaʔ⁴lit⁴lat⁴]、"赤夹＝夹＝"[tɕʰiaʔ⁴kap⁴kap⁴]是贬义词，所指的红色是刺眼的，人们不怎么喜欢的；"赤霞霞"[tɕʰiaʔ⁴xɔ²²xɔ²²]是褒义词，所指的是一种比较养眼的令人喜欢的红色。总体而言，当A是中性时，贬义的AXX、AXiX要多于褒义和中性的AXX、AXiX。

所以，A和XX、XiX的感情色彩共同影响着AXX、AXiX的感情色彩。

（2）AXX和相应AXiX的感情色彩并不一定一致

当AXX是褒义时，AXiX可能会是贬义词。例如："阔阆阆很宽，很宽敞"[fot⁴lɔŋ²¹lɔŋ²¹]是褒义词，但"阔令＝阆很宽，很宽敞"[fot⁴liŋ²¹lɔŋ²¹]却是贬义词，有"过于空荡荡"的意思。

当AXX是中性时，AXiX可能是贬义词。例如："长赖＝赖＝很长"[tɕʰiɔŋ²²lɔi⁵⁵lɔi²¹]是中性词，"长里＝赖＝很长"[tɕʰiɔŋ²²li⁵⁵lɔi²¹]是贬义词，有"过于长"的意思。

当AXX是贬义时，AXiX仍旧是贬义词。例如："糊□□黏糊糊"[u²²tat²tat²]、"糊□□黏糊糊"[u²²tit²tiat²]、"老□□很老"[lɑu⁵⁵n̠iat⁴n̠iat⁴]、"老□□很老"[lɑu⁵⁵n̠it⁴n̠iat⁴]都是贬义词。

总的来说，AXiX较之AXX，感情色彩朝贬义的方向发展。

七 介引与关联

（一）介词

1. □把[nəŋ⁻⁵⁵]、抵＝把[ti⁻⁵⁵]

"□把"[nəŋ⁻⁵⁵]、"抵＝把"[ti⁻⁵⁵]本字不明，只有连读调[55]。两者的使用场合没有区分，可以互换。

（1）"□把"[nəŋ⁻⁵⁵]、"抵＝把"[ti⁻⁵⁵]相当于普通话里的"把"，引出处置对象，构成"介词＋处置对象＋动词"的处置句式。例如：

莫□渠食醉掉不要把他灌醉了。mo²²nəŋ⁵⁵ki⁴⁴ɕiʔ²tsei⁴⁴tʰau⁰.

我去抵＝那领衫换来我去把那件衣服买来。ŋɔi⁴⁴ɕy⁴⁴ti⁵⁵nai²¹iaŋ⁴⁴sam⁴⁴uon²¹lɔi²².

（2）"□把"[nəŋ⁻⁵⁵]、"抵＝把"[ti⁻⁵⁵]介引关涉、服务、帮助的对象，相当于普通话里的"和""跟""替""给"。例如：

你莫声，我去□渠讲你不要吭声，我去和他说。n̠i⁴⁴mo²²ɕiaŋ⁴⁴, ŋɔi⁴⁴ɕy⁴⁴nəŋ⁵⁵ki⁴⁴kɔŋ³⁵.

你抵⁼我洗下碗啊你帮我洗一下碗吧。n̩i⁴⁴ti⁵⁵ŋɔi⁴⁴sai⁵⁵xɔ²¹uon³⁵a⁰.

你来□我煮菜啊你来帮我烧菜吧。n̩i⁴⁴loi²²nən⁵⁵ŋɔi⁴⁴tɕy⁵⁵tsʰoi⁴⁴a⁰.

2.分被[pən⁴⁴]

（1）"分"本是动词，指"区划开"和"给以"。例如：

抵⁼个多书分出来把这些书分出来。ti⁵⁵kɔi²¹to⁴⁴ɕy⁴⁴pən⁴⁴tɕʰyt⁴loi²².

分钱你给你钱。pən⁴⁴tsʰan²¹n̩i⁴⁴.

（2）"分"的介词义"被"是从动词义虚化而来的。例如：

酒分渠食了啊酒被他喝光了。tsiu³⁵pən⁴⁴ki⁴⁴ɕiʔ²²lau³⁵a⁰.

你唔听话，好分人骂你不听话，要被人骂。n̩i⁴⁴ŋ²²tʰaŋ⁴⁴uɔ²¹, xɑu⁵⁵pən⁴⁴n̩in²²mɔ⁴⁴.

（3）"分"还常后置于动词，构成"动词＋分＋关涉对象"句式，相当于"给"。例如：

你□那本书递分我你把那本书递分我。n̩i⁴⁴nən⁵⁵nai²¹pon⁵⁵ɕy⁴⁴te²²pən⁴⁴ŋɔi⁴⁴.

你爱好好讲分渠听你得好好地讲给他听。n̩i⁴⁴oi⁴⁴xɑu⁵⁵xɑu⁵⁵kɔŋ⁵⁵pən⁴⁴ki⁴⁴tʰaŋ⁴⁴.

（二）关联

1.一头 [it⁴tʰeu²²]……一头 [it⁴tʰeu²²]……

"一头 [it⁴tʰeu²²]……一头 [it⁴tʰeu²²]……"是景宁畲话中常用的表平列关系的关联词，相当于普通话里的"一边……一边……"。例如：

渠一头讲一头叫她一边说一边哭。ki⁴⁴it⁴tʰeu²²kɔŋ³⁵it⁴tʰeu²²keu⁴⁴.

渠一头睇一头食她一边看一边吃。ki⁴⁴it⁴tʰeu²²tʰai³⁵it⁴tʰeu²²ɕiʔ².

2.唔管 [ŋ²²kon³⁵]……都 [tu⁴⁴]……

"唔管 [ŋ²²kon³⁵]……都 [tu⁴⁴]……"是无条件复句中的关联词，相当于普通话里的"不管……都……"。例如：

唔管天晴落水，我都好去不管天晴还是下雨，我都得去。ŋ²²kon³⁵tʰan⁴⁴tsʰaŋ²²loʔ²ɕy³⁵, ŋɔi⁴⁴tu⁴⁴xɑu⁵⁵ɕy⁴⁴.

3.乃是[nai²¹ɕi⁴⁴]……就[tɕiu²¹]……

"乃是[nai²¹ɕi⁴⁴]……就[tɕiu²¹]……"是假设复句中的常用关联词，相当于普通话里的"如果……就……"。例如：

乃是落水，我就唔去啊如果下雨，我就不去了。nai²¹ɕi⁴⁴loʔ²ɕy³⁵, ŋɔi⁴⁴tɕiu²¹ŋ²²ɕy⁴⁴a⁰.

4.唔就[ŋ²²tɕiu²¹]……唔就[ŋ²²tɕiu²¹]……

"唔就[ŋ²²tɕiu²¹]……唔就[ŋ²²tɕiu²¹]……"是选择复句中的常用关联词，表未定选择，是数者选一的任选关系，相当于普通话里的"要么……要么……"，说者态度灵活。例如：

唔就我去，唔就你去，总爱有个人去要么我去，要么你去，总得有个人去。ŋ²²tɕiu²¹ŋɔi⁴⁴ɕy⁴⁴, ŋ²²tɕiu²¹n̩i⁴⁴ɕy⁴⁴, tsən³⁵oi⁴⁴xo⁴⁴kɔi⁴⁴n̩in²²ɕy⁴⁴.

八　体貌系统

（一）实现体

我们将动作或变化已经完成的完成体、新的事态已经发生的已然体合称为"实现体"。景宁畲话实现体的主要标记是"啊了"[a⁰]、"啦"[la⁰]。

1.啊了[a⁰]

（1）"啊了"[a⁰]黏附在动词、形容词、动补之后。例如：

我困啊两日我睡了两天。ŋɔi⁴⁴fən⁴⁴a⁰iɔŋ³⁵n̩it⁴.

我牢＝尔山冻啊一夜我在山里挨冻了一夜。ŋɔi⁴⁴lɑu²¹ŋ²¹san⁴⁴⁵təŋ⁴⁴a⁰it⁴ia²¹.

着烂啊两领衫穿破了两件衣服。tɕiɔʔ⁴lɔn²¹a⁰iɔŋ³⁵iaŋ⁴⁴sam⁴⁴.

（2）"啊了"[a⁰]一般后带数量宾语。例如：

我坐啊一日我坐了一天。ŋɔi⁴⁴tsʰɔ⁴⁴a⁰it⁴n̩it⁴.

我分渠敲啊两下我被他打了两下。ŋɔi⁴⁴pən⁴⁴ki⁴⁴kʰɔ⁴⁴a⁰iɔŋ³⁵xɔ²¹.

我食啊一碗酒我喝了一碗酒。ŋɔi⁴⁴ɕiʔ²a⁰it⁴uon⁵⁵tsiu³⁵.

（3）普通话里有"S＋V＋了＋C"的句式。例如："刚才，一辆车开了过来。"景宁畲话"啊了"[a⁰]一般不能置于动补结构之间，只能构成"S＋V＋C"的句式。例如：

那下，有一辆车开过来刚才，有一辆车开了过来。nai²¹xɔ³⁵, xo⁴⁴it⁴liɔŋ²²tɕʰia⁴⁴foi⁴⁴ku⁴⁴loi²².

（4）普通话里有"S＋V＋了＋O"的句式。例如："今天，他看了书。""吃了这药，就会好的。"其中的"O"可以是光杆名词，也可以带指量定语。但是，景宁畲话的"啊了"[a⁰]不能直接带光杆名词作宾语，也不可以与指量定语连用，只能带数量宾语（数字是"一"时，可省略数词），或构成"S＋V＋O＋啊了""O＋V＋啊了"的句式。例如：

今晡，渠睇啊本书今天，他看了本书。kim⁴⁴pu⁴⁴, ki⁴⁴tʰai⁵⁵a⁰pon⁵⁵ɕy⁴⁴.

今晡，渠睇书啊今天，他看书了。kim⁴⁴pu⁴⁴, ki⁴⁴tʰai⁵⁵ɕy⁴⁴a⁰.

个药食啊，就解好个吃了这药就会好的。kɔi³⁵iɔʔ²ɕiʔ²a⁰, tɕiu²¹xai⁴⁴xɑu³⁵ke⁰.

2."啊了"[a⁰]、"啦"[la⁰]

（1）"啊了"[a⁰]、"啦"[la⁰]常处于句末，兼有语气词和动态助词的作用。例如：

落水啊下雨了！lɔʔ²ɕy³⁵a⁰!

我透寮啦我到家了。ŋɔi⁴⁴tʰeu⁴⁴lau²²la⁰.

（2）在表示是否实现的疑问句里，"啊了"[a⁰]、"啦"[la⁰]可后跟表否定的副词"面＝没"[men²¹]。例如：

你食啊面＝你吃了吗？n̩i⁴⁴ɕiʔ²a⁰men²¹?

落雪啦面＝下雪了吗？lɔʔ⁰sɔt⁴la⁰men²¹?

（3）"啊了"[a⁰]、"啦"[la⁰]也常置于紧缩句中。例如：

我食啊就去_{我吃了就去}。ŋɔi⁴⁴ɕiʔ²a⁰tɕiu²¹ɕy⁴⁴.

书睇啊亦唔懂_{书看了也不懂}。ɕy⁴⁴tʰai³⁵a⁰iaʔ²ŋ²²tən³⁵.

衫换啦就转寮_{衣服买来了就回家}。sam⁴⁴uon²¹la⁰tɕiu²¹tɕyon⁵⁵lau⁴⁴⁵.

3.常采用"V下掉"的格式表示实现体

个碗酒你抵﹦渠食下掉_{你把这碗酒喝完}。kɔi²¹uon⁵⁵tsiu⁵⁵n̥i⁴⁴ti⁵⁵ki⁴⁴ɕiʔ²xɔ²¹tʰau⁴⁴.

碗洗下掉就去过寮啊_{碗洗了就去串门了}。uon³⁵sai³⁵xɔ²¹tʰau⁴⁴tɕiu²¹ɕy⁴⁴ku⁴⁴lau²²a⁰.

（二）进行体

进行体表动作、状态处于进行中。景宁畲话常在动词前加一个由介词和方位词构成的介词短语来表示进行体。此时的方位义往往是比较虚的，方位词仅仅起到足句功能。例如：

渠唔我个时间我是寮煮菜_{他叫我的时候我在家烧菜}。ki⁴⁴uo³⁵ŋɔi⁴⁴ke⁰ɕi²²kan⁴⁴ŋɔi⁴⁴ɕi⁴⁴lau⁴⁴⁵tɕy⁵⁵tsʰɔi⁴⁴.

落水啊，渠年﹦古﹦牢﹦尔换乇_{下雨了，他们还在卖东西}。loʔ²ɕy³⁵a⁰, ki⁴⁴nan²²ku⁵⁵lɑu²¹n̥i³⁵uon²¹nɔʔ²⁴.

（三）持续体

持续体表动作行为或状态的持续不变，普通话一般用"着 zhe"表持续体，如："灯开着。"景宁畲话的持续体一般有以下几种格式。

1.动词之后加一个方位词。和进行体一样，此时的方位义也是比较虚的，方位词很大程度上仅仅起到足句功能。例如：

门开尔个_{门开着的}。mən²²foi⁴⁴n̥i³⁵ke⁰.

火烧尔又睇唔着人_{火烧着又不见人}。fu³⁵ɕieu⁴⁴n̥i³⁵iu²¹tʰai⁵⁵ŋ²²tɕʰioʔ²n̥in²².

2.动词之后加"倒"[tɑu³⁵]。例如：

我瞩倒渠食_{我看着他吃}。ŋɔi⁴⁴n̥iaŋ⁴⁴tɑu⁵⁵ki⁴⁴ɕiʔ².

你讲啊，我听倒嘎_{你说呀，我听着的}。n̥i⁴⁴kɔŋ³⁵a⁰, ŋɔi⁴⁴tʰaŋ⁴⁴tɑu⁵⁵ka⁰.

3.动词之后加"兴﹦来_{起来}"[ɕiŋ⁵⁵loi²²]；或省略"兴﹦"[ɕiŋ⁵⁵]，动词变调后加"来"[loi²²]。（见第二章第四节"省略式变调"）例如：

坐兴﹦来食_{坐着吃}。tsʰo⁴⁴ɕiŋ⁵⁵loi²²ɕiʔ².

坐来食_{坐着吃}。tsʰo⁴⁴⁵loi²²ɕiʔ².（"坐"变调，[44]→[445]）

（四）经历体

景宁畲话经历体的标记和普通话一样，都是"过"[ku⁴⁴]。例如：

上海我面﹦去过_{上海我没去过}。ɕiɔŋ²¹xai³⁵ŋɔi⁴⁴men²¹ɕy⁴⁴ku⁴⁴.

个书我睇过三回_{这本书我看过三次}。kɔi³⁵ɕy⁴⁴ŋɔi⁴⁴tʰai⁵⁵ku⁴⁴sam⁴⁴foi²².

（五）起始体

景宁畲话起始体的标记是"兴﹦来_{起来}"[ɕiŋ⁵⁵loi²²]。动词后加"兴﹦来_{起来}"[ɕiŋ⁵⁵loi²²]；

或省略"兴="[ɕiŋ⁻⁵⁵]，动词变调后加"来"[loi²²]。（见第二章第四节"省略式变调"）例如：

热兴=来啊，水爱多食□热起来了，得多喝水。n̠iet²ɕiŋ⁵⁵loi²²a⁰, ɕy³⁵oi⁴⁴to⁴⁴ɕiʔ²nai⁴⁴.

热来啊，水爱多食□热起来了，得多喝水。n̠ien³⁵loi²²a⁰, ɕy³⁵oi⁴⁴to⁴⁴ɕiʔ²nai⁴⁴.（"热"变调，韵尾调整）

渠两个叫兴=来啊他俩哭起来了。ki⁴⁴ioŋ⁵⁵kɔi⁴⁴keu⁴⁴ɕiŋ⁵⁵loi²²a⁰.

渠两个叫来啊他俩哭起来了。ki⁴⁴ioŋ⁵⁵kɔi⁴⁴keu⁴⁴⁵loi²²a⁰.（"叫哭"变调）

有时也以"动手[təŋ²¹ɕiu⁵⁵]＋动词""开始[kʰoi⁴⁴ɕi³⁵]＋动词"的格式表示起始体。例如：

你睇，渠动手唱啊你看，他开始唱了。n̠i⁴⁴tʰai⁵⁵, ki⁴⁴təŋ²¹ɕiu⁵⁵tɕʰioŋ⁴⁴a⁰.

电影开始放啊电影开始放了。ten²¹iaŋ³⁵kʰoi⁴⁴ɕi⁵⁵pioŋ⁴⁴a⁰.

（六）继续体

景宁畲话继续体的标记是"落去"[loʔ²ɕy⁴⁴]，后置于形容词或动词。"落去"[loʔ²ɕy⁴⁴]的语法化程度不是很高，还表示"下去"的意思。例如：

你莫吵，让渠唱落去你不要吵，让他继续唱。n̠i⁴⁴moʔ²tsʰau³⁵, n̠ioŋ²¹ki⁴⁴tɕʰioŋ⁴⁴loʔ²ɕy⁴⁴.

你爱做落去你得继续干下去。n̠i⁴⁴oi⁴⁴tso⁴⁴loʔ²ɕy⁴⁴.

（七）达成体

达成体表动作行为有了一定的结果，或达到了目的，实现了目标。景宁畲话常采用动词后加"倒"[tɑu³⁵]的格式来表示达成体，"倒"[tɑu³⁵]相当于普通话里的"着zháo""起"。例如：

一个大鸡公分渠捉倒啊一只大公鸡被他捉着了。it⁴kɔi⁴⁴tʰɔi²¹kiai⁴⁴kəŋ²¹pən⁴⁴ki⁴⁴tsuʔ²tɑu⁵⁵a⁰.

个寮你换唔倒哦这房子你买不起哦。kɔi³⁵lau²²n̠i⁴⁴uon²¹ŋ²²tɑu³⁵o⁰.

（八）先行体

景宁畲话常采用来"[loi²²]、"先"[ɕian²¹]后置句末的格式来表示先行体，"先"[ɕian²¹]也可以前置于动词，"来"[loi²²]一般用于短暂貌的先行体。例如：

你坐落啊来，再换票你先坐下了，再买票。n̠i⁴⁴tsʰo⁴⁴loʔ²a⁰loi²², tsai⁴⁴uon²¹pʰeu⁴⁴.

你先坐落啊，再换票你先坐下了，再买票。n̠i⁴⁴ɕian²¹tsʰo⁴⁴loʔ²a⁰, tsai⁴⁴uon²¹pʰeu⁴⁴.

你行去先，我屎头来你先去，我之后再来。n̠i⁴⁴xaŋ²²ɕy⁴⁴ɕian²¹, ŋoi⁴⁴ɕi⁵⁵tʰeu²¹loi²².

我去行下来，再转来食我先去走一会儿，再回来吃。ŋoi⁴⁴ɕy⁴⁴xaŋ²²xɔ³⁵loi²², tsai⁴⁴tɕyon⁵⁵loi²²ɕiʔ².

我歇下来，再行我先歇一下，再走。ŋoi⁴⁴set⁴xɔ³⁵loi²², tsai⁴⁴xaŋ²².

（九）将然体

景宁畲话常以"好[xɑu⁵⁵]＋V"的格式表示将然体。例如：

我好去啊我将要去了。ŋoi⁴⁴xɑu⁵⁵ɕy⁴⁴a⁰.

热头好上山啊太阳快上山了。n̠iet⁴tʰeu²²xɑu⁵⁵ɕioŋ⁴⁴san⁴⁴a⁰.

（十）短时貌

景宁畲话表短时貌的语法形式比较丰富，有"V下[xɔ³⁵]"（"下"小称）、"V下崽[xɔ²¹tsoi⁵⁵]"（"崽"小称）等格式。例如：

我困下来，再去我先睡一会儿，再去。ŋɔi⁴⁴fən⁴⁴xɔ³⁵loi²², tsai⁴⁴ɕy⁴⁴.

我先困下崽，再去我先睡一小会儿，再去。ŋɔi⁴⁴ɕian²¹fən⁴⁴xɔ²¹tsoi⁵⁵, tsai⁴⁴ɕy⁴⁴.

（十一）尝试貌

景宁畲话表尝试貌的语法形式也比较丰富，有"V下睇""V下崽睇""V一下睇""V一下崽睇""VV睇""VV下睇"等格式。例如：

我坐下睇，好坐啊＝唔我坐一坐，看看是否好坐。ŋɔi⁴⁴tsʰo⁴⁴xɔ²¹tʰai⁵⁵, xɑu⁵⁵tsʰo⁴⁴a⁵⁵ŋ²².

我坐下崽睇，好坐啊＝唔我坐一坐，看看是否好坐。ŋɔi⁴⁴tsʰo⁴⁴xɔ²¹tsoi⁵⁵tʰai⁵⁵, xɑu⁵⁵tsʰo⁴⁴a⁵⁵ŋ²².

我坐一下睇，好坐啊＝唔我坐一坐，看看是否好坐。ŋɔi⁴⁴tsʰo⁴⁴it⁴xɔ²¹tʰai⁵⁵, xɑu⁵⁵tsʰo⁴⁴a⁵⁵ŋ²².

我坐一下崽睇，好坐啊＝唔我坐一坐，看看是否好坐。ŋɔi⁴⁴tsʰo⁴⁴it⁴xɔ²¹tsoi⁵⁵tʰai⁵⁵, xɑu⁵⁵tsʰo⁴⁴a⁵⁵ŋ²².

我坐坐睇，好坐啊＝唔我坐一坐，看看是否好坐。ŋɔi⁴⁴tsʰo⁴⁴tsʰo⁴⁴tʰai⁵⁵, xɑu⁵⁵tsʰo⁴⁴a⁵⁵ŋ²².

我坐坐下睇，好坐啊＝唔我坐一坐，看看是否好坐。ŋɔi⁴⁴tsʰo⁴⁴tsʰo⁴⁴xɔ²¹tʰai⁵⁵, xɑu⁵⁵tsʰo⁴⁴a⁵⁵ŋ²².

（十二）反复貌

景宁畲话表反复貌的语法形式很丰富，有"VVVV""V下V下""V来V去""V啊V""VᵢVᵢVV""VᵢVVᵢV""VᵢVV"等格式，其中"VᵢVᵢVV、VᵢVVᵢV、VᵢVV"是一种变韵重叠形式，（见本节上文三 重叠）。

各重叠式都表反复貌，但表述的侧重点却略有不同。

VVVV：动作持续反复，但接下来的动作行为或状态会发生变化。

V下V下：动作持续反复，有间歇，频率不高。

V来V去：动作持续反复，状态有点乱。

V啊V：动作持续反复，并且很连贯。

VᵢVVᵢV：动作持续反复，并且幅度大。

VᵢVᵢVV：动作持续反复，不仅幅度大而且频率高。

VᵢVV：动作持续反复，不仅幅度大而且频率比ViViVV还要高。

例句如下：

渠睇睇睇睇，就困去啊他看看看看，就睡着了。ki⁴⁴tʰai³⁵tʰai⁵⁵tʰai³⁵tʰai⁵⁵, tɕiu²¹fən²¹ɕy⁴⁴a⁰.

渠嘴擘下擘下，好想食啊他嘴巴一张一张的，想吃了。ki⁴⁴tɕyoi⁴⁴paʔ⁴xɔ²¹paʔ⁴xɔ²¹, xɑu⁵⁵ɕiɔŋ²¹ɕiʔ²a⁰.

你莫牢＝我马＝前行来行去你不要在我面前走来走去！n̥i⁴⁴moʔ²lɑu²¹ŋɔi⁴⁴mɔ⁵⁵tsʰan²¹xaŋ²²loi²²xaŋ²²ɕy⁴⁴!

渠跳啊跳来啊_{他蹦蹦跳跳地来了}。ki⁴⁴tʰau²²a⁰tʰau²²loi²²a⁰.

渠跳ᵢ跳跳ᵢ跳来啊_{他蹦蹦跳跳地来了}。ki⁴⁴tʰi²²tʰau²²tʰi²²tʰau²²loi²²a⁰.

渠跳ᵢ跳跳ᵢ跳来啊_{他蹦蹦跳跳地来了}。ki⁴⁴tʰi²²tʰi²²tʰau²²tʰau²²loi²²a⁰.

渠跳ᵢ跳跳来啊_{他蹦蹦跳跳地来了}。ki⁴⁴tʰi²²tʰau²²tʰau²²loi²²a⁰.

（十三）重行貌

重行貌是指对已完成的动作行为重新再做一遍，用于表述重行貌的动词只能是自主动词。景宁畲话用后置成分"过"[ku⁴⁴]表重行貌。例如：

我面＝听懂，你再讲过_{我没听懂，你重新再讲}。ŋɔi⁴⁴men²¹tʰaŋ⁴⁴təŋ³⁵, n̩i⁴⁴tsai⁴⁴kɔŋ³⁵ku⁴⁴.

写唔好，再写过_{写不好，重新再写}。ɕia⁵⁵ŋ⁴⁴xɑu³⁵, tsai⁴⁴ɕia³⁵ku⁴⁴.

九 语气词

（一）陈述语气词

1.啊 [a⁰]、啦 [la⁰]、呀 [ia⁰]

"啊"[a⁰]、"啦"[la⁰]、"呀"[ia⁰]表示新情况出现，有时兼有语气词和动态助词的作用，相当于普通话里的"了₂"。"啊"[a⁰]、"啦"[la⁰]可以互换，语用中可以自由选择。"呀"[ia⁰]是"啊"[a⁰]受前字尾音的影响的结果。例如：

钱使了啦，一分都无啦_{钱用完了，一分都没了}。tsʰan²¹soi⁵⁵lɑu³⁵la⁰, it⁴fən⁴⁴tu⁴⁴mɑu²²la⁰.

我寮饭煮熟啊_{我家饭烧好了}。ŋɔi⁴⁴lau⁴⁴⁵pʰɔn²¹tɕy⁵⁵ɕyʔ²a⁰.

我待＝晡就拿分你呀_{我昨天就给你了}。ŋɔi⁴⁴tai²¹pu²¹tɕiu²¹naŋ⁴⁴pən⁴⁴n̩i⁴⁴ia⁰.

2.个 [ke⁰]

"个"[ke⁰]表示情况本来如此，相当于普通话里的语气词"的"。例如：

渠个毛是斅分你使个_{他的东西是不会给你用的}。ki⁴⁴ke⁰nɔʔ⁴ɕi⁴⁴mai⁴⁴pən⁴⁴n̩i⁴⁴soi³⁵ke⁰.

渠是想坐我个车去个_{他是想坐我的车去的}。ki⁴⁴ɕi⁴⁴ɕiɔŋ²¹tsʰo⁴⁴ŋɔi⁴⁴ke⁰tɕʰia⁴⁴ɕy⁴⁴ke⁰.

□头渠解来睇你个_{明天他会来看你的}。tʰan³⁵tʰeu²²ki⁴⁴xai⁴⁴loi²²tʰai³⁵n̩i⁴⁴ke⁰.

3.嘞 [le⁰]

"嘞"[le⁰]常后附于"个_的"[ke⁰]，进一步表明确的肯定语气。例如：

好个嘞_{好的呢}。xɑu³⁵ke⁰le⁰.

无要紧个嘞_{没关系的呢}。mɑu²²ieu⁵⁵kin⁵⁵ke⁰le⁰.

4.哦 [o⁰]

"哦"[o⁰]相当于普通话里表陈述的语气词"呢"。例如：

渠斅想去哦_{他不想去呢}。ki⁴⁴mai⁴⁴ɕiɔŋ²¹ɕy⁴⁴o⁰.

渠唔听我个话哦_{他不听我的话呢}。ki⁴⁴ŋ²²tʰaŋ⁴⁴ŋɔi⁴⁴ke⁰uɔ²¹o⁰.

5. 哥＝[ko⁰]

"哥＝"[ko⁰]相当于普通话里表陈述的语气词"呢""啊"，经常和"啊了"[a⁰]组合。例如：

我去啊哥＝我去了啊。ŋɔi⁴⁴ɕy⁴⁴a⁰ko⁰.

渠唔肯去啊哥＝他不肯去了呢。ki⁴⁴ŋ²²ɕieŋ³⁵ɕy⁴⁴a⁰ko⁰.

（二）疑问语气词

1. 哦[o⁰]、呢[ne⁰]

"哦"[o⁰]、"呢"[ne⁰]"可以互换，语用中根据个人习惯自由选择。

（1）"哦"[o⁰]、"呢"[ne⁰]常后附于"啊＝唔还是不"[a⁵⁵ŋ²²]、"啊面＝了没"[a⁰men²¹]，表反复问。例如：

渠解去啊＝唔哦他会不会去哦？ki⁴⁴xai⁴⁴ɕy⁴⁴a⁵⁵ŋ²²o⁰？

渠转寮啊面＝呢他回家了吗？ki⁴⁴tɕyon⁵⁵lau⁴⁴⁵a⁰men²¹ne⁰？

（2）"哦"[o⁰]、"呢"[ne⁰]也可独立使用，表特指问。例如：

哪个去哦谁去呢？na⁵⁵kɔi⁴⁴ɕy⁴⁴o⁰？

造＝做去呢怎么去呢？tso²¹tso⁴⁴ɕy⁴⁴ne⁰？

2. 啊[a⁰]、啦[la⁰]、呀[ia⁰]

表是非问的语气词"啊"[a⁰]、"啦"[la⁰]、"呀"[ia⁰]，词形和陈述语气词一样，但语调有异。例如：

你食饱啊你吃饱了？ɲi⁴⁴ɕiʔ²²pau³⁵a⁰？

落水呀下雨了？loʔ²ɕy⁴⁴ia⁰？

钱使了啦钱用完了？tsʰan²¹soi⁵⁵lɑu³⁵la⁰？

（三）祈使语气词

1. 哦[o⁰]

"哦"[o⁰]在表示祈使语气的时候，说话者比较客气，有商量的口气，语调缓和。例如：

好落水啊，快去哦快下雨了，快去吧！xɑu⁵⁵loʔ²ɕy³⁵a⁰，ɕiai⁴⁴⁵ɕy⁴⁴o⁰！

赶唔逮啊，紧□做去哦来不及了，赶紧继续做吧！kɔn⁵⁵ŋ²²tɔi²¹a⁰，kin³⁵nai⁴⁴tso⁴⁴ɕy⁴⁴o⁰！

2. 啊[a⁰]

"啊"[a⁰]在表示祈使语气的时候，与"哦"[o⁰]相比，有了敦促的口气。例如：

你爱听话点啊你得听话点啊！ɲi⁴⁴oi⁴⁴tʰaŋ⁴⁴uɔ²¹ti⁵⁵a⁰！

歇下来啊先歇一下吧！set⁴xɔ³⁵loi²²a⁰！

3. 嘎[ka⁰]

"嘎"[ka⁰]在表示祈使语气的时候，音高较高，说话者态度较为强硬。例如：

你莫吵我嘎你不要吵我啊！ɲi⁴⁴moʔ²tsʰau³⁵ŋɔi⁴⁴ka⁰！

你年﹦等下我嘎_{你们等等我呀}！ n̠i^{44}nan^{22}teŋ^{35}xɔ^{21}ŋɔi^{44}ka^0！

再讲嘎_{再说吧}！ tsai^{44}kɔŋ^{35}ka^0！

（四）感叹语气词

感叹语气词有"哦"[o^0]、"个"[ke^0]、"嘞"[le^0]等。例如：

真快哦，又半年过去啊_{真快啊，又半年过去了}！ tɕin^{445}ɕiai^{44}o^0, iu^{21}pɔn^{44}nan^{22}ku^{22}ɕy^{44}a^0！

这毛重尽哦_{这东西真重啊}！ kɔi^{35}nɔʔ^{4}tɕ^{h}iuŋ^{44}tsin^{21}o^0！

那人那色﹦坏个_{那个人那么坏啊}！ nai^{35}n̠in^{22}nai^{21}seʔ^{4}kai^{21}ke^0！

个寮忒贵嘞_{这房子太贵啦}！ kɔi^{35}lau^{22}t^{h}at^{4}kui^{44}le^0！

第二节

句法

一 "把"字句和"被"字句

（一）"把"字句

景宁畲话"把"字句里常用的介词"□把"[nəŋ⁻⁵⁵]、"抵₌把"[ti⁻⁵⁵]相当于普通话里的"把"，引出处置对象。景宁畲话"把"字句有以下三种句式。

1.介词＋受事成分＋动词

这种句式和普通话一样，通过介词把受事成分介引到动词之前表示处置。例如：

你莫□个个女崽撩叫来你不要把这个女孩子逗哭了。n̠i⁴⁴moʔ²nəŋ⁵⁵kɔi²¹kɔi⁴⁴n̠y⁵⁵tsoi⁵⁵leu²¹keu⁴⁴⁵loi²².

你去抵₌衫收兴₌来你去把衣服收起来。n̠i⁴⁴ɕy⁴⁴ti⁵⁵sam⁴⁴ɕiu⁴⁴ɕiŋ⁵⁵loi²².

2.受事成分＋主语＋介词＋渠他＋动词

介词"□把"[nəŋ⁻⁵⁵]、"抵₌把"[ti⁻⁵⁵]与"渠他"[ki⁴⁴]构成介引短语，介于受事成分和动词之间，其中"渠他"[ki⁴⁴]起到回指前面的受事成分的作用。在该句式中，主语常置于受事成分和介引短语之间，动词常采用"VV＋补语"的格式。例如：

个本书抵₌渠睇睇了啊把这本书看看完吧。kɔi²¹pon⁵⁵ɕy⁴⁴ti⁵⁵ki⁴⁴tʰai⁵⁵tʰai⁵⁵lau³⁵aº.

个个毛你□渠园园好你把这个东西放好。kɔi²¹kɔi⁴⁴nɔʔ⁴n̠i⁴⁴nəŋ⁵⁵ki⁴⁴kʰɔŋ⁵⁵kʰɔŋ⁵⁵xɑu³⁵.

3.受事成分＋动词

该类处置句不用介词来介引受事成分，而是直接将受事成分置于动词之前，动词常采用"VV＋补语"的格式。例如：

衫洗洗清气啊把衣服洗洗干净吧。sam⁴⁴sai⁵⁵sai⁵⁵tsʰiŋ⁴⁴kʰi⁴⁴aº.

鞋带缚缚紧□把鞋带系紧点。xai²²tɔi⁴⁴pʰuʔ²pʰuʔ²kin³⁵nai⁴⁴.

（二）"被"字句

景宁畲话"被"字句的句式和普通话差不多，都是在动词之前加介词短语，介引出实施对象，常用的介词是"分被"[pən⁴⁴]。例如：

我分渠吓倒啊，无敢去啊我被他吓住了，不敢去了。ŋɔi⁴⁴pən⁴⁴ki⁴⁴xaʔ⁴tau⁵⁵a⁰, mɑu²²kam³⁵çy⁴⁴a⁰.

钱都分那个人骗去啊钱都被那个人骗走了。tsʰan²¹tu⁴⁴pən⁴⁴nai²¹kɔi⁴⁴n̠in²²pʰen⁴⁴çy⁴⁴a⁰.

门分渠锁倒啊门被他锁住了。mən²²pən⁴⁴ki⁴⁴sɔ³⁵tau⁵⁵a⁰.

当施事对象不明确，或施事对象无需凸显时，普通话的"被"字句可以不出现施事对象，介词"被"直接与动词组合，比如："我的车被开走了。""树被砍光了。""要被骂了。"景宁畲话的介词"分被"[pən⁴⁴]不能与动词直接相连，一定要介引出实施对象，构成介词短语，才能后接动词。若施事对象不明确，则构成"分人被人"[pən⁴⁴n̠in²²]的格式，后接动词。例如：

我个车分人开去啊，我无车啊我的车被开走了，我没车了。ŋɔi⁴⁴ke⁰tɕʰia⁴⁴pən⁴⁴n̠in²²foi⁴⁴çy⁴⁴a⁰, ŋɔi⁴⁴mɑu²²tɕʰia⁴⁴a⁰.

柴都分人□光啊树都被砍光了。tsʰai²²tu⁴⁴pən⁴⁴n̠in²²tsən⁵⁵kɔŋ⁴⁴a⁰.

你个懒，好分人骂啊你这么懒，要被骂了。n̠i⁴⁴kɔi²¹lɔn⁴⁴, xɑu⁵⁵pən⁴⁴n̠in²²mɔ⁴⁴a⁰.

二 双宾句

景宁畲话的双宾句有以下几种格式。

（一）V＋间接宾语＋直接宾语

这一格式和普通话的句式一致。直接宾语的数量即使是个位数"一"，也不可以省略数词"一"，一般都要以"数量短语＋直接宾语"的形式来表示。例如：

我分渠一本簿我给他一本本子。ŋɔi⁴⁴pən⁴⁴ki⁴⁴it⁴pon⁵⁵po²¹.

我换渠一双鞋我买给他一双鞋子。ŋɔi⁴⁴uon²¹ki⁴⁴it⁴sən⁴⁴xai²².

渠借我一千块钱他借给我一千块钱。ki⁴⁴tsaʔ⁴ŋɔi⁴⁴it⁴tɕʰian⁴⁴kʰui⁴⁴tsʰan²¹.

（二）V＋直接宾语＋间接宾语

该句式的直接宾语前置于间接宾语，若直接宾语数量是个位数"一"，往往可以省略数词"一"，但是量词不可省略，而是以"量＋名"的格式呈现。例如：

渠分行香烟我他分一支香烟给我。ki⁴⁴pən⁴⁴xaŋ²²çiɔŋ⁴⁴ian⁴⁴ŋɔi⁴⁴.

想换套寮渠想买一幢房子给他。çiɔŋ²¹uon²¹tʰau⁴⁴lau²²ki⁴⁴.

渠借一千块钱我他借一千块钱给我。ki⁴⁴tsaʔ⁴it⁴tɕʰian⁴⁴kʰui⁴⁴tsʰan²¹ŋɔi⁴⁴.

有时，这一格式的间接宾语后面还可以跟上由间接宾语施事的动词，即构成兼语句。此时，与直接宾语匹配的量词可以省略。例如上面的例句还可构成以下句式：

渠分包烟我烧_{他分一包烟给我抽。}ki⁴⁴pən⁴⁴pau⁴⁴ian⁴⁴ŋɔi⁴⁴ɕieu⁴⁴.

渠分烟我烧_{他分烟给我抽。}ki⁴⁴pən⁴⁴ian⁴⁴ŋɔi⁴⁴ɕieu⁴⁴.

想换套寮渠掌_{想买套房子给他住。}ɕiɔŋ²¹uon²¹tʰau⁴⁴lau²²ki⁴⁴tɕiɔŋ⁵⁵.

想换寮渠掌_{想买房子给他住。}ɕiɔŋ²¹uon²¹lau²²ki⁴⁴tɕiɔŋ⁵⁵.

（三）直接宾语＋V＋间接宾语

直接宾语前置于动词，使动词处于直接宾语和间接宾语之间，在动词和间接宾语之间一般要有与直接宾语匹配的量词。例如：

我衫换通渠_{我给他买套衣服。}ŋɔi⁴⁴sam⁴⁴uon²¹tʰən⁴⁴ki⁴⁴.

我茶米送□渠_{我送他点儿茶叶。}ŋɔi⁴⁴tsʰɔ²²mai³⁵sən⁴⁴nai⁴⁴ki⁴⁴.

我饭舀碗渠_{我盛一碗饭给她。}ŋɔi⁴⁴pʰɔn²¹ieu³⁵uon⁵⁵ki⁴⁴.

当两个及两个以上"直接宾语＋V＋间接宾语"的分句并列时，动词和间接宾语之间可以不出现与直接宾语匹配的量词。例如：

寮换你，车换你，你古˭唔满意_{房子买给你，车子买给你，你还不满意？}lau²²uon²¹n̠i⁴⁴, tɕʰia⁴⁴uon²¹n̠i⁴⁴, n̠i⁴⁴ku⁵⁵ŋ²²mɔn²¹i⁴⁴?

衫送你，鞋送你，帽送你，都唔使你出钱_{衣服送给你，鞋子送给你，帽子送给你，都不要你出钱。}sam⁴⁴sən⁴⁴n̠i⁴⁴, xai²²sən⁴⁴n̠i⁴⁴, mɑu²¹sən⁴⁴n̠i⁴⁴, tu⁴⁴ŋ²²soi⁵⁵n̠i⁴⁴tɕʰyt⁴tsʰan²¹.

三　比较句

（一）等比句

1.比较项A＋□把[nəŋ⁻⁵⁵]/抵˭把[ti⁻⁵⁵]＋比较项B＋比较结果

"□把"[nəŋ⁻⁵⁵]、"抵˭把"[ti⁻⁵⁵]是连接比较项的连词，两者没有区别，选用哪一个看个人的语用习惯。根据比较结果，又可以分为以下两种情况。

（1）完全一样

①肯定句

我□你一样高_{我和你一样高。}ŋɔi⁴⁴nəŋ⁵⁵n̠i⁴⁴it⁴iɔŋ²¹kɑu⁴⁴.

我抵˭你同年_{我和你同岁。}ŋɔi⁴⁴ti⁵⁵n̠i⁴⁴tʰəŋ²²nan²².

②否定句

否定词"冇˭"[mai⁴⁴]可以限制比较结果，也可以限制连词。例如：

我□你冇˭一样高_{我和你不一样高。}ŋɔi⁴⁴nəŋ⁵⁵n̠i⁴⁴mai⁴⁴it⁴iɔŋ²¹kɑu⁴⁴.

我冇˭□你一样高_{我和你不一样高。}ŋɔi⁴⁴mai⁴⁴nəŋ⁵⁵n̠i⁴⁴it⁴iɔŋ²¹kɑu⁴⁴.

赤个抵˭白个冇˭一样_{红的和白的不一样。}tɕʰiaʔ⁴keˀti⁵⁵pʰaʔ²keˀmai⁴⁴it⁴iɔŋ²¹.

赤个冇˭抵˭白个一样_{红的和白的不一样。}tɕʰiaʔ⁴keˀmai⁴⁴ti⁵⁵pʰaʔ²keˀit⁴iɔŋ²¹.

（2）差不多

①肯定句

我□你差唔多大_{我和你差不多大}。ŋɔi⁴⁴nəŋ⁵⁵n̠i⁴⁴tsʰɔ⁴⁴ŋ²²to⁴⁴tʰɔi²¹.

赤个抵＝白个差唔多价钱_{红的和白的差不多价钱}。tɕʰia↑⁴keᵒti⁵⁵pʰa↑²keᵒtsʰɔ⁴⁴ŋ²²to⁴⁴kɔ⁴⁴tsʰan²¹.

②否定句

否定词"愹不"[mai⁴⁴]可以限制比较结果，也可以限制连词。例如：

我□你愹差唔多大_{我和你没有差不多大}。ŋɔi⁴⁴nəŋ⁵⁵n̠i⁴⁴mai⁴⁴tsʰɔ⁴⁴ŋ²²to⁴⁴tʰɔi²¹.

我愹□你差唔多大_{我和你没有差不多大}。ŋɔi⁴⁴mai⁴⁴nəŋ⁵⁵n̠i⁴⁴tsʰɔ⁴⁴ŋ²²to⁴⁴tʰɔi²¹.

赤个抵＝白个愹差唔多价钱_{红的和白的价钱没有差不多}。tɕʰia↑⁴keᵒti⁵⁵pʰa↑²keᵒmai⁴⁴tsʰɔ⁴⁴ŋ²²to⁴⁴kɔ⁴⁴
tsʰan²¹.

赤个愹抵＝白个差唔多价钱_{红的和白的价钱没有差不多}。tɕʰia↑⁴keᵒmai⁴⁴ti⁵⁵pʰa↑²keᵒtsʰɔ⁴⁴ŋ²²to⁴⁴
kɔ⁴⁴tsʰan²¹.

2.比较项A＋有（或"无"）＋比较项B＋指示代词＋比较结果

渠有你那高_{他有你那么高}。ki⁴⁴xo⁴⁴n̠i⁴⁴nai²¹kɑu⁴⁴.

渠无你个生好_{他没你这么漂亮}。ki⁴⁴mɑu²²n̠i⁴⁴kɔi²¹saŋ⁴⁴xɑu³⁵.

有时指示代词可以省略。例如：

（1）否定句

渠寮无你寮排场_{他家没你家有排场}。ki⁴⁴lau↑⁵mɑu²²n̠i⁴⁴lau↑⁵pʰai²²tɕʰiɔŋ²².

渠无你嫂_{他没你懂事}。ki⁴⁴mɑu²²n̠i⁴⁴sau²¹.

（2）疑问句

你有渠高_{你有他那么高}？n̠i⁴⁴xo⁴⁴ki⁴⁴kɑu⁴⁴?

渠有你多_{他有你这么多}？ki⁴⁴xo⁴⁴n̠i⁴⁴to⁴⁴?

（二）差比句

1."比较项A（VP）＋比＋比较项B＋比较结果"，或"比较项A＋比＋比较项B（VP）＋比较结果"

这一格式中，若比较的义项不是单纯的体词，还有谓词，那么谓词部分可以和比较项A组合，也可以和比较项B组合。例如：

你做得比渠好_{你做得比她好}。n̠i⁴⁴tso⁴⁴ti↑⁴pi⁵⁵ki⁴⁴xɑu³⁵.

你比渠做得好_{你比她做得好}。n̠i⁴⁴pi⁵⁵ki⁴⁴tso⁴⁴ti↑⁴xɑu³⁵.

根据比较结果的不同，又可分为以下几种句式。

（1）"比较项A（VP）＋比＋比较项B＋形容词"或"比较项A＋比＋比较项B（VP）＋形容词"

①肯定句

你比渠高你比他高。n̯i⁴⁴pi⁵⁵ki⁴⁴kɑu⁴⁴.

你来得比渠早你来得比她来得早。n̯i⁴⁴loi²²tiʔ⁴pi⁵⁵ki⁴⁴tsɑu³⁵.

你比渠来得早你比她来得早。n̯i⁴⁴pi⁵⁵ki⁴⁴loi²²tiʔ⁴tsɑu³⁵.

②否定句

在"比较项A＋比＋比较项B（VP）＋形容词"格式中，否定词"觖不"[mai⁴⁴]、"无口没能"[mɑu²²təŋ⁵⁵]只能限制"比"；在"比较项A＋VP＋比＋比较项B＋形容词"格式中，否定词还可以置于比较项A和VP之间。总之，否定词都不能限制比较结果。例如：

你无口比渠高你没比他高。n̯i⁴⁴mɑu²²təŋ⁵⁵pi⁵⁵ki⁴⁴kɑu⁴⁴.

你觖比渠来得早你没比她来得早。n̯i⁴⁴mai⁴⁴pi⁵⁵ki⁴⁴loi²²tiʔ⁴tsɑu³⁵.

你觖来得比渠早你来得没比她早。n̯i⁴⁴mai⁴⁴loi²²tiʔ⁴pi⁵⁵ki⁴⁴tsɑu³⁵.

你来得觖比渠早你来得没比她早。n̯i⁴⁴loi²²tiʔ⁴mai⁴⁴pi⁵⁵ki⁴⁴tsɑu³⁵.

有时"比"还可以受否定词"面⁼没"[men²¹]限制。例如：

你面⁼比渠先透你没比她先到。n̯i⁴⁴men²¹pi⁵⁵ki⁴⁴ɕian²¹tʰeu⁴⁴.

（2）"比较项A（VP）＋比＋比较项B＋较更＋形容词""比较项A＋比＋比较项B（VP）＋较更＋形容词"

这一格式与上文（1）都仅仅体现了两个比较项之间的差比关系，对于差比的大小或具体的数量差异都没有涉及。

这一格式与上文（1）的差异在于，比较结果不是光杆形容词，而是多了程度副词"较更"。在实际语用中，这一格式比上文（1）的使用频率更高。

①肯定句

你比渠较高你比他更高。n̯i⁴⁴pi⁵⁵ki⁴⁴kʰau⁴⁴kɑu⁴⁴.

你来得比渠较早你来得比她更早。n̯i⁴⁴loi²²tiʔ⁴pi⁵⁵ki⁴⁴kʰau⁴⁴tsɑu³⁵.

你比渠来得较早你比她来得更早。n̯i⁴⁴pi⁵⁵ki⁴⁴loi²²tiʔ⁴kʰau⁴⁴tsɑu³⁵.

②否定句

和上文格式（1）一样，在"比较项A＋比＋比较项B（VP）＋较更＋形容词"格式中，否定词"觖不"[mai⁴⁴]、"无口没能"[mɑu²²təŋ⁵⁵]只能限制"比"；在"比较项A＋VP＋比＋比较项B＋较更＋形容词"格式中，否定词还可以置于比较项A和VP之间。总之，否定词都不能限制比较结果。例如：

你无口比渠较高你没比他更高。n̯i⁴⁴mɑu²²təŋ⁵⁵pi⁵⁵ki⁴⁴kʰau⁴⁴kɑu⁴⁴.

你觖比渠来得较早你没比她来得更早。n̯i⁴⁴mai⁴⁴pi⁵⁵ki⁴⁴loi²²tiʔ⁴kʰau⁴⁴tsɑu³⁵.

你觖来得比渠较早你没来得比她更早。n̯i⁴⁴mai⁴⁴loi²²tiʔ⁴pi⁵⁵ki⁴⁴kʰau⁴⁴tsɑu³⁵.

你来得唊比渠较早_{你来得没比她更早。}ȵi⁴⁴loi²²tiʔ⁴mai⁴⁴pi⁵⁵ki⁴⁴kʰau⁴⁴tsɑu³⁵.

（3）"比较项A（VP）+ 比 + 比较项B+形容词 + 程度补语""比较项A + 比 + 比较项B（VP）+ 形容词 + 程度补语"

该格式不仅体现了两个比较项之间的差比关系，而且初步反映出了差比的结果。当差比大时，程度补语一般由"多"[to⁴⁴]充当；当差比小时，程度补语一般由"□_些"[nai⁴⁴]充当。例如：

你比渠高得多_{你比他高得多。}ȵi⁴⁴pi⁵⁵ki⁴⁴kɑu⁴⁴tiʔ⁴to⁴⁴.

你来得比渠早□_{你来得比她早些。}ȵi⁴⁴loi²²tiʔ⁴pi⁵⁵ki⁴⁴tsɑu³⁵nai⁴⁴.

你比渠来得早□_{你来得比她早些。}ȵi⁴⁴pi⁵⁵ki⁴⁴loi²²tiʔ⁴tsɑu³⁵nai⁴⁴.

你唊比渠高得多_{你不会比他高得多。}ȵi⁴⁴mai⁴⁴pi⁵⁵ki⁴⁴kɑu⁴⁴tiʔ⁴to⁴⁴.

你无□来得比渠早□_{你没来得比她早些。}ȵi⁴⁴mɑu²²təŋ⁵⁵loi²²tiʔ⁴pi⁵⁵ki⁴⁴tsɑu³⁵nai⁴⁴.

你来得无□比渠早□_{你来得没比她早些。}ȵi⁴⁴loi²²tiʔ⁴mɑu²²təŋ⁵⁵pi⁵⁵ki⁴⁴tsɑu³⁵nai⁴⁴.

2.比较项A+ 比 + 比较项B+形容词（VP）+ 数量词

该格式不仅体现了两个比较项之间的差比关系，而且以具体的数据反映了差比的结果。例如：

（1）肯定句

你比渠高一个头_{你比他高一个头。}ȵi⁴⁴pi⁵⁵ki⁴⁴kɑu⁴⁴it⁴kɔi⁴⁴tʰeu²².

你比渠大三岁_{你比她大三岁。}ȵi⁴⁴pi⁵⁵ki⁴⁴tʰɔi²¹sam⁴⁴soi⁴⁴.

你比渠多赚两百万_{你比他多赚两百万。}ȵi⁴⁴pi⁵⁵ki⁴⁴to⁴⁴tɕyon²¹iɔŋ³⁵paʔ⁴mɔn²¹.

（2）否定句

可以通过否定词"唔是_{不是}"[ŋ²²ɕi⁴⁴]、"无□_{没能}"[mɑu²²təŋ⁵⁵]限制"比"的形式来表示否定。例如：

你无□比渠高一个头_{你没比他高一个头。}ȵi⁴⁴mɑu²²təŋ⁵⁵pi⁵⁵ki⁴⁴kɑu⁴⁴it⁴kɔi⁴⁴tʰeu²².

你唔是比渠大三岁_{你不是比她大三岁。}ȵi⁴⁴ŋ²²ɕi⁴⁴pi⁵⁵ki⁴⁴tʰɔi²¹sam⁴⁴soi⁴⁴.

3.比较项A+ 分_被[pən⁴⁴]+ 比较项B+形容词（VP）+ 数量词

与格式2相比，这一格式没有出现比较词"比"，取而代之的是"分_被"[pən⁴⁴]。而且这一格式的差比结果与格式2完全相反。格式2是比较项A强于比较项B，这一格式是比较项B强于比较项A。例如：

（1）肯定句

你分渠高一个头_{他比你高一个头。}ȵi⁴⁴pən⁴⁴ki⁴⁴kɑu⁴⁴it⁴kɔi⁴⁴tʰeu²².

你分渠大三岁_{他比你大三岁。}ȵi⁴⁴pən⁴⁴ki⁴⁴tʰɔi²¹sam⁴⁴soi⁴⁴.

你分渠多赚两百万_{他比你多赚两百万。}ȵi⁴⁴pən⁴⁴ki⁴⁴to⁴⁴tɕyon²¹iɔŋ³⁵paʔ⁴mɔn²¹.

（2）否定句

可以通过否定词"唔是不是"[ŋ²²ɕi⁴⁴]、"无□没能"[mɑu²²təŋ⁵⁵]限制"比"的形式来表示否定。例如：

你无□分渠高一个头他没比你高一个头。n̠i⁴⁴mɑu²²təŋ⁵⁵pən⁴⁴ki⁴⁴kɑu⁴⁴it⁴kɔi⁴⁴tʰeu²².

你唔是分渠大三岁他不是比你大三岁。n̠i⁴⁴ŋ²²ɕi⁴⁴pən⁴⁴ki⁴⁴tʰɔi²¹sɑm⁴⁴soi⁴⁴.

4.比较项A+形容词+比较项B+数量词

这一格式没有出现比较词"比"。例如：

（1）肯定句

你高渠一个头你高他一个头。n̠i⁴⁴kɑu⁴⁴ki⁴⁴it⁴kɔi⁴⁴tʰeu²².

你多渠两百万你多他两百万。n̠i⁴⁴to⁴⁴ki⁴⁴iɔŋ³⁵paʔ⁴mɔn²¹.

（2）否定句

可以通过否定词"唔是不是"[ŋ²²ɕi⁴⁴]、"无□没能"[mɑu²²təŋ⁵⁵]限制"形容词"的形式来表示否定。例如：

你无□高渠一个头你没高他一个头。n̠i⁴⁴mɑu²²təŋ⁵⁵kɑu⁴⁴ki⁴⁴it⁴kɔi⁴⁴tʰeu²².

你唔是多渠两百万你没多他两百万。n̠i⁴⁴ŋ²²ɕi⁴⁴to⁴⁴ki⁴⁴iɔŋ³⁵paʔ⁴mɔn²¹.

5.比较项A+□和[nəŋ⁻⁵⁵]/抵⁼和[ti⁻⁵⁵]+比较项B+比+可能补语

可能补语一般由"着"[tɕʰioʔ²]来充当，多用于否定。例如：

我□你比唔着，你较有我和你比不上，你更富。ŋoi⁴⁴nəŋ⁵⁵n̠i⁴⁴pi⁵⁵ŋ²²tɕʰioʔ²，n̠i⁴⁴kʰau⁴⁴xo⁴⁴.

渠个车抵⁼你个车比唔着他的车比不上你的车。ki⁴⁴ke⁰tɕʰia⁴⁴ti⁵⁵n̠i⁴⁴ke⁰tɕʰia⁴⁴pi⁵⁵ŋ²²tɕʰioʔ².

（三）极比句

景宁畲话极比句的标记是"最"[tsai³⁵]、"顶"[tiŋ³⁵]，其中"最"[tsai³⁵]的使用频率比"顶"[tiŋ³⁵]高。例如：

你年⁼学堂你最高你们学校你最高？ n̠i⁴⁴nan²²xoʔ²tɔŋ²²n̠i⁴⁴tsai³⁵kɑu⁴⁴？

今年是最忙个一年今年是最忙的一年。ki⁴⁴nan²²ɕi⁴⁴tsai³⁵mɔŋ²²ke⁰it⁴nan²².

四姊妹你顶嫶四姐妹你最乖。si⁴⁴tsi⁵⁵moi⁴⁴n̠i⁴⁴tiŋ³⁵sau²¹.

四　疑问句

根据提问的手段和语义表现，疑问句可分为是非问、特指问、选择问、反复问四类。

（一）是非问

景宁畲话表是非问的语气词有"啊"[a⁰]、"啦"[la⁰]。例如：

你写好啦你写好啦？ n̠i⁴⁴ɕia⁵⁵xau³⁵la⁰？

你贴⁼忘啊你忘记了？ n̠i⁴⁴tʰap⁴n̠iɔŋ⁴⁴a⁰？

景宁畲话的是非问句常常不带语气词，仅仅靠上升的句调来表示疑问的信息。书面形式的是非问句除了句末标点，句子结构与一般的陈述句无殊。例如：

渠□头来_{她明天来}？ ki⁴⁴tʰan³⁵tʰeu²²loi²²？

你正经好带我去_{你真的要带我去}？ ȵi⁴⁴tɕiaŋ⁴⁴kiŋ⁴⁴xɑu⁵⁵tɔi⁴⁴ŋɔi⁴⁴ɕy⁴⁴？

渠晓得_{他知道}？ ki⁴⁴ɕiu³⁵taʔ⁴？

（二）特指问

1. 问人

常用代词是"哪个"[na⁵⁵kɔi⁴⁴]。例如：

□头哪个来_{明天谁来}？ tʰan³⁵tʰeu²²na⁵⁵kɔi⁴⁴loi²²？

那多人你认着哪个_{那些人里你认识谁}？ nai²¹to⁴⁴ȵin²²ȵi⁴⁴ȵin²¹tɕʰioʔ²na⁵⁵kɔi⁴⁴？

哪个晓得个事干_{谁知道这事情}？ na⁵⁵kɔi⁴⁴ɕiu³⁵taʔ⁴kɔi³⁵su²¹kɔn⁴⁴？

2. 问时间

常用代词有"哪下_{什么时候}"[na⁵⁵xɔ³⁵]、"哪个时间"[na⁵⁵kɔi⁴⁴ɕi²²kan⁴⁴]、"哪年"[na⁵⁵nan²²]、"哪日"[na⁵⁵ȵit⁴]、"哪个月"[na⁵⁵kɔi⁴⁴ȵyoʔ²]、"哪+数词+年""哪+数词+日"等。例如：

你哪下来_{你什么时候来}？ ȵi⁴⁴na⁵⁵xɔ³⁵loi²²？

你是哪一年认着那多人个呢_{你是哪年认识那些人的呢}？ ȵi⁴⁴ɕi⁴⁴na⁵⁵it⁴nan²²ȵin²¹tɕʰioʔ²nai²¹to⁴⁴ȵin²²keⁿneⁿ？

那是哪个时间的事干哦_{那是什么时候的事情啊}？ nai³⁵ɕi⁴⁴na⁵⁵kɔi⁴⁴ɕi²²kan⁴⁴keⁿsu²¹kɔn⁴⁴oⁿ？

你哪三日加班_{你哪三天加班}？ ȵi⁴⁴na⁵⁵sam⁴⁴ȵit⁴kɔ⁴⁴pɔn⁴⁴？

3. 问地点

常用代词有"哪□_{哪里}"[na⁵⁵tsau⁵⁵]、"哪个堂˭抵˭_{什么地方}"[na⁵⁵kɔi⁴⁴tɔŋ²²ti³⁵]、"奚个堂˭抵˭_{什么地方}"[ɕi⁴⁴kɔi⁴⁴tɔŋ²²ti³⁵]、"哪个地方"[na⁵⁵kɔi⁴⁴tʰi²¹fɔŋ⁴⁴]、"奚个地方_{哪个地方}"[ɕi⁴⁴kɔi⁴⁴tʰi²¹fɔŋ⁴⁴]等。例如：

你哪□来哥˭_{你从哪里来的}？ ȵi⁴⁴na⁵⁵tsau⁵⁵loi²²koⁿ？

那多人是奚个堂˭抵˭人_{那些人是哪里人}？ nai²¹to⁴⁴ȵin²²ɕi⁴⁴kɔi⁴⁴tɔŋ²²ti³⁵ȵin²²？

你掌哪个地方哦_{你住在哪里}？ ȵi⁴⁴tɕiɔŋ⁵⁵na⁵⁵kɔi⁴⁴tʰi²¹fɔŋ⁴⁴oⁿ？

4. 问事项

常用代词有"奚乇_{什么}"[ɕi⁴⁴nɔʔ⁴]、"奚个_{什么}"[ɕi⁴⁴kɔi⁴⁴]等。例如：

你忖换奚乇呢_{你想买什么呢}？ ȵi⁴⁴tsʰon²²uon²¹ɕi⁴⁴nɔʔ⁴neⁿ？

你种奚个菜哦_{你种什么菜哦}？ ȵi⁴⁴tɕiuŋ⁴⁴ɕi⁴⁴kɔi⁴⁴tsʰoi⁴⁴oⁿ？

奚乇车个贵啊_{什么车这么贵啊}？ ɕi⁴⁴kɔi⁴⁴tɕʰia⁴⁴kɔi²¹kui⁴⁴aⁿ？

5.问方式

常用代词有"造＝做怎样，怎么"[tso²¹tso⁴⁴]、"□色＝怎样，怎么"[tse²¹seʔ⁴]等。例如：

个下造＝做好呢现在怎么办呢？　kɔi²¹xɔ²¹tso²¹tso⁴⁴xɑu³⁵ne⁰？

你□色＝去啊你怎么去哦？　n̠i⁴⁴tse²¹seʔ⁴ɕy⁴⁴o⁰？

造＝做正做得好呢怎样才能做得好呢？　tso²¹tso⁴⁴tɕiaŋ⁴⁴tso⁴⁴tiʔ⁴xɑu³⁵ne⁰？

6.问原因

常用代词有"造＝做怎样，怎么"[tso²¹tso⁴⁴]、"资＝毛为什么"[tsɿ⁴⁴nɔʔ⁴]等。例如：

你是造＝做哦你是怎么了呢？　n̠i⁴⁴ɕi⁴⁴tso²¹tso⁴⁴o⁰？

你资＝毛唔去哦你为什么不去啊？　n̠i⁴⁴tsɿ⁴⁴nɔʔ⁴ŋ²²ɕy⁴⁴o⁰？

资＝毛渠唔食呢他为什么不吃呢？　tsɿ⁴⁴nɔʔ⁴ki⁴⁴ŋ²²ɕiʔ²ne⁰？

7.问数量

常用代词是"几"[ki³⁵]、"几多多少"[ki⁵⁵to⁴⁴]等。例如：

你有几多钱你多少钱？　n̠i⁴⁴xo⁴⁴ki⁵⁵to⁴⁴tsʰan²¹？

你几岁啊你几岁了？　n̠i⁴⁴ki⁵⁵soi⁴⁴a⁰？

几多人作阵去啊多少人一起去呢？　ki⁵⁵to⁴⁴n̠in²²tsoʔ⁴tin²²ɕy⁴⁴a⁰？

（三）选择问

选择问就是提出不止一种看法让对方选择。景宁畲话的选择问句常以"啊＝是还是"[a⁵⁵ɕi⁴⁴]连接分句，常用语气词是"呢"[ne⁰]、"哦"[o⁰]，也可以不出现语气词。例如：

你食饭啊＝是食糜你吃饭还是吃粥？　n̠i⁴⁴ɕiʔ²pʰɔŋ²¹a⁵⁵ɕi⁴⁴ɕiʔ²moi²²？

你养鸡啊＝是养鸭哦你养鸡还是养鸭呢？　n̠i⁴⁴iɔŋ⁴⁴kiai⁴⁴a⁵⁵ɕi⁴⁴iɔŋ⁴⁴apʔ⁴o⁰？

分你三百块啊＝是两百块呢给你三百还是两百块钱呢？　pən⁴⁴n̠i⁴⁴sɑm⁴⁴paʔ⁴kʰui⁴⁴a⁵⁵ɕi⁴⁴iɔŋ³⁵paʔ⁴kʰui⁴⁴ne⁰？

（四）反复问

景宁畲话的反复问句有以下几种格式。

1.V＋啊＝[a⁵⁵]＋唔（＋V）

"啊＝唔"[a⁵⁵ŋ²²]是"啊＝是唔"[a⁵⁵ɕi⁴⁴ŋ²²]的省略，是"还是不"的意思，但一般不说"啊＝是唔"[a⁵⁵ɕi⁴⁴ŋ²²]，只说"啊＝唔"[a⁵⁵ŋ²²]。一般情况下最后一个V常省略，只有在生气质问的时候才会出现。例如：

你食啊＝唔食你吃不吃？　n̠i⁴⁴ɕiʔ²a⁵⁵ŋ²²ɕiʔ²？（质问）

你食啊＝唔你吃不吃？　n̠i⁴⁴ɕiʔ²a⁵⁵ŋ²²？（一般问）

狗你古＝养啊＝唔养你还养不养狗？　kɑu³⁵n̠i⁴⁴ku⁵⁵iɔŋ⁴⁴a⁵⁵ŋ²²iɔŋ⁴⁴？（质问）

狗你古＝养啊＝唔你还养不养狗？　kɑu³⁵n̠i⁴⁴ku⁵⁵iɔŋ⁴⁴a⁵⁵ŋ²²？（一般问）

2.V＋啊了[a⁰]＋面＝没[men²¹]

这一格式的第二个 V 一般不出现，相当于普通话"V＋了＋没＋V"的省略式，即反复问的变式。例如：

你去啊面＝你去了吗？ n̩i⁴⁴çy⁴⁴a⁰men²¹？

你好困啊面＝你想睡了吗？ n̩i⁴⁴xɑu⁵⁵fən⁴⁴a⁰men²¹？

上海去掌过啊面＝上海去玩过了吗？ çiɔŋ²¹xai³⁵çy⁴⁴tɕiɔŋ³⁵ku⁴⁴a⁰men²¹？

3."是唔是是不是"[çi⁴⁴ŋ²²çi⁴⁴]＋V

这是反复问的一种特殊格式。"是唔是"限制后面的谓词部分，表示对所说情况的推测，希望得到证实。例如：

是唔是钱使了啊是不是钱花光了呀？ çi⁴⁴ŋ²²çi⁴⁴tsʰan²¹soi⁵⁵lau³⁵a⁰？

是唔是无人管渠啊是不是没人管他了呀？ çi⁴⁴ŋ²²çi⁴⁴mɑu²²n̩in²²kon³⁵ki⁴⁴a⁰？

五 否定句

景宁畲话常用的否定词是"唔不"[ŋ²²]、"面＝没"[men²¹]、"呩不会"[mai⁴⁴]、"莫不要"[mɔʔ²]、"无没"[mɑu²²]。各否定词各司其职，各有使用的场合。

（一）"唔不"[ŋ²²]字句

"唔不"[ŋ²²]是景宁畲话里最常见的否定词，用于修饰限制动词，对动作、事态表示否定，或以"V＋啊＝唔还是不（＋V）""V＋唔＋V"的组合表反复疑问（见上文四 疑问句）。例如：

我唔食我不吃。 ŋɔi⁴⁴ŋ²²çiʔ².

我讲渠唔过我讲不过他。 ŋɔi⁴⁴kɔŋ⁵⁵ki⁴⁴ŋ²²ku⁴⁴.

个寮忒贵，我唔换这房子很贵，我不买。 kɔi³⁵lau²²tʰat⁴kui⁴⁴，ŋɔi⁴⁴ŋ²²uon²¹.

（二）"面＝没"[men²¹]字句

"面＝没"[men²¹]用于修饰限制动词、形容词，表动作或性状未实现，事态未发生变化。或以"V＋啊面＝了没"的组合表反复疑问（见上文四 疑问句）。例如：

渠面＝去做过她没做过。 ki⁴⁴men²¹çy⁴⁴tso⁴⁴ku⁴⁴.

花古＝面＝开花还没开。 fɔ⁴⁴⁵ku⁵⁵men²¹foi⁴⁴.

渠古＝面＝大她还没长大。 ki⁴⁴ku⁵⁵men²¹tʰɔi²¹.

（三）"呩不会"[mai⁴⁴]字句

"呩不会"[mai⁴⁴]用于修饰限制动词、形容词，表动作或性状不会实现，事态不会发生变化。例如：

今晡呩落水啊今天不会下雨了。 kim⁴⁴pu⁴⁴mai⁴⁴lɔʔ²çy³⁵a⁰.

渠姆会高啊她不会长高了。ki⁴⁴mai⁴⁴kɑu⁴⁴a⁰.

渠姆会帮我做她不会帮我做。ki⁴⁴mai⁴⁴pɔŋ⁴⁴ŋɔi⁴⁴tso⁴⁴.

（四）"莫不要"[moʔ²²]字句

"莫不要"[moʔ²²]用于祈使句，表命令、禁止、劝阻，或请求动作或性状不要实现，事态不要发生变化。例如：

你莫去做你不要去做。n̠i⁴⁴moʔ²²ɕy⁴⁴tso⁴⁴.

你莫帮渠做你不要帮他做。n̠i⁴⁴moʔ²²pɔŋ⁴⁴ki⁴⁴tso⁴⁴.

个寮忒贵，莫换这房子太贵，不要买。kɔi³⁵lau²²tʰat⁴kui⁴⁴, moʔ²²uon²¹.

（五）"无没"[mɑu²²]字句

"无没"[mɑu²²]一般不能对动作或性状予以否定，不作否定动词和否定副词，只能对领有和存在予以否定。但用于比较时可表示性状的不足。与之相关的常见词语有"无篓不够"[mɑu²²leu³⁵]、"无□没能"[mɑu²²tən⁵⁵]，能作否定动词和否定副词。"无没"[mɑu²²]本身就有"没有"之义，所以不能与"有"[xo⁴⁴]结合。例如：

无人帮渠做没人帮他做。mɑu²²n̠in²²pɔŋ⁴⁴ki⁴⁴tso⁴⁴.

今晡无水就好今天没雨就好。kim⁴⁴pu⁴⁴mɑu²²ɕy³⁵tɕiu²¹xɑu⁵⁵.

无寮分你掌没房子给你住。mɑu²²lau²²pən⁴⁴n̠i⁴⁴tɕiɔŋ³⁵.

渠无你个高他没你这么高。ki⁴⁴mɑu²²n̠i⁴⁴kɔi²¹kɑu⁴⁴.

饭煮忒少，无篓食饭烧太少，不够吃。pʰɔn²¹tɕy⁵⁵tʰat⁴ɕieu³⁵,mɑu²²leu³⁵ɕiʔ².

去忒晏啊，无□食去太迟了，没得吃。ɕy⁴⁴tʰat⁴ɔn⁴⁴a⁰,mɑu²²tən⁵⁵ɕiʔ².

六　可能句

（一）"V＋得[tiʔ⁴]""姆会[mai⁴⁴]＋V＋得[tiʔ⁴]""V＋唔[ŋ²²]＋得[tiʔ⁴]"

"V＋得[tiʔ⁴]"是肯定形式，"姆会[mai⁴⁴]＋V＋得[tiʔ⁴]""V＋唔[ŋ²²]＋得[tiʔ⁴]"是否定形式。例如：

酒食得，烟姆会烧得酒能喝，烟不能抽。tsiu³⁵ɕiʔ²tiʔ⁴, ian⁴⁴mai⁴⁴ɕieu⁴⁴tiʔ⁴.

我个话听得，渠个话姆会听得我的话能听，他的话不能听。ŋɔi⁴⁴ke⁰uɔ²¹tʰaŋ⁴⁴tiʔ⁴, ki⁴⁴ke⁰uɔ²¹mai⁴⁴tʰaŋ⁴⁴tiʔ⁴.

那酒食唔得那酒喝不得。nai³⁵tsiu³⁵ɕiʔ²ŋ²²tiʔ⁴.

（二）"V＋得[tiʔ⁴]＋O""姆会[mai⁴⁴]＋V＋得[tiʔ⁴]＋O""V＋唔[ŋ²²]＋得[tiʔ⁴]＋O"

O是数量短语。"V＋得[tiʔ⁴]＋O"是肯定形式，"姆会[mai⁴⁴]＋V＋得[tiʔ⁴]＋O""V＋唔不[ŋ²²]＋得[tiʔ⁴]＋O"是否定形式。例如：

乃饿得两日只能饿两天。nai²¹ŋo²¹tiʔ⁴iɔŋ³⁵nit⁴.

渠个车坐得六个人他的车能坐六个人。ki^{44}ke^{0}tɕ^{h}ia^{44}ts^{h}o^{44}tiʔ^{2}lyʔ^{4}kɔi^{44}ȵin^{22}.

个车𣍐开得十年这车子开不了十年。kɔi^{35}tɕ^{h}ia^{44}mai^{44}foi^{44}tiʔ^{4}ɕip^{2}nan^{22}.

个事渠做唔得三日这活儿他做不了三天。kɔi^{35}ɕie^{21}ki^{44}tso^{44}ŋ^{22}tiʔ^{4}sɑm^{44}nit^{4}.

（三）“V＋得[tiʔ^{4}]＋C”“𣍐[mai^{44}]＋V＋得[tiʔ^{4}]＋C”“V＋唔[ŋ^{22}]＋C”

C是表结果或趋向的补语。“V＋得[tiʔ^{4}]＋C”是肯定形式，“𣍐[mai^{44}]＋V＋得[tiʔ^{4}]＋C”“V＋唔[ŋ^{22}]＋C”是否定形式。例如：

你困得醒你睡得醒。ȵi^{44}fən^{44}tiʔ^{4}saŋ^{35}.

我𣍐困得醒我睡不醒。ŋɔi^{44}mai^{44}fən^{44}tiʔ^{4}saŋ^{35}.

渠困唔醒他睡不醒。ki^{44}fən^{44}ŋ^{22}saŋ^{35}.

你担得动你挑得动。ȵi^{44}tɑm^{44}tiʔ^{4}təŋ^{21}.

我𣍐担得动我挑不动。ŋɔi^{44}mai^{44}tɑm^{44}tiʔ^{4}təŋ^{21}.

渠担唔动他挑不动。ki^{44}tɑm^{44}ŋ^{22}təŋ^{21}.

“倒”[tɑu^{35}]是这种格式里的常用词，经常组成“V＋得[tiʔ^{4}]＋倒[tɑu^{35}]”“𣍐[mai^{44}]＋V＋得[tiʔ^{4}]＋倒[tɑu^{35}]”“V＋唔[ŋ^{22}]＋倒[tɑu^{35}]”等结构，表述能否实现目标、能否承担结果。例如：

再贵个衫我都着得倒再贵的衣服我也穿得起。tsai^{35}kui^{44}ke^{0}sam^{44}ŋɔi^{44}tu^{44}tɕioʔ^{4}tiʔ^{4}tɑu^{35}.

个个鸡我𣍐捉得倒这只鸡我抓不住。kɔi^{21}kɔi^{44}kiai^{44}ŋɔi^{44}mai^{44}tsuʔ^{4}tiʔ^{4}tɑu^{35}.

个寮我换唔倒这房子我买不起。kɔi^{35}lau^{22}ŋɔi^{44}uon^{21}ŋ^{22}tɑu^{35}.

（四）“V＋得[tiʔ^{4}]＋C＋V”“𣍐[mai^{44}]＋V＋得[tiʔ^{4}]＋C＋V”“V＋唔[ŋ^{22}]＋C＋V”

C是表结果或趋向的补语。“V＋得[tiʔ^{4}]＋C＋V”是肯定形式，“𣍐[mai^{44}]＋V＋得[tiʔ^{4}]＋C＋V”“V＋唔[ŋ^{22}]＋C＋V”是否定形式。例如：

我行得过去掌我能走过去玩。ŋɔi^{44}xaŋ^{22}tiʔ^{4}ku^{44}ɕy^{44}tɕiɔŋ^{35}.

我睇得着行我能看到路能走。ŋɔi^{44}t^{h}ai^{35}tiʔ^{4}tɕ^{h}ioʔ^{2}xaŋ^{22}.

我做得倒食我能自食其力。ŋɔi^{44}tso^{44}tiʔ^{4}tɑu^{55}ɕiʔ^{2}.

我𣍐行得过去掌我走不过去玩。ŋɔi^{44}mai^{44}xaŋ^{22}tiʔ^{4}ku^{44}ɕy^{44}tɕiɔŋ^{35}.

我睇唔着行我看不到路不能走。ŋɔi^{44}t^{h}ai^{35}ŋ^{22}tɕ^{h}ioʔ^{2}xaŋ^{22}.

我做唔倒食我不能自食其力。ŋɔi^{44}tso^{44}ŋ^{22}tɑu^{55}ɕiʔ^{2}.

（五）可能句若同时有宾语和补语，宾语、补语位置比较灵活。不同的补语，位置有差异。

1.“V＋得[tiʔ^{4}]＋C＋O”“𣍐[mai^{44}]＋V＋得[tiʔ^{4}]＋C＋O”“V＋唔[ŋ^{22}]＋C＋O”

C是表结果或趋向的补语，O是宾语。“V＋得[tiʔ^{4}]＋C＋O”是肯定形式，“𣍐[mai^{44}]＋V＋得[tiʔ^{4}]＋C＋O”“V＋唔[ŋ^{22}]＋C＋O”是否定形式。当补语是“着”[tɕ^{h}ioʔ^{2}]时，一般采用

这样的句式。例如：

我寻得着你_{我找得到你。}ŋɔi⁴⁴sim²²tiʔ⁴tɕʰioʔ²n̪i⁴⁴.

我夥寻得着你_{我找不到你。}ŋɔi⁴⁴mai⁴⁴sim²²tiʔ⁴tɕʰioʔ²n̪i⁴⁴.

我寻唔着你_{我找不到你。}ŋɔi⁴⁴sim²²ŋ²²tɕʰioʔ²n̪i⁴⁴.

2.“V＋得[tiʔ⁴]＋O＋C”“夥[mai⁴⁴]＋V＋得[tiʔ⁴]＋O＋C”“V＋O＋唔[ŋ²²]＋C”

C是表结果或趋向的补语，O是宾语。“V＋得[tiʔ⁴]＋O＋C”是肯定形式，“夥[mai⁴⁴]＋V＋得[tiʔ⁴]＋O＋C”“V＋O＋唔[ŋ²²]＋C”是否定形式。当补语是“过”[ku⁴⁴]时，一般采用这样的句式。例如：

我打得渠过_{我打得过他。}ŋɔi⁴⁴taŋ³⁵tiʔ⁴ki⁴⁴ku⁴⁴.

我夥打得渠过_{我打不过他。}ŋɔi⁴⁴mai⁴⁴taŋ³⁵tiʔ⁴ki⁴⁴ku⁴⁴.

我打渠唔过_{我打不过他。}ŋɔi⁴⁴taŋ³⁵ki⁴⁴ŋ²²ku⁴⁴.

七　后置成分句

普通话动词的修饰性成分一般置于动词、形容词之前，景宁畲话和大部分南方方言一样，会将修饰性成分置于动词、形容词之后。下面我们分析这种后置成分句。

（一）表追加、继续或仅有的“凑”[tsʰeu⁴⁴]

1.“凑”[tsʰeu⁴⁴]有三个动词义。

（1）拼合，聚在一起。例如：凑作一下_{凑一起}tsʰeu⁴⁴tso⁴⁴it⁴xɔ³⁵。

（2）碰上，赶，凑巧。例如：凑双 tsʰeu⁴⁴səŋ⁴⁴｜凑单 tsʰeu⁴⁴tɔn⁴⁴。

（3）靠近。例如：凑过来 tsʰeu⁴⁴ku⁴⁴loi²²。

2.置于动词、形容词之后，表动作继续、状态持续、数量追加，词义相当于普通话的“再”，但动词、形容词之前还可以再加“再”。例如：

你再食点凑_{你再吃点儿。}n̪i⁴⁴tsai⁴⁴ɕiʔ²tiⁿ⁵⁵tsʰeu⁴⁴.

你食碗凑啊_{你再吃一碗吧。}n̪i⁴⁴ɕiʔ²uon⁵⁵tsʰeu⁴⁴a⁰.

我睇下凑_{我再看一下。}ŋɔi⁴⁴tʰai⁵⁵xɔ²¹tsʰeu⁴⁴.

3.表仅有，词义相当于普通话的“仅”“只”，但动词、形容词之前也还可以再加“乃_{仅、只}”[nai²¹]、“就”[tɕiu²¹]、“古_还”[ku⁵⁵]。例如：

乃杖_仅一块钱凑_{仅剩一块钱。}nai²¹tɕʰiɔŋ²¹it⁴kʰui⁴⁴tsʰan²¹tsʰeu⁴⁴.

就差你一个人凑_{就差你一个人。}tɕiu²¹tsʰɔ⁴⁴n̪i⁴⁴it⁴kɔi⁴⁴n̪in⁴⁴⁵tsʰeu⁴⁴.

古_还有两里路凑就透啊_{还有两里路就到了。}ku⁵⁵xo⁴⁴iɔŋ³⁵li⁵⁵lu²¹tsʰeu⁴⁴tɕiu²¹tʰeu⁴⁴a⁰.

（二）表领先或优先的“先”[ɕian²¹]、“来”[loi²²]

1.和普通话一样，“先”[ɕian²¹]前置于动词、形容词，表示发生在前。例如：

你先食，我屎头食你先吃，我后吃。ȵi⁴⁴ɕian²¹ɕiʔ², ŋɔi⁴⁴ɕi⁵⁵tʰeu²¹ɕiʔ².

我先去，你屎头去我先去，你后去。ŋɔi⁴⁴ɕian²¹ɕy⁴⁴, ȵi⁴⁴ɕi⁵⁵tʰeu²¹ɕy⁴⁴.

我头毛比你先白我的头发比你先白。ŋɔi⁴⁴tʰeu²²mɑu⁴⁴pi⁵⁵ȵi⁴⁴ɕian²¹pʰaʔ².

2. "先"[ɕian²¹]后置于动词、形容词，表示发生在前。例如：

你车开去先你的车先开去。ȵi⁴⁴tɕʰia⁴⁴foi⁴⁴ɕy⁴⁴ɕian²¹.

你去先，我再来你先去，我再来。ȵi⁴⁴ɕy⁴⁴ɕian²¹, ŋɔi⁴⁴tsai⁴⁴loi²².

3. "来"[loi²²]用在表示即将施行的动词性词语的后面，表示暂时、暂且先做这个动作，以防备以后可能会发生的动作，后一动作常常不说出来。例如：

等你事做好啊来先等你把事情做好。teŋ⁵⁵ȵi⁴⁴ɕie²¹tsoi⁴⁴xɑu³⁵aᵒloi²².

坐下来啊先坐一下吧。tsʰo⁴⁴xɔ³⁵loi²²aᵒ.

4. "先"[ɕian²¹]前置于动词、形容词，"来"[loi²²]后置于动词、形容词。例如：

我先帮渠做啊来我先帮他做。ŋɔi⁴⁴ɕian²¹pɔŋ⁴⁴ki⁴⁴tso⁴⁴aᵒloi²².

你先□字写好啊来你先把字写完。ȵi⁴⁴ɕian²¹nəŋ⁵⁵tsʰiʔ²¹ɕia⁵⁵xɑu³⁵aᵒloi²².

（三）表重复的"过"[ku⁴⁴]

"过"[ku⁴⁴]置于动词之后，表动作再重复一次，动词之前还可以再加"再"。例如：

你再做过你重新再做。ȵi⁴⁴tsai⁴⁴tso⁴⁴ku⁴⁴.

你再写过你重新再写。ȵi⁴⁴tsai⁴⁴ɕia³⁵ku⁴⁴.

我换个过我重新再买一个。ŋɔi⁴⁴uon²¹kɔi⁴⁴ku⁴⁴.

（四）表程度的"尽"[tsin²¹]

普通话的程度副词"很""非常"一般前置于形容词，景宁畲话表"很""非常"的程度副词"尽"[tsin²¹]一般后置于形容词。例如：

今晡热尽哦今天很热哦。kim⁴⁴pu⁴⁴ȵiet²tsin²¹oᵒ.

今晡人多尽哦今天人很多哦。kim⁴⁴pu⁴⁴ȵin²²to⁴⁴tsin²¹oᵒ.

个两日冷尽嘞这几天很冷呢。kɔi²¹iɔŋ⁵⁵ȵit⁴laŋ⁴⁴tsin²¹leᵒ.

第一节

《中国语言资源调查手册·汉语方言》

本节50个语法例句。来自教育部语言文字信息管理司、中国语言资源保护研究中心合编的《中国语言资源调查手册·汉语方言》（商务印书馆，2015）第171—178页。所有例句均先列调查条目（普通话说法），再列音标和方言句子。普通话同一例句在方言中有两种以上说法的，按自然度和常用度降序排列。按方言实际读音标注，不显示变调及其他音变过程。

所有例句均附视频。视频目录与《中国语言资源调查手册·汉语方言》语法例句条目一致。

01   **小张昨天钓了一条大鱼，我没有钓到鱼。**

çiau⁵⁵tioŋ⁴⁴tai²¹n̥in⁴⁴⁵tau⁴⁴tau⁵⁵it⁴ xaŋ²²tʰɔi²¹n̥y²¹, ŋɔi⁴⁴men²¹tau⁴⁴tɕʰio?²n̥y²¹.

小   张   待⁼日   钓   倒   一行   大鱼，我   面⁼钓   着   鱼。

02   **a.你平时抽烟吗？   b.不，我不抽烟。**

a. n̥i⁴⁴pʰiaŋ²²çi²²çi?²ian⁴⁴a⁵⁵ŋ²² o⁰ ？

a. 你 平   时 食 烟   啊⁼唔哦？

b. ŋ²²çi?², ŋɔi⁴⁴ŋ²²çi?²ian⁴⁴.

b. 唔食，我 唔食 烟。

03   **a.你告诉他这件事情了吗？   b.是，我告诉他了。**

a. n̥i⁴⁴pɑu⁴⁴ki⁴⁴kɔi²¹ken²¹su²¹a⁰ men²¹ ？

a. 你 报   渠个 件   事 啊面⁼？

b. çi⁴⁴ke⁰, ŋɔi⁴⁴pɑu⁴⁴ki⁴⁴a⁰.

b. 是个，我 报   渠啊。

04　你吃米饭还是吃馒头？

ȵi⁴⁴ɕiʔ²pʰɔn²¹na⁵⁵ɕi⁴⁴ɕiʔ²mɔn²²tʰeu²¹o⁰？

你　食饭　哪⁼是　食馒　头　哦？

05　你到底答应不答应他？

ȵi⁴⁴tau⁵⁵ti⁵⁵tapʔeŋ⁴⁴ŋ²²tapʔeŋ⁴⁴ki⁴⁴？

你　到　底答　应　唔答　应　渠？

06　a.叫小强一起去电影院看《刘三姐》。

b.这部电影他看过了。/他这部电影看过了。/他看过这部电影了。

a. uo⁵⁵ɕiau⁵⁵tɕʰiɔŋ²²tso⁴⁴tin²²ɕy⁴⁴ten²¹iaŋ⁵⁵ien³⁵tʰai⁵⁵liu²²sam⁴⁴tsi³⁵.

a. 嗳　小　强　做　阵　去　电　影　院　睇《刘　三　姊》。

b. kɔi²¹pu²¹ten²¹iaŋ³⁵ki⁴⁴tʰai³⁵ku⁴⁴aʔ⁰.

b. 个　部　电　影　渠睇　过　啊。

b. ki⁴⁴kɔi²¹pu²¹ten²¹iaŋ⁵⁵tʰai³⁵ku⁴⁴aʔ⁰la⁰.

b. 渠　个　部　电　影　睇　过　啊啦。

b. ki⁴⁴tʰai³⁵ku⁴⁴kɔi²¹pu²¹ten²¹iaŋ³⁵aʔ⁰.

b. 渠睇　过　个　部　电　影　啊。

07　你把碗洗一下。

ȵi⁴⁴ti⁵⁵uon³⁵sai³⁵itʔ⁴xɔ²¹.

你　抵⁼碗　洗　一　下。

08　他把橘子剥了皮，但是没吃。

ki⁴⁴ti⁵⁵kin⁴⁴⁵pʰiʔ²²pɔʔʔaʔ⁰，iu²¹men²¹ɕiʔ².

渠　抵⁼橘　皮　剥　啊，又　面⁼食。

09　他们把教室都装上了空调。

kian²²nəŋ⁵⁵kau⁴⁴sət⁴tu⁴⁴tsɔŋ⁴⁴ɕiɔŋ⁴⁴kʰəŋ⁴⁴tiau²²a⁰.

[渠年⁼]□教　室　都　装　上　空　调　啊。

10　帽子被风吹走了。

mau²¹pən⁴⁴piuŋ⁴⁴tɕʰyoi⁴⁴tsau⁵⁵ɕy⁴⁴a⁰.

帽　分　风　吹　走　去　啊。

11　张明被坏人抢走了一个包，人也差点儿被打伤。

tiɔŋ⁴⁴miŋ²²pən⁴⁴uɔi²¹ȵin²²tɕʰiɔŋ⁵⁵ɕy⁴⁴itʔ⁴kɔi²¹pau⁴⁴，ȵin²²naʔ²tsʰɔ⁴⁴tan⁵⁵pən⁴⁴ȵin²²taŋ⁵⁵ɕiɔŋ⁴⁴.[1]

张　明　分　坏人　抢　去　一个　包，人　亦　差点　分　人　打　伤。

---

① "亦"受前字韵尾影响，增生了声母[n]。

278

12　快要下雨了，你们别出去了。

　　xɑu⁵⁵loi²²loʔ²ɕy³⁵aˀ, ȵi⁴⁴nan²²moʔ²uɔt⁴tɕʰyt⁴ɕy⁴⁴aˀ.

　　好　来　落　水　啊，你　年＝莫　挖＝出　去　啊。

13　这块毛巾很脏了，扔了它吧。

　　kɔi³⁵xɔn²¹ɕy⁵⁵pu⁴⁴⁵uʔ⁴tɕʰioʔ⁴tsin²¹naˀ, ɕiʔ⁴laˀkaˀ.

　　个　汗　水　布　齷齪　尽　哪，□　啦　嘎。

14　我们是在车站买的车票。

　　ŋɔi⁴⁴nan²²ɕi⁴⁴ tsɔi²¹tɕʰia⁴⁴tsan³⁵uon²¹kiˀ tɕʰia⁴⁴pʰeu⁴⁴.

　　我　年＝是　在　车　站　换　个　车　票。

15　墙上贴着一张地图。

　　it⁴tɕioŋ⁴⁴tʰi²¹tu²²tʰapˀⁿ²²tɕʰiɔŋ⁴⁴⁵.

　　一　张　地　图　贴　尔　墙。

16　床上躺着一个老人。

　　it⁴ kɔi⁴⁴lɑu⁵⁵ȵin²²len⁵⁵ŋ²²tsʰɔŋ⁴⁴⁵.

　　一　个　老　人　□　尔　床。

17　河里游着好多小鱼。

　　to⁴⁴tsin²¹ȵy²¹tsoi⁵⁵tsɔi²¹xaŋ⁴⁴⁵iu²².

　　多　尽　鱼　崽　在　坑　游。

18　前面走来了一个胖胖的小男孩。

　　ɕian²¹tʰeu²²xaŋ²²loi²²it⁴ kɔi⁴⁴tsɔŋ⁵⁵tsɔŋ⁴⁴⁵keˀsaʔ⁴ tsoi⁵⁵lin⁵⁵.

　　前　头　行　来　一　个　壮　壮　个　细　崽　屄＝。

19　他家一下子死了三头猪。

　　ki⁴⁴lɑu⁴⁴⁵it⁴ xɔ³⁵tɕiu²¹si⁵⁵aˀ sɑm⁴⁴kɔi⁴⁴tɕy⁴⁴.

　　渠　寮　一　下　就　死　啊　三　个　猪。

20　这辆汽车要开到广州去。／这辆汽车要开去广州。

　　kɔi²¹liɔŋ²²tɕʰia⁴⁴xɑu⁵⁵foi⁴⁴tʰeu⁴⁴kɔŋ⁵⁵tɕiu⁴⁴ɕy⁴⁴.

　　个　辆　车　好　开　透　广　州　去。

21　学生们坐汽车坐了两整天了。

　　xoʔ²seŋ⁴⁴tsʰo⁴⁴tɕʰia⁴⁴tsʰo⁴⁴aˀ iɔŋ³⁵ȵit⁴aˀ.

　　学　生　坐　车　坐　啊　两　日　啊。

22   你尝尝他做的点心再走吧。

ȵi⁴⁴ɕiɔŋ²²ɕiɔŋ²²ki⁴⁴tso⁴⁴ki⁰tan⁵⁵sim⁴⁴tsai⁴⁴ɕy⁴⁴a⁰.

你 尝 尝 渠 做 个 点 心 再 去 啊。

23   a.你在唱什么？ b.我没在唱，我放着录音机呢。

a. ȵi⁴⁴tsɔi²¹tɕʰiɔŋ⁴⁴ɕi⁴⁴nɔʔ⁴?

a. 你 在 唱 奚 乇?

b. ŋɔi⁴⁴men²¹tsɔi²¹tɕʰiɔŋ⁴⁴, ŋɔi⁴⁴ɕi⁴⁴piɔŋ⁴⁴loʔ²im⁴⁴ke⁰.

b. 我 面⁼ 在 唱， 我 是 放 录 音 个。

24   a.我吃过兔子肉，你吃过没有？ b.没有，我没吃过。

a. ŋɔi⁴⁴ɕiʔ²ku⁴⁴tʰu⁵⁵ȵy⁴?, ȵi⁴⁴ɕiʔ²ku⁴⁴⁵men²¹?

a. 我 食 过 兔 肉， 你 食 过 面⁼?

b. men²¹, ŋɔi⁴⁴ men²¹ɕiʔ²ku⁴⁴.

b. 面⁼， 我 面⁼ 食 过。

25   我洗过澡了，今天不打篮球了。

ŋɔi⁴⁴ioʔ²sai³⁵ku⁴⁴a⁰, kim⁴⁴pu⁴⁴ŋ²²taŋ⁵⁵lam²¹kiu²²a⁰.

我 浴 洗 过 啊，今 晡 唔 打 篮 球 啊。

26   我算得太快算错了，让我重新算一遍。

ŋɔi⁴⁴sɔn⁴⁴tiʔ⁴tʰat⁴kin³⁵sɔn⁴⁴tsʰoʔ⁴a⁰, ȵiɔŋ²¹ŋɔi⁴⁴tsai⁴⁴sɔn⁴⁴it⁴ tau⁵⁵.

我 算 得 忒 紧 算 错 啊，让 我 再 算 一 道。

27   他一高兴就唱起歌来了。

ki⁴⁴it⁴kau⁴⁴ɕiŋ⁴⁴tɕiu²¹ko²¹tɕʰiɔŋ⁴⁴⁵ loi²² ko⁰.

渠 一 高 兴 就 歌 唱 来 哥⁼。

28   谁刚才议论我的老师来着？

na⁵⁵kɔi⁴⁴nai²¹xɔ³⁵ȵi²¹lən²¹ŋɔi⁴⁴lau²¹su⁴⁴li⁰?

哪 个 那 下 议 论 我 老 师 哩?

29   只写了一半，还得写下去。

nai²¹ɕia⁵⁵tʰau⁴⁴it⁴ pɔn⁴⁴⁵, ku⁵⁵oi⁴⁴ɕia⁵⁵loʔ²ɕy⁴⁴.

乃 写 掉 一 半， 古⁼ 爱 写 落 去。

30   你才吃了一碗米饭，再吃一碗吧。

ȵi⁴⁴tɕiaŋ⁴⁴ɕiʔ²it⁴ uon⁵⁵pʰɔn²¹, tsai⁴⁴ɕiʔ²it⁴ uon⁵⁵tsʰeu⁴⁴.

你 正 食 一 碗 饭， 再 食 一 碗 凑。

31　让孩子们先走，你再把展览仔仔细细地看一遍。

ȵiɔŋ²¹saʔ⁴tsoi⁵⁵ɕian²¹ɕy⁴⁴, ȵi⁴⁴tsai⁴⁴nəŋ⁵⁵tɕien⁴⁴lan²²tsu⁵⁵tsu⁵⁵sai⁴⁴sai⁴⁴⁵keºtʰai⁵⁵itʔ⁴ tɑu⁵⁵.

让　细崽　先　去，你　再　□　展　览　仔仔细细　个　睇　一道。

32　他在电视机前看着看着睡着了。

ki⁴⁴tsɔi²¹ten²¹sɿ²¹tsɿ⁴⁴tsʰan²²tʰai⁵⁵tʰai⁵⁵tɕiu²¹fən⁴⁴ɕy⁴⁴aº.

渠　在　电视机　前　睇　睇　就　困　去　啊。

33　你算算看，这点钱够不够花？

ȵi⁴⁴sɔn⁴⁴sɔn⁴⁴tʰai⁵⁵, kɔi²¹tam⁵⁵tsʰan³⁵xo⁴⁴leu⁵⁵soi³⁵mɑu²²leu⁵⁵soi³⁵？

你　算　算　睇，个　点　钱　有　篓⁼使　无　篓⁼使？

34　老师给了你一本很厚的书吧？

lɑu²¹su⁴⁴pən⁴⁴ȵi⁴⁴itʔ⁴pon⁵⁵tsai³⁵kɑu²¹keºɕy⁴⁴aº？

老　师　分　你　一本　最　厚　个　书　啊？

35　那个卖药的骗了他一千块钱呢。

nai²¹kɔi⁴⁴uon²¹ioʔ²kiºpʰen⁴⁴tʰau⁴⁴ki⁴⁴itʔ⁴tɕʰian⁴⁴kʰui⁴⁴tsʰan²¹leº.

那　个　换　药　个　骗　掉　渠　一千　块　钱　嘞。

36　a.我上个月借了他三百块钱。借入。b.我上个月借了他三百块钱。借出。

a.ŋɔi⁴⁴ɕiɔŋ²¹kɔi⁴⁴ȵyotʔ²mən⁴⁴ki⁴⁴tsaʔ⁴sam⁴⁴paʔ⁴kʰui⁴⁴tsʰan²¹.

a.我　上　个　月　问　渠　借　三　百　块　钱。

b.ŋɔi⁴⁴ɕiɔŋ²¹kɔi⁴⁴ȵyotʔ²tsaʔ⁴ki⁴⁴sam⁴⁴paʔ⁴kʰui⁴⁴tsʰan²¹.

b.我　上　个　月　借　渠　三　百　块　钱。

37　a.王先生的刀开得很好。王先生是医生，施事。b.王先生的刀开得很好。王先生是病人，受事。

a. uɔŋ²²ɕien⁴⁴saŋ⁴⁴keºtɑu⁴⁴ foi⁴⁴ tiʔ⁴ xɑu⁵⁵ tsin²¹.

a.王　先　生　个　刀　开　得　好　尽。

b. uɔŋ²²ɕien⁴⁴saŋ⁴⁴keºtɑu⁴⁴ foi⁴⁴ tiʔ⁴ xɑu⁵⁵ tsin²¹.

b.王　先　生　个　刀　开　得　好　尽。

38　我不能怪人家，只能怪自己。

ŋɔi⁴⁴mɑu²²fɔtʔ⁴kuɔi⁴⁴pʰetʔ²ȵin²², tsɿ⁵⁵niŋ²²kuɔi⁴⁴ti²¹kɔ²¹.

我　无　法怪　别　人，只　能　怪　自家。

39　a.明天王经理会来公司吗？ b.我看他不会来。

a. tʰan³⁵tʰeu²²uɔŋ²²tɕiŋ⁴⁴li³⁵xai⁴⁴loʔ²kəŋ⁴⁴sɿ⁴⁴a⁵⁵ŋ²² oº？

a.□　头　王　经　理解　落　公　司　啊⁼唔哦？

b. ŋɔi⁴⁴tʰai⁵⁵ki⁴⁴mai⁴⁴lɔi²².

b. 我 睇 渠 崴 来。

40 我们用什么车从南京往这里运家具呢？

ŋɔi⁴⁴n̩i⁵⁵sɔi⁵⁵ɕi⁴⁴kɔi⁴⁴tɕʰia⁴⁴ɕiɔŋ²²nɑm²²kiaŋ⁴⁴mɔŋ²¹kɔi³⁵yn²¹kɔ⁴⁴kʰy²¹ne⁰ ?

我 尔 使 奚 个 车 从 南 京 望 个 运 家 具 呢？

41 他像个病人似的靠在沙发上。

ki⁴⁴ɕiɔŋ²²su²¹pʰiaŋ²¹n̩in²²kʰiu⁴⁴ɕi⁴⁴kɔi²¹sɔ⁵⁵fɔ⁵⁵ɕiɔŋ²¹.

渠 像 似 病 人 靠 是 个 沙 发 上。

42 这么干活连小伙子都会累坏的。

kɔi²¹seʔ⁴tsɔ⁴⁴ɕie²¹len²¹fuʔ²saŋ²¹tsɔi³⁵tu⁴⁴xai⁴⁴tsɔi⁴⁴tɕʰioʔ²li²²tsin²¹le⁰ke⁰.

个 色⁼ 做 事 连 服⁼ 生 崽 都 解 做 着 力 尽 嘞 个。

43 他跳上末班车走了。我迟到一步，只能自己慢慢走回学校了。

ki⁴⁴tʰau²²ɕiɔŋ⁴⁴mɔʔ²pɔn⁴⁴tɕʰia⁴⁴ɕy⁴⁴aʔ⁰.   ŋɔi⁴⁴ɔn⁴⁴tʰeu⁴⁴itʔpʰu²¹, ŋɔi⁴⁴kɔ²¹nem⁵⁵nem⁴⁴⁵xaŋ²²tɕyon⁵⁵

渠 跳 上 末 班 车 去 啊。我 晏 透 一 步，我 家 □ □ 行 转

xoʔ²tɔŋ⁴⁴⁵ɕy⁴⁴.

学 堂 去。

44 这是谁写的诗？谁猜出来我就奖励谁十块钱。

kɔi²¹ɕi⁴⁴na⁵⁵kɔi⁴⁴ɕia⁵⁵ki⁰sɿ²² ?   na⁵⁵kɔi⁴⁴tsʰɔi⁴⁴tɕʰytʔlɔi²²ŋɔi⁴⁴tɕiu²¹tɕiɔŋ⁵⁵li³⁵na⁵⁵kɔi⁴⁴ɕipʔkʰui⁴⁴tsʰan²¹.

个 是 哪 个 写 个 词？ 哪 个 猜 出 来 我 就 奖 励 哪 个 十 块 钱。

45 我给你的书是我教中学的舅舅写的。

ŋɔi⁴⁴pən⁴⁴n̩i⁴⁴ki⁰ɕy⁴⁴ɕi⁴⁴ŋɔi⁴⁴kau⁴⁴tɕiuŋ⁴⁴xo³⁵n̩ia⁵⁵kʰiu³⁵ɕia⁵⁵ke⁰.

我 分 你 个 书 是 我 教 中 学 娘 舅 写 个。

46 你比我高，他比你还要高。

n̩i⁴⁴pi⁵⁵ŋɔi⁴⁴kɑu⁴⁴, ki⁴⁴pi⁵⁵n̩i⁴⁴ku⁵⁵kʰau⁴⁴kɑu⁴⁴.

你 比 我 高， 渠 比 你 古⁼ 较 高。

47 老王跟老张一样高。

lɑu⁵⁵uɔŋ²²nəŋ⁵⁵lɑu⁵⁵tiɔŋ²²it⁴ iɔŋ²¹kɑu⁴⁴⁵.

老 王 □ 老 张 一 样 高。

48 我走了，你们俩再多坐一会儿。

ŋɔi⁴⁴ɕy⁴⁴ia⁰, n̩i⁴⁴iɔŋ⁵⁵kɔi⁴⁴tsai⁴⁴tsʰo⁴⁴xɔ²¹tsʰeu⁴⁴.

我 去 啊，你 两 个 再 坐 下 凑。

49　我说不过他，谁都说不过这个家伙。

ŋɔi^{44}kɔŋ^{55}ki^{44}ŋ^{22}ku^{44}, sei^{21}pen^{21}na^{55}kɔi^{44}tu^{44}mai^{44}kɔŋ^{55}tiʔ^{24}kɔi^{21}kɔi^{44}n̩in^{22}ku^{44}.

我　讲　渠唔过，随　便　哪　个　都　勿会　讲　得　个个　人　过。

50　上次只买了一本书，今天要多买几本。

ɕian^{21}foi^{22}tɕiu^{21}uon^{21}loi^{22}it^{4} pon^{55}ɕy^{445}, kim^{44}pu^{44}oi^{44}to^{44}uon^{21}iɔŋ^{55}pon^{55}.

前　回　就　换　来　一　本　书，今　晡　爱　多　换　两　本。

第二节

《汉语方言语法调查例句》

　　本节248个语法例句。调查例句来自中国社会科学院语言研究所方言组《方言调查词汇表》第叁拾壹部分"语法"，并参看《方言》季刊1981年第1期第201—203页。所有例句均先列调查条目（普通话说法），再列音标和方言句子。普通话同一例句在方言中有两种以上说法的，按自然度和常用度降序排列。按方言实际读音标注，不显示变调及其他音变过程。

001　**这句话用畲话怎么说？**

kɔi²¹ku⁴⁴uɔ²¹soi⁵⁵san⁴⁴xaʔ⁴uɔ²¹tso²¹tso⁴⁴kɔŋ⁵⁵ ？

个　句　话　使　山　客　话　造゠　做　讲？

kɔi²¹ku⁴⁴uɔ²¹soi⁵⁵san⁴⁴xaʔ⁴uɔ²¹tse²¹seʔ⁴kɔŋ⁵⁵ ？

个　句　话　使　山　客　话　□　色゠讲？

002　**你还会说别的地方的话吗？**

ȵi⁴⁴ku⁵⁵xai⁴⁴kɔŋ⁵⁵pʰet²tʰaŋ²¹naŋ⁵⁵keᵘuɔ²¹a⁵⁵ŋ²² ？

你　古゠解　讲　别　定゠　□　个　话　啊゠唔？

ȵi⁴⁴ku⁵⁵xai⁴⁴kɔŋ⁵⁵pʰet²kɔiᵘtɔŋ²²ti³⁵ keᵘuɔ²¹a⁵⁵ŋ²² oᵘ ？

你　古゠解　讲　别　个　堂゠抵个　话　啊゠唔哦？

003　**不会了，我从小就没出过门，只会说畲话。**

mai⁴⁴kɔŋ⁵⁵aᵘ, ŋɔi⁴⁴ɕiɔŋ²²ɕiau⁵⁵tɕiu²¹men²¹tɕʰytʔ⁴ku⁴⁴mən²², nai²¹xai⁴⁴kɔŋ⁵⁵san⁴⁴xaʔ⁴uɔ²¹.

　 矜゠讲　啊，我　从　小　就　面゠出　过门，乃　解　讲　山　客话　。

004　**会，还会说景宁话、普通话，不过说得不怎么好。**

xai⁴⁴kɔŋ⁵⁵keᵘleᵘ, ku⁵⁵xai⁴⁴kɔŋ⁵⁵kiŋ⁵⁵liŋ²²uɔ²¹、pʰu⁵⁵tʰəŋ⁴⁴uɔ²¹, tɕiu²¹ɕi⁴⁴mai⁴⁴kɔŋ⁵⁵tiʔ⁴ki⁵⁵to⁴⁴pʰiaŋ²².

解　讲　个　嘞，古゠解讲景　宁　话、普　通　话，就　是　矜゠讲　得几　多　平。

xai^{44}kɔŋ^{55}ke^{0}le^{0}，ku^{55}xai^{44}kɔŋ^{55}kiŋ^{55}liŋ^{22}uɔ^{21}、p^{h}u^{55}t^{h}əŋ^{44}uɔ^{21}，tɕiu^{21}ɕi^{44}kɔŋ^{55}ŋ^{22}xɑu^{35}nai^{44}.

解 讲 个嘞，古$^{=}$解 讲 景 宁 话、 普 通 话， 就 是 讲 唔 好 □。

005 **会说普通话吗？**

xai^{44}kɔŋ^{55}p^{h}u^{55}t^{h}əŋ^{44}uɔ^{21}a^{55}ŋ^{22} ?

解 讲 普 通 话 啊$^{=}$唔？

006 **不会说，没有学过。**

mai^{44}kɔŋ^{55}loi^{22}, men^{21}xoʔ^{2}ku^{44}.

𫠊 讲 来，面$^{=}$ 学过。

007 **会说一点儿，不标准就是了。**

xai^{44}kɔŋ^{55}ku^{44}pɔ^{55}, tɕiu^{21}ɕi^{44}mai^{44}peu^{55}tɕyn^{35}.

解 讲 句 把，就 是 𫠊 标 准。

008 **在什么地方学的普通话？**

lɑu^{21}na^{55}tsau^{55}xoʔ^{2}loi^{22}ke^{0}p^{h}u^{55}t^{h}əŋ^{44}uɔ^{21}a^{0} ?

牢$^{=}$哪 □ 学 来 个普 通 话 啊？

p^{h}u^{55}t^{h}əŋ^{44}uɔ^{21}ɕi^{44}lɑu^{21}na^{55}tsɑu^{55}xoʔ^{2}loi^{22}ke^{0}a^{0} ?

普 通 话 是 牢$^{=}$哪 左$^{=}$ 学 来 个 啊？

009 **上小学中学都学普通话。**

t^{h}oʔ^{2}ɕiau^{55}xoʔ^{2}tɕiuŋ^{44}xoʔ^{2}ke^{0}ɕi^{22}kan^{44}tu^{44}xoʔ^{2}p^{h}u^{55}t^{h}əŋ^{44}uɔ^{21}.

读 小 学 中 学 个时 间 都学 普 通 话。

010 **谁呀？我是老王。**

na^{55}kɔi^{44}a^{0}? ŋɔi^{44}ɕi^{44}lɑu^{55}uɔŋ^{22}.

哪 个 啊？我 是 老 王。

011 **您贵姓？我姓王，您呢？**

ȵi^{44}saŋ^{44}ɕi^{44}nɔʔ^{4}? ŋɔi^{44}saŋ^{44}uɔŋ^{22}, ȵi^{44}li^{0} ?

你 姓 奚 乇？我 姓 王， 你 哩？

012 **我也姓王，咱俩都姓王。**

ŋɔi^{44}iaʔ^{2}saŋ^{44}uɔŋ^{22}, ŋɔi^{44}ȵi^{55}iɔŋ^{35}kɔi^{44}tu^{44}saŋ^{44}uɔŋ^{22}.

我 亦 姓 王， 我 尔 两 个 都 姓 王。

013 **巧了，他也姓王，本来是一家嘛。**

tɕin^{44}ts^{h}eu^{44}xɑu^{55}a^{0}, ki^{44}iaʔ^{2}saŋ^{44}uɔŋ^{22}, pon^{55}loi^{55}tɕiu^{21}ɕi^{44}it^{4} lau^{22}ȵin^{55}le^{0}.

真 凑 好 啊，渠 亦 姓 王， 本 来 就 是 一 寮 人 嘞。

014　老张来了吗? 说好他也来的!

　　　lɑu^{55}tiɔŋ^{44}loi^{22}a^0 men^{21}a^0?　kɔŋ^{55} xɑu^{35} ki^{44} ia^2^{2}loi^{22}ke^0!

　　　老 张　来 啊面= 啊?　讲　好　渠亦来 个!

015　他没来，还没到吧。

　　　ki^{44}men^{21}loi^{22},　ku^{55}men^{21}tʰeu^{44}o^0.

　　　渠 面= 来,　古= 面= 透　哦。

016　他上哪儿了? 还在家里呢。

　　　ki^{44}lɑu^{21}na^{55}tsɑu^{55}ɕy^{44}a^0?　ku^{55}lɑu^{21}lɑu^{445}a^0.

　　　渠 牢=哪 □　去 啊? 古= 牢= 寮　啊。

017　在家做什么? 在家吃饭呢。

　　　lɑu^{21}lɑu^{445}tso^{44}ɕi^{44}nɔʔ^{4}ne^0? ku^{55}lɑu^{21}lɑu^{445}ɕiʔ^{2}pʰɔn^{21}o^0.

　　　牢= 寮 做 奚乇 呢? 古= 牢= 寮 食饭　哦。

018　都几点了，怎么还没吃完?

　　　tu^{44}ki^{55}tam^{55}a^0,　tso^{21}tso^{44}ku^{55}men^{21}ɕiʔ^{2}pau^{35} a^0?

　　　都 几 点　啊, 造= 做 古= 面= 食饱　啊?

019　还没有呢，再有一会儿就吃完了。

　　　ku^{55}men^{21}o^0,　tsai^{44}ku^{44}it^4 xɔ^{35}tɕiu^{21}ɕiʔ^{2}pau^{35}a^0.

　　　古= 面= 哦,　再 过 一下 就　食饱　啊。

020　他在哪儿吃的饭?

　　　ki^{44}lɑu^{21}na^{55}tsɑu^{55}ɕiʔ^{2}pʰɔn^{21}a^0?

　　　他 牢=哪 □　食饭　啊?

021　他是在我家吃的饭。

　　　ki^{44}lɑu^{21}ŋɔi^{44}lau^{445}ɕiʔ^{2}pʰɔn^{21}ke^0.

　　　渠 牢=我 寮 食饭　个。

　　　ki^{44}ɕi^{44}ŋɔi^{44}lau^{445}ɕiʔ^{2}pʰɔn^{21}ke^0.

　　　渠 是 我 寮 食饭　个。

022　真的吗? 真的，他是在我家吃的饭。

　　　tɕiaŋ^{44}kiŋ^{44}ke^0? tɕiaŋ^{44}kiŋ^{44}ke^{0}li^0,　ki^{44}lɑu^{21}ŋɔi^{44}lau^{445}ɕiʔ^{2}pʰɔn^{21}ke^{0}o^0.

　　　正　经 个? 正　经 个哩, 渠 牢=我 寮 食饭　个哦。

023　先喝一杯茶再说吧!

　　　tsʰɔ^{22}ɕiʔ^{2}uon^{55}ɕian^{21}tsai^{44}kɔŋ^{55}ka^0!

　　　茶　食碗　先　再 讲　嘎!

tsʰɔ²²ɕiʔ²uon⁵⁵a⁰ tsai⁴⁴kɔŋ⁵⁵ka⁰！

茶　食　碗　啊再　讲　嘎！

024 说好了就走的，怎么半天了还不走？

kɔŋ⁵⁵xɑu³⁵tɕiu²¹ɕy⁴⁴a⁰ ke⁰, tso²¹tso⁴⁴pɔn⁴⁴n̠it⁴a⁰ ku⁵⁵men²¹ɕy⁴⁴a⁰？

讲　好　就　去　啊个, 造⁼做　半　日　啊古⁼面⁼去　啊？

kɔŋ⁵⁵xɑu³⁵tɕiu²¹ɕy⁴⁴a⁰ ke⁰, tso²¹tso⁴⁴it⁴tɕiu⁴⁴a⁰ ku⁵⁵men²¹ɕy⁴⁴a⁰？

讲　好　就　去　啊个, 造⁼做　一昼　啊古⁼面⁼去　啊？

025 他磨磨蹭蹭的，做什么呢？

ki⁴⁴mɔn²¹tʰən⁴⁴tʰən⁴⁴ke⁰, tso⁴⁴ɕi⁴⁴nɔʔ⁴ne⁰？

渠　慢　吞　吞　个, 做　奚乇　呢？

026 他正在那儿跟一个朋友说话呢。

ki⁴⁴tɕiaŋ⁴⁴lau²¹nai³⁵nəŋ⁵⁵it⁴ kɔi⁴⁴pən²²iu³⁵kɔŋ⁵⁵uɔ²¹ke⁰.

渠　正　牢⁼那　□　一个　朋　友　讲　话　个。

ki⁴⁴tɕiaŋ⁴⁴lau²¹nai³⁵ti⁵⁵ it⁴ kɔi⁴⁴ pən²² iu³⁵kɔŋ⁵⁵uɔ²¹ ke⁰.

渠　正　牢⁼那抵⁼一个　朋　友　讲　话　个。

027 还没说完啊？催他快点儿！

ku⁵⁵men²¹kɔŋ⁵⁵lau³⁵? tsʰoi⁴⁴ki⁴⁴kin³⁵nai⁴⁴a⁰！

古⁼面⁼讲　了？催　渠紧　□　啊！

028 好，好，他就来了。

xɑu³⁵ke⁰, xɑu³⁵ke⁰, ki⁴⁴tɕiu²¹loi²²a⁰.

好　个, 好　个, 渠就　来　啊。

029 你上哪儿去？我上街去。

n̠i⁴⁴loʔ²na⁵⁵tsau⁵⁵ɕy⁴⁴a⁰?　ŋɔi⁴⁴loʔ²kiai⁴⁴lu³⁵ɕy⁴⁴.

你　落哪　□　去啊? 我　落街　路去。

030 你多会儿去？我马上就去。

n̠i⁴⁴na⁵⁵xɔ³⁵ɕy⁴⁴? ŋɔi⁴⁴mɔ⁴⁴ɕiɔŋ²¹tɕiu²¹ɕy⁴⁴.

你　哪　下去? 我　马　上　就　去。

031 做什么去呀？家里来客人了，买点儿菜去。

ɕy⁴⁴tso⁴⁴ɕi⁴⁴nɔʔ⁴a⁰?　lau⁴⁴⁵xo⁴⁴n̠in²²xaʔ⁴a⁰, ɕy⁴⁴uon²¹ti⁵⁵tsʰoi⁴⁴⁵.

去　做　奚乇　啊? 寮　有人　客　啊, 去　换　点菜。

032 你先去吧，我们一会儿再去。

n̠i⁴⁴ɕian²¹ɕy⁴⁴a⁰, ŋɔi⁴⁴nan²²ku⁴⁴xɔ²¹loi²²tsai⁴⁴ɕy⁴⁴.

你　先　去啊, 我　年⁼过下来　再　去。

ȵi^{44}ɕian^{21}ɕy^{44}a^{0}, ŋɔi^{44}nan^{22}teŋ^{35}xɔ^{21}tsai^{44}ɕy^{44}.

你先 去啊，我 年$^{=}$等 下 再 去。

033 **好好儿走，别跑！小心摔跤了。**

nem^{55}nem^{445}xaŋ^{22}, moʔ^{2}tsɑu^{35}! sau^{55}sim^{44}ti^{55}moʔ^{2}tet^{4}a^{0}.

□ □ 行，莫 走！ 小 心 点莫 跌啊。

nem^{55}nem^{445}xaŋ^{22}, moʔ^{2}tsɑu^{35}! sau^{55}sim^{44}ti^{55}moʔ^{2}tet^{4}tɑu^{55}loi^{22}.

□ □ 行，莫 走！ 小 心 点莫 跌倒 来。

034 **小心点儿，不然的话摔下去爬都爬不起来。**

sau^{55}sim^{44}ti^{55}o^{0}, it^{4}xɔ^{21}tet^{4}loʔ^{2}ɕy^{44}ȵi^{35}tɕiu^{21}p^{h}ɔ^{22}tu^{44}mai^{44}p^{h}ɔ^{22}ɕiɔŋ^{44}loi^{22}.

小 心 点哦，一下跌落 去 尔 就 爬 都 𣍐 爬 上 来。

035 **不早了，快去吧！**

mɑu^{22}təŋ^{55}tsɑu^{35}a^{0}, kin^{35}nai^{44}ɕy^{44}a^{0}!

无 □ 早 啊，紧 □ 去 啊！

036 **这会儿还早呢，过一会儿再去吧。**

kɔi^{21}t^{h}ɑu^{55}ku^{55}tsɑu^{35}a^{0}, teŋ^{35}xɔ^{21}tsai^{44}ɕy^{44}o^{0}.

个 □ 古$^{=}$早 啊，等 下 再 去 哦。

kɔi^{21}t^{h}ɑu^{55}ku^{55}tsɑu^{35}a^{0}, ɔn^{44}xɔ^{21}tsai^{44}ɕy^{44}o^{0}.

个 □ 古$^{=}$早 啊，晏 下 再 去 哦。

kɔi^{21}t^{h}ɑu^{55}ku^{55}tsɑu^{35}a^{0}, ku^{44}xɔ^{21}tsai^{44}ɕy^{44}o^{0}.

个 □ 古$^{=}$早 啊，过 下 再 去 哦。

037 **吃了饭再去好不好？**

p^{h}ɔn^{21}ɕiʔ^{2}a^{0} tsai^{44}ɕy^{44}, xɑu^{35}a^{55}ŋ^{22}ŋa^{0}?

饭 食 啊再 去，好 啊$^{=}$唔 啊？

038 **不行，那可就来不及了。**

mɑu^{22}kɔn^{44}, ȵi^{35}tɕiu^{21}mai^{44}kɔn^{55}tɔi^{21}a^{0}.

无 干，尔 就 𣍐 赶 逮 啊。

mɑu^{22}kɔn^{44}, ȵi^{35}tɕiu^{21}mai^{44}kɔn^{55}tɕ^{h}ioʔ^{2}a^{0}.

无 干，尔 就 𣍐 赶 着 啊。

039 **不管你去不去，反正我是要去的。**

kon^{35}ȵi^{44}ɕy^{44}ŋ^{22}ɕy^{44}, fɔn^{44}tɕiŋ^{55}ŋɔi^{44}ɕi^{4}xɑu^{55}ɕy^{44}ke^{0}.

管 你 去 唔去，反 正 我 是好 去 个。

kon³⁵n̠i⁴⁴ɕy⁴⁴ŋ²²ɕy⁴⁴, foŋ²²tɕʰiʔ²ŋɔi⁴⁴ɕi⁴xɑu⁵⁵ɕy⁴⁴ke⁰.

管　你　去　唔去，横　直　我　是好　去个。

kon³⁵n̠i⁴⁴ɕy⁴⁴ŋ²²ɕy⁴⁴, ŋɔi⁴⁴tsəŋ⁵⁵ɕi⁴⁴xɑu⁵⁵ɕy⁴⁴ke⁰.

管　你　去　唔去，我　总　是　好　去个。

040　你爱去不去。你爱去就去，不爱去就不去。

n̠i⁴⁴tsʰon²²ɕy⁴⁴ŋ²²ɕy⁴⁴, sei²¹pen²¹n̠i⁴⁴. n̠i⁴⁴tsʰon²²ɕy⁴⁴tɕiu²¹ɕy⁴⁴, ŋ²²tsʰon²²ɕy⁴⁴tɕiu²¹moʔ²ɕy⁴⁴.

你　忖　去　唔去，随　便　你。你　忖去就　去，唔忖去就　莫去。

n̠i⁴⁴tsʰon²²ɕy⁴⁴ŋ²²ɕy⁴⁴, sei²¹pen²¹n̠i⁴⁴. n̠i⁴⁴tsʰon²²ɕy⁴⁴tai⁵⁵tɕiu²¹ɕy⁴⁴, ŋ²²tsʰon²²ɕy⁴⁴tai⁵⁵tɕiu²¹moʔ²ɕy⁴⁴.

你　忖去唔去，随　便　你。你　忖去□就　去，唔　忖　去□就莫去。

n̠i⁴⁴ɕiɔŋ²¹ɕy⁴⁴ŋ²²ɕy⁴⁴, sei²¹pen²¹n̠i⁴⁴. n̠i⁴⁴ɕiɔŋ²¹ɕy⁴⁴tɕiu²¹ɕy⁴⁴, ŋ²²ɕiɔŋ²¹ɕy⁴⁴tɕiu²¹moʔ²ɕy⁴⁴.

你　想　去　唔去，随　便　你。你　想　去就　去，唔想　去就莫去。

041　那我非去不可！

n̠i³⁵ŋɔi⁴⁴tɕiu²¹xɑu⁵⁵ɕy⁴⁴！

尔我　就　好　去！

042　那个东西不在那儿，也不在这儿。

n̠i²¹ke⁰nɔʔ²⁴n̠i³⁵iaʔ²mɑu²², kɔi³⁵iaʔ²mɑu²².

尔个毛尔亦无，　个　亦无。

n̠i²¹ke⁰nɔʔ²⁴mɑu²²təŋ⁵⁵lɑu²¹n̠i³⁵, iaʔ²mɑu²²təŋ⁵⁵lɑu²¹kɔi³⁵.

尔个毛无　　□牢꞊尔，亦无　　□牢꞊个。

043　那到底在哪儿？

n̠i³⁵tɑu⁵⁵ti⁵⁵lɑu²¹na⁵⁵tsɑu⁵⁵ne⁰？

尔到　底牢꞊哪□　呢？

044　我也说不清楚，你问他去！

ŋɔi⁴⁴iaʔ²kɔŋ⁵⁵ŋ²²miŋ²²pʰaʔ², n̠i⁴⁴ɕy⁴⁴mən⁴⁴ki⁴⁴a⁰！

我　亦　讲　唔明　白，你去问　渠啊！

ŋɔi⁴⁴iaʔ²kɔŋ⁵⁵ŋ²²tsʰiŋ⁴⁴tsʰu³⁵, n̠i⁴⁴ɕy⁴⁴mən⁴⁴ki⁴⁴a⁰！

我　亦　讲　唔清　楚，你去问　渠啊！

045　怎么办呢？不是那么办，要这么办才对。

tso²¹tso⁴⁴xɑu⁵⁵ne⁰？ ŋ²²ɕi⁴⁴nai²¹seʔ²tso⁴⁴, oi⁴⁴kɔi²¹seʔ²tso⁴⁴tɕiaŋ⁴⁴toi⁴⁴.

造꞊做好　呢？唔是那　色꞊做，爱个色꞊做正　对。

046　要多少才够呢？

oi⁴⁴ki⁵⁵to⁴⁴tɕiaŋ⁴⁴xo⁴⁴leu⁵⁵ne⁰？

爱几多正　有筬꞊呢？

047 **太多了，要不了那么多，只要这么多就够了。**

　　tʰat⁴to⁴⁴a⁰, ŋ²²soi⁵⁵nai²¹se²⁴to⁴⁴, tɕiu²¹kɔi²¹to⁴⁴tɕiu²¹xo⁴⁴leu⁵⁵a⁰.

　　忒 多 啊，唔使 那 色⁼ 多，就 个 多就 有 篓⁼ 啊。

048 **不管怎么忙，也得好好儿学习。**

　　ŋ²²kon⁵⁵tso²¹tso⁴⁴mɔŋ²², ia?²oi⁴⁴xau⁵⁵xau⁵⁵xo?².

　　唔管 造⁼做 忙，亦 爱 好 好 学。

049 **你闻闻这朵花香不香？**

　　n̠i⁴⁴pʰi²¹pʰi²¹tʰai⁵⁵kɔi²¹pəŋ²²fɔ⁴⁴⁵ɕiɔŋ⁴⁴ŋ²²ɕiɔŋ⁴⁴ ?

　　你 鼻 鼻 睇 个 蓬 花 香 唔香？

050 **好香呀，是不是？**

　　ɕi⁴⁴ŋ²²ɕi⁴⁴ɕiɔŋ⁴⁴tsin²¹a⁰ ?

　　是 唔是 香 尽 啊？

051 **你是抽烟呢，还是喝茶？**

　　n̠i⁴⁴ɕi⁴⁴ɕi?²ian⁴⁴, a⁵⁵ɕi⁴⁴ɕi?²tsʰɔ²²a⁰ ?

　　你 是 食 烟， 啊⁼是 食 茶 啊？

052 **烟也好，茶也好，我都不会。**

　　ian⁴⁴ia?²xau⁵⁵, tsʰɔ²²ia?²xau⁵⁵, ŋɔi⁴⁴tu⁴⁴ŋ²²ɕi?².

　　烟 亦 好， 茶 亦 好， 我 都 唔食。

053 **医生叫你多睡一睡，抽烟喝茶都不行。**

　　i⁴⁴ su⁴⁴pau⁴⁴n̠i⁴⁴to⁴⁴fən⁴⁴it⁴ xɔ²¹, ɕi?²ian⁴⁴ɕi?²tsʰɔ²²tu⁴⁴ŋ²²ɕiŋ⁴⁴.

　　医师 报 你 多困 一下，食 烟 食茶 都 唔行。

054 **咱们一边走一边说。**

　　ŋɔi⁴⁴n̠i⁵⁵nan²²it⁴tʰeu²² xaŋ²² it⁴tʰeu²² ɕyot⁴.

　　我 尔 年⁼一 头 行 一 头 说。

055 **这个东西好是好，就是太贵了。**

　　kɔi²¹kɔi⁴⁴nɔ?²⁴xau³⁵ɕi⁴⁴xau⁵⁵, tɕiu²¹ɕi⁴⁴tʰat⁴kui⁴⁴a⁰.

　　个 个 乇 好 是 好， 就 是 忒贵 啊。

056 **这个东西虽说贵了点儿，不过挺结实的。**

　　kɔi²¹kɔi⁴⁴nɔ?²⁴kui⁴⁴ɕi⁴⁴kui⁴⁴, pət⁴ko⁵⁵nɔ?²⁴ɕi⁴⁴xau³⁵ke⁰.

　　个 个 乇 贵 是 贵， 不过 乇 是 好 个。

057 **他今年多大了？**

　　ki⁴⁴ki⁴⁴nan²²ki⁵⁵soi⁴⁴a⁰ ?

　　渠 今年 几 岁 啊？

058 也就是三十来岁吧。

iaʔ²tɕiu²¹ɕi⁴⁴sam⁴⁴ɕipʔpɔ⁵⁵soi⁴⁴o⁰.

亦就　是三　十把岁哦。

059 看上去不过三十多岁的样子。

tʰai³⁵ɕi⁵⁵loi²²nai²¹ sam⁴⁴ ɕipʔto⁴⁴soi⁴⁴kɔi⁴⁴iɔŋ²¹tsu⁵⁵.

睇　起来乃三　十多岁个样子。

060 这个东西有多重呢？

kɔi²¹kɔi⁴⁴nɔʔ⁴xo⁴⁴ki⁵⁵to⁴⁴tɕʰiuŋ⁴⁴ne⁰？

个　个　毛有几多重　　呢？

061 怕有五十多斤吧。

kʰo⁵⁵niŋ²²xo⁴⁴ŋ³⁵ɕipʔto⁴⁴kyn⁴⁴o⁰.

可能　有五十多斤　哦。

062 我五点半就起来了，你怎么七点了还不起来？

ŋɔi⁴⁴ŋ³⁵tam⁵⁵pɔn⁴⁴tɕiu²¹uɔn⁴⁴⁵loi²²a⁰,　n̠i⁴⁴tso²¹tso⁴⁴tsʰitʔtam⁵⁵a⁰ ku⁵⁵men²¹uɔn⁴⁴⁵loi²²ne⁰？

我　五点半就　挖꞊来啊，你造꞊做七点　啊古꞊面꞊挖꞊来呢？

063 三四个人盖一床被。一床被盖三四个人。

sam⁴⁴si⁴⁴kɔi⁴⁴ n̠in²² koi⁴⁴itʔtsʰɔŋ²²pʰi⁴⁴. itʔtsʰɔŋ²²pʰi⁴⁴koi⁴⁴sam⁴⁴si⁴⁴kɔi⁴⁴n̠in²².

三　四个人盖一床　被。一床　被盖三　四个人。

064 一个大饼夹一根油条。一根油条外加一个大饼。

itʔkɔi⁴⁴tʰɔi²¹piaŋ³⁵kapʔitʔxaŋ²²iu²²tiau²². itʔxaŋ²²iu²²tiau²²tsai⁴⁴kɔ⁴⁴itʔkɔi⁴⁴tʰɔi²¹piaŋ³⁵.

一个大饼　夹一行油条。一行油条　再加一个大饼。

065 两个人坐一张凳子。一张凳子坐了两个人。

iɔŋ³⁵kɔi⁴⁴n̠in²²tsʰo⁴⁴itʔxaŋ²²teŋ⁴⁴. itʔxaŋ²²teŋ⁴⁴tsʰo⁴⁴a⁰iɔŋ³⁵kɔi⁴⁴n̠in²².

两个人坐　一行凳。一行凳坐啊两个人。

066 一辆车装三千斤麦子。三千斤麦子刚好够装一辆车。

itʔliɔŋ²²tɕʰia⁴⁴tsɔŋ⁴⁴sam⁴⁴tɕʰian⁴⁴kyn⁴⁴maʔ².

一辆　车装三千　斤麦。

sam⁴⁴tɕʰian⁴⁴kyn⁴⁴maʔ²tɕiaŋ⁴⁴tɕiaŋ⁵⁵tsɔŋ⁴⁴xau⁵⁵itʔliɔŋ²²tɕʰia⁴⁴.

三　千斤麦正　正　装好一辆　车。

067 十个人吃一锅饭。一锅饭够吃十个人。

ɕipʔkɔi⁴⁴ n̠in²²ɕiʔ²itʔuoʔ²pʰɔn²¹. itʔuoʔ²pʰɔn²¹ɕiʔ²tiʔ²ɕipʔkɔi⁴⁴n̠in²².

十个人食一镬饭。一镬饭　食得十个人。

068 十个人吃不了这锅饭。这锅饭吃不了十个人。

ɕip²kɔi⁴⁴n̠in²²ɕiʔ²ŋ²²lau⁵⁵kɔi²¹uoʔ²pʰɔn²¹. kɔi²¹uoʔ²pʰɔn²¹maiɕⁱ⁴⁴ɕiʔ²tiʔ²⁴ɕip²kɔi⁴⁴n̠in²².

十 个 人 食 唔 了 个 镬 饭。 个 镬 饭 唥 食 得 十 个 人。

ɕip²kɔi⁴⁴ n̠in²²ɕiʔ²ŋ²²lau⁵⁵kɔi²¹uoʔ²pʰɔn²¹. kɔi²¹uoʔ²pʰɔn²¹mɑu⁴⁴leu³⁵ɕip²kɔi⁴⁴n̠in²²ɕiʔ².

十 个 人 食 唔 了 个 镬 饭。 个 镬 饭 无 箩゠ 十 个 人 食。

069 这个屋子住不下十个人。

kɔi²¹tɔŋ²²lau²²mai⁴⁴tɕiɔŋ⁵⁵tiʔ⁴ɕip²kɔi⁴⁴n̠in²².

个 幢 寮 唥 掌 得 十 个 人。

070 小屋堆东西，大屋住人。

lau²²tsoi⁵⁵kɔŋ⁵⁵nɔʔ⁴, tʰɔi²¹lau²²tɕiɔŋ⁵⁵n̠in²².

寮 崽 园 乇, 大 寮 掌 人。

071 他们几个人正说着话呢。

kian²²ki⁵⁵kɔi⁴⁴n̠in²²tɕiaŋ⁴⁴lau²¹ɕi⁴n̠i³⁵ɕyotʔ⁴a⁰.

[渠年゠]几 个 人 正 牢゠是 尔 说 啊。

kian²²ki⁵⁵kɔi⁴⁴n̠in²²tɕiaŋ⁴⁴lau²¹nai³⁵ɕyotʔ⁴le⁰.

[渠年゠]几 个 人 正 牢゠那 说 嘞。

072 桌上放着一碗水，小心别碰倒了。

n̠i²¹to³⁵xo⁴⁴uon⁵⁵ɕy³⁵, sau⁵⁵sim⁴⁴ti⁵⁵moʔ²tɕiɔŋ²¹tɑu³⁵a⁰.

尔 桌 有 碗 水, 小 心 点 莫 撞 倒 啊。

n̠i²¹to³⁵xo⁴⁴uon⁵⁵ɕy³⁵, sau⁵⁵sim⁴⁴nai⁴⁴moʔ²tɕiɔŋ²¹tɑu³⁵tʰau⁴⁴.

尔 桌 有 碗 水, 小 心 □ 莫 撞 倒 掉。

073 门口站着一帮人，在说着什么。

itʔ⁴pɔŋ⁴⁴n̠in²²kʰi⁴⁴kʰɔ⁵⁵mən⁴⁴⁵, lau²¹n̠i³⁵ɕyotʔ⁴.

一 帮 人 倚 □ 门, 牢゠尔 说。

074 坐着吃好，还是站着吃好？

tsʰo⁴⁴⁵loi²²ɕiʔ²xɑu⁵⁵, a⁵⁵ɕi⁴⁴kʰi⁴⁴⁵loi²²ɕiʔ²xɑu⁵⁵？

坐 来 食 好, 啊゠是 倚 来 食 好？

075 想着说，不要抢着说。

ɕiɔŋ³⁵loi²²kɔŋ⁵⁵, moʔ²tsaŋ⁴⁴⁵loi²²kɔŋ⁵⁵.

想 来 讲, 莫 争 来 讲。

076 说着说着就笑起来了。

kɔŋ⁵⁵kɔŋ⁵⁵xɔ³⁵tɕiu²¹sau⁴⁴⁵loi²²a⁰.

讲 讲 下 就 笑 来 啊。

077 别怕！你大着胆子说吧。

moʔ²xaʔ⁴! n̠i⁴⁴məŋ³⁵tam⁵⁵tʰɔi²¹ɕyot⁴a⁰.

莫 吓！你 懵 胆 大 说 啊。

moʔ²xaʔ⁴! n̠i⁴⁴məŋ³⁵tam⁵⁵tʰɔi²¹kɔŋ³⁵lɔi²².

莫 吓！你 懵 胆 大 讲 来。

078 这个东西重着呢，足有一百来斤。

kɔi²¹kɔi⁴⁴nɔʔ⁴tɕʰiuŋ⁴⁴tsin²¹le⁰, uon²²ɕyon²²xo⁴⁴it⁴paʔ⁴to⁴⁴kyn⁴⁴.

个 个 乇 重 尽 嘞，完全 有 一 百 多 斤。

kɔi²¹kɔi⁴⁴nɔʔ⁴tɕʰiuŋ⁴⁴tsin²¹le⁰, xo⁴⁴ɕiaŋ²²paʔ⁴kyn⁴⁴.

个 个 乇 重 尽 嘞，有 成 百 斤。

079 他对人可好着呢。

ki⁴⁴tɔi⁴⁴n̠in²²tɕin⁴⁴xau⁵⁵le⁰.

渠 对 人 真 好 嘞。

080 这小伙子可有劲着呢。

kɔi²¹kɔi⁴⁴fuʔ²saŋ²¹tsɔi⁵⁵tɕin⁴⁴xo⁴⁴kyn⁴⁴o⁰.

个 个 服＝生 崽 真 有 劲 哦。

081 别跑，你给我站着！

moʔ²tsɑu³⁵! n̠i⁴⁴nəŋ⁵⁵ŋɔi⁴⁴kʰi⁴⁴tɑu⁵⁵a⁰!

莫 走， 你 □ 我 徛 倒 啊！

082 下雨了，路上小心着！

loʔ²ɕy³⁵a⁰, lu³⁵sau⁵⁵sim⁴⁴nai⁴⁴!

落 水 啦，路 小 心 □！

083 点着火了。着凉了。

fu³⁵tam³⁵tɕʰioʔ²a⁰. təŋ⁴⁴ŋa⁰.

火 点 着 啊。冻 啊。（此句"火点着啊"是指照明或点香烟之类的火点着了，可以照明或抽烟了。）

fu³⁵ɕieu⁴⁴tɕʰioʔ²a⁰. təŋ⁴⁴ŋa⁰.

火 烧 着 啊。冻 啊。（此句"火烧着啊"是指厨房里柴、煤等燃料点着了，开始燃烧了。）

084 甭着急，慢慢儿来。

moʔ²kit⁴, nem⁵⁵nem⁴⁴⁵lɔi²².

莫 急，□ □ 来。

mɔʔ²²kin³⁵, mɔn⁵⁵mɔn³⁵loi²².

莫　紧，慢　慢　来。

085 我正在这儿找着呢，还没找着。

ŋɔi⁴⁴tɕiaŋ⁴⁴tɕiaŋ⁵⁵ɕi⁴⁴kɔi³⁵sim²², ku⁵⁵men²¹sim²²tɕʰiɔʔ².

我　正　正　是个寻，古﹦面﹦寻着。

086 她呀，可厉害着呢！

ki⁴⁴ia⁰, tɕin⁴⁴xo⁴⁴iɔŋ⁵⁵xɔ²¹o⁰！

渠呀，真　有　两　下哦！

087 这本书好看着呢。

kɔi²¹pon⁵⁵ɕy⁴⁴tɕin⁴⁴xau⁵⁵tʰai⁵⁵o⁰.

个　本　书真　好　睇　哦。

088 饭好了，快来吃吧。

pʰɔn²¹ɕyʔ²a⁰ ko⁰, kin³⁵nai⁴⁴loi²²ɕiʔ²o⁰.

饭　熟啊哥﹦，紧　□　来食哦。

pʰɔn²¹ɕyʔ²a⁰, kin³⁵nai⁴⁴loi²²ɕiʔ²tiʔ⁴a⁰.

饭　熟啊，紧　□　来食得啊。

089 锅里还有饭没有？你去看一看。

uo³⁵ku⁵⁵xo⁴⁴pʰɔn²¹na⁵⁵ŋ²²ŋa⁰? ɲi⁴⁴ɕy⁴⁴tʰai³⁵xɔ²¹tʰai⁵⁵.

镬　古﹦有饭　哪﹦唔啊？你去睇　下睇。

uo³⁵ku⁵⁵xo⁴⁴pʰɔn²¹na⁵⁵ ŋ²² ŋa⁰? ɲi⁴⁴ɕy⁴⁴ tʰai⁵⁵ tʰai⁵⁵ tʰai⁵⁵.

镬　古﹦有饭　哪﹦唔啊？你去睇　睇　睇。

090 我去看了，没有饭了。

ŋɔi⁴⁴ɕy⁴⁴tʰai³⁵ku⁴⁴a⁰, mɑu²²pʰɔn²¹a⁰.

我　去睇　过啊，无　饭　啊。

091 就剩一点儿了，吃了得了。

tɕiu²¹tɕʰiɔŋ²¹it⁴ tian⁵⁵na⁰, ɕiʔ²xɔ²¹tɕiu²¹xau³⁵a⁰.

就　杖﹦　一点　哪，食下就　好啊。

092 吃了饭要慢慢儿地走，别跑，小心肚子疼。

pʰɔn²¹ɕiʔ²a⁰ oi⁴⁴nem⁵⁵nem⁴⁴⁵xaŋ²², mɔʔ²²let², xai⁴⁴tu⁵⁵ɕi⁵⁵tʰən⁴⁴ko⁰.

饭　食啊爱□　□　行，莫躐，解肚屎痛　哥﹦。

pʰɔn²¹ɕiʔ²a⁰oi⁴⁴nem⁵⁵nem⁴⁴⁵xaŋ²², mɔʔ²²tsɑu³⁵a⁰, xai⁴⁴tu⁵⁵ɕi⁵⁵tʰən⁴⁴ko⁰.

饭　食啊爱□　□　行，莫走啊，解肚屎痛　哥﹦。

093 他吃了饭了，你吃了饭没有呢？

ki⁴⁴pʰɔn²¹ɕiʔ²a⁰, n̠i⁴⁴ɕiʔ²a⁰men²¹ ne⁰？

渠 饭　食 啊，你 食 啊面゠ 呢？

pʰɔn²¹ki⁴⁴ɕi⁴⁴ɕiʔ²a⁰, n̠i⁴⁴ɕiʔ²a⁰men²¹ o⁰？

饭　渠 是 食 啊，你 食 啊 面゠ 哦？

094 我喝了茶还是渴。

ŋɔi⁴⁴tsʰɔ²²ɕiʔ²a⁰ ku⁵⁵kian⁵⁵tsau⁴⁴.

我 茶　食 啊古゠颈 焦。

095 我吃了晚饭，出去溜达了一会儿，回来就睡下了，还做了个梦。

ŋɔi⁴⁴ɑm⁴⁴pu²¹ɕiʔ²a⁰, uɔt⁴tɕʰyt⁴ɕy⁴⁴xaŋ²²it⁴xɔ²¹, tɕyon³⁵loi²²tɕiu²¹fən⁴⁴na⁰, ku⁵⁵tʰoʔ²a⁰kɔi⁴⁴mən²¹

我 暗 晡食 啊，挖゠出 去 行一下， 转 来就 困 哪，古゠托啊个 梦

kian⁴⁴.

见。

096 吃了这碗饭再说。

kɔi²¹uon⁵⁵pʰɔn²¹ɕiʔ²a⁰tsai⁴⁴loi²²kɔŋ³⁵.

个 碗 饭　食 啊再 来 讲。

kɔi²¹uon⁵⁵pʰɔn²¹ɕiʔ²a⁰tsai⁴⁴ɕyot⁴.

个 碗 饭　食 啊再 说。

097 我昨天照了相了。

ŋɔi⁴⁴tai²¹pu²¹tɕieu⁴⁴ɕiaŋ⁵⁵paʔ⁴ku⁴⁴a⁰.

我 待゠晡照　相 拍过 啊。

ŋɔi⁴⁴tai²¹pu²¹paʔ⁴ku⁴⁴tɕieu⁴⁴ɕiaŋ⁵⁵a⁰.

我 待゠晡拍过 照　相 啊。

098 有了人，什么事都好办。

n̠in²²nai²¹xo⁴⁴a⁰, tɕiu²¹tsai²¹nən⁵⁵ɕi⁴⁴kɔi⁴⁴su²¹tu⁴⁴xɑu⁵⁵pɔn²¹.

人 乃 有 啊，就 □ □ 奚个 事 都 好 办。

xo⁴⁴n̠in²²na⁰, tɕiu²¹tsai²¹ki⁴⁴ɕi⁴⁴kɔi⁴⁴su²¹tu⁴⁴xɑu⁵⁵pɔn²¹.

有 人 啊，就 □ 渠奚个 事 都 好 办。

099 不要把茶杯打碎了。

moʔ²nəŋ⁵⁵tsʰɔ²²poi⁴⁴taŋ³⁵a⁰.

莫 □ 茶 杯 打 啊。

100 你快把这碗饭吃了，饭都凉了。

ȵi⁴⁴kin³⁵nai⁴⁴nəŋ⁵⁵kɔi²¹uon⁵⁵pʰɔn²¹ɕiʔ²a⁰,　pʰɔn²¹tu⁴⁴laŋ⁴⁴a⁰ko⁰.

你 紧 □ □ 个 碗 饭 吃啊,饭 都 冷 啊哥⁼。

101 下雨了。雨不下了，天晴开了。

loʔ²ɕy³⁵a⁰. ɕy³⁵ ŋ²²loʔ²a⁰,　tʰan⁴⁴tsʰaŋ²²a⁰.

落 水 啊。水 唔落 啊，天 晴 啊。

102 打了一下。去了一趟。

taŋ³⁵a⁰itˀxɔ²¹. ɕy⁴⁴ a⁰ itˀ tɕʰiʔ².

打 啊一下。去 啊一直。

103 晚了就不好了，咱们快点儿走吧！

tʰatˀɔn⁴⁴na⁰ɕi⁴⁴ŋ²²toi⁴⁴ko⁰, ŋɔi⁴⁴ȵi⁵⁵nan²²kin³⁵nai⁴⁴xaŋ²²o⁰!

忒 晏 哪 是 唔对哥⁼，我 尔 年⁼ 紧 □ 行 哦!

104 给你三天时间做得了做不了？

pən⁴⁴ȵi⁴⁴sam⁴⁴ȵitˀɕi²²kan⁴⁴tso⁴⁴tiʔˀlau⁵⁵tso⁴⁴ŋ²²lau⁵⁵?

分 你 三 日 时间 做 得了 做 唔了?

pən⁴⁴ȵi⁴⁴sam⁴⁴ȵitˀɕi²²kan⁴⁴tso⁴⁴tiʔˀxau⁵⁵tso⁴⁴ŋ²²xau⁵⁵?

分 你 三 日 时间 做 得好 做 唔好?

105 你做得了，我做不了。

ȵi⁴⁴tso⁴⁴tiʔˀlau⁵⁵, ŋɔi⁴⁴tso⁴⁴ŋ²²lau⁵⁵.

你 做 得了，我 做 唔了。

ȵi⁴⁴tso⁴⁴tiʔˀlau⁵⁵, ŋɔi⁴⁴mai⁴⁴tso⁴⁴tiʔˀlau⁵⁵.

你 做 得了，我 𠱃 做 得了。

ȵi⁴⁴tso⁴⁴tiʔˀxau⁵⁵, ŋɔi⁴⁴mai⁴⁴tso⁴⁴tiʔˀxau⁵⁵.

你 做 得好，我 𠱃 做 得好。

106 你骗不了我。

ȵi⁴⁴mai⁴⁴pʰen⁴⁴tiʔˀtʰau⁴⁴ŋɔi⁴⁴.

你 𠱃 骗 得掉 我。

ȵi⁴⁴mai⁴⁴pʰen⁴⁴tiʔˀŋɔi⁴⁴tʰau⁴⁴.

你 𠱃 骗 得我 掉。

ȵi⁴⁴pʰen⁴⁴ŋ²²tʰau⁴⁴ŋɔi⁴⁴.

你 骗 唔掉 我。

ɲi⁴⁴pʰen⁴⁴ŋɔi⁴⁴ŋ²²tʰau⁴⁴.

你　骗　我　唔掉。

107 了了这桩事情再说。

kɔi²¹ken²¹su²¹tso⁴⁴lɑu³⁵a⁰tsai⁴⁴loi²²kɔŋ³⁵.

个　件　事　做　了　啊再　来　讲。

kɔi²¹ken²¹su²¹tso⁴⁴xɑu³⁵a⁰tsai⁴⁴loi²²kɔŋ³⁵.

个　件　事　做　好　啊再　来　讲。

296

108 这间房没住过人。

kɔi²¹kɔi⁴⁴kian⁴⁴men²¹tɕiɔŋ⁵⁵ku⁴⁴ɲin²².

个　个　间　面⁼掌　过人。

kɔi²¹kɔi⁴⁴kian⁴⁴men²¹tɕiɔŋ⁵⁵ɲin²²ku⁴⁴.

个　个　间　面⁼掌　人　过。

109 这牛拉过车，没骑过人。

kɔi²¹kɔi⁴⁴ŋɑu²²tʰo⁴⁴ku⁴⁴tɕʰia⁴⁴, men²¹kʰi²² ku⁴⁴ɲin²².

个　个　牛　拖　过　车，　面⁼骑　过人。

kɔi²¹kɔi⁴⁴ŋɑu²²tɕʰia⁴⁴ɕi⁴⁴tʰo⁴⁴ku⁴⁴, ɲin²²men²¹kʰi²² ku⁴⁴.

个　个　牛　车　是　拖　过，人　面⁼骑　过。

110 这小马还没骑过人，你小心点儿。

kɔi²¹kɔi⁴⁴mɔ⁴⁴tsoi⁵⁵ku⁵⁵men²¹kʰi²² ku⁴⁴ɲin²², ɲi⁴⁴oi⁴⁴sau⁵⁵sim⁴⁴nai⁴⁴.

个　个　马　崽　古⁼面⁼骑　过人，你爱小心　□。

kɔi²¹kɔi⁴⁴mɔ⁴⁴tsoi⁵⁵ku⁵⁵mɑu²²ɲin²²kʰi²²ku⁴⁴, ɲi⁴⁴oi⁴⁴sau⁵⁵sim⁴⁴ti⁵⁵.

个　个　马　崽　古⁼无　人　骑　过，你爱小　心　点。

111 以前我坐过船，可从来没骑过马。

ŋɔi⁴⁴mɔ⁵⁵nan²²ɕyon²²tsʰo⁴⁴ku⁴⁴a⁰, mɔ⁴⁴men²¹kʰi²²ku⁴⁴.

我　马⁼年　船　坐　过　啊，马　面⁼骑　过。

mɔ⁵⁵nan²²ŋɔi⁴⁴tsʰo⁴⁴ku⁴⁴ɕyon²², ɕiɔŋ⁴⁴loi²²tu⁴⁴men²¹kʰi²² ku⁴⁴mɔ⁴⁴.

马⁼年　我　坐　过船，　从　来　都面⁼骑　过马。

112 丢在街上了。搁在桌上了。

ta⁵⁵loʔ²kiai⁴⁴lu³⁵a⁰. tən⁴⁴ɲi²¹to³⁵a⁰.

□　落街　路啊。蹲　尔桌啊。

ta⁵⁵loʔ²kiai⁴⁴lu³⁵a⁰. kʰɔŋ⁵⁵ɲi²¹to³⁵a⁰.

□　落街　路啊。园　尔桌啊。

113 **掉到地上了，怎么都没找着。**

ta⁵⁵loʔ²²kʰɔ⁵⁵nai⁴⁴⁵aⁿ⁰, tso²¹tso⁴⁴tu⁴⁴mai⁴⁴sim²²tɕʰioʔ².

□ 落 □ 泥 啊，造 做 都 盈 寻 着。

114 **今晚别走了，就在我家住下吧！**

kim⁴⁴pu⁴⁴ɑm⁴⁴pu²¹moʔ²ɕy⁴⁴aⁿ⁰, tɕiu²¹tsʰo⁴⁴ŋa⁴⁴⁵sat⁴iа²¹aⁿ⁰.

今 晡 暗 晡 莫 去 啊，就 坐 [我寮]歇夜啊。

115 **这些果子吃得吃不得?**

kɔi²¹to⁴⁴ɕy²²ko²²ma⁵⁵ɕiʔ²tiʔ⁴ɕiʔ²ŋ²²tiʔ⁴ ?

个 多 水 果 □ 食 得 食 唔 得?

116 **这是熟的，吃得。那是生的，吃不得。**

kɔi³⁵ɕi⁴⁴ɕyʔ²keⁿ⁰, ɕiʔ²tiʔ⁴keⁿ⁰. nai³⁵ɕi⁴⁴saŋ⁴⁴keⁿ⁰, mai⁴⁴ɕiʔ²tiʔ⁴keⁿ⁰.

个 是 熟 个，食 得 个。那 是 生 个，盈 食 得 个。

kɔi³⁵ɕi⁴⁴ɕyʔ²keⁿ⁰, ɕiʔ²tiʔ⁴keⁿ⁰. nai³⁵ɕi⁴⁴saŋ⁴⁴keⁿ⁰, ɕiʔ²ŋ⁴⁴tiʔ⁴keⁿ⁰.

个 是 熟 个，食 得 个。那 是 生 个，食 唔 得 个。

117 **你们来得了来不了?**

n̩ian²²xaŋ²²loi²²xaŋ²²ŋ²²loi²² ?

[你们]行 来 行 唔 来?

n̩ian²²xaŋ²²tiʔ⁴loi²²a⁵⁵ŋ²² ?

[你们]行 得 来 啊ⁿ唔?

118 **我没事，来得了，他太忙，来不了。**

ŋɔi⁴⁴mɑu²²su²¹, xaŋ²²tiʔ⁴loi²², ki⁴⁴tʰat⁴mɔŋ²², mai⁴⁴xaŋ²²loi²².

我 无 事，行 得 来，渠 忒 忙， 盈 行 来。

ŋɔi⁴⁴mɑu²²su²², xaŋ²²tiʔ⁴loi²², ki⁴⁴tʰat⁴mɔŋ²², xaŋ²²ŋ²²loi²².

我 无 事，行 得 来，渠 忒 忙，行 唔 来。

119 **这个东西很重，拿得动拿不动?**

kɔi²¹kɔi⁴⁴nɔʔ⁴saŋ⁴⁴tɕʰiuŋ⁴⁴tsin²¹, ma⁵⁵naŋ⁴⁴təŋ²¹naŋ⁴⁴ŋ²²təŋ²¹ ?

个 个 乇 生 重 尽，□ 拿 动 拿 唔 动?

120 **我拿得动，他拿不动。**

ŋɔi⁴⁴naŋ⁴⁴təŋ²¹, ki⁴⁴mai naŋ⁴⁴təŋ²¹.

我 拿 动，渠 盈 拿 动。

ŋɔi⁴⁴naŋ⁴⁴tiʔ⁴təŋ²¹, ki⁴⁴naŋ⁴⁴ŋ²²təŋ²¹.

我 拿 得 动，渠 拿 唔 动。

121 真不轻，重得连我都拿不动了。

tɕin⁴⁴tɕʰiuŋ⁴⁴, tɕʰiuŋ⁴⁴tiʔ⁴len²¹ŋoi⁴⁴tu⁴⁴mai⁴⁴naŋ⁴⁴təŋ²¹a⁰.

真　重，　重　得　连　我　都　㑇　拿　动　啊。

tɕin⁴⁴tɕʰiuŋ⁴⁴, tɕʰiuŋ⁴⁴tiʔ⁴len²¹ŋoi⁴⁴tu⁴⁴naŋ⁴⁴ŋ²²təŋ²¹a⁰.

真　重，　重　得　连　我　都　拿　唔　动　啊。

122 他手巧，画得很好看。

ki⁴⁴ɕiu⁵⁵tɕin⁴⁴liŋ²²kʰau⁵⁵, uɔʔ²tiʔ⁴tɕin⁴⁴xɑu⁵⁵tʰai⁵⁵.

渠手　真　灵巧，　画　得　真　好　睇。

123 他忙得很，忙得连吃过饭没有都忘了。

ki⁴⁴mɔŋ²²tsin²¹o⁰,　mɔŋ²²tɕʰio²²len²¹pʰɔn²¹ɕiʔ²a⁰ men²¹ɕiʔ² tu⁴⁴tʰap⁴ȵiɔŋ⁴⁴a⁰.

渠忙　尽　哦，忙　着　连　饭　食啊面＝食都贴＝忘　啊。

124 你看他急得，急得脸都红了。

ȵi⁴⁴tʰai⁵⁵ki⁴⁴xɔŋ⁴⁴tsin²¹a⁰,　xɔŋ⁴⁴tɕʰio²²men⁴⁴tu⁴⁴tɕʰiaʔ⁴a⁰.

你　睇　渠慌　尽　啊，慌　着　　面　都　赤　啊。

ȵi⁴⁴tʰai⁵⁵ki⁴⁴kin⁵⁵kit⁴tsin²¹a⁰,　kin⁵⁵kit⁴tɕʰio²²men⁴⁴tu⁴⁴tɕʰiaʔ⁴a⁰.

你　睇　渠紧　急　尽　啊，紧　急　着　面　都　赤　啊。

125 你说得很好，你还会说些什么呢？

ȵi⁴⁴kɔŋ⁵⁵tiʔ⁴tɕin⁴⁴xɑu⁵⁵, ku⁵⁵kɔŋ⁵⁵nai⁴⁴ɕi⁴⁴nɔʔ²a⁵⁵ŋ²²ne⁰ ?

你　讲　得　真　好，　古＝讲　□　奚　毛　啊＝唔呢？

126 说得到，做得了，真棒！

kɔŋ³⁵tiʔ⁴tʰeu⁴⁴, tso⁴⁴tiʔ⁴tʰeu⁴⁴, tɕin⁴⁴xo⁴⁴iɔŋ⁵⁵xɔ²¹!

讲　得　透，　做　得　透，　真　有　两　下！

kɔŋ³⁵tʰeu⁴⁴tɕiu²¹tso⁴⁴tʰeu⁴⁴, tɕin⁴⁴pon⁵⁵su²¹ !

讲　透　就　做　透，　真　本　事！

127 这个事情说得说不得呀？

kɔi²¹kɔi⁴⁴su²¹kɔn⁴⁴ma⁵⁵kɔŋ³⁵tiʔ⁴kɔŋ⁵⁵ŋ²²tiʔ⁴a⁰ ?

个　个　事　干　□　讲　得　讲　唔得　啊？

kɔi²¹kɔi⁴⁴su²¹kɔn⁴⁴kɔŋ³⁵tiʔ⁴a⁵⁵ɕi⁴⁴ kɔŋ⁵⁵ŋ²²tiʔ⁴a⁰ ?

个　个　事　干　讲　得　啊＝是　讲　唔得　啊？

128 他说得快不快？听清楚了吗？

ki⁴⁴kɔŋ⁵⁵tiʔ⁴kin³⁵ŋ²²kin⁵⁵ne⁰? tʰaŋ⁴⁴təŋ³⁵a⁰ men²¹ a⁰ ?

渠讲　得　紧　唔紧　呢？听　懂　啊面＝啊？

ki⁴⁴kɔŋ⁵⁵tiʔ⁴kin³⁵ŋ²²kin⁵⁵ne⁰? tʰaŋ⁴⁴miŋ²²pʰaʔ²a⁰ men²¹ a⁰?

渠　讲　得　紧　唔紧　呢？　听　明　白　啊面⁼啊？

129　他说得快不快？只有五分钟时间了。

ki⁴⁴kɔŋ⁵⁵tiʔ⁴kin³⁵ŋ²²kin⁵⁵o⁰? nai²¹xo⁴⁴ŋ³⁵fən⁴⁴tɕiuŋ⁴⁴ɕi²²kan⁴⁴a⁰.

渠　讲　得　紧　唔紧　哦？　乃　有　五　分　钟　时间　啊。

ki⁴⁴kɔŋ⁵⁵tiʔ⁴kin³⁵ŋ²²kin⁵⁵o⁰? tɕiu²¹ɕi⁴⁴ŋ³⁵fən⁴⁴tɕiuŋ⁴⁴ɕi²²kan⁴⁴a⁰.

渠　讲　得　紧　唔紧　哦？　就　是　五　分　钟　时间　啊。

130　这是他的书。

kɔi³⁵ɕi⁴⁴ki⁴⁴ki⁰ɕy⁴⁴.

个　是　渠　个　书。

131　那本书是他哥哥的。

nai²¹pon⁵⁵ɕy⁴⁴ɕi⁴⁴ki⁴⁴ko⁴⁴⁵ke⁰.

那　本　书　是　渠　哥　个。

132　桌子上的书是谁的？是老王的。

nai²¹to³⁵ke⁰ɕy⁴⁴ɕi⁴⁴na⁵⁵kɔi⁴⁴ka⁰? ɕi⁴⁴lau⁵⁵uɔŋ²²ke⁰.

那　桌　个　书　是　哪　个　嘎？　是　老　王　个。

133　屋子里坐着很多人，看书的看书，看报的看报，写字的写字。

ȵi²¹lau⁴⁴⁵tsʰo⁴⁴a⁰xau⁵⁵to⁴⁴ȵin²², tʰai⁵⁵ɕy⁴⁴ki⁰tʰai⁵⁵ɕy⁴⁴, tʰai⁵⁵pɑu⁴⁴tɕi³⁵ki⁰tʰai⁵⁵pɑu⁴⁴tɕi³⁵, ɕia⁵⁵tsʰi²¹

尔　寮　坐　啊　好　多　人，　睇　书　个　睇　书，　睇　报　纸　个　睇　报　纸，　写　字

ki⁰ɕia⁵⁵tsʰi²¹.

个　写　字。

xau⁵⁵to⁴⁴ȵin²²tsʰo⁴⁴ȵi²¹lau⁴⁴⁵, tʰai⁵⁵ɕy⁴⁴ki⁰tʰai⁵⁵ɕy⁴⁴, tʰai⁵⁵pɑu⁴⁴tɕi³⁵ki⁰tʰai⁵⁵pɑu⁴⁴tɕi³⁵, ɕia⁵⁵tsʰi²¹ki⁰

好　多　人　坐　尔　寮，　睇　书　个　睇　书，　睇　报　纸　个　睇　报　纸，　写　字　个

ɕia⁵⁵tsʰi²¹.

写　字。

134　要说他的好话，不要说他的坏话。

oi⁴⁴kɔŋ⁵⁵ki⁴⁴ki⁰xau⁵⁵uɔ²¹, moʔ²kɔŋ⁵⁵ki⁴⁴ki⁰kai²¹uɔ²¹.

爱　讲　渠　个　好　话，　莫　讲　渠　个　坏　话。

135　上次是谁请的客？是我请的。

ɕian²¹foi⁴⁴ɕi⁴⁴na⁵⁵kɔi⁴⁴tsʰaŋ⁵⁵xaʔ⁴ka⁰? ɕi⁴⁴ŋɔi⁴⁴tsʰaŋ⁵⁵ke⁰.

前　回　是　哪　个　请　客　嘎？　是　我　请　个。

136　你是哪年来的？

　　n̠i⁴⁴ɕi⁴⁴na⁵⁵nan²²lɔi²²ka⁰ ？

　　你　是　哪　年　来　嘎？

137　我是前年到的北京。

　　ŋɔi⁴⁴ɕi⁴⁴tsʰan²²nan²²tʰeu⁴⁴peʔ²⁴kiaŋ⁴⁴ke⁰．

　　我　是　前　　年　透　北　京　个。

138　你说的是谁？

　　n̠i⁴⁴kɔŋ⁵⁵ke⁰ɕi⁴⁴na⁵⁵kɔi⁴⁴a⁰ ？

　　你　讲　个　是　哪　个　啊？

　　n̠i⁴⁴ɕi⁴⁴kɔŋ⁵⁵na⁵⁵kɔi⁴⁴a⁰ ？

　　你　是　讲　哪　个　啊？

139　我反正不是说的你。

　　ŋɔi⁴⁴fən⁴⁴tɕiŋ⁵⁵mɑu²²təŋ⁵⁵kɔŋ⁵⁵n̠i⁴⁴．

　　我　反　正　无　□　讲　你。

　　ŋɔi⁴⁴fən⁴⁴tɕiŋ⁵⁵ŋ²²ɕi⁴⁴kɔŋ⁵⁵n̠i⁴⁴．

　　我　反　正　唔是　讲　你。

140　他那天是见的老张，不是见的老王。

　　ki⁴⁴n̠i²¹pu⁴⁴nin⁴⁴⁵ɕi⁴⁴kian⁴⁴lɑu⁵⁵tiɔŋ⁴⁴, ŋ²²ɕi⁴⁴kian⁴⁴lɑu⁵⁵uɔŋ²²．

　　渠　尔　晡　日　是　见　老　张，唔是　见　老　王。

　　ki⁴⁴n̠i²¹pu⁴⁴nin⁴⁴⁵kian⁴⁴ke⁰ɕi⁴⁴lɑu⁵⁵tiɔŋ⁴⁴, mɑu²²təŋ⁵⁵ɕi⁴⁴lɑu⁵⁵uɔŋ²²．

　　渠　尔　晡　日　见　个　是　老　张，无　□　是　老　王。

　　ki⁴⁴n̠i²¹pu⁴⁴nin⁴⁴⁵kian⁴⁴ke⁰ɕi⁴⁴lɑu⁵⁵tiɔŋ⁴⁴, ŋ²²ɕi⁴⁴lɑu⁵⁵uɔŋ²²．

　　渠　尔　晡　日　见　个　是　老　张，唔是　老　王。

141　只要他肯来，我就没的说了。

　　tsəŋ⁵⁵ɔi⁴⁴ki⁴⁴ɕieŋ⁵⁵lɔi²², ŋɔi⁴⁴tɕiu²¹mɑu²²uɔ²¹kɔŋ³⁵a⁰．

　　总　爱　渠　肯　来，我　就　无　话　讲　啊。

142　以前是有的做，没的吃。

　　mɔ⁵⁵nan²²ɕi⁴⁴xo⁴⁴təŋ⁵⁵tso⁴⁴, mɑu⁵⁵taʔ²⁴ɕiʔ²．

　　马⁼年　是　有　□　做，无　得　食。

143　现在是有的做，也有的吃。

　　kɔi²¹tɕʰiŋ²¹ɕi⁴⁴xo⁴⁴təŋ⁵⁵tso⁴⁴, iaʔ²xo⁴⁴təŋ⁵⁵ɕiʔ²．

　　个　澄⁼是　有　□　做，亦　有　□　食。

144　上街买个蒜啊葱的，也方便。

lo$ʔ^2$kiai^{44}lu^{35}ɕy^{44}uon^{21}tai^{21}sɔn^{445}a^{0}tsʰəŋ^{21}a^0,　ia$ʔ^2$fɔŋ^{44}pen^{21}ke^0.

落　街　路　去　换　大蒜　啊葱　啊, 亦方　便　个。

145　柴米油盐什么的，都有的是。

tsʰai^{22}mai^{35}iu^{22}iem^{21}, sei^{21}pen^{21}ɕi^{44}nɔ$ʔ^4$tu^{44}xo^{44}.

柴　米　油盐，随便　奚毛　都有。

146　写字算账什么的，他都能行。

ɕia^{55}tsʰi^{21}sɔn^{44}tiɔŋ^{44}, ki^{44}tu^{44}xai^{44}.

写　字　算　账， 渠都　解。

147　把那个东西递给我。

nəŋ^{55}nai^{21}kɔi^{44}nɔ$ʔ^4$te^{22}pən^{44}ŋɔi^{44}.

□　那　个　乇　递分　我。

nəŋ^{55}nai^{21}kɔi^{44}nɔ$ʔ^4$te^{22}ŋɔi^{44}.

□　那　个　乇　递我。

148　是他把那个杯子打碎了。

ɕi^{44}ki^{44}ti^{55}nai^{21}kɔi^{44}poi^{44}taŋ^{55}a^0.

是渠抵⸗那个杯　打　啊。

149　把人家脑袋都打出血了，你还笑！

nəŋ^{55}pʰet^{2}n̠in^{22}tʰeu^{22}nɔ^{22}tu^{44}taŋ^{55}tɕʰyt^{4}ɕiet^{4}a^0,　n̠i^{44}ku^{55}sau^{445}！

□　别人　头　颅都打出　血啊, 你古⸗笑!

ti^{55}n̠in^{22}tʰeu^{22}tu^{44}taŋ^{55}tɕʰyt^{4}ɕiet^{4}a^0,　n̠i^{44}ku^{55}sau^{445}！

抵⸗人头　都打出　血啊, 你古⸗笑!

150　快去把书还给他。

kin^{35}nai^{44}nəŋ^{55}ɕy^{44}ian^{22}ki^{44}.

紧　□　□　书还　渠。

151　我真后悔当时没把他留住。

ŋɔi^{44}tɕin^{445}fei^{44}tɔŋ^{44}ɕi^{22}men^{21}nəŋ^{55}ki^{44}liu^{22}lo$ʔ^2$ loi^{22}.

我　真　悔当　时面⸗□　渠留落　来。

152　你怎么能不把人当人呢？

n̠i^{44}tso^{21}tso^{44}ŋ^{22}nəŋ^{55}n̠in^{22}tɔŋ^{44}n̠in^{22}ne^0？

你造⸗做唔□　人　当人　呢?

ȵi⁴⁴tsɿ⁴⁴nɔʔ⁴ŋ²²nəŋ⁵⁵ȵin²²tɔŋ⁴⁴ȵin²²ne⁰?

你 资⁼ 毛 唔□ 人 当 人 呢?

153 有的地方管太阳叫日头。

xo⁴⁴nai⁴⁴tɔŋ²²ti³⁵uo⁵⁵ tʰai⁵⁵iɔŋ²²tso⁴⁴ȵiet²tʰeu²².

有 □ 堂⁼抵⁼嘮 太 阳 做 热 头。

xo⁴⁴nai⁴⁴tɔŋ²²ti³⁵nəŋ⁵⁵ tʰai⁵⁵iɔŋ²²uo⁵⁵tso⁴⁴ȵiet²tʰeu²².

有 □ 堂⁼抵⁼□ 太 阳 嘮做 热 头。

154 什么? 她管你叫爸爸!

tsɿ⁴⁴nɔʔ⁴a⁰? ki⁴⁴uo⁵⁵ȵi⁴⁴tso⁴⁴ai⁴⁴tia⁴⁴5!

资⁼ 毛 啊? 渠 嘮 你 做 阿 爹!

155 你拿什么都当真的，我看没必要。

ȵi⁴⁴nəŋ⁵⁵tsai²¹ki⁴⁴ɕi⁴⁴nɔʔ⁴tu⁴⁴tɔŋ⁴⁴tɕin⁴⁴ke⁰, ŋɔi⁴⁴tʰai⁵⁵ŋ²²soi⁵⁵tiʔ⁴.

你 □ □ 渠 奚 毛 都 当 真 个, 我 睇 唔 使 得。

156 真拿他没办法，烦死我了。

tɕin⁴⁴5toi⁴⁴ki⁴⁴mɑu²²pɔn²¹fɔt⁴, ŋɔi⁴⁴tsau⁴⁴si³⁵o⁰.

真 对 渠 无 办 法, 我 躁 死 哦。

tɕin⁴⁴5toi⁴⁴ki⁴⁴mɑu²²pɔn²¹fɔt⁴, fɔn²²si⁵⁵ŋɔi⁴⁴a⁰.

真 对 渠 无 办 法, 烦 死 我 啊。

157 看你现在拿什么还人家。

tʰai⁵⁵ȵi⁴⁴tʰai⁵⁵kɔi²¹tɕʰiŋ²¹naŋ⁴⁴ɕi⁴⁴nɔʔ⁴ian²² pʰet²ȵin²².

睇 你 睇 个 澄⁼ 拿 奚 毛 还 别 人。

tʰai⁵⁵ȵi⁴⁴kɔi²¹tɕʰiŋ²¹naŋ⁴⁴ɕi⁴⁴nɔʔ⁴ian²²ȵin²².

睇 你 个 澄⁼ 拿 奚 毛 还 人。

158 他被妈妈说哭了。

ki⁴⁴pən⁴⁴ȵia³⁵kaŋ⁵⁵keu⁴⁴a⁰.

渠 分 娘 讲 叫 啊。

159 所有的书信都被火烧了，一点儿剩的都没有。

kian⁴⁴xo⁴⁴ɕy⁴⁴sin⁴⁴tu⁴⁴pən⁴⁴fu³⁵ɕieu⁴⁴a⁰, it⁴ti⁵⁵tɕʰiɔŋ²¹ke⁰tu⁴⁴mɑu²².

见 有 书 信 都 分 火 烧 啊, 一 点 杖⁼ 个 都 无。

160 被他缠了一下午，什么都没做成。

pən⁴⁴ki⁴⁴tɕʰien²²na⁰it⁴tɕiu⁴⁴, ɕi⁴⁴nɔʔ⁴tu⁴⁴mai⁴⁴tso⁴⁴ɕiaŋ²².

分 渠 缠 哪 一 昼, 奚 毛 都 呛 做 成。(被大人"缠")

pən⁴⁴ki⁴⁴len²¹na⁰it⁴tɕiu⁴⁴, ɕi⁴⁴nɔʔ⁴tu⁴⁴mai⁴⁴tso⁴⁴ɕiaŋ²².

分 渠 链 哪 一昼， 奚 毛 都 弅 做 成。（被孩子"缠"）

161 让人给打蒙了，一下子没明白过来。

pən⁴⁴n̠in²²taŋ⁵⁵məŋ²¹a⁰, it⁴xɔ²¹tu⁴⁴men²¹saŋ⁵⁵ku⁴⁴loi²².

分 人 打 懵 啊， 一下 都 面= 醒 过来。

162 给雨淋了个浑身湿透。

pən⁴⁴ɕy³⁵taŋ⁵⁵a⁰ɕyon²²ɕin⁴⁴tu⁴⁴ɕip⁴lau³⁵a⁰.

分 水 打 啊全 身 都 湿 了 啊。

pən⁴⁴ɕy³⁵taŋ⁵⁵tiʔ⁰ɕyon²²ɕin⁴⁴ɕip⁴lau³⁵.

分 水 打 得 全 身 湿 了。

163 给我一本书。给他三本书。

pən⁴⁴ŋɔi⁴⁴it⁴pon⁵⁵ɕy⁴⁴. pən⁴⁴ki⁴⁴sam⁴⁴pon⁵⁵ɕy⁴⁴.

分 我 一本 书。分 渠 三 本 书。（书不一定在边上）

te²²ŋɔi⁴⁴it⁴pon⁵⁵ɕy⁴⁴. te²²ki⁴⁴sam⁴⁴pon⁵⁵ɕy⁴⁴.

递 我 一本 书。递 渠 三 本 书。（书在边上）

164 这里没有书，书在那里。

kɔi³⁵mɑu²²ɕy⁴⁴, ɕy⁴⁴lau²¹n̠i³⁵.

个 无 书，书 牢= 尔。

165 叫他快来找我。

pɑu⁴⁴ki⁴⁴kin³⁵nai⁴⁴loi²²sim²²ŋɔi⁴⁴.

报 渠 紧 □ 来 寻 我。

uo⁵⁵ki⁴⁴kin³⁵nai⁴⁴loi²²sim²²ŋɔi⁴⁴.

唉 渠 紧 □ 来 寻 我。

166 快把他请来。

kən⁵⁵kin³⁵ti⁵⁵ki⁴⁴uo³⁵loi²².

赶 紧 抵= 渠 唉 来。

kin³⁵nai⁴⁴nəŋ⁵⁵ki⁴⁴uo³⁵loi²².

紧 □ □ 渠 唉 来。

167 我写了条子请病假。

ŋɔi⁴⁴ɕia⁵⁵tɕiɔŋ⁴⁴tiau²²tsʰaŋ⁵⁵pʰiaŋ²¹ko²².

我 写 张 条 请 病 假。

168 我上街买了份报纸看。

ŋɔi⁴⁴loʔ²kiai⁴⁴ lu³⁵ɕy⁴⁴uon²¹a⁰ tɕiɔŋ⁴⁴pɑu⁴⁴tɕi³⁵tʰai⁵⁵.

我 落街 路去 换 啊张 报 纸 睇。

169 我笑着躲开了他。

ŋɔi⁴⁴sau⁴⁴⁵loi²²pi²¹tʰau⁴⁴ki⁴⁴.

我 笑 来避掉 渠。

170 我抬起头笑了一下。

ŋɔi⁴⁴tʰeu²²kʰia⁴⁴⁵loi²²sau⁴⁴⁵a⁰it⁴xɔ²¹.

我 头 擎 来 笑 啊一下。

171 我就是坐着不动，看你能把我怎么着。

ŋɔi⁴⁴tɕiu²¹tsʰo⁴⁴kɔi³⁵ŋ²²təŋ²¹, tʰai⁵⁵ɲi⁴⁴tʰai⁵⁵xai⁴⁴tse²¹seʔ⁴ŋɔi⁴⁴.

我 就 坐 个 唔动, 睇 你 睇 解 □ 色⁼我。

ŋɔi⁴⁴tsʰo⁴⁴loʔ²tɕiu²¹ŋ²²təŋ²¹, tʰai⁵⁵ɲi⁴⁴tʰai⁵⁵tso²¹tso⁴⁴ŋɔi⁴⁴.

我 坐 落就 唔动, 睇 你 睇 造⁼做我。

172 她照顾病人很细心。

ki⁴⁴tɕieu⁴⁴ku⁴⁴pʰiaŋ²¹ɲin²²tɕin⁴⁴sau⁵⁵sim⁴⁴.

渠照 顾病 人 真 小 心。

173 他接过苹果就咬了一口。

ki⁴⁴tsap⁴ku⁴⁴piŋ⁵⁵ko²²tɕiu²¹ɲiat²a⁰it⁴xɑu³⁵.

渠接 过苹 果 就 啮 啊一口。

174 他的一番话使在场的所有人都流了眼泪。

ki⁴⁴it⁴fɔn⁴⁴uɔ²¹leu²¹tsɔi²¹tɕʰiɔŋ²²kɔi⁴⁴kian⁴⁴xo⁴⁴ɲin²²tu⁴⁴liu⁴⁴ɲian⁵⁵li²¹a⁰.

渠一番 话撩 在 场 个 见 有人 都 流眼 泪啊。

ki⁴⁴it⁴fɔn⁴⁴uɔ²¹kɔŋ⁵⁵tiʔ⁴tsɔi²¹tɕʰiɔŋ²²kɔi⁴⁴kian⁴⁴xo⁴⁴ɲin²²tu⁴⁴liu⁴⁴ɲian⁵⁵li²¹a⁰.

渠一番 话讲 得 在场 个见 有人 都 流眼 泪啊。

175 我们请他唱了一首歌。

ŋɔi⁴⁴nan²²tsʰaŋ⁵⁵ki⁴⁴tɕʰiɔŋ⁴⁴a⁰it⁴tʰau²²ko²¹.

我 年⁼请 渠唱 啊一条 歌。(畲歌)

ŋɔi⁴⁴nan²²tsʰaŋ⁵⁵ki⁴⁴tɕʰiɔŋ⁴⁴a⁰it⁴tʰau²²ko²².

我 年⁼请 渠 唱 啊一条歌。(汉歌)

176 我有几个亲戚在外地做工。

ŋɔi⁴⁴xo⁴⁴iɔŋ⁵⁵kɔi⁴⁴tsʰin⁴⁴ɲin²²lɑu²¹kʰɔ⁵⁵pan⁴⁴tso⁴⁴kəŋ⁴⁴.

我 有 两个亲 人 牢⁼□ 边 做 工。

ŋɔi⁴⁴xo⁴⁴iɔŋ⁵⁵kɔi⁴⁴tsʰin⁴⁴n̩in²²lɑu²¹uɔi²¹tʰi²¹tso⁴⁴kəŋ⁴⁴.

我　有　两　个　亲　人　牢⁼外　地　做　工。

177　他整天都陪着我说话。

ki⁴⁴ɕiaŋ²²n̩it⁴ tu⁴⁴poi²²ŋɔi⁴⁴kɔŋ⁵⁵uɔ²¹.

渠　成　日　都　陪　我　讲　话。

178　我骂他是个大笨蛋，他居然不恼火。

ŋɔi⁴⁴mɔ⁴⁴ki⁴⁴ɕi⁴⁴kɔi⁴⁴pən²¹ɕi⁵⁵kɔn²¹, ki⁴⁴ia⁊²mai⁴⁴tsau⁴⁴⁵lɔi²².

我　骂　渠　是　个　笨　屎　□，渠　亦　岭　躁　来。

179　他把钱一扔，二话不说，转身就走。

ki⁴⁴nəŋ⁵⁵tsʰan²¹ɕi⁊⁴tʰau⁴⁴, it⁴ ku⁴⁴uɔ²¹tu⁴⁴ŋ²²kɔŋ⁵⁵, tɕʰia⁴⁴tɕyon⁵⁵pan⁴⁴tɕiu²¹xaŋ²².

渠　□　钱　□掉，一　句　话　都　唔讲，车　转　边　就　行。

ki⁴⁴ti⁵⁵tsʰan²¹ɕi⁊⁴tʰau⁴⁴, it⁴ ku⁴⁴uɔ²¹tu⁴⁴men²¹kɔŋ⁵⁵, tɕʰia⁴⁴tɕyon⁵⁵ɕin⁴⁴tɕiu²¹xaŋ²².

渠　抵⁼钱　□掉，一　句　话　都　面⁼讲，车　转　身　就　行。

180　我该不该来呢？

ŋɔi⁴⁴oi⁴⁴lɔi²²a⁵⁵ŋ²²ne⁰?

我　爱　来　啊⁼唔呢？

ŋɔi⁴⁴iŋ⁵⁵kai⁴⁴lɔi²²a⁵⁵ŋ²² ?

我　应　该　来　啊⁼唔？

181　你来也行，不来也行。

n̩i⁴⁴lɔi²²ia⁊²ti⁊⁴, ŋ²²lɔi²²ia⁊² ti⁊⁴.

你　来　亦　得，唔来　也　得。

182　要我说，你就不应该来。

te²²ŋɔi⁴⁴kɔŋ⁵⁵, n̩i⁴⁴tɕiu²¹ŋ²²iŋ⁵⁵kai⁴⁴lɔi²².

递⁼我　讲，你　就　唔应　该　来。

183　你能不能来？

n̩i⁴⁴xaŋ²²lɔi²²a⁵⁵ɕi⁴⁴ xaŋ²²ŋ²²lɔi²² ?

你　行　来　啊⁼是行　唔来？

184　看看吧，现在说不准。

tʰai³⁵tʰai⁵⁵ne⁰, kɔi²¹xɔ³⁵ia⁊²kɔŋ⁵⁵ŋ²²lɔi²².

睇　睇　呢，个　下　亦　讲　唔来。

tʰai³⁵tʰai⁵⁵ne⁰, kɔi²¹tɕʰiŋ²¹mai⁴⁴kɔŋ⁵⁵lɔi²².

睇　睇　呢，个　澄⁼岭　讲　来。

185　能来就来，不能来就不来。

　　$xaŋ^{22}ti\Omega^4loi^{22}tɕiu^{21}loi^{22}, xaŋ^{22}ŋ^{22}loi^{22}tɕiu^{21}mo\Omega^2loi^{22}.$

　　行　得来　就　来，行　唔来　就　莫　来。

186　你打算不打算去？

　　$ni^{44}tɕyn^{55}pi^{21}ɕy^{44}a^{55}ɕi^{44}ŋ^{22}tɕyn^{55}pi^{21}ɕy^{44}?$

　　你准　备去　啊＝是唔准　备去？

　　$ni^{44}taŋ^{55}sɔn^{44}ɕy^{44}a^{55}ɕi^{44}ŋ^{22}taŋ^{55}sɔn^{44}ɕy^{44}?$

　　你打　算　去啊＝是唔打　算　去？

187　去呀！谁说我不打算去？

　　$ɕy^{44}ke^0!　na^{55}kɔi^{44}kɔŋ^{55}ŋɔi^{44}ŋ^{22}tɕyn^{55}pi^{21}ɕy^{44}a^0?$

　　去个！哪个讲　我　唔准　备去　啊？

　　$ɕy^{44}ke^0!　na^{55}kɔi^{44}kɔŋ^{55}ŋɔi^{44}ŋ^{22}taŋ^{55}sɔn^{44}ɕy^{44}a^0?$

　　去个！哪个讲　我　唔打　算　去　啊？

188　他一个人敢去吗？

　　$ki^{44}it^4 kɔi^{44}ṇin^{445}xo^{44}kam^{55}ɕy^{44}a^{55}ŋ^{22}?$

　　渠一个　人　有敢　去啊＝唔？

189　敢！那有什么不敢的？

　　$xo^{44}kam^{55}!　nai^{35}ɕi^{44}nɔ\Omega^4mau^{22}kam^{55}ka^0?$

　　有敢！那奚毛无　敢　嘎？

190　他到底愿不愿意说？

　　$ki^{44}tau^{55}ti^{55}ṇyon^{21}tɕia^{55}ŋ^{22}ṇyon^{21}tɕia^{55}ɕyot^4?$

　　渠到底愿　者＝唔愿　者＝说？

191　谁知道他愿意不愿意说？

　　$na^{55}kɔi^{44}ɕiu^{35}ta\Omega^4ki^{44}ṇyon^{21}tɕia^{55}ŋ^{22}ṇyon^{21}tɕia^{55}ɕyot^4?$

　　哪个晓得渠愿　者＝唔愿　者＝说？

192　愿意说得说，不愿意说也得说。

　　$ṇyon^{21}tɕia^{55}ɕyot^4oi^{44}ɕyot^4, ŋ^{22}ṇyon^{21}tɕia^{55}ɕyot^4ia\Omega^2oi^{44}ɕyot^4.$

　　愿　者＝说爱说，唔愿　者＝说亦爱说。

193　反正我得让他说，不说不行。

　　$fɔn^{44}tɕiŋ^{55}ŋɔi^{44}tɕiu^{21}oi^{44}ki^{44}ɕyot^4, ŋ^{22}ɕyot^4tɕiu^{21}mau^{22}kɔn^{44}.$

　　反　正　我　就　爱渠说，唔说　就　无　干。

194 还有没有饭吃？

ku⁵⁵xo⁴⁴pʰɔn²¹ɕiʔ²²mɑu²²pʰɔn²¹ɕiʔ²?

古⁼有 饭 食 无 饭 食？

195 有，刚吃呢。

xo⁴⁴o⁰, tɕiaŋ⁴⁴ɕiʔ²o⁰.

有 哦, 正 食 哦。

196 没有了，谁叫你不早来！

mɑu²²a⁰, na⁵⁵kɔi⁴⁴uo⁵⁵n̠i⁴⁴ŋ²²tsɑu³⁵nai⁴⁴loi²²!

无 啊, 哪 个 喙 你 唔早 □ 来!

197 你去过北京吗？我没去过。

n̠i⁴⁴ɕy⁴⁴ku⁴⁴peʔ²⁴kiaŋ⁴⁴a⁰ men²¹a⁰? ŋɔi⁴⁴men²¹ɕy⁴⁴ku⁴⁴.

你 去 过 北 京 啊面⁼啊? 我 面⁼ 去 过。

198 我十几年前去过，可没怎么玩，都没印象了。

ŋɔi⁴⁴ɕip²to⁴⁴nan²²ɕian²¹ɕy⁴⁴ku⁴⁴, men²¹loʔ²tai²¹naŋ⁵⁵tɕʰyon²¹ku⁴⁴, tu⁴⁴tʰap⁴n̠iɔŋ⁴⁴a⁰.

我 十 多 年 前 去 过, 面⁼落 待⁼□ 旋 过, 都 贴⁼忘 啊。

199 这件事他知道不知道？

kɔi²¹kɔi⁴⁴su²¹kɔn⁴⁴ki⁴⁴ma⁵⁵ɕiu³⁵taʔ²⁴ŋ²²ɕiu³⁵taʔ²⁴?

个 个 事 干 渠 □ 晓 得 唔晓 得?

200 这件事他肯定知道。

kɔi²¹kɔi⁴⁴su²¹kɔn⁴⁴ki⁴⁴kʰan⁵⁵tʰaŋ²¹ɕiu³⁵taʔ²⁴.

个 个 事 干 渠肯 定 晓 得。

201 据我了解，他好像不知道。

kyon⁴⁴ky⁴⁴ŋɔi⁴⁴liau⁵⁵kai³⁵, ki⁴⁴tɕiu²¹mɑu³⁵taʔ²⁴.

根 据我 了 解, 渠 就 无 得。

202 这些字你认得不认得？

kɔi²¹to⁴⁴tsʰi²¹n̠i⁴⁴n̠in²¹tɕʰioʔ²mai⁴⁴n̠in²¹tɕʰioʔ²?

个 多 字 你 认 着 唥 认 着?

203 我一个大字也不认得。

ŋɔi⁴⁴it⁴kɔi⁴⁴tsʰi³⁵tu⁴⁴mai⁴⁴n̠in²¹tɕʰioʔ².

我 一 个 字 都 唥 认 着。

204 只有这个字我不认得，其他字都认得。

tɕiu²¹ɕi⁴⁴kɔi²¹kɔi⁴⁴tsʰi³⁵ŋɔi⁴⁴mai⁴⁴n̠in²¹tɕʰio˨², n̠i²¹to⁴⁴tsʰi²¹tu⁴⁴n̠in²¹tɕʰio˨².

就 是 个 个 字 我 嬒认 着， 尔多字都 认 着。

205 你还记得不记得我了？

n̠i⁴⁴ku⁵⁵ki⁴⁴tɕʰio˨²ŋɔi⁴⁴a⁵⁵ɕi⁴⁴mai⁴⁴ki⁴⁴tɕʰio˨²ŋɔi⁴⁴a⁰?

你 古⁼记 着 我 啊⁼是 嬒记 着 我 啊？

n̠i⁴⁴ku⁵⁵ki⁴⁴taʔ⁴ŋ²²ki⁴⁴taʔ⁴ŋɔi⁴⁴a⁰?

你 古⁼记 得 唔记 得 我 啊？

206 记得，怎么能不记得！

ki⁴⁴tɕʰio˨²ke⁰le⁰, tso²¹tso⁴⁴xai⁴⁴mai⁴⁴ki⁴⁴tɕʰio˨²ne⁰!

记 着 个 嘞，造⁼做 解 嬒 记 着 呢!

207 我忘了，一点都不记得了。

ŋɔi⁴⁴tʰap⁴n̠iɔŋ⁴⁴a⁰, it⁴tian⁵⁵tu⁴⁴mai⁴⁴ki⁴⁴tɕʰio˨²a⁰.

我 贴⁼忘 啊，一点 都 嬒 记 着 啊。

208 你在前边走，我在后边走。

n̠i⁴⁴ta⁵⁵ɕian²¹xaŋ²², ŋɔi⁴⁴ta⁵⁵ɕi⁵⁵tʰeu²¹xaŋ²².

你 □ 前 行， 我 □ 屎头 行。

209 我告诉他了，你不用再说了。

ŋɔi⁴⁴pɑu⁴⁴ki⁴⁴a⁰, n̠i⁴⁴ŋ²²soi⁵⁵tsai⁴⁴kɔŋ⁵⁵a⁰.

我 报 渠啊，你 唔使 再 讲 啊。

210 这个大，那个小，你看哪个好？

kɔi²¹kɔi⁴⁴tʰɔi²¹, nai²¹kɔi⁴⁴sai⁴⁴, n̠i⁴⁴tʰai⁵⁵na⁵⁵kɔi⁴⁴xɑu⁵⁵o⁰?

个 个 大， 那 个 细， 你 睇 哪 个 好 哦？

211 这个比那个好。

kɔi²¹kɔi⁴⁴pi⁵⁵nai²¹kɔi⁴⁴xɑu³⁵nai⁴⁴.

个 个 比那 个 好 □。

212 那个没有这个好，差多了。

nai²¹kɔi⁴⁴mɑu²²kɔi²¹kɔi⁴⁴xɑu³⁵, ɕiɔŋ⁴⁴tsʰɔ⁴⁴to⁴⁴le⁰.

那 个 无 个 个 好， 相 差 多 嘞。

213 要我说这两个都好。

oi⁴⁴ŋɔi⁴⁴kɔŋ⁵⁵kɔi²¹iɔŋ³⁵kɔi⁴⁴tu⁴⁴xɑu⁵⁵.

爱我 讲 个 两个 都 好。

214 其实这个比那个好多了。

sit²tɕi⁵⁵kɔi²¹kɔi⁴⁴pi⁵⁵nai²¹kɔi⁴⁴xɑu⁵⁵to⁴⁴le⁰.

实际 个 个 比 那 个 好 多 嘞。

215 今天的天气没有昨天好。

kim⁴⁴ɲin⁴⁴⁵ki⁰tʰan⁴⁴sin⁴⁴mɑu²²tai²¹ɲin⁴⁴⁵ɲi²¹xɑu⁵⁵.

今 日 个天 新= 无 待=日 尔 好。

kim⁴⁴pu⁴⁴ki⁰tʰan⁴⁴kʰi⁴⁴mɑu²²tai²¹pu²¹xɑu⁵⁵.

今 晡 个天 气 无 待=晡 好。

216 昨天的天气比今天好多了。

tai²¹ɲin⁴⁴⁵ki⁰tʰan⁴⁴sin⁴⁴pi⁵⁵kim⁴⁴ɲin⁴⁴⁵ xɑu⁵⁵to⁴⁴le⁰.

待=日 个天 新= 比 今 日 好 多 嘞。

tai²¹pu²¹ki⁰tʰan⁴⁴kʰi⁴⁴pi⁵⁵kim⁴⁴pu⁴⁴xɑu⁵⁵to⁴⁴le⁰.

待=晡 个天 气 比 今 晡 好 多 嘞。

217 明天的天气肯定比今天好。

tʰan³⁵ɲin⁴⁴⁵ki⁰tʰan⁴⁴sin⁴⁴kʰan⁵⁵tʰaŋ²¹pi⁵⁵kim⁴⁴ɲin⁴⁴⁵kʰau⁴⁴xɑu³⁵.

□ 日 个天 新= 肯 定 比 今 日 较 好。

tʰan³⁵tʰeu²²ki⁰tʰan⁴⁴kʰi⁴⁴kʰan⁵⁵tʰaŋ²¹pi⁵⁵kim⁴⁴pu⁴⁴xɑu³⁵nai⁴⁴.

□ 头 个天 气 肯 定 比 今 晡 好 □。

218 那个房子没有这个房子好。

nai²¹tɔŋ²²lau²²mɑu²²kɔi²¹tɔŋ²²lau²²kɔi²¹xɑu⁵⁵.

那 幢 寮 无 个 幢 寮 个 好。

219 这些房子不如那些房子好。

kɔi²¹to⁴⁴lau²²mɑu²²nai²¹to⁴⁴lau²²xɑu⁵⁵.

个 多 寮 无 那 多 寮 好。

kɔi²¹to⁴⁴lau²²mɑu²²nai²¹to⁴⁴lau²²ɲi²¹xɑu⁵⁵.

个 多 寮 无 那 多 寮 尔 好。

220 这个有那个大没有？

kɔi²¹kɔi⁴⁴xo⁴⁴ɲi²¹kɔi⁴⁴ɲi²¹tʰɔi²¹a⁵⁵ŋ²²?

个 个 有 尔 个 尔 大 啊= 唔?

221 这个跟那个一般大。

kɔi²¹kɔi⁴⁴ti⁵⁵ɲi²¹kɔi⁴⁴it⁴ioŋ²¹tʰɔi²¹.

个 个 抵= 尔 个 一样 大。

222　这个比那个小了一点点儿，不怎么看得出来。

　　kɔi²¹kɔi⁴⁴pi⁵⁵n̩i²¹kɔi⁴⁴sai⁴⁴tian⁵⁵, tʰai⁵⁵ŋ²²to⁴⁴tɕʰyt⁴loi²².

　　个　个　比尔个细点，睇　唔多出　来。

　　kɔi²¹kɔi⁴⁴pi⁵⁵n̩i²¹kɔi⁴⁴sai⁴⁴tian⁵⁵, mai⁴⁴tʰai⁵⁵ti²⁴ki⁵⁵to⁴⁴tɕʰyt⁴loi²².

　　个　个　比尔个细点，睰　睇　得几多　出　来。

223　这个大，那个小，两个不一般大。

　　kɔi²¹kɔi⁴⁴tʰɔi²¹, n̩i²¹kɔi⁴⁴sai⁴⁴, iɔŋ³⁵kɔi⁴⁴mai⁴⁴it⁴iɔŋ²¹tʰɔi²¹.

　　个　个　大，尔个细，两个睰一样大。

224　这个跟那个大小一样，分不出来。

　　kɔi²¹kɔi⁴⁴ti⁵⁵nai²¹kɔi⁴⁴tʰɔi²¹sai⁴⁴it⁴iɔŋ²¹, mai⁴⁴pən⁴⁴ti²⁴tɕʰyt⁴loi²².

　　个　个　抵⁼那个　大　细一样，睰　分　得　出　来。

　　kɔi²¹kɔi⁴⁴ti⁵⁵nai²¹kɔi⁴⁴tʰɔi²¹sai⁴⁴ it⁴iɔŋ²¹, pən⁴⁴ŋ²² tɕʰyt⁴loi²².

　　个　个　抵⁼那个　大　细　一样，分　唔出　来。

225　这个人比那个人高。

　　kɔi²¹kɔi⁴⁴n̩in²²pi⁵⁵n̩i²¹kɔi⁴⁴n̩in²²kʰau⁴⁴kau⁴⁴.

　　个　个　人　比尔个人　较　高。

226　是高一点儿，可是没有那个人胖。

　　ɕi⁴⁴kau⁴⁴it⁴ti⁵⁵, tɕiu²¹ɕi⁴⁴mau²²n̩i²¹kɔi⁴⁴n̩in²²n̩i²¹tsɔŋ⁴⁴.

　　是高　一点，就　是无　尔个人　尔壮。

227　他们一般高，我看不出谁高谁矮。

　　kian²²it⁴iɔŋ²¹kau⁴⁴, ŋɔi⁴⁴tʰai⁵⁵ŋ²²tɕʰyt⁴na⁵⁵kɔi⁴⁴kau⁴⁴na⁵⁵kɔi⁴⁴ai³⁵.

　　[渠年⁼]一样高，我　睇唔出　哪个高　哪个矮。

228　胖的好还是瘦的好？

　　tsɔŋ⁴⁴ki⁰xau⁵⁵nai⁴⁴a⁵⁵ ɕi⁴⁴sau⁴⁴ki⁰xau⁵⁵nai⁴⁴?

　　壮　个好　□　啊⁼是瘦　个好　□?

229　瘦的比胖的好。

　　sau⁴⁴ki⁰pi⁵⁵tsɔŋ⁴⁴ki⁰ xau⁵⁵nai⁴⁴.

　　瘦　个比壮　个好　□。

　　sau⁴⁴ki⁰pi⁵⁵tsɔŋ⁴⁴ki⁰ kʰau⁴⁴xau⁵⁵.

　　瘦　个比壮　个较　好。

230　瘦的胖的都不好，不瘦不胖最好。

　　sau⁴⁴ki⁰tsɔŋ⁴⁴ki⁰tu⁴⁴mau²²tən⁵⁵xau⁵⁵, ŋ²²sau⁴⁴ŋ²²tsɔŋ⁴⁴tiŋ³⁵xau⁵⁵.

　　瘦　个壮　个都无　□　好，唔瘦　唔壮　顶好。

sau⁴⁴ki⁰tsɔŋ⁴⁴ki⁰tu⁴⁴mɑu²²təŋ⁵⁵xɑu⁵⁵, ŋ²²sau⁴⁴ŋ²²tsɔŋ⁴⁴tsai³⁵xɑu⁵⁵.

瘦 个 壮 个 都 无 □ 好, 唔瘦 唔壮 再 好。

231 这个东西没有那个东西好用。

kɔi²¹kɔi⁴⁴nɔʔ⁴mɑu²²n̠i²¹kɔi⁴⁴nɔʔ⁴n̠i²¹xɑu⁵⁵soi⁵⁵.

个 个 乇 无 尔 个 乇 尔 好 使。

232 这两种颜色一样吗?

kɔi²¹iɔŋ³⁵tɕiɔŋ⁵⁵ŋɔn²²seʔ⁴it⁴iɔŋ⁵⁵a⁵⁵ŋ²²?

个 两 种 颜 色 一样 啊= 唔?

233 不一样,一种色淡,一种色浓。

mai⁴⁴it⁴iɔŋ²¹, it⁴tɕiɔŋ⁵⁵tʰam⁴⁴, it⁴tɕiɔŋ⁵⁵niuŋ²².

奀 一样, 一 种 淡, 一 种 浓。

234 这种颜色比那种颜色淡多了,你都看不出来?

kɔi²¹tɕiɔŋ⁵⁵ŋɔn²²seʔ⁴pi⁵⁵n̠i²¹tɕiɔŋ⁵⁵ŋɔn²²seʔ⁴tʰam⁴⁴to⁴⁴a⁰, n̠i⁴⁴tu⁴⁴tʰai⁵⁵ŋ²²tɕʰyt⁴loi²²?

个 种 颜 色 比 尔 种 颜 色 淡 多 啊,你 都 睇 唔 出 来?

kɔi²¹tɕiɔŋ⁵⁵ŋɔn²²seʔ⁴pi⁵⁵n̠i²¹tɕiɔŋ⁵⁵ŋɔn²²seʔ⁴tʰam⁴⁴to⁴⁴a⁰, n̠i⁴⁴tu⁴⁴mai⁴⁴tʰai⁵⁵tiʔ⁴tɕʰyt⁴loi²² ?

个 种 颜 色 比 尔 种 颜 色 淡 多 啊,你 都 奀 睇 得 出 来?

235 你看看现在,现在的日子比过去强多了。

n̠i⁴⁴tʰai⁵⁵tʰai⁵⁵kɔi²¹tɕʰiŋ²¹, kɔi²¹tɕʰiŋ²¹ki⁰n̠it⁴tsi²¹pi⁵⁵mɔ⁵⁵nan²²xɑu⁵⁵tiʔ⁴to⁴⁴le⁰.

你 睇 睇 个 澄=, 个 澄= 个日子比 马= 年 好 得 多 嘞。

236 以后的日子比现在更好。

ɕi⁵⁵tʰeu²¹loi²²ki⁰n̠it⁴tsi²¹pi⁵⁵kɔi²¹tɕʰiŋ²¹ku⁵⁵ kʰau⁴⁴xɑu³⁵.

屎头 来 个 日 子 比 个 澄= 古= 较 好。

237 好好干吧,这日子一天比一天好。

xɑu⁵⁵xɑu⁵⁵tso⁴⁴a⁰, kɔi²¹tɕʰiŋ²¹ki⁰n̠it⁴tsi²¹it⁴n̠it⁴pi⁵⁵it⁴n̠it⁴xɑu³⁵a⁰.

好 好 做 啊,个 澄= 个日子 一日 比 一日 好 啊。

xɑu⁵⁵xɑu³⁵ki⁰tso⁴⁴a⁰, kɔi²¹tɕʰiŋ²¹ki⁰n̠it⁴tsi²¹ɕi⁴⁴it⁴n̠it⁴pi⁵⁵it⁴n̠it⁴xɑu³⁵a⁰.

好 好 个做 啊,个 澄= 个日子 是 一日 比 一日 好 啊。

238 这些年的生活一年比一年好,越来越好。

kɔi²¹iɔŋ⁵⁵nan²²ki⁰saŋ⁴⁴uɔt⁴it⁴ nan²²pi⁵⁵it⁴ nan²²xɑu³⁵, yot²loi²²yot²xɑu³⁵.

个 两 年 个生 活 一年 比 一年 好, 越 来 越 好。

239 咱兄弟俩比一比谁跑得快。

ŋɔi⁴⁴n̠i⁵⁵iɔŋ⁵⁵ɕiaŋ⁴⁴tʰai⁵⁵pi³⁵xɔ²¹tʰai⁵⁵na⁵⁵kɔi⁴⁴tsau⁵⁵tiʔ⁴kin³⁵nai⁴⁴.

我 尔 两 兄 弟 比 下 睇 哪 个 走 得 紧 □。

ŋɔi⁴⁴n̠i⁵⁵iɔŋ⁵⁵ɕiaŋ⁴⁴tʰai⁴⁴pi³⁵xɔ²¹tʰai⁵⁵na⁵⁵kɔi⁴⁴let² ti⁷²⁴kʰau⁴⁴kin³⁵.

我 尔 两兄 弟 比下 睇 哪个 蹦 得 较 紧。

240 **我比不上你，你跑得比我快。**

ŋɔi⁴⁴mau²²leu³⁵n̠i⁴⁴ tsau⁵⁵, n̠i⁴⁴tsau⁵⁵loi²²pi⁵⁵ŋɔi⁴⁴kʰau⁴⁴kin³⁵.

我 无 婆=你 走， 你 走 来 比 我 较 紧。

ŋɔi⁴⁴nəŋ⁵⁵n̠i⁴⁴pi⁵⁵ŋ²²tɕʰio⁷², n̠i⁴⁴tsau⁵⁵loi²²pi⁵⁵ŋɔi⁴⁴kʰau⁴⁴kin³⁵.

我 □ 你 比 唔着， 你 走 来 比 我 较 紧。

241 **他跑得比我还快，一个比一个跑得快。**

ki⁴⁴tsau⁵⁵ti⁷²⁴pi⁵⁵ŋɔi⁴⁴kʰau⁴⁴kin³⁵, it⁴ kɔi⁴⁴pi⁵⁵it⁴ kɔi⁴⁴tsau⁵⁵ti⁷²⁴kin³⁵.

渠 走 得比我 较 紧， 一个 比 一个 走 得 紧。

242 **他比我吃得多，干得也多。**

ki⁴⁴pi⁵⁵ŋɔi⁴⁴ɕi⁷²kʰau⁴⁴to⁴⁴, tso⁴⁴ia²²tso⁴⁴kʰau⁴⁴to⁴⁴.

渠 比 我 食 较 多，做 亦 做 较 多。

243 **他干起活来，比谁都快。**

ki⁴⁴tso⁴⁴ɕie²¹, pi⁵⁵sei²¹pen²¹na⁵⁵kɔi⁴⁴tu⁴⁴kʰau⁴⁴kin³⁵.

渠 做 事， 比 随 便 哪个 都 较 紧。

244 **说了一遍，又说一遍，不知说了多少遍。**

ɕyot⁴a⁰ it⁴ tau⁵⁵, ieu²¹ɕyot⁴it⁴ tau⁵⁵, mau³⁵ta⁷²⁴ɕyot⁴a⁰ ki⁵⁵to⁴⁴tau⁵⁵.

说 啊一道， 又 说 一道， 无 得 说 啊 几 多 道。

245 **我嘴笨，怎么也说不过他。**

ŋɔi⁴⁴mau²²kʰeu⁵⁵n̠iem²², tso²¹tso⁴⁴tu⁴⁴mai⁴⁴ɕyot⁴ti⁷²⁴ki⁴⁴ku⁴⁴.

我 无 口 言， 造=做都 恰 说 得 渠过。

ŋɔi⁴⁴mau²²kʰeu⁵⁵n̠iem²², tso²¹tso⁴⁴tu⁴⁴mai⁴⁴ɕyot⁴ti⁷²⁴ku⁴⁴ki⁴⁴.

我 无 口 言， 造=做都 恰 说 得 过渠。

246 **他走得越来越快，我都跟不上了。**

ki⁴⁴xaŋ²²ti⁷²⁴yot²loi²²yot²kin³⁵, ŋɔi⁴⁴tu⁴⁴mai⁴⁴tɕy⁴⁴tɕʰio⁷²⁴ki⁴⁴a⁰.

渠 行 得越来 越 紧， 我 都 恰 追 着 渠啊。

ki⁴⁴yot²xaŋ²²yot²kin³⁵, ŋɔi⁴⁴to⁴⁴tɕy⁴⁴ŋ²²tɕʰio⁷²⁴ki⁴⁴a⁰.

渠越 行 越 紧， 我 都 追 唔着 渠啊。

247 **越走越快，越说越快。**

yot²xaŋ²²yot²kin³⁵, yot²ɕyot⁴yot²kin³⁵.

越 行 越 紧， 越 说 越 紧。

248 慢慢说，一句一句地说。

nem⁵⁵nem⁴⁴⁵ɕyot⁴, it⁴ ku⁴⁴⁵it⁴ ku⁴⁴⁵ɕyot⁴.

□ □ 说，一句 一句 说。

nem⁵⁵nem⁴⁴⁵ɕyot⁴, it⁴ ku⁴⁴ku⁴⁴⁵ɕyot⁴.

□ □ 说，一句 句 说。

第八章 话语材料

　　本章收录调查点当地的俗语谚语、歌谣、故事等口头文化内容，均附视频。视频目录与小节标题一致。

第一节

俗语谚语

一 谚语

1. san⁴⁴xaʔ⁴san⁴⁴xaʔ⁴, tu⁴⁴ɕi⁴⁴ɕiaŋ⁴⁴tʰai⁴⁴ɕyʔ⁴paʔ⁴.
   山 客 山 客, 都 是 兄 弟 叔 伯。

2. san⁴⁴tɕiuŋ⁴⁴mɑu²²tɕʰiʔ²ɕy²¹, ɕie⁴⁴ɕiɔŋ²¹mɑu²²tɕʰiʔ²n̠in²².
   山 中 无 直 树, 世 上 无 直 人。

3. iɔŋ⁴⁴tɕy⁴⁴mɑu²²xɔŋ⁴⁴, ten³⁵y²²pʰaʔ²iɔŋ⁴⁴.
   养 猪 无 糠, 等 于 白 养。

4. n̠iet²tʰeu²²tʰan⁴⁴ɕiɔŋ²¹ku⁴⁴, su²¹tʰeu²²ɕiu³⁵ɕiɔŋ²¹ku⁴⁴.
   热 头 天 上 过, 事 头 手 上 过。

5. ŋɑu²²set⁴si⁴⁴n̠yot²pat⁴, n̠in²²set⁴ŋ⁵⁵n̠yot²tsat⁴.
   牛 歇 四 月 八, 人 歇 五 月 节。

6. tɕiaŋ⁴⁴n̠yot²xai²², n̠i²¹n̠yot²tsʰai²², sam⁴⁴n̠yot²tʰan²²li⁵⁵mɔn⁵⁵mɔn³⁵ai⁴⁴.
   正 月 鞋, 二 月 柴, 三 月 田 里 慢 慢 挨。

7. xo⁴⁴ŋɑu²²moʔ²xaʔ⁴mɔn²¹, xo⁴⁴pʰɔn²¹moʔ²xaʔ⁴lɔn²¹.
   有 牛 莫 吓 慢, 有 饭 莫 吓 烂。

8. tʰan⁴⁴ɕiɔŋ²¹ta⁵⁵loʔ²pɑu³⁵, ɕy⁴⁴ken⁵⁵iaʔ² oi⁴⁴tsɑu³⁵.
   天 上 □落①宝, 去 捡 亦 爱 早。

---

① □落 ta⁵⁵loʔ²: 掉。

9. ɕia²²xaŋ²²ɕia²²lu²¹, pet⁴xaŋ²²pet⁴lu²¹, tso⁴⁴n̠in²²moʔ²xaŋ²²ia⁵⁵lu²¹.

　　蛇 行　蛇 路，鳖 行　鳖 路，做 人　莫 行 野 路。

10. sai⁴⁴ɕiŋ²²kɑu⁴⁴, tʰɔi²¹loi²²ŋ²²xɑu⁴⁴.

　　细 时　唔 教，　大 来　唔 孝。

11. xoʔ²kyn²²oi⁴⁴sam⁴⁴nan²², xoʔ²lɔn⁴⁴tsai²¹n̠ian⁵⁵tsʰan²².

　　学 勤 爱 三 年，学 懒 在 眼　前。

12. xo⁴⁴iɔŋ²¹tɕieu⁴⁴iɔŋ²¹, mɑu²²iɔŋ²¹tɕieu⁴⁴ɕie⁴⁴ɕiɔŋ²¹.

　　有 样 照　样，无 样 照　世 上。

13. ti²¹kɔ²¹xaŋ²²ŋ²²tɕiaŋ⁴⁴, kɔŋ⁵⁵uɔ²¹mɑu²²n̠in²²tʰaŋ⁴⁴.

　　自 家 行　唔 正，　讲 话 无 人 听。

14. it⁴xɔŋ²²fuʔ²it⁴xɔŋ²², no²¹mai⁵⁵fuʔ²sɔ⁴⁴tʰɔŋ²².

　　一 行 服 一 行，糯 米　服 砂 糖。

15. ɕy²¹tʰɔi²¹pən⁴⁴tsʰɔ⁴⁴, tsoi³⁵tʰɔi²¹pən⁴⁴kɔ⁴⁴.

　　树 大 分 权，崽 大 分 家。

16. n̠in²²kyn²²tʰan²²tɕʰyt⁴pɑu³⁵, n̠in²²lɔn⁴⁴tʰan²²tɕʰyt⁴tsʰɑu³⁵.

　　人 勤 田 出 宝，人 懒 田 出 草。

17. kʰiu²²n̠in²²pəʔ⁴y²²kʰiu²²tsʰən⁴⁴tʰu³⁵.

　　求　人 不 如 求　寸　土。

18. moʔ²kɔŋ⁵⁵pʰet²n̠in²²it⁴ɕin⁴⁴pɔ⁴⁴, nai²¹kɔŋ⁵⁵ti²¹kɔ²¹it⁴ɕin⁴⁴fɔ⁴⁴.

　　莫 讲 别 人 一 身 疤，乃 讲 自 家 一 身 花。

19. n̠in²²sim⁴⁴tsʰai²², ɕiaʔ²ku³⁵pen⁴⁴ɕiaŋ²²nai²².

　　人 心 齐，石 牯 变 成 泥。

20. tɕʰiaʔ⁴xɔ²²tɕʰiaʔ⁴xɔ²², mɑu²²ɕy⁵⁵ɕieu⁴⁴tsʰɔ²².

　　赤　霞 赤　霞，无　水 烧 茶。

21. sai⁴⁴tsoi⁵⁵n̠iam²¹ku⁴⁴nan²², tʰɔi²¹n̠in²²n̠iam²¹pu⁵⁵tʰan²².

　　细 崽 念 过 年，大 人　念 补⁼田①。

22. n̠in²²oi⁴⁴men⁴⁴pʰi²², ɕy²¹oi⁴⁴ɕy²¹pʰi²².

　　人 爱 面　皮，树 爱 树 皮。

23. pɔŋ⁴⁴n̠in²²pɔŋ⁴⁴ŋ²²lau³⁵, lo⁴⁴pʰɔn²¹ɕiʔ²ŋ²²pɑu³⁵.

　　帮 人 帮　唔 了，攞 饭② 食 唔 饱。

---

① 补⁼田 pu⁵⁵tʰan²²：插秧。

② 攞饭 lo⁴⁴pʰɔn²¹：讨饭。

24. nai²¹xo⁴⁴sam⁴⁴tʰoi²¹kʰiuŋ²², men²¹xo⁴⁴sam⁴⁴tʰoi²¹fu⁴⁴.

乃 有 三 代 穷，　面^①有 三 代 富。

25. tso⁴⁴it⁴xɔŋ²², yon⁴⁴it⁴xɔŋ²², tʰeu⁴⁴lau³⁵ŋ²²tsai²¹xɔŋ²².

做 一 行， 怨 一 行， 透^②老 唔 在 行。

26. lau⁵⁵ɔ²²ma⁵⁵taʔti²¹kɔ²¹u⁴⁴.

老 鸦 无 得^③自 家 乌。

27. it⁴tʰoi²¹tsʰin⁴⁴, iɔŋ³⁵tʰoi²¹peu³⁵, sam⁴⁴tʰoi²¹mau²²n̠in²²tɕʰieu²².

一 代 亲， 两 代 表， 三 代 无 人 朝。

28. it⁴ɕiu³⁵nɔn²²tsuʔiɔŋ³⁵moi²²n̠y²¹.

一 手 难 捉 两 枚 鱼。

29. n̠in²²yot²tɕiɔŋ⁵⁵ yot²lɔn⁴⁴, tɕyoi⁴⁴yot²ɕiʔyot²tʰam⁴⁴.

人 越 掌^④ 越 懒， 嘴 越 食 越 淡。

30. it⁴n̠it⁴saŋ²¹it⁴ kʰeu³⁵, it⁴n̠yot²saŋ²¹it⁴ teu³⁵.

一 日 省 一 口， 一 月 省 一 斗。

31. ɕip²tu⁵⁵kiu³⁵si⁵⁵, moʔtu⁵⁵tsai³⁵ɕi⁴⁴.

十 赌 九 死， 莫 赌 最 是^⑤。

32. tsʰiŋ⁴⁴miŋ²²tsʰaŋ²², mai⁵⁵kɔ⁴⁴pʰiaŋ²², tsʰiŋ⁴⁴miŋ²²loʔ, mai⁵⁵kɔ⁴⁴kui⁴⁴si⁴⁴ioʔ.

清 明 晴， 米 价 平， 清 明 落， 米 价 贵 似 药。

33. təŋ⁴⁴tʰan⁴⁴mau²²ŋau²²tɕiu²¹ɕi⁴⁴fət², tɕʰyn⁴⁴tʰan⁴⁴mau²²ŋau²²tɕiu²¹ɕi⁴⁴kuət².

冬 天 无 牛 就 是 佛，春 天 无 牛 就 是 掘。

34. təŋ⁴⁴tʰan⁴⁴mau²²ŋau²²si⁴⁴ɕin²²ɕian⁴⁴, tɕʰyn⁴⁴tʰan⁴⁴mau²²ŋau²²uo³⁵uɔŋ²²tʰan⁴⁴.

冬 天 无 牛 似 神 仙， 春 天 无 牛 唉^⑥皇 天。

35. sam⁴⁴n̠yot²ɕia²²tɕʰyt⁴təŋ²¹, kiu³⁵n̠yot²ɕia²²ku⁴⁴təŋ⁴⁴.

三 月 蛇 出 洞， 九 月 蛇 过 冬。

36. ɕiʔ²lau⁵⁵tsʰiŋ⁴⁴miŋ²²pɔn³⁵, n̠it⁴n̠it⁴tʰan²²li⁵⁵pon³⁵.

食 了 清 明 粄， 日 日 田 里 反^⑦。

---

① 面 = men²¹：没。

② 透 tʰeu⁴⁴：到。

③ 无得 ma⁵⁵taʔ：不知道。

④ 掌 tɕiɔŋ³⁵：游玩。

⑤ 莫赌最是 moʔtu⁵⁵tsai³⁵ɕi⁴⁴：最好不要赌。

⑥ 唉 uo³⁵：叫。

⑦ 反 pon³⁵：本义指用手翻动，此处指劳作。

37. ɕip²n̥it⁴taŋ⁵⁵tɕʰiuŋ⁴⁴kiu³⁵n̥it⁴kʰəŋ⁴⁴, it⁴n̥it⁴taŋ⁵⁵tɕʰioʔ²pu⁵⁵ɕian²¹kəŋ⁴⁴.

 十 日 打 铳   九 日 空, 一 日 打 着 补 前 功。

38. taŋ⁵⁵tʰat⁴tɕʰy⁵⁵tɔn⁵⁵leu²¹, tso⁴⁴moʔ²tɕʰy⁵⁵tɕʰiɔŋ²²leu²¹.

 打 铁 取 短 料, 做 木 取 长 料。

39. pʰaʔ²lu²¹pʰaʔ², tɕiuŋ⁴⁴fɔ⁴⁴maʔ².

 白 露 白, 种 花 麦。

40. it⁴iɔŋ²¹pʰaʔ²mai⁵⁵ɕiʔ²paʔ⁴iɔŋ²¹n̥in²².

 一 样 白 米 食 百 样 人。

41. it⁴n̥in²²ŋ²²siʔ⁴it⁴n̥in²²sim⁴⁴, kim⁴⁴soi⁵⁵fu⁵⁵len²¹tɕiu²¹tɕiaŋ⁴⁴ɕi⁴⁴tɕin⁴⁴.

 一 人 唔 识 一 人 心, 金 使 火 炼 就 正 是 真。

42. it⁴tsʰaŋ⁴⁴kɑu⁴⁴taŋ⁵⁵tɑu⁵⁵it⁴ɕyon²²n̥in²².

 一 撑 篙 打 倒 一 船 人。

43. sɑu⁴⁴tɕy⁴⁴oʔ⁴ŋaŋ²¹ɕi³⁵, n̥in²²kʰiuŋ²²xo⁴⁴kuət⁴kʰiʔ⁴.

 瘦 猪 屙 硬 屎, 人 穷 有 骨 气。

44. saʔ⁴tsoi⁵⁵ɕiu⁵⁵n̥ie²¹ŋ²²xoʔ²tʰəŋ⁴⁴, lɑu³⁵loi²²ŋ²²tsiʔ²pɔn⁴⁴le²²tʰəŋ²².

 细 崽 手 艺 唔 学 通, 老 来 唔 值 半 厘 铜。

45. xo⁴⁴sim⁴⁴tso⁴⁴pʰiu²¹ɕioʔ², ŋ²²xaʔ⁴pei⁴⁴ɕy⁵⁵luʔ².

 有 心 做 匏 勺, 唔 吓① 沸 水 爁②。

46. n̥in²²tsiŋ²²ɕi⁴⁴pɔ⁵⁵ky⁴⁴, xo⁴⁴loi²²iaʔ²xo⁴⁴ɕy⁴⁴.

 人 情 是 把 锯, 有 来 亦 有 去。

47. sai⁴⁴ɕi²²tʰeu⁴⁴tɕim⁴⁴, tʰɔi²¹loi²²tʰeu⁴⁴kim⁴⁴.

 细 时 偷 针, 大 来 偷 金。

48. n̥iŋ²¹pɔŋ⁴⁴liŋ²²n̥in²²tso⁴⁴kyn⁴⁴su⁴⁴, ŋ²²ti⁵⁵ŋoi²²n̥in²²pei⁴⁴pɑu⁴⁴fuʔ².

 宁 帮 灵 人 做 军 师, 唔 抵゠③ 呆 人 背 包 袱。

49. səŋ⁴⁴taŋ³⁵mɑu²²xɑu⁵⁵ɕiu³⁵, səŋ⁴⁴mɔ⁴⁴mɑu²²xɑu⁵⁵tɕyoi⁴⁴.

 相 打 无 好 手, 相 骂 无 好 嘴。

50. xɑu⁵⁵xɔn⁴⁴ŋ²²ɕiʔ²n̥ian⁵⁵tsʰan²²kʰui⁴⁴.

 好 汉 唔 食 眼 前 亏。

---

① 吓 xaʔ⁴: 怕。

② 爁 luʔ²: 烫。

③ 抵゠ti⁵⁵: 给。

51. tʰan⁴⁴tsʰaŋ²²foŋ²²loʔ²ɕy³⁵, nit⁴nit⁴xoʔtəŋ⁵⁵tɕy³⁵.

天　晴　防 落 雨，日 日　有 □^① 煮。

52. it⁴tɕʰian⁴⁴pəʔ²⁴y²²pat⁴paʔ²⁴ian²¹.

一 千　不 如 八 百 现。

（钟建明，2016年8月21日）

53. kʰyn²²kaŋ⁴⁴teʔ⁴pau⁵⁵ɕiʔ²ia⁰, tʰɔi²¹tsʰoŋ⁴⁴ kʰy²¹lau⁵⁵uo²².

勤　耕　得 饱 食 呀，大 仓　柜 老 禾。

54. tʰɔi²¹n̠in²²saŋ⁴⁴n̠it⁴it⁴təŋ⁴⁴pɔn³⁵, saʔ²tsoi⁵⁵saŋ⁴⁴n̠it⁴it⁴kɔi⁴⁴lɔn³⁵.

大 人　生 日一 顿 粄，细 崽　生 日 一 个 卵。

55. xo⁴⁴sim⁴⁴foi⁴⁴pʰɔn²¹tiam⁴⁴, ŋ²²xaʔ⁴tʰɔi²¹tu⁵⁵uoŋ²².

有 心 开 饭　店，唔吓 大 肚 王。

56. xai⁴⁴tso⁴⁴moi²²ɕiʔ²pʰaʔ²ɕiɔŋ³⁵, mai⁴⁴tso⁴⁴moi²²ɕiʔ²pɔ⁴⁴tɕiɔŋ³⁵.

解^② 做 媒 食 白 鲞，𠊎^③ 做 媒 食 巴 掌。

57. xai⁴⁴tso⁴⁴moi²²iɔŋ⁵⁵tʰeu²²tsʰaŋ³⁵, mai⁴⁴tso⁴⁴moi²²iɔŋ⁵⁵tʰeu²²taŋ³⁵.

解 做 媒 两 头 请，𠊎 做 媒 两 头 打。

58. moi²²n̠in²²kiⁿtɕyoi⁴⁴, tso⁴⁴tʰan⁴⁴n̠in²²kiⁿfoi⁴⁴.

媒 人 个嘴，　做 田 人 个 灰。

59. kai²¹tsoi³⁵xoʔ²tso⁴⁴moi²², kai²¹kɑu³⁵ɕiai⁴⁴tʰɑpⁿtoi⁴⁴.

坏 崽 学 做 媒，坏 狗 舐^④ 踏 碓。

60. moi²²n̠in²²kuŋ⁴⁴, moi²²n̠in²²kuŋ⁴⁴, moi²²n̠in²²tso⁴⁴su²¹iɔŋ⁵⁵tʰeu²²tʰuŋ⁴⁴.

媒 人 公，媒 人 公，媒 人 做 事 两 头　通。

61. it⁴uon⁵⁵tsʰɔ²², n̠i²¹uon⁵⁵ɕy³⁵, sam⁴⁴uon⁵⁵tɕiu²¹ mɑu²²kui⁴⁴ky³⁵.

一 碗　茶，二 碗 水，三 碗 就 无　规 矩。

62. it⁴tɑu⁵⁵fu³⁵, n̠i²¹tɑu⁵⁵pu³⁵, sam⁴⁴tɑu⁵⁵tai²¹ tai²¹tu³⁵.

一 道 苦，二 道 补，三　道 汏汏 肚^⑤。

63. tso⁴⁴tsʰeʔ²moʔ²tʰeu⁴⁴ŋɑu²², taŋ⁵⁵n̠in²²moʔtaŋ⁵⁵tʰeu²².

做 贼 莫 偷 牛，打 人 莫 打 头。

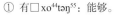

① 有□xo⁴⁴təŋ⁵⁵：能够。

② 解 xai⁴⁴：会。

③ 𠊎 mai⁴⁴：不会。

④ 舐 ɕiai⁴⁴：舔。

⑤ 汏汏肚 tai²¹tai²¹tu³⁵：指第三道茶的茶味淡。

64. tɕʰiɔŋ²²uɔ²¹nɔn²²kɔŋ³⁵, tɕʰiɔŋ²²ɕiŋ²¹nɔn²²no²².

   长 话 难 讲， 长 绳 难 捼①。

65. lau⁵⁵n̠in²²kɔŋ⁵⁵uɔ²¹tɔŋ⁴⁴tiʔ⁴io²², saʔ⁴tsoi⁵⁵kɔŋ⁵⁵uɔ²¹mɑu²²lo²²tɕʰio²².

   老 人 讲 话 当 得 药，细 崽 讲 话 无 落着②。

66. ɕiʔ²pʰɔn²¹kʰiu⁵⁵uo²²teu⁴⁴, soi⁵⁵tsʰan²¹kʰiu⁵⁵tsʰɔ²²teu⁴⁴.

   食 饭 靠 禾 蔸，使 钱 靠 茶 蔸。

67. saŋ⁴⁴kiai⁴⁴pət⁴ipʔ²luŋ²¹.

   生 鸡 不 入 笼。

68. kau⁵⁵ɕi⁵⁵moi²²tɔŋ²², ki⁴⁴nan²²tso⁴⁴tsoi³⁵min²²nan²²uɔŋ²².

   狗 屎 梅 棠③，今 年 做 崽 明 年 黄。

69. kau⁵⁵ɕi⁵⁵moi²²tɔŋ²², ki⁴⁴nan²²tso⁴⁴tsoi³⁵min²²nan²²ɕiɔŋ²².

   狗 屎 梅 棠，今 年 做 崽 明 年 尝。

70. lau²²kuŋ⁴⁴ɕy³⁵, kaʔ⁴tʰan²²ɕyn²².

   寮ᵖ公④水，隔 田 唇⑤。

71. tʰan⁴⁴ɕiɔŋ²²mɑu²²un²²mai⁴⁴lo²²ɕy³⁵, tʰi²¹xɔ²¹mɑu²²moi²²mai⁴⁴ɕiaŋ²²tsʰin⁴⁴.

   天 上 无 云 峠 落 水，地 下 无 媒 峠 成 亲。

72. ɕy⁵⁵kap⁴sɔt⁴, lo²²ŋ²²tʰɔt⁴.

   水 合 雪，落 唔 脱⑥。

73. it⁴n̠it⁴mɔ²²sam⁴⁴n̠it⁴ɕy³⁵, sam⁴⁴n̠it⁴mɔ²²kiu³⁵n̠it⁴tsʰaŋ²².

   一 日 雾 三 日 水，三 日 雾 九 日 晴。

74. tuŋ⁴⁴un²²ɕiɔŋ⁴⁴loi²²xai⁴⁴lo²²ɕy³⁵, peʔ⁴un²²ɕiɔŋ⁴⁴loi²²xai⁴⁴tʰan⁴⁴tsʰaŋ²².

   东 云 上 来 解 落 水，北 云 上 来 解 天 晴。

75. tsʰit⁴tsʰaŋ²²ŋ²²ku⁴⁴kiu³⁵, kiu³⁵tsʰaŋ²²ŋ²²ku⁴⁴ia²¹.

   七 晴 唔 过 九，九 晴 唔 过 夜。

76. lit²xɔ²¹lo²², mɑu²²ɕy³⁵sai⁵⁵lai²²tioʔ².

   立 夏 落，无 水 洗 犁 磳⑦。

---

① 捼no²²：揉搓。

② 无落着 mɑu²²lo²²tɕʰio²²：不靠谱。

③ 狗屎梅棠 kau⁵⁵ɕi⁵⁵moi²²tɔŋ²²：野生羊奶果。

④ 寮ᵖ公 lau²²kuŋ⁴⁴：雷。

⑤ 田唇 tʰan²²ɕyn²²：田埂。

⑥ 落唔脱 lo²²ŋ²²tʰɔt⁴：下个不停。

⑦ 犁磳 lai²²tioʔ²：一种滚式碎土农具。

77. tʰan⁴⁴ɕiəŋ²¹ɕiəŋ⁴⁴tɕʰiaʔ²⁴xɔ²², mɑu²²ɕy³⁵sai⁵⁵lɑu⁵⁵ɔ²².

　　天　上　上　赤　霞，无　水　洗　老　鸦。

（钟林富，2016年8月27日）

二　谜语①

1. itᵏkɔi⁴⁴lɑu⁵⁵tɕia⁵⁵u⁴⁴lətᵏlətᵏ, mɑu²²n̩itᵏmɑu²²ia²¹tɕiaʔ²⁴ɕi⁵⁵fətᵏ. —— tsʰɔ²²fu²²

　　一　个　老　姐　乌　□□②，无　日　无　夜　炙　屎　窟。—— 茶壶

2. itᵏkɔi⁴⁴saʔ²⁴tsoi⁵⁵pʰaʔ²saʔ²saʔ⁴, oʔ⁴nau²¹tai⁴⁴tiʔ²⁴xaʔ⁴ . —— tsiu⁵⁵pʰeŋ²²

　　一　个　细　崽　白　锡⁼锡③，屙尿　待　得　客。—— 酒瓶

3. lən²²lən²²kun⁵⁵kun⁵⁵, pɔtᵏky⁴⁴tsʰɔ²¹mən²² . —— tʰan²²lo²²

　　轮　轮　滚　滚，　簸箕　□④门。——　田螺

4. pɔn⁴⁴ieu⁴⁴san⁴⁴ɕiəŋ²¹itᵏteu⁴⁴tsʰɑu³⁵, itᵏn̩itᵏmɔn⁵⁵sam⁴⁴tʰɑu³⁵ .—— pʰɔn²¹tɕʰy²¹lei³⁵

　　半　腰　山　上　一　蔸　草，一　日　挽　三　讨⁼⑤。—— 饭箸䀒⑥

5. leu²²ɕiəŋ²¹itᵏkɔi⁴⁴tɑpᵏ, leu²²xɔ²¹itᵏtoʔ²xaʔ⁴.

　　楼　上　一　个　搭⁼⑦，楼　下　一　桌　客。

　　kian⁴⁴n̩in²²tu⁵⁵teu⁴⁴ɕiʔ², ɕiʔ²aᵒ xai⁴⁴suŋ⁴⁴paʔ⁴.

　　见　人　肚　斗　食，食　啊解　相　擘。

　　—— kiai⁴⁴y²²

　　—— 鸡盂⑧

6. tʰeu²²tɔi⁴⁴kim⁴⁴tɕy⁴⁴kioʔ²tʰapᵖ²nai²², ɕin⁴⁴tɕioʔ²⁴uɔŋ²²mɑu²²tɕyʔ²⁴tsatᵏpan⁴⁴.

　　头　戴　金　珠　脚　踏　泥，身　着　黄　茅　竹　节　瓣。

　　un²²u³⁵paʔ²⁴kon⁴⁴tu⁴⁴oi⁴⁴ŋoi⁴⁴uɔᵒ, uɔŋ²²tai⁴⁴mɑu²²ŋɑi⁴⁴iaʔ²nɔn²²tsʰo⁴⁴ten²¹.

　　文　武　百　官　都　爱　我　哇，皇　帝　无　我　亦　难　坐　殿。

---

① 1-7，12是物谜，8-11是字谜。

② 乌□□ u⁴⁴lətᵏlətᵏ：黑漆漆。

③ 白锡⁼锡⁼pʰaʔ²saʔ²saʔ⁴：白皙。

④ □tsʰɔ²¹：遮挡。

⑤ 挽三讨⁼mɔn⁵⁵sam⁴⁴tʰɑu³⁵：拔三次。

⑥ 饭箸䀒pʰɔn²¹tɕʰy²¹lei³⁵：筷子笼。

⑦ 搭⁼tɑpᵏ：钩子。

⑧ 鸡盂 kiai⁴⁴ y²²：鸡食盆。

—— uo²²

—— 禾

7. tʰuŋ²²lo²²ui²², xam⁵⁵pʰən²¹fət⁴, lau²²kuŋ⁴⁴ɕiaŋ⁴⁴, kap⁴mɑu⁴⁴tsʰət⁴.

铜 锣 围，□ 盆① 窟，寮= 公 声， 合 毛 撮。

—— lit⁴tʰeu²²

—— 笠 头②

8. it⁴tam³⁵it⁴uoʔ²tɕʰioŋ²², it⁴pʰiaʔ⁴tʰeu⁴⁴suŋ⁵⁵ioŋ²².

一 点 一 划 长， 一 撇 透 松 阳③。

tʰan²²tʰeu²²iu²¹mɑu²²ɕy³⁵ia⁰, tʰan²²mei⁴⁴ɕy⁵⁵ioŋ²²ioŋ²².

田 头 又 无 水 呀，田 尾 水 洋 洋。

—— kʰɔŋ⁴⁴

—— 康

9. ɕioŋ²¹pan⁴⁴ŋ²²tɕiam⁴⁴tɕiu²¹xɔ²¹pan⁴⁴tɕiam⁴⁴, teŋ⁴⁴tsʰi²¹tɕʰyt⁴tʰeu²²kiuŋ⁴⁴paʔ⁴saŋ⁴⁴a⁰ .—— mai³⁵

上 边 唔 尖 就 下 边 尖，丁 字 出 头 供 百 姓 啊。—— 米

10. sam⁴⁴kɔi⁴⁴ɕiaŋ⁴⁴tʰai⁴⁴kioŋ²¹n̠ia³⁵ioŋ⁴⁴, kɔi⁴⁴kɔi⁴⁴tu⁴⁴ɕi⁴⁴xɑu⁵⁵mən²²tɕioŋ⁴⁴.

三 个 兄 弟 共 娘 养，个 个 都 是 好 文 章。

xɔŋ²²tɕiu⁴⁴tsʰɔŋ²¹ŋɔn²²ɕy⁴⁴kʰo⁵⁵tɕyon³⁵na⁰, tɕyon⁵⁵loi²²tʰɔi²¹kiⁿoi⁴⁴sai⁴⁴kiⁿokɔŋ⁴⁴ŋoⁿouo⁰.

杭 州 状 元 去 考 转 哪，转 来 大 个 爱 细 个 扛 哦 哇。

—— lyʔ⁴

—— 六

11. ŋoi⁴⁴ɕi⁴⁴tʰoʔ²ɕy⁴⁴kuŋ⁵⁵tsɿ³⁵, n̠i⁴⁴ɕi⁴⁴tiau⁴⁴fɔ⁴⁴n̠y⁵⁵n̠in²².

我 是 读 书 公 子，你 是 雕 花 女 人。

ioŋ³⁵n̠in⁴⁴kioŋ²¹teŋ⁴⁴tsʰo⁴⁴tsʰo⁴⁴, ŋɔi⁴⁴kioʔ²tʰeʔ⁴n̠i⁴⁴keⁿolo²²kʰun²².

两 人 共 凳 坐 坐，我 脚 踢 你 个 罗 裙。

—— xɑu³⁵

—— 好

（钟林富，2016年8月27日）

12. tʰəŋ²²səŋ⁴⁴taŋ³⁵, n̠yn²²ɕioŋ⁴⁴lɔt⁴, kɔn⁵⁵n̠iɑu²¹ɕiŋ²¹, mat²tɑu⁴⁴pɔt⁴.

铜 相 打，银 相 戮， 秆 绕 绳， 篾 吊 钵。

---

① □盆 xam⁵⁵pʰən²¹：石臼。

② 笠头 lit⁴tʰeu²²：斗笠。

③ 松阳 suŋ⁵⁵ioŋ²²：地名

—— tʰɔi²¹pʰɔi³⁵, tsan⁵⁵tau⁴⁴, tsʰɑu⁵⁵xai²², fu⁵⁵lən³⁵.

—— 大铍，剪刀，草　鞋，火笼。

（钟建明，2016年10月3日）

三　隐语①

1. ȵi⁴⁴ɕi⁴⁴ti²¹ki⁵⁵kɔi⁴⁴tʰɑp²pʰu²¹? —— ȵi⁴⁴ɕi⁴⁴ti²¹ki⁵⁵tʰɔi²¹ȵin²²?

   你 是 第几个 踏　步? —— 你 是 第几代 人?

2. iʔ⁴xaŋ²²mɔ²²tɕy²⁴pʰo⁴⁴ki⁵⁵lei²²?

   一 行 毛 竹 破 几 □②?

   lyʔ⁴lei²². —— saŋ⁴⁴lam²².

   六□。 —— 姓　蓝。

   ŋ³⁵lei²². —— saŋ⁴⁴tɕiuŋ⁴⁴, saŋ⁴⁴loi²².

   五□。 —— 姓 钟， 姓 雷。

3. ȵi⁴⁴lau⁴⁴⁵tɕyʔ⁴pen⁴⁴aʔ⁵tsau⁵⁵len²²loi²² ? —— ȵi⁴⁴tsu⁵⁵kiʔ⁴lau²¹aʔ⁵tsau⁵⁵ ?

   你 寮竹 鞭 哪左③连 来? ——　你 祖籍 牢④哪左⊐?

4. ȵin²²xaʔ⁴tsʰiʔ⁴tʰeu²²ɕi⁴⁴taŋ⁴⁴koʔ⁴? a⁵⁵ɕi⁴⁴koiⁿi³⁵? a⁵⁵ɕi⁴⁴kim⁴⁴tɕʰy²¹?

   人 客 字 头 是 丁⑤角? 啊⊐是⑥盖耳? 啊⊐是 金 箸?

   —— ȵin²²xaʔ⁴ɕi⁴⁴saŋ⁴⁴lam²²? a⁵⁵ ɕi⁴⁴ saŋ⁴⁴ loi²²? a⁵⁵ ɕi⁴⁴ saŋ⁴⁴ tɕiuŋ⁴⁴?

   —— 人 客 是 姓 蓝? 啊⊐是 姓 雷? 啊⊐是 姓 钟?

5. ȵi⁴⁴tɕiɔŋ⁵⁵tɕyʔ⁴ȵyon²²noi²¹, a⁵⁵ɕi⁴⁴tɕyʔ⁴ȵyon²²uɔi²¹ ? —— tɕʰyon²²si⁴⁴xoʔ²si⁴⁴men²¹?

   你 掌 竹 园 内, 啊⊐是 竹 园 外? —— 传 师 学 师 面⑦?

6. tso⁴⁴tʰɔi²¹ȵin²²men²¹tso⁴⁴tʰɔi²¹ȵin²² ?—— ia²²ȵia³⁵tu⁴⁴tsai²¹ɕie⁴⁴a⁵⁵ŋ²²?

   做 大 人 面⊐ 做 大 人? —— 爷 娘 都 在 世 啊⊐唔?

7. ŋau²²tsoi⁵⁵ku⁴⁴lɔn²²men²¹? —— tsap⁴xon⁴⁴men²¹?

   牛 崽 过 栏 面⊐? ——结 婚 面⊐?

---

① 初次见面的畲族人以类似谜语的问句进行交流，有助趣的作用。短横后面是释义。

② □lei²²：瓣。

③ 哪左⊐aʔ⁵tsau⁵⁵：哪里。

④ 牢⊐lau²¹：在。

⑤ 丁taŋ⁴⁴：残留在树干上的短截树杈，或是钉在墙、柱上的楔状物。

⑥ 啊⊐是a⁵⁵ɕi⁴⁴：还是。

⑦ 传师学师面⊐tɕʰyon²²si⁴⁴xoʔ²si⁴⁴men²¹：是否已获得法名。

8. lɑu⁴⁴⁵xo⁴⁴ki⁵⁵kɔi⁴⁴uon³⁵? —— lɑu⁴⁴⁵xo⁴⁴ki⁵⁵kɔi⁴⁴n̠in²²?

寮 有 几 个 碗? —— 寮 有 几 个 人?

9. mɔ²²tɕyʔ⁴pʰo⁴⁴ki⁵⁵pan⁴⁴? —— lɑu⁴⁴⁵xo⁴⁴ki⁵⁵kɔi⁴⁴ɕiaŋ⁴⁴tʰai⁴⁴?

毛 竹 破 几 瓣? —— 寮 有 几 个 兄 弟?

10. mɔ²²tɕyʔ⁴foi⁴⁴ɔ²¹men²¹? —— xo⁴⁴mɑu²²tsoi⁵⁵n̠y³⁵?

毛 竹 开 桠 面゠? —— 有 无 崽 女?

11. tɕyʔ⁴tɕiuŋ³⁵aʔ⁵tsɑu⁵⁵kuət²loi²²tɕiuŋ⁴⁴? —— n̠i⁴⁴lɑu⁴⁴⁵tʰai⁴⁴kəŋ⁴⁴aʔ⁵tsɑu⁵⁵tɕʰien⁴⁴loi²²?

竹 种 哪 左゠掘 来 种? —— 你 寮 太 公 哪 左゠迁 来?

（钟建明，2016年8月21日）

第二节

歌谣

一 童谣

1. 细崽①细

$sa\mathfrak{r}^4tsoi^{55}sai^{445}$,

细 崽 细,

$sa\mathfrak{r}^4tsoi^{55}t\varphi io\mathfrak{r}^2k^hun^{22}t^ho^{22}t^heu^{44}nai^{22}$.

细 崽 着 裙 驼② 透 泥。

$\varphi ip^2t\varphi i^{55}p^hai^{22}loi^{22}xo^{44}t\varphi^hio\eta^{22}ton^{35}$,

十 指 排 来 有 长 短,

$san^{44}t\varphi iu\eta^{44}\varphi y^{21}mo\mathfrak{r}^2xo^{44}k\alpha u^{44}tai^{44}$.

山 中 树 木 有 高 低。

$sa\mathfrak{r}^4tsoi^{55}sai^{445}$,

细 崽 细,

$sa\mathfrak{r}^4tsoi^{55}sai^{55}sai^{445}xai^{44}tsen^{21}nai^{22}$.

细 崽 细 细 解 □③ 泥。

---

① 细崽 $sa\mathfrak{r}^4tsoi^{55}$：小孩。"细" [$sa\mathfrak{r}^4$]，韵母促化。

② 驼 t^ho^{22}：垂。

③ □ $tsen^{21}$：玩。

kiai⁴⁴tsoi⁵⁵sai⁵⁵sai⁴⁴⁵xai⁴⁴ɕia⁴⁴ɕiʔ²,

　　鸡　崽　细　细　解　泻⁼食①,

li⁵⁵n̥y²¹sai⁵⁵sai⁴⁴⁵tsɔn⁴⁴tʰɔŋ²²nai²².

　　鲤鱼　细　细　钻　塘　泥。

saʔ²⁴tsoi⁵⁵sai⁴⁴⁵,

　　细　崽　细,

saʔ²⁴tsoi⁵⁵sai⁵⁵sai⁴⁴⁵xai⁴⁴tsoʔ²⁴kuɔi⁴⁴.

　　细　崽　细　细　解　作　怪。

kʰia²²pɔ⁵⁵tɕʰy²²tʰeu²²pʰɔn²¹tɕʰy²¹tʰɔi²¹,

　　擎　把　锄　头　饭　箸　大,

ku⁴⁴ku⁴⁴nai²¹kɔŋ⁵⁵tso⁴⁴ɕi⁴⁴kai⁴⁴.

　　句　句　乃　讲　做　世　界。

saʔ²⁴tsoi⁵⁵sai⁴⁴⁵,

　　细　崽　细,

tsǝŋ⁴⁴li²²kuǝt⁴tsʰai²²loi²²tǝŋ⁴⁴lai²².

　　棕　榈骨　柴　来　当　犁。

kiai⁴⁴kǝŋ²¹tɑu⁴⁴loi²²tǝŋ⁴⁴ŋɑu²²ku³⁵,

　　鸡　公　吊　来　当　牛　牯,

lai²²loi²²lai²²ɕy⁴⁴ŋ²²kian⁴⁴nai²².

　　犁　来　犁　去　唔见　泥。

kiai⁴⁴ tsoi⁵⁵sai⁵⁵sai⁴⁴⁵xai⁴⁴ɕia⁴⁴xɔŋ⁴⁴,

　　鸡　崽　细　细　解　泻⁼糠,

li⁵⁵n̥y²¹sai⁵⁵sai⁴⁴⁵xai⁴⁴iu²²tʰɔŋ²².

　　鲤鱼　细　细　解　游　塘。

uɔŋ²²pʰiuŋ³⁵sai⁵⁵sai⁴⁴⁵ten⁴⁴n̥in²²tʰǝŋ⁴⁴,

　　黄　蜂　细　细　叮　人　痛,

n̥in²²tsoi⁵⁵sai⁵⁵sai⁴⁴⁵tʰoʔ²mǝn²²tɕiɔŋ⁴⁴.

　　人　崽　细　细　读　文　章。

　　　　　　　　　　　　　　（钟建明，2016年8月27日）

———————

① 泻⁼食 ɕia⁴⁴ɕiʔ²：觅食。

2．鸡公上岭尾驼驼

kiai⁴⁴kəŋ²¹ɕiɔŋ⁴⁴liaŋ⁴⁴mei⁴⁴tʰo²²tʰo⁴⁴⁵,

鸡　公　上　岭　尾　驼　驼，

ɑp⁴tsoi⁵⁵loʔ²tʰan²²ɕiʔ²tsɑu⁵⁵uo²².

鸭　崽　落　田　食　早　禾。

tʰɔi²¹n̩in²²ɕiɔŋ⁴⁴liɔŋ²²mɑu²²tsʰan²¹soi³⁵,

大　人　商　量　无　钱　使，

saʔ²⁴tsoi⁵⁵ɕiɔŋ⁴⁴liɔŋ²²tsʰan²¹xo⁴⁴to⁴⁴.

细　崽　商　量　钱　有　多。

piɔŋ⁴⁴ŋɑu²²tsoi⁵⁵, kʰɑu⁴⁴uɔt²ɕian⁴⁴,

放　牛　崽，快　活　仙，

kʰia²²kɔi⁴⁴ɕiaʔ²ku³⁵n̩i⁴⁴mɑu²²kian⁴⁴.

擎　个　石　牯　你　无　见。

ŋ²²xaʔ²⁴fu²²li²²ŋ²²xaʔ²⁴kui³⁵,

唔　吓　狐　狸　唔　吓　鬼，

tɕiu²¹xaʔ²⁴ŋɑu²²tsoi⁵⁵pu⁵⁵n̩in²²tʰan²².

就　吓　牛　崽　补⁼人　田①。

（钟建明，2016年8月27日）

3．脱牙耙②

tʰɔt⁴ŋɔ²²pʰɔ²²,

脱　牙　耙，

pʰɔ²²tɕy⁴⁴ɕi³⁵.

耙　猪　屎。

tɕy⁴⁴ɕi³⁵pʰɔ²²loi²²iuŋ⁴⁴təŋ⁴⁴kɔ⁴⁴.

猪　屎　耙　来　壅③冬　瓜。

təŋ⁴⁴kɔ⁴⁴tʰɔi²¹,

冬　瓜　大，

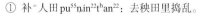

① 补⁼人田 pu⁵⁵n̩in²²tʰan²²：去秧田里捣乱。

② 脱牙耙 tʰɔt⁴ŋɔ²²pʰɔ²²：对换牙期儿童的戏称。

③ 壅 iuŋ⁴⁴：埋。

ɕiʔ²ŋ²²tɔi²¹。

食 唔 逮①。

（钟建明，2016年8月27日）

4. 两姊妹

iɔŋ⁵⁵tsi⁵⁵moi⁴⁴⁵,

两 姊 妹,

kɔŋ⁵⁵tiʔ⁰loi²².

讲 得 来。

it⁴kɔi⁴⁴kʰia²²tsʰai²²ɕy⁴⁴ɕieu⁴⁴fu³⁵,

一个 擎 柴 去 烧 火,

it⁴kɔi⁴⁴kʰɔn²¹lam²¹ɕy⁴⁴tsaʔ²⁴tsoi⁴⁴.

一个 擭② 篮 去 摘 菜。

（钟建明，2016年8月27日）

5. 老鼠崽

lau⁵⁵ɕy³⁵tsoi⁵⁵,

老 鼠 崽,

tso⁴⁴pɔ⁵⁵ɕie⁴⁴⁵.

做 把 戏。

kʰia²²kɔi⁴⁴ɕiaʔ²ku³⁵pən⁴⁴n̩i⁴⁴pe⁴⁴,

擎 个 石 牯 分 你 背,

ɕi⁵⁵təŋ²²lau²²tsoi⁵⁵pən⁴⁴n̩i⁴⁴tɕiɔŋ⁵⁵.

起 幢 寮 崽 分 你 掌。

it⁴xɔ²¹ɑp⁴loʔ²,

一 下 压 落,

ɕy⁴⁴ku⁴⁴ɕie⁴⁴.

去 过 世。

（钟建明，2016年8月27日）

---

① 食唔逮 ɕiʔ²ŋ²²tɔi²¹：来不及吃。

② 擭 kʰɔn²¹：提。

6．冷哩哩

laŋ⁴⁴li⁴⁴li⁴⁴⁵,

冷　哩哩，

mɑu²²tsʰai²²ɕieu⁴⁴fu⁵⁵pʰaʔ²⁴kiai⁴⁴tsi⁴⁴.

无　柴　烧　火　劈　鸡　栖。

kiai⁴⁴n̠iɔŋ²¹kiai⁴⁴tsoi⁵⁵lɔt⁴tau⁵⁵ɕiʔ²,

鸡　娘　鸡　崽　戮倒食①，

mɑu²²n̠in²²pi⁵⁵tʰoi²¹tot⁴pən⁴⁴n̠i⁴⁴.

无　人　肶腿②掇③分你。

331

（钟建明，2016年8月27日）

二　神话传说歌

1．高皇歌

pʰɔn²²ku⁵⁵kʰoi⁴⁴tʰan⁴⁴tau⁵⁵ɕy²²kim⁴⁴li⁴⁴li⁵⁵,

盘　古　开　天　到　如今　哩哩，

ɕie⁴⁴ɕiɔŋ²¹n̠in²²li⁵⁵xo⁴⁴ki⁵⁵li⁵⁵iɔŋ²¹　li⁴⁴　li⁵⁵sim⁴⁴.

世　上　人　哩有　几哩样　哩哩心。

xo⁴⁴n̠in²²sim⁴⁴xau⁵⁵tɕieu⁴⁴tɕʰiʔ²kɔŋ⁵⁵li²²li⁴⁴li⁵⁵,

有人　心　好　照　直　讲　哩哩哩，

xo⁴⁴n̠in²²sim⁴⁴li⁵⁵ŋoi²²xai⁴⁴li⁵⁵pʰen⁴⁴li⁴⁴li⁵⁵n̠in²².

有　人　心　哩呆　解　哩骗　哩哩人。

pʰɔn²²ku⁵⁵kʰoi⁴⁴tʰan⁴⁴tau⁵⁵ɕy²²kim⁴⁴li⁴⁴li⁵⁵,

盘　古　开　天　到　如今　哩哩，

it⁴tɕʰiuŋ²²san⁴⁴li⁵⁵poi⁴⁴it⁴li⁵⁵tɕʰiuŋ²²li⁴⁴li⁵⁵n̠in²².

一重　　山　哩背　一哩重　哩哩人。

it⁴tɕʰieu²²kɔŋ⁴⁴ɕy⁵⁵it⁴tɕʰieu²²n̠y²¹li²²li⁴⁴li⁵⁵,

一朝　　江　水　一朝　　鱼　哩哩哩，

---

① 戮倒食 lɔt⁴tau⁵⁵ɕiʔ²：杀了吃。

② 肶腿 pi⁵⁵tʰoi²¹：（鸡）腿。

③ 掇 tot⁴：端。

itᵗ tɕʰieu²²tʰan⁴⁴tsu⁵⁵li²²itᵗ li⁵⁵tɕʰieu²²li⁴⁴li⁵⁵ɕin²².

一朝　天　子哩一哩朝　哩哩臣。

ɕyotᵗsan⁴⁴pen²¹ɕyotᵗsan⁴⁴ken²²kʰun⁴⁴li⁴⁴li⁵⁵,

说山便　说山乾坤　哩哩,

ɕyotᵗɕy⁵⁵pen²¹li⁵⁵ɕyotᵗɕy⁵⁵li⁵⁵kyn⁴⁴li⁴⁴li⁵⁵n̠yon²².

说水便　哩说水哩根　哩哩源。

ɕyotᵗn̠in²²pen²¹ɕyotᵗɕie⁴⁴ɕiɔŋ²¹su²¹li⁵⁵li⁴⁴li⁵⁵,

说人便　说世上　事哩哩哩,

sɑm⁴⁴uɔŋ²²ŋ⁵⁵li⁵⁵tai⁴⁴tʰaŋ²¹li⁵⁵ken²²li⁴⁴li⁵⁵kʰun⁴⁴.

三　皇　五哩帝定　哩乾　哩哩坤。

pʰɔn²²ku⁵⁵tiᵗlitᵗsɑm⁴⁴uɔŋ²²tai⁴⁴li⁴⁴li⁵⁵,

盘　古置立三　皇　帝哩哩,

sau²¹tʰan⁴⁴sau²¹li⁵⁵tʰi²¹sau²¹li⁵⁵ɕi⁴⁴li⁴⁴li⁵⁵kai⁴⁴.

造天　造　哩地造　哩世哩哩界。

sau²¹tɕʰytᵗuɔŋ²²xo²²kiu⁵⁵kʰuʔᵗɕy⁵⁵li²²li⁴⁴li⁵⁵,

造出黄河九曲　水哩哩哩,

sau²¹tɕʰytᵗuɔŋ²²li⁵⁵tai⁴⁴mɔn²¹li⁵⁵mɔn²¹li⁴⁴li⁵⁵nan²².

造出皇　哩帝万　哩万　哩哩年。

sau²¹tɕʰytᵗtʰan²²tʰi²¹pun⁴⁴n̠in²²kaŋ⁴⁴li⁴⁴li⁵⁵,

造出田　地分人耕　哩哩,

sau²¹tɕʰytᵗtʰɔi²¹li⁵⁵lu²¹pun⁴⁴li⁵⁵n̠in²²li⁴⁴li⁵⁵xaŋ²².

造出大　哩路分　哩人哩哩行。

sau²¹tɕʰytᵗtʰan⁴⁴kon⁴⁴ɕipᵗkɔi⁴⁴tsʰi²¹li²²li⁴⁴li⁵⁵,

造出天干十个字　哩哩哩,

ɕipᵗn̠i²¹tʰi²¹li⁵⁵tse⁴⁴nan²²li⁵⁵nan²²li⁴⁴li⁵⁵kaŋ⁴⁴.

十二地哩支年　哩年　哩哩庚。

pʰɔn²²lɑm²²loi²²tɕiuŋ⁴⁴pun⁴⁴tiŋ²¹tɔŋ⁴⁴li⁴⁴li⁵⁵,

盘　蓝雷钟　分定当哩哩,

n̠yon²²ɕian⁴⁴tsu⁵⁵li⁵⁵tsuŋ⁴⁴kɑu⁴⁴li⁵⁵sin⁴⁴li⁴⁴li⁵⁵uɔŋ²².

原　先祖哩宗高　哩辛　哩哩皇。

kɑu⁴⁴sin⁴⁴uɔŋ²²tai⁴⁴kon⁵⁵tʰan⁴⁴xɔ²¹li²²li⁴⁴li⁵⁵,

高辛皇帝管天　下哩哩哩,

t^{h}ɔi^{21}ɕiau^{55}nɑm^{22}ȵy^{55}li^{22}tu^{44}li^{55}ɔn^{44}li^{44}li^{55}k^{h}ɔŋ^{44}.

大　小　男　　女　哩都　哩安　哩哩康。

p^{h}ɔn^{22}lam^{22}loi^{22}tɕiuŋ^{44}it^4 tsuŋ^{44}ts^{h}in^{44}li^{44}li^{55},

盘　蓝　雷　钟　一宗　亲　　哩哩,

tu^{44}ɕi^{44}kɔŋ^{55}li^{55}tuŋ^{44}it^4 li^{55}lu^{21}li^{44}li^{55}ȵin^{22}.

都　是　广　哩东　一哩路　哩哩人。

kim^{44}xɔ^{21}pun^{44}tɕ^{h}yt^{4}koʔ^{4}ien^{21}tɕiɔŋ^{55}li^{22}li^{44}li^{55},

今　下　分　出　各　县　掌　哩哩哩,

xo^{44}su^{21}tɕieu^{44}li^{55}ku^{44}moʔ^{2}li^{55}t^{h}oi^{44}li^{55}li^{55}ɕin^{44}.

有　事　照　　哩顾　莫　哩退　哩哩身。

tɔŋ^{44}ts^{h}u^{44}tɕ^{h}yt^{4}tɕ^{h}ieu^{22}tsɔi^{21}kɔŋ^{55}tuŋ^{44}li^{44}li^{55},

当　初　出　朝　　在　广　东　哩哩,

p^{h}ɔn^{22}lam^{22}loi^{22}li^{55}tɕiuŋ^{44}kiɔŋ^{21}li^{55}tsu^{55}li^{44}li^{55}tsuŋ^{44}.

盘　蓝　雷　哩钟　共　哩祖　哩哩宗。

kim^{44}xɔ^{21}pun^{44}tɕ^{h}yt^{4}koʔ^{4}ien^{21}tɕiɔŋ^{55}li^{22}li^{44}li^{55},

今　下　分　出　各　县　掌　　哩哩哩,

uɔ^{21}ȵy^{21}kɔŋ^{55}li^{55}tɕ^{h}yt^{4}tu^{44}li^{55}suŋ^{44}li^{44}li^{55}t^{h}uŋ^{22}.

话　语　讲　哩出　都　哩相　哩哩同。

p^{h}ɔn^{22}lam^{22}loi^{22}tɕiuŋ^{44}it^4 lu^{21}ȵin^{22}li^{44}li^{55},

盘　蓝　雷　钟　一路　人　哩哩,

moʔ^{2}loi^{22}suŋ^{44}li^{55}tsaŋ^{44}k^{h}i^{44}li^{55}tsu^{55}li^{44}li^{55}ts^{h}in^{44}.

莫　来　相　哩争　欺　哩祖　哩哩亲。

ȵyon^{22}ɕian^{44}ko^{21}ȵyon^{22}na^{0}tɕ^{h}iɔŋ^{44}ku^{44}lau^{55}li^{22}li^{44}li^{55},

原　先　歌　源　哪唱　过了　哩哩哩,

tsoi^{55}sun^{44}mɔn^{21}li^{55}t^{h}oi^{21}tɕ^{h}yon^{22}ɕie^{44}li^{44}li^{55}sim^{44}.

崽　孙　万　哩代　传　哩世　哩哩心。

p^{h}ɔn^{22}lam^{22}loi^{22}tɕiuŋ^{44}it^4 lu^{21}lɔŋ^{22}li^{44}li^{55},

盘　蓝　雷　钟　一路　郎　哩哩,

ts^{h}in^{44}ȵiet^{2}xo^{22}li^{55}k^{h}i^{44}xo^{44}li^{55}su^{44}li^{44}li^{55}liɔŋ^{22}.

亲　热　和　哩气　有　哩思　哩哩量。

kau^{44}sin^{44}uɔŋ^{22}ko^{21}tɕ^{h}yon^{22}ɕie^{44}ɕiɔŋ^{21}li^{22}li^{44}li^{55},

高　辛　皇　歌　传　　世上　哩哩哩,

tsoi⁵⁵sun⁴⁴mɔn²¹li⁵⁵tʰoi²¹ko²¹li⁵⁵tɕʰyon²²li⁴⁴li⁵⁵tɕʰiɔŋ⁴⁴.

崽　孙　万　哩代　歌哩传　　哩哩唱。

（钟宗梅，2016年8月15日）

三　情歌

1．彩带歌

itʰtʰau²²tɔi⁴⁴tsoi⁵⁵ɕi⁴⁴n̪iɔŋ²²kaŋ⁴⁴li⁴⁴li⁵⁵,

一条　带　崽 是　娘　经①哩哩，

kaŋ⁴⁴tɔi⁴⁴iaˀiaˀ⁰li⁵⁵oi⁴⁴xɑu⁵⁵li⁵⁵si⁴⁴li⁴⁴li⁵⁵san⁴⁴.

经　带　呀亦　哩爱好　哩丝哩哩线。

səŋ⁴⁴tʰau²²pən⁴⁴lɔŋ²²ŋa⁰tso⁴⁴tsiŋ²²n̪i²¹li²²li⁴⁴li⁵⁵,

送　条　分　郎 啊做　情　义哩哩哩，

xo⁴⁴ɕi²²xaŋ⁴⁴li⁵⁵tʰeu⁴⁴uo⁵⁵li⁵⁵tʰəŋ²²li⁴⁴li⁵⁵nan²².

有　时　行　哩透　唉哩同　哩哩年。

it⁴tʰau²²tɔi⁴⁴tsoi⁵⁵tɕʰiɔŋ²²lɑu⁵⁵tɕʰiɔŋ²²li⁴⁴li⁵⁵,

一　条带崽长　老长　哩哩，

n̪iɔŋ²²kaŋ⁴⁴ŋa⁰tsʰoi⁵⁵li⁵⁵tɔi⁴⁴tsʰi²¹li⁵⁵ɕiaŋ²²li⁴⁴li⁵⁵xɔŋ²².

娘　经　啊彩　哩带字　哩成　哩哩行。

səŋ⁴⁴tʰau²²pən⁴⁴lɔŋ²²ŋa⁰tso⁴⁴ki⁴⁴n̪iam²¹li²²li⁴⁴li⁵⁵,

送　条　分　郎 啊做　纪念　哩哩哩，

xo⁴⁴ɕi²²xaŋ⁴⁴li⁵⁵tʰeu⁴⁴n̪in²¹li⁵⁵tɕʰioˀli⁴⁴li⁵⁵n̪iɔŋ²².

有　时　行　哩透　认　哩着　哩哩娘。

it⁴tʰau²²tɔi⁴⁴tsoi⁵⁵fəŋ²²lɑu⁵⁵fəŋ²²li⁴⁴li⁵⁵,

一　条带崽　红 老红　哩哩，

pən⁴⁴lɔŋ²²naŋ⁴⁴li⁵⁵ɕy⁴⁴tsʰeu⁴⁴li⁵⁵it⁴li⁴⁴li⁵⁵səŋ⁴⁴.

分　郎　拿　哩去凑　哩一哩哩双。

səŋ⁴⁴tʰau²²pən⁴⁴lɔŋ²²ŋa⁰pʰuˀɕin⁴⁴ɕiɔŋ²¹li²²li⁴⁴li⁵⁵,

送　条　分　郎 啊缚　身　上　哩哩哩，

teŋ⁵⁵n̪iɔŋ²²xo⁴⁴li⁵⁵n̪it⁴xɑu⁵⁵li⁵⁵ɕiɔŋ⁴⁴li⁴⁴li⁵⁵fəŋ²².

等　娘　有　哩日好　哩相　哩哩逢。

（钟献梅，2016年8月15日）

---

① 经kaŋ⁴⁴：织。

2．男女对歌

男唱：

loŋ²²tɕioŋ⁵⁵san⁴⁴tʰeu²²liaŋ⁴⁴loi²²kʰi⁴⁴li⁴⁴li⁵⁵,

郎　掌　山　头　岭　来　崎　哩哩，

san⁴⁴tʰeu²²ɕia⁴⁴li⁵⁵tsʰən⁴⁴xɑu⁵⁵li⁵⁵kʰən⁴⁴li⁴⁴li⁵⁵kʰi⁴⁴.

山　头　畲哩村　好　哩空　哩哩气。

xo⁴⁴yon²²na⁰tsʰeu⁴⁴tɕʰioʔ²saŋ⁴⁴xɑu⁵⁵ȵy⁵⁵li²²li⁴⁴li⁵⁵,

有　缘　哪凑　着　生　好　女哩哩哩，

sim⁴⁴li⁵⁵xo⁴⁴li⁵⁵uɔ²¹kɔŋ⁵⁵li⁵⁵pən⁴⁴li⁴⁴li⁵⁵ȵi⁴⁴.

心　里有哩话讲　哩分　哩哩你。

女唱：

nəŋ⁵⁵loŋ²²iu²¹ɕi⁴⁴ɕioŋ²¹xɔ²¹soi⁴⁴li⁴⁴li⁵⁵,

□^①郎　又　是　上　下　岁　哩哩，

kim⁴⁴pu⁴⁴a⁰　xo⁴⁴li⁵⁵yon²²tsʰeu⁴⁴li⁵⁵tiʔ²li⁴⁴li⁵⁵toi⁴⁴.

今　晡　啊有哩缘　凑　哩得哩哩对。

ȵi⁴⁴loŋ²²xo⁴⁴uɔ²¹a⁰　tɕieu⁴⁴tɕʰiʔ²kɔŋ⁵⁵li²²li⁴⁴li⁵⁵,

你　郎　有　话　啊照　直　讲　哩哩哩，

ȵioŋ²²ȵy⁵⁵teŋ⁵⁵li⁵⁵ȵi⁴⁴nɔn²²li⁵⁵kʰoi⁴⁴li⁵⁵tɕyoi⁴⁴.

娘　女　等　哩你　难　哩开　哩嘴。

男唱：

tʰaŋ⁴⁴ȵioŋ²²kɔŋ⁵⁵ŋa⁰pen²¹kɔŋ⁵⁵ɕioŋ⁴⁴li⁴⁴li⁵⁵,

听　娘　讲　啊便　讲　上　哩哩，

loŋ²²kin⁵⁵pen²¹li⁵⁵loi²²peu⁵⁵li⁵⁵sim⁴⁴li⁴⁴li⁵⁵tɕʰioŋ²².

郎　紧　便　哩来　表　哩心　哩哩肠。

mən²¹li⁵⁵tɕiŋ⁴⁴tɕʰioŋ²²ŋa⁰tsoʔ⁴tin²²lau²¹li²²li⁴⁴li⁵⁵,

梦　里经　常　啊作　阵　嬲哩哩哩，

ȵitʔ⁴kan⁴⁴ɕioŋ²¹li⁵⁵ȵioŋ²²mɔn⁵⁵li⁵⁵sim⁴⁴li⁴⁴li⁵⁵fɔn⁴⁴.

日　间　想　哩娘　满　哩心　哩哩欢。

女唱：

ȵi⁴⁴loŋ²²kɔŋ⁵⁵uɔ²¹a⁰　ŋoi⁴⁴tʰaŋ⁴⁴tsʰiŋ⁴⁴li⁴⁴li⁵⁵,

你　郎　讲　话　啊我　听　清　哩哩，

ŋɔi⁴⁴iaʔ²nəŋ⁵⁵li⁵⁵n̩i⁴⁴uɔ²¹li⁵⁵kɔŋ⁵⁵li⁴⁴li⁵⁵tɕin⁴⁴.

我　亦①□②哩你　话哩讲　哩哩真。

xo⁴⁴yoŋ²²ɕiɔŋ⁴⁴foi²¹iaºkɔŋ⁵⁵yoŋ²²uɔ²¹li²²li⁴⁴li⁵⁵,

有　缘　相　会呀讲　缘　话哩哩哩，

nan²²li⁵⁵tɕʰiɔŋ²²n̩yotʔ²kiu⁵⁵ketⁿaº tʰəŋ²²li⁴⁴li⁵⁵sim⁴⁴.

年　哩长　月　久　结啊同　哩哩心。

（雷盛足、钟献梅，2016年8月15日）

四　礼俗歌

1．嫁女歌

tsu⁵⁵ɕi²²ku⁴⁴lau⁵⁵tʰiu⁵⁵ɕi²²ɕiɔŋ⁴⁴li⁴⁴li⁵⁵,

子　时　过　了　丑　时上　哩哩，

pen²¹uɔ⁵⁵sin⁴⁴li⁵⁵n̩iɔŋ²²loi²²li⁵⁵ɕiɔŋ⁴⁴li⁴⁴li⁵⁵liɔŋ²².

便　唛新　哩娘　来　哩商　哩哩量。

ia²²n̩ia⁵⁵uɔ⁵⁵n̩y⁵⁵aº loi²²sai⁵⁵ioʔ²li²²li⁴⁴li⁵⁵,

爷娘　唛女　啊来　洗　浴　哩哩哩，

ioʔ²nai²¹sai⁵⁵li⁵⁵tʰau⁴⁴pɔn⁴⁴li⁵⁵sin⁴⁴li⁵⁵n̩iɔŋ²².

浴　乃　洗　哩掉　扮　哩新　哩娘。

kʰun²²sam⁴⁴meºtɕioʔ²xɑu⁵⁵pen²¹ɕio⁴⁴tʰeu²²li⁴⁴li⁵⁵,

裙　衫　么着　好　便　梳　头　哩哩，

itⁿ⁴n̩in²²naºɕio⁴⁴li⁵⁵tʰeu²²iɔŋ⁵⁵li⁵⁵n̩in²²li⁴⁴li⁵⁵tɕieu⁴⁴.

一人　哪梳　哩头　两　哩人　哩哩照。

iu²¹kɔŋ⁵⁵tʰeu²²tsɔn⁴⁴naºoi⁴⁴tsʰɔʔ²⁴xɑu⁵⁵li²²li⁴⁴li⁵⁵,

又　讲　头　簪　哪爱插　好　哩哩哩，

iu²¹kɔŋ⁵⁵ŋaºoi⁴⁴li⁵⁵ɕio⁴⁴fəŋ²¹li⁵⁵uɔŋ²²li⁴⁴li⁵⁵tʰeu²².

又　讲　啊爱哩梳　凤　哩凰　哩哩头。

n̩ietⁿ²tʰeu²²ɕiɔŋ⁴⁴san⁴⁴lɔŋ⁵⁵loi²²kɔŋ⁴⁴li⁴⁴li⁵⁵,

热　头　上　山　眼　来　光　哩哩，

---

① 亦 iaʔ²：也。

② □nəŋ⁵⁵：和。

tʰu²¹li⁵⁵tsʰin⁴⁴lɔŋ²²tsoi⁵⁵tɕyon⁵⁵na⁰foi²²li⁴⁴li⁵⁵ɕiɔŋ⁴⁴.

度＝哩亲① 郎 崽 转　哪回 哩哩乡。

sɔn⁴⁴tʰaŋ²¹iŋ²²ɕi²²ia⁰oi⁴⁴tɘi⁴⁴tɕyon⁵⁵li²²li⁴⁴li⁵⁵,

算 定 寅时呀爱带 转　哩哩哩，

sɔn⁴⁴tʰaŋ²¹mau³⁵li⁵⁵ɕi²²xɑu⁵⁵li⁵⁵pai⁴⁴li⁴⁴li⁵⁵tɔŋ²².

算 定 卯　哩时好 哩拜 哩哩堂。

（钟献梅，2016年8月15日）

2．敬酒歌

it⁴poi⁴⁴tsiu⁵⁵tsan³⁵fɔ⁴⁴loi²²fəŋ²²li⁴⁴li⁵⁵,

一杯 酒 盏 花来 红 哩哩，

fəŋ²¹ɕiɔŋ²¹tsiu⁵⁵ien²²tɕʰyon⁴⁴lo⁵⁵xaʔ⁴n̩in²²li⁴⁴li⁵⁵lo²².

奉 上 酒 筵 劝　啰客 人 哩哩啰。

tɕʰyon⁴⁴lo⁵⁵xaʔ⁴n̩in²²ɕiʔ²sən⁴⁴tsiu⁵⁵li⁵⁵le²²lo²²,

劝　啰客 人 食双 酒 哩嘞啰，

tsiu⁵⁵ien²²yon²²mɔn²²tʰɑm⁴⁴lo⁵⁵ɕiaŋ²²sən⁴⁴li⁴⁴li⁵⁵lo²².

酒 筵 圆 满 添 啰成 双 哩哩啰。

（钟建明，2016年10月3日）

3．功德崽歌——正月正

tɕian⁴⁴n̩yotʔa⁰ tɕian⁴⁴ŋo⁰,

正 月 啊正　哦，

tɕian⁴⁴n̩yotʔle⁰tso⁴⁴pɔn⁵⁵le⁰teŋ⁵⁵tsʰin⁴⁴le⁰tsʰaŋ²².

正 月 嘞做 桨 嘞等 亲 嘞情。

nai²¹kian⁴⁴o⁰ ɕian⁴⁴n̩in²²na⁰loi²²in⁵⁵lo⁰lu²¹o⁰,

乃 见　哦仙 人 哪来 引 啰路 哦，

mɔŋ²²mɔŋ²²le⁰tɕiaʔ²tɕiaʔ²le⁰ɕiɔŋ⁴⁴a⁰tsʰan²¹le⁰xaŋ²².

茫 茫 嘞着＝着＝② 嘞上啊前　嘞行。

---

① 度＝哩亲 tʰu²¹li⁵⁵tsʰin⁴⁴：娶亲。"哩"是衬词。

② 茫茫嘞着＝着＝mɔŋ²²mɔŋ²²le⁰tɕiaʔ²tɕiaʔ²²：茫茫然。"嘞"是衬词。

ȵi²¹ȵyot²a⁰ ȵi²¹ŋo⁰,

二　月啊二　哦，

ȵi²¹ȵyot²le⁰iɔŋ²²tau⁵⁵le⁰pau⁴⁴tɕʰyn⁴⁴le⁰ɕi²².

二　月嘞阳　鸟　嘞报　春　嘞时。

nai²¹kian⁴⁴o⁰ɕian⁴⁴ȵin²²na⁰loi²²in⁵⁵lo⁰lu²¹o⁰,

乃　见　哦仙　人　哪来　引　啰路　哦，

mɔŋ²²mɔŋ²²le⁰tɕia⁴⁴tɕia⁴⁴le⁰ɕy⁴⁴a⁰ŋ²²le⁰ti⁴⁴.

忙　忙　嘞遮ᵊ遮ᵊ嘞去　啊唔嘞知。

sam⁴⁴ȵyot²a⁰sam⁴⁴ŋo⁰,

三　月　啊三　哦，

sam⁴⁴ȵyot²le⁰kyot⁴sən⁵⁵le⁰tʰɔi²¹tam⁴⁴le⁰tam⁴⁴.

三　月　嘞蕨　笋　嘞大　担　嘞担。

xau⁴⁴tsoi⁵⁵lo⁰kʰyon⁴⁴tsʰan²¹na⁰tsʰin⁴⁴ɕiu⁵⁵lo⁰au³⁵o⁰,

孝　崽　啰近　前　哪亲　手　啰拗　哦，

au³⁵loi²²le⁰kiuŋ⁴⁴iɔŋ⁴⁴le⁰tsɔi²¹liŋ²²le⁰tsʰan²¹.

拗　来　嘞供　养　嘞在　灵　嘞前。

si⁴⁴ȵyot²a⁰si⁴⁴ŋo⁰,

四　月　啊四　哦，

si⁴⁴ȵyot²le⁰tɕiaŋ⁴⁴ɕi⁴⁴le⁰pu⁵⁵ua⁰tʰan²²le⁰ɕi²².

四　月　嘞正　是　嘞补ᵊ哇　田①嘞时。

tʰan²²tʰi²¹lo⁰pun⁴⁴ȵi⁴⁴ia⁰tsoi⁵⁵sun⁴⁴lo⁰kon⁵⁵o⁰,

田　地　啰分　你　呀崽　孙　啰管　哦，

tsi²¹kian⁴⁴le⁰tʰan²²tʰi²¹le⁰pət⁴kian⁴⁴le⁰ȵi⁴⁴.

只　见　嘞田　地　嘞不见　嘞你。

ŋ³⁵ȵyot²a⁰ŋ³⁵ŋo⁰,

五　月啊五哦，

ŋ³⁵ȵyot²le⁰tsʰo⁴⁴ŋ³⁵le⁰teŋ⁵⁵ŋa⁰liuŋ²²le⁰ɕyon²².

五　月嘞初　五嘞等　啊龙　嘞船。

kɔ⁴⁴kɔ⁴⁴lo⁰tsin²¹ɕiʔ²a⁰ tɕʰiɔŋ⁴⁴pu²²o⁰ tsiu³⁵o⁰,

家　家　啰尽　食啊菖　蒲　哦酒　哦，

① 补ᵊ哇田 pu⁵⁵ua⁰tʰan²²：插秧。"哇"是衬词。

teŋ⁵⁵tɕʰio?²le⁰ia²²n̠ia⁵⁵le⁰sim⁴⁴mən²²tʰeu²²le⁰n̠yon⁴⁴.
等　着　嘞爷娘　嘞心　门　头　嘞软。

ly?⁴n̠yot²a⁰ ly?⁴o⁰,
六　月　啊六　哦，

ly?⁴n̠yot²le⁰tɕiaŋ⁴⁴ɕi⁴⁴le⁰tsʰɑm³⁵tsoi⁵⁵le⁰si⁴⁴.
六　月　嘞正　是　嘞蚕　崽　嘞丝。

tsʰɑm³⁵tsoi⁵⁵lo⁰ɕi?²sɔŋ²¹a⁰ n̠iɔŋ²²ɕy⁴⁴o⁰ tsʰoi⁵⁵o⁰,
蚕　崽　啰食桑　啊娘　去　哦采　哦，

uɔŋ²²tsʰɑm³⁵le⁰tso?⁴kan³⁵le⁰tsʰiu⁴⁴ sai⁴⁴le⁰si⁴⁴.
黄蚕　嘞作茧　嘞抽　细　嘞丝。

tsʰit⁴n̠yot²a⁰ tsʰit⁴o⁰,
七　月　啊七　哦，

tsʰit⁴n̠yot²le⁰uo²²meu²²le⁰xɑu⁵⁵ua⁰pʰu?²le⁰pit⁴.
七　月　嘞禾苗　嘞好　哇缚　嘞笔。

pʰu?²pit⁴lo⁰ɕia⁵⁵tʰɔt⁴a⁰tɕian⁴⁴nan²²lo⁰tsoi²¹o⁰,
缚　笔啰写　脱啊千　年　啰罪　哦，

ɕia⁵⁵ɕi²²le⁰ɕia⁵⁵tʰɔt⁴le⁰man²¹nan²²le⁰ɕiu²².
写　时嘞写　脱嘞万　年　嘞仇。

pat⁴n̠yot²a⁰pʰa?²lu²¹a⁰tɕyon⁵⁵tsʰiu⁴⁴ua⁰liɔŋ²²o⁰,
八　月　啊白　露啊转　秋　哇凉　哦，

uɔŋ²²ɕyon²²le⁰lu²¹ɕiɔŋ²¹le⁰neu⁵⁵mɔŋ²²le⁰mɔŋ²².
黄泉　嘞路上　嘞纽꞊茫　嘞茫①。

im⁴⁴fu⁵⁵lo⁰nai²¹ka?⁴a⁰ it⁴ tɕiɔŋ⁴⁴o⁰ tɕi⁵⁵o⁰,
阴　府　啰乃　隔　啊一张　哦纸　哦，

ki⁵⁵ɕi²²le⁰n̠y²¹tɕʰio?²le⁰n̠it⁴n̠yot²le⁰kɔŋ⁴⁴.
几　时嘞遇　着　嘞日月　嘞光。

kiu⁵⁵n̠yot²a⁰tsʰo⁴⁴kiu⁵⁵a⁰ɕi⁴⁴tɕʰiuŋ²²ŋa⁰iɔŋ²²o⁰,
九　月　啊初　九　啊是重　啊阳　哦，

piuŋ⁴⁴tɕʰyoi⁴⁴le⁰uo²²iep²le⁰mɔn⁵⁵na⁰tʰan²²le⁰uɔŋ²².
风　吹　嘞禾叶　嘞满　哪田　嘞黄。

---

① 纽꞊茫嘞茫 neu⁵⁵mɔŋ²²le⁰mɔŋ²²：茫若无涯。"嘞"是衬词。

tʰɔi²¹sai⁴⁴lo⁰tsin²¹ɕiʔ²a⁰ pʰaʔ²mai⁵⁵o⁰ pʰɔn²¹o⁰,

大 细 啰尽 食 啊白 米 哦饭 哦,

iaʔ²mɑu²²le⁰it⁴ kɔi⁴⁴le⁰teʔ²⁴su⁴⁴ui⁰liɔŋ²².

亦 无 嘞一个 嘞得 思 喂量。

ɕipʔ²n̠yot²a⁰n̠in²²kuŋ⁴⁴a⁰kin⁵⁵tɕʰiʔ²iaʔ²tɕʰiʔ²o⁰,

十 月啊人工 啊紧 直"呀直"① 哦,

uɔŋ²²ɕyon²²le⁰lu²¹ɕiɔŋ²¹le⁰ɕi⁴⁴ku⁴⁴le⁰ɕi⁴⁴.

黄 泉 嘞路上 嘞是孤 嘞稀。

liŋ²²tsʰan²²lo⁰xau⁴⁴pʰɔn²¹na⁰ŋ²²kian⁴⁴lo⁰ɕiʔ²o⁰,

灵 前 啰孝 饭 哪唔见 啰食 哦,

tsi²¹kian⁴⁴le⁰pʰaʔ²pʰɔn²¹le⁰ŋ²²kian⁴⁴lo⁰n̠i⁴⁴.

只 见 嘞白 饭 嘞唔见 嘞你。

ɕipʔ²it⁴n̠yot² a⁰lim²² lim²² ma⁰ tuŋ⁴⁴ tsat⁴ a⁰tsʰan²² o⁰,

十 一月 啊临 临 嘛冬 节 啊前 哦,

ɕian⁴⁴n̠in²²le⁰kaʔ²⁴lu²¹le⁰ɕiɔŋ⁵⁵ŋa⁰nɑm²²le⁰san⁴⁴.

仙 人 嘞隔 路 嘞向 啊南 嘞山。

tuŋ⁴⁴tsiŋ⁵⁵lo⁰kɑpʔ⁴it⁴a⁰tsʰiŋ⁴⁴liuŋ²²o⁰liaʔ²o⁰,

东 震 啰甲 乙啊青 龙 哦籛"哦②,

nɑm⁴⁴loi²²le⁰peʔ⁴tʰaŋ²¹le⁰n̠iem²¹kon⁴⁴le⁰xaŋ²².

南 来 嘞北 定 嘞任 官 嘞行。

ɕipʔ²n̠i²¹n̠yot² a⁰ tʰu⁵⁵mɑu⁴⁴ua⁰xau⁵⁵pʰuʔ² a⁰pit⁴ o⁰,

十 二月 啊兔 毛 哇好 缚 啊笔 哦,

pʰuʔ²pit⁴le⁰lɔŋ²²tsoi⁵⁵le⁰ɕia⁵⁵sai⁴⁴ai⁰ɕy⁴⁴.

缚 笔 嘞郎 崽 嘞写 细 欹书。

ɕia⁵⁵pun⁴⁴o⁰ tsʰai²²tʰeu²²ua⁰tʰɔi²¹xau⁴⁴ua⁰nɑm²²o⁰,

写 分 哦材 头 哇大 孝 哇男 哦,

xau⁴⁴nɑm²²lo⁰sin⁴⁴saŋ⁴⁴ŋa⁰tsʰin⁴⁴ɕiu⁵⁵o⁰ ken⁵⁵lo⁰.

孝 男 啰先 生 啊亲 手 哦捡 啰。

ken⁵⁵loi²²le⁰tʰoʔ²o⁰,

捡 来 嘞读 哦,

---

① 紧直"呀直"kin⁵⁵tɕʰiʔ²iaʔ²tɕʰiʔ²：时间紧迫。"呀"是衬词。

② 此句指坐东的坟穴。

tʰoʔ²tɕʰioʔ²aº n̠ia⁵⁵miaŋ²²oºtsʰi²¹oº,

　读　着　　啊娘　名　　哦字　哦，

kʰeu⁵⁵xam²²leºpʰaʔ²pʰɔn²¹leºpət⁴kian⁴⁴leºn̠in²².

　口　　含　嘞白　饭　嘞不　见　　嘞人。

lo²²xɔn⁴⁴loºku⁵⁵tʰan²²naºtɕʰiɔŋ²²liu⁴⁴oº ɕy⁵⁵oº,

　罗汉　　啰过　田　哪长　　流　哦水　哦，

tʰan²²tɕiuŋ²²leºxo⁴⁴ɕy⁵⁵leºxɑu⁵⁵uaºuo²²leºmeu²².

　田　　中　　嘞有　水　嘞好　　哇禾　嘞苗。

xo⁴⁴yon²²loºsuŋ⁴⁴suŋ⁴⁴ŋaºɕiʔ²tʰeu⁴⁴oºlɑu⁵⁵oº,

　有　缘　　啰双　双　啊食　透　　哦老　哦，

mɑu⁴⁴yon²²leºtɕy⁵⁵n̠i⁴⁴leºɕiʔ²pɔn⁴⁴leºɕie⁴⁴.

　无　　缘　嘞主　你　嘞食　半　　嘞世。

n̠ian⁵⁵tʰeu²²loºɑm⁴⁴pu²¹aºŋ²²kian⁴⁴ loºn̠i⁴⁴oº,

　眼ᵉ头① 啰暗　　晡　啊唔见　　啰你　哦，

tɕʰiɔŋ²²tsɔi²²leºuɔŋ²²ɕyon²²leºpɑu⁵⁵ɕy²¹leºtse⁴⁴.

　长　　在　嘞黄泉　　嘞抱　树　嘞枝。

n̠ian⁵⁵tʰeu²²loºŋ⁵⁵kaŋ⁴⁴ŋaºtsu⁵⁵sai⁴⁴oº ɕiɔŋ²¹oº,

　眼ᵉ　头　啰五　更　　啊仔　细　哦想　　哦，

n̠ian⁵⁵tɕiuŋ⁴⁴leºliu²²lei²¹leºsui²²n̠in²²leºti⁴⁴.

　眼　　中　嘞流　泪　嘞谁　人　　嘞知。

kaʔ⁴xo²²aº kaʔ⁴xai⁵⁵loºɕia²¹it⁴ aºtsan⁴⁴ oº,

　隔　河　啊隔　海　　啰射　一啊箭　　哦，

fu⁵⁵ɕieu⁴⁴leºtɕiɔŋ⁴⁴tɕi⁵⁵leºkian⁴⁴fun⁴⁴leºle²².

　火　烧　　嘞张　　纸　嘞见　分　哩离。

pen⁴⁴tsoʔ⁴loºtsʰiŋ⁴⁴san⁴⁴naºtɕʰyn⁴⁴ko⁴⁴tsoi⁵⁵oº,

　变　作　啰青　山　哪春　　歌　崽　哦，

pei⁴⁴loʔ²leºpʰiaŋ²²iɔŋ²²naºtʰɔi²¹ɕy⁵⁵oº xɔ²¹oº.

　飞　落　嘞平　　洋　啊大　水　哦下　哦。

ɕiʔ²tʰeu⁴⁴loºɕiɔŋ⁴⁴tɕʰyn⁴⁴naºn̠i²¹sam⁴⁴moºn̠yot²oº,

　食　透　　啰上　春　　哪二　三　　么月　哦，

---

① 眼ᵉ头 n̠ian⁵⁵tʰeu²²：上午。

tɕiɔŋ⁴⁴pau⁴⁴le⁰iɔŋ²²neu⁵⁵le⁰pɑu⁴⁴sin⁴⁴ne⁰tɕʰyn⁴⁴.

将　报　嘞阳鸟①嘞报　新呢春。

（钟林富，2016年8月27日）

4．做功德歌——谢安爷娘②

ŋɔi⁴⁴ia²²tsɑu⁵⁵nan²²na⁰ɕy⁴⁴ku⁴⁴poi⁴⁴ia⁰,

我　爷早　年　哪去过辈呀，

nan²²kaŋ⁴⁴n̠yot²li²¹o⁰ tsʰaŋ⁵⁵ia²²loi²²ia⁰.

年　庚　月　利哦请　爷来呀。

nan²²kaŋ⁴⁴n̠yot²li²¹tsʰaŋ⁵⁵ia²²tɕyon⁵⁵na⁰,

年　庚　月　利请　爷转　哪，

tsʰaŋ⁵⁵ia²²loi²²tɕyon⁵⁵ɕiu²¹ɕiɔŋ⁴⁴foi⁴⁴ia⁰.

请　爷来转　受香灰呀。

ŋɔi⁴⁴ia²²tsɑu⁵⁵nan²²na⁰ɕy⁴⁴ku⁴⁴san⁴⁴na⁰,

我　爷早　年　哪去过山哪，

nan²²kaŋ⁴⁴n̠yot²li²¹o⁰ tsʰaŋ⁵⁵ia²²xaŋ²²ŋa⁰.

年　庚　月　利哦请　爷行　啊。

nan²²kaŋ⁴⁴n̠yot²li²¹tsʰaŋ⁵⁵ia²²tɕyon⁵⁵na⁰,

年　庚　月　利请　爷转　哪，

tsʰaŋ⁵⁵ia²²loi²²tɕyon⁵⁵ɕiu²¹ɕiɔŋ⁴⁴ian⁴⁴na⁰.

请　爷来转　受香烟哪。

ŋɔi⁴⁴ia²²tsɑu⁵⁵nan²²na⁰ɕy⁴⁴ku⁴⁴im⁴⁴ma⁰,

我　爷早　年　哪去过阴嘛，

nan²²kaŋ⁴⁴n̠yot²li²¹o⁰ tsʰaŋ⁵⁵ia²²li²²ia⁰.

年　庚　月　利哦请　爷利呀。

nan²²kaŋ⁴⁴n̠yot²li²¹tsʰaŋ⁵⁵ia²²tɕyon⁵⁵na⁰,

年　庚　月　利请　爷转　哪，

tsʰaŋ⁵⁵ia²²loi²²tɕyon⁵⁵ɕiu²¹ɕiɔŋ⁴⁴kʰi⁴⁴ia⁰.

请　爷来转　受香气呀。

（钟益长，2016年8月19日）

---

① 鸟neu⁵⁵：neu⁵⁵为文读音。

② 爷娘ia²²n̠ia³⁵：父母。

5. **做功德歌——谢安劝酒**

lɑp²tsoʔ²⁴tam⁵⁵fu⁵⁵lɔŋ⁵⁵loi²²uɔŋ²²ŋa⁰,
蜡　烛　点　火　眼①来　黄　啊，

fəŋ²¹ɕiɔŋ⁴⁴toʔ²ɕiɔŋ²¹ɕyon⁴⁴im⁴⁴iɔŋ²²ŋa⁰.
奉　上　桌　上　劝　阴　阳　啊。

ɕyon⁴⁴n̠i⁴⁴im⁴⁴iɔŋ²²ŋa⁰ɕiʔ²sɔŋ⁴⁴tsiu⁵⁵ua⁰,
劝　你　阴　阳　啊　食　双　酒　唯，

kan⁵⁵kɔi⁴⁴xɑu⁵⁵n̠it⁴ia²²ɔn⁴⁴tsɔŋ⁴⁴ŋa⁰.
拣　个　好　日　爷　安　葬　啊。

lɑp²tsoʔ²⁴tam⁵⁵fu⁵⁵lɔŋ⁵⁵loi²²tsʰaŋ⁴⁴ŋa⁰,
蜡　烛　点　火　眼　来　青　啊，

ɕyon⁴⁴n̠ia⁵⁵miaŋ²¹kɔ⁴⁴tsʰin⁴⁴sən⁴⁴xaŋ²²ŋa⁰.
劝　娘　命　家　亲　孙　行　啊。

miaŋ²¹kɔ⁴⁴tsʰin⁴⁴sən⁴⁴na⁰ɕiʔ²sɔŋ⁴⁴tsiu⁵⁵ua⁰,
命　家　亲　孙　哪　食　双　酒　唯，

ŋɔi⁴⁴n̠ia⁵⁵tʰɔi²¹ui²¹ia⁰ɕi⁴⁴n̠i⁴⁴pʰai⁴⁴ia⁰.
我　娘　大　位　呀　是　你　派　呀。

lɑp²tsoʔ²⁴tam⁵⁵fu⁵⁵iem²¹iem²¹tɕin⁴⁴na⁰,
蜡　烛　点　火　焰　焰　真　哪，

ɕyon⁴⁴n̠i⁴⁴kʰoi⁴⁴mən²²ɕien⁴⁴saŋ⁴⁴n̠in²²na⁰.
劝　你　开　门　先　生　人　哪。

ɕien⁴⁴saŋ⁴⁴kʰoi⁴⁴mən²²na⁰ɕien⁴⁴saŋ⁴⁴ɕiʔ²sɔŋ⁴⁴tsiu⁵⁵ua⁰,
先　生　开　门　哪　先　生　食　双　酒　唯，

ɕiuŋ⁴⁴siŋ⁴⁴oʔ²⁴sat⁴kɔn⁵⁵yon⁵⁵fɔŋ⁴⁴ŋa⁰.
凶　星　恶　煞　赶　远　方　啊。

（钟益长，2016年8月19日）

6. **做功德歌——炊长命饭**

pʰaʔ²mai⁵⁵pʰaʔ²oi⁴⁴oi⁴⁴ia⁰,
白　米　白　皑　皑　呀，

① 眼 lɔŋ⁵⁵：照。

pʰaʔ²²mai⁵⁵tɕy⁵⁵pʰɔn²¹aⁿ⁰soi⁵⁵tseŋ⁴⁴tɕʰyoi⁴⁴ia⁰.

白　米　煮　饭　啊使甑　炊　呀。

tʰeu²²uon⁵⁵ieu⁵⁵loi²²ia⁰si⁴⁴ia²²toʔ²a⁰,

头　碗　舀　来　呀师爷桌　啊,

ȵi²¹uon⁵⁵ieu⁵⁵loi²²ia⁰tse⁴⁴liŋ²²tʰoi²²ia⁰.

二　碗　舀　来　呀祭灵台　呀。

pʰaʔ²²mai⁵⁵pʰaʔ²²tsʰuŋ⁴⁴ŋa⁰tsʰuŋ⁴⁴ŋa⁰,

白　米　白　聪⁼啊聪⁼① 啊,

pʰaʔ²²mai⁵⁵tɕy⁵⁵pʰɔn²¹na⁰kʰi⁴⁴tɕʰiuŋ⁴⁴tɕʰiuŋ⁴⁴ŋa⁰.

白　米　煮　饭　哪汽冲　冲　啊。

tʰeu²²uon⁵⁵ieu⁵⁵loi²²ia⁰si⁴⁴ia²²toʔ²a⁰,

头　碗　舀　来　呀师爷桌　啊,

iu²¹pun⁴⁴tsʰin⁴⁴tsoi⁵⁵iu²¹pun⁴⁴sun⁴⁴na⁰.

又　分　亲　崽又　分　孙　哪。

（钟林富，2016年8月27日）

────────

① 白聪⁼啊聪⁼pʰaʔ²²tsʰuŋ⁴⁴ŋa⁰tsʰuŋ⁴⁴：洁白。"啊"是衬词。

第三节

故事

牛 郎 和 织 女

mɔ⁵⁵nan²²li⁰, xo⁴⁴it⁴kɔi⁴⁴fuʔ²saŋ²¹tsoi⁵⁵, lau⁴⁴⁵li⁵⁵ɕip²fən⁴⁴kɔi⁴⁴kʰun⁵⁵nɔn²². kɔi²¹ke⁰fu²²mu³⁵li⁰,

马⁼年①哩，有一个 服⁼生崽②，寮 里十分 个困   难。个个父母 哩，

tsau⁵⁵tsau⁵⁵tɕiu²¹ku⁴⁴ɕie⁴⁴a⁰, it⁴kɔi⁴⁴n̠in²²ku⁴kʰu⁵⁵lin²²tin⁴⁴. lau⁴⁴⁵li⁵⁵tɕiu²¹xo⁴⁴it⁴tʰeu²²lau⁵⁵ŋau²², su⁴⁴

早   早   就   过世啊，一个 人 孤苦 伶仃。寮 里 就 有 一头 老 牛，所

i²², tʰɔi²¹li²¹tsʰən⁴⁴pan⁴⁴a⁰tu⁴⁴uo⁵⁵ki⁴⁴tɔŋ⁴⁴ŋau²²lɔŋ²².

以，大利⁼③村 边 啊都唻渠当 牛 郎。

ŋau²²lɔŋ²²xo²²lau⁵⁵ŋau²²ɕiɔŋ⁴⁴i⁴⁴ui²²miaŋ²¹, i⁵⁵kaŋ⁴⁴tʰi²¹ui²²saŋ⁴⁴. lau⁵⁵ŋau²²li⁰set²tsɿ⁵⁵ɕi⁴⁴tʰan²²

牛 郎 和 老牛 相 依为命， 以耕 地为生。 老牛 哩实际是 天

ɕiɔŋ²¹ke⁰kim⁴⁴ŋau²²saŋ²¹lɔʔ²fən²². ki⁴⁴tʰai⁵⁵tɕʰioʔ²ŋau²²lɔŋ²²iu²¹ɕien²¹liɔŋ²²iu²¹kyn²²lau²², ɕiɔŋ²¹pɔŋ⁴⁴

上 个金 牛 星 落凡。 渠睇着 牛 郎 又善 良又 勤 劳，想 帮

ki⁴⁴ɕiaŋ²²kɔi⁴⁴kɔ⁴⁴.

渠成 个家。

xo⁴⁴n̠it⁴li⁰, kim⁴⁴ŋau²²saŋ²¹li⁰tʰaŋ⁴⁴tɕʰioʔ²tʰan⁴⁴ɕiɔŋ²¹ke⁰ɕian⁴⁴n̠y³⁵xai⁴⁴lɔʔ²tsʰən⁴⁴⁵tɔŋ⁴⁴pan⁴⁴ŋ²¹

有 日哩，金 牛 星 哩听着 天上 个仙女 解落村 东 边尔

---

① 马⁼年 mɔ⁵⁵nan²²：从前。

② 服⁼生崽 fuʔ²saŋ²¹tsoi⁵⁵：小伙子。

③ 大利⁻tʰɔi²¹li²¹：大家。

keᵒsan⁴⁴kioʔ⁴xɔ²¹keᵒfu²²li⁵⁵sai⁵⁵ioʔ², ki⁴⁴tɕiu²¹tʰoʔ⁴məŋ²¹teʔ⁴ŋau²²lɔŋ²². pau⁴⁴ŋau²²lɔŋ²²li⁰ti²¹n̠i²¹pu⁴⁴

个 山 脚 下 个 湖 里 洗 浴, 渠 就 托 梦 得ᵔ牛 郎。 报 牛 郎 哩第二 晡

n̠ian⁵⁵tʰeu⁴⁴⁵tsau⁵⁵tsau⁵⁵tɕiu²¹oi⁴⁴ɕy⁴⁴ŋ²¹kɔi⁴⁴fu²²pan⁴⁴, nai²¹kɔŋ⁵⁵ɕi⁴⁴tʰai⁵⁵tɕʰioʔ²ɕy²¹ɕiɔŋ²¹kɔ⁴⁴xo⁴⁴

眼ᵔ 头 早 早 就 爱 去 尔 个 湖 边, 乃 讲 是 睇 着 树 上 架 有

sam⁴⁴keᵒ, tɕiu²¹oi⁴⁴kɔŋ⁵⁵kin³⁵naŋ⁴⁴loʔ²loi²², kɔn⁵⁵kin³⁵tsau³⁵tɕyon⁵⁵lau⁴⁴⁵tɕiuŋ⁴⁴. kɔi²¹seʔ⁴li⁰, kɔi²¹kɔi⁴⁴

衫 个, 就 爱 赶 紧 拿 落 来, 赶 紧 走 转 寮 中。 个 色ᵔ哩, 个 个

mi³⁵li⁵⁵keᵒɕian⁴⁴n̠y³⁵li⁰tɕiu²¹xai⁵⁵ti⁵⁵ki⁴⁴tsapᵗ⁴ɕian²²fu⁴⁴tsʰei⁴⁴.

美 丽 个 仙 女 哩就 解 抵ᵔ①渠结成 夫 妻。

ŋau²²lɔŋ²²ɕipᵗ²fən⁴⁴keᵒŋ²ɕiɔŋ⁵⁵sin⁴⁴, tan²¹ɕi⁴⁴iaʔ²ɕi⁴⁴ti²¹n̠i²¹pu⁴⁴n̠ian⁵⁵tʰeu⁴⁴⁵li⁰pɔn⁴⁴sin⁴⁴pɔn⁴⁴n̠i²²

牛 郎 十 分 个 唔相 信, 但 是 亦 是 第二 晡眼ᵔ 头 哩半 信 半 疑

keᵒloi²²tʰeu⁴⁴fu²²pan⁴⁴, məŋ²²kɔŋ⁴⁴⁵tɕiuŋ⁴⁴tʰai⁵⁵tɕʰioʔ²tsʰitᵗ⁴kɔi⁴⁴ɕian⁴⁴n̠y³⁵li⁰lau²¹fu²²li⁵⁵sai⁵⁵ioʔ². ki⁴⁴

个 来 透 湖 边, 朦 光 中 睇 着 七 个 仙 女 哩牢ᵔ湖 里 洗 浴。 渠

tʰai⁵⁵tɕʰioʔ²fu²²pan⁴⁴xo⁴⁴kɔi⁴⁴ɕy²¹ɔ³⁵ɕiɔŋ²¹kɔ⁴⁴tɕʰioʔ²itᵗ⁴ken²¹fən³⁵seʔ⁴keᵒsam⁴⁴,tɕiu²¹kɔŋ⁵⁵kin³⁵naŋ⁴⁴laᵒloʔ²

睇 着 湖 边 有 个 树 桠上 挂 着 一 件 粉 色 个 衫, 就 赶 紧 拿 啦落

loi²², pin²¹kɔn⁵⁵kin³⁵tsau³⁵tɕyon⁵⁵lau⁴⁴⁵tɕiuŋ⁴⁴.

来, 并 赶 紧 走 转 寮 中。

kɔi²¹ken²¹fən³⁵seʔ⁴keᵒsam⁴⁴li⁰tɕiu²¹ɕi⁴⁴tsɿ⁴⁴n̠y³⁵keᵒ. tɔŋ⁴⁴n̠itᵗ⁴am⁴⁴pu²¹li⁰, tsɿ⁴⁴n̠y³⁵tɕiu²¹loi²²tʰeu⁴⁴

个 件 粉 色 个 衫 哩就 是 织 女个。 当 日 暗 晡哩, 织 女就 来 透

ŋau²²lɔŋ²²keᵒlau⁴⁴⁵tɕiuŋ⁴⁴, kʰian⁵⁵kʰian⁴⁴⁵kʰɔ⁴⁴kʰoi⁴⁴ki⁴⁴keᵒmən²². tsʰɔŋ²²tsʰɿ³⁵li⁰, ŋau²²lɔŋ²²xo²²tsɿ⁴⁴

牛 郎 个寮 中, 轻 轻 敲 开 渠 个 门。 从 此 哩, 牛 郎 和 织

n̠y³⁵li⁰ tɕiu²¹ɕiaŋ²²aᵒ ən⁴⁴ai²¹fu⁴⁴tsʰei⁴⁴.

女 哩就 成 啊恩爱夫 妻。

tɔn⁵⁵tɔn³⁵ɕi²²kan⁴⁴sam⁴⁴nan²²ku⁴⁴ɕy⁴⁴, ŋau²²lɔŋ²²xo²²tsɿ⁴⁴n̠y³⁵neᵒɕipᵗ²fən⁴⁴keᵒən⁴⁴ai²¹, ku⁴⁴ti²ʔiaʔ²

短 短 时 间 三 年 过 去, 牛 郎 和 织 女 呢十 分 个 恩 爱, 过 得亦

ɕi⁴⁴ɕipᵗ²fən⁴⁴keᵒkʰuɔ⁴⁴loʔ². tɔŋ⁴⁴ɔŋ⁴⁴li⁰iɔŋ⁴⁴aᵒiɔŋ³⁵kɔi⁴⁴saʔ⁴tsoi⁵⁵, itᵗ⁴nam²²itᵗ⁴n̠y³⁵. tan²¹ɕi⁴⁴, ɕi²²kan⁴⁴

是 十 分 个 快 乐。中 央 哩养 啊两 个 细 崽, 一男 一 女。但 是, 时 间

ŋ²²tɕʰiɔŋ²², kɔi²¹keᵒtsɿ⁴⁴n̠y³⁵li⁰lɔʔ²fɔn²²keᵒsɿ²¹kuɔn⁴⁴pi²¹tʰan⁴⁴ɕiɔŋ²¹keᵒy⁵⁵uɔŋ²²tʰɔi²¹tai⁴⁴ɕiu³⁵taʔ⁴ aᵒ.

唔 长, 个 个 织 女 哩落凡 个 事干 被 天 上 个 玉 皇 大 帝 晓 得啊。

xo⁴⁴n̠itᵗ⁴li⁰, kɔi²¹keᵒtʰan⁴⁴li⁰tʰu⁴⁴ɕien²²tɕiu²¹ɕieʔ²aᵒloʔ²loi²², iu²¹ɕian⁴⁴lau²²kɔŋ⁴⁴, iu²¹ɕi⁵⁵tʰɔi²¹piuŋ⁴⁴,

有 日 哩, 个 个 天 哩突 然 就 黑 啊落 来, 又 声 寮ᵔ公②, 又 起 大 风,

---

① 抵ᵔti⁵⁵: 跟, 和。

② 声寮ᵔ公ɕian⁴⁴lau²²kəŋ⁴⁴: 打雷。

ku⁵⁵loʔ²tʰɔi²¹ɕy³⁵, tsɿ⁴⁴ȵy³⁵tɔn⁴⁴xɔ³⁵tɕiu²¹ŋ²²kian⁴⁴na⁰.ŋau²²lɔŋ²²keˀsaʔ²tsoi⁵⁵neˀ⁰keu⁴⁴tɕʰioʔ²oi⁴⁴ai⁴⁴ȵia⁵⁵,
古⁼① 落 大 水，织 女 单 下⁼② 就 唔 见 哪。牛 郎 个 细 崽 呢叫 着 爱 阿娘③，
ŋau²²lɔŋ²²li⁰ iaʔ²ɕi⁴⁴mau²²pɔn²¹fɔt⁴, iu²¹nɔn²²ku⁴⁴.
牛 郎 哩亦 是 无 办 法，又 难 过。

　　kɔi²¹ɕi²²ɕieu²¹li⁰, lau⁵⁵ŋau²²iu²¹foi⁴⁴kʰeu³⁵aˀ⁰. ki⁴⁴kɔŋ⁵⁵, ŋau²²lɔŋ²²ȵi⁴⁴moʔ²nɔn²²ku⁴⁴, ȵi⁴⁴ti⁵⁵⁼④ŋɔi⁴⁴
　　个 时 候 哩， 老 牛 又 开 口 啊。渠 讲， 牛 郎 你 莫 难 过，你 抵⁼④我
koʔ²naŋ⁴⁴loʔ²loi²², piŋ⁴⁴loʔ²tʰi²¹xɔ²¹, tɕiu²¹xai⁴⁴pen⁴⁴ɕiaŋ²²iɔŋ³⁵kɔi⁴⁴lo³⁵. ȵi⁴⁴ti⁵⁵saʔ²tsoi⁵⁵li⁰tɕiɔŋ⁴⁴ŋ²¹
角 拿 落 来，放 落 地 下， 就 解 变 成 两 个 笼。你 抵⁼细 崽 哩装 尔
kɔi⁴⁴lo³⁵tɕiuŋ⁴⁴, kɔi²¹keˀ⁰tam⁴⁴ɕi⁵⁵loi²¹tɕiu²¹xai⁴⁴pei⁴⁴ɕiɔŋ⁴⁴tʰan⁴⁴, kʰo⁵⁵i²²ɕytʰan⁴⁴kiuŋ²¹sim²²tsɿ⁴⁴ȵy³⁵aˀ⁰.
个 笼 中， 个 个 担 起 来 就 解 飞 上 天， 可 以 去 天 宫 寻 织 女 啊。

　　ŋau²²lɔŋ²²ɕipʔ²fən⁴⁴keˀ⁰ki²²kuɔi⁴⁴, tan²¹ɕi⁴⁴, kɔi³⁵ɕi²²ɕieu²¹li⁰, ŋau²²koʔ²i²²tɕiŋ⁴⁴loʔ²tʰi²¹aˀ⁰, pen⁴⁴
　　牛 郎 十 分 个 奇 怪， 但 是， 个 时 候 哩， 牛 角 已 经 落 地 啊，变
ɕiaŋ²²laˀ⁰iɔŋ³⁵kɔi⁴⁴lo²¹. ŋau²²lɔŋ²²kɔn⁵⁵kin³⁵ti⁵⁵saʔ²tsoi⁵⁵tsʰam⁵⁵ŋ²¹keˀ⁰lo²¹tɕiuŋ⁴⁴ɕy⁴⁴, soi⁵⁵təŋ⁴⁴kɔn⁴⁴
成 啦两 个 笼。牛 郎 赶 紧 抵⁼细 崽蚕⁼⑤ 尔 个 笼 中 去， 使 栋⁼竿⑥
tam⁴⁴ɕi⁵⁵loi²²lo²¹. kɔi²¹ɕi²²ɕieu²¹keˀ⁰lo²¹li⁰tso²¹tso⁴⁴xo⁴⁴ɕi⁴⁴tau⁴⁴seʔ⁴, sei²²tɕʰioʔ²piuŋ⁴⁴tɕiu²¹pei⁴⁴aˀ⁰ɕiɔŋ⁴⁴
担 起 来 笼。个 时 候 个 笼 哩造⁼做 有 嘻⁼刀⁼色⁼，随 着 风 就 飞 啊上
ɕy⁴⁴. yot²pei⁴⁴yot²kau⁴⁴, ȵian³⁵ȵiaŋ⁴⁴tɕʰioʔ²tɕiu²¹xau⁵⁵ɕy⁴⁴tɕʰioʔ²tsɿ⁴⁴ȵy³⁵aˀ⁰, tan²¹ɕi⁴⁴, kɔi³⁵ɕi²²ɕieu²¹
去。越 飞 越 高， 眼 曚 着 就 好 追 着 织 女 啊，但 是， 个 时 候
pi²¹uɔŋ²²mu⁵⁵ȵiɔŋ²²ȵiɔŋ²²fɔt⁴ian²¹aˀ⁰. uɔŋ²²mu⁵⁵ȵiɔŋ²²ȵiɔŋ²²naŋ⁴⁴loʔ²tʰeu²²ɕiɔŋ²¹keˀ⁰kim⁴⁴tsɔn⁴⁴, tsai²¹
被 王 母 娘 娘 发 现 啊。王 母 娘 娘 拿 落 头 上 个 金 簪， 在
tsɿ⁴⁴ȵy³⁵xo²²ŋau²²lɔŋ²²keˀ⁰təŋ⁴⁴ɔŋ⁴⁴⁵it⁴uɔ²², tɕiu²¹pen⁴⁴ɕiaŋ⁴⁴lau²²it⁴tiau²²po⁴⁴tʰau⁴⁴kun⁵⁵kun³⁵keˀ⁰tʰɔi²¹
织 女 和 牛 郎 个 中 央 一 划， 就 变 成 了 一 条 波 涛 滚 滚 个 大
xo²². kɔi²¹tiau²²xo²²tʰɔi²¹keˀ⁰iu²¹mɔŋ²¹ŋ²¹kian⁴⁴uon²¹.tsʰɔŋ²²tsʰɿ³⁵li⁰, ŋau²²lɔŋ²²xo²²tsɿ⁴⁴ȵy³⁵li⁰tɕiu²¹pən⁴⁴
河。个 条 河 大 个 又 望 唔 见 岸。从 此 哩，牛 郎 和 织 女 哩就 分
kʰoi⁴⁴aˀ⁰.
开 啊。

---

① 古⁼ku⁵⁵：还。

② 单下 tɔn⁴⁴xɔ³⁵：立刻。

③ 爱阿娘 oi⁴⁴ai⁴⁴ȵia⁵⁵：要妈妈。

④ 抵⁼ti⁵⁵：把。

⑤ 蚕⁼tsʰam⁵⁵：抱。

⑥ 栋⁼竿 təŋ⁴⁴kɔn⁴⁴：扁担。

tʰan⁴⁴ɕiɔŋ²¹ke⁰ɕi⁵⁵ɕiaʔ⁴neʔ⁰tʰai⁵⁵tɕʰioʔ²ŋau²²lɔŋ²²kɔi²¹ən⁴⁴ai²¹ku⁵⁵pən⁴⁴kʰoi⁴⁴, ɕipʔ²fən⁴⁴ke⁰kɐm⁵⁵
天　上　个喜鹊呢睇着　牛　郎　个恩爱古⁼分　开，　十分个感

təŋ²¹. tsai²¹nəŋ²²liʔ²ke⁰tsʰitʔ⁴n̠yotʔ²tsʰitʔ⁴n̠itʔ⁴li⁰, ɕiaŋ²²tɕʰian⁴⁴ɕiaŋ²²mɔn²¹ke⁰ɕi⁵⁵ɕiaʔ⁴ne⁰tɕiu²¹pei⁴⁴tʰeu⁴⁴
动。在　农　历个七月　七日哩，成千　成万　个喜鹊呢就飞　透

kɔi²¹ke⁰xo²²ɕiɔŋ²¹, ɕin⁴⁴tsɑpʔ⁴tɕʰioʔ²ɕin⁴⁴, mei⁴⁴tsɑpʔ⁴tɕʰioʔ²mei⁴⁴, tɑpʔ⁴ɕiaŋ²²itʔ⁴tso²¹xan³⁵tɕʰiɔŋ²²ke⁰
个　个河上，　身　接着　身，尾　接着　尾，搭成　一座　很　长　个

ɕi⁵⁵ɕiaʔ⁴kʰeu²². tsʰɔŋ²²tsʰɻ̍³⁵ne⁰, tsai²¹tsʰitʔ⁴n̠yotʔ²tsʰitʔ⁴n̠itʔ⁴kɔi²¹pu⁴⁴n̠in⁴⁴⁵, ŋau²²lɔŋ²²xo²²tsɻ̍⁴⁴n̠y³⁵li⁰tɕiu²¹
喜　鹊桥。　从　此　呢，在七月　七日个　晡日①，牛　郎　和织女哩就

tʰəŋ⁴⁴ku⁴⁴ɕi⁵⁵ɕiaʔ⁴kʰeu²²ton²²tɕy²¹a⁰.
通　过喜鹊桥　团聚啊。

（钟建明，2016年8月21日）

---

① 个晡日 kɔi²¹pu⁴⁴n̠in⁴⁴⁵：这天。

参考文献

曹志耘 2006 浙江省的汉语方言,《方言》第3期。

陈礼梅 2015《景宁畲话与其迁徙地词汇的比较研究》,金华:浙江师范大学。

陈丽冰 2010 从福安畲族熟语看畲族传统文化,《丽水学院学报》第6期。

陈其光 1984 畲语在苗瑶语族中的地位,《语言研究》第1期。

大岛广美 2011 丰顺县凤坪村畲话的上声调嘎裂声,《文化遗产》第3期。

董作宾 1926 说畲,《北京大学研究所国学门周刊》第14期。

傅根清 2001a《从景宁畲话的语音特点论畲话的归属》,济南:山东大学。

傅根清 2001b 从景宁畲话古全浊声母的今读看畲话的性质,《中国语文》第3期。

傅根清 2002a 景宁畲话声母的超中古现象,日本东京:《中国语学研究·开篇》第21期。

傅根清 2002b 景宁畲话语音系统中的粤语成分,《中央民族大学学报》(哲学社会科学版)第4期。

傅根清 2002c 景宁畲话尖团音分混现象研究,《语文研究》第4期。

傅根清 2003 从景宁畲话的语音特点论其与客家话的关系,《山东大学学报》(哲学社会科学版)第5期。

傅国通、郑张尚芳总编 2015《浙江省语言志》,杭州:浙江人民出版社。

洪 英 2007《潮安畲语词汇比较研究》,汕头:汕头大学。

胡 方 2015 浙江景宁畲话的语序及其表达功能,刘丹青、李蓝、郑剑平主编,《方言语法论丛》(第六辑),北京:中国社会科学出版。

胡松柏、胡德荣 2013《铅山太源畲话研究》,北京:中国社会科学出版社。

黄家教、李新魁 1963 潮安畲话概述,《中山大学学报》第1期。

景宁畲族自治县志编纂委员会 1995《景宁畲族自治县志》，杭州：浙江人民出版社。

蓝周根 1987 畲族有自己的语言，施联朱主编，《畲族研究论文集》，北京：民族出版社。

雷　楠 2007 凤凰山畲语词汇析，福建省炎黄文化研究会编，《畲族文化研究》（上册），北京：民族出版社。

雷先根 1995 畲语刍议，施联朱、雷文先主编，《畲族历史与文化》，北京：中央民族大学出版社。

雷艳萍 2008 丽水畲话形容词AA式的变调，《语言科学》第2期。

雷艳萍 2011 浙江畲话的变调式方位短语，《汉语学报》第4期。

雷艳萍 2013 畲族学生的语言生活状况研究——基于景宁小学生与高中生语言使用情况的同期调查，《宁波大学学报》（人文科学版）第2期。

雷艳萍 2015 浙江畲话的名量词，《桂林航天工业学院学报》第2期。

雷艳萍 2021a 浙江武义畲话的更远指代词“尔”，《方言》第2期。

雷艳萍 2021b《浙江畲话语音研究》，金华：浙江师范大学。

雷阵鸣 1992 论畲族非出于“武陵蛮”，《中南民族学院学报》第6期。

李　荣 1957 方言里的文白异读，《中国语文》第4期。

李如龙、周日健 1998《第二届客家方言研讨会论文集》，广州：暨南大学出版社。

林伦伦、洪英 2005 广东潮安县李工坑村畲民语言生活调查，《语言研究》第4期。

林伦伦、洪英 2007 潮安畲语中的潮汕方言借词，《云南师范大学学报》（哲学社会科学版）第6期。

林清书 2008 山羊隔畲族村的语言传承和语言使用现状，《龙岩学院学报》第2期。

林清书 2012 山羊隔畲族“山客话”与客家话的历史关系，第十届客家方言国际学术研讨会。

刘丹青 1988 汉藏语系重叠形式的分析模式，《语言研究》第1期。

刘纶鑫 2008《贵溪樟坪畲话研究》，北京：文化艺术出版社。

刘探宙、石定栩 2012 烟台话中不带指示词或数词的量词结构，《中国语文》第1期。

刘泽民 2007 浙江泰顺司前畲话音系，《方言》第4期。

罗美珍 1980 畲族所说的客家话，《中央民族学院学报》（哲学社会科学版）第1期。

罗美珍、邓晓华 1995《客家方言》，福州：福建教育出版社。

罗美珍 2013 关于畲族所说语言的定性和命名问题的思考,《龙岩学院学报》第1期。

骆锤炼 1995 温州畲语,《温州师范学院学报》(哲学社会科学版)第4期。

吕叔湘 1990 指示代词的二分法和三分法——纪念陈望道先生百年诞辰,《中国语文》第6期。

毛宗武、蒙朝吉 1982 博罗畲语概述,《民族语文》第1期。

毛宗武、蒙朝吉 1986《畲语简志》,北京:民族出版社。

戚晓杰 2004 形容词AAAA式重叠表达及其成因,《修辞学习》第4期。

钱 虹 2015 语言接触下的畲话语音变迁——以安徽宁国云梯畲话为例,《广西民族大学学报》(哲学社会科学版)第1期。

沈作乾 1924 畲民调查记,《东方杂志》第21卷第7号。

施联朱 1983 关于畲族来源与迁徙,《中央民族学院学报》(哲学社会科学版)第2期。

石汝杰、刘丹青 1985 苏州方言量词的定指用法及其变调,《语言研究》第1期。

矢放昭文 1993 浙南畲族所说的客家方言的几个特点,《京都产业大学》第1期。

孙妙凝 2014 景宁畲话:在活力中渐显危机,《中国社会科学报》2014年11月28日第A05版。

王 健、顾劲松 2006 涟水(南禄话)量词的特殊用法,《中国语文》第3期。

王丽丽、于 晓、彭 飞 2015 浙江畲话的声调实验研究,《青年与社会》(上)第28期。

王闰吉 2014 浙西南畲话传承的探索实践与思考,《丽水学院学报》第4期。

温昌衍 2006《客家方言》,广州:华南理工大学出版社。

吴中杰 2004a 畲话的介音问题初探,宋韵珊主编,《声韵论丛》第十三辑,台北:台湾学生书局。

吴中杰 2004b《畲族语言研究》,新竹:清华大学。

吴中杰 2004c 闽东畲话的客家化与当地化,《客家研究辑刊》第2期。

谢重光 2002《畲族与客家福佬关系史略》,福州:福建人民出版社。

徐瑞蓉、伍巍 2000 长泰县碟头畲话的语音特点,《第三届客家方言研讨会论文集》,韶关大学学报增刊。

严修鸿 1999 福建西部方言的量词"茎"字,《汕头大学学报》(人文科学版)第6期。

杨 姝 2010 广东潮州凤凰山畲族语言现状与保护对策,《韩山师范学院学报》第1期。

游文良 1995 论畲语，施联朱、雷文先主编，《畲族历史与文化》，北京：中央民族大学出版社。

游文良 2002 《畲族语言》，福州：福建人民出版社。

游文良、雷　楠、蓝瑞汤 2005 《凤凰山畲语》，长春：吉林人民出版社。

游文良 2008 《福安畲族方言熟语歌谣》，福州：福建人民出版社。

余颂辉 2016 樟坪畲话"第七调"的性质，庄初升、邹晓玲主编，《濒危汉语方言研究》，广州：中山大学出版社。

袁碧霞 2017 语言接触视域下畲语归属问题思考，《现代语文》第8期。

张光宇 1996 《闽客方言史稿》，台北：南天书局。

张盛裕 1979 潮阳方言的文白异读，《方言》第4期。

张世元 2009 《金华畲族》，北京：线装书局。

张玉来 2017 汉语方言文白异读现象的再认识，《语文研究》第3期。

张振兴 1990 漳平（永福）方言的文白异读（三），《方言》第1期。

赵　峰 2009a 闽东畲语濒危现状考察，《长春工程学院学报》（社会科学版）第1期。

赵　峰 2009b 畲族母语使用现状探析，《皖西学院学报》第4期。

赵元任 1979 《汉语口语语法》，北京：商务印书馆。

赵则玲 2002 浙江景宁畲话特色词选录，《宁波大学学报》（人文科学版）第4期。

赵则玲、郑张尚芳 2002 浙江景宁畲话的语音特点，《民族语文》第6期。

赵则玲 2004a 《浙江畲话研究》，杭州：浙江人民出版社。

赵则玲 2004b 试论畲话的归属，《语言科学》第5期。

浙江省少数民族志编纂委员会 1999 《浙江省少数民族志》，北京：方志出版社。

《浙江通志》编纂委员会 2017 《浙江通志》第97卷《方言志》，杭州：浙江人民出版社。

《中国少数民族社会历史调查资料丛刊》福建省编辑组、《中国少数民族社会历史调查资料丛刊》修订编辑委员会 2009 《畲族社会历史调查》，北京：民族出版社。

中国社会科学院语言研究所、中国社会科学院民族学与人类学研究所、香港城市大学语言资讯科学研究中心 2012 《中国语言地图集》（第2版），北京：商务印书馆。

中西裕树 2010 论畲话的归属，《中国语言学报》第24期。

Jerry Norman 1988 She Dialect of Luoyuan County,《中央研究院历史语言研究所集刊》，第2期。

调查手记

　　中国语言资源保护工程——"濒危汉语方言调查·景宁畲话"于2016年3月立项。按国家语保中心的要求，不选择县城所在街道的畲族村作为调查点。郑坑乡位于浙江省景宁畲族自治县城东部，距县城42公里，东南与温州市的文成县交界。这是一个很小的畲族乡，总人口不足4000人，畲族占43%，是景宁畲族自治县畲族人口比例最高的乡镇。较完整地保存了原生态的畲族生活风貌，有"生活着的畲族博物馆"的美誉。

　　在时任郑坑乡副乡长蓝海宽的推荐下，2016年5月16日我第一次走进郑坑乡。虽然我自己也是土生土长的畲族，但郑坑藏于大山深处的绚烂畲族文化还是深深地震撼了我。当天，蓝乡长带着我到各村遴选发音人，之后在乡政府的大力支持下，经畲民热情推荐，很快就确定了10位土生土长的郑坑畲民为本课题发音人。6月9日端午假开启调查序幕，8月初完成《中国语言资源调查手册·汉语方言》纸笔调查工作，在此期间，浙江师范大学王文胜老师来郑坑帮我初步核对了老男和青男的音系。随后，在县教育局语委办叶良老师的安排下，在县文化馆录播室进行摄录。

　　由于缺乏处理噪音、灯光的经验，以及一些失误，摄录过程很不顺利，走了很多弯路。因录播室全空间都是黑色，虽所有灯泡都换成高瓦数，亮度也不够，为此我们加立了两盏灯。但只要发音人的座位或坐姿略有变化，稍一疏忽，这两盏灯就会导致背景蓝布现出发音人的影子。加之恰逢暑假，隔壁以及楼上阅览室小孩奔跑的脚步声时不时会干扰摄录。若是遇到"印象山哈"大型演出（文化馆一楼是景宁最大的剧场），摄录就只能偃旗息鼓。有次到了摄录场地，发现给发音人准备的畲服还落在丽水。录录停停的缓慢进程，加上又想追求完美，稍有瑕疵就反复重录，导致摄录的效果离预期越来越远，音视频的质量、发音人的精神风貌还不如第一遍。青男语料用语保一体机摄录完毕后觉得音像不是很同步，又用摄像机重录了一遍，一一切音。事后换了电脑才发现音像不同步是电脑播放器问题。

由于我将本课题和另一语保课题要求混淆，我们在郑坑乡桃山自然村、鹤溪街道东弄村、景宁龙凤大酒店，将本课题所有的口头文化语料又拍了一套以自然场景为背景的视频。拍完才知道濒危课题无此要求。反反复复，几经折腾，终于在国庆节假期完成全部摄录工作。

2016年，我在浙江省民族宗教事务委员会挂职，且同时负责丽水方言语保课题。没有暑假的我只能利用小长假以及周末等闲暇时光，完成这两个课题的调查与摄录工作。每周一至周五在杭州上班，西湖虽近在咫尺，却常感与之相隔天涯。每次在往返的高铁上，都要开电脑处理语料，并设置多个手机闹铃提醒到站。每次都是搭乘最晚的那一趟高铁返回杭州，而后于深夜时分，匆匆穿梭在灯火阑珊的杭城街头赶往宿舍。每当杭州景宁直接往返，无暇回家看望尚在读小学的儿子时，无尽的牵挂便如潮水般满溢，禁不住泪海奔涌。那一年的我精力格外充沛，仿佛在与时间展开一场激烈的赛跑。沉浸于工作状态之中的我，丝毫感觉不到疲倦，熬夜已然成为了我的生活常态。清晰地记得，在我完成《牛郎和织女》的转写摘下耳机的时候，窗外恰好有辆洒水车正哼唱着欢快的歌曲，从清晨的保俶路徐徐驶过，新的一天就这样又悄然开启了。

2016年12月，课题组完成纸笔记录、电子文本以及所有音视频的整理校对工作，提交国家语保中心验收。根据国家语保中心的反馈意见，2017年2月，3位地普发音人来到丽水，在丽水云图文化传媒公司的录播室完成了补摄录工作。至此，语保的规定项目全部完成。

2017年12月至2018年1月，根据濒危语言课题的调查要求，以《方言调查字表》（修订本）、《汉语方言词语调查条目表》（《方言》2003年第1期）和国家语保中心提供的248句汉语方言语法调查例句为基础，我们又到郑坑进行补充调查。这期间也有个小插曲。词汇调查才完成一部分，老男说什么都不愿意调查了。起初我对老男的变化百思不得其解，以为他家里很忙，甚至怀疑自己是不是少算了劳务费使他心生不悦。数月后我才知晓事情的原委，老男变卦的根源在于他爱人的误会。因为老男任务重，调查摄录时间长，而且除了摄录，调查场地或在郑坑村民宿，或在县城宾馆，以至于他的爱人对我们的工作产生了误解。为了赶进度，我只好调查口头文化发音人钟林富、地普发音人蓝庆贤的发音，期间蓝庆贤爱人也给予帮助，参与调查发音。后来老男经儿子钟欣洪的疏通，愿意继续承担调查任务，一切云开雾散。非常凑巧，钟欣洪曾是我在浙江省少数民族师范任教时的学生。因考虑不同发音人音系略有异，《方言》（2003年）中的词条和248句语法调查例句，之后我们又重新核对了一遍老男的发音。

2018年2月9日（农历十二月二十四日），赵日新老师在忙碌的喜迎2018新春之际，专程从北京来到景宁，对老男、青男音系进行核查，并对词汇进行补充调查。2018年3月，在郑坑小学钟思芬老师协助下，通过问卷和访谈的形式完成畲话使用现状调查工作。5月，在时任郑坑乡党委书记雷洁畅的精心组织下，郑坑乡党委、政府为10位发音人举行了隆重的发音人证书颁发典礼。郑坑民族风情浓郁，虽然民俗文化词仅是书稿中的1小节，但为了提高词条释义的精准度，6月我们将年近八旬的口头文化发音人钟林富接到城里调查了整整一个星期。后来限于篇幅，书稿删除了很多丧葬、宗教词条。2019年7月书稿完成，根据审稿专家严修鸿老师提出的意见进行修改，12月课题通过验收顺利结项。2021年，赵日新老师对书稿进行了全面审阅，提出了很多详细的意见和建议。2022年，书稿经专家审核有幸入选《中国濒危语言志》（第二辑）出版计划，为了提高书稿的质量，2022年正月初七我再次奔赴郑坑核对补调查8天。在书稿后续的修改及完善阶段，我又多次回到郑坑乡，核对有疑问的语料。

景宁畲话发音人证书颁发典礼　景宁畲族自治县郑坑乡 /2018.5.18/ 郑坑乡政府　摄

从2016到2023，这前后7年时间里已经记不清去了多少趟郑坑、景宁。沮丧、遗憾与喜悦、收获同行，因为有梦想，有支持，所以执着，每一步都脚踏实地。郑坑畲音古朴，古阳声韵今读[m][n][ŋ]尾俱全，古入声韵今读[p][t][ʔ]尾。调查初期，我较难分辨效摄一二等的[ɑu][au]韵，把握不准[t]尾韵，有时一个音反反复复得发音人发很多遍。因对郑坑婚嫁、丧葬、宗教整套礼俗程序较为陌生，这些民俗文化词向钟林富老师调查了一遍又一遍。在书稿撰写及修改过程中，若遇到有疑问的字音，或把握不准的释义，我常借助微信向蓝庆贤、钟益长、钟宗梅、钟献梅、钟建明、雷李江、雷小波等请教，他们都会非常耐心地给予解答，从不会落下一个问题。有时因农村劳作、工作繁忙或没有网络未能及时答复，还要很客气地向我表示歉意，这些年真是给他们添了不少忙。

　　曾在2016年最热的大暑时节，在不能开空调的封闭录播室里工作。最后摄录完毕整理场地时，我们发现摄录时发音人手臂搁放的桌面，因为汗水已永久留下了两条明显的褪色印记。曾在2017年最冷的冬至时节，零下6度的严冬在郑坑调查。深冬寒夜的大山，更是寒气逼人。当年以为空调也屈于严寒的淫威，所以毫无制热效果。多年后才得知老板安装的是没有制热功能的空调。那几天我是穿着羽绒服、围着围巾、穿着两双厚袜子，蜷缩着勉强入睡的。有次搭乘着老旧的城乡公交车行驶在前往郑坑的蜿蜒山路上，我在车子的颠簸中迷迷糊糊地睡着了。猛然间醒来，在重重叠叠的大山之中，发现车停半山腰，除了自己，车上空无一人，司机也不知去向，瞬间万分惶恐。后来才发现虚惊一场，原来当车上只剩我一人之后，可爱的司机下车休闲一下，用他早已备好的锄头，在路旁山下的竹山里挖一挖冬笋。挖完冬笋，开了一段路程后，又车停半路，犹如孩童去玩一玩路旁的大冰锥，甚是有趣。山路十八弯，每次进山，因为要开启新的工作任务，都是如同打了鸡血般的斗志昂扬、精神抖擞；每次出山，可能因为调查过程精力的消耗，也可能是完成调查任务后的放松，晕车晕得厉害，难受至极，疲惫不堪。最爱郑坑的清晨，看着金色的阳光从山顶逐渐照下整个山头，心情格外灿烂。

郑坑清晨　景宁畲族自治县郑坑乡郑坑村 /2017.12.22/ 雷艳萍 摄

层层梯田是鬼斧神工的大自然给予郑坑的自然之美，缕缕畲音是先民留下的代代口耳相传的畲族之魂。翻山越岭，行走在古朴的畲乡，听着地道的畲话，感受着畲民的淳朴，为你而来，认识了最美的你，也记下了最美的音。

雷艳萍

记于丽水学院

2023 年 3 月

后　记

畲话不仅是畲族内部的交际工具，也是畲族的重要文化特征，闽浙粤赣皖5省畲话有较强的一致性。景宁于1984年6月经国务院批准建立畲族自治县，现为全国唯一的畲族自治县和华东地区唯一的民族自治县。"濒危汉语方言调查·景宁畲话"自课题立项到成果初成，众多人为之施以援手，付出了艰辛和努力，在此致以深深的谢意！

感谢曹志耘老师对我的悉心栽培、精心指导、暖心鞭策、尽心托举。2018年9月，我开始在浙师大脱产读博，博士论文是《浙江畲话语音研究》。2018年10月底，曹老师带我们去金华婺城区大坑村调查畲话，手把手地指导我调查，在畲话研究上对我寄予厚望。三年读博学业精进，使我得以对之前的调查进一步梳理，并有了更深入的思考。书稿完成后，曹老师多次全面审阅，并提出高屋建瓴的修改意见和建议。感谢赵日新老师多年来对我的深切关爱和不遗余力的指引。2015年指导我调查我的母语——武义畲话，为我研究畲话奠定了良好的基础。2018年亲赴景宁为我核对音系，解决调查中困扰我的诸多问题。之后在我写作和改稿的过程中一直倾力相助，不仅及时答疑解惑、指点迷津，而且用心推荐了很多相关文献和研究材料，希望我能学思有悟，触类得法，并多次对书稿进行极为细致的修改。

感谢执行编委王莉宁老师2018年对我调查金华畲话的宝贵指导，以及对本书稿提出许多中肯的、富有建设性的修改意见，为书稿提质增色，得以符合丛书的高品质要求；感谢黄晓东老师在课题调查期间的技术指导；感谢王文胜老师、严修鸿老师的热忱帮助；感谢冯爱珍老师审阅匡谬；感谢濒危书稿编委会严格把关；感谢郑佐之编辑严谨细致、精益求精的工作态度，以极大的耐心应对我那满是密密麻麻修改痕迹的"花脸稿"，校正了本书不少疏漏，为本书的高质量呈现付出了辛勤的劳动与不懈的努力。

感谢10位发音人的积极配合，热心帮助和奉献，没有他们的大爱支持以及辛劳付出，我无法完成调查任务，无法完成书稿。感谢雷李江、雷小波无私提供精美的畲族民俗照片以及蓝伟娟的倾情出镜，后因删减较多的宗教内容，雷小波的照片暂时没有用上。调查畲话的过程，也是深入了解畲族文化的过程。发音人不仅非常耐心地发音，而且还向我详尽入微地解读一些礼俗文化，让我得以初识"传度学师"等畲族古风遗韵，进而对自己民族的民俗文化有了更深入的了解和感悟。

感谢景宁畲族自治县民宗局、郑坑乡党委政府、县民族团结进步促进会，以及时任郑坑乡党委书记雷洁畅（现任县民政局局长）、时任郑坑乡副乡长蓝海宽（现任县民宗局局长）、县民宗局民族经济文化发展中心主任雷依林、县教育局叶良老师的大力支持；感谢钟欣洪、钟思芬等景宁学生给予我很多帮助；感谢热情的田里人家民宿为我精心提供极佳的食宿条件；感谢淳朴的郑坑畲民经常发出"姊妹，来我寮掌下来哦"（姐妹，到我家玩一下吧）或"姊妹，来我寮食饭哦"（姐妹，到我家吃饭吧）的热情邀约。

感谢单位领导对我调研工作的理解支持，在课务、工作安排等方面予以我很大的便利，使我得以有大量时间外出调研，顺利完成本书的撰写；感谢当年挂职单位——省民宗委的大力支持，给予灵活的工作时间安排；感谢省民宗委时任办公室主任高成锋对我的鼓励。

感谢家人的默默付出，成为我坚实的后盾，让我能够勇往直前。在银行工作的爱人利用节假日和年休假帮忙完成音视频拍摄以及后期处理工作；当年尚读小学的儿子也曾多次随我前往郑坑乡调查，帮忙拍摄调查现场照片，以及协助完成一些其力所能及的事务。

非常幸运，在前行的路上遇到许许多多给予我正能量，激励我不断前行的引路人、热心人、支持者，内心充满了无限的感动！时代发展，社会变迁，畲族传统文化逐渐式微。令人欣喜的是，钟建明、雷李江、雷小波等一批郑坑畲族年轻人在非常用心地致力于畲族文化的传承保护工作。

今年正值景宁畲族自治县成立40周年，谨将此拙作虔诚敬献！

雷艳萍

记于丽水学院

2024年6月